Tilo Pfeifer

Qualitätsmanagement

Strategien, Methoden, Techniken

2., vollständig überarbeitete und erweiterte Auflage,
mit 307 Abbildungen und 3 Tabellen

Carl Hanser Verlag München Wien

Professor Dr.-Ing. Prof. h.c. Dr. h.c. Tilo Pfeifer
Fraunhofer-Institut für Produktionstechnologie (IPT), Aachen
Abteilung Meß- und Qualitätstechnik
und
Werkzeugmaschinenlabor der RWTH Aachen (WZL)
Lehrstuhl für Fertigungsmeßtechnik und Qualitätsmanagement

Die Deutsche Bibliothek – CIP-Einheitsaufnahme

Pfeifer, Tilo:
Qualitätsmanagement : Strategien, Methoden, Techniken ; mit
3 Tabellen / Tilo Pfeifer. – 2., vollst. überarb. und erw. Aufl. –
München ; Wien : Hanser, 1996

    ISBN 3-446-18579-8

© 1996 Carl Hanser Verlag München Wien

Satz: Schaber Satz- und Datentechnik, Wels, Österreich
Druck: Wagner, Nördlingen
Binden: Ludwig Auer GmbH, Donauwörth
Umschlagbild: Alvis Upitis/The Image Bank
Printed in Germany

Vorwort zur zweiten Auflage

In Zeiten eines sich rasch ändernden Umfeldes müssen nicht nur Unternehmensziele den aktuellen Marktforderungen angepaßt oder gar grundlegend neu vereinbart werden, es sind auch die Werkzeuge, Methoden und Hilfsmittel zur effizienten Zielerreichung entsprechend zu verändern bzw. weiterzuentwickeln. Für das breit gefächerte Funktions- und Wirkungsfeld des Qualitätsmanagements resultiert daraus, daß praktisch in allen Bereichen der Anwendung, Entwicklung und Forschung ein den o.g. Rahmenbedingungen angepaßter Veränderungsprozeß durchgeführt werden muß. Verstärkt noch durch die aktuelle Fokussierung von Wirtschaft, Handel und Dienstleistung auf das Thema Qualität gilt auch hier die alte Weisheit: „Beständig ist allein der Wandel."

Die vorliegende überarbeitete Ausgabe des Handbuches reflektiert in angemessener Form Veränderungen und aktuelle Entwicklungen auf dem Gebiet des Qualitätsmanagements in den zurückliegenden 2 Jahren seit der ersten Auflage. Auch wenn praktisch kein Kapitel unverändert übernommen werden konnte, hat sich dennoch der strukturelle Aufbau des Buches als praktisch stabil erwiesen. Hier wurden lediglich die ursprünglichen Abschnitte 3 und 4 zu einem Kapitel 3 zusammengefaßt und das Kapitel 12 „TQM – Der Mensch im Mittelpunkt" anstelle des Abschnittes „Aspekte einer umfassenden Qualitätssicherung aus arbeitswissenschaftlicher Sicht" neu aufgenommen.

Auch die überarbeitete Auflage des Handbuches ist wieder eine Gemeinschaftsleistung vieler Mitarbeiter und externer Fachleute. Im einzelnen waren beteiligt Herr Dr. Anhalt, Frau Becker, Herr Böhmer, Herr Dr. Flamm, Herr Dr. Gimpel, Herr Grob, Herr Dr. Heine, Herr Klonaris, Herr Dr. Köppe, Herr Kamphausen, Frau Korsmeier, Herr Dr. Laschet, Herr Mayers, Herr Meyer, Herr Neumann, Herr Dr. Prefi, Herr Dr. Rhiem, Herr Theis, Herr Tobias, Herr Weingarten, Herr Wunderlich und Herr Zenner. Ihnen gilt mein herzlicher Dank für ihre mühevolle Kleinarbeit sowie ihre Bereitschaft, den vorgegebenen Terminplan für die Überarbeitung nicht nur zu akzeptieren, sondern ihn auch mit großer Disziplin und gutem Zeitmanagement einzuhalten.

Mein besonderer Dank gilt Herrn Dr. Flamm, der wiederum die gesamte Koordination übernommen hat.

Aachen, im November 1995   Prof. Dr.-Ing. Prof. h.c. Dr. h.c. Tilo Pfeifer

Vorwort zur ersten Auflage

Qualitätsmanagement, verstanden als eine Grundhaltung oder besser noch, als das ständige Bemühen aller Mitarbeiter in einer Organisation oder Unternehmung, die externen und internen Kundenerwartungen zu verstehen, zu erfüllen und zu übertreffen, ist sowohl Philosophie als auch praktizierte Umsetzung von Führungsprinzipien und quantitativen Methoden sowie Techniken zur Optimierung dienstleistender als auch technischer Prozeßabläufe. Qualitätsmanagement umzusetzen erfordert daher nicht nur Überzeugungsarbeit für eine bessere bzw. richtige Motivation aller Mitarbeiter zu leisten, sondern vor allem auch Fachwissen zugänglich zu machen und zu transferieren und zwar jedem einzelnen das für seinen Handlungsrahmen angemessene.

Das, was zu tun ist, kann häufig schnell verstanden werden, jedoch das Wie und Womit umzusetzen und richtig anzuwenden, stellt in der Regel den erheblich schwierigeren Teil der Wegstrecke dar, die bis zur Zielerreichung einer z.B. Nullfehlerfertigung zurückzulegen ist.

Vor diesem Erkenntnishintergrund ist das vorliegende Buch entstanden. Es will einen Beitrag leisten zur Wissensvermittlung auf dem breitgefächerten Sektor der im Qualitätsmanagement anzuwendenden Techniken, Methoden und Strategien. Es wendet sich damit an jeden Mitarbeiter einer Organisation oder Unternehmung im industriellen Umfeld, soll aber auch dem Experten als geeignetes Nachschlagewerk dienen. Eine weitere wichtige Zielgruppe des Buches bilden Studierende technischer Ausbildungsgänge, denen hiermit ein solides Grundwissen zum System und den Verfahren des modernen Qualitätsmanagements vermittelt werden soll.

Der Aufbau des Buches orientiert sich an den einzelnen Phasen der Produktentstehung. Die Inhalte der Kapitel detaillieren die hierbei einsetzbaren Qualitätsmanagementtechniken. Elementen des Qualitätsmanagements mit übergreifendem Charakter, wie z.B. dem Rechtswesen, der Rechnerunterstützung oder auch der Mitarbeitermotivation, wurden separate Kapitel gewidmet.

Da der erfolgreiche Einsatz qualitätssichernder Methoden immer auch von der Schaffung unterstützender Rahmenbedingungen abhängt, ist auf die Beachtung dieser Voraussetzungen besonderer Wert gelegt worden. Deutlich wird dies z.B. an der ausführlichen Darstellung der gegenseitigen Abhängigkeit von unterschiedlichen Logistikkonzepten und Formen der Wareneingangsprüfung oder auch der fertigungsintegrierten Qualitätsprüfung. Obwohl die Hauptkapitel des Buches dem roten Faden des o.g. Phasenkonzeptes folgen, der durch die Sequenz der einzelnen Produktentstehungsschritte vorgegeben ist, können sie auch einzeln und ohne Vorkenntnis der anderen Kapitel gelesen werden. Insofern gibt das Buch dem Leser nicht nur die Möglichkeit, Grundkenntnisse des industriellen Qualitätsmanagements zu erwerben und zu vertiefen, sondern ist ihm zugleich auch ein Nachschlagewerk, um bereits Erlerntes in kurzer Zeit wieder aufzufrischen.

Qualitätsmanagement deckt sowohl von den Einzelaspekten der diversen Methodiken und Techniken als auch durch die Reichweite implementierter Gesamtsysteme ein Themenfeld von außerordentlicher Breite und Tiefe ab. Daher konnte dieses Buch nur entstehen durch die Zusammenarbeit vieler Experten, denen ich allen an dieser Stelle meinen herzlichen Dank für ihre bereitwillige und engagierte Unterstützung aussprechen möchte.

Besonderer Dank gilt Herrn Dr. Anhalt für die Bearbeitung des Kapitels „Rechtsfragen", Herrn Dr. Beumers für die Bearbeitung des Kapitels „Design Review", Herrn Dr. Steinbach für die Unterstützung bei der Ausarbeitung des Kapitels „Qualität und Wirtschaftlichkeit" sowie Herrn Professor Zink und Herrn Hauer für die Ausarbeitung des Kapitels „Aspekte einer umfassenden Qualitätssicherung aus arbeitswissenschaftlicher Sicht". Meinen Mitarbeitern, den Herren Flamm, Dr. Gimpel, Grob, Heine, Dr. Köppe, Dr. Lücker, Orendi, Papst, Prefi, Rhiem und Schmidt, danke ich für ihren unermüdlichen Einsatz bei der Bearbeitung der einzelnen Fachabschnitte sowie der Erstellung des umfangreichen Bildmaterials. Herrn Flamm gebührt in diesem Zusammenhang besonderer Dank für die gesamte Koordination der Buchbearbeitung.

Aachen, Frühjahr 1993   Prof. Dr.-Ing. Dr. h.c. Tilo Pfeifer

Inhaltsverzeichnis

Kapitel 1 Einführung

Gliederung

1.1   Einleitung

„Quality exists, when the price is long forgotten!"

Mit diesen Worten wird Frederick Henry Royce, der Mitbegründer des englischen Traditionsunternehmens Rolls Royce, zitiert. Eine Analyse des Kaufverhaltens der Verbraucher im heutigen von Verdrängungswettbewerb und konsequenter Kundenorientierung geprägtem Marktgeschehen zeigt, daß die aus Royce Aussage ableitbare Unternehmensstrategie „Qualität" dem produzierenden Unternehmen mehr denn je Erfolg verspricht [prf]. Es ist daher auch nicht verwunderlich, wenn in den letzten Jahren die Wettbewerbskomponente „Qualität" neben den traditionellen Wettbewerbsfaktoren „Kosten" und „Zeit" immer mehr an Bedeutung gewinnt.

Qualität, das heißt, die sie bestimmenden Hauptelemente wie Wertbeständigkeit, Haltbarkeit, Funktionalität und Leistungsfähigkeit sind die wesentlichen Gründe für den Kaufentscheid sowohl von Konsumgütern, als auch von komplexen Produkten des Investitionsgütermarktes. Qualität hat damit für weltweite Marktstrategien einen katalytischen Effekt. Sie prägt den „guten Ruf": Wer ihn besitzt, dem öffnen sich alle Türen, wer ihn verloren hat, der geht oft sehr schnell unter oder kann nur unter größten Anstrengungen seinen Namen wieder mit dem Attribut „Qualität" verbinden. Unternehmen mit Zukunft müssen sich der hieraus resultierenden Herausforderung stellen und in den Aufbau eines effizienten Qualitätsmanagementsystems investieren. Auf Dauer werden nur die Unternehmen erfolgreich sein, denen es gelingt, technologische Innovation schnell, kostengünstig und den Anforderungen der Kunden entsprechend in Produkte umzusetzen. Das aber genau ist modernes Qualitätsmanagement.

Es wird deutlich: Der kürzlich vollzogene begriffliche Übergang von der Qualitätssicherung zum Qualitätsmanagement ist mehr als eine semantische Spitzfindigkeit! Wir sagen gern „Qualität beginnt im Kopf!". Diese Aussage ist durchaus mehrdeutig zu verstehen. Qualität als Unternehmensstrategie ist eine typische Top-Down-Aufgabe. Sie muß von der Unternehmensleitung gewollt werden und in den Köpfen der Spitzenmanager ihren Ausgangspunkt finden. Qualität als Unternehmenskultur beginnt dagegen im Kopf eines jeden Mitarbeiters und hat, was ihre Einführung und dauerhafte Implementierung betrifft, einen typischen Bottom-Up-Charakter.

Auch zukünftig ist davon auszugehen, daß Qualität oder, um es umfassender auszudrücken, ein leistungsfähiges Qualitätsmanagement entscheidend sein wird für die Unternehmensentwicklung in einem sich weiter verschärfenden internationalen Verdrängungswettbewerb.

1.2   Ausgangssituation

Unternehmen des herstellenden Gewerbes als auch der weitgefächerten Dienstleistungsbranche sehen sich schon seit Jahren einem immer stärkeren Qualitätswettbewerb ausgesetzt. Mehr denn je entscheidet die Qualität der Leistungserstellung, die einen ausgeprägten Wandel von der Produktorientierung hin zum unternehmensübergreifenden Denken in Wertschöpfungssystemen erfahren hat (**Bild 1.1**), über Wachstum und Bestand der Unternehmen, über ganze Produktionszweige, in Einzelfällen sogar über komplette Branchen.

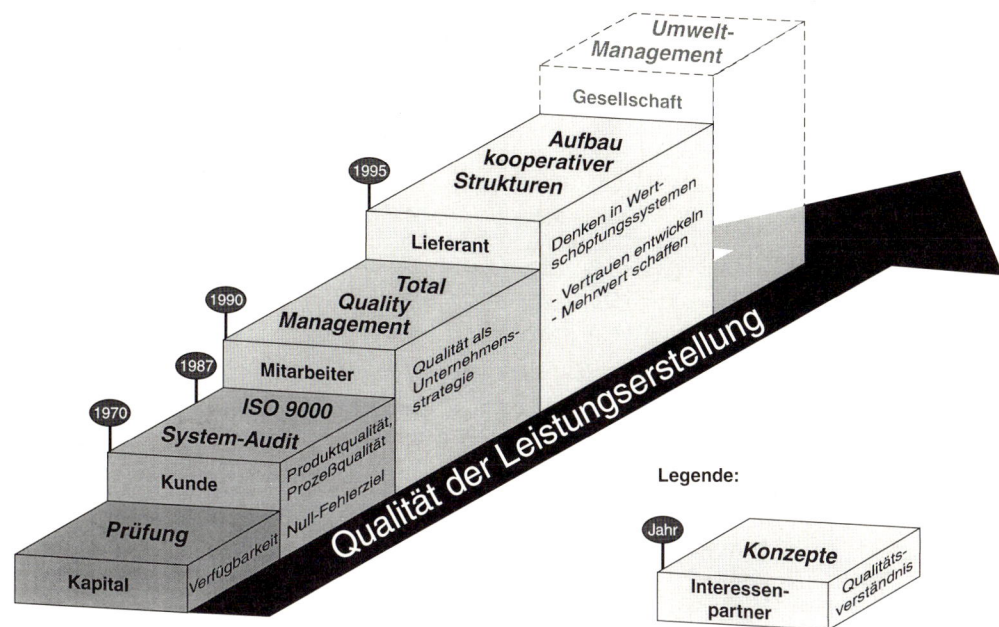

Bild 1.1   Qualitätsverständnis im Wandel

Der scheinbar unaufhaltbare Niedergang der Fotoindustrie, der Phono- und TV-Industrie in den 60er, 70er und 80er Jahren in den westlichen Industrieländern legt hiervon deutlich Zeugnis ab. Es wurden auf unseren Märkten immer noch Produkte von hoher Zuverlässigkeit und Gebrauchstauglichkeit auf der Basis einer lang eingeführten Technik entwickelt und hergestellt, obwohl der nachfragende bzw. zu bedienende Abnehmer und Kunde längst den Verlockungen von High-Tech-Features, besonders fernöstlicher Erzeugnisse, erlegen war. Das Qualitätssicherungssystem – oder, um in neuester Terminologie zu reden, das Qualitätsmanagementsystem [din] – hatte schon versagt, bevor der erste Prototyp einer neuen Entwicklung oder einer neuen Gerätefamilie der ersten Testphase unterzogen wurde [pf1].

Nicht die Wünsche des Marktes waren Grundlage der Entwicklungsarbeiten, sondern es war bzw. ist immer noch das, was die Ingenieure für technisch machbar, sowie auch unter Qualitätsgesichtspunkten optimal herstellbar halten. Daß aber maßgeblich der Kunde die Erfüllung seiner Produktanforderungen hinsichtlich Funktionserfüllung, Zuverlässigkeit, Wertbeständigkeit, Design etc. – und das ist in etwa sein Verständnis von Qualität – bei der Kaufentscheidung wesentlich höher bewertet als z.B. den Kostenaspekt, ist bereits Anfang der 80er Jahre unmißverständlich durch eine PIMS-Studie nachgewiesen worden (PIMS, Profite Impact on Market Strategy) [neu, zäp].

Aber auch in der jüngeren Vergangenheit hat sich das Abnehmerverhalten weiter signifikant verändert. Die alleinige Befriedigung von Grundbedürfnissen ist längst ins nostalgische Abseits gedrängt. Die Erfüllung von Kundenanforderungen und -erwartungen im o.g. Sinne auf einem hohen Niveau in bezug auf die Qualität der Produkte steht heute ganz eindeutig im Brennpunkt des Wettbewerbs.

Wie hart der Kunde Qualitätsdefizite bestraft, belegt eindrucksvoll eine Studie des White House Office of Customer Affairs [des]. Danach werden 90 von 100 Kunden, die mit der Beschaffenheit eines Produktes unzufrieden sind, dieses fortan meiden. Bemerkenswert ist außerdem, daß sich im Mittel nur etwa 4 % der unzufriedenen Kunden gegenüber dem Hersteller beklagen. Jeder dieser unzufriedenen Kunden wird allerdings seinen Unmut über die mangelnde Qualität mindestens 9 und teilweise sogar über 20 weiteren potentiellen Kunden mitteilen (**Bild 1.2**).

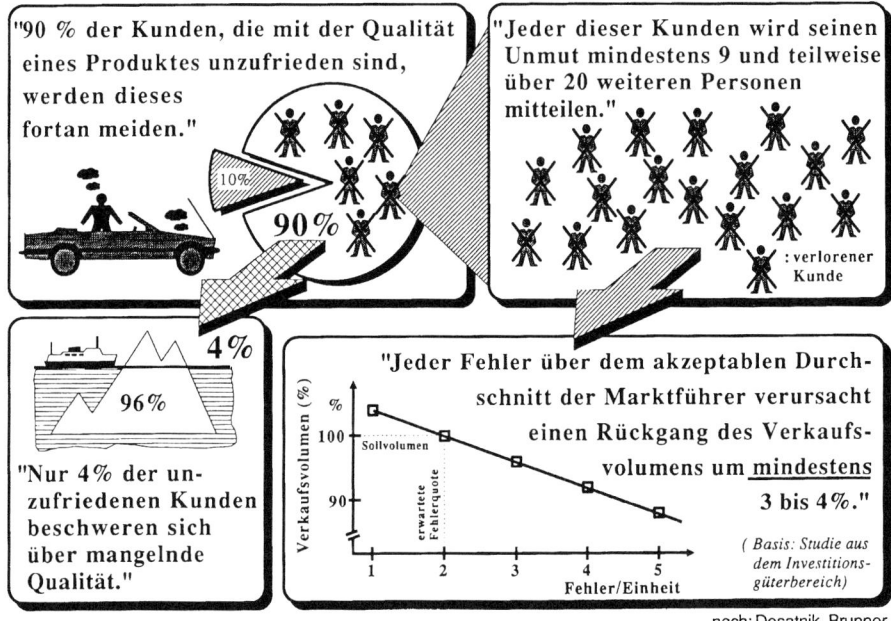

Bild 1.2   Folgen mangelnder Qualität

Es ist somit sicherlich keine unzulässige Dramatisierung, wenn festgestellt wird, daß Qualität, besonders für kleine und mittlere Unternehmen, zu einem Überlebensfaktor geworden ist. Diese Entwicklung zeichnet sich zwar bereits seit Jahren ab, hat aber in der zweiten Hälfte der 80er Jahre noch eine rasante Beschleunigung erfahren. Auch zukünftig ist davon auszugehen, daß Qualität, oder besser gesagt die Qualität der Leistungserstellung mit sich verändernden Zielausrichtungen (vgl. Bild 1.1) ein für die weitere Unternehmensentwicklung entscheidendes Thema sein wird. Zu dieser Aussage muß auch gelangen, wer bereit ist, die Inhalte von Werbeanzeigen großer Automobilkonzerne oder die Ergebnisse einer breit angelegten Umfrage unter Führungskräften 500 bedeutender europäischer Industrieunternehmen ernst zu nehmen (**Bild 1.3**) [hui].

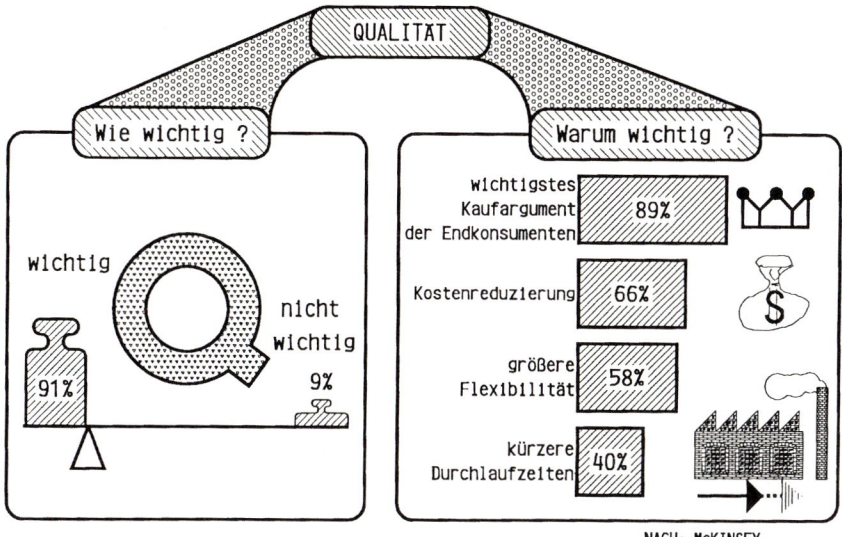

Bild 1.3 Wachsende Bedeutung der Qualität

NACH: McKINSEY
TOP 500 CEO's SURVEY

In den Führungsetagen großer Unternehmen scheint also kein Zweifel mehr darüber zu bestehen, daß Qualität ein außerordentlich wichtiger Faktor für erfolgreiche Marktstrategien und ein wirkungsvolles Kosten- und Produktionsmanagement ist.

Hochwertige Erzeugnisse können heute an vielen Standorten rund um den Erdball produziert werden. Dabei ist es illusorisch anzunehmen, die Wirtschaft in den hoch industrialisierten Ländern könne über die Arbeitskosten und -zeiten mit den rasch sich entwickelnden Schwellenländern, beispielsweise Südostasiens, auf Dauer konkurrieren. Eine maßvolle Tarifpolitik kann hier derzeit höchstens den Spielraum zum dringend erforderlichen Strukturwandel schaffen. Ziel zukünftiger Anstrengungen muß es vielmehr sein, durch eine Fokussierung auf die Wertschöpfungsprozesse im Einklang mit dem Wertesystem der Gesellschaft und durch eine drastische Vermeidung von Fehlleistungsaufwendungen brachliegende Produktivitätsreserven zu aktivieren.

„Aus Fehlern wird man klug", sagt ein altes Sprichwort. Die industrielle Praxis zeigt jedoch Tag für Tag das Gegenteil. Studien belegen immer wieder, daß etwa 60 % der auftretenden Fehler im Produktionsbetrieb so oder so in ähnlicher Form schon einmal aufgetreten sind. Als Ursache hierfür läßt sich ein markanter Sachverhalt ausmachen, die starke räumliche und zeitliche Entkopplung von Fehlerentstehung und Fehlerentdeckung. Sie verhindert ganz offensichtlich in unseren Unternehmen immer noch ein wirksames Fehlermanagement.

Gerade kostenintensive Qualitätsmängel zeichnen sich dadurch aus, daß ihre Ursachen häufig in der planerisch administrativen Ebene eines Unternehmens zu suchen sind, ihre Auswirkungen aber erst sehr viel später in der operativen Ebene der Fertigung oder der Montage auftreten. Diesem Sachverhalt durch eine immer noch stark bevorzugte Ausrichtung der Qualitätssicherung auf fertigungsbegleitende Prüfungen zu begegnen, kann zwangsläufig nicht effizient sein. Ein noch so perfektes Prüf- und Nacharbeitskonzept leistet ursächlich immer nur einen Beitrag zur Vermeidung der Weiterreichung fehlerhafter Produkte an den Kunden, aber im ersten Ansatz keinen Beitrag zur Vermeidung oder Beseitigung der vorgelagerten Fehlerquellen. Diese Strategie ist damit nicht wertschöpfend, sondern in sehr starkem Maße wertverzehrend.

In eindrucksvoller Weise belegt wird diese Aussage auch durch einige Untersuchungsergebnisse der inzwischen international viel beachteten Erhebung und Analyse des MIT zur Wettbewerbssituation in amerikanischen, japanischen und deutschen Unternehmen der Automobilbranche sowie der mit ihr verbundenen zahlreichen Zuliefererunternehmen [wom]. Diese Studie, die durch ihre Untersuchungsergebnisse letztendlich auch den entscheidenden Impuls zur Umsetzung einer „schlanken Produktion" (Lean Production) gegeben hat, stellt unter anderem die Positionierung japanischer, amerikanischer und europäischer Unternehmen im Zielbereich minimaler, an den Kunden weitergegebener Produktfehler, bei gleichzeitig optimaler Produktivität dar (**Bild 1.4**).

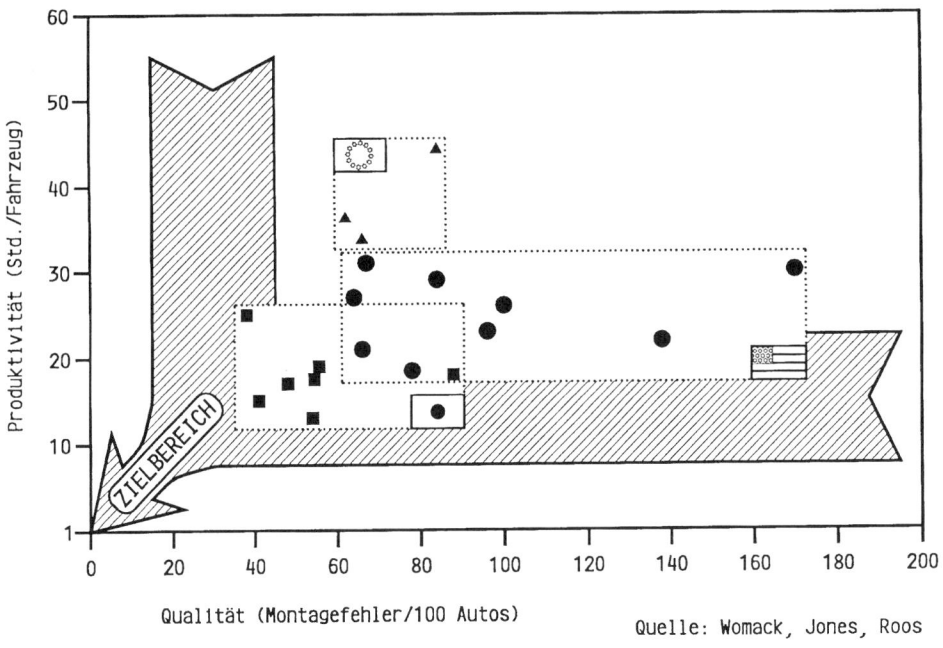

Bild 1.4   Zusammenhang von Qualität und Produktivität

Es fällt auf, daß der Qualitätsstandard europäischer Unternehmen, dargestellt am Beispiel der weitergereichten Montagefehler je 100 Autos, durchaus vergleichbar ist mit dem Standard guter amerikanischer als auch japanischer Unternehmen. Dagegen rangiert die Produktivität der europäischen Unternehmen deutlich hinter den Spitzenwerten japanischer und amerikanischer Automobilhersteller. Der Grund hierfür liegt, wie schon oben dargelegt, im wesentlichen in der Tatsache begründet, daß der hohe Standard an Fehlerfreiheit der an den Kunden weitergereichten Produkte, in europäischen

Unternehmen durch eine perfektionierte Endprüfung, oder wie es in vielen Unternehmen noch heißt, durch eine Endkontrolle erreicht wird. Dieser Weg zur Spitzenqualität muß aber zwangsläufig teurer und zeitaufwendiger sein, als die Sicherstellung eines Qualitätsstandards über präventive Qualitätssicherungsmethoden. Hier entscheidende Fortschritte zu erzielen heißt vor allem, einen ganzheitlich durchgängigen Qualitätsmanagementansatz zu implementieren, der im Sinne eines Total Quality Managements (TQM) mitarbeiterbasiert und kundenorientiert über fähige Prozesse in gut organisierten Wertschöpfungsketten umgesetzt wird.

1.3 Defizite

Es wird auf den ersten Blick überraschen, daß bei einer so einhellig positiven Einschätzung der herausragenden Bedeutung von Qualität die Schwachstellen derzeit praktizierten Qualitätsmanagements nicht viel entschlossener und vor allem schneller überwunden werden. Schon eine einfach durchzuführende Grobanalyse der Problemstellung läßt allerdings sehr rasch erkennen, daß auf diesem Sektor schnelle Fortschritte kaum zu erzielen sind. Die Gesamtproblematik des Qualitätsmanagements ist dafür viel zu komplex und zwar sowohl im Hinblick auf die einzelnen Ansätze und Wirkungsbereiche unterschiedlicher Qualitätsmanagementstrategien und -methoden als auch in bezug auf die Vermaschung technischer, organisatorischer sowie personeller Ressourcen und Hilfsmittel. Es bedarf darüber hinaus einer Vielzahl von Voraussetzungen, um die Zielsetzung einer Verbesserung der Qualität bei gleichzeitiger Minimierung der dafür eingesetzten Kosten zu realisieren.

Obwohl diese Zusammenhänge auch von Nichtexperten des Qualitätsmanagements relativ leicht nachvollziehbar sind, hält sich dennoch sehr hartnäckig in vielen Unternehmen unserer Industrielandschaft die Auffassung, daß die Qualität der erzeugten Produkte im wesentlichen durch Maßnahmen im Umfeld der eigentlichen Fertigung durch On-Line Qualitätsmanagementverfahren, d.h. durch Qualitätsprüfungen, zu erreichen ist.

Diese fatale Fehleinschätzung der Reichweite methodisch-strategischer als auch organisatorisch-technischer Qualitätsmanagementmaßnahmen resultiert wesentlich aus dem zu Beginn unseres Jahrhunderts dominierenden Taylor'schen Prinzip der Arbeitsteilung, das dem Qualitätsmanagement eine mehr oder weniger nur kontrollierende Funktion am Ende der Produktentstehungsphasen – Aussortieren fehlerhafter Teile – zuwies **(Bild 1.5)**.

Auch die weitere, sich nur sehr langsam und mit großer Zeitverzögerung im Hinblick auf die zur Verfügung stehenden Methoden vollziehende Entwicklung zum ganzheitlich integrativen Qualitätsmanagement ist in starkem Maße durch die Folgen der arbeitsteiligen Funktionsabläufe und Organisationsstrukturen behindert worden. Das gilt sowohl für die methodischen Ansätze der zunächst ausschließlich auf die Fehlerentdeckung ausgerichteten On-Line Qualitätsprüfung, betrifft in gleichem Maße aber auch die Anwendung der erst sehr viel später entwickelten Off-Line Qualitätsmanagementmethoden, d.h. der Maßnahmen zum fehlervermeidenden, präventiven Qualitätsmanagement in den planerischen Bereichen.

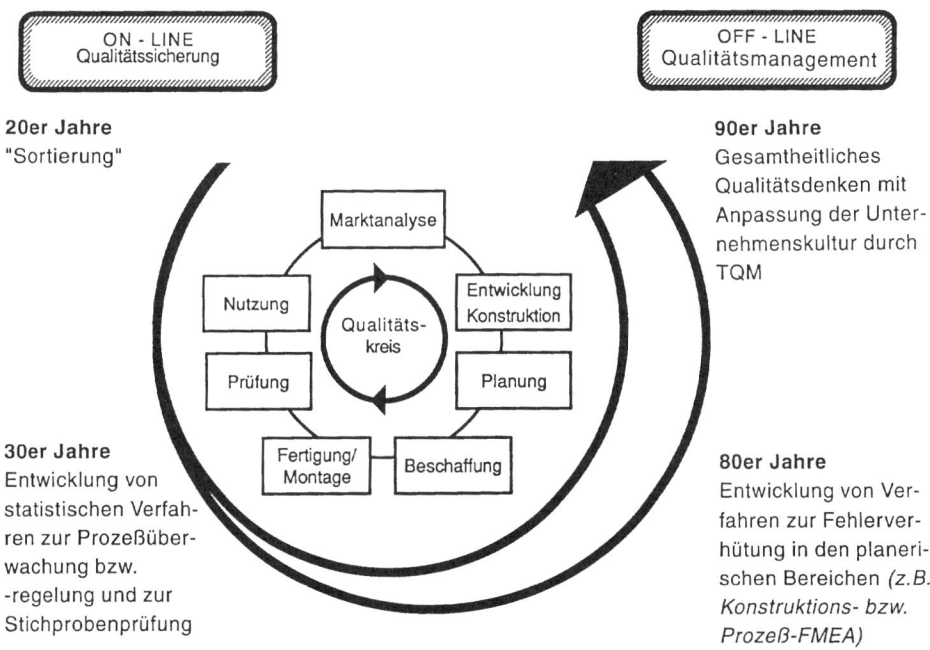

ON - LINE
Qualitätssicherung

OFF - LINE
Qualitätsmanagement

20er Jahre
"Sortierung"

90er Jahre
Gesamtheitliches
Qualitätsdenken mit
Anpassung der Unter-
nehmenskultur durch
TQM

Marktanalyse

Nutzung

Entwicklung
Konstruktion

Qualitäts-
kreis

Prüfung

Planung

30er Jahre
Entwicklung von
statistischen Verfah-
ren zur Prozeßüber-
wachung bzw.
-regelung und zur
Stichprobenprüfung

Fertigung/
Montage

Beschaffung

80er Jahre
Entwicklung von Ver-
fahren zur Fehlerver-
hütung in den planeri-
schen Bereichen *(z.B.
Konstruktions- bzw.
Prozeß-FMEA)*

Bild 1.5   Entwicklung der Qualitätssicherung bzw. des Qualitätsmanagements

Ganzheitlich integrative Ansätze eines TQM, wie sie zur Überwindung der dargelegten Wettbewerbs- und Qualitätsproblematik dringend umgesetzt werden müßten, werden aus der Sicht vieler westlicher Industrieunternehmen leider auch heute immer noch mehr oder weniger als Zukunftskonzepte betrachtet. In dieser Fehleinschätzung sowie dem Nichtwissen um die Möglichkeiten und Vorteile, die ein durchgängiges, im Unternehmen implementiertes Qualitätsdenken und -handeln eröffnet, ist das *Hauptdefizit* derzeit praktizierten bzw. nicht umgesetzten Qualitätsmanagements zu sehen. Welche Chancen hierdurch vertan wurden, läßt sich am ehesten verdeutlichen, wenn die Entwicklung japanischer Unternehmen in den zurückliegenden 40 Jahren betrachtet wird.

Als in Japan in den 50er Jahren in Verbindung mit der bis zur Massenproduktion gesteigerten Herstellung von Konsumgütern das Problem nicht beherrschter Qualität deutlich wurde, und vor allem die Kunden der interessanten Zielgruppen japanischer Produkte in den US-amerikanischen und europäischen Absatzmärkten mit Negativeinstellungen, wie z.B. „Masse statt Klasse zu Billigpreisen", reagierten, griff man in einer quasikonzertierten, alle Bereiche des herstellenden und dienstleistenden Gewerbes umfassenden, Aktion das Qualitätsproblem auf. Japan wiederentdeckte dabei sowohl die schon in den 20er und 30er Jahren von amerikanischen Spezialisten bis zur Einsatzreife entwickelten statistischen Auswerteverfahren und hier insbesondere die Methoden des „Statistical Process Control" (SPC), als auch die gerade erst in den 50er Jahren, und zwar wiederum von Amerikanern, entwickelten ganzheitlichen Ansätze des Total Quality Managements (TQM).

Amerikaner waren es dann auch, die auf Initiative und Nachfrage japanischer Konzerne und Fachorganisationen landauf, landab den Schulungsfeldzug und Nachholbedarf in Sachen Qualität managten. Trotz hoher Motivation auf seiten der Anwender, griffiger Grundkonzepte, z.B. der Thesen von Dr. Deming [dem] und anwendungserprobter, fehlervermeidender Qualitätsmanagementmethoden ließ der Erfolg lange auf sich warten. Zu komplex, weitreichend und vermascht ist eben der Aufgaben-, Funktions- und Einflußbereich eines ganzheitlich konzipierten und durchgängig implementierten Qualitätsmanagements.

Dennoch, in den 70er Jahren redete man bereits von dem japanischen Qualitätswunder. Nicht von ungefähr, denn inzwischen wurden ganze Marktbereiche typischer Qualitätsprodukte, wie z.B. die der Foto- und Phonoindustrie, eindeutig von japanischen Unternehmen dominiert.

Die nun einsetzende intensive Analyse des japanischen Qualitätserfolges zeigte für den Außenstehenden zunächst ein ganz erstaunliches Ergebnis. Mit den enormen Anstrengungen und Aufwendungen, das Qualitätsmanagement zu verbessern, war es den Japanern nicht nur gelungen, das Ziel einer für den Kunden nahezu optimalen Erfüllung seiner Anforderungen und Erwartungen zu erreichen, es hatten sich, viel bedeutender noch als dies, die fortschrittlichen Methoden des Off-Line Qualitätsmanagements auch als ausgesprochen leistungsstark im Hinblick auf Zeit- und Kosteneinsparungen erwie-

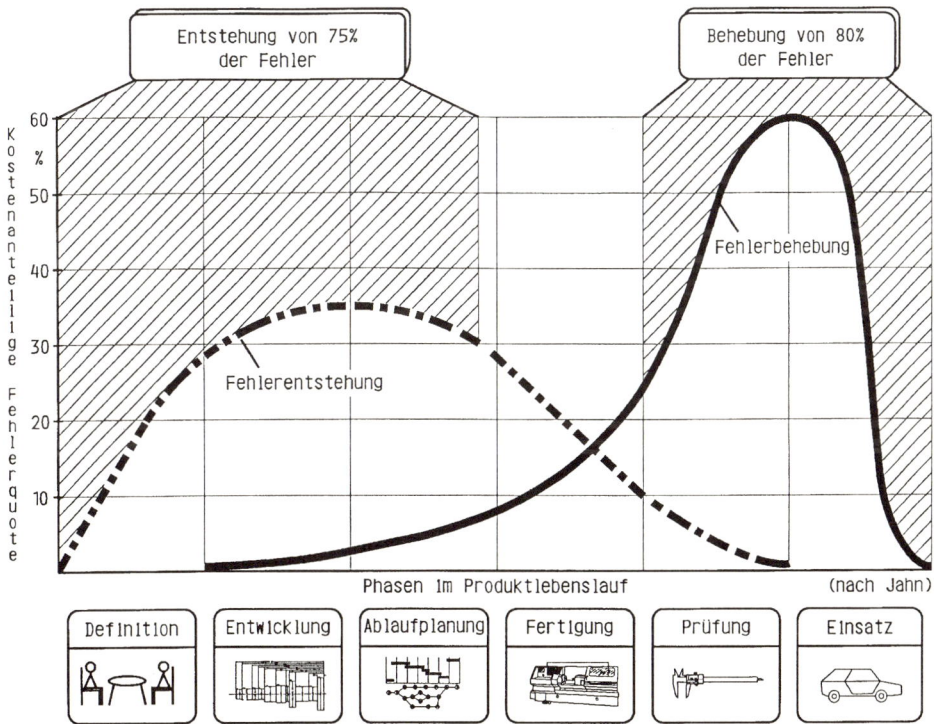

Bild 1.6 Fehlerentstehung und Fehlerbehebung

sen. Nunmehr war es möglich, Spitzenqualität bei gleichzeitig reduzierten Zeit- und Kostenaufwendungen herzustellen. Gewinne konnten erhöht und Preisnachlässe direkt an den Kunden weitergegeben werden. Zudem konnten Entwicklungszeiten deutlich verkürzt und das neue Produkt früher am Markt plaziert werden, alles hervorragende Leistungsfaktoren für den sich auf internationalen Märkten immer deutlicher abzeichnenden Verdrängungswettbewerb.

Damit ist dann auch der *zweite* große *defizitäre* Bereich unseres heutigen Qualitätsmanagements angesprochen, nämlich das Nichtwissen um die Bedeutung und den Umfang an Kosten, die aus Nichtqualität, oder, um es anders auszudrücken, aus Fehlleistungen resultieren.

Noch immer werden hierzulande Qualitätsmanagementmaßnahmen allzuoft nur mit Mehrkostenaufwendungen assoziiert. Dabei sind die Verhältnisse bzw. Schwachstellen in unseren Unternehmen absolut vergleichbar mit denen japanischer Hersteller vor deren entschlossener Qualitätsinitiative. Analysen auf diesem Sektor, die im übrigen bei uns verstärkt erst gerade in den letzten Jahren durchgeführt werden, zeigen immer wieder, daß der überwiegende Anteil aller Fehler, die im Verlauf der Produktentstehungskette gemacht werden, bereits in den planenden Phasen vor Fertigungsbeginn entsteht. Die Aufdeckung derartiger Fehler und ihre Auswirkungen erfolgen dagegen erst sehr viel später, d.h. in der Regel viel zu spät **(Bild 1.6)** [jah].

Berücksichtigt man nun noch den vielfach bestätigten Sachverhalt, daß ein Fehler mit jeder Phase, in der er später in bezug auf seinen Entstehungszeitpunkt aufgedeckt und behoben wird, in seinen kostenverursachenden Auswirkungen ca. um den Faktor 10 zunimmt, so wird deutlich, welche enormen Fehlleistungskosten durch Nichtqualität und ihre Nichtentdeckung in den konzipierenden und planenden Phasen des Produktentstehungsprozesses verursacht werden. Deutlich wird aber auch, welche enormen Kosteneinsparungspotentiale durch gezielte Qualitätsmanagementmaßnahmen gerade vor Produktionsbeginn bzw. vor Serienanlauf durch Off-Line Qualitätsmanagementmethoden zu aktivieren sind **(Bild 1.7)**.

Fatalerweise kennt allerdings die überwiegende Anzahl kleiner und mittlerer Unternehmen die eigenen Aufwendungen für Nichtqualität (z.B. Ausschuß, Nacharbeit, Reklamationen etc.) überhaupt nicht. So zeigte z.B. eine Untersuchung der Firma Roland Berger & Partner, daß je nach Branche nur etwa jedes zehnte bis jedes fünfte Unternehmen einen genauen Überblick über die anfallenden Qualitätskosten hat [rbp]. Der Rest der Betriebe hat entweder keine genaue Kenntnis oder, was für die dringend anstehenden Entscheidungsprozesse eines verbesserten Qualitätsmanagements noch viel problematischer ist, schätzt die Kosten. Überraschend ist nach dem oben dargelegten Sachverhalt auch nicht der hohe Anteil für Fehler und Fehlerfolgekosten, der mit etwa 46 % der gesamten Qualitätskosten angegeben wird. Auch traditionelle Formen der Kostenstellenrechnung weisen diesen Anteil in Form von Nacharbeit, Reparatur oder Verschrottungskosten, sowie Aufwendungen für Garantie und Gewährleistungen in gleicher Größenordnung aus.

Hinzu kommen enorme Aufwendungen für Meß- und Prüfmaßnahmen, die im Rahmen der klassischen Qualitätsprüfung zu erbringen sind. Sie betragen ebenfalls ca. 40 % der gesamten Qualitätskosten.

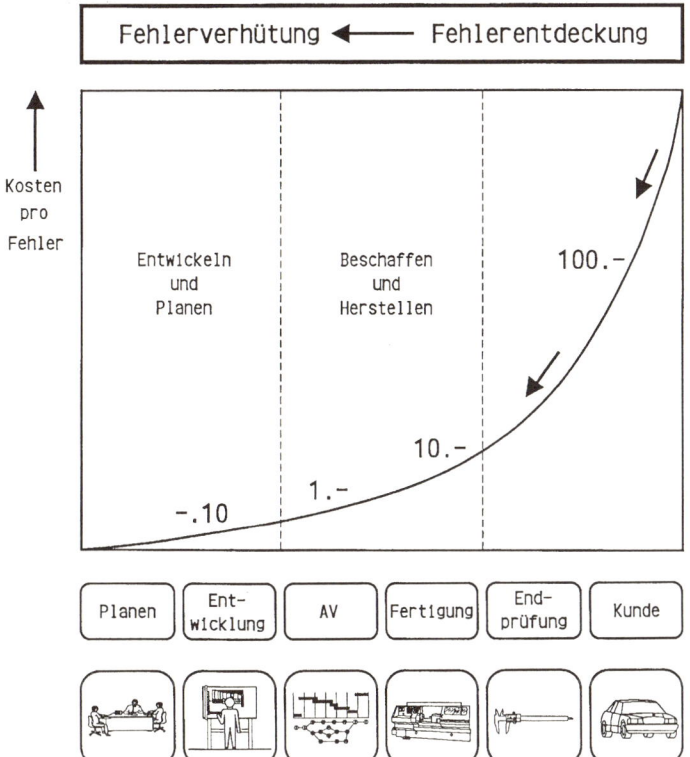

Bild 1.7   Zehnerregel der Fehlerkosten

Das Nichtwissen um die Höhe und Verteilung der Qualitätskosten blockiert viele Qualitätsprogramme im Ansatz. Im allgemeinen lassen sich zwar noch leicht Aussagen über die Höhe der Kosten für die Einführung eines Verfahrens des Qualitätsmanagements machen, im Gegensatz dazu können die zu erwartenden Einsparungen in der Regel nicht im vorhinein genau bestimmt werden.

Drittes Defizit: In der Industrie wird immer noch zuviel geprüft. Obwohl mehr und mehr Abnehmer heute dazu übergehen, Lieferungen mit einem maximalen Restfehleranteil im Bereich von ‰ oder ppm vertraglich zu fordern, glauben dennoch die Zulieferer, dieser Entwicklung durch eine Intensivierung der Prüftätigkeiten, d.h. des Aussortierens fehlerhafter Teile, begegnen zu können. Hierbei wird im allgemeinen übersehen, daß Unsicherheiten der Prüfabläufe, Ungenauigkeiten der eingesetzten Prüfmittel und Leistungsschwankungen des eingesetzten Prüfpersonals der Wirksamkeit einer Qualitätsprüfung deutlich Grenzen setzen. Die Strategie des reinen Prüfens versagt daher zunehmend, wenn eine sichere Feststellung von sehr kleinen Fehleranteilen gefordert wird, wenn Fehler bzw. Auswirkungen zum Zeitpunkt des Prüfens (noch) nicht

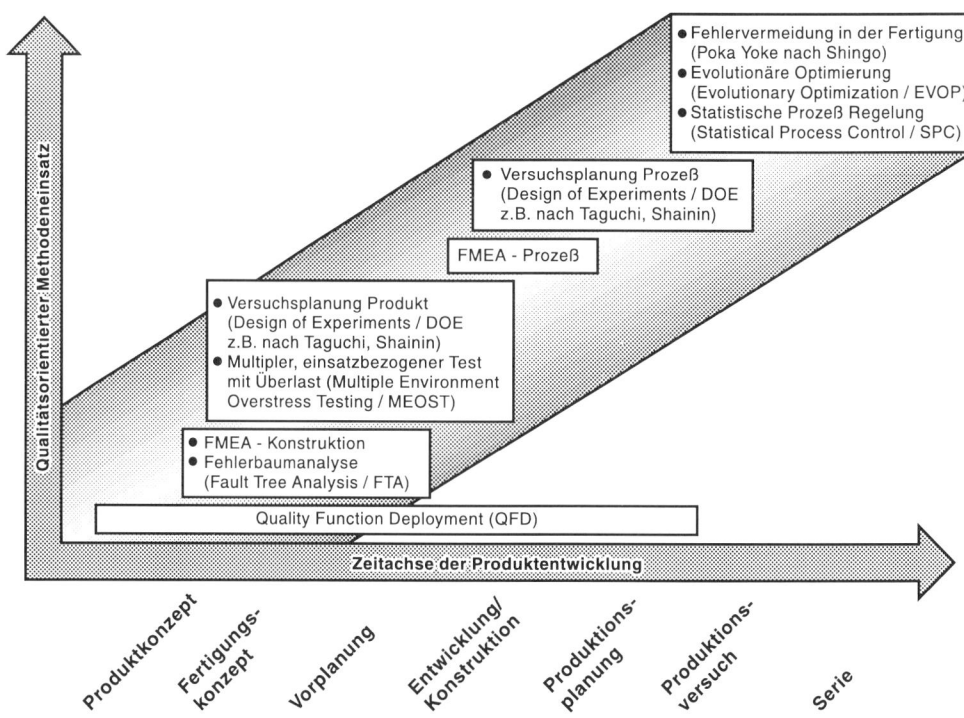

Bild 1.8   Methoden des „Quality Engineering"

nach: Sondermann, W.

vorhanden bzw. feststellbar sind, sowie immer dann, wenn Fehler, die aufgrund von Wechselwirkungen auftreten, ermittelt werden sollen [ebe].

Wirksam vorbeugende Maßnahmen sind aus einer Qualitätsprüfung nur dann abzuleiten, wenn sie nicht mehr nur als Kontrollinstrument verstanden wird, sondern eher den Charakter der gezielten Informationsbereitstellung bekommt. In einem derart erweiterten Ansatz können die Informationen aus der Qualitätsprüfung dazu genutzt werden, um bereits dann regelnd in den Produktionsprozeß einzugreifen, wenn erste Abweichungen vom geforderten Qualitätsniveau festgestellt werden [pf2]. Besondere Bedeutung hat in diesem Zusammenhang die schon angesprochene statistische Prozeßregelung (SPC) erlangt. Jedoch kann die SPC auch nur dazu dienen, eine durch Konstruktion und Prozeßplanung vorgegebene maximale Produktqualität in der Fertigung darzustellen und zu sichern. Die SPC kann Hinweise zur Verbesserung der Prozeßüberwachung und direkt auch zur Verbesserung des Produktes geben. Wenn jedoch ein Produkt von vorneherein nicht qualitätsfähig (z.B. nicht fertigungs- und nicht montagegerecht) konstruiert wurde, kann das Qualitätsniveau dieses Produktes auch durch die SPC nicht weiter angehoben werden. Spätestens an diesem Punkt muß erkannt werden, daß die größte Beeinflußbarkeit der Produktqualität und damit auch die Verantwortung für die Qualität in den Produktentstehungsphasen vor Fertigungsbeginn liegt [bon].

In der betrieblichen Praxis beträgt die maximale Empfindlichkeit der Regelkarten für das erreichbare Qualitätsniveau ca. 0,5 % bezogen auf den Restfehleranteil [ebe]. Wird ein höheres Qualitätsniveau gefordert, was heute in vielen Zulieferbereichen durchaus der Fall ist, so versagen insgesamt die Methoden des On-Line Qualitätsmanagements, um dieses Ziel zu erreichen. Hier müssen die Methoden zum Einsatz kommen, die schon unter dem Stichwort Off-Line Qualitätsmanagement angesprochen wurden und deren Wirkungsfeld sich auf die Phasen vor Fertigungsbeginn bezieht. Nur durch ihren Einsatz wird die Möglichkeit eröffnet, Qualitätsanforderungen mit erlaubten Restfehleranteilen im ppm-(parts per million)Bereich zu erfüllen. Voraussetzung dafür ist allerdings auch ein umfassender, unternehmensweiter Qualitätsansatz, der Kundenwünsche und Kundenforderungen einbezieht und der durch methodisch-strategische Ansätze den Versuch unternimmt, die qualitätsbestimmenden Parameter in allen Produktentstehungsphasen zu beherrschen.

Damit nähern wir uns dem *vierten defizitären* Bereich des bei uns derzeit praktizierten Qualitätsmanagements, dem Mangel an Wissen um Inhalte, Leistungsfähigkeit, Einsatzmöglichkeiten und Handhabbarkeit von Qualitätsmanagementverfahren vor Serienanlauf.

Es sind inzwischen zwar eine Vielzahl von Methoden und Verfahren des sog. „Quality Engineering" bekannt geworden, die sich vorteilhaft in der Produkt- und Prozeßentwicklung einsetzen lassen, und es ist auch eine gewisse Bereitschaft bei den Unternehmen zu erkennen, ihre Qualitätsstrategie auf die präventive Absicherung der Planungs- und Fertigungsprozesse auszurichten (**Bild 1.8**). Dennoch muß darauf hingewiesen werden, daß die überwiegende Anzahl der aufgezeigten Methoden noch in keinem Fall durchgängig Eingang in die industrielle Praxis gefunden hat.

Eine erfreuliche Ausnahme bilden in diesem Zusammenhang nur die analytischen Verfahren der Fehlermöglichkeits- und Einflußanalyse (FMEA = Failure Modes and Effects Analysis), die mit einem Verbreitungsgrad von immerhin 75 % als praktisch etabliert zu bezeichnen sind. Allerdings ist das Bekenntnis zur FMEA bei vielen Anwendern weniger auf die Einsicht in die oben skizzierten Zusammenhänge zurückzuführen als vielmehr auf den Druck der seitens der Kunden – und hier ist insbesondere die Automobilindustrie zu nennen – ausgeübt wird.

Für die anderen, nicht weniger wichtigen, Off-Line Qualitätsmanagementmethoden gilt eher der Trichtereffekt (**Bild 1.9**). Sie sind durch Veröffentlichungen in Fachzeitschriften oder über Vorträge und Praktika in Aus- und Weiterbildungsseminaren eher in Form von Oberflächenwissen bekannt und haben nur vereinzelt, und zudem noch in vielen Fällen unvollständig, Eingang in erste Pilotanwendungen gefunden. Als wesentliche Hemmnisse sind in diesem Zusammenhang die recht hohe Komplexität des Instrumentariums und die mangelnde Grundausbildung des betroffenen Fachpersonals zu nennen. Es kommt hinzu, daß viele der aufgeführten Methoden nur in einem integrierten Gesamtsystem des Qualitätsmanagements optimal Anwendung finden können. Dieses aber ist ebenfalls in seinen Grundelementen bei den meisten Unternehmen zur Zeit nicht vorhanden.

Obwohl der Aufbau eines präventiven Qualitätsmanagements in den anfänglichen Phasen enorme Anstrengungen, vorwiegend im personellen und organisatorischen Umfeld verlangt und auch erhebliche Kapazitäten bindet, sollten der mittelfristig zu erzielende

Erfolg des kontiniuierlich steigenden Qualitätsniveaus in allen Unternehmensbereichen und die erheblichen Kosteneinsparungen durch den drastischen Rückgang der Fehlerbeseitigungsaufwendungen Motivation und Anlaß genug sein, entschlossen in präventive Maßnahmen des Qualitätsmanagements zu investieren. Wer dies unterläßt, darf zukünftig auch keine besonderen Renditen mehr erwarten.

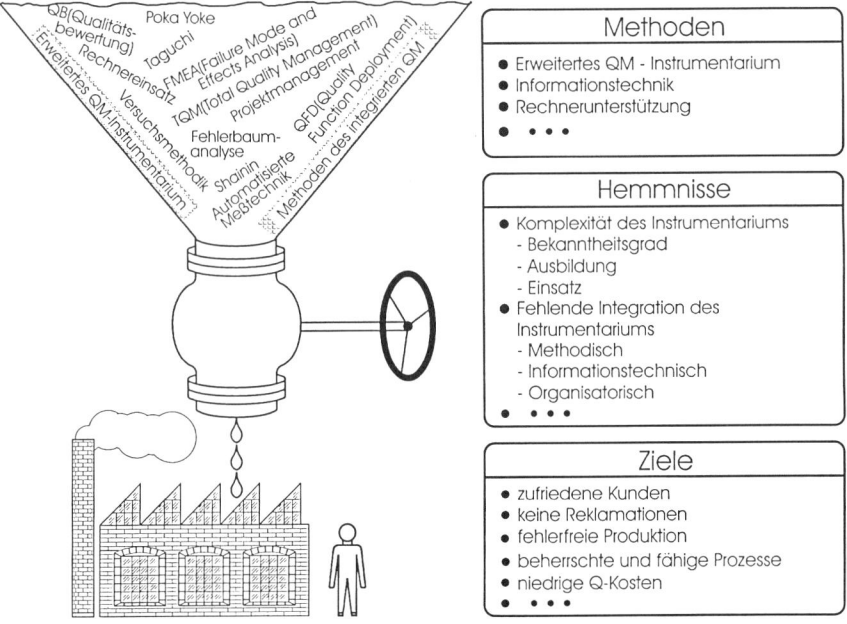

Bild 1.9   Hemmnisse beim Einsatz von Off-Line Qualitätsmanagementmethoden

Welche enormen Kosten und auch Zeitvorteile auf diesem Sektor erzielt oder auch verschenkt werden können, macht wieder einmal der Vergleich zu japanischen Unternehmen deutlich **(Bild 1.10)**. Der Unterschied in der Häufigkeit konstruktiver, technischer und planerischer Änderungsmaßnahmen vor Serienanlauf bei guten japanischen, amerikanischen und europäischen Automobilbauern ist signifikant [sul, asi].

Der japanische Kurvenverlauf zeigt nicht nur deutlich weniger Änderungen, Japaner bereiten ihre Maßnahmen auch gründlicher vor. Sie starten später, dann aber in kompetenten, leistungsstarken, optimal zusammengesetzten Teams, um massiv fehlervermeidende, d.h. präventive Qualitätsmanagementmethoden in die frühen Phasen der Produktentstehung zu implementieren. Denn gerade hier ist das Beeinflussungspotential bezüglich der Produkteigenschaften hoch und der Änderungsaufwand gering. Erreicht wird durch den QM-Methodeneinsatz im Off-Line-Bereich, daß mehr als 90 % der Änderungsmaßnahmen schon mehrere Monate vor Produktionsbeginn abgeschlossen sind, und daß die Teams frühzeitig wieder aufgelöst und anderen Verantwortungsfeldern in den weiteren Phasen der Produktentstehung zugeführt werden können.

Bei den US-amerikanischen bzw. auch europäischen Unternehmen steigt dagegen mit fortschreitender Produktentwicklung der Änderungsaufwand ständig an. Vom ursprünglichen Rahmenheft mit etwa 600 Produktmerkmalen wurden z.B. für einen europäischen Automobilbauer bis zum Serienanlauf 68 % verändert. Entsprechend hoch

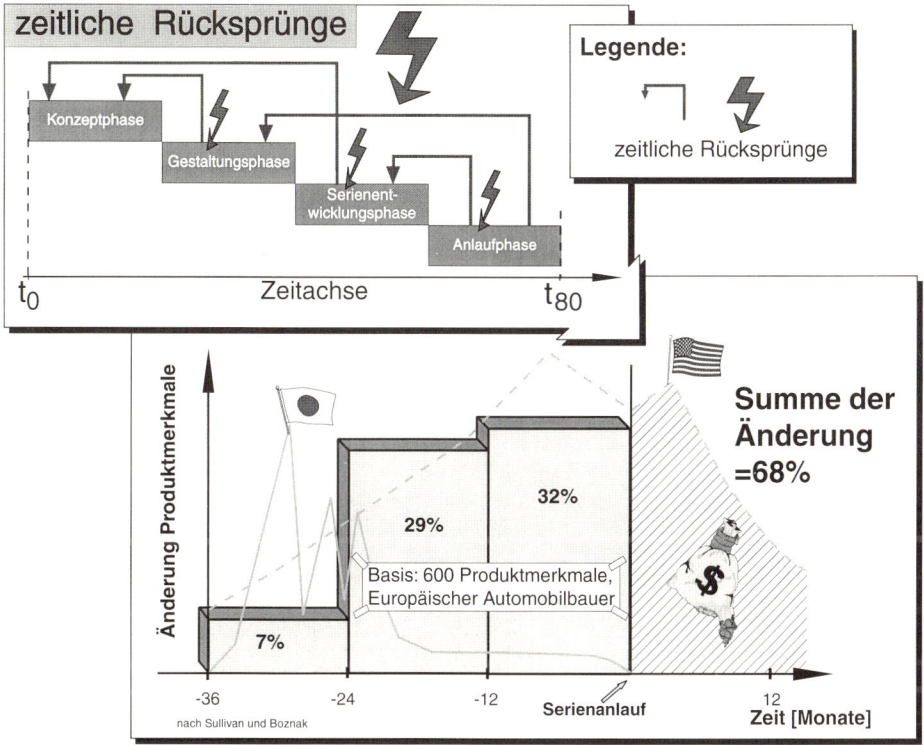

Bild 1.10 Häufigkeit technischer Änderungen vor Serienanlauf – Vergleich zwischen Japan, USA und Europa

ist auch die Zahl der zeitlichen Rücksprünge, die ebenfalls am Ende der Produktentstehung, also dort, wo Stabilität für den Serienanlauf einkehren sollte, einen Scheitelwert erreicht. Diese Vorgehensweise verursacht zwangsläufig hohe Verluste an Zeit und Kosten. Hinzu kommen enorme Kostenaufwendungen für eine spätere Beseitigung von Fehlern, die bereits in einer sehr frühen Phase vorprogrammiert sind, und die dem Unternehmen im weiteren Verlauf der Produkterstellung als Gewinne direkt verloren gehen. Auch ist davon auszugehen, daß durch sehr späte Änderungen Probleme bis zum Kunden durchschlagen, die zwar gern als Anlaufschwierigkeiten oder Kinderkrankheiten abgetan werden, in ihren Negativauswirkungen bezogen auf das Produkt oder auch im Hinblick auf das gesamte Firmenimage aber katastrophale Folgen haben können.

1.4   Anforderungen und Maßnahmen

Die zukünftigen Anforderungen an das Qualitätsmanagement und die Erzeugnisqualität der hergestellten bzw. vertriebenen Ware resultieren aus einem Markt, der in den vergangenen 30 Jahren grundlegende Änderungen erfahren hat. Der Wandel vom Verkäufermarkt (Nachfrageüberhang) über den Verbrauchermarkt (Angebotsüberhang) bis hin zum heutigen Verdrängungsmarkt erfordert ständig aktuelle, dem Marktgeschehen angepaßte Produkte und Produktionskonzepte.

Wichtige strategische Erfolgsfaktoren, die in diesem Zusammenhang genannt werden müssen, sind:

- Verkürzung der Innovationszeit von der Idee bis zum Produkt
- Reduzierung der Lieferfristen und Lagerhaltungsaufwendungen
- Steigerung der Flexibilität und der Variantenvielfalt
- Kontinuierliche Verbesserung der Qualitätsfähigkeit der gesamten Produktentstehungsprozesse
- Wertschöpfungsorientierte Reorganisation der Geschäftsprozesse [kod]

Die Komplexität und Vielschichtigkeit der genannten Ziele verstärkt die immer größer werdende gegenseitige Abhängigkeit der Abnehmer- und Zulieferbranchen. Die Antwort der Unternehmen auf diese Situation besteht in der weitestgehenden Ausschöpfung erkannter und der Erschließung neuer, produktionsverbessernder Ressourcen. In diesem Zusammenhang sind die Faktoren „Information" und „Qualität" von herausragender Bedeutung.

Unabhängig davon, ob ein Unternehmen nun ein durchgängig integriertes Qualitätsmanagementsystem im Sinne des TQM einführen, ein „Null-Fehler-Programm" starten möchte oder präventive Qualitätsmanagementmethoden vor Serienanlauf implementieren will, wird damit ein Prozeß initiiert, der genau, wie z.B. auch Fertigungsprozesse, durch die 5 „M" des klassischen Prozeßmodells beschrieben und überwacht werden kann. Diese 5 „M" bezeichnen:

- den Menschen
- die Methode
- das Material
- die Maschine
- die Mitwelt (Umfeld)

Für den interdisziplinären Komplex des Qualitätsmanagements ist es darüber hinaus sinnvoll, dieses Modell noch um die Größen „Management" und „Meßbarkeit" zu ergänzen, so daß auch von den 7 „M" gesprochen werden kann.

Der aktuelle Handlungsbedarf und die zukünftigen Anforderungen lassen sich damit über die o.g. Kategorien wie folgt beschreiben:

Der Mensch nimmt im betrieblichen Qualitätsgeschehen die zentrale Position ein. Gut ausgebildete und hoch motivierte Mitarbeiter sind die tragende Säule jeglichen unternehmerischen Wirkens. Dies gilt auch, und hier in besonderem Maße, für das Qualitätsmanagement, das sich ja nicht nur auf die im Qualitätswesen Beschäftigten abstützt, sondern von allen Mitarbeitern eines Unternehmens getragen werden muß.

In dem Maße, in dem sich die Erkenntnis durchsetzt, daß Qualität geplant bzw. als strategisches Ziel mit Managementtechniken verfolgt werden muß, verlangt die Industrie immer drängender sowohl nach den akademisch ausgebildeten Systemingenieuren und Spezialisten wie auch nach dem Techniker und Fachmann mit einer soliden Grundausbildung in qualitätssichernden Methoden und Verfahren. Insgesamt läßt sich festhalten, daß exzellente Qualität nur mit exzellent ausgebildeten und geschulten Mitarbeitern zu erreichen ist. Hierzu bedarf es eines umfassenden Aus- und Weiterbildungsprogramms, das neben der Vermittlung des notwendigen Faktenwissens auch Rahmenbedingungen schafft, dieses Wissen in Handlungskompetenz, also angewandtes Wissen, umzusetzen.

Aber nicht nur die Experten aus Forschung und Lehre, aus Wissenschaft und Technik haben immer wieder die besondere Bedeutung des gut ausgebildeten Mitarbeiters herausgestellt, auch die Unternehmen räumen dem Faktor „Wissen" inzwischen ganz eindeutig eine Spitzenstellung in Verbindung mit der zu verbessernden Qualität ein **(Bild 1.11)** [hui].

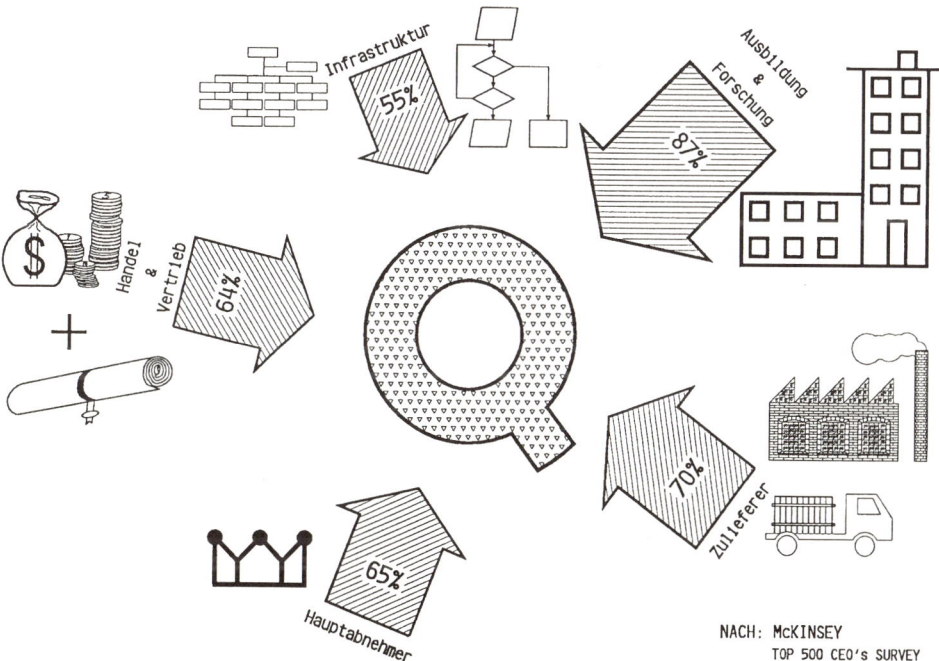

NACH: McKINSEY
TOP 500 CEO's SURVEY

Bild 1.11   Was beeinflußt den Faktor Qualität?

Die Methodenvielfalt im Qualitätsmanagement stellt heute für kleine und mittelständische Unternehmen, wie schon vorab erwähnt, ein gravierendes Problem dar. Die unreflektierte und unsystematische Anwendung der Verfahren führt immer wieder zu unbefriedigenden, gelegentlich sogar irreführenden Aussagen. Wie bei der Einführung neuer

Technologien müssen auch die Methoden des Qualitätsmanagements hinsichtlich ihrer Erlernbarkeit, ihrer Anwendbarkeit und ihres Leistungsprofils systematisch aufbereitet und vermittelt werden. Hierzu will das vorliegende Buch einen wesentlichen Beitrag leisten.

Der Hebel zur Optimierung der Produktqualität und zur Minimierung der dafür aufzuwendenden Qualitätskosten kann, wie der analytische Vergleich zwischen japanischen, US-amerikanischen und europäischen Unternehmen deutlich aufzeigt, am wirkungsvollsten im Bereich der planenden und konzipierenden Tätigkeiten angesetzt werden. Hierzu ist der konsequente Einsatz moderner Off-Line Qualitätstechniken und -methoden unerläßlich. Durch eine gestufte, gut aufeinander abgestimmte Methodenkette gilt es, angefangen bei der adäquaten Bewertung und Umsetzung der Kundenanforderungen, über frühe Analysetechniken zur Aufdeckung möglicher Fehler und ihrer Folgen, bis hin zur Planung robuster, d.h. qualitätsoptimierter Prozeßabläufe, ein wirksames System präventiven Qualitätsmanagements vor Serienanlauf zu etablieren (**Bild 1.12**) [pf3].

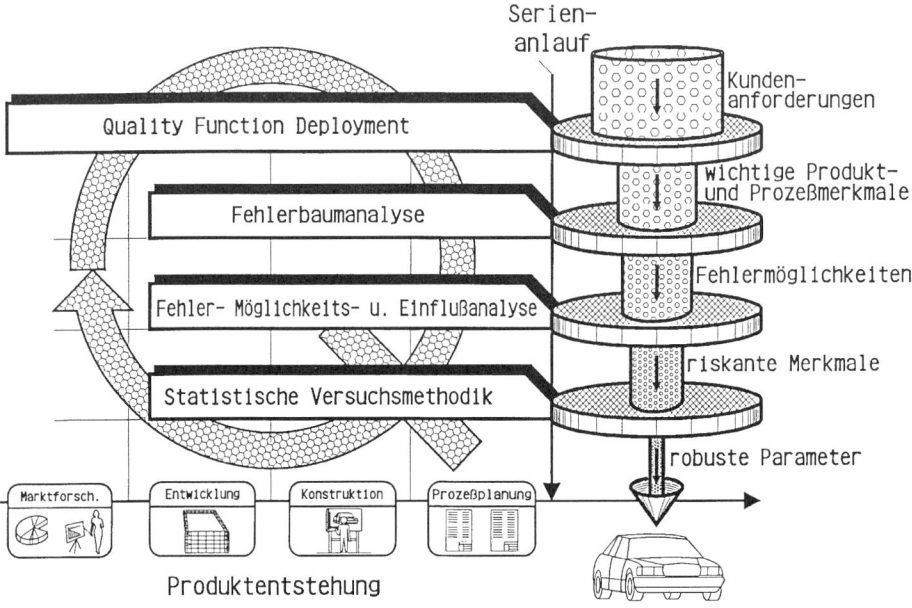

Bild 1.12   Szenario des Zusammenwirkens ausgewählter präventiver Qualitätstechniken

Das Material beschreibt im weitesten Sinne alle materiellen und immateriellen Güter, die im Unternehmen zur Aufrechterhaltung der Produktion von Dritten zugeführt werden. Es muß sichergestellt sein, daß die Qualität dieses Materials der Zulieferteile mindestens den Qualitätszielen der eigenen Fertigung entspricht. Dies erfordert häufig eine Neudefinition der Kunden-Lieferanten-Beziehung. Auf der Basis einer gleichberechtigten Partnerschaft mit gemeinsamen Qualitätsprogrammen und -zielen gilt es, kooperative

Strukturen zwischen Herstellern und Zulieferern aufzubauen, die von gegenseitigem Vertrauen getragen ist.

Die Maschinen, hier als Gesamtheit der eingesetzten Fertigungs-, Betriebs- sowie Meß- und Prüfmittel verstanden, nehmen über ihre Qualitätsfähigkeit entscheidenden Einfluß auf die Erzeugnisqualität. Diese Qualitätsfähigkeit und die Robustheit der Prozeßabläufe gilt es, systematisch zu planen, einzuführen, langfristig zu erhalten und stetig zu verbessern. Der Faktor „Qualität" muß darüber hinaus sowohl bei der Beschaffungsplanung wie auch bei der vorbeugenden Instandhaltung gleichwertig neben den Zielgrößen „Kosten" und „Zeit" stehen.

Das soziale und technische *Umfeld* des einzelnen Arbeitsplatzes, angefangen bei der einfachen Tätigkeit in der unteren Unternehmensebene, bis hin zur komplexen Verantwortung und Entscheidungskompetenz des Managements kann ganz wesentliche qualitätshemmende, aber auch qualitätsfördernde Einflüsse auf das Arbeitsergebnis wirksam werden lassen. Diese gilt es zu erkennen und positiv umzusetzen. Es ist im übrigen erstaunlich, daß sich erst langsam die Erkenntnis durchsetzt, daß ein hoher Krankenstand und eine hohe Personalfluktuation immer auch Indikatoren für unternehmensinterne Qualitätsprobleme sind. Vergleichende Untersuchungen der Organisationsformen westlicher und japanischer Großunternehmen weisen nach, daß hier noch erhebliche, bisher ungenutzte Potentiale für eine Verbesserung der Erzeugnisqualität liegen [wom].

Die Meßbarkeit ist eine elementare Voraussetzung für eine objektive Beurteilung der erzielten Erzeugnisqualität und für die Bewertung der Wirksamkeit von Qualitätsverbesserungsprogrammen. Unter Meßbarkeit ist dabei nicht nur die quantitative Erfassung eines Produktmerkmals im Rahmen der Qualitätsprüfung zu verstehen, sondern mehr noch der Aufbau eines ganzheitlichen numerischen Zielsystems für alle qualitätsrelevanten Aktivitäten des Unternehmens. Zu nennen wäre hier z.B. eine gut abgestimmte Kette von Reviews und Audits, angefangen beim Produkt über die Prozesse und Verfahren bis hin zum System.

Die zentrale Aufgabe des *Managements* auf dem Weg zur Qualitätsführerschaft bedarf eigentlich keiner weiteren Kommentierung mehr. Qualität ist ein typisches Top-Down-Thema und wird damit unmittelbar vom Management geprägt. Dennoch fällt auf, daß das Management häufig in diesem Bereich eine eher ambivalente Position einnimmt. Die Verpflichtung eines ganzen Unternehmens zu herausragenden Qualitätsleistungen – und das ist eine der Hauptaufgaben des Managements – bedeutet einerseits, daß die Führungsebene vorbildlich und verantwortlich die Qualität der eigenen Arbeit wahrnimmt und für die Mitarbeiter wahrnehmbar macht, erfordert aber andererseits auch, daß bei der Durchführung von z.B. Qualitätsverbesserungsmaßnahmen nicht nur fortschrittliche Qualitätstechniken und -methoden unterstützt und gefördert werden. Auch im ureigenen Handlungsumfeld des Managements selbst sind Führungsstil, Entscheidungsfindungsprozesse, Zielplanungen etc. Qualitätsmaßstäben bzw. -kriterien zu unterwerfen. Hierfür wird es notwendig sein, erweiterte und gegebenenfalls neue Managementtechniken im Sinne des TQM einzuführen und entschlossen umzusetzen [edg]. Die gerade erst auf internationaler Ebene getroffene Vereinbarung, Qualitätsmanagement als Oberbegriff aller Qualitätssicherungsmaßnahmen, -methoden, und -techniken zu definieren, dürfte in diesem Zusammenhang sicherlich auch wertvolle Anstöße auslösen [din].

1.5   Zusammenfassung

Im internationalen Verdrängungswettbewerb ist Qualität ein, wenn nicht der, entscheidende Wettbewerbsfaktor. Ausgehend davon, daß der Markt für die Unternehmen der einzige Maßstab ist, an dem gemessen werden kann, ob die Bemühungen und Anstrengungen bei der Entwicklung und Erzeugung von Produkten erfolgreich waren, wird die Effektivität und Effizienz eines Qualitätsmanagementsystems davon bestimmt, inwieweit es gelingt, die betriebliche Leistungserstellung auf die Bedürfnisse und Forderungen der externen und internen Kunden auszurichten und die Unternehmensressourcen auf deren Erfüllung zu konzentrieren. Nur Aufgaben, die der Erfüllung der Forderungen des internen oder externen Kunden dienen, sind wertschöpfend. Das Nicht-Erfüllen von Forderungen des Kunden ist genauso als Verschwendung oder Fehlleistung einzustufen wie die Realisierung von Merkmalen oder Funktionen, die der Kunde nicht nachfragt, oder für die es keinen Kunden gibt.

Der Kunde konfrontiert das Unternehmen mit Forderungen nach individueller Betreuung, leistungsfähigen Produkten, kurzer Lieferzeit und akzeptablen Preisen. Die effiziente Erfüllung dieser Forderungen setzt die Etablierung ganzheitlicher, funktions- und unternehmensübergreifender Geschäftsprozesse voraus. In vielen Fällen trennen heute noch Abteilungsgrenzen mehr oder weniger willkürlich Aktivitäten, die logisch voneinander abhängen. Hier gilt es Optimierungspotentiale durch Reduzierung von Reibungsverlusten an den Schnittstellen arbeitsteiliger Systeme zu nutzen.

Methoden, Strategien als auch das gesamte Instrumentarium des modernen Qualitätsmanagements sind kompromißlos auf alle Abläufe und Prozesse der Produktentstehung sowie des gesamten Produktlebenszyklus auszudehnen. Dabei sind die vorwiegend auf Fehlerentdeckung ausgerichteten On-Line Qualitätsprüfungsansätze konsequent durch Methoden des Off-Line Qualitätsmanagements zu ergänzen. Ziel muß es sein, überragende Prozeßqualität durch stabile Entwicklungs- und Fertigungsprozesse (6σ-Prinzip) dauerhaft zu installieren.

Ein derart angelegtes ganzheitliches Qualitätsmanagementsystem, kurz als TQM (Total Quality Management) zu bezeichnen, ist deutlich mehr als ein Kontrollinstrument, mit dem die Produktqualität zu bestimmten Zeitpunkten der Produktentstehung überprüft und sichergestellt wird. Es ist vielmehr ein Werkzeug, mit dem neben der Produktqualität, wie sie in Form von Leistungsmerkmalen deutlich wird, auch die Qualität der Leistungserstellung, also die Prozeßqualität, abgesichert und auf die jeweiligen Kundenbedürfnisse zugeschnitten wird.

Die Praxis zeigt immer wieder, daß die Umsetzung und dauerhafte Implementierung des TQM-Systems oft mehr Probleme bereitet, als die Erarbeitung des eigentlichen Konzeptes. Qualitätsmanagementkonzepte, die es aber in der Umsetzungsphase nicht schaffen, das Engagement der Mitarbeiter zu wecken, sind das Papier nicht wert, auf dem sie geschrieben sind. Mißerfolge treten insbesondere immer wieder dann auf, wenn der Fokus der Maßnahmen und der Strategien ausschließlich auf technische und organisatorische Aspekte gerichtet ist. Qualität entsteht aber nicht nur durch den Einsatz moderner Maschinen oder schlanker Organisationsstrukturen, sondern erfordert Mitarbeiter auf allen Ebenen des Unternehmens, die sich ihrer Verantwortung und ihres Beitrages für die Qualität der Produkte und Prozesse bewußt sind. Es gilt mehr Vertrauen in die Fähigkeiten der Mitarbeiter zu setzen und diese durch konsequente Schulungs- und Weiterbildungsmaßnahmen für die von ihnen erwartete kontinuierliche Verbesserung des Qualitätsniveaus zu qualifizieren.

Dauerhafter Erfolg wird sich nur dann einstellen, wenn einerseits (Geschäfts-)Prozesse adäquat (re-)strukturiert, robust gestaltet und transparent, z.B. auf der Basis von Verfahrensanweisungen, dokumentiert sind und wenn andererseits der stete Verbesserungsprozeß von Mitarbeitern vor Ort initiiert und eigenverantwortlich, z.B. im Team, umgesetzt wird **(Bild 1.13)**. Dies erfordert gleichermaßen solides Fach- und Methodenwissen, wie auch entsprechende Handlungs- und Sozialkompetenz. Nur durch frühzeitiges Einbeziehen und Qualifizieren der Mitarbeiter, Entwickeln von Zielen und Konzepten im Konsenz sowie dem Offenlegen von Problemen kann es gelingen, die Notwendigkeit zur Veränderung und auch die persönlich daraus resultierenden Chancen allen Betroffenen gegenüber nachzuweisen und so letztendlich die Betroffenen zu Beteiligten machen.

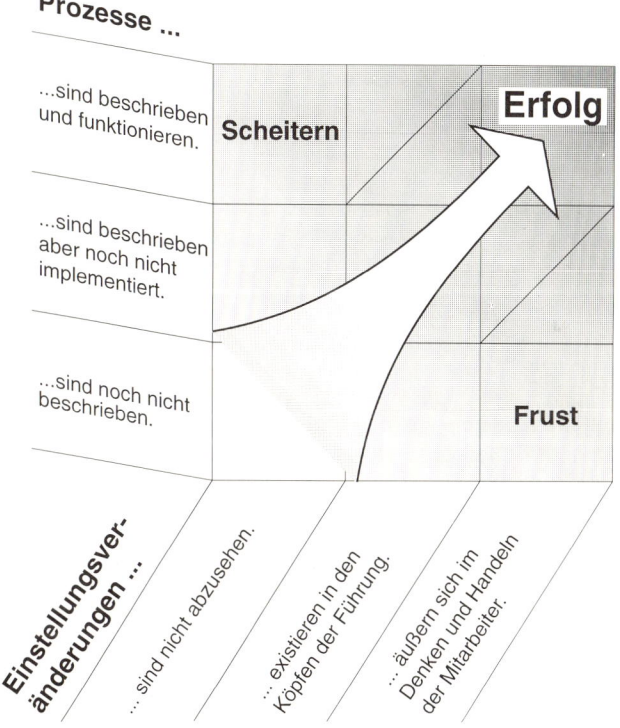

Bild 1.13   Prozeßorientierung und Einstellungsveränderung

Im noch an Schärfe zunehmenden Verdrängungswettbewerb um Marktanteile und ganze Märkte werden zukünftig nur die Unternehmen an der Spitze mithalten können, die ganzheitliches Qualitätsdenken mit angepaßten Unternehmensstrukturen beherrschen und praktizieren [sta].

Literatur

[asi]   **N. N.:** *Quality Function Deployment QFD.* American Supplier Institute; Dearborn, Michigan, 1987

[bon]   **Bonse, L.:** *Sytemkonzept für die Integration von Online- und Offline-CAQ-Funktionen über eine gemeinsame Qualitätsdatenbasis.* Dissertation, RWTH Aachen, 1989

[dem]   **Deming, W. E.:** *Out of the Crisis.* Massachusetts Institute of Technology; Cambridge, Mass., Fifth Printing, 1988

[des]   **Desatnik, R.:** *Long live the king.* Quality Progress, 22 (1989) 4, S. 24–26

[din]   **N. N.:** *DIN ISO 8402: Qualitätsmanagement und Qualitätssicherung; Begriffe.* Beuth Verlag GmbH; Berlin, 1994

[ebe]   **Ebeling, J.:** *Methodik der Qualitätssicherung in: 11. Europäisches Seminar der EOQS-Automotive Section.* 24.–26. Oktober 1989

[edg]   **Edge, J.:** *Quality Improvement: Lessons for Management, in Lock, D. and Smith, D. J.: Grower Handbook of quality management.* Cooper Publishing comp.; Aldershot Brookfield, 1990

[hui]   **Huibregtsen, M.:** *Management of Quality: The single most competitive challenge for Europe, in: Vortragsdokumentation: „European Quality Management Forum".* Montreux, 19. 10. 1989

[jah]   **Jahn, H.:** *Erzeugnisqualität, die logische Folge von Arbeitsqualität.* VDI-Z 130 (1988) 4, S. 4–12

[kod]   **Köppe, D.:** *CAQ-Datenmodell, Anwendungen in der Rechnerintegrierten Produktion.* Dissertation, RWTH Aachen; VDI-Verlag (ISBN 3-18-401200-X), 1992

[neu]   **Neubauer, F.-F.:** *Qualitätsmanagement.* Dokumentation des 5. Qualitätsleiterforums vom 17.–18. 3. 1987, Gfmt-Verlag, München, 1987

[pf1]   **Pfeifer, T.:** *Untersuchung zur Qualitätssicherung – Stand und Bewertung –, Empfehlungen für Maßnahmen.* KfK-PFT-Bericht Nr. 155, ISSN 0176-6775, 1990

[pf2]   **Pfeifer, T.:** *Qualitätsprüfung im Wandel.* tm, Technisches Messen 57 (1990) 2, S. 47–48

[pf3]   **Pfeifer, T.; Prefi, Th.:** *Die präventive Qualitätssicherung.* pa, Produktionsautomatisierung 1 (1992), S. 38–42

[prf]   **Prefi, Th.:** *Entwicklung eines Modells für das prozeßorientierte Qualitätsmanagement.* Dissertation, RWTH-Aachen; FQS, Frankfurt am Main (ISBN 3-410-32867-X), 1995

[rbp]   **N. N.:** *Stand und Entwicklungstendenzen im Qualitätswesen im Hinblick auf CAQ.* Auszug aus einer Gemeinschaftsstudie. Hrsg.: Roland Berger & Partner. Ges. für Strategische Planung mbH

[sta]   **Stams, D.:** *Wettbewerbsfähigkeit stärken.* QZ 37 (1992) 6, S. 310–311; Carl Hanser Verlag, München

[sul]   **Sullivan, L. P.:** *Der Erfolgreiche setzt Maßstäbe, Gefahren für die nordamerikanische Automobil- und Zulieferindustrie im Wettbewerb mit der japanischen Konkurrenz.* QZ 36 (1991) 23, S. 681–686; Carl Hanser Verlag, München

[wom]   **Womack, J. P.; Jones, D. T.; Roos, D.:** *The Machine that changed the World. Rowson Associated;* New York, 1991

[zäp]   **Zäpfel, G.:** *Strategisches Produktionsmanagement.* Walter de Gruyter Verlag; Berlin, New York, 1989

Kapitel 2   Qualitätsplanung

Gliederung

2.1   Einleitung

Der Begriff Qualitätsplanung beschreibt einen der Tätigkeitsbereiche, die definitionsgemäß neben der Qualitätslenkung, der Qualitätsprüfung, der Qualitätsverbesserung, der QM-Darlegung und dem Qualitätsaudit die Gesamttätigkeiten des Qualitätsmanagements ausmachen [dgq]. Die Qualitätsplanung wird definiert als das

> *„Auswählen, Klassifizieren und Gewichten der Qualitätsmerkmale sowie schrittweises Konkretisieren aller Einzelforderungen an die Beschaffenheit zu Realisierungsspezifikationen und zwar im Hinblick auf die durch den Zweck der Einheit gegebenen Erfordernisse, auf die Anspruchsklasse und unter Berücksichtigung der Realisierungsmöglichkeiten"* [dgq].

Diese recht abstrakte Definition läßt sich in einer griffigeren Form wie folgt zusammenfassen:

> *„Planen und Weiterentwickeln der Qualitätsforderungen an die betrachtete Einheit"* [dgq].

Definiert man Qualität als die Beziehung zwischen geforderter und realisierter Beschaffenheit [dgq], so zeigt sich die Mißverständlichkeit der Benennung: „Qualitätsplanung" meint nicht die Planung der Qualität sondern die Planung und Konkretisierung der Qualitätsforderungen [dgq].

Aus heutiger Sicht umfaßt die Qualitätsplanung **(Bild 2.1)** die Gesamtheit der planerischen Tätigkeiten vor Produktionsbeginn, in deren Verlauf die Qualitätsforderungen an ein Produkt vor dem Hintergrund der Forderungen des Kunden, der technischen Realisierbarkeit sowie der materiellen, personellen und finanziellen Ressourcen des Unternehmens bestimmt werden.

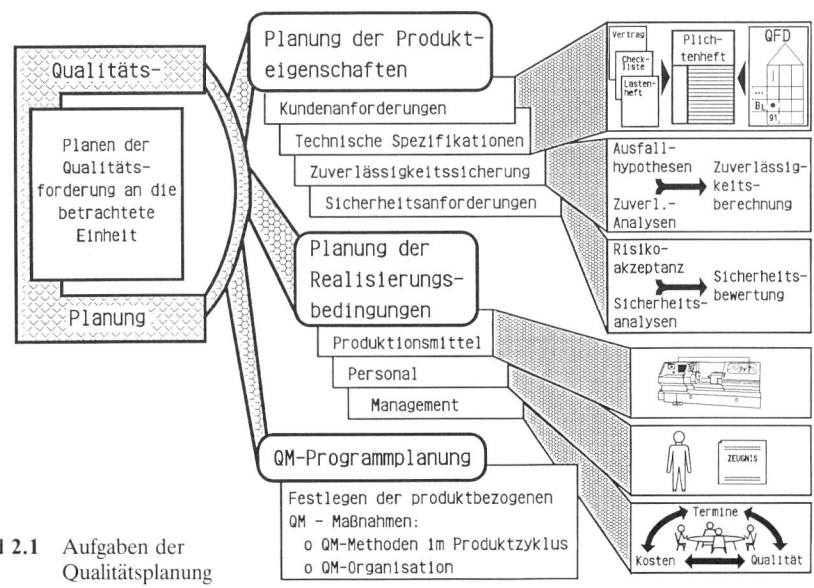

Bild 2.1 Aufgaben der
Qualitätsplanung

Die wirtschaftliche Bedeutung der Qualitätsplanung läßt sich ermessen, wenn man bedenkt, daß bei der Entwicklung und der Konstruktion eines Produktes im Schnitt bereits 70% der späteren Herstellkosten [eve] festgelegt werden.

Gleichzeitig sind heute etwa 70 bis 80% aller Fehler am Produkt ursächlich Unzulänglichkeiten bei den planenden und konzipierenden Tätigkeiten vor Fertigungsbeginn zuzuordnen [jah] (siehe Bild 1.6).

Demgegenüber setzt die Fehlerbehebung heute erst – mit über 80% viel zu spät – im Bereich der Endprüfung bzw. erst beim Kunden in der Erprobungs- und Einsatzphase ein. Gerade die gezielte Verstärkung der Qualitätsplanung als qualitätsbezogene Komponente der Entwicklung mit den Aufgaben (Bild 2.1)

– Planen der Produkteigenschaften,

– Planen der Realisierungsbedingungen und

– QM-Programmplanung

erlaubt daher eine Optimierung der Qualität und der Herstellkosten. Die hieraus abzuleitenden Ansätze lassen sich unter dem Schlagwort *„Qualität planen und produzieren"* treffend zusammenfassen.

2.2   Planen der Produkteigenschaften

Der wachsende Wohlstand seit 1945 ließ die Qualität von Produkten als Verkaufsargument immer mehr in den Vordergrund treten **(Bild 2.2)**. Deutlich wird, daß der Käufer seit langem nicht mehr nur eine Befriedigung von Grundbedürfnissen anstrebt, sondern die Erfüllung seiner persönlichen Vorstellungen vom Kauf eines Produktes erwartet. Unter der Qualität eines Produktes ist somit die Erfüllung aller Forderungen zu verstehen, die der potentielle Käufer an ein zu erwerbendes Produkt stellt. Primäre Aufgabe der Qualitätsplanung – und des Qualitätsmanagements allgemein – muß es daher sein, sicherzustellen, daß das Produkt das Forderungsprofil des Kunden bestmöglich erfüllt. In Anlehnung an [gar] können Qualitätsforderungen auf sieben Kategorien von Produkteigenschaften bezogen werden **(Bild 2.3)**.

Der Gebrauchsnutzen beschreibt die zentralen Funktionsmerkmale des Produktes. Bei einem Automobil wäre dies die Fortbewegung mit Eigenschaften wie Reisegeschwindigkeit oder Kraftstoffverbrauch. Im Dienstleistungssektor, wie z.B. bei einer Fluglinie, beschreibt u.a. das Platzangebot oder die Pünktlichkeit den Gebrauchsnutzen. Diese Kategorie der Qualität hat meßbare Kennzeichen; Produkte einer Leistungsklasse lassen sich nach Nutzenkriterien in eine objektive Rangfolge bringen.

Qualitätsmerkmale der Kategorie „Ausstattung" stehen für den Zusatznutzen, den das Produkt bietet. Beim Automobil wäre dies der elektrische Fensterheber, bei der Fluglinie die intensivere Betreuung in der ersten Klasse. Die Grenze zum Gebrauchsnutzen ist fließend. Die Ausstattung bietet jedoch dem Kunden die Möglichkeit zur Wahl und unterstreicht sein Bedürfnis nach Individualität. Damit unterliegt „die Ausstattung" in starkem Maße der subjektiven Bewertung durch den Kunden.

„Zuverlässigkeit" reflektiert die Wahrscheinlichkeit, nach der ein Produkt innerhalb einer bestimmten Zeitspanne versagt. Charkteristische Größe ist hier die Zeitspanne zwi-

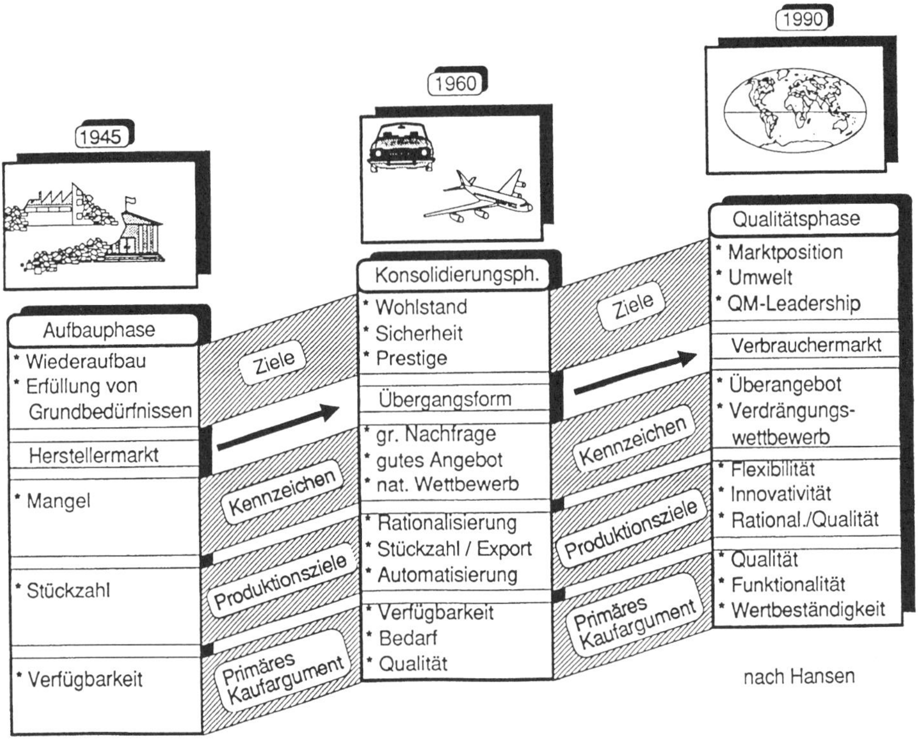

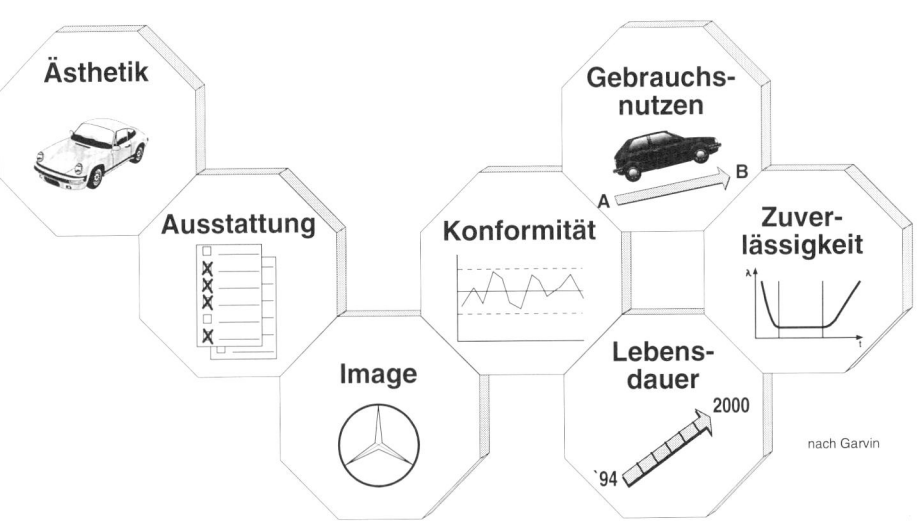

Bild 2.2   Wandel der gesellschaftlichen Ziele

Bild 2.3   Kategorien der Produktqualität

schen dem Auftreten zweier unerwünschter Ereignisse (MTBF, Meantime between Failure).

Die Lebensdauer beschreibt sowohl technische als auch ökonomische Aspekte. Die technische Lebensdauer ist an dem Punkt erreicht, an dem das Produkt seine Gebrauchstauglichkeit verliert und eine Reparatur, z.B. bei einer durchgebrannten Glühbirne, technisch nicht sinnvoll erscheint. Die ökonomische Lebensdauer endet, wenn der Nutzer sich aufgrund der Reparaturkosten zur Investition in ein neues Produkt entscheidet. Hier stehen Lebensdauer und Zuverlässigkeit in einem engen Verhältnis.

Qualität in der Kategorie „Konformität" entspricht den traditionellen Vorstellungen der Qualitätssicherung als Übereinstimmung (Konformität) des Produktes mit den Vorgaben (Toleranzen). Konformität beschreibt auch die Schwankungen innerhalb einer Menge von Produkten. Das bekannte „Montagsauto" ist ein Beispiel für Defizite in der Konformität.

Die beiden folgenden Kategorien der Produktqualität unterliegen den größten subjektiven Einflüssen. Die Ästhetik – Design, Akustik, Haptik, Geschmack oder Geruch – eines Produktes wird eindeutig von persönlichen Vorlieben geprägt. Der Begriff „Design" ist in den letzten Jahren durch Produkte, die vordergründige Optik ohne entsprechende Funktionalität bieten, in Mißkredit geraten. Produktdesign, verstanden als Gestalt gewordene Funktion, ist jedoch in Bereichen, in denen die angebotenen Produkte gleiche technische Standards aufweisen, oft das einzige Unterscheidungsmerkmal.

Das Qualitätsimage eines Produktes beruht auf der ungeprüften Annahme, daß die Qualität eines neu eingeführten Produktes mindestens der Qualität der etablierten Produkte entspricht. Die zu erwartende Lebensdauer z.B. läßt sich aufgrund des äußeren Eindruckes meist nicht einschätzen. Letztgültige Aussagen kann der Kunde erst nach Ablauf der Nutzungsphase des Produktes treffen. Der Kunde entscheidet daher basierend auf greifbaren Ersatzkriterien wie dem Image des Herstellers (Marke) oder einem Werbeversprechen. Meinungen über Qualität, der gute Ruf des Produktes oder des Herstellers werden dann wichtiger als die Qualität des Angebotsprodukts selbst.

Nur wenige Hersteller konkurrieren in allen Qualitätskategorien. Oft kann ein Aspekt der Qualität nur auf Kosten eines anderen verbessert werden. Technische Grenzen sind ein weiteres Hindernis. So hat z.B. der amerikanische Hersteller von Höchstleistungsrechnern Cray Research, um höchste Rechenleistung erreichen zu können, bewußt auf die Zuverlässigkeit seiner Produkte verzichtet [gar]. Unternehmen müssen im Raster der sieben Kategorien ihre Erfolgspositionen im Markt entwickeln. Es gilt, Alleinstellungsmerkmale im Wettbewerb zu definieren, die den komparativen Marketingvorteil vor dem Wettbewerb (KKV, Komparativer Konkurrenzvorteil) begründen [sch].

Der Kunde beurteilt den Wert eines Produktes aufgrund des Nutzens, den es ihm leistet. Bildlich darstellen läßt sich der Nutzen für ein, allenfalls zwei Merkmale in Form der Wertfunktion (**Bild 2.4**). Im Bild markiert die Abszisse die Ausprägung eines Produktmerkmals, hier die Reißfestigkeit eines Seils; die Ordinate bezeichnet in einem normierten Maßstab den Wert, den eine bestimmte Ausprägung dieses Merkmals für den potentiellen Käufer hat. Kurve A beschreibt eine Wäscheleine, Kurve B ein Bergseil. In beiden Fällen ist eine für die gedachte Anwendung wesentlich zu geringe Festigkeit für den Kunden mit der Wertvorstellung 0 verbunden. Den vollen Wert (100 %) erreichen beide Produkte bei durchaus verschiedenen Festigkeiten. Durch unterschiedli-

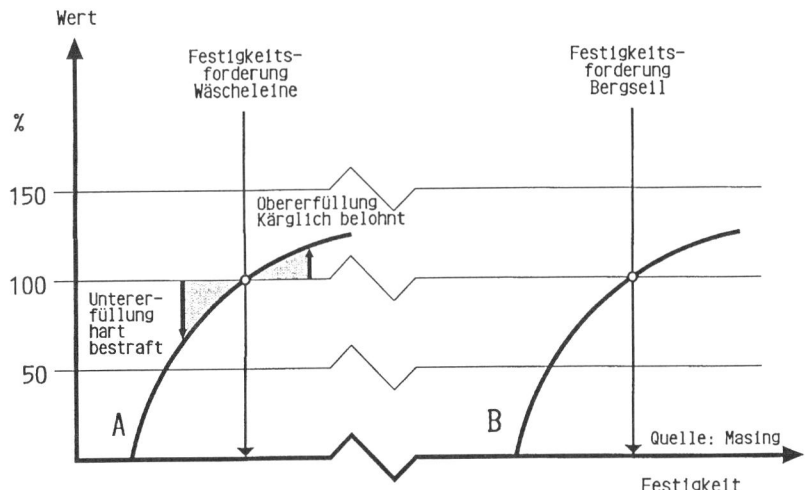

Bild 2.4   Wertfunktion eines Qualitätsmerkmals

che Anspruchsklassen sind verschiedene Sorten von Seilen und nicht etwa verschiedene Qualitäten (!) gekennzeichnet. Wird die Forderung des Kunden nicht erfüllt, so kauft er das Produkt nicht oder nur zu einem erheblich reduzierten Preis. Der Kunde „bestraft" die Untererfüllung seiner Forderungen hart. Entsprechend sinkt die Wertfunktion bei Festigkeitswerten unterhalb der Forderung schnell ab. Eine Übererfüllung bedeutet für den Kunden jedoch keinen adäquaten Wertzuwachs. Nur wenige Kunden würden z. B. für eine Wäscheleine einen deutlich höheren Preis zahlen, nur weil diese die Festigkeitsforderungen eines Bergseils erfüllt. Der Kunde akzeptiert zwar ein „zu gutes" Erzeugnis, ist aber nicht bereit, den Mehraufwand des Herstellers voll zu honorieren. Die Wertfunktion verläuft oberhalb des Erfüllungspunktes entsprechend flacher [ma1, ma2].

Welche fatalen Folgen die Mißachtung dieser leicht einsichtigen Zusammenhänge für Unternehmen haben kann, mag das Beispiel der deutschen Photo- und Hifi-Industrie verdeutlichen. Beide Branchen produzierten ihrem Verständnis nach qualitativ hochwertige Produkte. Mit hohem Aufwand und unter hohen Kosten wurden Produktmerkmale realisiert, denen bei der Bewertung durch den Kunden jedoch keine vorrangige Bedeutung zukam. Die Unternehmen produzierten sozusagen „am Markt vorbei". Gleichzeitig gelang es meist fernöstlichen Herstellern, das Forderungsprofil breiter Marktsegmente genauer zu treffen. Die Folge war in den 70er Jahren der scheinbar unaufhaltsame Niedergang (bis auf Randsegmente) der deutschen Photo- und Hifi-Industrie. Bei den deutschen Unternehmen hatte die Qualitätsplanung als ein Teil des Qualitätsmanagementsystems schon versagt, bevor auch nur ein Produkt einer Endkontrolle unterzogen werden konnte.

Wie dieses Beispiel zeigt, führen die technisch aufwendigsten und innovativsten Produkte ein Unternehmen nicht zwangsläufig zum Markterfolg. Vielmehr muß bei der Planung der Produkteigenschaften sorgfältig abgewogen werden, ob der potentielle

Kunde eine zu realisierende Produkteigenschaft annehmen wird und ob er bereit ist, dafür einen höheren Verkaufspreis zu akzeptieren.

Um Flops und teure Fehlentwicklungen zu vermeiden, sollte das Unternehmen möglichst frühzeitig versuchen, die Akzeptanz des neuen Produktes abzuschätzen. Über den Erfolg oder den Mißerfolg eines Produktes entscheiden neben anderen Faktoren letztendlich der Preis des Produktes und die Produktqualität. Der Käufer gewichtet die Faktoren – maßgeblich Preis und Qualität – gegeneinander und entscheidet sich für das aus seiner Sicht preiswürdigere Produkt. Daher muß auch das Unternehmen das neue Produkt hinsichtlich Preis und Qualität mit den Erzeugnissen der Konkurrenz vergleichen. Dies geschieht zweckmäßigerweise mit normierten Größen.

Durch die Analyse der Konkurrenzerzeugnisse ist der maximale und der minimale Marktpreis P_{max} und P_{min} für vergleichbare Produkte bekannt. Mit dem Verkaufspreis P_E können das eigene oder weitere zu betrachtende Produkte Preisklassen (PK) zugeordnet werden (**Bild 2.5**). Je höher der Preis des Produktes ist, desto höher ist seine Preisklasse.

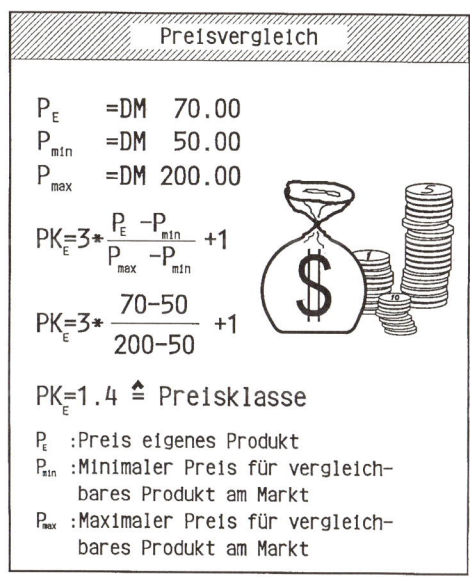

Bild 2.5 Preisvergleich im Modell

Unter Anwendung eines Bewertungsschemas für die Produktqualität können die zu vergleichenden Produkte in Qualitätsklassen (QK) eingestuft werden (**Bild 2.6**). Hier gilt, je besser ein Produkt die Forderungen erfüllt, desto höher ist seine Qualitätsklasse.

Das Preiswürdigkeitsurteil (PWU) und damit die voraussichtliche Akzeptanz des neuen Produktes läßt sich vereinfachend [1] wie folgt abschätzen (**Bild 2.7**):

---

[1] Voraussetzung ist, daß der Kunde den Preis nicht als Qualitätsindikator interpretiert: Diese Tendenz besteht meist bei uninformierten Kunden, die zu Unrecht an eine hohe Korrelation zwischen Preis und Qualität glauben. In dieser Situation besteht die Möglichkeit, durch betont hohe Absatzpreise ein Image hoher Qualität zu erzeugen.

$$\text{Preiswürdigkeitsurteil (PWU)} = \frac{\text{Qualitätsklasse (QK)}}{\text{Preisklasse (PK)}}\,.$$

Je besser das Preiswürdigkeitsurteil (PWU) für ein Produkt ausfällt, um so leichter fällt dessen Verkauf. Das im Bild dargestellte Produkt E (PWU = 1,4) wird demnach eine gute Akzeptanz finden. Der Verkaufspreis von Produkt A ist deutlich geringer (PK = 1,2). Bedingt durch die geringe Qualität (QK = 1) wird jedoch Produkt A schwierig abzusetzen sein. Produkt B wurde zwar als qualitativ hochwertig (QK = 3) beurteilt, aufgrund des ungleich höheren Preises (PK = 3) ist jedoch auch für Produkt B eine deutlich geringere Akzeptanz (PWU = 1) zu erwarten.

Ingenieure tendieren in ihrem Streben nach technischer Perfektion eher dazu, sich bei der Entwicklung neuer Produkte am technisch Machbaren zu orientieren, als an den Wünschen des Kunden. Um mit Produkten und Dienstleistungen von den Kunden akzeptiert zu werden und am Markt Erfolg zu haben, ist es aber notwendig, vor der Planung, Konzeption, Entwicklung und Herstellung eines Produktes genau zu wissen

Qualitätsvergleich

Merkmal Nr.	Punktwert 1	2	3
1 Aussehen	veraltet	dem Zeitgeschm. entsprechend	der Zeit vorraus richtungsgebend
2 Verarbeitung	grob unsauber	vertrauen-erweckend	werkstoff- und funktionsger.
3 Handhabung	umständlich	einfach	narrensicher
4 Wartung	aufwendig	normal	wartungsfrei
5 Reparatur	nur Werksrep. möglich	Reparatur durch Fachpersonal	keine Rep. innerh. Garantie zu erw.
6 Zubehör	Hersteller kann Zubeh. liefern	teilw. mitgeliefert teilw. Zukauf	Kunden-baukasten
7 Betriebs-sicherheit	sicher b. Betr. zahlr. Vorschr.	bei normaler Be-lastung sicher	absolut betriebssicher
8 Garantie	1/2 Jahr	1 Jahr	über 5 Jahre

Merkmal Nr.	Erreichter Punktwert
1	3
2	3
3	2
4	2
5	2
6	1
7	2
8	1
Anzahl:8	Summe:16

Beispiel:

$$\text{Qualitätsklasse QK} = \frac{\text{Summe}}{\text{Anzahl}} = \frac{16}{8} = 2$$

Bild 2.6 Qualitätsvergleich im Modell

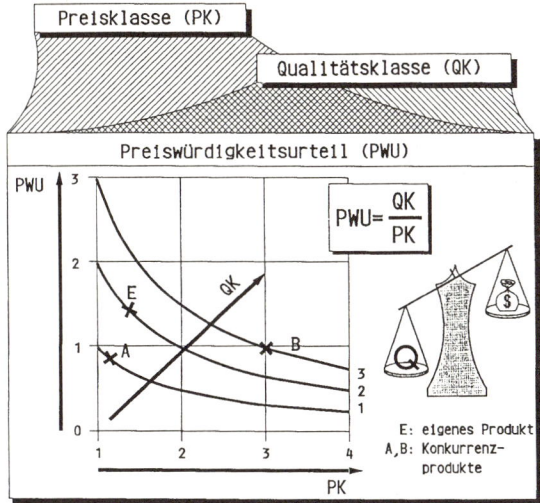

Bild 2.7   Preiswürdigkeitsurteil im Modell

– und nicht nur glauben zu wissen –, welche Forderungen der Kunde an das Produkt stellt.

Bei einer auftragsgebundenen Produktion kennt der Lieferer im Regelfall die Kundenforderungen sehr genau, nämlich dann, wenn der Besteller sie in einem Lasten- oder Pflichtenheft festgeschrieben hat. Will der Lieferer jedoch neue Märkte erschließen, Marktnischen nutzen oder nach Katalog anbieten, so stellt sich die Situation ganz anders dar. Der Kunde ist zunächst anonym bzw. hat nicht die Möglichkeit, seine Forderungen zu artikulieren. In solchen Fällen muß der Lieferer die Vorstellungen des potentiellen Kunden ermitteln, das heißt, Marktforschung betreiben.

Sind die Kundenforderungen bekannt, so ist es in den nachfolgenden Phasen der Produktentstehung Aufgabe von Entwicklung und Konstruktion, schrittweise aus den Anforderungen die technischen Spezifikationen des zu realisierenden Produktes abzuleiten.

2.2.1   Ermitteln der Kundenforderungen

Die gegenwärtigen und die zukünftigen Kundenwünsche zu analysieren und zu spezifizieren, ist Teil einer ernstgemeinten Qualitätsplanung. Die aus der internationalen Normenarbeit ins deutsche Normenwerk übernommene Normenreihe DIN EN ISO 9000 ff. [dis] über Qualitätsmanagementsysteme nennt das Marketing als wesentliches qualitätssicherndes Element. Die Norm DIN EN ISO 9004 [dis] empfiehlt es zur Beachtung, die Norm DIN EN ISO 9001 [dis] setzt die Beachtung beim Nachweis eines Qualitätsmanagementsystems voraus [mqs].

Das Marketing läßt sich gliedern in die Bereiche Marktforschung und Marktgestaltung. Bildet die Marktforschung die Informationsseite des Marketing, so werden diejenigen

Methoden, die in irgendeiner Weise den Markt beeinflussen, als Instrumente der Marktgestaltung oder auch als absatzpolitische Instrumente bezeichnet [ste]. Auf die Methoden der Marktgestaltung (z.B. Werbung), die dem Unternehmen zur Verfügung stehen, soll im weiteren nicht eingegangen werden. Hingewiesen werden soll hier jedoch in aller Kürze auf den Zielkonflikt, der sich aufbauen kann zwischen einem Qualitätsmanagement im Sinne der Erfüllung von Kundenforderungen einerseits und dem massiven Einsatz von suggerierender Werbung andererseits, die beim Kunden Erwartungen erzeugt, denen das eigentliche Produkt niemals gerecht werden kann.

Die Marktforschung schafft den Zugang zur Kundenmeinung. Je nach Quelle der Information ist die Marktforschung in die Primär- und in die Sekundärforschung zu unterteilen. Die Sekundärforschung dient der Beschaffung von Informationen aus schon vorhandenen Unterlagen, die entweder aus dem Unternehmen selbst stammen oder außerhalb des Unternehmens existieren. Die Primärforschung liefert durch Befragung und Beobachtung neue, bislang unbekannte Informationen (= Erstinformationen) [grü].

Bei einer Marktuntersuchung **(Bild 2.8)** ist es sinnvoll, zunächst möglichst alle zur Verfügung stehenden oder erreichbaren sekundären Informationsquellen auszuschöpfen, weil dies erheblich weniger Aufwand an Zeit und Kosten verursacht als Primärerhebungen.

Dabei sollte zunächst auf die innerbetrieblichen Informationsquellen zugegriffen werden. Es liegen in der Regel innerbetrieblich mehr Informationen vor, als vermutet wird. Diese müssen durch systematisches Erfragen zusammengetragen und auf ihre Verwendbarkeit überprüft werden. Einfühlungsvermögen in die Aufgabenstellung der Gesprächspartner und plausible Erklärungen, warum bestimmte Informationen benötigt werden, fördern die Bereitschaft zur Mithilfe bei der Beschaffung. Die ständig am Markt operierenden Außendienstmitarbeiter, Vertriebsleiter, Akquisiteure und Bezirksvertreter sind potentielle Informationsträger, die ihr Marktwissen auf gezielte Fragen hin weitergeben. Einmalige oder sich wiederholende systematische Befragungen nach Beobachtungen im Markt können Sachzusammenhänge aufklären helfen. Der Fragesteller muß sich jedoch der Gefahr subjektiver Einschätzung durch den Befragten bewußt sein [lan].

Bei vielen Unternehmen wird heute noch die Reklamationsbewertung eigener am Markt befindlicher Produkte als einzige Informationsquelle zur Qualitätsplanung herangezogen. Eine geringe Reklamationsquote wird mit guter Qualität, eine hohe Quote wird mit schlechter Qualität gleichgesetzt. Wie trügerisch die Informationen der Reklamationsbewertung sein können, zeigte eine Studie des White Office of Consumer Affairs [des]. Demnach beklagen sich nur etwa 4 von 100 unzufriedenen Kunden gegenüber dem Hersteller über unzureichende Qualität (vgl. Bild 1.2). 90 % der unzufriedenen Kunden werden ein Produkt, das Anlaß zu Beanstandung gab, jedoch fortan meiden. Die Auswertung der Reklamationen zeigt somit lediglich „die Spitze des Eisbergs".

Die Meinung eines weiteren großen und wichtigen Kundenpotentials kann im Zuge der Reklamationsbearbeitung ebenfalls nicht erfaßt werden: Die Meinung der Kunden, die schon beim Kauf dem Konkurrenzprodukt den Vorzug gaben [dan].

Sind die innerbetrieblichen Informationsquellen ausgeschöpft, so können Sekundärdaten – mit vergleichsweise geringem Aufwand – unternehmensextern beschafft wer-

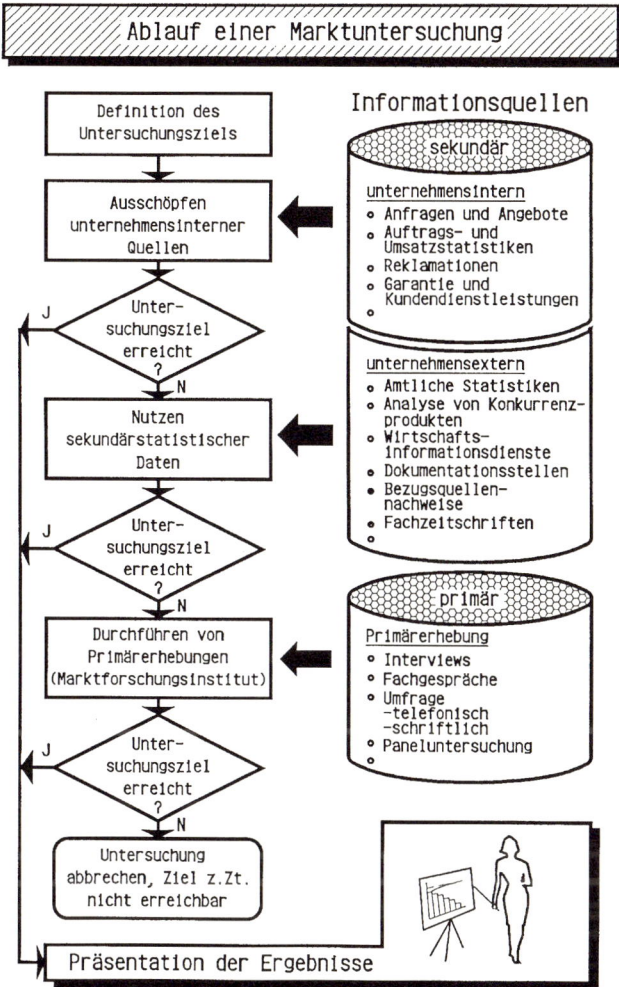

Bild 2.8   Ablauf einer Marktuntersuchung

den. Zu den wichtigsten öffentlich zugänglichen Quellen für Sekundärinformationen gehören die Veröffentlichungen des Statistischen Bundesamtes sowie der Fachverbände der verschiedenen Wirtschaftszweige. Diese enthalten Angaben über Produktion, Export und Import einer großen Anzahl von Produkten. Ferner sind die Ergebnisse der Arbeitsstättenzählung, der Umsatzsteuerstatistik, sowie die Erhebungen des Maschinenbestandes in verschiedenen Branchen oft von besonderem Wert. Die von Fachverbänden und Adreßbuchverlagen herausgegebenen Branchenbücher, Messekataloge sowie Bezugsquellennachweise enthalten in vielen Fällen Angaben über Anzahl und Struktur der Abnehmer oder Konkurrenten sowie deren Produktprogramm. Wichtige Informationen liefern ferner Fachzeitschriften und die Wirtschaftspresse. Raschen

Zugriff zu technischen Veröffentlichungen über bestimmte Fachgebiete ermöglichen Dokumentationszentren, wie sie z.B. vom Verein Deutscher Ingenieure (VDI) oder vom Verein Deutscher Maschinen- und Anlagenbauer (VDMA) unterhalten werden.

In vielen Fällen werden die Ergebnisse der Sekundärforschung nicht ausreichen, um ein klares Bild vom Marktgeschehen zu zeichnen. Insbesondere bei der Planung von Produkten, die bislang unbekannt sind oder hinsichtlich einiger Eigenschaften völlig Neues bieten, kann sich das Entwicklungsteam nicht auf die Daten der Sekundärforschung verlassen. Hier beginnt das weite Feld der Primärforschung.

Die Befragung ist im Rahmen der Primärforschung eine der am häufigsten angewandten Arten der Informationsbeschaffung. Die Befragung wird meist in Form eines Interviews anhand eines Fragebogens geführt **(Bild 2.9)**. Um den Erfolg einer Befragung sicherzustellen, muß sorgfältig festgelegt werden, was gefragt, wer befragt und wieviele Personen bzw. Unternehmen in die Untersuchung miteinbezogen werden.

Will sich z.B. der Hersteller von Karosseriepressen über die Größe seines zukünftigen Marktes orientieren, so muß er sich mit einer Befragung an die Automobilwerke wenden, um herauszufinden, in welchem Zustand sich die installierten Pressen befinden, wieviele Autos in den nächsten Jahren produziert werden sollen und wie hoch der Blechanteil an den Fahrzeugen sein wird. Auf der Basis dieser Zahlen bestehen dann durchaus gute Chancen, den Bedarf an Pressen zu prognostizieren.

Bei einem Reifenhersteller liegt das Problem anders. Will er sich über den zukünftigen Absatz ein Bild machen, muß er zwar genau wie der Pressenhersteller die vom PKW-Hersteller geschätzte Automobilproduktion ermitteln, gleichzeitig muß er aber auch den Ersatzbedarf bei Alt-Fahrzeugen berücksichtigen. Hierzu ist es notwendig, den Autofahrer selbst zu befragen, welche Marke er bevorzugt und in welchem Rhythmus er neue Reifen kauft.

Bei diesen drei verschiedenen Befragungen stellt sich jedesmal die Frage, wieviele Unternehmen bzw. Personen befragt werden sollen. Im Falle der Automobilhersteller ist es z.B. möglich, alle deutschen Hersteller zu befragen, das heißt, eine Vollerhebung durchzuführen. Wirtschaftlich unsinnig wäre es jedoch zu versuchen, die Millionen von PKW-Besitzern zu befragen. In diesem Fall muß die Vollerhebung durch eine Teilerhebung ersetzt werden, das heißt, es wird nur ein geringer Prozentsatz aller interessierender Personen befragt. Aus den Antworten der Befragten werden dann Rückschlüsse auf das Verhalten der Grundgesamtheit gezogen. Wird eine solche Stichprobe, wie eine Teilerhebung auch genannt werden kann, methodisch einwandfrei durchgeführt, so entspricht ihr Ergebnis mit hoher Wahrscheinlichkeit dem einer Vollerhebung [grü].

Steht das Unternehmen vor der Entscheidung, eine neue Produktidee zu verwirklichen und gibt es hier noch keine Wettbewerbslösung, so wird es sich durch eine einmalige Befragung über die Chancen dieses Produktes informieren. Erhält das Unternehmen dabei erfolgversprechende Ergebnisse und wird das Produkt dann auch tatsächlich ein „Renner", so können sich die verantwortlichen Marketingfachleute jedoch nicht bequem in ihren Sesseln zurücklehnen und voll Stolz auf ihr jüngstes Erfolgsprodukt blicken, sondern sie müssen auch weiterhin am Ball bleiben. Das bedeutet, sie müssen sich auch weiterhin darüber informieren, ob die Verbraucher mit ihrem Produkt zufrieden sind, wie sich der Marktanteil entwickelt, welche Aktivitäten die Konkurrenz zeigt usw. Um all dies festzustellen, könnte das Unternehmen natürlich eine neuerliche Umfrage

```
1     Bitte kreuzen Sie in dem jeweiligen Kästchen die zutreffende Antwort
      an, bzw. notieren Sie in den Leerzeilen Ihre Antwort
1.1   In unserem Betrieb werden zur
      Zeit bereits NC-Maschinen genutzt
1.2   Die wichtigsten Anwendungsbereiche sind (bitte nur die 5 wichtigsten)

      ☐ Bohren            ☐ Formfräsen            Losgrößen
      ☐ Fräsen            ☐ Schleifen             ☐ 1-10 Stck.
      ☐ Senken            ☐ Kopieren              ☐ 10-50 Stck.
      ☐ Reiben            ☐ Alu-Bearbeitung       ☐ über 50 Stck.
      ☐ Gewindebohren     ☐ Gußbearbeitung        ☐ Großserie
      ☐ Zirkularfräsen    ☐ Stahlbearbeitung

2     Teilen Sie uns bitte Ihre pers. Meinung zu dem augenblicklich verfüg-
      baren Angebot an NC-Maschinen mit.

                              stimme       stimme       stimme
                              voll zu      noch zu      überhaupt
                                                        nicht zu

2.1   NC-Maschinen sind techn.   ☐            ☐            ☐
      ausgereift

2.2   Kundenanpassung der NC-    ☐            ☐            ☐
      Maschinen ausreichend

2.3   Die NC-Fräs- und Bohrmaschinen stellen zu hohe Anforderungen an
      mein Personal in bezug auf:

      die Mechanik              ☐            ☐            ☐

      die Steuerungstechnik     ☐            ☐            ☐

      die Programmierung        ☐            ☐            ☐

      die organis. Belange      ☐            ☐            ☐

                                                  nach: Deckel
```

Bild 2.9   Kundenbefragungsbogen eines Werkzeugmaschinenherstellers

starten, die dann nach einer gewissen Zeit noch mal wiederholt werden müßte. Jede neue Untersuchung würde die augenblickliche Situation widerspiegeln, die zu diesem Zeitpunkt am Markt besteht. Auf Grund der hohen Kosten wären die Abstände zwischen den Erhebungen entsprechend lang, so daß eventuelle Fehlentwicklungen und Veränderungen in der Einstellung des Kunden erst reichlich spät, vielleicht zu spät, erkennbar würden.

Um dieser Gefahr zu begegnen, wird in der industriellen Praxis häufig ein speziell entwickeltes Verfahren, die sogenannte Panelerhebung, eingesetzt. Bei einer Panelerhebung wird ein gleichbleibender Personenkreis über eine längere Zeit hinweg in regelmäßigen Abständen zu denselben Themen befragt. Der große Vorteil des Panel ist darin zu sehen, daß es im Gegensatz zu mehreren separaten Umfragen nicht nur einige Male blitzlichtartig das Dunkel des Marktgeschehens erhellt, sondern wie ein Film durch viele aufeinanderfolgende Bilder die Entwicklung des Marktes zeigt. Als Grundlage für die Panelerhebung wird ein umfangreicher Fragebogen aufgestellt, der sich nicht nur auf produktbezogene Fragen beschränkt, sondern auch das Umfeld, wie z.B. die Vertriebswege, die Planungsunterstützung, die Schulung, die Lieferbedingungen, den Kundendienst usw., mit einschließt [grü, hai].

Unbedingte Voraussetzung für den Erfolg einer Panelerhebung ist, daß ein Personenkreis befragt wird, der repäsentativ ist für die Zielgruppe, die mit dem Produkt angesprochen werden soll. Welche negativen Folgen auftreten, wenn diese Grundregel nicht beachtet wird, zeigt das Beispiel eines namhaften deutschen Automobilproduzenten: Dort ergab eine Panelerhebung im Rahmen der Produktentwicklung, daß die Kupplung des neuen Automobils zu leicht zu betätigen war und daher auf die Testpersonen einen unsoliden Eindruck machte. Um diesem Eindruck entgegenzuwirken, entschloß sich der Hersteller, das Kupplungspedal in der Serie mit einer stärkeren Rückholfeder zu versehen. Lange nach Serienanlauf erbrachte eine erneute Paneluntersuchung ein zunächst schwer verständliches Ergebnis. Nach Meinung des neu zusammengestellten Panels war die modifizierte Kupplung deutlich zu schwer zu betätigen. Die Analyse zeigte, daß das erste Panel überwiegend mit kräfigen männlichen Testpersonen besetzt und daher nicht repräsentativ war.

Wertvolle Informationen liefert auch die Beobachtung der Wettbewerber. Sofern keine Schutzrechte bestehen, sollten die Unternehmen sich nicht scheuen, gute (Teil-)Lösungen zu übernehmen. Schließlich besagt schon eine alte Regel aus der Konstruktionslehre:

„Nachempfinden ist besser als selber erfinden!"

Das Schwergewicht liegt auf guten Lösungen, wobei die kritische Beurteilung dadurch erschwert wird, daß Erfahrungen der Konkurrenz mit ihren Produkten am Markt selten genau bekannt werden.

Durch die zunehmend engere Zusammenarbeit zwischen den Produzenten z.B. in Fachverbänden, Normenausschüssen und ähnlichen Gremien haben sich teilweise die Beziehungen zwischen Wettbewerbern deutlich verbessert. So ist es heute in vielen Branchen durchaus üblich, daß sich Konkurrenten ihre Erzeugnisse zur Begutachtung wechselseitig zur Verfügung stellen. Hierdurch wird der umständliche Weg der Beschaffung von Konkurrenzprodukten über „Strohmänner" vermieden [bau].

Bei Unternehmen, die nicht im direkten Wettbewerb stehen, hat sich darüber hinaus eine besonders intensive Form der Zusammenarbeit entwickelt, die im amerikanischen Sprachgebrauch als Benchmarking bezeichnet wird. Benchmarking-Teams besuchen dabei das jeweilige Partnerunternehmen und untersuchen dessen Strategien, Methoden, Produkte und Organisationsformen. Dies erfolgt in einer sehr vertrauensvollen, fast privaten und teilweise kameradschaftlichen Atmosphäre mit dem Ziel, durch die Analyse im Partnerunternehmen Schwächen im eigenen Unternehmen aufzudecken und beim Partner aufgefundene gute Lösungen auf das eigene Unternehmen zu übertragen [bem].

Sind die Kundenforderungen und -erwartungen erhoben, müssen sie gewichtet werden, um herauszufinden, in welchen Punkten beim neu zu entwickelnden Produkt Schwerpunkte zu setzen sind. Nach Kano können die Forderungen, die ein Kunde an ein Produkt oder eine Dienstleistung stellt, in drei Kategorien eingeteilt werden (**Bild 2.10**). Kano unterscheidet in dem nach ihm benannten Modell zwischen

– Grundforderungen (Basic),

– Qualitäts- und Leistungsforderungen (Performance) und

– der Forderung nach Begeisterungsmerkmalen (Excitement) [asi].

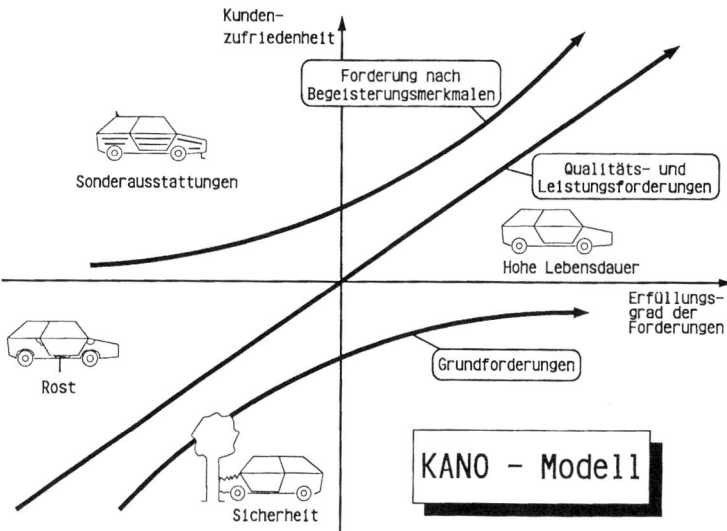

Bild 2.10 Kano-Modell

Die Erfüllung von Forderungen aus den drei Kategorien bewirkt beim Kunden einen völlig unterschiedlichen Grad der Zufriedenheit.

Die untere Kurve im Modell repräsentiert die Grundforderungen (Basic-Features), die der Kunde an ein Produkt oder eine Dienstleistung stellt. Der Kunde wird diese Forderungen bei einer Befragung – es sei denn auf explizite Nachfrage – nicht erwähnen, wohl aber die Erfüllung stillschweigend voraussetzen, weil diese Merkmale z.B. dem Stand der Technik entsprechen oder selbstverständliche Funktionen des Produktes betreffen. So wird beispielsweise der Käufer eines Automobils wie selbstverständlich erwarten, daß das Fahrzeug zuverlässig ist und den allgemeinen Sicherheitsforderungen genügt. Der Kunde ist, werden diese Forderungen nicht erfüllt, sehr unzufrieden. Eine alleinige Erfüllung dieser Forderungen reicht aber noch nicht aus, um das Ziel der Kundenzufriedenheit zu erreichen.

Die mittlere Kurve im Modell repräsentiert die Qualitäts- und Leistungsforderungen (Performance), die der Kunde an das Produkt oder die Dienstleistung stellt. Diese Forderungen wird der potentielle Kunde bei einer Marktuntersuchung explizit nennen. Werden Erwartungen nicht erfüllt, ist die Enttäuschung des Kunden nicht so groß wie bei einer Enttäuschung bezüglich den Grundforderungen. Beispielsweise wird der Grad der Enttäuschung über ein Fahrzeug mit einer niedrigeren Lebensdauer geringer ausfallen, als über ein unzuverlässiges oder ein unsicheres Fahrzeug. Andererseits ist mit einer unerwartet hohen Lebensdauer eines Fahrzeugs ein deutlich höherer Grad der Kundenzufriedenheit zu erreichen als mit einem „nur" zuverlässigen und sicheren Fahrzeug.

Die obere Kurve beschreibt die Produktmerkmale, die nach Kano den eigentlichen Unterschied zwischen konkurrierenden Produkten ausmachen. Es sind dies Merkmale, die der Kunde nicht erwartet und folglich bei einer Befragung auch nicht nennen wird.

Diese Merkmale lassen das Produkt neu und innovativ erscheinen und lösen beim Kunden Begeisterung (Excitement) aus. Beim Automobil wären dies z.B. Ausstattungsmerkmale wie ein Bordcomputer oder ein Abstandswarner beim Einparken.

Die Begeisterungsmerkmale bieten dem Unternehmen eine hervorragende Möglichkeit, sich mit dem neuen Produkt vom Wettbewerb abzuheben. Japanische Unternehmen erkannten dies früh und messen den Begeisterungsmerkmalen bei der Produktentwicklung eine hohe Bedeutung zu [asi]. So haben die Japaner eindrucksvoll vorgeführt, daß beispielsweise im Automobilbereich mit Ausstattungsmerkmalen wie elektrischen Fensterhebern und Spiegeln beim Kunden leicht mehr Begeisterung ausgelöst werden kann als mit einer neuen Motorvariante.

Begeisterungsmerkmale können durchaus technisch geringwertig sein. Ingenieure tendieren deshalb gerne dazu, diese in den Bereich der „Spielerei" zu verbannen. Aber auch hier darf keineswegs der Geschmack des Chefingenieurs den Ausschlag geben, sondern vielmehr der Geschmack der Kunden am Markt.

Merkmale und Forderungen verändern ihre Position im Kano Modell mit der Zeit. Davon sind insbesondere die Begeisterungsmerkmale betroffen. So war beispielsweise die Servolenkung im Automobil in den 60er Jahren für den Kunden eine willkommene Überraschung. In den 70er Jahren „fragte" der Kunde danach. Heute gehört die Servolenkung bereits zu den beinahe selbstverständlichen Serienausstattungen.

2.2.2   Planen der technischen Spezifikationen

Die Marktforschung beschreibt das zu planende Produkt aus der Sicht und „in der Sprache" des Kunden. In der Entwicklungs- und Konstruktionsphase erfolgt die Übertragung der Kundenforderungen in die technischen Produktspezifikationen. Erhält beispielsweise die Entwicklungsabteilung eines Automobilherstellers von der Marktforschung die Information, der Kunde wünscht ein Automobil, das zügig beschleunigt, so ist es Aufgabe der Entwicklung, einen konkreten Zielwert (z.B. 0 auf 100 km/h in 9 s) vorzugeben und technische Möglichkeiten zur Erreichung diese Zielwertes zu finden (z.B. Motorleistung erhöhen und/oder Gewicht senken). Die Aufgabe des Ingenieurs gleicht dabei der sensiblen Aufgabe eines Dolmetschers, der einen Text in eine andere Sprache übersetzt. Der Ingenieur versteht oft nicht die „Sprache" des Kunden. Was meint der Kunde, wenn er sagt, eine Glühlampe soll hell leuchten, aber nicht blenden, eine PKW-Türe soll mit einem satten Ton ins Schloß fallen, ein Sitz muß angenehm sein, die Schreibmaschine leise, ein Kernkraftwerk sicher, etc.? Vergleichbar dem Dolmetscher unterliegt der Ingenieur daher der Gefahr, einen Kundenwunsch zwar „grob grammatikalisch" richtig, vom tieferen Sinn her jedoch falsch zu übertragen.

Wie leicht sich Fehler bei der Interpretation der Kundenwünsche einschleichen, zeigt ein Beispiel aus dem Hause Ford. Im Konkurrenzvergleich wurden zwei Kleinlastwagen – ein Ford Ranger und ein Toyota – analysiert. Die rein technische Bewertung ergab, daß der Ford deutlich schneller beschleunigte. In der Bewertung durch den Kunden wurde jedoch der Toyota entgegen aller Erfahrung als wesentlich schneller eingeschätzt. Wie war dies möglich, war doch der Ford objektiv schneller?

Es zeigte sich, daß die Drosselklappe des Ford Bruchteile einer Sekunde verzögerte, während der Toyota startete, sobald der Fahrer das Gaspedal berührte. Weiterhin waren die Sitze des Toyota härter und der Auspuff lauter.

Obwohl alle diese Eigenschaften objektiv keinen Einfluß auf die Beschleunigung hatten, vermittelten sie doch dem Fahrer das subjektive Gefühl einer stärkeren Beschleunigung [for].

Alle weiteren Aktivitäten der Entwicklung und Produktion beziehen sich nur noch auf die Produktspezifikationen. Qualität bedeutet in den nachfolgenden Produktentstehungsphasen (Konstruktion, Fertigung und Montage) nur noch mittelbar „Übereinstimmung mit den Kundenwünschen". Qualität wird jetzt als Übereinstimmung mit den technischen Produktspezifikationen gemessen. Damit wird deutlich, wie wichtig eine sorgfältige Übersetzung der Kundenforderungen in die technischen Produktspezifikationen für die gesamte Produktqualität ist. Werden hier Fehler gemacht oder unterbleiben Anpassungen an sich wandelnde Kundenforderungen, so ist der Erfolg eines Produktes, auch wenn es noch so gut seinen technischen Spezifikationen entspricht (z.B. in den Toleranzen), gefährdet [hai].

Neben den technischen und qualitativen Merkmalen sind ebenfalls die Forderungen an die Produktsicherheit und -zuverlässigkeit zu definieren und Maßnahmen zu deren Realisierung zu ergreifen.

Unzuverlässigkeit und Unsicherheit sind wesentliche Eigenschaften von technischen Systemen und menschlichem Verhalten [pe1]. Die Fähigkeit, eine große Anzahl von Funktionen zu erfüllen, und zugleich sehr zuverlässig und sicher zu sein, sind zunächst zwei entgegengesetzte Eigenschaften von technischem Gerät. Je umfangreicher die Systemkomponenten und -funktionen werden, desto komplizierter und – bei gleichbleibender Zuverlässigkeit seiner Bestandteile – zunächst unzuverlässiger wird das Gesamtverhalten des Systems, da die Zuverlässigkeit in erster Näherung proportional mit wachsender Zahl der Systembestandteile abnimmt [pe2]. Daraus läßt sich die Notwendigkeit von speziellen Sicherheits- und Zuverlässigkeitsprogrammen vor allem bei technischen Großprojekten direkt ableiten.

Unter dem Begriff „Zuverlässigkeit" werden diejenigen Eigenschaften zusammengefaßt, die das Produktverhalten über den gesamten Nutzungszeitraum beschreiben. Geht von dem Verhalten ein Gefährdungspotential aus, so ist die Eigenschaft für die Produkt-„Sicherheit" relevant. Damit zusammen hängt auch der Risikobegriff und die Risikoakzeptanz sowie die Problematik der menschlichen Handlungsfehler aus probabilistischer Sicht. Die generelle Aufgabe der Sicherheitstechnik ist präventiver Art; ihre Techniken, Verfahren und ihr Vorschriftenwesen sollen das Eintreten eines unerwünschten Ereignisses verhindern. Nach [pe2] lassen sich prinzipiell zwei Aufgabenstellungen unterscheiden (Analoges gilt für die Zuverlässigkeit):

– Entwurfs- und konstruktive Sicherheitstechnik (Einbau von Sicherheit)
– Nutzungssicherheit

Die Entwurfs- und konstruktive Sicherheit beschäftigt sich mit der Planung, dem Entwurf, der Fertigung und der Erprobung von technischen Systemen und Produkten unter dem Gesichtspunkt einer Sicherheitsoptimierung oder zumindest der Erfüllung von Sicherheitsminimalforderungen. Die Nutzungssicherheit betrifft Fragen der mit den technischen Einrichtungen und Produkten umgehenden Menschen und deren Unterweisung und Motivation.

Die Begriffe Zuverlässigkeit und Sicherheit lassen sich sowohl qualitativ als auch quantitativ definieren. Ein Produkt ist dann zuverlässig, wenn es über seine Lebensdauer in möglichst wenige Ausfallzustände gelangt, und dann sicher, wenn von allen Funktionen und möglichen Ausfallzuständen keine Gefahr ausgeht. Um den Begriff der Sicherheit als Wahrscheinlichkeit quantitativ zu erfassen, wird heute die folgende Definition angewandt:

> *„Sicherheit ist die Wahrscheinlichkeit, daß von einer Betrachtungseinheit während einer bestimmten Zeitdauer keine Gefährdung ausgeht."*

Wichtigstes Hilfsmittel der Sicherheits-(Zuverlässigkeits-)technik sind die Sicherheits-(Zuverlässigkeits-)analyseverfahren, von denen nachfolgend die wichtigsten kurz vorgestellt werden.

– Fehler-Möglichkeits- und Einfluß-Analyse (Failure Mode- and Effect Analysis, FMEA), untersucht und legt die Ausfallart und ihre Auswirkungen auf Systeme fest (siehe hierzu auch Kap. 3).

– Gefahrenanalyse (Preliminary Hazard Analysis, PHA), untersucht und legt die Gefährdungspotentiale eines Systems fest.

– Ausfallgefahrenanalyse (Fault Hazard Analysis, FHA) untersucht die Ursachen für die Ausfallarten und die Auswirkungen.

– Bedienungsgefahrenanalyse (Operating Hazard Analysis, OHA) beschreibt die Gefahren, die durch Bedienung, Wartung und Reparatur entstehen können.

– Menschliche Fehlerart- und Fehlereffektenanalyse (Human Error Mode- and Effect Analysis, HMEA) untersucht Fehlerarten und ihre Auswirkungen, hervorgerufen durch menschliches Fehlverhalten.

– Informationsfehler-Effektanalyse (Information Error Mode- and Effect Analysis, IEMEA) untersucht die Bedienungs-, Wartungs, Reparaturfehler und ihre Auswirkungen aufgrund falscher (irriger) Anweisungen und Informationen.

Eine umfassende Auflistung und Verfahrensbeschreibung findet sich in der Literatur [pe1, pe2].

Das Ergebnis der Analyse wird an der geforderten Sicherheit (Zuverlässigkeit) – besser an dem Maß der gesellschaftlich tolerierten Unsicherheit (Unzuverlässigkeit) – gespiegelt. Da die Forderung nach totaler Sicherheit schon allein aus wirtschaftlichen Gründen unrealistisch ist, rückt die Frage nach der Akzeptanz des mit der Technik verbundenen Risikos in den Blickpunkt öffentlicher Diskussion [pe2]. Daß die Antwort hierzu aus dem verantwortlichen politisch-moralischen Entscheidungsraum kommen muß, entbindet den Wissenschaftler nicht von seiner Verantwortung, Relativierungsmaßstäbe zur Entscheidungsfindung zu entwickeln, und an der Entscheidungsfindung aktiv mitzuwirken. Das Beispiel eines in den Vereinigten Staaten gebauten Kleinwagens soll dies verdeutlichen **(Bild 2.11)**.

Ein großer amerikanischer Automobilkonzern plante Mitte der 70er Jahre die Neukonstruktion eines Kleinwagens. Bei Vorversuchen konnte festgestellt werden, daß, bedingt durch eine schlechte Positionierung des Tanks, bei Auffahrunfällen eine erhöhte Brandgefahr bestand. Seitens der Entwicklung wurden daraufhin zwei Lösungsalternativen, die Pufferung des Tanks von außen bzw. die Auskleidung des Tanks mit Gummi,

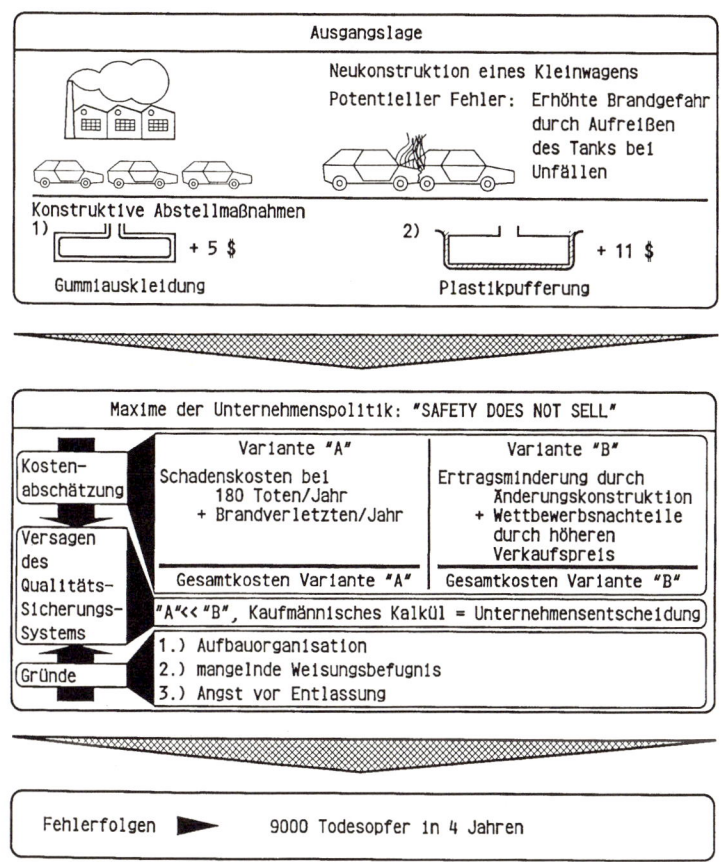

Bild 2.11   Versagen eines Qualitätsmanagementsystems

vorgeschlagen. Je nach Alternative hätte dies den Verkaufsertrag des Wagens um 5 bis 11 Dollar gemindert. Bis zu diesem Zeitpunkt hatte das Qualitätsmanagementsystem dieses Unternehmens einwandfrei funktioniert. Ein Fehler war identifiziert worden. Das System versagte erst im nächsten Entscheidungsschritt. Die Unternehmensleitung entschloß sich zur Beibehaltung der alten Konstruktion, weil man davon ausging, daß eine Änderung für das Unternehmen sehr viel teurer werden würde, als die möglichen Kosten, der durch diesen Fehler mitverursachten Unfallfolgen. Die Gründe für das Versagen des Systems sind mannigfaltig. Sicherlich spielen hier persönliche Motive eine große Rolle. Viele der Mitarbeiter, die um diesen Fall wußten, schwiegen aus Angst vor Entlassung. Diejenigen, die bereit gewesen wären, etwas zu sagen, waren nicht mit ausreichenden Kompetenzen ausgerüstet, um ihre Meinung durchzusetzen.

Zu dieser Zeit war die erklärte Maxime der Geschäftsleitung:

  „Safety doesn't sell."

Erst viele Jahre später ergaben die Auswertungen von öffentlichen Unfallstatistiken, daß dieser Fehlkonstruktion innerhalb von nur vier Jahren über 9000 Menschen zum Opfer gefallen waren [pol].

Obwohl sich dies vor über 20 Jahren ereignete, hat das Beispiel nichts an Aktualität eingebüßt. Es sei in diesem Zusammenhang nur auf die Mitte 1993 durchgeführten Crash-Tests der Zeitschrift „Auto-Motor-Sport" verwiesen.

2.3   Planung der Realisierungsbedingungen

Neben der Planung der Produkteigenschaften spielt die Planung der Realisierungsbedingungen bei der Qualitätsplanung eine entscheidende Rolle. Die Bereitstellung von sicheren, fähigen, wirtschaftlichen und angemessenen Produktionssystemen, die in der Lage sind, eine reproduzierbare Qualität zu fertigen, steht dabei im Vordergrund. Die Qualität der Planung der Produktionssysteme beeinflußt massiv die zukünftigen Qualitätsstandards sowie den Aufwand, der für ihre Einhaltung notwendig ist.

Aus den vielfältigen Methoden und Verfahren seien hier die der Versuchsmethodik und die Prozeß-FMEA erwähnt (vgl. Kap. 3).

2.4   QM-Programmplanung

Insbesondere bei komplexen Produkten, z.B. Kraftwerken und Flugzeugen, müssen frühzeitig die QM-Aktivitäten geplant werden. Diese Tätigkeit ist ebenfalls Bestandteil der Qualitätsplanung. Die Dokumentation der geplanten QM-Aktivitäten erfolgt im QM-Programmplan (Bild 2.12). Der zunächst grobe QM-Programmplan kann bis zum Fertigungsbeginn schrittweise inhaltlich und zeitlich verfeinert werden. Als Unterlage zur Steuerung und Überwachung der Produktentstehung muß der QM-Programmplan Teil eines umfassenden Programmplans sein. Auf diese Weise kann sichergestellt werden, daß auch die für das Qualitätsmanagement relevanten Termine zentral verfolgt werden.

Ein QM-Programmplan besteht aus einem Kopfteil für die organisatorischen Daten, einem Anweisungsteil, in dem alle durchzuführenden QM-Maßnahmen aufgelistet sind, und einem Zusatzteil für umfangreiche Programme bzw. für komplexe Produkte, in dem sich Inhaltsübersichten und Zusammenfassungen des detaillierten Gesamtplans befinden (Bild 2.13).

Die DIN EN ISO 9001 [dis] verpflichtet das Unternehmen, alle wesentlichen Maßnahmen zu dokumentieren, die zur Sicherung der Qualität ergriffen werden.

Insbesondere bei sicherheitskritischen Produkten, bei denen hohe Risiken vorliegen hinsichtlich Gefährdung von Gesundheit und Leben von Menschen (Sicherheitsrisiko) und hohem materiellen Schaden (wirtschaftliches Risiko), sind die Forderungen an die Nachweisführung in den letzten Jahren stark gestiegen. Die Nachweisführung ist damit zu einer umfassenden, den gesamten Produktentstehungsprozeß begleitenden Aufgabe geworden.

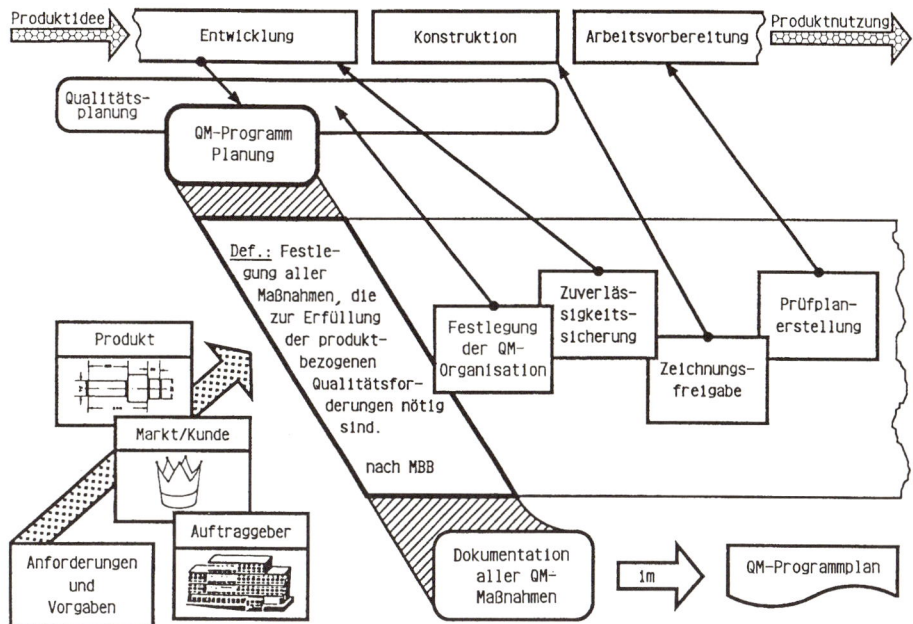

Bild 2.12   QM-Programmplanung Teilaufgabe der Qualitätsplanung in der Entwicklung

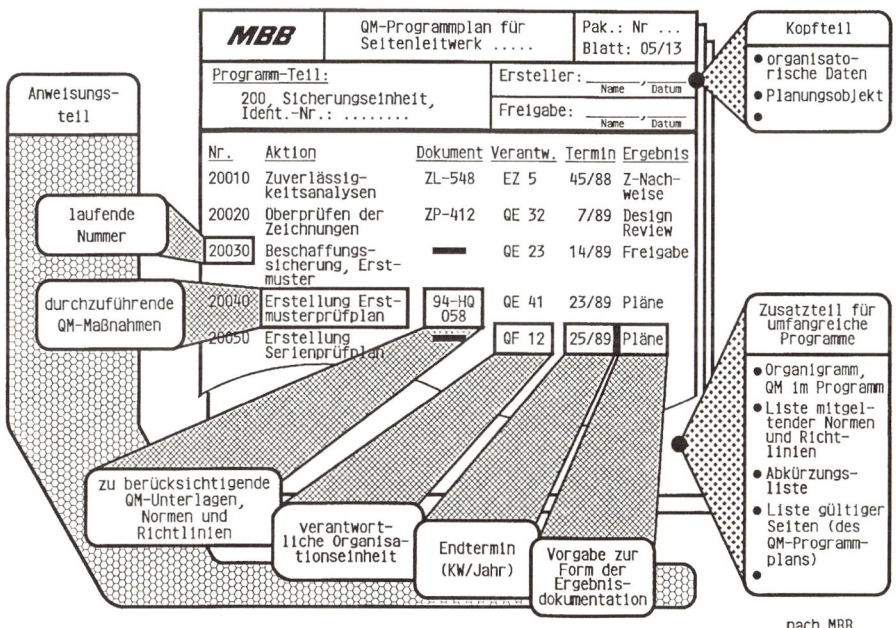

Bild 2.13   Auszug eines QM-Programmplans

2.5   QFD – Quality Function Deployment

Der Prozeß der Umsetzung von Kundenforderungen in technische Merkmale eines Produktes wird heute methodisch nur wenig unterstützt [hae]. Die traditionelle Vorgehensweise mit Aufnahme und Festschreibung der Anforderungen in einem Lasten- und Pflichtenheft hat, in der Form wie sie praktiziert wird, schwerwiegende Nachteile. Die Aufnahme der Anforderungen erfolgt in den wenigsten Fällen strukturiert und vollständig. Darüber hinaus werden häufig Lösungen und Konzepte im Lasten-/Pflichtenheft bereits vorgegeben, so daß kreative und an den Anforderungen der Kunden orientierte Entwicklungen nicht mehr möglich sind.

Eine der erfolgreichsten Methoden zur systematischen Gestaltung der gesamten Produktentstehungsphase und maximalen Kundenorientierung stellt das Quality Function Deployment, nachfolgend kurz QFD genannt, dar.

2.5.1   Was ist Quality Function Deployment?

Quality Function Deployment als ein Ansatz zur Produktentwicklung wurde erstmalig 1966 von Prof. Akao im Rahmen einer Artikelreihe in „Standardization and Quality Control" vorgestellt. Er definiert QFD als ein Rahmenwerk, das spezielle Methoden anbietet, mit denen Qualität in jeder Phase des Produktentwicklungsprozesses erzeugt werden kann. QFD ist ein Verfahren zur Entwicklung einer Entwurfsqualität, die sich an den Bedürfnissen der Kunden orientiert. Schrittweise werden die Kundenforderungen in Entwurfsanforderungen, wichtige Entwurfsziele und Qualitätssicherungspunkte übersetzt, die der Produktionsphase zugrunde gelegt werden.

Die ersten Projekte, bei denen die Methode eingesetzt wurde, erfolgten auf der Mitsubishi Heavy Industries Schiffswerft in Kobe, Japan, die dann 1978 das erste Standardwerk mit dem Titel „QFD – An Approach To Company Wide Quality Control" veröffentlichte. Trotz der recht kurzen Entwicklungszeit ist bemerkenswert, daß eigentlich von Beginn an das Konzept QFD in der Industrie eingesetzt wurde. Zahlreiche Fallstudien vornehmlich aus dem amerikanischen Raum belegen den Erfolg, der mit QFD erzielt werden kann. Das Einsatzgebiet reicht von der Autoindustrie über die Fertigungsindustrie und das Bauwesen bis hin zum Dienstleistungssektor. Zur Zeit wird QFD verstärkt von der Software entwickelnden Industrie eingesetzt.

Das grundlegende Prinzip der QFD-Philosophie ist es, die Kundenorientierung eines modernen Qualitätsmanagements in allen Phasen der Produktentwicklung zu verankern. Die Erwartungen und Wünsche des Kunden oder des Anwenders führen den gesamten Entwicklungsprozeß und sind die Grundparameter für die Realisierungsvorstellungen der Ingenieure. Der Ingenieur wird als Mittler zwischen den Kundenanforderungen und dem technisch Machbaren verstanden. Ziel ist nicht ein Produkt das alle technisch möglichen, sondern nur genau die vom Kunden gewünschten Merkmale aufweist und sich durch höchste Gebrauchstauglichkeit (aus dem amerikanischen: „Fitness for use") auszeichnet. Die Aufgabe des Ingenieurs kann man vergleichen mit der Arbeit eines Dolmetschers, der einen Text in eine andere Sprache übersetzt. Die „Stimme des Kunden" muß in die technische Sprache der Ingenieure übersetzt werden. Dabei ist es enorm wichtig alle Nuancen „dieser Sprache" mit zu übersetzen. Häufig sind es gerade die Dinge, die zwischen den Zeilen stehen, also die impliziten Anforderungen der Kunden, die ins Produkt umgesetzt werden müssen.

Zu diesem Zweck führt QFD systematisch und schrittweise unterschiedliche Unternehmensbereiche, wie z.B. Marketing, Produktentwicklung, Fertigung, Beschaffung und Qualitätssicherung durch ein System aufeinander abgestimmter Planungs- und Kommunikationsschritte zusammen. Die Fähigkeiten und Kenntnisse der einzelnen Bereiche werden zielgerichtet koordiniert, um eine bestmögliche Berücksichtigung der Kundenanforderungen im Produkt zu realisieren.

2.5.2 Werkzeuge des QFD (House of Quality)

Obwohl QFD als Konzept schon 1966 eingeführt wurde, wurde ein Durchbruch erst 1972 durch die von Nishimura und Takayanagi eingeführten Qualitätstabellen erzielt **(Bild 2.14)** [aka]. Im Laufe der Jahre wurden diese Qualitätstabellen, nicht zuletzt auch wegen der in vielen Ländern sehr schematischen Vorgehensweise im Entwicklungsprozeß, weiterentwickelt. 1977 wurde in Japan zum ersten Mal eine Kombination verschiedener Tabellen vorgestellt, die aufgrund ihrer Struktur als „House of Quality" (HoQ) [asi] bezeichnet wurde. Dieses House of Quality, eine Zusammensetzung verschiedener

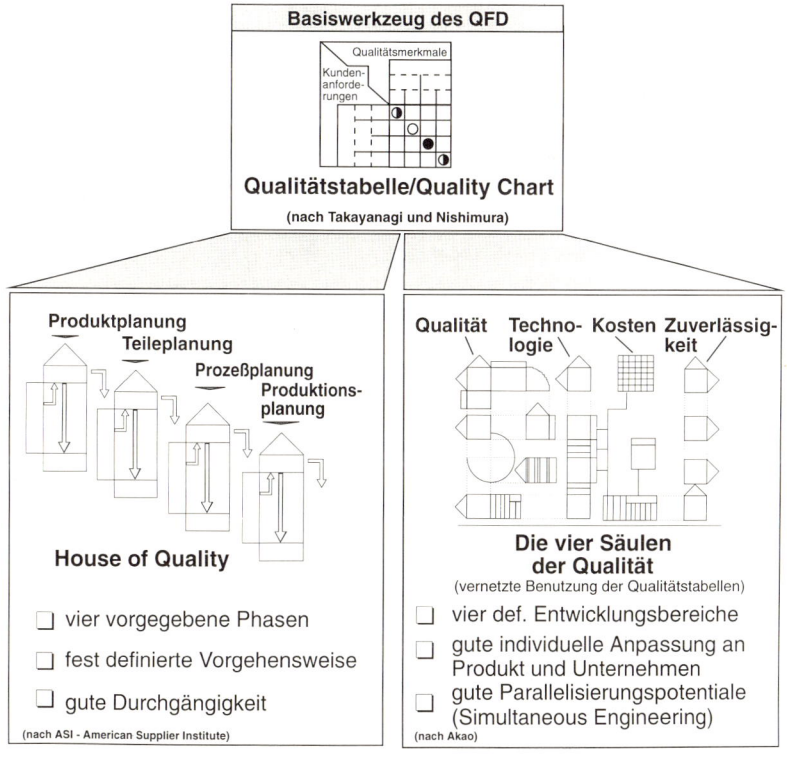

Bild 2.14 QFD nach ASI und Akao

Matrizen, Listen und Tabellen, dient der Unterstützung der einzelnen Transformations-
schritte im QFD-Prozeß und ist heute eines der geläufigsten Hilfsmittel bei der Durchführung von Quality Function Deployment. Die Verknüpfung der Inhalte der verschiedenen Matrizen und Tabellen erfolgt durch gewichtete Relationen, mit deren Hilfe die
Umsetzung von Kundenforderungen in Qualitätsmerkmale unterstützt und bewertet
wird.

Im wesentlichen werden beim Quality Function Deployment vier verschiedene Phasen
unterschieden **(Bild 2.15)**.

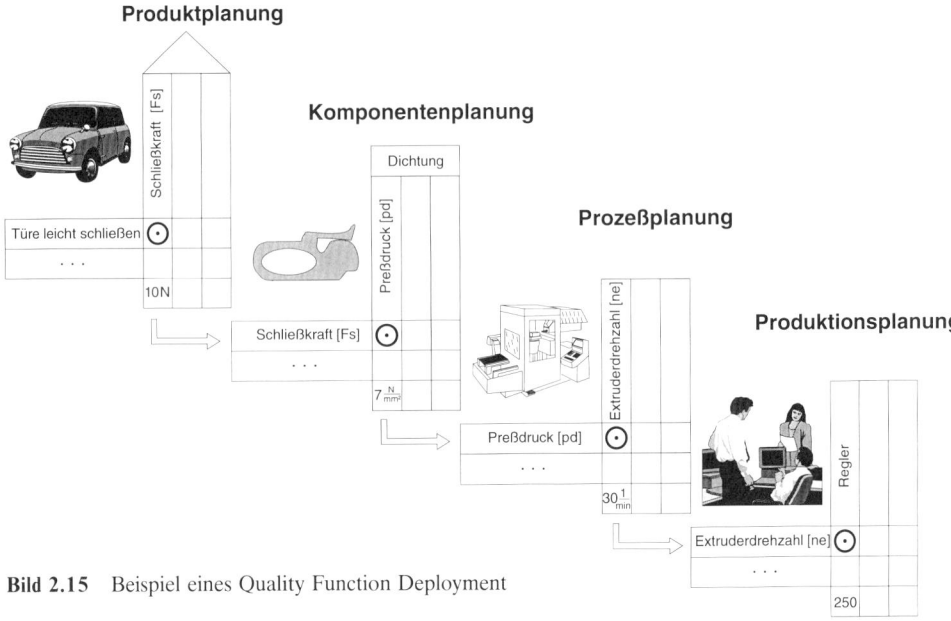

Bild 2.15   Beispiel eines Quality Function Deployment

Diese Phasen beziehen sich auf den QFD Ansatz nach ASI (American Supplier Institute), der am stärksten schematisiert ist (Bild 2.14). Dort unterscheidet man zwischen
1. Produktplanung, 2. Teileplanung, 3. Prozeßplanung und 4. Produktionsplanung.
Prof. Akao – aus dessen Arbeiten der ASI-Ansatz entstanden ist – macht diese starke Unterscheidung nicht, sondern definiert vier wichtige Entwicklungsbereiche: Qualitätsent-
wicklung, Technologieentwicklung, Kostenentwicklung und Zuverlässigkeitsentwicklung.
Für jedes Entwicklungsprojekt muß der QFD Prozeß individuell aus Entwicklungstätig-
keiten dieser vier Bereiche zusammengesetzt werden. Die in Bild 2.15 gezeigte Durchgängigkeit der Entwicklungsergebnisse geht dann jedoch häufig verloren. In nahezu allen An-
wendungsfällen gehen Unternehmen nach ASI vor das eine stärkere systematische Führung gewährleistet, aber die Einbindung von bereits vorhandenen Entwicklungsmethodi-
ken unberücksichtigt läßt.

Im folgenden soll anhand der Entwicklung eines elektrisch betriebenen Autospiegels verdeutlicht werden, wie ein House of Quality der Phase 1 „Produktentwicklung" aufgebaut
wird **(Bild 2.16)**.

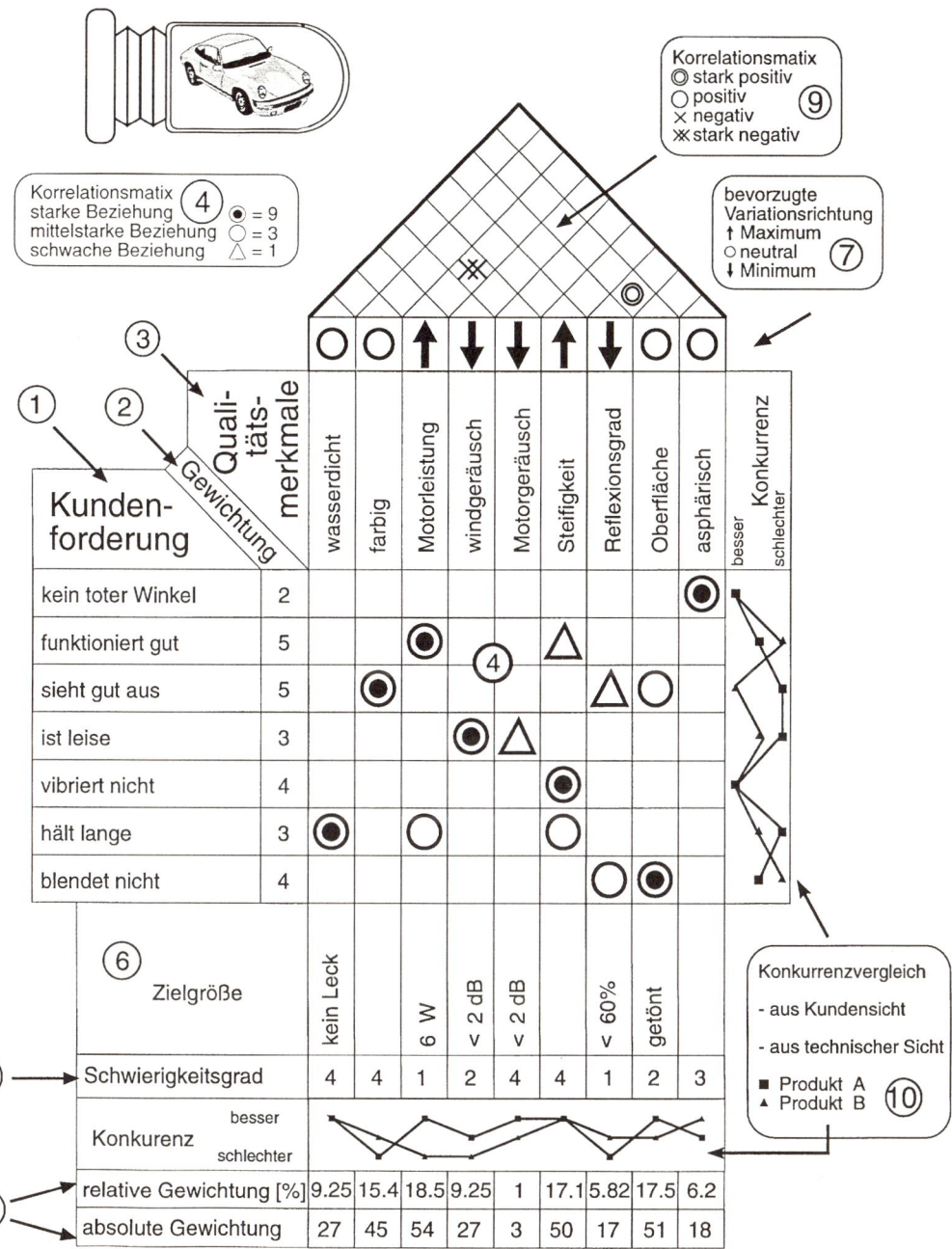

Bild 2.16 House of Quality – Produktentwicklung „elektrischer Autospiegel"

Zu Beginn der Arbeiten steht die Bildung eines QFD-Projektteams (siehe auch 2.5.3. QFD in der Praxis). Ein QFD-Team besteht aus 6–8 Mitarbeitern, die aus unterschiedlichen Bereichen des Unternehmens stammen und das sich in seiner Zusammensetzung mit jeder neuen Phase des QFD verändert. In der ersten Phase setzt es sich sinnvollerweise aus Vertretern des Marketing und Vertriebs sowie der Entwicklung zusammen. Je nach Produkt und Unternehmen sind auch noch andere Teammitglieder denkbar (Marktforschung, Unfallforschung, Service etc.).

Die Arbeitsschritte lassen sich unter verschiedene thematische Oberbegriffe einreihen und werden im folgenden erläutert. Die Arbeitsschritte sind dabei entsprechend ihrer Reihenfolge numeriert (Bild 2.16).

Ermittlung der Kundenanforderungen (1), (2)

Der QFD-Prozeß startet mit der Ermittlung der Anforderungen, die der Kunde an das Produkt stellt (1). Methoden zur Ermittlung der Kundenanforderungen sind in Kapitel 2.2.1 näher beschrieben. Sind die Kundenanforderungen – in der QFD-Terminologie auch die „Whats" genannt – zusammengetragen, so werden sie, in Kategorien eingeteilt, in das QFD-Formblatt eingetragen und ihrer Bedeutung für den Kunden entsprechend gewichtet (2).

Ableitung der Qualitätsmerkmale (3), (4), (5)

Für jede Kundenforderung (What) arbeitet das QFD-Team nun Qualitätsmerkmale, technische Funktionen (How in der QFD-Terminologie) in das QFD-Chart ein, bis alle Kundenforderungen, entsprechend der Kundengewichtung, erfüllt werden (3).

Die Korrelation der Kundenwünsche mit den Qualitätsmerkmalen wird in der Beziehungsmatrix des QFD-Chart, mit leicht erkennbaren Symbolen (im Bild: 1, 2, 9), dokumentiert und gewichtet (4). Beispielsweise soll die Kundenforderung „elektrischer Außenspiegel ist leise" realisiert werden durch die Qualitätsmerkmale „Windgeräusch" und „Motorgeräusch". Der Reduzierung des Windgeräuschs (starke Relation, Wertungsfaktor 9) wird dabei eine höhere Bedeutung zugemessen als der Reduzierung des Motorgeräuschs (schwache Relation, Wertungsfaktor 1).

Die Bedeutung des Qualitätsmerkmals kann nachfolgend aus dem Gewicht des Kundenwunsches und der Stärke der Korrelation multiplikativ abgeschätzt werden (5). Deckt ein Qualitätsmerkmal mehrere Kundenforderungen ab, so ergibt sich die Bedeutung als die Summe der einzelnen Produkte.

Festlegung von Zielgrößen (6), (7), (8)

In diesem Arbeitsschritt werden den Qualitätsmerkmalen Zielgrößen (How Much in der QFD-Terminologie) zugeordnet (6). Zielwerte sind in diesem Zusammenhang meßbare bzw. bezifferbare Größen und Einheiten, z.B. Motorleistung = 6W. Diesen Zielwerten kommt eine hohe Bedeutung zu, da sie die Meßwerte für das Erreichen der Qualität sind. Sie sind aber auch Gegenstand der Diskussionen in einem Design-Review Prozeß.

Gleichzeitig wird das QFD Team versuchen, die Qualitätsmerkmale mit einer Angabe der zu bevorzugenden Variationsrichtung des Zielparameters zu versehen, d.h. festzulegen, ob für den Zielwert „Je kleiner, desto besser" oder „Je größer, desto besser" (7) gilt.

Die technischen Schwierigkeiten, die bei der Realisierung eines Merkmals zu erwarten sind, können im Feld „Schwierigkeitsgrad" abgeschätzt werden (8). Hier fließt das Erfahrungswissen des QFD-Teams ein. Hat ein Qualitätsmerkmal nur eine geringe Bedeutung für die Erfüllung von Kundenwünschen und sind bei der Realisierung größere technische Schwierigkeiten zu erwarten, so sollte das geplante Merkmal verworfen oder eine andere technische Lösungsmöglichkeit gefunden werden.

Prüfen auf Wechselwirkungen (9)

Zusätzlich untersucht man die Korrelationen zwischen den einzelnen Qualitätsmerkmalen und dokumentiert diese in der Korrelationsmatrix, dem „Dach" des House of Quality (9). Unter Korrelationen zwischen Qualitätsmerkmalen sind Forderungen zu verstehen, die miteinander positiv oder negativ in Wechselwirkung treten. Ein Beispiel für eine negative Korrelation zwischen Qualitätsmerkmalen ist bei dem elektrisch betriebenen Außenspiegel die gleichzeitige Forderung nach hoher Motorleistung und geringem Motorgeräusch. Eine starke Berücksichtigung der einen Forderung, beeinflußt hier in starkem Maße die Berücksichtigung der anderen Forderung. In dieser Phase des QFD zeigt sich, ob der beabsichtigte technische Lösungsansatz überhaupt weiter verfolgt werden soll, oder ob schon so viele Kompromisse und Abstriche von der kundenidealen Lösung absehbar sind, daß nach einem anderen technischen Lösungsprinzip gesucht werden sollte.

Ein weiterer Ansatz ist es, aus der Ermittlung der positiven und negativen Korrelationen Projektteams zu bilden, die gemeinsam ein Lösungskonzept für den als wichtig und notwendig erkannten Kompromiß erarbeiten.

Produktbewertung (10)

Das geplante Erzeugnis wird zum einen aus Sicht der Kunden und zum anderen unter technischen Gesichtspunkten mit Konkurrenzprodukten verglichen (10). Das Ergebnis dieser Analysen ist eine relative Positionierung des eigenen Produktes bezüglich der beiden Forderungsblöcke, d.h. man erfährt in welchem Maße Konkurrenzprodukte besser oder schlechter bestimmte Forderungen berücksichtigen.

Aufmerksamkeit ist geboten, wenn das eigene Produkt in der technischen Bewertung „gute Noten", in der Bewertung durch den Kunden jedoch deutlich schlechter abschneidet. Hier ist offensichtlich genau das passiert, was durch QFD verhindert werden soll, daß ein Produkt technisch einwandfrei, jedoch am Markt vorbei entwickelt wurde.

Die Ergebnisse all dieser Tätigkeiten werden im House of Quality festgehalten (Bild 2.16). Der Idee des Quality Function Deployments liegt dabei die Vorstellung zugrunde, daß die o.g. Systematik zur Beschreibung von Abhängigkeiten zwischen allen Forderungen, beginnend beim Kunden und in der vierten Phase endend mit den Forderungen an die Auslegung und Einrichtung der Fertigungs- und Prüfmittel, anwendbar ist. In Bild 2.15 sind die unterschiedlichen funktionalen Abhängigkeiten der aufeinander folgenden Entwicklungsphasen dargestellt. Die Ausgangsgrößen einer QFD-Qualitätstabelle einer Entwicklungsphase sind dabei, unter Umständen in einer zuvor nach

Wichtigkeit getroffenen Auswahl, zugleich Eingangsgrößen des Houses of Quality der nächsten Entwicklungsphase.

Wie bereits beschrieben sieht Quality Function Deployment in der streng schematisierten Form nach ASI vier Phasen vor, in denen die funktionalen Abhängigkeiten definiert werden. Dies sind:

Phase 1: Aus den Kundenforderungen gehen die Qualitätsmerkmale des Produktes hervor.

Phase 2: Aus den Qualitätsmerkmalen werden ein Realisierungskonzept sowie die einzelnen Komponenten des Produktes erarbeitet.

Phase 3: Aus den Spezifikationen der Komponenten werden die Forderungen an die Bearbeitungsprozesse abgeleitet.

Phase 4: Die Auslegung der Fertigungs- und Prüfmittel geht aus den Bearbeitungsprozessen hervor.

Bild 2.15 illustriert dies an einem einfachen Beispiel aus dem Automobilbereich. Der Kunde artikuliert die Forderung „Türe leicht zu schließen". Im Rahmen der Produktplanung wird die Anforderung in die technische Spezifikation Türschließkraft mit dem Sollwert $F_S = 10$ N übersetzt. Bei der Komponentenplanung wurde die Verformungskennlinie der Türdichtung unter Belastung als ausschlaggebend für die Realisierung der Türschließkraft erkannt und im QFD-Chart dokumentiert. Anschließend erfolgt die Prozeßplanung. Der sich einstellende Preßdruck des Gummiprofils ist dabei stark abhängig vom Prozeßparameter „Extruderdrehzahl". Die Extruderdrehzahl wird schlußendlich bestimmt von der Stellung des Drehzahlreglers.

Wie das Beispiel zeigt, liegt der besondere Vorteil des Quality Function Deployment im systematischen Aufbau sowie in der durchgängigen Nutzbarkeit in allen an der Qualitätsplanung beteiligten Unternehmensbereichen. Der bereichsübergreifende Dialog bezüglich der Kundenforderungen und den zugehörigen Qualitätsmerkmalen verstärkt die Kundenorientierung bei Produktentwicklung und Prozeßplanung.

2.5.3   QFD in der Praxis

Wie bei fast allen neuen Methoden ist es schwierig in der Beurteilung Aufwand und Nutzen gegeneinander abzuwägen [neu]. Vor allem bei Methoden wie dem QFD, die meßbare Ergebnisse erst nach einer relativ langen Zeit bringen (häufig erst nachdem die Produkte schon in der Benutzung durch den Kunden sind) muß man viel Überzeugung in der Anfangsphase mitbringen. QFD bedeutet gegenüber den herkömmlichen Entwicklungsmethoden einen erheblich höheren Aufwand in den frühen Phasen der Produktentwicklung [kin]. Tätigkeiten im Bereich der Produktfindung und Auslegung eines ersten Konzeptes werden jetzt auf Konsensbasis von einem Team durchgeführt und nicht mehr von einer kleinen Anzahl Entwicklungsingenieure. Dieses Konsensprinzip zieht sich dann durch den ganzen weiteren Entwicklungsprozeß, bis zur Auslieferung des Produktes an den Kunden. Durch QFD können notwendige Änderungen frühzeitig erkannt und kostengünstig durchgeführt werden. Entwicklungsprozeß bis zur Auslieferung des Produktes an den Kunden. Der höhere Aufwand in diesen frühen Phasen wird aber durch weniger Änderungen in späteren Phasen mehr als kompensiert.

Bei der Einführung von QFD in die Entwicklungsmethodik eines Unternehmens sind einige Dinge zu beachten, die wesentlich den Erfolg dieser Methode beeinflussen. Als Hilfsmittel für die Durchführung von QFD werden einige Formalismen vorgeschlagen, die jedoch mit ganz spezifischen Organisationsformen zusammenhängen. Die direkte Implementierung anhand der dokumentierten Formalismen führt somit auch (fast immer) zum Scheitern der Methode. Selbst Prof. Akao beschreibt im Vorwort der japanischen Ausgabe seines Buches über QFD, daß jedes Unternehmen individuell seinen eigenen QFD Prozeß erarbeiten muß, in dem die speziellen Gegebenheiten und Strukturen des Unternehmens berücksichtigt sind.

Bei der Einführung von QFD als Methode im Entwicklungsbereich müssen zunächst einige Grundvoraussetzungen geschaffen werden **(Bild 2.17)**. Dazu gehört die uneingeschränkte Befürwortung von QFD durch das Management. Nur wenn die Führungsebenen eines Unternehmens den Aktivitäten eines QFD Teams die notwendige Bedeutung beimessen, kann mit motivierten Mitarbeitern gerechnet werden, und Quality Function Deployment wird positive Ergebnisse erzeugen. Weitere Eingriffe in die Kompetenzstruktur einzelner Führungskräfte können notwendig werden, da in bereichsübergreifenden Teams gearbeitet werden muß. QFD verlangt einen relativ hohen Zeitaufwand und hat nur Erfolg, wenn es nicht als zusätzliche Arbeitsbelastung für die Mitarbeiter eingeführt wird. Es bietet sich aus diesem Grund an, anhand von hinreichend problematischen, dabei aber nicht zu komplexen Pilotprojekten die Methode zu erarbeiten. Die Grundlagen der Methodik müssen dabei mit den bereits bestehenden Vorgehensweisen im Entwicklungsbereich verbunden werden, um somit den für die jeweilige Firma individuellen QFD Prozeß zu erarbeiten.

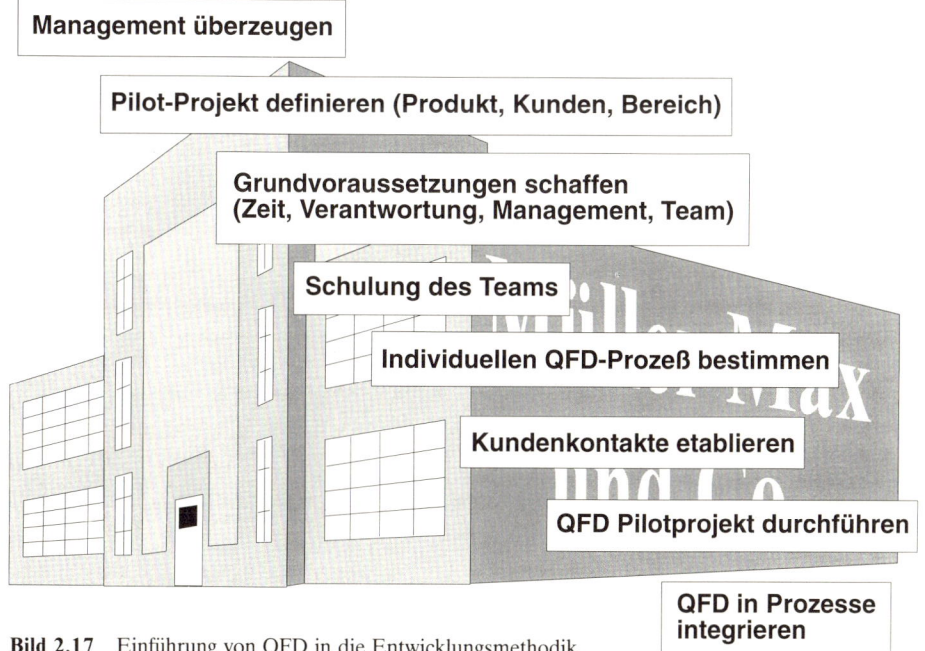

Bild 2.17   Einführung von QFD in die Entwicklungsmethodik

Häufig kommt gerade den QFD Pilotprojekten eine hohe Bedeutung für den Erfolg oder Mißerfolg bei der Implementierung von QFD zu. Sorgfältig vorbereitet und durchgeführt sollte und kann aber bereits das erste QFD Projekt eine drastische Verringerung der Zahl der Probleme, Reklamationen und Nachbesserungen bei neuen Produkten erzielen.

2.6   Zusammenfassung

Der Begriff der Qualitätsplanung beschreibt aus heutiger Sicht die Gesamtheit der planerischen Aktivitäten vor Produktionsbeginn, in deren Verlauf die Qualität eines Produktes und die Realisierungsbedingungen bestimmt werden.

Das letztgültige Urteil über die Qualität eines Produktes fällt der Kunde. Primäre Aufgabe der Qualitätsplanung ist es daher sicherzustellen, daß das Produkt das Forderungsprofil des Kunden bestmöglich erfüllt. Den Zugang zur Kundenmeinung schafft die Marktforschung. Die Marktforschung beschreibt das zu planende Produkt aus der Sicht und „in der Sprache" des Kunden. Sind die expliziten Kundenforderungen und die Forderungen die der Kunde stillschweigend voraussetzt bekannt, so ist es in den nachfolgenden Phasen der Produktentstehung Aufgabe von Entwicklung und Konstruktion, schrittweise aus den Kundenforderungen die technischen Spezifikationen des zu realisierenden Produktes abzuleiten. Neben den technischen und qualitativen Merkmalen sind ebenfalls die Forderungen an die Produktsicherheit und -zuverlässigkeit zu definieren.

Als weitere Aufgaben der Qualitätsplanung sind die Planung qualitätskonformer Realisierungsbedingungen im Rahmen der Prozeß- und Arbeitsplanung sowie die QM-Programmplanung zu nennen.

Zur Unterstützung der Qualitätsplanung, bei der Festlegung von marktgerechten Produkteigenschaften, ist derzeit die Methode des Quality Function Deployment (QFD) am weitesten entwickelt. QFD begleitet die Produktentstehung durchgängig von der Entwicklungsphase bis zur Serienreife.

Literatur

[asi]   **N.N.:** *Quality Function Deployment QFD.* American Supplier Institute; Dearborn, Michigan, 1989

[aka]   **Akao, Y.:** *Quality Function Deployment, Integrating Customer Requirements into Product Design. Translation of „Hinshitsu tenkei katsuyo no jissai".* Productivity Press, Cambridge, Massachusetts, 1990

[bau]   **Bauer, C. O.; Arnold, R.:** *Qualität in Entwicklung und Konstruktion: Organisation – Maßnahmen.* Verlag TÜV-Rheinland; Köln, 1990

[bem]   **Bemowski, K.:** *The Benchmarking Bandwagon.* Quality Progress, (1/1991), S. 19–24

[dan]   **Danzer, H. H.:** *Quality-Denken.* Verlag TÜV Rheinland, Köln, 1990

[des]   **Desatnik, R.:** *Long live the king.* Quality Progress, 22 (1989) 4, S. 24–26

[dis]   **N.N.:** *DIN EN ISO 9000–9004 Qualitätsmanagement und Elemente eines Qualitätsmanagementsystems.* Hrsg.: DIN, Deutsches Institut für Normung e.V., Beuth Verlag GmbH; Berlin, 1994

[dgq]   **N.N.:** *Begriffe zum Qualitätsmanagement.* DGQ-Schrift 11-04, Beuth Verlag GmbH; Berlin, 1993

[eve]   **Eversheim, W.:** *Produktionssystematik in 4 Bänden.* VDI-Verlag, Düsseldorf; 1988–1990

[for]   **N.N.:** *QFD Awareness Seminar.* Hrsg.: Ford Motor Company, 1989

[gar]   **Garvin, D. A.:** *Managing Quality.* The Free Press, New York 1988

[grü]   **Grünwald, H.:** *Marketing 1.* Taylorix Verlag; Stuttgart, 1974

[hae]   **Haermeyer, T.:** *Methodik zur Planung von Informationssystemen für die Qualitätsplanung.* Dissertation, RWTH Aachen, 1991

[hai]   **Haist, F.; Fromm, H.:** *Qualität im Unternehmen,* 2. Auflage. Carl Hanser Verlag; München, 1991

[jah]   **Jahn, H.:** *Erzeugnisqualität, die logische Folge von Arbeitsqualität.* VDI – Z 130 (1988) 4, S. 4–12

[kin]   **King, B.:** *Doppelt so schnell wie die Konkurrenz, engl. Titel: Better Designs in Half the Time.* GFMT Verlag, St. Gallen Schweiz, 1994

[lan]   **Langer, H.; Sand, H.:** *Erfolgreiche Marktforschung im Investitionsgütervertrieb.* Siemens Aktiengesellschaft, Berlin und München, 1983

[ma1]   **Masing, W.:** *Qualitätslehre.* DGQ-Schrift 11-19, Beuth Verlag; Berlin, 1979

[ma2]   **Masing, W.:** *Qualitätspolitik des Unternehmens, in W. Masing: Handbuch der Qualitätssicherung.* Carl Hanser Verlag; München, Wien, 1988

[mqs]   **N. N.:** *Qualität und Markt – Marktforschung – ein wesentliches Element der Qualitätssicherung (MQS).* Unterlagen zum Seminar MQS der DGQ, 1991

[neu]   **Neumann, A.:** *Quality Function Deployment.* VDI Bericht 1155, Düsseldorf 1994

[pe1]   **Peters, O. H.; Meyna, A.:** *Handbuch der Sicherheitstechnik.* Carl Hanser Verlag; München, 1985

[pe2]   **Peters, O. H.; Meyna, A.:** *Sicherheitstechnik, in W. Masing: Handbuch der Qualitätssicherung.* Carl Hanser Verlag; München, Wien, 1988

[pol]   **N. N.:** PZ 53/88, ohne Titel, Politische Zeitung, Bundeszentrale für politische Bildung

[sch]   **Schlüter, P.; Schwarz, P.:** *Investitionsgüter-Studie: Unternehmen vernachlässigen ihre Kunden.* VDI-Nachrichten, 4. 2. 1994, VDI-Verlag, Düsseldorf 1994, S. 1

[ste]   **Steffenhagen, H.:** *Marketing – Eine Einführung.* Kohlhammer; Stuttgart, Berlin, Köln, 1991

Kapitel 3 Qualitätsmanagement in Entwicklung, Konstruktion und Prozeßplanung

Gliederung

3.1 Einleitung

Erfahrungen aus Japan machen deutlich, daß sich neben einer Verbesserung der Produktqualität und der Qualitätsfähigkeit auch massive Kosteneinsparungen durch eine Verringerung der technischen Änderungen vor und besonders nach Serienanlauf eines neuen Produktes erzielen lassen. **Bild 3.1** zeigt den Unterschied in der Häufigkeit technischer Änderungen bei guten japanischen und bei guten amerikanischen Unternehmen [asi]. Die amerikanischen Firmen treiben ähnlich den europäischen in den frühen Phasen der Produktentstehung, wie z.B. in Entwicklung und Konstruktion einen vergleichsweise geringen Aufwand. Dies hat eine nahezu exponentielle Fehlerfortpflanzung zur

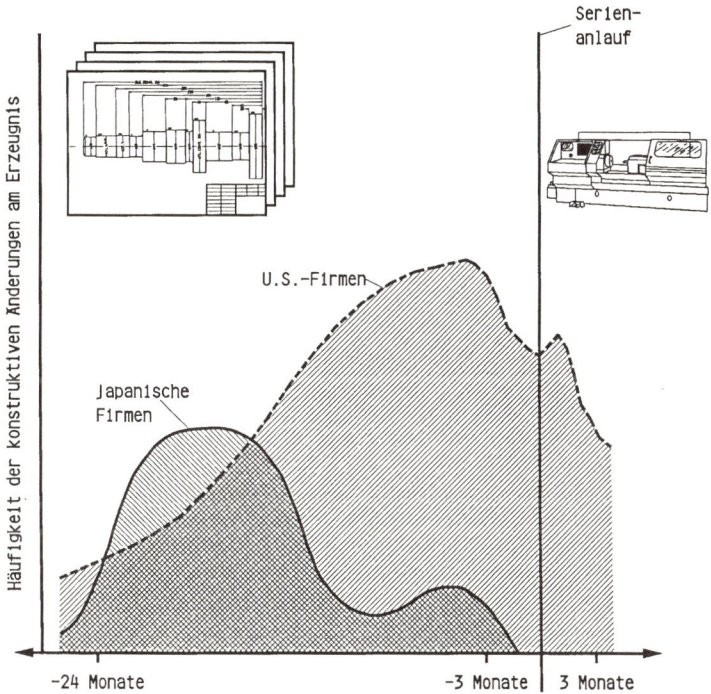

Bild 3.1   Konstruktive Änderungen vor Serienanlauf – Vergleich zwischen Japan und USA

Folge. Die Zahl der technischen Änderungen erhöht sich mit dem näherrückenden Serienanlauf und geht erst kurz vor Produktionsbeginn leicht zurück. Viele nicht ausgereifte Festlegungen werden in den Serienanlauf übernommen und dürften nach der Markteinführung des Produktes in Form von Kundenreklamationen aus dem Feld das Image des Unternehmens stark negativ beeinflussen. Hinzu kommen erhebliche Reklamationsaufwendungen, die die Rendite unmittelbar tangieren. Der japanische Kurvenverlauf zeigt deutlich weniger Änderungen. Im Vergleich zu den amerikanischen Unternehmen starten die japanischen Unternehmen später, konzentrieren dann aber massive fehlervermeidende Aktivitäten in die frühen Phasen der Produktentstehung, in denen das Beeinflussungspotential bezüglich der Produkteigenschaften hoch und der Änderungsaufwand gering ist. Mehr als 90 % der technischen Änderungen sind so bereits ein Jahr vor Produktionsbeginn abgeschlossen.

Mittlerweile beginnen auch deutsche Unternehmen, ihre Qualitätsstrategien auf das präventive Qualitätsmanagement auszurichten. Eine aktuelle Umfrage bei Zulieferern der Automobilindustrie zeigt, daß beispielsweise die Fehlermöglichkeits- und Einflußanalyse (FMEA = Failure Mode and Effects Analysis) mit einem Verbreitungsgrad von 75 % heute als quasi etabliert bezeichnet werden kann [ke2]. Das Bekenntnis zur FMEA ist bei vielen Unternehmen jedoch weniger auf die Einsicht in die oben skizzierten Zusammenhänge zurückzuführen, als vielmehr auf den Druck, der seitens des Kunden ausgeübt wird. Darüber hinaus kann es mit einer einzigen, isoliert als Insellösung im Unternehmen eingeführten, Qualitätstechnik kaum gelingen, die bestehenden Optimierungspotentiale auszuschöpfen.

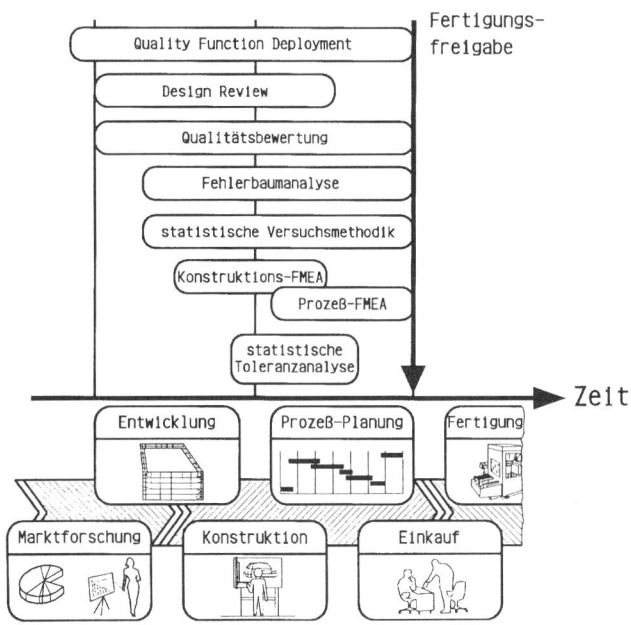

Bild 3.2   Methoden und Hilfsmittel des Qualitätsmanagements vor Serieneinsatz

An dieser Stelle werden einige der wesentlichen Qualitätstechniken vorgestellt, die in der Entwicklungs-, Konstruktions- und Prozeßplanungsphase zur Anwendung kommen können. Es handelt sich im einzelnen um:

- Design Review
- Qualitätsbewertung (QB)

- Fehlerbaumanalyse
- Statistische Versuchsmethodik
- Fehlermöglichkeits- und Einflußanalyse (FMEA)
- statistische Tolerierung

Die Einsatzmöglichkeiten der oben aufgeführten Verfahren hängen von den verschiedenen Produktentstehungsphasen ab **(Bild 3.2)**. Die umfassende Methode des Quality Function Deployment (QFD) wurde bereits im vorangegangenen Kapitel beschrieben und wird daher hier nicht behandelt. Im Rahmen der Zusammenstellung und Beschreibung der genannten Qualitätstechniken bilden die FMEA und die Statistische Versuchsmethodik die Schwerpunkte dieses Kapitels. Dies trägt dem Einsatzpotential dieser beiden Methoden Rechnung.

3.2   Design Review

Design Review ist eine Methode zur Qualitätsprüfung des Entwurfs. Die Reviewtechnik ist grundsätzlich nicht neu, sondern schon länger aus anderen Anwendungsfeldern bekannt. Sie entstand in den 60er Jahren im militärischen Bereich und in der Raumfahrt [zei]. Ziel der Reviewtechnik ist es, Unzulänglichkeiten oder Fehler frühzeitig aufzudecken und Lösungsmöglichkeiten zur Behebung bzw. Vermeidung zu entwickeln. Zu diesem Zweck werden am Ende von Bearbeitungsphasen bzw. an definierten Meilensteinen die jeweils vorliegenden Entwicklungsergebnisse kritisch auf Einhaltung der gestellten Anforderungen sowie auf Fehler untersucht [kür]. Die Ergebnisse der Überprüfung werden dokumentiert und die notwendigen Änderungen veranlaßt. Die Methodik des Design Reviews ist somit ein Werkzeug der Produktsicherung, das im Rahmen der Fehlerverhütung vor Serienbeginn eingesetzt wird.

3.2.1   Definition des Design Review

Im folgenden soll die Definition der Deutschen Gesellschaft für Qualität e.V. (DGQ) (Begriffe zum Qualitätsmanagement) zugrundegelegt werden. Diese Definition wird ergänzt um eine Definition gemäß DIN EN ISO 9004-1.

Definition Design Review: [dgq, di5].

> Design Review ist eine dokumentierte, umfassende und systematische Untersuchung eines Entwurfes, um dessen Eignung zu beurteilen, die Qualitätsforderungen zu erfüllen, um ggf. existierende Probleme zu identifizieren und dazu die Entwicklung von Problemlösungen vorzuschlagen. Ein Design Review kann in irgendeinem Stadium der Entwicklung, sollte aber stets nach Abschluß der Entwicklung durchgeführt werden.

> Design Reviews sollen Problembereiche und Unzulänglichkeiten identifizieren und voraussehen sowie Korrekturmaßnahmen einleiten, um sicherzustellen, daß das endgültige Design und die zugehörigen Angaben die Kundenforderungen erfüllen.

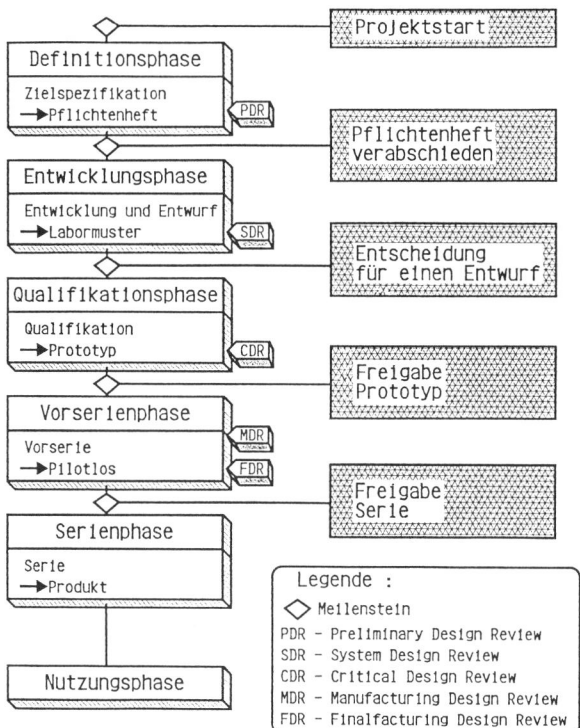

Bild 3.3   Phasenmodell zum Produktentstehungsgang

3.2.2   Typen von Design Reviews

Ausgehend von dem im **Bild 3.3** schematisch dargestellten Produktentstehungsgang und dem Phasenmodell werden phasenbezogen folgende Design Reviews unterschieden **(Tabelle 3.1).**

Tabelle 3.1   Design Review (DR)

Kennung	DR-Typ	Phase	DR-Objekt
Preliminary-DR	Konzept DR	Definition	Pflichtenheft
System-DR	System DR	Entwicklung	Baugruppen
Critical-DR	Kritisch DR	Qualifikation	Prototypen
Manufacturing-DR	Herstellung DR	Vorserie	Fertigungsprozesse
Finalfactoring-DR	Abschluß DR	Ende Vorserie	Pilotlos

Durch diese Art der Einteilung wird deutlich, daß die Design Reviews meilenstein-orientiert durchgeführt und im Projektzeitplan (Netzplan) verbindlich festgelegt werden müssen. Die prinzipielle Vorgehensweise ist bei allen Typen gleich. Unterschiede ergeben sich aus der Art der jeweiligen Aufgabenstellung. Dies drückt sich in dem Aufbau der einzusetzenden bzw. zu entwickelnden Checklisten aus (siehe nächster Abschnitt).

3.2.3 Aufgaben, Ziele und Durchführung

Aufgabe der Design Reviews ist es,

– die Erfahrungen aller Beteiligten zu nutzen,
– die Kommunikation über Bereichs- und Abteilungsschnittstellen hinweg zu verbessern,
– Fehler bzw. Unzulänglichkeiten zu finden und
– eine nachvollziehbare Dokumentation der Ergebnisse zu gewährleisten.

Die Erfüllung der Aufgaben setzt eine sorgfältige Vorbereitung und Durchführung voraus. Ein Design Review bezieht sich dabei auf Komponenten und/oder Baugruppen und deren Zusammenbau und befaßt sich nur mit dem Untersuchungsobjekt. Dieser Vorgang ist von den üblichen Projektbesprechungen, die sich hauptsächlich mit Terminen und Kosten befassen, zu unterscheiden.

Die Ziele eines Design Reviews stellen sich nach [bir, ha1] wie folgt dar:

– Sicherstellen, daß das Produkt den gestellten Kunden- sowie Herstelleranforderungen genügt
– Erhöhen der Produktqualität
– Eingrenzen des Produktionsrisikos durch frühzeitiges Erkennen von Schwachstellen oder Fehlern
– Reduzieren von Entwurfsänderungen
– Verkürzen von Entwicklungszeiten

Einhergehend mit diesen Zielsetzungen soll sich durch Anwendung der Methode eine grundlegende Verbesserung der Kommunikation und des Informationsaustausches zwischen den Abteilungen ergeben. Begründet wird dies mit den im Projektablauf integrierten interdisziplinären Sitzungen, bei denen anhand der vorgeschriebenen Vorgehensweise (**Bild 3.4**) eine optimale Informationsaufnahme, -verarbeitung und -weitergabe erfolgt [ha1].

Die Durchführung eines Design Reviews erfordert eine detaillierte Planung, die in einem Design Reviewplan verbindlich festgelegt wird. Dieser Plan enthält folgende Angaben:

– namentlich den verantwortlichen Projektleiter
– namentlich die für die einzelnen Phasen vorgesehenen Teammitglieder
– den terminlichen Ablauf
– die Untersuchungsobjekte
– den voraussichtlichen Aufwand

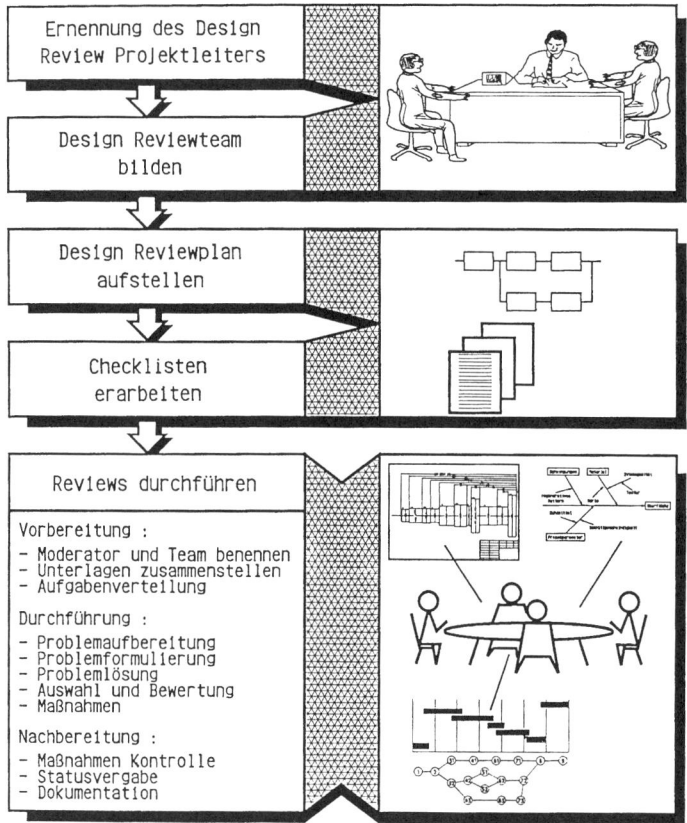

Bild 3.4   Vorgehensweise Design Review

Die mit den Reviews entstehenden Kosten sind dabei im Rahmen der Qualitätskosten als Fehlerverhütungskosten zu erfassen.

Die Reviews stehen unter der Führung des Projektleiters. Die Teammitglieder werden je nach Aufgabenstellung festgelegt. Es handelt sich dabei um ausgewählte Mitarbeiter der Entwicklung/Konstruktion, Fertigung und Arbeitsvorbereitung, Betriebsmittelplanung, Vertrieb, Einkauf, Qualitätssicherung und ggf. Kundendienst. Immer beteiligt sind Mitarbeiter der Entwicklung/Konstruktion, Fertigung und Qualitätssicherung. Zu beachten ist, daß die ausgewählten Teilnehmer eine gewisse Distanz zum Projekt haben und über eine breite Erfahrung verfügen. Sie fungieren als neutrale Sachverständige, die das jeweilige Untersuchungsobjekt anhand von Checklisten analysieren [kür].

Diese Checklisten werden projektbezogen von den Teilnehmern aufgestellt, mit deren Hilfe am vorhandenen Untersuchungsobjekt nach der Beachtung aller Gesichtspunkte, die zur Erfüllung der Anforderungen notwendig sind, gefragt wird. Als Grundlage zur Erstellung dieser Checklisten dienen Fragenkataloge [bir]. Der nachfolgende Ausschnitt vermittelt einen Eindruck über den Aufbau eines solchen Kataloges.

Fragenkatalog zur Erstellung von Checklisten für Design Reviews

Beispiel: Konzept Design Review (Preliminary Design Review)

I)   Allgemeines
  1) Liegt eine Neuentwicklung, Weiterentwicklung oder eine Änderung bzw. Modifikation vor?
  2) Liegen Erfahrungswerte für die Problemstellung vor?
  3) Können vorhandene Elemente verwendet werden?
  4) Können einzelne Forderungen reduziert werden?
  5) Sind Methoden der Wertanalyse angewandt worden?
  …

II)   Leistungsparameter
  1) Welches sind die maßgebenden Leistungsparameter?
  2) Wie wurde ihre Einhaltung sichergestellt?
  3) Wie könnten diese überprüft werden?
  …

III)   Bauteile und Werkstoffe
  1) Sind second sources verfügbar?
  2) Sind Verträglichkeitsaspekte berücksichtigt?
  …

IV)   Zuverlässigkeit

V)   Instandhaltbarkeit

VI)   Sicherheit

VII)   Herstellbarkeit

VIII) Ergonomie
IX)   Standardisierung
X)   Prüfbarkeit
XI)   Umwelteinflüsse
XII)   Verpackung
…

Dieser Fragenkatalog ist entsprechend den jeweiligen Erfordernissen zu entwickeln und ständig zu überprüfen und zu aktualisieren.

Die abgeleiteten Checklisten sind verwaltungstechnisch so zu erfassen, daß jederzeit Zugriff besteht, um so eine Wieder- und/oder Weiterverwendung zu gewährleisten. Eine Design Review Checkliste soll das Ergebnis einer kritischen Auswertung von Fehlern und Mängeln von Vorläuferprodukten sein, insbesondere wenn sie erst beim praktischen Einsatz festgestellt wurden [stu]. In **Bild 3.5** ist am Beispiel einer Kühlschmiermittelpumpe einer Drehbank der Aufbau einer Checkliste dargestellt.

Liegen die Checklisten vor, wird den Teammitgliedern eine möglichst vollständige Dokumentation des Untersuchungsobjektes einige Wochen vor der eigentlichen Reviewsitzung zur Einarbeitung und vorläufigen Überprüfung zugestellt. Dabei festgestellte Probleme werden möglichst vor der Sitzung mit dem Entwickler bzw. anderen Beteiligten geklärt. Bei der eigentlichen Sitzung wird das Untersuchungsobjekt anhand der Checklisten formal und vollständig überprüft. Wenn möglich werden notwendige

Erfolg GmbH	Reviewcheckliste		Stand: 12/91
	Ausarbeitungsphase		Objekt: Pumpe
	Produkt: Drehmaschine X/7		Ident.-Nr.: 4711

Nr.	Checkpunkt	i.O.	n.i.O.	Bemerkung
1	Wird die maximale Fördermenge erreicht ?			
2	Werden Verunreinigungen ausreichend gefiltert ?			
3	Ist der Dauerbetrieb gewährleistet ?			
4	Stimmen die Anschlußmaße ?			
5	Sind die elektrischen Kontakte Spritzwasser geschützt ?			
6	Sind die Steckverbindungen verwechslungssicher ?			
7	Sind die Steckverbindungen vibrationsfest ?			
8	Ist die Pumpe leicht austauschbar ?			

Bild 3.5   Ausschnitte aus einer Reviewcheckliste

Lösungsaktivitäten, Termine und Verantwortlichkeiten sofort festgelegt. Das Ergebnis der Überprüfung wird durch das Team schriftlich dokumentiert.

Den Dokumenten, die bei Durchführung des Reviews entstehen, wird ein Status vergeben. Dieser Status ist explizit zu dokumentieren und an das Projektplanungsteam weiterzumelden, um jederzeit einen Überblick über den aktuellen Stand zu gewährleisten **(Bild 3.6)**.

Zur Sicherstellung der geforderten Produktqualität vor Serienbeginn reichen Design Reviews nicht aus. Die Anwendung weiterer Methoden des Off-Line Qualitätsmanagements wie QFD, FMEA oder Statistische Versuchsmethodik sowie z.B. Prototypentests sind je nach Sachlage sinnvolle Vorgehensweisen zum Erreichen der spezifizierten Forderungen. Design Reviews sind jedoch ein wichtiger Baustein zur Fehlerverhütung vor Serienbeginn. Die Wirksamkeit dieser Methode beruht wesentlich auf dem formalen Vorgehen, unterstützt z.B. durch die Checklisten, schon zu einem Zeitpunkt, zu dem das Produkt noch nicht in allen seinen Merkmalen festgeschrieben ist. Fehler und Mängel, wie z.B. unzureichende Erfüllung von Forderungen, können frühzeitig erkannt und entsprechende Verbesserungmaßnahmen eingeleitet werden. Als weitere Vorteile ergeben sich das Vermeiden von Bearbeitungsschleifen und somit das Einsparen von Entwicklungskapazität und insgesamt das Erzielen besserer Arbeitsergebnisse. Bei konsequenter Anwendung verringern sich zudem die Entwicklungskosten und die Fehlerbeseitungs- bzw. Fehlerfolgekosten erheblich.

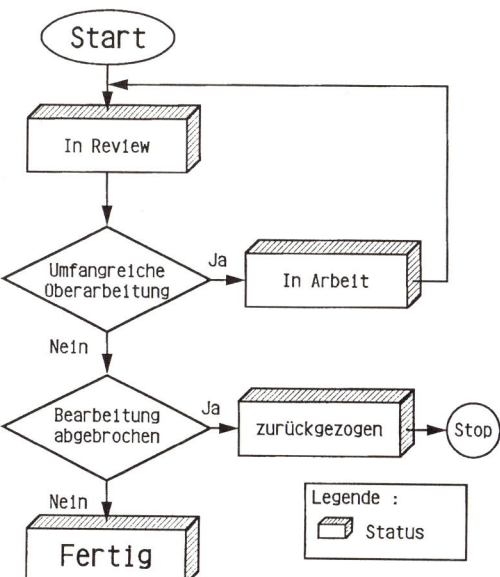

Bild 3.6 Statusvergabe von Reviews

3.3 Qualitätsbewertung (QB)

Die Qualitätsbewertung (QB) begleitet in ihren unterschiedlichen Stufen die Entwicklung eines Produktes beginnend mit dem Entwurf bis hin zur Freigabe für die Serienphase.

Die QB verfolgt das Ziel, durch systematisches Abfragen der an der Produktentstehung beteiligten Unternehmensbereiche etwaige Schwachstellen, die die angestrebte Qualität des neuen Erzeugnisses beeinträchtigen könnten, rechtzeitig vor Produktionsfreigabe aufzudecken und zu bewerten. Die Befragung der beteiligten Unternehmensbereiche erfolgt mittels erzeugnisspezifischer Checklisten.

Der Ablaufplan für die Durchführung der Qualitätsbewertung ist in **Bild 3.7** dargestellt. Am Anfang steht dabei immer die Fragestellung, ob eine Qualitätsbewertung erforderlich ist. Gründe, die eine Qualitätsbewertung erforderlich machen, sind:

– veränderte Einsatzbedingungen bestehender Erzeugnisse

– ein zu erwartendes erhöhtes Qualitäts- oder Zuverlässigkeitsrisiko

– eine grundsätzlich von der Charakteristik her neue Entwicklung

– der Einsatz neuer Werkstoffe, bzw. der Einsatz neuer Fertigungsverfahren

– eine Produktentwicklung, die dokumentationspflichtige Teile beinhaltet [vda]

Wird die Notwendigkeit für eine Qualitätsbewertung festgestellt, erfolgt die Bewertung in drei chronologisch aufeinander folgenden Stufen, die bei negativem Ergebnis jeweils die Möglichkeit einer Rückkopplungsschleife vorsehen (Bild 3.7).

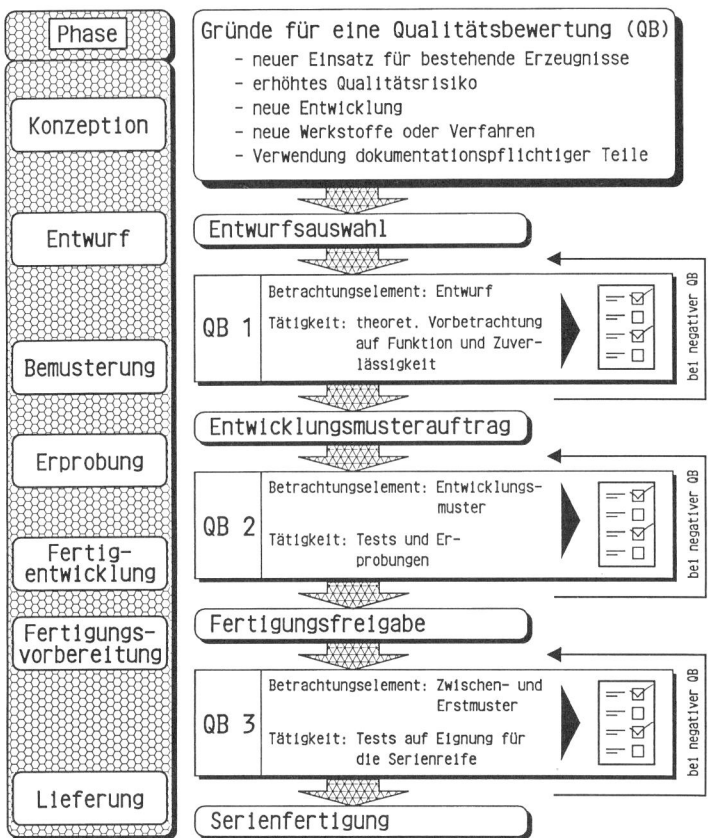

Bild 3.7 Ablauf der Qualitätsbewertung

In der ersten Stufe der Qualitätsbewertung erfolgt eine theoretische Vorbetrachtung des Entwurfs bezüglich der Verwirklichung von Funktion und Zuverlässigkeit, auch im Vergleich mit anderen Erzeugnissen. Nach einem positiven Abschluß erfolgt in der zweiten Stufe die Begutachtung eines Entwicklungsmusters (Prototyp). Auch hier wird die Funktion und Zuverlässigkeit des geplanten Erzeugnisses bewertet, diesmal auf Basis von Erprobungen und Tests an Entwicklungsmustern. Nach positivem Abschluß dieser Bewertungsstufe wird in der letzten und dritten Bewertungsstufe das Erzeugnis bezüglich seiner Eignung für eine Serienfertigung bewertet. Hierzu werden nicht nur Entwicklungs- und Erprobungsmuster herangezogen, sondern auch Muster, die unter Bedingungen der späteren Serienfertigung entstanden sind.

In den Checklisten, die einer Qualitätsbewertung zugrunde gelegt werden, sind die betrachteten Merkmale und Eigenschaften des Erzeugnisses nach dem zu erwartenden Schwierigkeitsgrad bei der Realisierung klassifiziert **(Bild 3.8)**. Dadurch lassen sich Problemschwerpunkte ermitteln, die einer detaillierten Untersuchung unterzogen wer-

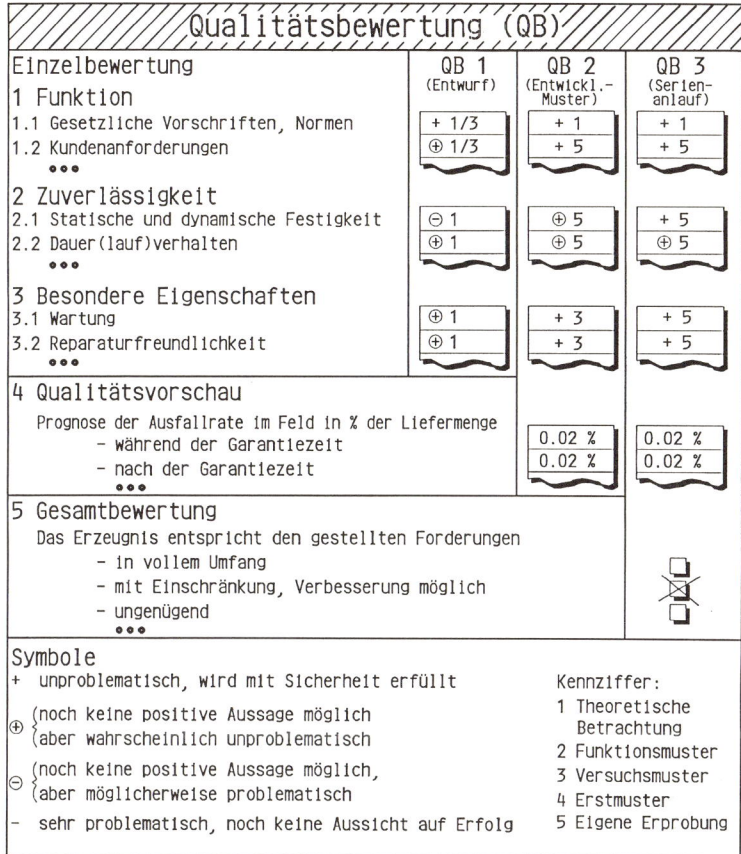

Bild 3.8   Checkliste für die Qualitätsbewertung

den müssen. Durch die mehrmalige, zeitlich versetzte Anwendung können rechtzeitig vor Produktionsfreigabe etwaige Schwachstellen am Erzeugnis erkannt und Abstellmaßnahmen eingeleitet werden. Die Dokumentation der erforderlichen Aktivitäten in der Checkliste unterstützt dabei die Verfolgung der Abstellmaßnahmen.

Zusätzlich zu der Klassifizierung der Merkmale und Eigenschaften des geplanten Erzeugnisses wird in jeder Bewertungsstufe festgelegt, welche Unterlagen zur Erfüllung der einzelnen Aufgaben benötigt werden und damit vorliegen müssen. Nach Abschluß aller drei Bewertungsstufen wird eine Qualitätsvorschau erstellt. Diese prognostiziert die Ausfallrate, die in der Serie während eines zu definierenden Zeitraums zu erwarten ist. Die Qualitätsvorschau wird in der Phase der Serienfertigung zu Vergleichszwecken herangezogen und hilft, Unregelmäßigkeiten in der Fertigung oder in der Qualitätsbewertung selbst aufzudecken.

3.4   Die Fehlerbaumanalyse und verwandte Methoden

Wie eine 1993 bei über 500 Unternehmen durchgeführte Befragung ergeben hat, ist die Fehlerbaumanalyse, die bei 6 % der Unternehmen regelmäßig und bei 25 % der Unternehmen vereinzelt vorgenommen wird [nn1], nach der FMEA eine der am weitesten verbreiteten Methoden des Qualitätsmanagements.

Das Ziel der Fehlerbaumanalyse ist es, eine abgesicherte Aussage über das Verhalten eines Systems hinsichtlich des Auftretens eines zu definierenden Fehlers zu machen, wobei insbesondere eine Abschätzung der Ausfallwahrscheinlichkeit angestrebt wird. Die Fehlerbaumanalyse [di3] dient der systematischen Suche nach denkbaren Ursachen für einen vorgegebenen Fehler. Der Kern der Methode ist die Aufstellung des Fehlerbaums auf der Basis einer zuvor durchgeführten Systemanalyse. Hierzu werden ausgehend von einem Fehler jeweils alle möglichen Ausfallkombinationen eingetragen, die den Fehler verursachen können. Die Kombinationen sind dabei im Sinne einer booleschen Logik mit Hilfe von Konjunktion, Disjunktion bzw. Negation darstellbar. Der Prozeß der Bestimmung von Ausfallkombinationen wird für alle relevanten Fehlerknoten des Baumes iteriert und mit den Fehlern, für die keine weiteren Ursachen zu benennen sind, abgebrochen.

Ein ähnliches Verfahren ist die Störfallablaufanalyse [di2]. Bei dieser wird im Unterschied zur Fehlerbaumanalyse von den auslösenden Ereignissen ausgegangen und jeweils untersucht, welche potentiellen Folgen das Auftreten des Ereignisses hat. Diese Vorgehensweise führt zu einem Ereignisbaum, welcher an seinen Endpunkten die beobachtbaren Auswirkungen enthält.

Sowohl bei der Fehlerbaumanalyse als auch bei der Störfallablaufanalyse erfolgt als Abschluß der Methode die Auswertung der gefundenen Zusammenhänge hinsichtlich der Wahrscheinlichkeit des Auftretens von Fehlfunktionen, d.h., es erfolgt eine quantitative Beurteilung spezifischer Zustände. Im Unterschied hierzu liefert die FMEA und die Ausfalleffektanalyse eine im wesentlichen qualitative Bewertung eines Systems hinsichtlich vorhandener Schwachstellen, indem für jede Betrachtungseinheit (Komponenten, Bauteile) ein Formular erstellt wird, welches u.a. Angaben über Ausfallarten, mögliche Ursachen, Ausfallerkennung und vorhandene Gegenmaßnahmen enthält.

Im weiteren wird stellvertretend die Fehlerbaumanalyse hinsichtlich ihrer Anwendung näher erläutert. Die Fehlerbaumanalyse kann dabei prinzipiell sowohl zur Untersuchung von Produkten als auch von Fertigungsvorgängen angewendet werden.

3.4.1   Ablauf der Fehlerbaumanalyse

Der Ablauf einer Fehlerbaumanalyse gliedert sich in mehrere Schritte (**Bild 3.9**). Zunächst wird eine Systemanalyse durchgeführt, deren Zielsetzung die Erarbeitung einer genauen Kenntnis des betrachteten technischen Systems, beispielsweise eines Produktes oder eines Fertigungsprozesses, ist.

Des weiteren ist das unerwünschte Ereignis festzulegen, für das der Fehlerbaum entwickelt werden soll. Hierbei ist zwischen einer Untersuchung hinsichtlich der Sicherheit des Systems, d.h. das unerwünschte Ereignis betrifft das Eintreten eines in der Systemanalyse ermittelten gefährlichen Ausfalls des Systems, und einer Untersuchung hin-

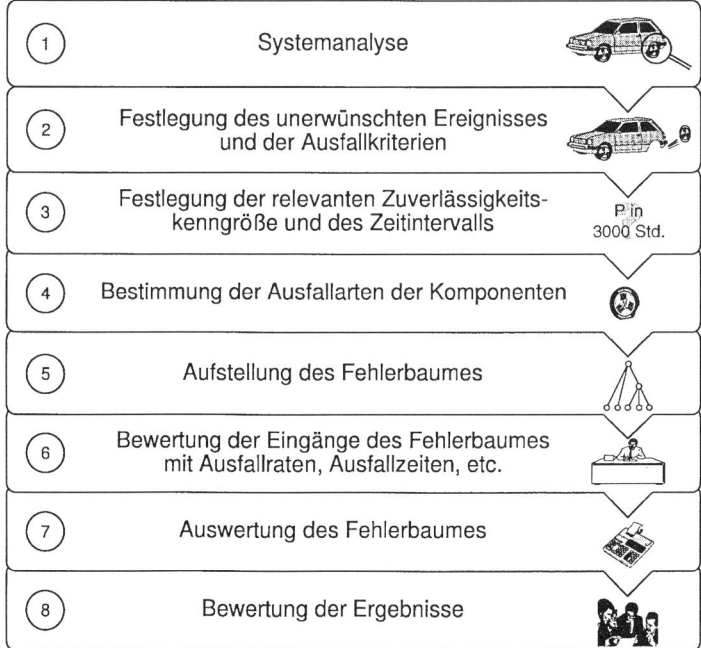

Bild 3.9   Ablauf der Fehlerbaumanalyse

sichtlich des Betriebs des Systems, d.h. das unerwünschte Ereignis betrifft den Ausfall der Systemfunktion, zu unterscheiden. Wichtig ist dabei, daß das unerwünschte Ereignis durch klar beschriebene Ausfallkriterien eindeutig definiert ist.

Des weiteren ist festzulegen, welche Zuverlässigkeitskenngröße, beispielsweise Ausfallhäufigkeit oder Nichtverfügbarkeit, und welches Zeitintervall die Basis für die weitere Analyse bilden sollen. Eine typische Festlegung ist hierzu etwa die Häufigkeit des Auftretens innerhalb eines Jahres.

Im nächsten Schritt sind die Ausfallarten der Komponenten zu bestimmen, die für die weitere Aufstellung des Fehlerbaums zu betrachten sind. Zu empfehlen ist an dieser Stelle die Durchführung einer Ausfallart- und Effektanalyse, wie z.B. einer FMEA, um die Ereignisabläufe zu untersuchen, die sich aus dem Ausfall von Komponenten ergeben. Danach sind alle Vorbereitungen zur Aufstellung des Fehlerbaums durchgeführt, so daß die Erstellung des Fehlerbaums nun wie in Kapitel 3.4.3 beschrieben erfolgen kann.

Zur Vorbereitung der Auswertung des Fehlerbaums werden im nächsten Schritt alle Eingänge des Fehlerbaums mit der festgelegten Zuverlässigkeitskenngröße bezogen auf das ebenfalls festgelegte Zeitintervall belegt.

Die Auswertung des Fehlerbaums kann dann, wie in Kapitel 3.4.4 beschrieben, erfolgen, wobei hier verschiedene Methoden eingesetzt werden können.

Zum Abschluß der Auswertung sollten schließlich die gefundenen Ergebnisse bewertet werden, wobei insbesondere zu klären ist, ob und wo Handlungsbedarf zu erkennen ist und welche Maßnahmen sinnvollerweise ergriffen werden sollten.

3.4.2   Die Systemanalyse als Basis der Fehlerbaumanalyse

Eine wesentliche Voraussetzung zur Durchführung einer Fehlerbaumanalyse ist die Analyse des betrachteten technischen Systems im Rahmen einer sogenannten System-analyse.

Die Systemanalyse (**Bild 3.10**) zerfällt in zwei Hauptschritte, die Aufstellung des Komponentenbaums und die Beschreibung von Organisation und Verhalten des Systems. Während ersterer einer reduktionistisch orientierten Sicht des Systems entspricht, wird das System im zweiten Schritt ganzheitlich betrachtet.

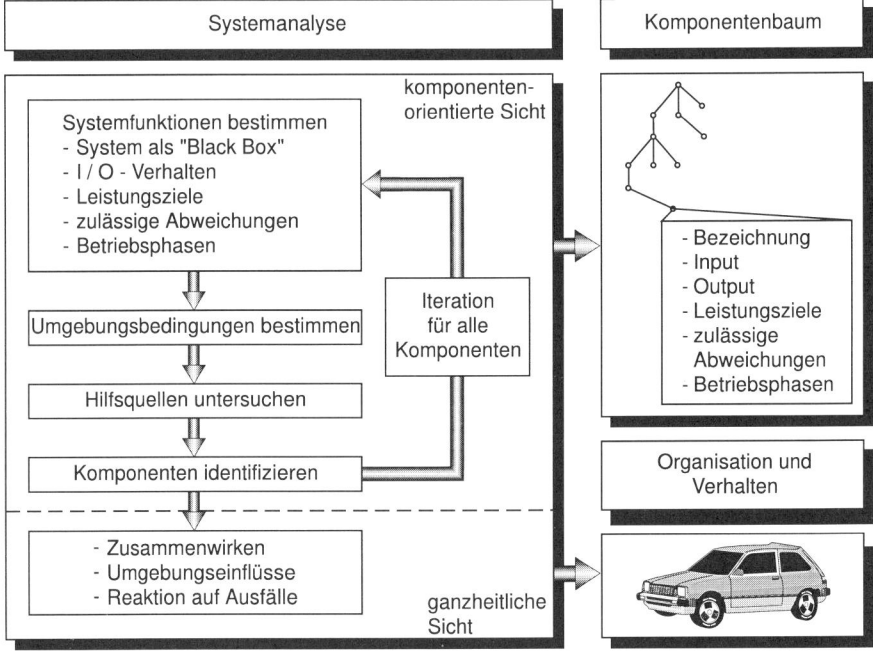

Bild 3.10   Durchführung einer Systemanalyse

Die Aufstellung des Komponentenbaums wird ausgehend vom Gesamtsystem iterativ vorgenommen. Dabei wird für jede betrachtete Komponente deren Funktion durch ihr Ein-/Ausgabeverhalten beschrieben, wobei Leistungsziele, zulässige Abweichungen und gegebenenfalls verschiedene Betriebsphasen betrachtet werden müssen. Des weiteren sind die Umgebungsbedingungen und die Hilfsquellen (z.B. Energieversorgung) anzugeben, die für die Funktionserfüllung der Komponente wichtig sind. Die Komponente wird dann – soweit notwendig – in ihre Teilkomponenten unterteilt, für die die Analyse zu iterieren ist. Im Zuge dieses Vorgehens entsteht der Komponentenbaum des betrachteten technischen Systems **(Bild 3.11)**.

Neben der komponentenorientierten Analyse wird zusätzlich eine ganzheitliche Untersuchung der Organisation und des Verhaltens des technischen Systems durchgeführt. Hierbei wird analysiert, wie die Komponenten zur Erzeugung der Systemfunktionen beitragen, welche Umgebungseinflüsse in welcher Weise auf das Gesamtsystem einwirken und wie das Gesamtsystem auf Ausfälle innerhalb des Systems bzw. auf Ausfälle von Hilfsquellen reagiert (Fehlerfortpflanzungsmechanismen). Dabei werden insbesondere auch diejenigen Einflüsse untersucht, die durch die Bediener des Systems – etwa durch Fehlbedienung – verursacht werden können.

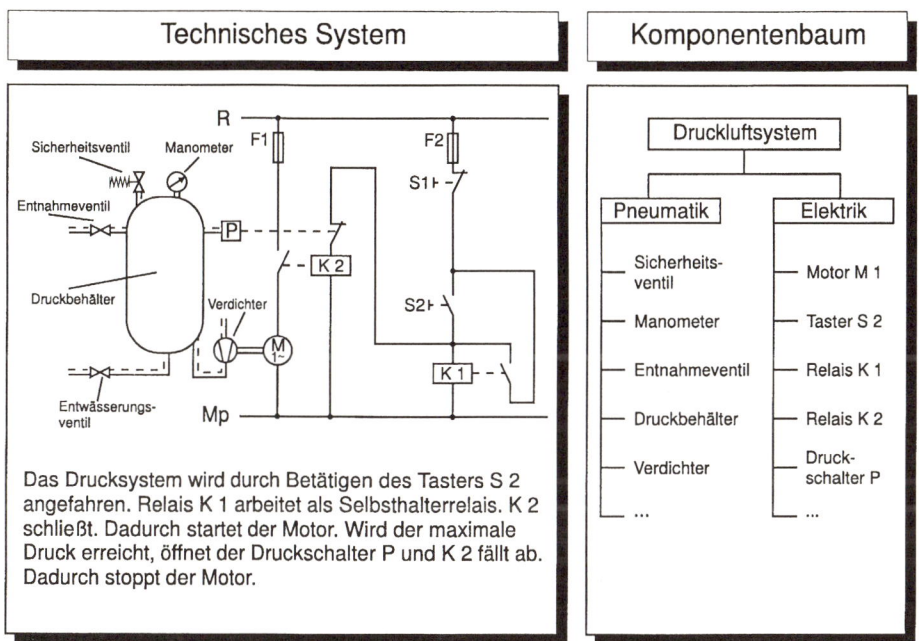

Bild 3.11   Beispiel eines Komponentenbaumes

3.4.3   Erstellung des Fehlerbaums

Für die Erläuterung der Erstellung des Fehlerbaums sind zunächst einige Begriffsbildungen von Bedeutung. Unter Ausfallarten sind die verschiedenen Möglichkeiten des Ausfalls einer Komponente zu verstehen. Die Ausfälle selbst werden in die Kategorien

– primärer Ausfall
  d.h., Ausfall bei zulässigen Einsatzbedingungen,

– sekundärer Ausfall,
  d.h., Ausfall bei unzulässigen Einsatzbedingungen sowie

– kommandierter Ausfall,

d.h., Ausfall, der trotz funktionsfähiger Komponenten aufgrund einer falschen oder fehlenden Anregung oder des Ausfalls einer Hilfsquelle bedingt wird,

unterschieden [arn,di2]. Während der primäre Ausfall im Rahmen der Fehlerbaumanalyse nicht weiter untersucht werden muß und also einen Eingang des Fehlerbaums darstellt, sind die beiden anderen Kategorien hinsichtlich ihrer Ursachen weiter zu untersuchen.

Der Ablauf zur Erstellung eines Fehlerbaums **(Bild 3.12)** schließt mit dem fertigen Fehlerbaum ab, wobei die zu seiner Darstellung verwendeten Symbole **(Bild 3.13)** normiert sind.

Zur Verdeutlichung wird nachfolgend die Erstellung eines Fehlerbaums anhand des bereits beschriebenen Beispiels „Druckluftsystem" beschrieben. Das Ziel der Analyse im

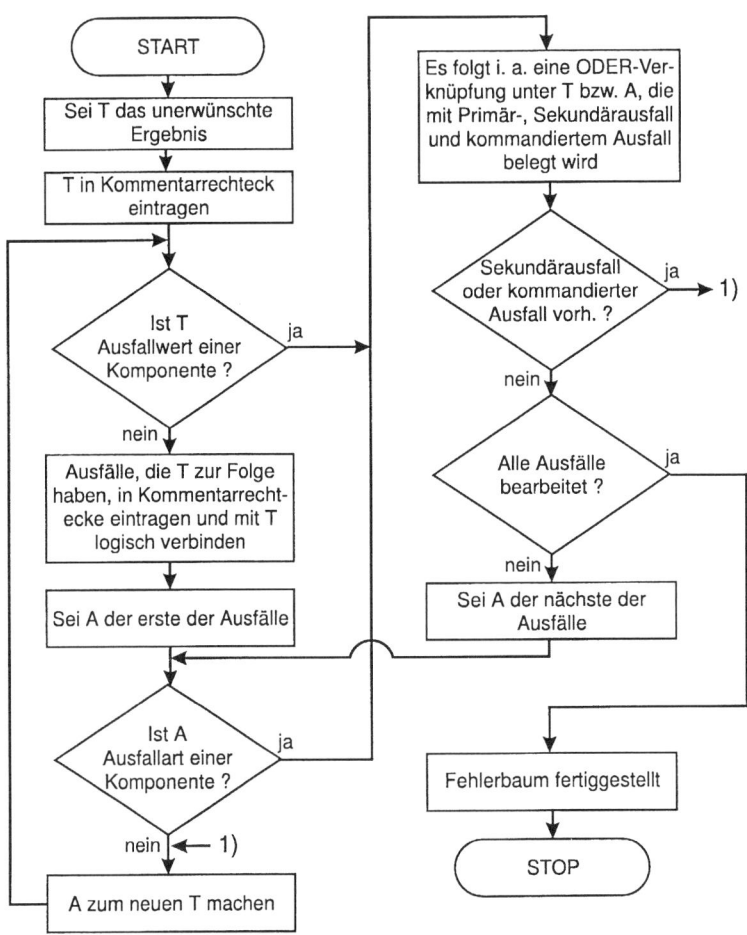

Bild 3.12 Erstellung eines Fehlerbaumes

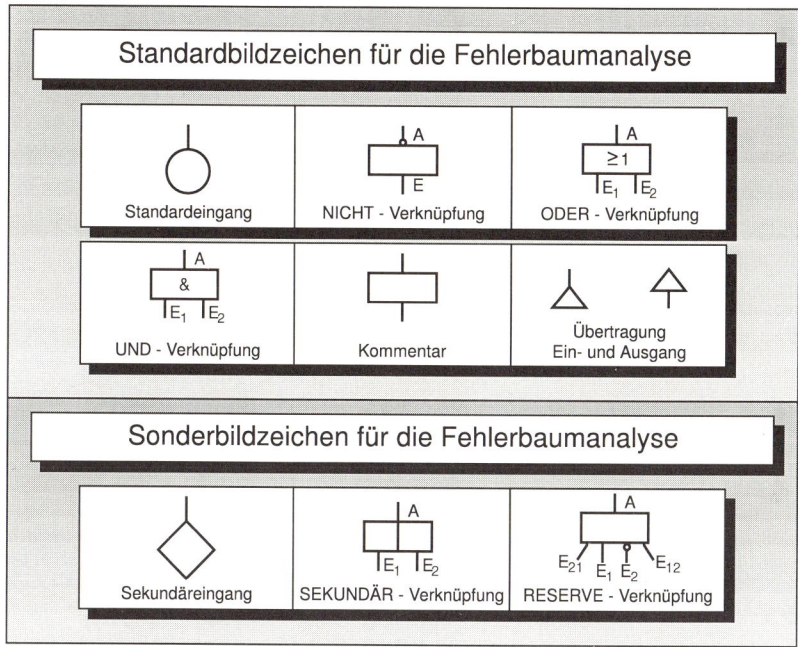

Bild 3.13   Symbole zur Darstellung eines Fehlerbaumes

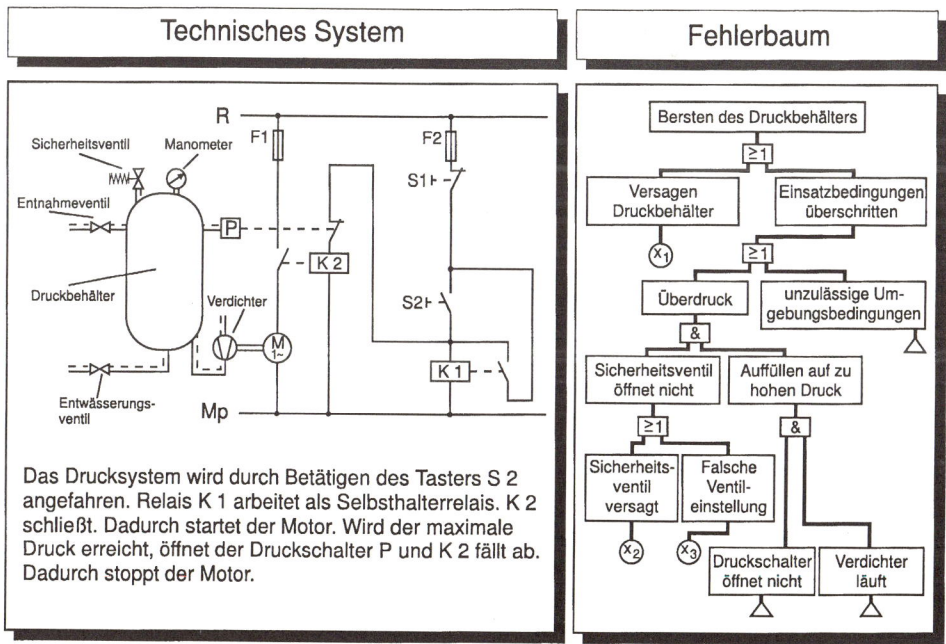

Das Drucksystem wird durch Betätigen des Tasters S 2 angefahren. Relais K 1 arbeitet als Selbsthalterrelais. K 2 schließt. Dadurch startet der Motor. Wird der maximale Druck erreicht, öffnet der Druckschalter P und K 2 fällt ab. Dadurch stoppt der Motor.

Bild 3.14   Beispiel eines Fehlerbaumes

Beispiel ist die Bestimmung der Eintrittshäufigkeit für das Bersten des Druckbehälters innerhalb eines Jahres. Der hierzu erstellte Fehlerbaum **(Bild 3.14)** wurde, analog zur beschriebenen Vorgehensweise, wie folgt entwickelt:

- Das unerwünschte Ereignis T ist „Bersten des Druckbehälters".
- T wird in ein Kommentarrechteck eingetragen.
- T ist Ausfallart der Komponente „Druckbehälter" (Verzweigung „Ja").
- Es folgt eine ODER-Verknüpfung, deren Eingänge der Primärausfall „Versagen Druckbehälter" und der Sekundärausfall „Einsatzbedingungen überschritten" sind.
- Es ist ein Sekundärausfall vorhanden (Verzweigung „Ja").
- „Einsatzbedingungen überschritten" wird zu neuem T gemacht.
- T ist keine Ausfallart einer Komponente (Verzweigung „Nein").
- Es werden die Ausfälle „Überdruck" und „unzulässige Umgebungsbedingungen" als Ursachen von T identifiziert, in Kommentarrechtecke eingetragen und mit ODER verknüpft.
- A wird der Ausfall „Überdruck".
- A ist keine Ausfallart einer Komponente (Verzweigung „Nein").
- „Überdruck" wird zu neuem T gemacht.
- T ist keine Ausfallart einer Komponente (Verzweigung „Nein").
- Es werden die Ausfälle „Sicherheitsventil versagt" und „Falsche Ventileinstellung" als Ursachen von T identifiziert, in Kommentarrechtecke eingetragen und mit UND verknüpft.

Die weitere Bearbeitung des Beispiels wird dann in gleicher Weise zu Ende geführt. Der Fehlerbaum ist also fertiggestellt, wenn an allen Blättern ausschließlich Primärausfälle vorhanden sind.

3.4.4   Die Auswertung von Fehlerbäumen

Der abschließende Schritt der Fehlerbaumanalyse ist die Auswertung des Fehlerbaums, mit folgenden Ergebnissen:

- Aufzählung aller Ausfallkombinationen, die das unerwünschte Ereignis zur Folge haben.
- Bewertung der Eintrittshäufigkeit des unerwünschten Ereignisses.
- Ermittlung der kleinsten Ausfallkombinationen, die das unerwünschte Ereignis zur Folge haben.

Je nach Komplexität und Eigenschaften der Problemstellung können zur Auswertung eine Vielzahl von Verfahren herangezogen werden **(Bild 3.15)**. Hinsichtlich der Anwendung dieser Verfahren sei auf die Literatur verwiesen [di3, mey, pe1]. Allgemein ist hier noch festzuhalten, daß aufgrund der Komplexität vieler Systeme und der Fehleranfälligkeit der Auswertemethoden gerade bei manueller Anwendung der Einsatz von rechnergestützten Systemen zur Fehlerbaumanalyse zu empfehlen ist.

		Handrechen-verfahren	Verfahren nach DIN 25424 Teil 2	
Verfahren zur Auswertung von Fehlerbäumen	bool'sche Modelle	rechnergestützte Verfahren	analytische Verfahren	
			simulatorische Verfahren	direkte Monte-Carlo-Simulation
				varianzreduzierte Monte-Carlo-Simulation
			analytisch / simulatorische Verfahren	
	nicht - bool'sche Modelle	einfache Markoff'sche Modelle		
		Markoff'scher Prozeß mit fiktiven Systemzuständen		

Bild 3.15   Rechenverfahren zur Auswertung von Fehlerbäumen

3.5 Statistische Versuchsmethodik

In verschiedenen Bereichen eines Industrieunternehmens werden Optimierungsaufgaben durchgeführt. Dies gilt für Forschung und Produktentwicklung, Auslegung von Prozessen sowie die gezielte Beseitigung von Produktionsproblemen. Die Statistische Versuchsmethodik ist in diesem Zusammenhang ein Werkzeug, um wichtige und unwichtige Einflußgrößen zu unterscheiden. Sie ermöglicht die Untersuchung funktionaler Zusammenhänge, die Aufdeckung von Wechselwirkungen sowie die Bildung von Modellen. Darauf aufbauend können relevante Größen optimal eingestellt oder ausgelegt werden. Produkte und Prozesse können robust gegenüber äußeren Einflüssen gestaltet werden.

Die Vorteile der Versuchsmethodik liegen unter anderem in einer systematischen Vorgehensweise, die

– abgesicherte Ergebnisse liefert,

– Zusammenhänge transparent darstellt und

– Möglichkeiten zur Reduzierung des Versuchsaufwandes bietet, der im Vorfeld bereits genau abgeschätzt werden kann.

Experimentelle Untersuchungen sind in vielen Fällen mit einem extrem hohen Versuchsaufwand und hohen Kosten verbunden. So kann sich z.B. ein Experiment im

Agrarbereich über mehrere Jahre hinziehen. Daher ergibt sich insbesondere bei aufwendigen experimentellen Untersuchungen die Notwendigkeit, den Aufwand durch effiziente Planung auf das notwendige Maß zu reduzieren. Aus diesen Gründen beschäftigte sich Sir Ronald Fisher bereits in den 20er Jahren dieses Jahrhunderts mit Verfahren zur Planung und Auswertung von statistischen Untersuchungen [fi1, fi2]. Aufbauend auf den Überlegungen von Fisher hat sich die heutige Statistische Versuchsmethodik entwickelt.

3.5.1 Vorgehensweise zur Planung, Durchführung und Auswertung von Versuchen

Zur Anwendung statistisch geplanter Untersuchungen wird eine in 4 Hauptschritte untergliederte Vorgehensweise vorgeschlagen **(Bild 3.16)**.

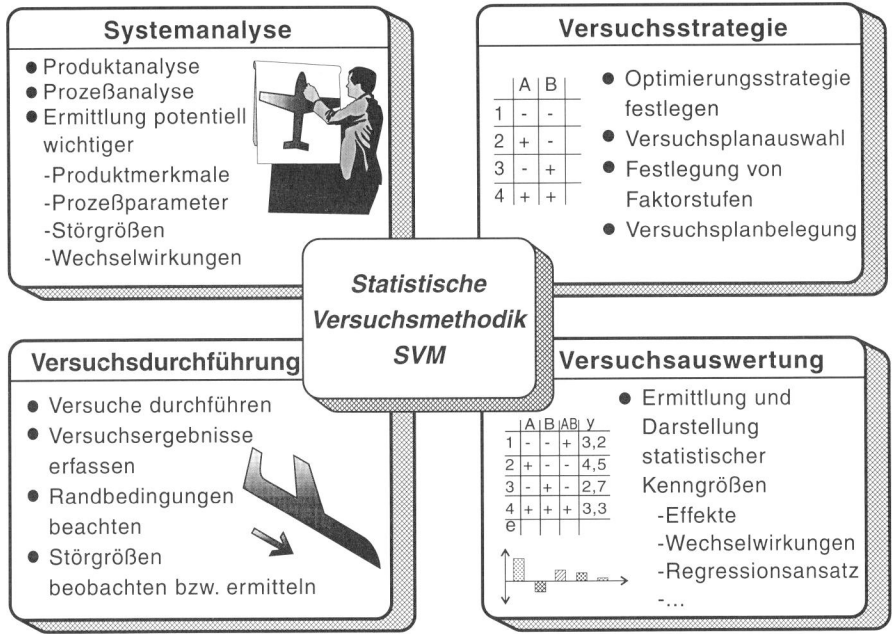

Bild 3.16   Teilaufgaben der Versuchsmethodik

Systemanalyse

Es ist von grundlegender Bedeutung, daß möglichst viel Fachwissen in die Untersuchung einfließt, um Fehlplanungen und Fehlinterpretationen vorzubeugen. Aus diesem Grund wird empfohlen, bei statistisch geplanten Untersuchungen der allgemeinen Vorgehensweise eine Phase der *Systemanalyse* vorzuschalten.

In der Systemanalyse wird das zu untersuchende Problem strukturiert. Die hier anzuwendenden Methoden hängen in hohen Maße vom jeweiligen Problem ab. Eine vollständige Darstellung der hier benötigten Verfahren würde den Rahmen dieses Kapitels sprengen. Aus diesem Grund werden hier vielmehr mögliche Schritte der Systemanalyse aufgezählt. Dabei handelt es sich u. a. um:

– Festlegung der Projektzielsetzung (z. B. Produkt- oder Prozeßoptimierung)
– Festlegung der Teamzusammensetzung
– Ermittlung und Bereitstellung aller erforderlichen Informationen (z. B. Lastenhefte, Produkt- oder Fertigungsunterlagen) / Recherche bereits durchgeführter Untersuchungen
– Konkretisierung der Problemstellung / Definition und Erarbeitung meßbarer Zielgrößen
– Analyse der zugehörigen Meßverfahren
– Strukturierung des Produktes
– Aufbaudiagramm
– Strukturierung des Prozesses
– Ablaufdiagramm
– Zusammenstellung von Einfluß- und Störgrößen
– Abschätzung der Zusammenhänge
– Kausalzusammenhänge
– Wechselwirkungen

Im Rahmen der Systemanalyse eingesetzte Verfahren sind unter anderem:
– Brainstorming
– Mind-Mapping
– Affinitätsdiagramme
– Ishikawa-Diagramme
– Flußdiagramme
– Prozeß-Ishikawa-Diagramme
– Einflußanalysen
– Netzwerke

Während der Systemanalyse werden die relevanten Produkt- bzw. Prozeßgrößen in einem bereichsübergreifenden Team mit den genannten systematischen Methoden erarbeitet. Diesem Team gehören neben Fachleuten auf dem Gebiet der Versuchsmethodik und Statistik Personen an, die mit dem zu untersuchenden Produkt oder Prozeß technologisch vertraut sind. Dabei ist insbesondere zu beachten, daß der Erfolg der Untersuchung in hohem Maße von der Zusammenarbeit mit dem Fachpersonal vor Ort abhängt. Daneben ergibt die Zusammenarbeit zwischen Mitarbeitern aus verschiedenen Unternehmensbereichen häufig erstaunliche Effekte, z.B. können schon allein dadurch Verbesserungen erreicht werden, daß Mitarbeiter der Entwicklungsabteilung ihre Erfahrungen mit Mitarbeitern der Produktion austauschen.

Versuchsstrategie

Je geschickter ein Versuch geplant ist, desto geringer ist der Aufwand für die Versuchs-durchführung und desto zuverlässiger ist die Aussage, die aus der Versuchsauswertung gezogen werden kann. Aus diesem Grund sollte der Auswahl einer geeigneten Versuchsstrategie höchste Bedeutung beigemessen werden. Der wesentliche Aufwand liegt in der Zusammenstellung und Auswahl der zu untersuchenden Faktoren sowie der Abschätzung von Wechselwirkungen, die eine wesentliche Voraussetzung für die Reduzierung des Versuchsaufwandes darstellt.

Versuchsdurchführung

Die Versuchsdurchführung muß mit der erforderlichen Sorgfalt erfolgen. Neben der richtigen Einstellung der zu variierenden Prozeßparameter ist auf eine geeignete Erfassung der Kenngrößen und die fehlerfreie Kennzeichnung der Proben zu achten. Um eine Überforderung des mit der Versuchsdurchführung vertrauten Personals, die zu fehlerhaften und damit nutzlosen Ergebnissen führen kann, zu vermeiden, ist die Versuchsphase ggf. durch sachkundige Mitarbeiter zu begleiten. Treten bei der Versuchsdurchführung Schwierigkeiten, wie z.B. nicht realisierbare Versuchspunkte, auf, ist mit größtmöglicher Sachkenntnis zu reagieren. Wird an dieser Stelle das ausführende Personal allein gelassen, so wird es in vielen Fällen eigenmächtig vom Versuchsplan abweichen und dies im widrigsten Fall nicht einmal dokumentieren. Die Ergebnisse einer solchen Untersuchung können unbrauchbar sein oder sogar in die falsche Richtung weisen.

Versuchsauswertung

Um Fehlinterpretationen vorzubeugen, ist die Versuchsauswertung durch technologische Experten auf Plausibilität zu prüfen. Hier leisten graphische Verfahren gute Dienste, wie z.B. die später erläuterten Effektdiagramme.

Um die Versuchsergebnisse managementgerecht aufzubereiten, empfiehlt sich eine Darstellung der gewonnenen Verbesserung durch einen Vergleich zwischen dem Zustand vor und nach der Untersuchung. Falls möglich, sollte die Verbesserung in pekuniären Einheiten (z.B. Ausschußkosten in DM) gemessen werden. Hier kann die Verlustfunktion von Taguchi zu beeindruckenden Zahlen führen [ta2].

In den folgenden Kapiteln werden diverse Auswerteverfahren für voll- und teilfaktorielle Versuchspläne vorgestellt und anhand von Beispielen erläutert. Es sei an dieser Stelle darauf hingewiesen, daß die Auswerteverfahren für alle Versuchsplantypen angewendet werden können und nicht auf die jeweiligen Beispiele beschränkt sind.

Das Potential der einzelnen Verfahren der Versuchsmethodik wird an einem durchgängigen Beispiel aus dem Entwicklungsbereich, das von jedem Besitzer eines Personal Computers leicht nachvollzogen werden kann, aufgezeigt. Es handelt sich um die Optimierung der Flugeigenschaften eines Segelflugzeuges mittels eines Flugsimulators, der über die Möglichkeit verfügt, die Geometrie des Flugzeuges zu variieren (Experimental Aircraft Design).

Um die Optimierung der Flugeigenschaften zu konkretisieren, wurde zunächst eine meßbare Zielgröße erarbeitet. Es handelt sich um die Sinkzeit des Flugzeuges, das in stabiler Fluglage aus einer definierten Höhe ausgeklinkt wurde. Störgrößen wurden über unterschiedliche klimatische Bedingungen in die Untersuchung aufgenommen. Im Ishikawa Diagramm werden die im Programm einstellbaren und auf die Flugeigenschaften wirkenden Einflußgrößen zusammengefaßt **(Bild 3.17)**.

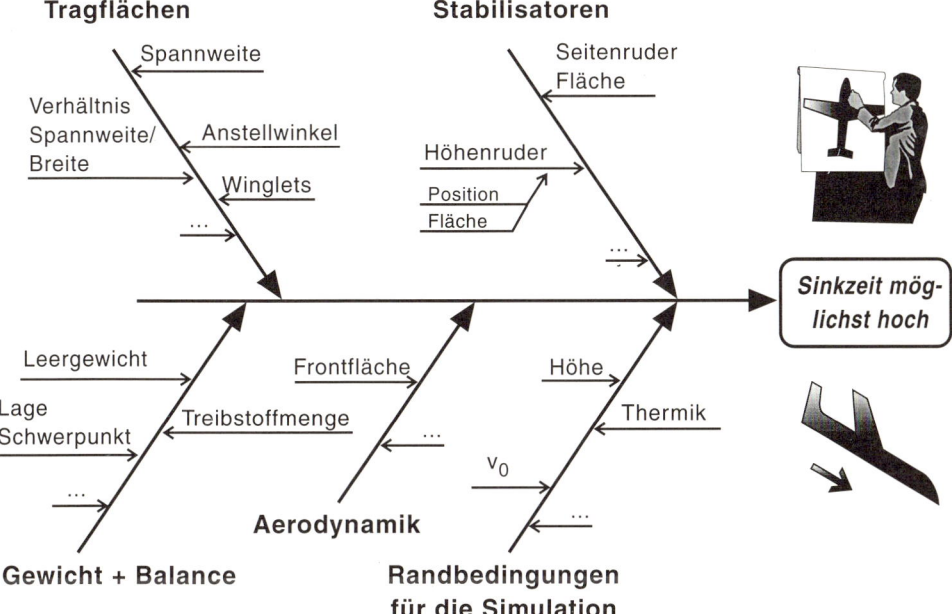

Bild 3.17   Optimierungsaufgabe

3.5.2   Einfaktormethode

Die Einfaktormethode ist die einfachste Vorgehensweise bei der Untersuchung des Einflusses mehrerer Faktoren. Dabei wird jeweils ein Faktor variiert, während alle anderen konstant gehalten werden. Da sie eine reproduzierbare Vorgehensweise darstellt, bietet die Einfaktormethode trotz ihrer großen Einfachheit eine wichtige Verbesserung gegenüber jedem ungeplanten Vorgehen. Viele bedeutende Wissenschaftler der Vergangenheit, wie Galilei und Newton, haben sich dieser Methode bedient [ku1].

Die Einfaktormethode besitzt jedoch Nachteile gegenüber anderen Verfahren der Versuchsmethodik:

- Wechselwirkungen zwischen den Faktoren sind schwer zu erkennen, da nur jeweils ein Faktor variiert wird und
- der Einfluß zusätzlicher Störgrößen kann nicht in die Untersuchung einbezogen werden.

Aus diesen Gründen wurden die im folgenden beschriebenen faktoriellen Versuchspläne entwickelt, die die gleichzeitige Untersuchung mehrerer Faktoren ermöglichen.

3.5.3   Vollfaktorielle Versuchspläne

Eine wichtige Methode, um neben dem direkten Einfluß von Faktoren auch deren Wechselwirkungen auf die Zielgröße zu untersuchen, ist der *(voll-)faktorielle Versuch.* Im Gegensatz zur Einfaktormethode werden hier mehrere Faktoren ausgewogen und gleichzeitig gegeneinander variiert. Dadurch wird es möglich, Mittelwerte über die Einstellungen zu bilden und sogenannte Effekte zu berechnen. Es wird zwischen Haupteffekten, die auf der Verstellung eines Faktors beruhen, und Wechselwirkungseffekten, die auf die gleichzeitige Verstellung mehrerer Faktoren zurückgehen, unterschieden. Die Mittelung der Versuchsergebnisse bei der Bildung von Effekten bietet einen wesentlichen Vorteil gegenüber der Einfaktormethode, da sie eine bessere Übertragbarkeit der Versuchsergebnisse auf den realen Prozeß ermöglicht [she].

Die Verwendung eines *vollfaktoriellen Versuchsplans,* bei dem alle möglichen Kombinationen der Faktoreinstellungen untersucht werden, soll an dem Segelflugzeug-Beispiel erläutert werden **(Bild 3.18)**. Die Haupteffekte der Fläche des Höhenruders (A) und der Spannweite (B) sowie der Effekt der Wechselwirkung (AB) auf die Sinkzeit unseres Versuchsmodells sollen untersucht werden.

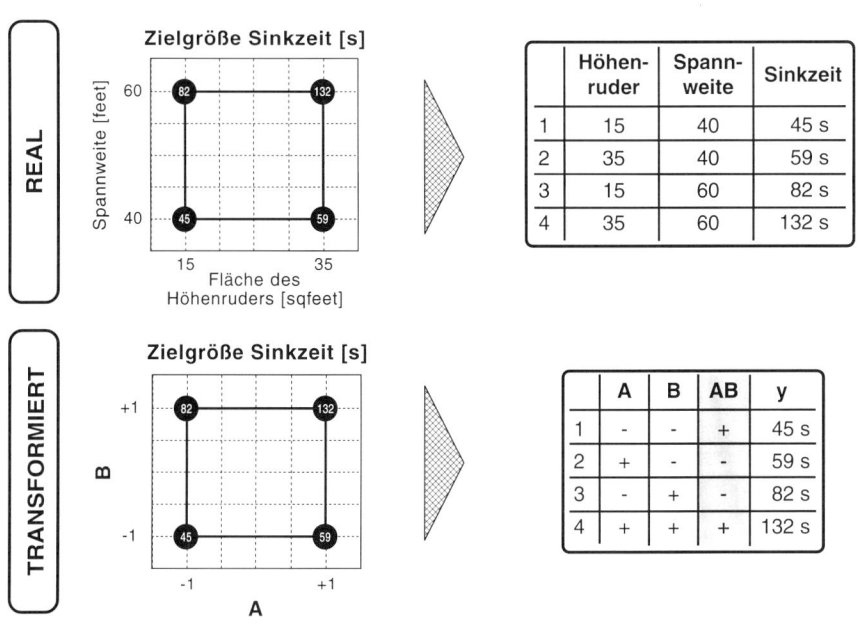

Bild 3.18   Aufbau eines vollfaktoriellen Versuchsplanes

Zunächst werden zwei Einstellungen (Stufen) für die einzelnen Faktoren festgelegt, die mit „−1" und „+1" bezeichnet werden. So steht z.B. bei der Fläche des Höhenruders „−1" für 15 [sqfeet] und „+1" für 35 [sqfeet]. Die Werte „−1" und „+1" entsprechen dabei einer Transformation auf eine Einheitsskala. Diese Transformation hat für den Anwender keinerlei Konsequenzen, wohl aber für die hinter den Versuchsplänen liegenden mathematischen Berechnungen. Diese werden durch die Transformation wesentlich vereinfacht.

Wird der Versuchsplan in Form einer Tabelle (Tabellenplan) aufgestellt, wird in der Regel aus Gründen der Einfachheit statt −1 „−“ und statt +1 „+“ geschrieben.

Beim Aufbau des Tabellenplans wird jeder Spalte des Versuchsplans ein Faktor zugewiesen. Im Beispiel ist die erste Spalte des Versuchsplans mit dem Faktor A (Fläche des Höhenruders) und die zweite Spalte des Versuchsplans mit dem Faktor B (Spannweite) belegt. Der obere rechte Teil des Bildes zeigt den Versuchsplan im Klartext. Dieser Plan beinhaltet nur diejenigen Spalten, die zur Durchführung des Versuches erforderlich sind, sowie eine Spalte zur Aufnahme der Versuchsergebnisse. Ein solcher Plan wird als Planmatrix bezeichnet.

Die im unteren rechten Teil des Bildes dargestellte Auswertematrix beinhaltet die Vorzeichenfolgen sowohl für die einzelnen Faktoren als auch für Auswertespalten für die sogenannten Wechselwirkungen, die weiter unten erläutert werden.

Der Versuch wird gemäß dem Versuchsplan durchgeführt. Dabei ist es empfehlenswert, die Reihenfolge der Versuche zufallsgesteuert festzulegen. Durch diese Vorgehensweise werden Störgrößen in der späteren Auswertung herausgemittelt.

Im ersten Versuchspunkt werden z.B. A und B auf „−“ eingestellt. Dies bedeutet, daß ein Prototyp mit einer Fläche des Höhenruders von 15 sqfeet und einer Spannweite von 40 feet simuliert wird.

Dieser Prototyp wird in stabiler Fluglage in einer Höhe von 1000 feet ausgeklinkt. Zufallseinflüsse werden durch Wetterparameter im Simulator nachgebildet. Die einzelnen Versuchspunkte werden mehrfach durchgeführt, um später eine Abschätzung für die Versuchsstreuung zu erhalten. Die Zeit bis zur Bodenberührung wird gemessen. Diese Zeit ist die Zielgröße Sinkzeit. Aufgabe ist es, die Sinkzeit zu maximieren, um ein Flugzeug mit möglichst langer Gleitzeit zu erhalten.

Die gemessene und in den Plan eingetragene Sinkzeit von 45 s stellt den Mittelwert mehrerer Testflüge dar. Im zweiten Versuchspunkt werden A auf „+“ und B auf „−“ eingestellt. Es ergibt sich eine mittlere Sinkzeit von 59 s. Nach diesem Muster werden alle Versuche des Versuchsplans ausgeführt.

Liegen die Ergebnisse für alle vier Versuchspunkte vor, so kann mit der Auswertung begonnen werden. An dieser Stelle sei lediglich die Bestimmung der Effekte erläutert, weiterführende Auswerteverfahren werden später beschrieben **(Bild 3.19)**.

Unter einem *Haupteffekt* wird die mittlere Änderung der Zielgröße bei einem Wechsel der Einstellung eines Faktors verstanden. Der Haupteffekt der Fläche des Höhenruders wird z.B. ermittelt als die Differenz zwischen:

- dem Mittelwert aller Ergebnisse bei der Fläche des Höhenruders auf der Einstellung „+“: (132 s + 59 s) / 2 = 95,5 s und

- dem Mittelwert aller Ergebnisse bei der Fläche des Höhenruders auf der Einstellung „−“: (82 s + 45 s) / 2 = 63,5 s.

Es ergibt sich ein Haupteffekt der Fläche des Höhenruders von 95,5 s − 63,5 s = 32 s. Dieses Ergebnis bedeutet, daß eine Steigerung der Fläche des Höhenruders von „−“ auf „+“ die Sinkzeit im Mittel um 32 s erhöht. Um eine möglichst große Sinkzeit zu erzielen wird deshalb vorgeschlagen, die Fläche zu vergrößern.

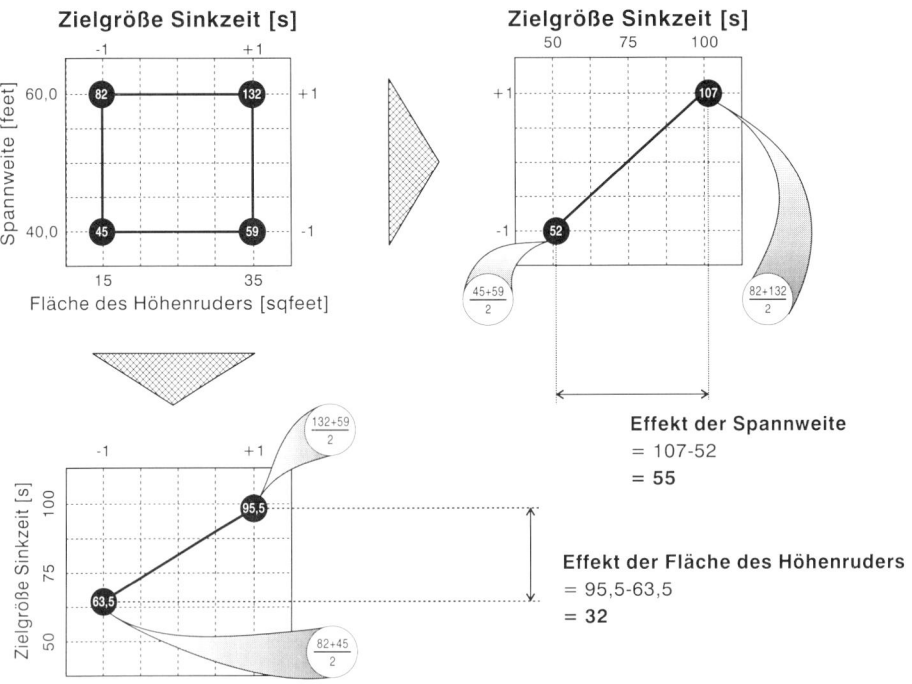

Bild 3.19   Definition eines Haupteffektes

Der Haupteffekt der Spannweite wird analog ermittelt aus der Differenz zwischen:

- dem Mittelwert aller Ergebnisse bei Einstellung der Spannweite auf „+": (82 s + 132 s) / 2 = 107 s und
- dem Mittelwert aller Ergebnisse bei Einstellung der Spannweite auf „−": (45 s + 59 s) / 2 = 52 s.

Damit ergibt sich ein Haupteffekt der Spannweite von 107 s − 52 s = 55 s. Dies bedeutet, daß eine Vergrößerung der Spannweite von „−" auf „+" die Sinkzeit im Mittel um 55 s erhöht. Daher wird vorgeschlagen, die Spannweite zu vergrößern.

Zusätzlich zu den Haupteffekten ermöglichen faktorielle Versuchspläne die Bestimmung von Wechselwirkungen **(Bild 3.20)**. Eine *Wechselwirkung* liegt vor, wenn nur bei bestimmten Kombinationen der Faktoreinstellungen ein Effekt beobachtet wird (Beispiel: Bei der Optimierung des Verbrennungsprozesses eines Motors wird nur bei einem bestimmten Verhältnis von Luft- und Treibstoffmenge die optimale Leistung erzielt). Die Wechselwirkung zwischen zwei Faktoren ist damit definiert als das Maß der Beeinflussung der Zielgröße durch beide Faktoren.

Der Effekt der Wechselwirkung wird über die Auswertespalte AB berechnet (siehe Bild 3.5). Hierzu wird die Differenz zwischen den Mittelwerten der Ergebnisse bei AB auf „+" und AB auf „−" gebildet. Es ergibt sich ein Wechselwirkungseffekt von:

$$(45 \text{ s} + 132 \text{ s}) / 2 - (59 \text{ s} + 82 \text{ s}) / 2 = 18 \text{ s.}$$

Definition:

Eine Wechselwirkung zwischen Faktoren liegt dann vor, wenn der Einfluß eines Faktors auf die Zielgröße von den Einstellungen (Stufen, Niveaus) der anderen Faktoren abhängig ist.

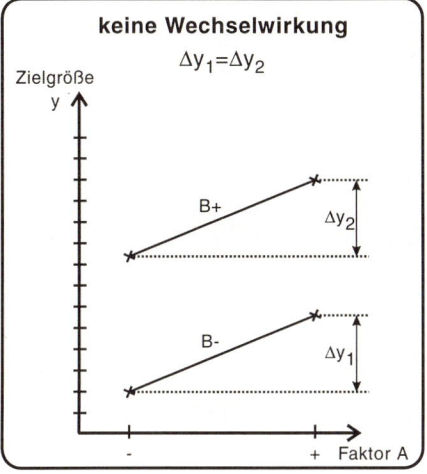
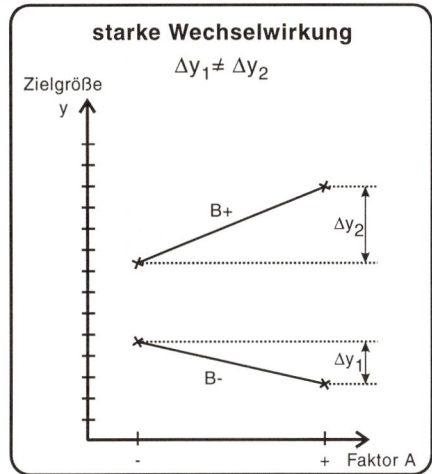

Bild 3.20   Definition einer Wechselwirkung

Um diese Zahl besser zu verstehen, wird der gesamte Versuchsplan gedanklich in zwei Einfaktorexperimente zerlegt **(Bild 3.21)**. Der erste Versuch besteht aus einer Veränderung der Fläche des Höhenruders bei niedriger Spannweite. Der zweite Versuch besteht aus einer Veränderung der Fläche des Höhenruders bei hoher Spannweite. Es zeigen sich zwei Teileffekte, die unterschiedlich groß sind. Um den Wechselwirkungseffekt in der Größenordnung der Haupteffekte abbilden zu können, werden die beiden Teileffekte von 50 s und 14 s durch 2 geteilt. Die Differenz dieser beiden normierten Teileffekte, die nichts anderes als den Steigungsunterschied darstellt, wird als Wechselwirkung bezeichnet. Anschaulich bedeutet der vorliegende Wechselwirkungseffekt, daß bei größerer Spannweite der Effekt der Fläche des Höhenruders größer ist als bei niedriger Spannweite. Es handelt sich hier um eine verstärkende Wechselwirkung, was in dem positiven Vorzeichen von + 18 s zum Ausdruck kommt. Als Hinweis sei an dieser Stelle erwähnt, daß durchaus auch abschwächende Wechselwirkungen auftreten können, die dann ein negatives Vorzeichen besitzen.

Ein Blick auf den Versuchsplan zeigt, daß tatsächlich bei einer Vergrößerung der Fläche des Höhenruders und einer gleichzeitigen Erhöhung der Spannweite die beste Sinkzeit erzielt wird. Es könnte nun durch Folgeversuche geklärt werden, ob eine weitere Erhöhung der Fläche oder der Spannweite zu noch besseren Ergebnissen führt. Damit liefert der Versuch neben einem Einstellvorschlag im untersuchten Bereich die Richtung für weiterführende Optimierungen.

Der wesentliche Vorteil der statistischen Versuchsplanung liegt in der gleichzeitigen Untersuchung mehrerer Faktoren. Dies ist eine wesentliche Voraussetzung für die Un-

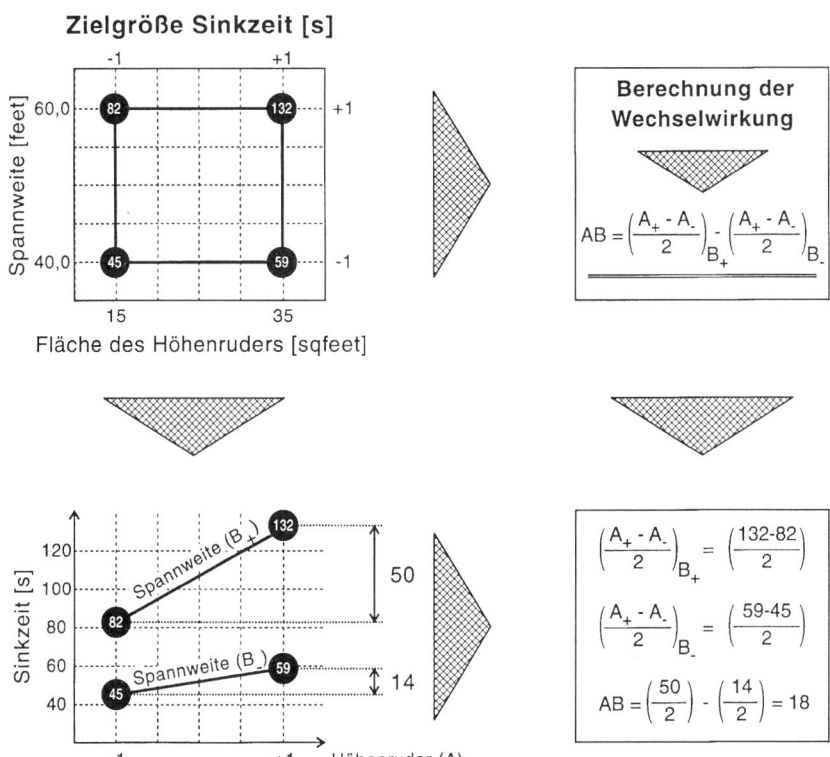

Bild 3.21   Bestimmung der Wechselwirkung

tersuchung von Wechselwirkungen. Die zu untersuchenden Einstellungen der Faktoren sollten so gewählt werden, daß sie ein Höchstmaß an Informationsgewinn ermöglichen. Dies ist bei zwei Faktoren durch die Anordnung auf einem, wie in Bild 3.18 dargestellten, Quadrat gewährleistet. Bei 3 Faktoren wäre die Anordnung ein Würfel, bei mehr als 3 Faktoren ein n-dimensionaler Hyperwürfel.

Ein Vorzug der Bezeichnung der Faktoreinstellungen mit (−) und (+) besteht darin, daß ein einfaches *Bildungsgesetz* zur Versuchsplanerstellung verwendet werden kann **(Bild 3.22)**.

Zur Verdeutlichung der Vorgehensweise soll formal zwischen einer Planmatrix, welche die Versuchsdurchführung steuert, und einer Auswertematrix unterschieden werden. Die Planmatrix wird nach einem einfachen Schema aufgebaut. Zunächst wird die Anzahl der benötigten Versuche mit der Formel k^n ermittelt, wobei n die Anzahl der Faktoren ist und k der Anzahl der Stufen entspricht. Die Untersuchung von zwei Faktoren auf zwei Stufen entspricht damit einem 2^2 Plan mit 4 Versuchen. Die Ermittlung der Vorzeichen der einzelnen Spalten erfolgt zweckmäßigerweise gemäß der Standardreihenfolge. Beginnend mit einem (−) wechselt der erste Faktor jede Zeile das Vorzeichen. Der zweite Faktor wechselt jede zweite Zeile das Vorzeichen usw.

| Planmatrix | | | Wechselwirkungs-spalten | | | Auswertematrix | | |

Planmatrix

	A	B	Ergebnisse
1	-	-	$y_{11} \cdots y_{14}$
2	+	-	$y_{21} \cdots y_{24}$
3	-	+	$y_{31} \cdots y_{34}$
4	+	+	$y_{41} \cdots y_{44}$

Wechselwirkungsspalten

A	$\cdot$	B	=	AB
-	$\cdot$	-	=	+
+	$\cdot$	-	=	-
-	$\cdot$	+	=	-
+	$\cdot$	+	=	+

Auswertematrix

A	B	AB
-	-	+
+	-	-
-	+	-
+	+	+

Standardreihenfolge:

Beginn mit (-)

Der erste Faktor wechselt jede Zeile das Vorzeichen

Der zweite Faktor wechselt jede zweite Zeile das Vorzeichen

Der i-te Faktor wechselt jede $2^{(i-1)}$-te Zeile das Vorzeichen

Die Vorzeichen der Wechselwirkungsspalte ergeben sich durch Multiplikation der Vorzeichen der Spalten der zugehörigen Faktoren

Die Auswertematrix beinhaltet alle untersuchten Faktoren und alle möglichen auftretenden Wechselwirkungen

Bild 3.22 Bildungsgesetz faktorieller Versuchspläne

Die Auswertematrix beinhaltet die Spalten der einzelnen Faktoren sowie zusätzliche Spalten für die Wechselwirkungen. Diese ergeben sich aus der Multiplikation der Spalten der zugehörigen Faktoren. Dabei handelt es sich formal um die zeilenweise Multiplikation zweier Vektoren. Neben den Spalten für Wechselwirkungen zwischen zwei Faktoren können analog Spalten für höhere (z.B. Drei- oder Vierfaktor-) Wechselwirkungen bestimmt werden. Damit lassen sich nach dem in Bild 3.22 dargestellten Schema beliebige vollfaktorielle Versuchspläne generieren.

Neben der bisher gezeigten Berechnung der Effekte existiert eine Vielzahl *statistischer Verfahren zur Auswertung faktorieller Versuche* (**Bild 3.23**).

Die *Regressionsanalyse* ermöglicht den Aufbau eines Modells für das Verhalten der untersuchten Faktoren *innerhalb* des untersuchten Raumes. Eine Extrapolation ist nicht zulässig [bx1]. Durch die Geometrie der faktoriellen Versuchspläne ist eine einfache Ermittlung der Regressionskoeffizienten möglich [she]. Das Ergebnis ist ein additives Regressionspolynom, das die Entfernung nichtsignifikanter Regressionskoeffizienten ermöglicht. Die Regressionsanalyse von Faktorenplänen ist ausführlich von Scheffler beschrieben [she]. Das Modell entspricht dabei der Form:

$$y = b_0 + b_1 x_1 + \cdots + b_n x_n + b_{12} x_1 x_2 + \cdots + b_{123} x_1 x_2 x_3 + \cdots$$

Dabei entspricht:

b_0 – dem Mittelwert aus allen Versuchen. Im Beispiel (s. Bild 3.18) entspricht der Mittelwert $(45\,s + 59\,s + 82\,s + 132\,s) / 4 = 79,5\,s$

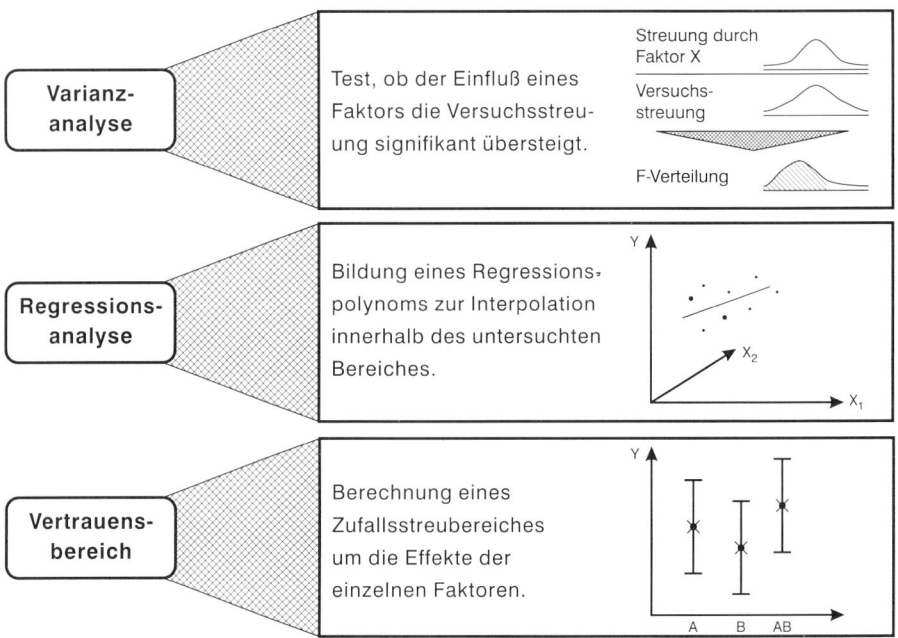

Bild 3.23 Statistische Auswerteverfahren

b_i – den halben Effekten (sowohl bei Haupt- als auch bei Wechselwirkungseffekten).

Damit ergibt sich im vorliegenden Beispiel das folgende Modell:

$$y = 79,5 + 32/2 * A + 55/2 * B + 18/2 * A * B$$

mit: A – Fläche des Höhenruders, B – Spannweite und y – Sinkzeit.

Bei dieser Gleichung ist zu beachten, daß sie nur im transformierten Bereich gilt. Bei der Modellanwendung auf die physikalischen Maßzahlen ist stets zunächst eine Transformation auf die Einheitsskala notwendig. Soll z.B. die Sinkzeit für 20 sqfeet Fläche des Höhenruders und 55 feet Spannweite abgeschätzt werden, so ist für A ein Wert von (−0,5) und für B ein Wert von (+0,5) in die Gleichung einzusetzen, da z.B. die normierte Spannweite −1 einem Wert von 40 feet und +1 einem Wert von 60 feet entspricht, ergibt sich für 55 feet ein transformierter Wert von 0,5. Damit ist:

$$y \ (A = 20 \ \text{sqfeet}, \ B = 55 \ \text{feet}) = 79,5 + 16 * (-0,5) + 27,5 * (+0,5) + \\ + 9 * (-0,5) * (+0,5) = 83 \ \text{s}.$$

Neben der Möglichkeit, die Werte zu transformieren, bevor sie in die Gleichung eingesetzt werden, kann auch die gesamte Gleichung in den realen Bereich zurücktransformiert werden [she].

Ist die Versuchsstreuung bekannt, so können *Vertrauensbereiche* für die einzelnen Effekte berechnet werden. Üblicherweise wird hier die t-Verteilung verwendet, um den Zufallsstreubereich abzuschätzen [she].

Die *Varianzanalyse* (ANOVA = **AN**alysis **O**f **VA**riance) ermöglicht einen Vergleich zwischen der durch den Wechsel der Faktorstufen erzielten Streuung und der Versuchsstreuung. Durch den Vergleich mit der F-Verteilung ist es möglich, die Wirkung eines Faktors zu quantifizieren. Voraussetzung für die Anwendung der Varianzanalyse ist es, die Versuche in zufälliger Reihenfolge durchzuführen, da sonst die Schätzung der Versuchsstreuung zu gering ausfallen kann. Da die Varianzanalyse das gebräuchlichste Auswerteverfahren für faktorielle Versuchspläne darstellt, wird ihre Anwendung im folgenden an einem Beispiel erläutert. Es sei darauf hingewiesen, daß in der Literatur unterschiedliche Vorgehensweisen zur Durchführung der Varianzanalyse zu finden sind [and, bx2, fi1, jur, mon, ta1, whe], die sich jedoch mathematisch ineinander überführen lassen. Die hier beschriebene Vorgehensweise wurde speziell auf faktorielle Versuchspläne zugeschnitten, mit dem Ziel, eine möglichst einfache Auswertung zu ermöglichen.

Kontrastkoeffizienten c_i

		Höhen-ruder	Spann-weite	Wechsel-wirkung	$n=2$ $\xrightarrow{j}$ Sinkzeit		
		A	B	AB	y_1	y_2	$\bar{y}$
	1	-1	-1	+1	49	41	45
$k=4$	2	+1	-1	-1	62	56	59
i	3	-1	+1	-1	74	90	82
	4	+1	+1	+1	140	124	132

			A	B	AB
Kontrast	$C=\sum(c_i \cdot \bar{y}_i)$		$C(A) = (-1)*45+...+(+1)*132=64$	110	36
linearer Effekt	$e=\dfrac{C}{\sum \text{positive } c_i}$		$e(A)=\dfrac{64}{(+1)+(+1)}=32$	55	18
Summe der Quadrate	$SS(C)=\dfrac{C^2}{\frac{1}{n}\sum c_i^2}$		$SS(A)=\dfrac{64^2}{\frac{1}{2}[(-1)^2+...+(+1)^2]}=2048$	6050	648
Freiheitsgrad	$f(C)=$ (Anzahl Einstellungen)-1		$f(A)=1$	1	1
mittlere Quadrate	$MS(C)=\dfrac{SS(C)}{f(C)}$		$MS(A)=\dfrac{2048}{1}=2048$	6050	648

Bild 3.24 Bildung statistischer Kennwerte der Faktoren

Das Verfahren wird an einem Beispiel **(Bild 3.24)** erläutert. Es handelt sich um den bereits aus Bild 3.18 bekannten Versuchsplan. Hier sind jedoch die beiden Urwerte dargestellt, aus denen der in Bild 3.18 dargestellte Mittelwert berechnet wurde. Damit wurde jede der Versuchseinstellungen zweifach realisiert (y_1 und y_2), die Einstellungen wurden in zufälliger Reihenfolge angefahren. Das Bild zeigt den Versuchsplan mit den Versuchsergebnissen in Standardreihenfolge. Die Auswertung der Kennwerte der Faktoren erfolgt nun in den folgenden Schritten:

- Bildung des Mittelwertes der einzelnen Einstellungen ($\bar{y}_i$).
- Berechnung des sogenannten Kontrastes (C) aus den Mittelwerten. Dieser beschreibt für den jeweiligen Faktor den Unterschied in der Zielgröße, wenn die Einstellung gewechselt wird. Um den Rechengang zu formalisieren, werden die Vorzeichen der Versuchseinstellung ($- = -1$ und $+ = +1$) verwendet, die als Kontrastkoeffizienten bezeichnet werden. Der Kontrast ergibt sich, wenn für jeden Faktor die Summe aus dem Produkt der Kontrastkoeffizienten mit dem Zeilenmittelwert gebildet wird. Es ergibt sich z.B. für den Faktor A ein Kontrast von 64, für B von 110 und für die Wechselwirkung AB von 36.
- Der Effekt stellt die mittlere Änderung der Zielgröße bei einem Wechsel der Einstellungen des Faktors von -1 nach $+1$ dar. Er wird mittels Division des Kontrastes durch die Anzahl der positiven Kontrastkoeffizienten berechnet. Für den Effekt des Faktors A ist dies beispielsweise: $64 / 2 = 32$.
- Als Kenngröße für die durch den Wechsel der Einstellungen des Faktors hervorgerufene Varianz wird die Summe der Quadrate des Kontrastes (**S**um of **S**quares (C)) berechnet als Quadrat des Kontrastes eines Faktors (C^2) geteilt durch die Anzahl der Kontrastkoeffizienten (c_i). Diese wird durch die Anzahl der Versuchsrealisierungen (n) je Versuchspunkt geteilt. Für den Faktor A ist z.B. die Summe der Quadrate: $SS(A) = 2048$.
- Der Freiheitsgrad eines Faktors ist definiert als die um 1 verminderte Anzahl der möglichen Einstellungen. Bei Plänen mit zwei Einstellungen je Faktor ist der Freiheitsgrad stets 1. Dies gilt ebenfalls für den Freiheitsgrad der Zweifaktorwechselwirkungen.
- Die durch den Kontrast eines Faktors hervorgerufene mittlere quadratische Abweichung (**M**ean **S**quare (C)) wird berechnet, indem die Summe der Quadrate durch den Freiheitsgrad dividiert wird. Diese Vorgehensweise hat bei Versuchen mit zwei Einstellungen je Faktor formalen Charakter, da der Freiheitsgrad gleich 1 ist.

Nach der Berechnung der durch die Änderung der Einstellungen hervorgerufenen Streuung wird die Zufallsstreuung des Prozesses bestimmt. Dies kann im Idealfall unter Rückgriff auf bestehende Prozeßaufzeichnungen erfolgen. Meist ist jedoch eine Abschätzung der Streuung aus den Versuchsdaten erforderlich. Die hier verwendete Vorgehensweise umfaßt folgende Schritte (**Bild 3.25**):

- Zeilenweise Berechnung der Varianz (s^2) auf Grundlage der Versuchswiederholungen je Versuchspunkt.
- Berechnung der Summe der Quadrate innerhalb der Wiederholungen (**S**um of **S**quares **W**ithin). Diese ergibt sich, wenn die Summe der Zeilenvarianzen (s_i^2) mit der um 1 verringerten Anzahl der Wiederholungen multipliziert wird. Bei genauerer Betrachtung wird die Division durch ($n-1$) aus dem vorigen Arbeitsschritt rückgängig gemacht. Dieses zunächst unsinnig erscheinende Vorgehen wird eingesetzt, da die meisten Rechner über eine Funktion zur Ermittlung der Varianz (s^2) verfügen. Im Beispiel ist die Summe der Quadrate der Wiederholungen: $SSW = 306$.
- Der Freiheitsgrad der Versuchswiederholungen (f_w) ergibt sich aus der Multiplikation der um 1 verringerten Anzahl der Realisierungen je Versuchspunkt (n) mit der Anzahl der Versuchspunkte (k).

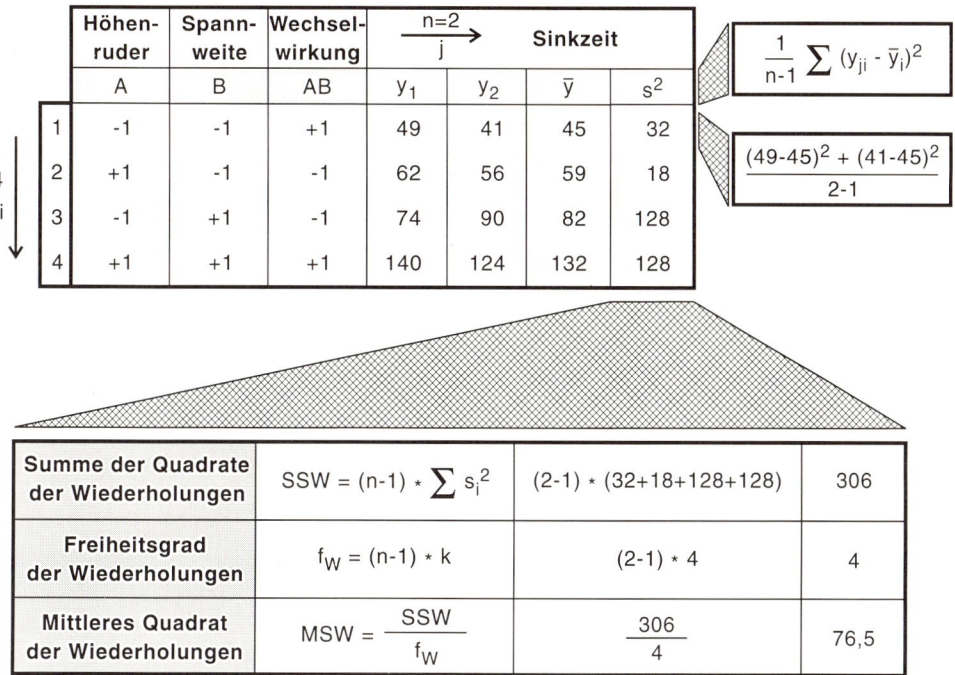

Bild 3.25   Abschätzung der Zufallsstreuung

– Die mittlere quadratische Abweichung innerhalb der Wiederholungen (**M**ean **S**quare **W**ithin) wird bestimmt, indem die Summe der Quadrate der Wiederholungen durch den Freiheitsgrad der Versuchswiederholungen dividiert wird. Es ergibt sich: MSW = 76,5.

Nun werden die berechneten Kennwerte für die Varianz der Faktoren und der Versuchsstreuung in einer Varianztabelle zusammengefaßt **(Bild 3.26)**.

– Für die einzelnen Faktoren wird ein Kennwert gebildet, der ein Maß dafür darstellt, inwieweit der Effekt des Faktors die Versuchsstreuung übersteigt. Dieser Wert wird in Erinnerung an Sir Ronald Fisher, dem Begründer der Varianzanalyse [fi1, fi2], als F-Wert bezeichnet. Der F-Wert ergibt sich aus der Division der mittleren quadratischen Abweichung der Faktoren (MS(C)) durch die mittlere Versuchsstreuung (MSW). Es zeigt sich, daß der F-Wert des Faktors A die Versuchsstreuung um das 26,8fache, der Wert von B die Versuchsstreuung um das 79,1fache und die Wechselwirkung AB die Versuchsstreuung um das 8,5fache übersteigt.

– Um Grenzwerte für die Signifikanzniveaus der einzelnen Faktoren zu erhalten, wird der kritische Wert der F-Verteilung aus Tabellenwerken entnommen. Diese sind üblicherweise für ein Niveau von 95 % und von 99 % tabelliert. Durch Orientierung an den Freiheitsgraden des Zählers und des Nenners des F-Wertes werden die F-Werte ermittelt. In unserem Beispiel besitzt der Zähler (MS(C)) generell den Freiheitsgrad

$f_1 = 1$, der Nenner (MSW) den Freiheitsgrad $f_2 = 4$. Mit diesen Vorgaben ist in der Tabelle für 95 % ein kritischer Wert von 7,71 abzulesen. Für ein Signifikanzniveau von 99 % beträgt der kritische Wert 21,2.

– Es folgt der Vergleich der F-Werte der Faktoren mit den kritischen Werten der F-Verteilung. Überschreitet der F-Wert eines Faktors den Wert der F-Verteilung bei 95 %, so handelt es sich um einem signifikanten Einfluß. Solche Faktoren werden mit einem „*" in der Tabelle gekennzeichnet. Überschreitet der F-Wert den Tabellenwert bei 99 %, so wird von einem hochsignifikanten Einfluß gesprochen. Solche Faktoren werden mit „**" gekennzeichnet. Faktoren, deren F-Wert unterhalb des Wertes der F-Verteilung bei 95 % liegen, werden als nicht signifikant eingestuft.

Damit ermöglicht die Varianzanalyse eine Aussage darüber, welche Effekte das Versuchsrauschen signifikant übersteigen. Sie gibt keine Aussage über die Richtung der Effekte; diese kann der oben geschilderten Analyse der Effekte entnommen werden.

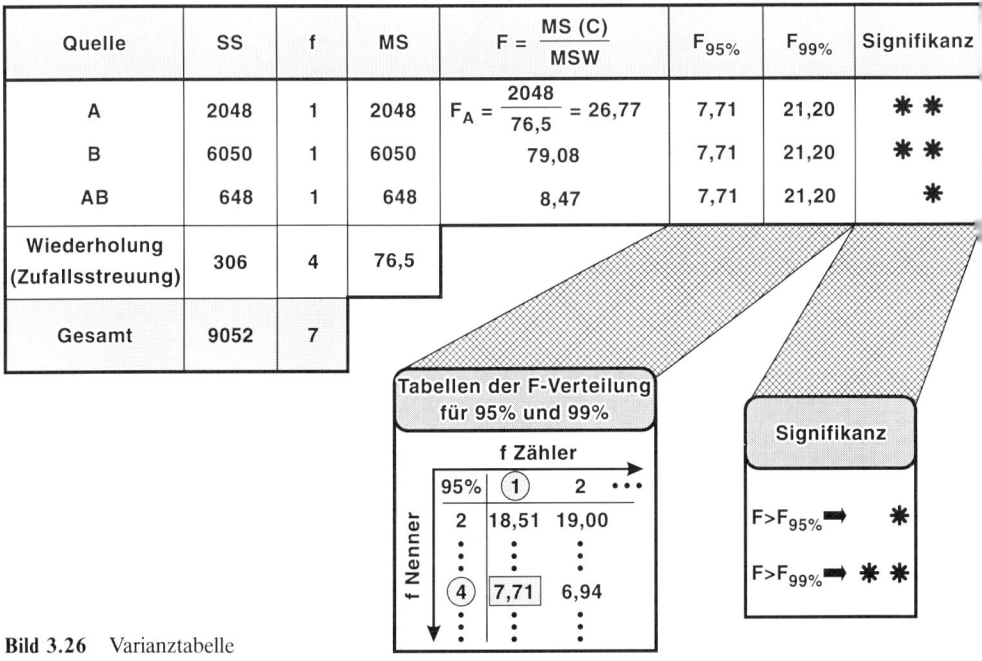

Quelle	SS	f	MS	$F = \dfrac{MS\,(C)}{MSW}$	$F_{95\%}$	$F_{99\%}$	Signifikanz
A	2048	1	2048	$F_A = \dfrac{2048}{76,5} = 26,77$	7,71	21,20	✳ ✳
B	6050	1	6050	79,08	7,71	21,20	✳ ✳
AB	648	1	648	8,47	7,71	21,20	✳
Wiederholung (Zufallsstreuung)	306	4	76,5				
Gesamt	9052	7					

Tabellen der F-Verteilung für 95% und 99%

f Zähler

	1	2 ···
95%		
2	18,51	19,00
⋮	⋮	⋮
4	7,71	6,94
⋮	⋮	⋮

f Nenner

Signifikanz

$F > F_{95\%}$ ➡ ✳

$F > F_{99\%}$ ➡ ✳ ✳

Bild 3.26   Varianztabelle

3.5.4   Teilfaktorielle Versuchspläne

Vollfaktorielle Untersuchungen erfordern einen hohen Aufwand, der mit der Anzahl der zu untersuchenden Faktoren überproportional ansteigt **(Tabelle 3.2)**. In der industriellen Praxis stellen 4 Faktoren mit den benötigten 16 Versuchspunkten eine Schwelle dar, die selten überschritten wird [klü]. Bei einer höheren Anzahl von Faktoren wird deshalb zu sogenannten *Teilfaktorplänen* gegriffen, die eine Reduzierung des Versuchsaufwandes ermöglichen.

Tabelle 3.2   Versuchsaufwand in Abhängigkeit von der Anzahl der Faktoren (bei vollfaktoriellen Plänen)

Anzahl Faktoren n (auf zwei Stufen)	Anzahl der Versuche (2^n)
2	4
3	8
4	16
5	32
6	64
7	128
o o o	o o o

Das wesentliche Merkmal faktorieller Versuchspläne liegt darin, daß alle Faktoren gleichmäßig gegeneinander variiert werden. Dies beruht auf der Balanciertheit oder Orthogonalität der Versuchspläne (jede Einstellung eines Faktors tritt gleich oft in der Spalte des Faktors auf, die Kombinationen der Vorzeichen in zwei beliebigen Spalten treten ebenfalls gleich oft auf [ta2]). Eine solche Anordnung bietet die Voraussetzung für eine Mittelung der Werte bei der Versuchsauswertung und bürgt für einen hohen Informationsgehalt der Versuchsergebnisse [she]. Die Planmatrix für einen vollfaktoriellen Versuch mit zwei Faktoren ist im linken Teil von **Bild 3.27** dargestellt. Die Anordnung der Einstellungen von A und B erfüllt die o.g. Orthogonalitätskriterien.

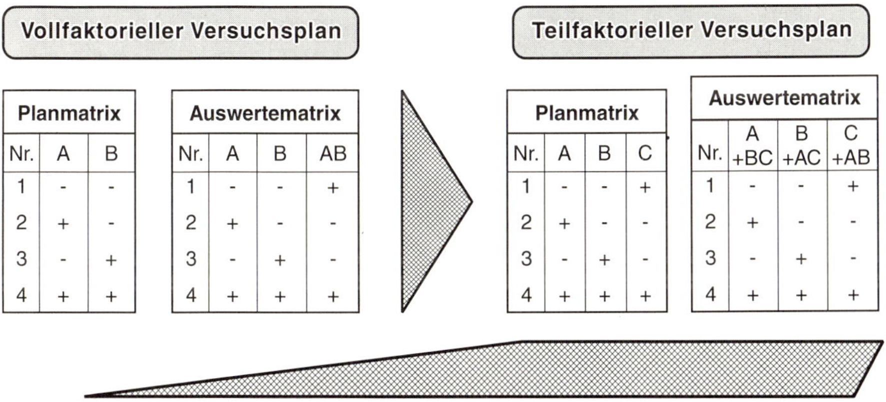

Vollfaktorieller Versuchsplan

Planmatrix

Nr.	A	B
1	-	-
2	+	-
3	-	+
4	+	+

Auswertematrix

Nr.	A	B	AB
1	-	-	+
2	+	-	-
3	-	+	-
4	+	+	+

Teilfaktorieller Versuchsplan

Planmatrix

Nr.	A	B	C
1	-	-	+
2	+	-	-
3	-	+	-
4	+	+	+

Auswertematrix

Nr.	A +BC	B +AC	C +AB
1	-	-	+
2	+	-	-
3	-	+	-
4	+	+	+

Voraussetzung: Es existieren keine Wechselwirkungen
=> Überlagerung der vernachlässigbaren Wechselwirkung AB durch einen zusätzlichen Faktor C
Vorteil: Untersuchung der Haupteffekte von 3 Faktoren mit 4 Versuchen
Nachteil: Die Haupteffekte sind mit Wechselwirkungen vermengt

Bild 3.27   Generierung eines teilfaktoriellen Versuchsplanes

Darüber hinaus existiert nach den Gesetzen der Kombinatorik [har] genau eine weitere Spalte, die zu den Spalten von A und B orthogonal ist. Durch Variation aller möglichen Einstellkombinationen unter Berücksichtigung der Orthogonalitätskriterien ergibt sich die Spalte $(+; -; -; +)^T$, die zur Untersuchung eines weiteren Faktors C verwendet werden kann. Somit können drei Faktoren mit vier Versuchspunkten gemeinsam untersucht werden.

Bei genauer Betrachtung der Auswertematrix des vollfaktoriellen Versuchsplans (Bild 3.27) zeigt sich, daß die oben ermittelte Spalte des Faktors C mit der Spalte der Wechselwirkung AB identisch ist. Die Auswertung einer solchen Spalte ergibt den überlagerten Effekt von C + AB, also die *Vermengung der Spalte der Wechselwirkung mit einem Haupteffekt.* Damit wird die Untersuchung des Faktors C nur dann zu einem sinnvollen Ergebnis führen, wenn die Wechselwirkung AB vernachlässigbar ist. Die solcherart durch Überlagerung von Wechselwirkungen gebildeten Versuchspläne werden als teilfaktorielle Versuchspläne (*fractional factorial*) bezeichnet. Der Teilfaktorplan zur Untersuchung von drei Faktoren mit vier Versuchspunkten ist im rechten Teil von Bild 3.27 dargestellt. Die im Bild dargestellten zusätzlichen Überlagerungen der Faktoren A und B mit Wechselwirkungen in der Auswertematrix, die als Aliasse bezeichnet werden, werden an späterer Stelle erläutert.

Ein Beispiel **(Bild 3.28)** soll verdeutlichen, welches Risiko eingegangen wird, wenn die Technik der Überlagerung von Haupteffekten zur Bildung teilfaktorieller Versuchspläne benutzt wird. Die Aufgabenstellung lautet, einen Kuchen zu backen, bei dem die

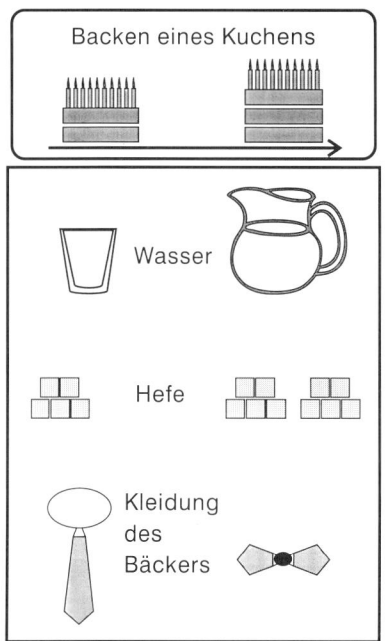

Nr.	Hefe	Wasser	Kleidung (Hefe & Wasser)	Höhe
1	5 g	20 ml	Fliege	15 cm
2	10 g	20 ml	Krawatte	5 cm
3	5 g	40 ml	Krawatte	5 cm
4	10 g	40 ml	Fliege	15 cm
Effekt	0 cm	0 cm	+10 cm	

Schlußfolgerung:

Hefe hat keinen Effekt
Wasser hat keinen Effekt
aber:
der Bäcker muß eine Fliege tragen!

Bild 3.28   Fehlinterpretation durch Vernachlässigung einer Wechselwirkung

Kuchenhöhe durch optimale Einstellung der Faktoren Wasser- und Hefemenge maximal werden soll. Hierzu werden die Hefemenge auf der unteren Einstellung mit 5 g (−) und auf der oberen mit 10 g (+), die Wassermenge auf der unteren Einstellung mit 20 ml (−) und auf der oberen mit 40 ml (+) variiert. Zur Ermittlung des vollständigen Zusammenhangs werden 4 Versuche benötigt, um sowohl die Haupteffekte als auch den Effekt der Zweifaktorwechselwirkung zu ermitteln. Das Ergebnis würde ergeben, daß die Haupteffekte von Hefe und Wasser gering sind. Nur wenn beide Faktoren auf der oberen Einstellung gewählt werden (große Hefemenge und große Wassermenge), kann die Hefe entsprechend reagieren und einen Einfluß auf die Kuchenhöhe ausüben. Es liegt also eine starke Wechselwirkung vor, die im vollfaktoriellen Versuch aus der entsprechenden Auswertespalte ersichtlich wird.

Soll nun in diesen 4 Versuchen ein zusätzlicher Faktor, z.B. der Einfluß der Kleidung des Bäckers untersucht werden, so kann nach der Theorie der Teilfaktorpläne hierfür die Spalte der Wechselwirkung verwendet werden. Die Kleidung wird dabei auf den Stufen (−) Krawatte und (+) Fliege variiert. Dieser Fall ist in Bild 3.28 dargestellt. Bei Verwendung dieses Versuchsplanes, wie ihn z.B. Taguchi als orthogonales Feld L_4 empfiehlt [ta1], wird davon ausgegangen, daß die Spalten nur die Haupteffekte repräsentieren.

Die Versuchsauswertung ergibt einen starken Effekt der Spalte, die mit dem Faktor Kleidung belegt wurde (Differenz der Mittelwerte der Ergebnisse bei denen der Faktor auf (+) Fliege und auf (−) Krawatte eingestellt war: $(15 + 15) / 2 − (5 + 5) / 2 = +10$). Demnach läge die entscheidende Maßnahme zur Erzielung einer großen Kuchenhöhe darin, daß der Bäcker eine Fliege trägt. In Wirklichkeit beruht der Effekt natürlich auf der hohen Wechselwirkung zwischen Hefemenge und Wassermenge. Die Kleidung ist ein reines Placebo und besitzt keinen Einfluß.

Bei Vernachlässigung dieser Überlagerung kann die Anwendung teilfaktorieller Pläne zu *Fehlinterpretationen* führen. Dieses Risiko gehen insbesondere Anhänger der Taguchi-Methode ein, die ohne das Wissen um überlagerte Wechselwirkungen mit hochvermengten Versuchsplänen arbeiten [ku2].

Die Technik der teilfaktoriellen Versuchspläne setzt ein hohes Maß an Umsicht und Fachwissen voraus, um Wechselwirkungen bereits im Vorfeld auszugrenzen. Trotzdem besteht die Möglichkeit, Vermengungen so gezielt in einen Versuchsplan einzubringen, daß trotz der Reduzierung der Versuchsanzahl aussagekräftige Ergebnisse erzielt werden können.

Wird ein zusätzlicher Faktor D in einen Versuchsplan für 3 Faktoren (A, B und C) eingebracht, wird dieser Faktor der Spalte der Dreifachwechselwirkung ABC überlagert **(Bild 3.29)**, da in der Regel davon auszugehen ist, daß Dreifaktor- und höhere Wechselwirkungen vernachlässigbar sind. Die endgültige Versuchsmatrix, die links unten im Bild dargestellt ist, zeigt, daß neben der Überlagerung der Wechselwirkung durch einen zusätzlich eingeführten Faktor weitere Vermengungen auftreten, wenn die Wechselwirkungen zwischen dem neu eingeführten Faktor D und den anderen Faktoren A, B und C bestimmt werden.

Bei Ermittlung der Vorzeichenspalte für die Wechselwirkung zwischen D und A gemäß dem oben beschriebenen Bildungsgesetz für faktorielle Versuchspläne (Bild 3.29) zeigt

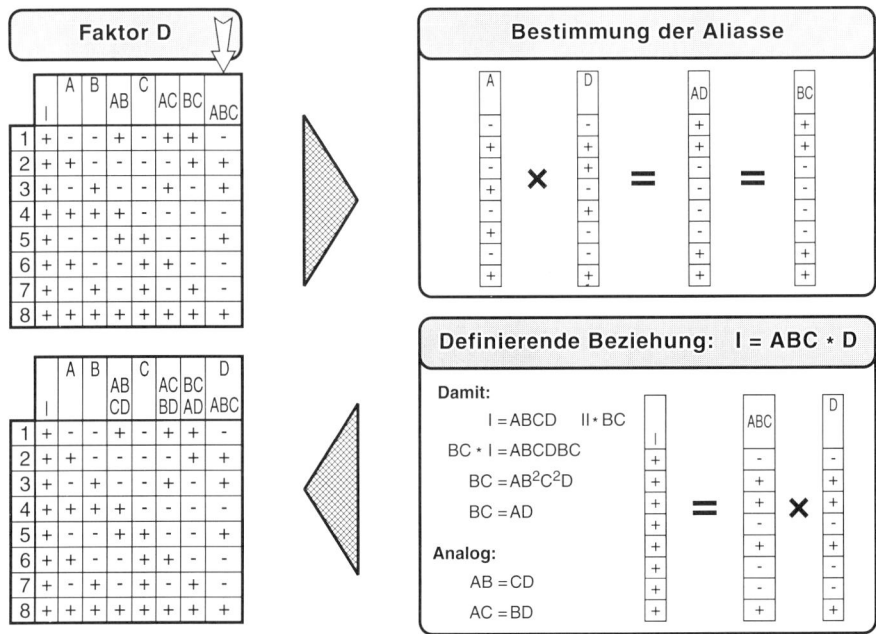

Bild 3.29   Bestimmung der Vermengung in Teilfaktorplänen

sich, daß diese identisch mit der Spalte BC ist. Hier wird von *Aliassen* (aliasing effects) gesprochen.

Da die *Berechnung von Vermengungen und Aliassen* über die Multiplikation der Spaltenvorzeichen der einzelnen Faktoren recht mühsam ist, werden die sogenannten Identitäten benutzt. Die Identität entspricht einem Vektor, der nur aus (+) Zeichen besteht. Wird wie im vorliegenden Beispiel auf der Spalte ABC der Faktor D überlagert, so sind die Spalten für ABC und D identisch. Die formale Multiplikation dieser Spalten ergibt die Identität (ABC * D = I). Daraus resultiert formal die sogenannte „definierende Beziehung" (defining relation): I = ABCD.

Mit dieser Beziehung kann wie mit einer algebraischen Gleichung gerechnet werden, wenn folgende Regeln berücksichtigt werden:

– Die Multiplikation eines Faktors mit der Identität ergibt den Faktor selber (sie entspricht der algebraischen Multiplikation mit 1).

– Die Multiplikation eines Faktors mit sich selbst ergibt die Identität.

Beispiel

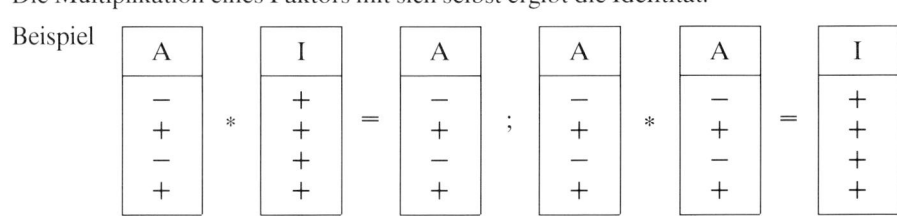

Damit lassen sich, wie in Bild 3.29 gezeigt, die Aliasse der einzelnen Faktoren ermitteln. Um z.B. zu berechnen, mit welchem Effekt die Wechselwirkung BC vermengt ist, ist die definierende Beziehung mit BC zu erweitern. Die linke Seite ergibt die Multiplikation von BC mit der Identität, also BC selber. Die rechte Seite ergibt den Term ABCDBC. Dabei heben sich die B-und die C-Terme durch Multiplikation mit sich selbst auf (B * B = I; C * C = I). Es ergibt sich, daß BC gleich AD ist. Analog ergibt sich, daß AB mit CD und AC mit BD vermengt ist.

Das Beispiel zeigt neben der Veranschaulichung des Rechenganges, daß trotz Einführung eines zusätzlichen Faktors die Haupteffekte nicht mit den Zweifaktorwechselwirkungen vermengt sind. Bei Vernachlässigung der Dreifaktor- und höheren Wechselwirkungen können mit diesem Versuch die Haupteffekte von 4 Faktoren in 8 Versuchen ermittelt werden. Die Vermengungsstruktur hätte völlig anders ausgesehen, wenn der Faktor D z.B. als AB eingeführt worden wäre.

Dies macht deutlich, daß die Einführung zusätzlicher Faktoren in den Versuchsplan mit Umsicht erfolgen muß. Hier verbirgt sich ein wesentlicher Kritikpunkt an vereinfachenden Verfahren der Versuchsmethodik, wie z.B. den Techniken von Taguchi [ta1]. Diese verleiten den Anwender dazu, gedankenlos zusätzliche Faktoren in einen Versuchsplan aufzunehmen und lassen ihn über die Konsequenzen im unklaren.

Trotzdem ist die *bewußte Nutzung der Überlagerungstechnik* ein wichtiges Hilfsmittel, das, korrekt angewendet, eine vernünftige Arbeitstechnik darstellt. So besteht z.B. bei Versuchsplänen mit mehr als 8 Versuchen die Möglichkeit, zusätzliche Faktoren so ge-

Anzahl Faktoren	nicht vermengt	Generatoren	Spaltenbelegung I_1	I_2	I_{12}	I_3	I_{13}	I_{23}	I_{123}	I_4	I_{14}	I_{24}	I_{124}	I_{34}	I_{134}	I_{234}	I_{1234}
4	2 Faktor-Wechselwirkungen		1	2	12	3	13	23		4	14	24		34			
5		$G_1 = 12345$							45				35		25	15	5
6	Haupteffekt mit 2 Faktor-Wechselwirkung		1	2	12	3	13	23		4	14	24		34			
		$G_1 = 1235$			35		25	15	5								45
		$G_2 = 1246$			46						26	16	6	56			36
7		$G_3 = 1347$					47	67			37	57		17	7		27
8		$G_4 = 2348$			78		68	48			58	38		28		8	18
9 ...	Haupteffekt mit Haupteffekt	$G_5 = 12349$	89	79		69			49	59			39		29	19	9

Versuch	I_1	I_2	I_{12}	I_3	I_{13}	I_{23}	I_{123}	I_4	I_{14}	I_{24}	I_{124}	I_{34}	I_{134}	I_{234}	I_{1234}
1	−	−	+	−	+	+	−	−	+	+	−	+	−	−	+
2	+	−	−	−	−	+	+	−	−	+	+	+	+	−	−
3	−	+	−	−	+	−	+	−	+	−	+	+	−	+	−
4	+	+	+	−	−	−	−	−	−	−	−	+	+	+	+
5	−	−	+	+	−	−	+	−	+	+	−	−	+	+	−
6	+	−	−	+	+	−	−	−	−	+	+	−	−	+	+
7	−	+	−	+	−	+	−	−	+	−	+	−	+	−	+
8	+	+	+	+	+	+	+	−	−	−	−	−	−	−	−
9	−	−	+	−	+	+	−	+	−	−	+	−	+	+	−
10	+	−	−	−	−	+	+	+	+	−	−	−	−	+	+
11	−	+	−	−	+	−	+	+	−	+	−	−	+	−	+
12	+	+	+	−	−	−	−	+	+	+	+	−	−	−	−
13	−	−	+	+	−	−	+	+	−	−	+	+	−	−	+
14	+	−	−	+	+	−	−	+	+	−	−	+	+	−	−
15	−	+	−	+	−	+	−	+	−	+	−	+	−	+	−
16	+	+	+	+	+	+	+	+	+	+	+	+	+	+	+

Bem.:
Alle 3 Faktor-Wechselwirkungen und höhere werden vernachlässigt

Bild 3.30 Bildung von Teilfaktorplänen für 16 Versuche

schickt zu plazieren, daß selbst wichtige Zweifaktorwechselwirkungen unvermengt erhalten bleiben.

Mit einem Versuchsplan, der 16 Versuchspunkte umfaßt, lassen sich vollfaktoriell 4 Faktoren mit allen Wechselwirkungen (2 FWW, 3 FWW und 4 FWW) untersuchen **(Bild 3.30)**. Die Belegung der einzelnen Spalten ist als Linearkombination im Kopf angegeben. Dabei bezeichnet z.B. l_{14} die Wechselwirkungen der Faktoren 1 und 4 (z.B. Dihedraler Tragflächenwinkel und Position des Höhenruders).

Zusätzliche in den Versuchsplan eingeführte Faktoren ergeben die bereits beschriebenen Vermengungen. Die im Kopf des Bildes dargestellte Matrix zeigt, wie die Belegung so optimiert werden kann, daß diese Vermengungen möglichst gering werden. Dabei sind nur die Zweifaktorwechselwirkungen dargestellt – Dreifaktor- und höhere Wechselwirkungen werden vernachlässigt.

Es zeigt sich, daß bis zu 5 Faktoren in den Versuchsplan aufgenommen werden können, ohne daß Haupteffekte und Zweifaktorwechselwirkungen miteinander vermengt sind. Die Einführung von 6 bis 8 Faktoren läßt sich so vornehmen, daß die Haupteffekte unvermengt erhalten bleiben, aber die Zweifaktorwechselwirkungen untereinander vermengt sind. Werden weitere Faktoren eingefügt, zeigt sich, daß die Haupteffekte mit Zweifaktorwechselwirkungen vermengt sind. Dabei handelt es sich um „hochvermengte" Versuchspläne.

Die bereits gezeigten Stufen der Überlagerung lassen sich als sogenannte *Lösungstypen* beschreiben **(Bild 3.31)**. Versuchspläne vom *Lösungstyp III* ermöglichen es, die meisten Faktoren in den Versuchsplan einzubringen. Da allerdings keine Trennung der Ef-

Teilfaktorpläne									
Lösungs-typ	Effekte sind			Anzahl der Versuche					Kommentar
	getrennt	vermengt	vernach-lässigt	4	8	16	32	64	
				Anzahl der Faktoren					

III	HE von HE	HE mit 2 FWW	2 FWW und höhere	3	5...7	9...15	17...31	33...63	• Hochvermengung
									• Hohe Gefahr der Fehlinterpretation
									• Anwendung
									   ∗ keine 2 FWW
									   ∗ Aussieben

IV	HE von 2 FWW	HE mit 3 FWW 2 FWW mit 2 FWW	3 FWW und höhere		4	6...8	7...16	9...32	• Hoher Wirkungsgrad • Alle HE getrennt berechenbar • 2 FWW können getrennt erhalten werden
V	2 FWW von 2 FWW	HE mit 4 FWW 2 FWW mit 3 FWW	3 FWW und höhere			5		8	• Reduzierter Aufwand zum vollfaktoriellen Versuch • Höhere Wechselwirkungen sind untersuchbar
VI	2 FWW von 3 FWW	HE mit 5 FWW 2 FWW mit 4 FWW 3 FWW mit 3 FWW	4 FWW und höhere				6		
VII	3 FWW von 3 FWW	HE mit 6 FWW 2 FWW mit 5 FWW 3 FWW mit 4 FWW	4 FWW und höhere					7	

Bild 3.31 Lösungstypen von Teilfaktorplänen

Legende: HE = Haupteffekt
FWW = Faktor-Wechselwirkung

fekte von Zweifaktorwechselwirkungen und Haupteffekten möglich ist, sind diese Pläne mit äußerster Vorsicht zu handhaben (Hochvermengungspläne). Sie sollten nur dann angewendet werden, wenn Wechselwirkungen von vornherein ausgegrenzt werden können oder wenn zu erwarten ist, daß aus einer Vielzahl von Faktoren nur wenige mit starkem Einfluß vorliegen (Aussieben). In jedem Fall müssen die Ergebnisse der Hochvermengungspläne durch weitere Untersuchungen abgesichert werden.

Versuchspläne vom *Lösungstyp IV* bieten die Möglichkeit, Haupteffekte unvermengt, d.h. ohne überlagerte Zweifaktorwechselwirkungen, zu untersuchen. Bei geschickter Belegung der Spalten können sogar die Effekte von Zweifaktorwechselwirkungen untersucht werden. Diese Pläne stellen ein gutes Verhältnis zwischen Nutzen und Aufwand dar.

Versuchspläne *höherer Lösungstypen* bis hin zum vollfaktoriellen Versuch ermöglichen die Untersuchung höherer Wechselwirkungen, die mit steigendem Versuchsaufwand bezahlt wird.

Generell sei an dieser Stelle auf die *Nomenklatur faktorieller Versuchspläne* hingewiesen:

- Vollfaktorielle Versuchspläne werden als 2^n-Pläne bezeichnet, wobei die 2 die Anzahl der Faktorstufen widerspiegelt und n für die Anzahl der Faktoren steht. Damit wird ein Plan für die Untersuchung von 3 Faktoren auf zwei Stufen als 2^3-Plan bezeichnet. Über diese Art der Beschreibung ist der Versuchsaufwand unmittelbar zu bestimmen. So benötigt der 2^3-Plan $2^3 = 8$ Versuchspunkte.
- Teilfaktorielle Pläne werden ähnlich den vollfaktoriellen bezeichnet. Hier wird im Exponenten die Anzahl der Faktoren abzüglich der Überlagerungen angegeben. So wird ein aus einem vollfaktoriellen Plan für 3 Faktoren (2^3) mit 8 Versuchen gebildeter Teilfaktorplan für 4 Faktoren als 2^{4-1} bezeichnet (4 Faktoren / 1 Spalte überlagert).
- Darüber hinaus kann der Lösungstyp angegeben werden, um den Plan vollständig zu bezeichnen. Damit wird der o. g. Plan als 2^{4-1}_{IV} bezeichnet.

Anhand des Segelflugzeugbeispiels soll die Leistungsfähigkeit teilfaktorieller Versuchspläne aufgezeigt werden. Von den Experten wurden in diesem Fall fünf Faktoren ausgewählt, deren Einfluß auf die Sinkzeit in einer Versuchsreihe untersucht werden soll. Es sind:

A – Dihedraler Tragflächenwinkel (V-Pfeilung)

B – Spannweite

C – Tragflächenstreckung

D – Position des Höhenruders

E – Fläche des Höhenruders

Gemäß Bild 3.31 wird ein Versuchsplan vom Typ 2^{5-1} mit 16 Versuchspunkten gewählt. Dieser Plan **(Bild 3.32)** bietet einen hohen Wirkungsgrad. Dabei wurde jeder Versuchspunkt zweimal angefahren.

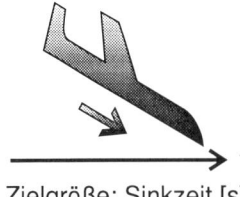

Zielgröße: Sinkzeit [s]

KB	Einflußgrößen (Faktoren) Faktor	-	+	Einheit	EA
A	Dihedraler Winkel	2	20	degree	
B	Spannweite	40	60	feet	
C	Streckung	10	30		
D	Lage Höhenruder	290	350	feet	
E	Fläche Höhenruder	15	35	sqfeet	

Versuchszeile	1	2	3	4	5	6	7	8	9	10	11	12	13	14	15	$\bar{y}$	s²
	A	B	AB CDE	C	AC BDE	BC ADE	DE ABC	D	AD BCE	BD ACE	CE ABD	CD ABE	BE ACD	AE BCD	E ABCD		
1	-	-	+	-	+	+	-	-	+	+	-	+	-	-	+	100.0	242.0
2	+	-	-	-	-	+	+	-	-	+	+	+	+	-	-	76.0	128.0
3	-	+	-	-	+	-	+	-	+	-	+	+	-	+	-	109.0	288.0
4	+	+	+	-	-	-	-	-	-	-	-	+	+	+	+	184.0	392.0
5	-	-	+	+	-	-	+	-	+	+	-	-	+	+	-	22.0	98.0
6	+	-	-	+	+	-	-	-	-	+	+	-	-	+	+	24.0	72.0
7	-	+	-	+	-	+	-	-	+	-	+	-	+	-	+	88.0	288.0
8	+	+	+	+	+	+	+	-	-	-	-	-	-	-	-	60.0	162.0
9	-	-	+	-	+	+	-	+	-	-	+	-	+	+	-	89.0	288.0
10	+	-	-	-	-	+	+	+	+	-	-	-	-	+	+	113.0	512.0
11	-	+	-	-	+	-	+	+	-	+	-	-	+	-	+	218.0	578.0
12	+	+	+	-	-	-	-	+	+	+	+	-	-	-	-	135.0	128.0
13	-	-	+	+	-	-	+	+	-	-	+	+	-	-	+	34.0	162.0
14	+	-	-	+	+	-	-	+	+	-	-	+	+	-	-	21.0	242.0
15	-	+	-	+	-	+	-	+	-	+	-	+	-	+	-	70.0	162.0
16	+	+	+	+	+	+	+	+	+	+	+	+	+	+	+	94.0	162.0
Summe +	707.0	958.0	718.0	413.0	715.0	690.0	726.0	774.0	682.0	739.0	649.0	688.0	792.0	705.0	855.0		
Summe -	730.0	479.0	719.0	1024.0	722.0	747.0	711.0	663.0	755.0	698.0	788.0	749.0	645.0	732.0	582.0		
C	-23.0	479.0	-1.0	-611.0	-7.0	-57.0	15.0	111.0	-73.0	41.0	-139.0	-61.0	147.0	-27.0	273.0		
e(C)	-2.9	59.9	-0.1	-76.4	-0.9	-7.1	1.9	13.9	-9.1	5.1	-17.4	-7.6	18.4	-3.4	34.1		
SS(C)	66.1	28680.1	0.1	46665.1	6.1	406.1	28.1	1540.1	666.1	210.1	2415.1	465.1	2701.1	91.1	9316.1		

Bild 3.32   Teilfaktorieller Versuchsplan 2^{5-1}

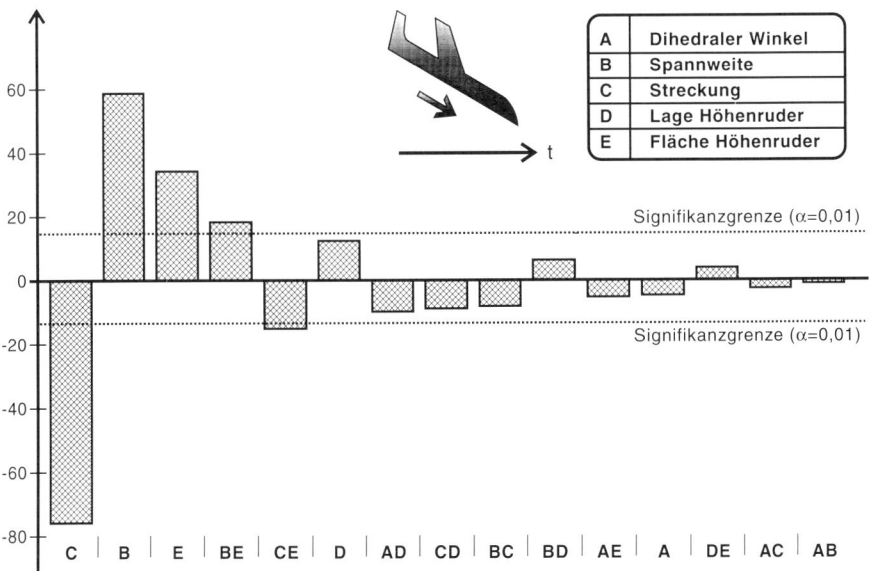

A	Dihedraler Winkel
B	Spannweite
C	Streckung
D	Lage Höhenruder
E	Fläche Höhenruder

Signifikanzgrenze (α=0,01)

Signifikanzgrenze (α=0,01)

Bild 3.33   Lineare Effekte

Die Versuchsergebnisse wurden mit Hilfe eines marktgängigen Statistikpaketes analysiert. Für die Auswertung kann anstelle der Varianzanalyse ein Effektdiagramm verwendet werden **(Bild 3.33)**. Die Sortierung erfolgte anhand der Größe der Effekte. Effekte, die die im Bild eingetragene Linie überschreiten, liegen mit einer Wahrscheinlichkeit von mehr als 99 % über dem Versuchsrauschen.

Es zeigt sich, daß die Tragflächenstreckung (C) den größten Einfluß besitzt. Danach folgen Spannweite (B) und Fläche des Höhenruders (E). Ebenfalls über dem Versuchsrauschen liegen die Wechselwirkungen von BE (Spannweite * Fläche des Höhenruders) sowie die Wechselwirkung CE (Tragflächenstreckung * Fläche des Höhenruders). Um eine möglichst hohe Sinkzeit zu erhalten, sollte die Spannweite erhöht, die Tragflächenstreckung verringert und die Fläche des Höhenruders vergrößert werden **(Bild 3.34)**.

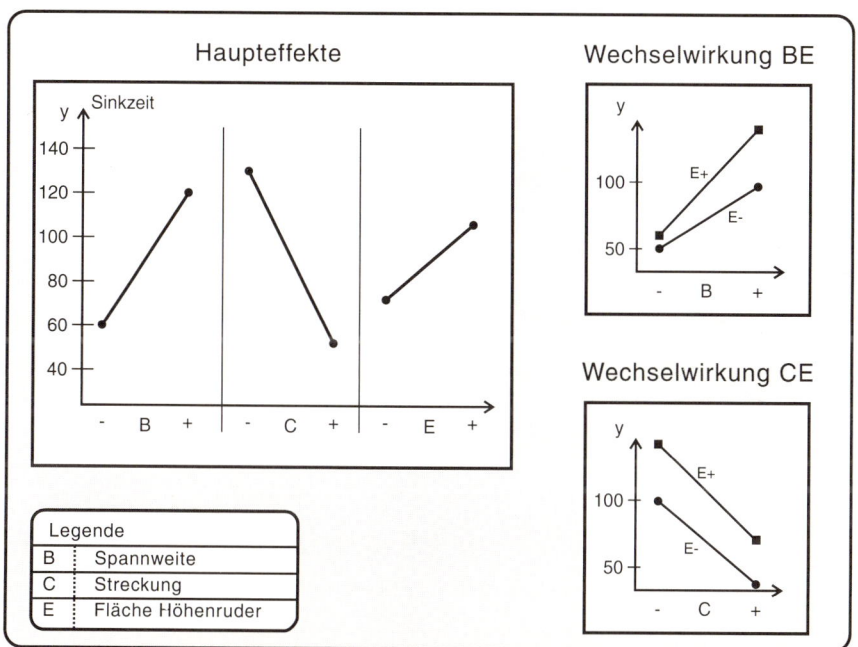

Bild 3.34 Haupteffekte und Wechselwirkungen

Wie oben gezeigt, kann aus den Versuchsergebnissen ein mathematisches Modell (Regressionspolynom) abgeleitet werden, das eine gezielte Auslegung der Flugeigenschaften ermöglicht. Dieses Modell kann genutzt werden, um Kennlinienfelder der untersuchten Größen darzustellen, wie z.B. der Zusammenhang von Spannweite und Fläche des Höhenruders (BE) in **Bild 3.35**. Dabei ist zu beachten, daß die Begrenzungslinien des Kennlinienfeldes den Geraden im Wechselwirkungsdiagramm entsprechen.

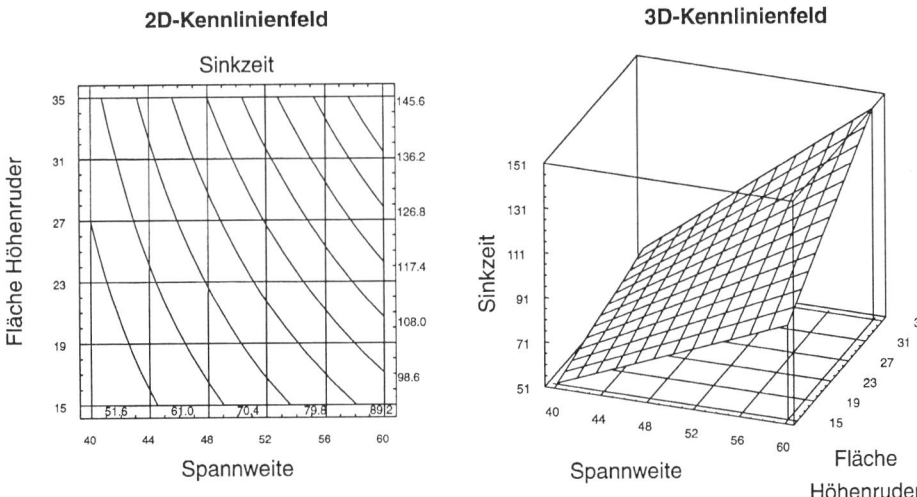

Bild 3.35   Kennlinienfeld

3.5.5   Response Surface Designs

Response Surface Techniken werden zur detaillierten Untersuchung der Zusammenhänge und zur Modellierung von Kennlinienfeldern verwendet [bx2]. Sie lassen sich in
Techniken mit fester und in Techniken mit iterativer Versuchsanordnung unterscheiden.
Die festen Versuchsanordnungen ermöglichen den Aufbau eines mathematischen Modells des Kennlinienfeldes. Dabei werden Versuchspläne höherer Ordnung verwendet,
die einen gewissen Aufwand voraussetzen [and, bx2, she]. Iterative Versuchsanordnungen verwenden bestimmte Strategien, um eine schrittweise Optimierung des Prozesses
zu erreichen. Die wichtigsten Vertreter dieser Gruppe sind die Evolutionsverfahren, mit
denen versucht wird, das Verhalten der Natur auf industrielle Prozesse abzubilden [rec].

Die bisher vorgestellten Versuchspläne besaßen je Faktor zwei verschiedene Einstellungen (Stufen). Die hieraus abgeleiteten Effekte basieren auf der Annahme eines linearen
Zusammenhanges (vgl. Bild 3.19). Es ist anzunehmen, daß die beiden Punkte durch
eine Gerade verbunden werden können. Diese Näherung ist für viele Anwendungen in
der Praxis ausreichend, was auch für die oben dargestellten Regeressionsmodelle gilt.

Für einige Zusammenhänge sind jedoch lineare Ansätze nicht ausreichend. Es sind Versuche auf mehr als zwei Stufen notwendig, um ein nichtlineares Modell bilden zu können. Diese Versuche stellen einen höheren Versuchsaufwand dar als die Versuche auf
zwei Stufen je Faktor.

Alternativ bietet sich die folgende Vorgehensweise an **(Bild 3.36)**. Die erste Versuchsreihe wird dabei zunächst auf zwei Stufen je Faktor durchgeführt. Im folgenden wird ein
zusätzlicher Versuch in der Mitte aller Faktorstufen eingefügt. Dieser Versuchspunkt
wird als Zentralpunkt bezeichnet. Unabhängig von der Anzahl der Faktoren ist dies nur
ein zusätzlicher Versuchspunkt. Wird das diesem Versuchspunkt zugeordnete Ver-
suchsergebnis in das Haupteffektdiagramm eingetragen, so läßt sich der sogenannte

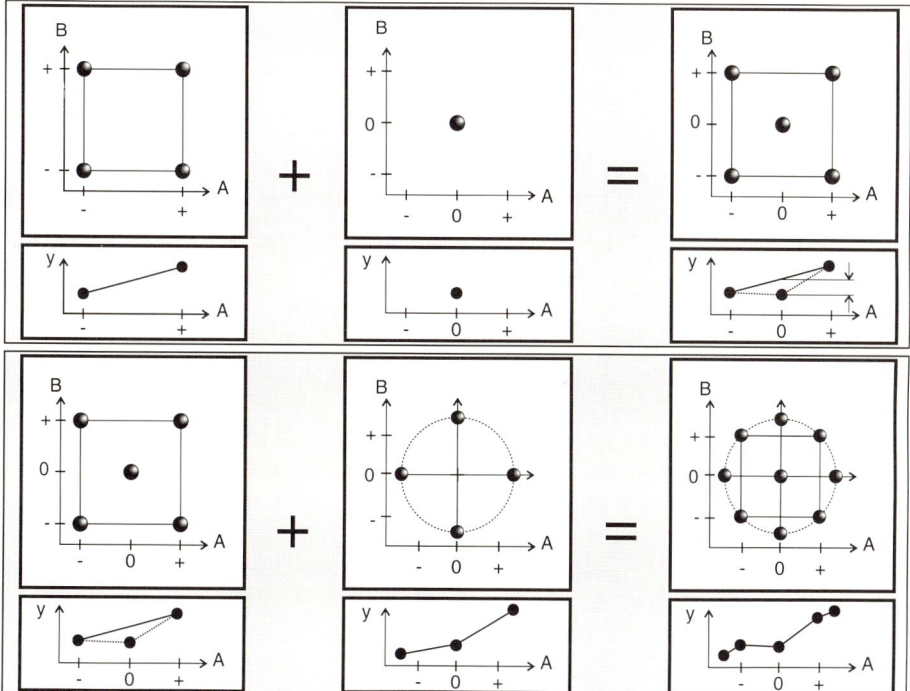

Bild 3.36   Prinzip der Response Surface Methoden

Mittelpunktsabstand ermitteln. Dieser zeigt an, ob die Annahme der Linearität gerechtfertigt ist.

Ist dies nicht der Fall, so kann der ursprüngliche Versuch erweitert werden, z.B. durch einen sogenannten Stern. Damit kann das unbekannte Kennfeld mit 5 Stufen je Faktor abgetastet werden. Ein solcher Versuchsplan wird als Central Composite Design (CCD / Zentral zusammengesetzter Versuchsplan) bezeichnet. Die Auswertung dieses Versuchsplanes ergibt neben den Haupteffekten und Wechselwirkungen, die lineare Effekte darstellen, auch sogenannte quadratische Effekte. Diese ermöglichen es der Regressionsgleichung, Krümmungen zu modellieren.

Neben dieser Vorgehensweise existiert eine Vielzahl weiterer Versuchspläne höherer Ordnung (**Bild 3.37**), wie z.B. Versuchspläne auf drei Stufen je Faktor (3^n) oder sogenannte Box Behnken Designs. Theoretisch läßt sich mit diesen Plänen eine beliebige Anzahl von Faktoren untersuchen, wobei die Versuchsanordnung bei mehr als 3 Faktoren nicht mehr graphisch darstellbar ist. Die Anwendung und Auswertung der Pläne ist in [pet, she] beschrieben. Aufgrund des hohen Rechenaufwandes werden diese Verfahren jedoch üblicherweise mit Rechnerunterstützung durchgeführt, wie sie z.B. gängige Statistikprogramme anbieten.

Aufgrund praktischer Erfahrungen hat sich die Anwendung der oben geschilderten Strategie der schrittweisen Erweiterung unter Verwendung eines CCD-Planes bewährt.

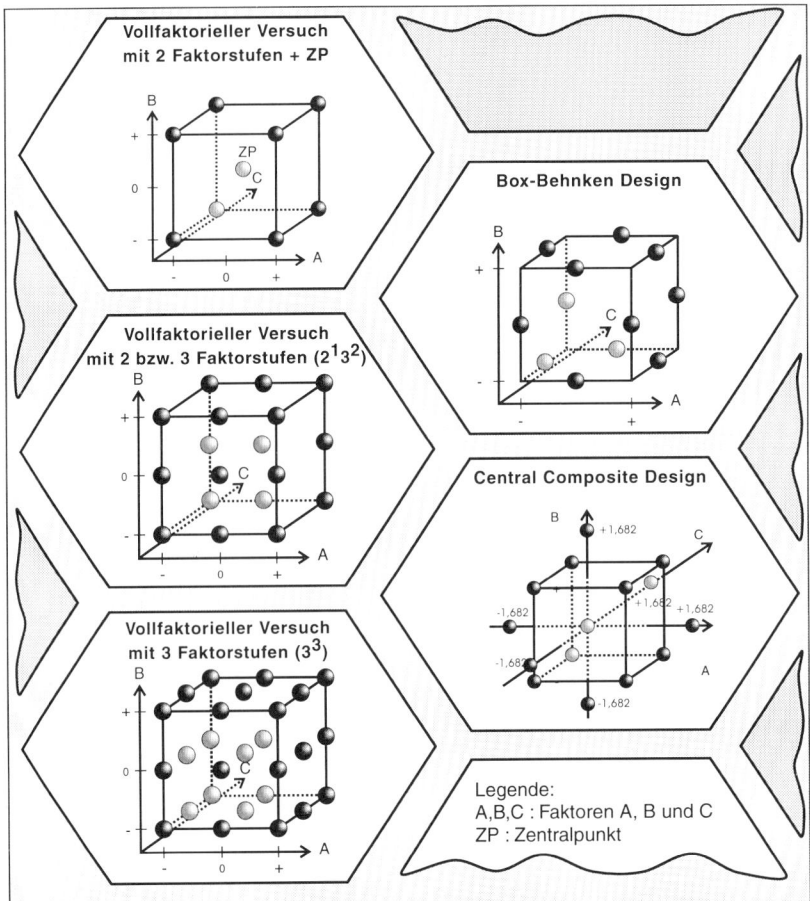

Bild 3.37   Versuchspläne höherer Ordnung

3.5.6   Robustheit

Die bisherigen Versuchsanordnungen befassen sich mit der Fragestellung, ein Produkt oder einen Prozeß hinsichtlich eines Zielwertes (Maximum, Minimum oder Sollwert) zu optimieren. Daneben kann es jedoch interessant sein, das Untersuchungsobjekt robust gegenüber Störgrößen auszulegen. So nutzt es z.B. einem Hersteller von Kameras wenig, wenn er ein Spitzenprodukt anbietet, das nur bei $20 +/- 5°C$ einwandfrei arbeitet.

Um hier Abhilfe zu schaffen, können z.B. Versuche mit verschiedenen konstruktiven Auslegungen der Kamera durchgeführt werden, die unter dem Einfluß von Störgrößen wiederholt werden. Die durch die Störgrößen verursachten Streuungen überlagern dabei die Mittelwerte der Versuchsergebnisse und können von der Einstellung eines Faktors $(-, +)$ abhängig sein.

Bei einem Wechsel der Faktoreinstellung A von „−" auf „+" sind für die Zielgröße y verschiedene Veränderungen möglich **(Bild 3.38)**. Dabei wird die durch die Störgrößen verursachte Streuung den Mittelwerten in Form einer Gaußverteilung überlagert. Wird diese Überlagerung aufgespalten, wie im rechten Bildteil gezeigt, resultiert ein Abgleichanteil und ein Streuanteil der Zielgröße.

Findet bei einem Wechsel der Faktoreinstellung A von „−" auf „+" keine Änderung der Zielgröße oder nur eine Veränderung des Streuanteils statt, so ist der Abgleichanteil Null. Analog ist der Streuanteil Null, wenn bei einem Wechsel der Faktoreinstellung A von „−" auf „+" ausschließlich der Mittelwert der Zielgrößen verschoben wird.

Somit können Faktoren, die bei einem Wechsel von „−" auf „+" eine starke Veränderung des Streuanteils bei der Zielgröße verursachen, genutzt werden, um die durch Störgrößen verursachte Streuung zu reduzieren. Faktoren mit einem starken Abgleichanteil werden dagegen auf ihren Bestwert eingestellt, um den Prozeß auf seinen Zielwert hin auszurichten. Ein Prozeß, der hinsichtlich der Streuung minimiert ist und dessen Zielgrößen den Zielwerten in angemessener Form entsprechen, ist als robust anzusehen.

In der Praxis stellt sich die Aufteilung der Faktoren, die starke Abgleich- bzw. Streuanteile aufweisen, häufig als schwierig heraus, da in der Regel Faktoren sowohl Abgleich- als auch Streuanteile besitzen (Bild 3.38).

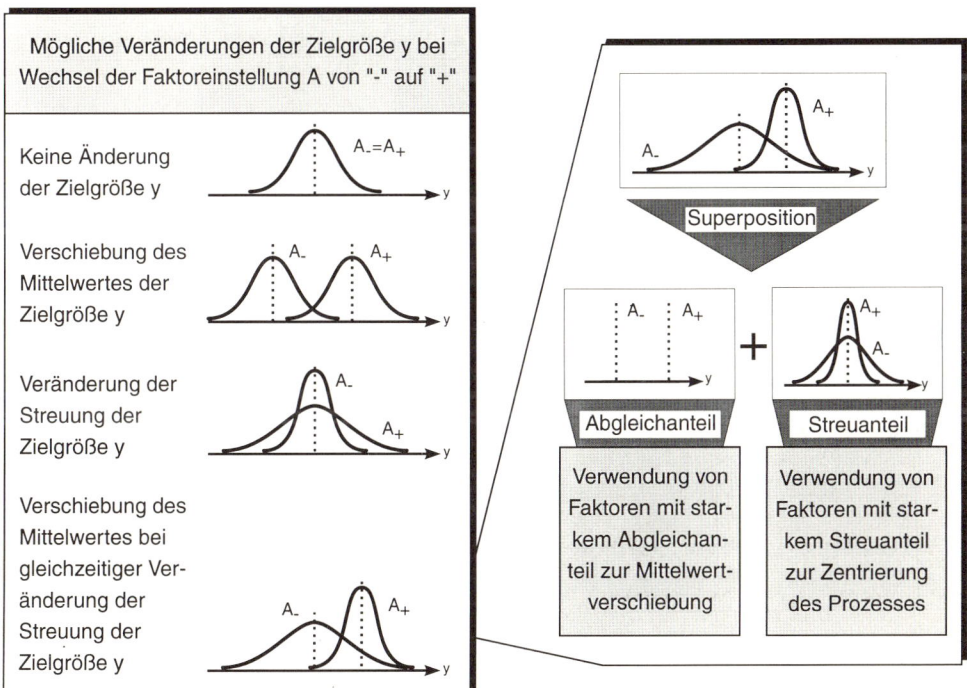

Bild 3.38 Möglichkeiten der Prozeßoptimierung

Um den Einfluß der Streuung zu quantifizieren, können Effekte für die Streuungsanteile berechnet werden. Die Effekte für die Streuung werden analog zu den Effekten, die eine Verschiebung der Mittelwerte der Zielgrößen bewerten, ermittelt.

Anhand des 2^2-Plans aus Kapitel 3.5.3 wird eine solche Analyse für fünf Versuchsdurchführungen realisiert **(Bild 3.39)**. Analog zur Berechnung der Effekte für die Mittelwerte in Bild 3.19 (Abgleichanteil) werden die Effekte für den Streuanteil durch Differenzbildung der Standardabweichung s ermittelt.

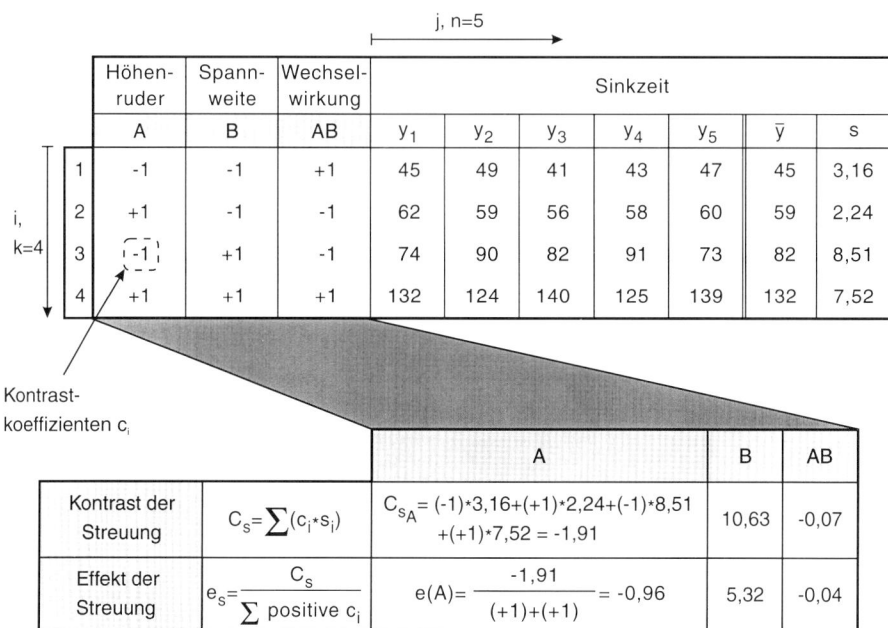

Bild 3.39   Berechnung des Streuungseffektes

Die Auswertung zeigt, daß der Effekt der Streuung für den Faktor B, also die Spannweite, am größten ist. Dies bedeutet, daß eine Vergrößerung der Spannweite zu einer höheren Streuung hinsichtlich der Zielgröße führt. Eine Vergrößerung der Fläche des Höhenruders führt dagegen zu einer Verringerung der Streuung, wie das negative Vorzeichen des Streueffektes für den Faktor A belegt. Ein Wechselwirkungseffekt für die Streuung ist nicht festzustellen.

Ein Vergleich der Auswertung der Effekte aus Kapitel 3.5.5 (Abgleichanteil) und der in Bild 3.39 ermittelten Streueffekte (Streuanteil) z.B. für den Faktor B ergibt, daß die Vergrößerung der Spannweite auf der einen Seite zwar zu einer längeren Sinkzeit führt, auf der anderen Seite jedoch auch die Streuung vergrößert. Diese Aussage zeigt auf, daß sich gegenläufige Anforderungen an die Einstellungen der Einflußgrößen ergeben können, so daß geeignete Kompromisse gefunden werden müssen.

3.5.7 Verfahren nach Taguchi

Neben der klassischen Versuchsmethodik tauchen zunehmend Verfahren auf, die eine drastische Reduzierung der Versuchszahlen versprechen. Der wohl bekannteste Ansatz sind die Verfahren von Taguchi [ta1]. Dabei muß zwischen der Philosophie und den verwendeten Methoden unterschieden werden [ku1].

Die *Philosophie* von Taguchi ruht auf zwei Standbeinen, auf dem Modell des robusten Prozesses und der Verlustfunktion. Die Verlustfunktion ermöglicht es, Abweichungen von einem Sollwert in Geldeinheiten zu messen [ta2]. Damit wird Qualität in der Sprache des Managements ausgedrückt – in DM. Hier verbirgt sich ein wesentlicher Schlüssel für den Erfolg von Taguchi, der es versteht, den Erfolg seiner Vorgehensweise mit beeindruckenden Zahlen zu hinterlegen. Allerdings drängt sich der Gedanke auf, daß der von ihm verwendete imaginäre „Verlust für die Gesellschaft" häufig mit realen Verlusten verwechselt wird. Trotzdem gebührt ihm ein großer Verdienst dafür, daß er statistische Methoden zur Optimierung von Produkten und Prozessen „salonfähig" gemacht hat.

Der zweite Kernpunkt von Taguchis Philosophie ist das Modell des robusten Prozesses [ta2]. Das bedeutet, daß ein Prozeß nicht nur auf den Zielwert eingestellt sein muß, sondern darüber hinaus so, daß er unempfindlich gegenüber Störgrößen und Schwankungen in den Einstellgrößen ist. Aus diesem Grund unterteilt er die Stellgrößen in solche, die primär die Streuung des Prozesses reduzieren (Streufaktoren), und in solche, die nur den Mittelwert des Prozesses (Abgleichfaktoren) verlagern. Durch geschickte Ein-

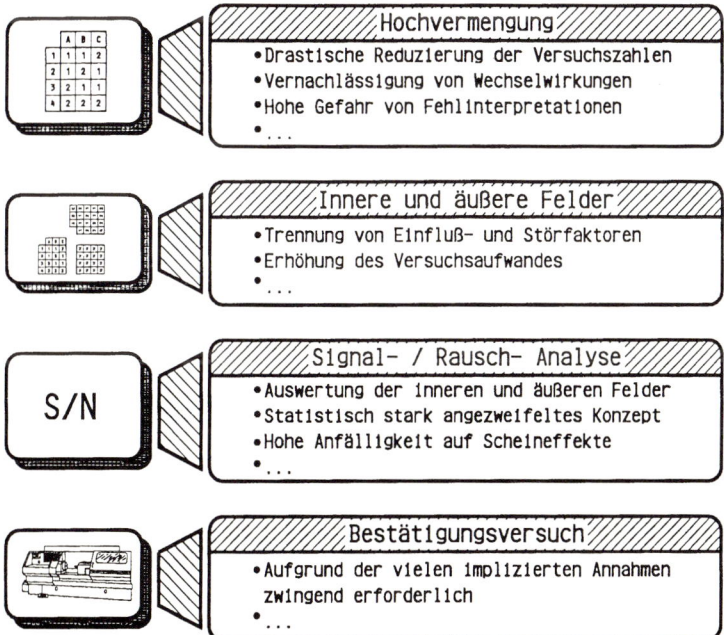

Bild 3.40   Besonderheiten der Taguchi Methode

stellung der Streufaktoren wird zunächst die Streuung reduziert, und im nächsten Schritt wird der Prozeß über die Abgleichfaktoren zentriert.

Die von Taguchi verwendeten *Methoden* unterscheiden sich im wesentlichen in charakteristischen Punkten von den Techniken der klassischen Versuchsmethodik **(Bild 3.40)**. Zur Durchführung seiner Untersuchungen bedient er sich klassischer Versuchspläne, deren Herkunft den meisten Anwendern nicht transparent ist, zumal er eine eigene Notation der Faktorstufen verwendet. Die Versuchsreduzierung ergibt sich aus der Anwendung des sogenannten Hochvermengungsprinzips, auf das bereits eingegangen wurde.

Daneben bietet Taguchi eine Systematik zur gemeinsamen Untersuchung von Faktoren und Störeinflüssen an, die von der Philosophie her sehr gut ist. Leider sind die von ihm vorgeschlagenen Methoden (innere und äußere Felder, Auswertung der Versuche über das Signal- zu Rausch-Verhältnis) fragwürdig und sehr empfindlich gegenüber Scheineffekten [ku1].

Aufgrund der vielen implizit vorgenommenen Annahmen (z.B. Vernachlässigung von Wechselwirkungen) sind Bestätigungsexperimente zwingend erforderlich.

3.5.8   Verfahren nach Shainin

Im Gegensatz zur Taguchi Methode stellt die Technik von Shainin eine gestufte Vorgehensweise dar, bei der die relevanten Größen Schritt für Schritt eingegrenzt werden sollen **(Bild 3.41)** [bot].

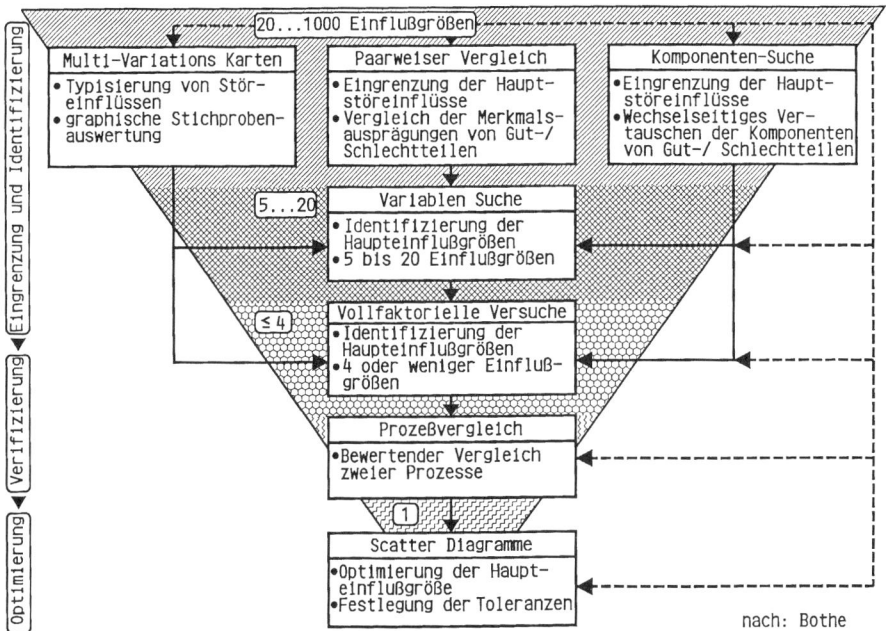

Bild 3.41   Strategie und Komponenten der Versuchsmethodik nach Shainin

Wichtigste Voraussetzung für die Anwendung der Verfahren von Shainin ist die Gültigkeit des Pareto Prinzips. Dieses Prinzip besagt, daß unter vielen Einflußgrößen nur wenige einen dominanten Einfluß haben („The vital few – the trivial many"). Das Prinzip besitzt keine allgemeine Gültigkeit, stellt aber in vielen Fällen eine sinnvolle Arbeitshypothese dar, wenn tatsächlich sehr viele Einflußgrößen vorliegen. Die Statistische Versuchsmethodik kennt zahlreiche Methoden, um aus einer Vielzahl potentieller Faktoren zu sieben, aus denen Shainin drei Verfahren ausgewählt hat. Diese bestechen durch ihre große Einfachheit, sind aber nur bei speziellen Fragestellungen anwendbar. Es handelt sich dabei um Multi-Variations-Karten (*Multi-Vari-Chart*), den paarweisen Vergleich (*Paired Comparison*) und die Komponentensuche (*Component Search*).

Die 1950 von L. Seder entwickelten *Multi-Variations-Karten* ermöglichen eine Typisierung der im Prozeß vorhandenen Streuungseinflüsse [sed]. Hierzu werden dem Prozeß ähnlich wie bei einer Qualitätsregelkarte in festen Zeitabständen Stichproben entnommen und die Ergebnisse graphisch dargestellt. Während die Regelkarte einen aus der Streuung innerhalb der Teile einer Stichprobe berechneten Zufallsstreubereich gegen die Streuung zwischen den Stichproben testet, zerlegt die Multi-Variations-Karte die Streuung in drei Anteile: in die Streuung innerhalb eines Teils (hierzu werden je Teil der Minimal- und Maximalwert des Merkmals ermittelt), in die Streuung zwischen den Teilen einer Stichprobe und in die Streuung von Stichprobe zu Stichprobe. Diese Streuungsanteile werden miteinander verglichen, um den stärksten Anteil zu ermitteln und damit die Hauptursache einzugrenzen. Die Technik entspricht einer graphischen Varianzanalyse.

Beim *paarweisen Vergleich* wird einem laufenden Prozeß eine gleichgroße Stückzahl von Gutteilen und Schlechtteilen entnommen. In einer detaillierten Analyse werden die Unterschiede zwischen den Gutteilen und den Schlechtteilen ermittelt. Dann wird untersucht, welches Merkmal die beiden Kategorien am häufigsten unterscheidet. So kann die Betrachtung einer Schraubenverbindung z. B. zeigen, daß die Schlechtteile im Gegensatz zu den Gutteilen häufig an einer bestimmten Stelle Korrosionsschäden aufweisen. Auf diese Art und Weise können Schwerpunkte für weitere Untersuchungen gesetzt werden. Damit handelt es sich bei der Methode des paarweisen Vergleichs um nichts anderes als eine Pareto-Analyse von Fehlerdaten.

Bei der *Komponentensuche* werden die Komponenten einer guten und einer schlechten Baugruppe wechselseitig vertauscht. Aus der Veränderung der Zielgröße beim Vertauschen lassen sich diejenigen Komponenten ermitteln, die einen Haupteinfluß darstellen. Diese Vorgehensweise ist seit Jahren in der Praxis erprobt, da die modulare Bauweise insbesondere für Reparaturzwecke wirtschaftlicher ist. Dies gilt sowohl für die Fehlersuche bei Audio- und Hifi-Komponenten als auch bei der Fehlerdiagnose in PKW-Werkstätten.

Nach diesen Verfahren zur Eingrenzung der Haupteinflußgrößen schlägt Shainin ein von ihm entwickeltes Siebverfahren zur Ermittlung weniger signifikanter Einflußgrößen aus einer mittleren Anzahl (4 bis 20) unwichtiger vor. Diese sogenannte Variablensuche (Variables Search) wird von Shainin als der „Rolls-Royce" der Versuchsmethodik bezeichnet [bot] und als Alternative zu teilfaktoriellen Versuchsplänen dargestellt (**Bild 3.42**) [sha]. In gewisser Hinsicht entspricht das Verfahren einer Einfaktoruntersuchung [whe].

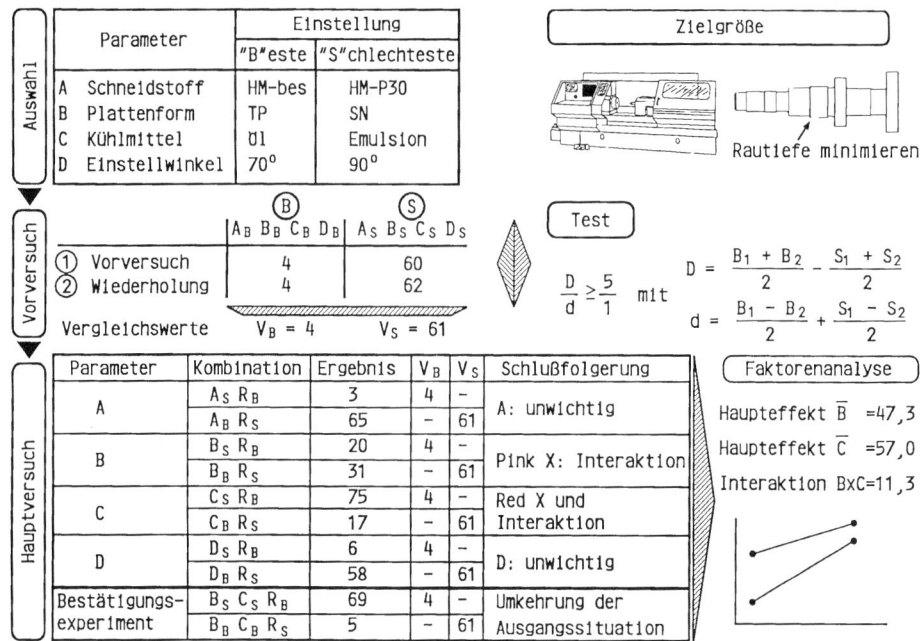

Bild 3.42   Vorgehensweise bei der Variablen Suche (Variables Search)

Die zu untersuchenden Faktoren werden zusammengestellt und nach ihrer Bedeutung geordnet (ingenieurmäßige Abschätzung). Danach werden die Stufen der Faktoren festgelegt:

– Eine schlechte Stufe, die wahrscheinlich schlechte Ergebnisse liefert, und

– eine gute Stufe, die wahrscheinlich gute Ergebnisse liefert.

Diese Zuordnung macht die Zielsetzung der Variablensuche deutlich. Es geht nicht um die Ermittlung einer optimalen Einstellung, sondern um die Frage, welche Faktoren das Prozeßergebnis am stärksten beeinflussen. Die Festlegung der Faktorstufen birgt eine wesentliche Randbedingung für die Anwendung des Verfahrens. Nur wenn die Zuordnung der Stufen korrekt getroffen wurde und wenn die Stufenabstände entsprechend gewählt wurden, spricht das Verfahren an.

Danach wird die Vorgehensweise wiederholt, wobei der Faktor auf seinen Schlechtwert, alle anderen Faktoren auf ihren Bestwert eingestellt werden. Das Ergebnis dieser Gegenprobe müßte im Falle einer Dominanz des Faktors dem des Vorlaufes entsprechen, bei dem alle Faktoren auf ihrem Schlechtwert standen.

Die Vorgehensweise wird auf alle Faktoren angewendet. Shainin empfiehlt, die Faktoren mit schwacher Dominanz (PINK X) auf Wechselwirkungen zu untersuchen. Hierzu wertet er die Versuchsergebnisse über die bekannte Antwortanalyse aus. Dabei ist zu bedenken, daß die Anzahl der Versuchspunkte nicht balanciert ist. Dadurch wird die statistische Aussagekraft der Auswertung herabgesetzt.

Interessant bei der Technik der Variablensuche ist, daß die Versuche abgebrochen werden können, wenn dominante Faktoren gefunden wurden. Zusammenfassend kann zur Variablensuche das folgende gesagt werden:

– Das Verfahren setzt das Pareto Prinzip zwingend voraus.

– Es werden nur starke Effekte erkannt.

– Die korrekte Festlegung der Faktorstufen a priori ist eine wesentliche Randbedingung, die eine sehr gute Kenntnis des Prozesses voraussetzt.

– Es können nur richtungsverstärkende Wechselwirkungen erkannt werden, die Effekte und Wechselwirkungen müssen sich monoton verhalten.

– Die Effekte sind nicht balanciert, der Plan ist nicht orthogonal.

– Der Versuchsaufbau berücksichtigt nicht die Tatsache, daß in der Praxis die Einstellung der einzelnen Faktoren einen unterschiedlichen Aufwand darstellen kann. Als Beispiel sei ein Stanzprozeß genannt, bei dem z.B. der Typ des Pressenstempels einen Faktor darstellt, dessen Wechsel einen Tag benötigt. Ein anderer Faktor, z.B. die Schneidgeschwindigkeit, kann hingegen per Knopfdruck verstellt werden. Hier stößt die Technik des Variables Search schnell an ihre praktischen Grenzen, da bei jedem Versuch ein Umbau des Pressenstempels erforderlich wäre. Andere Typen von Versuchsplänen (z.B. faktorielle Anordnungen) lassen einen sogenannten hierarchischen Aufbau zu, der solche Randbedingungen berücksichtigt.

Ist die Anzahl der Faktoren auf weniger als 4 reduziert, so empfiehlt Shainin die detaillierte Untersuchung mit vollfaktoriellen Plänen, die der klassischen Versuchsmethodik entstammen.

3.6   Fehlermöglichkeits- und Einflußanalyse (FMEA)

In bezug auf die Problematik der Fehlervermeidung in den planerischen Phasen des Produktentstehungsprozesses fordert die Norm DIN EN ISO 9004-1 [di5] für das Qualitätselement Entwicklung die „periodische Entwurfsbewertung an signifikanten Entwicklungsstufen" und gibt als Methode u.a. die Fehlermöglichkeits- und Einflußanalyse (FMEA) sowie die Fehlerbaumanalyse an.

Das Ziel der Durchführung einer FMEA ist es, potentielle Fehler bei der Entwicklung eines Produktes bzw. bei (neuen) Fertigungsverfahren bereits während der Planung aufzudecken und durch geeignete Maßnahmen zu vermeiden [vda].

Mit Hilfe der FMEA ist es ferner möglich, das in einem Unternehmen vorliegende Erfahrungswissen über Fehlerzusammenhänge und Qualitätseinflüsse auf systematische Weise zu sammeln und damit verfügbar zu machen. Die FMEA und verwandte Methoden stellen ein wesentliches Hilfsmittel zur Schaffung geschlossener Qualitätsregelkreise dar, zum einen im planerischen Bereich, da die FMEA einen Fundus an Erfahrungen aus früheren Lösungen sowie gezielte Handlungsanstöße zur Verbesserung der Planung liefert, zum anderen aber auch im ausführenden Bereich, da gerade die Suche nach Ursachen für Qualitätsmängel und die Rückkopplung von Abhilfemaßnahmen in die Fertigung entscheidend auf Erfahrungswissen beruht, für das die FMEA eine Basis liefern kann (**Bild 3.43**).

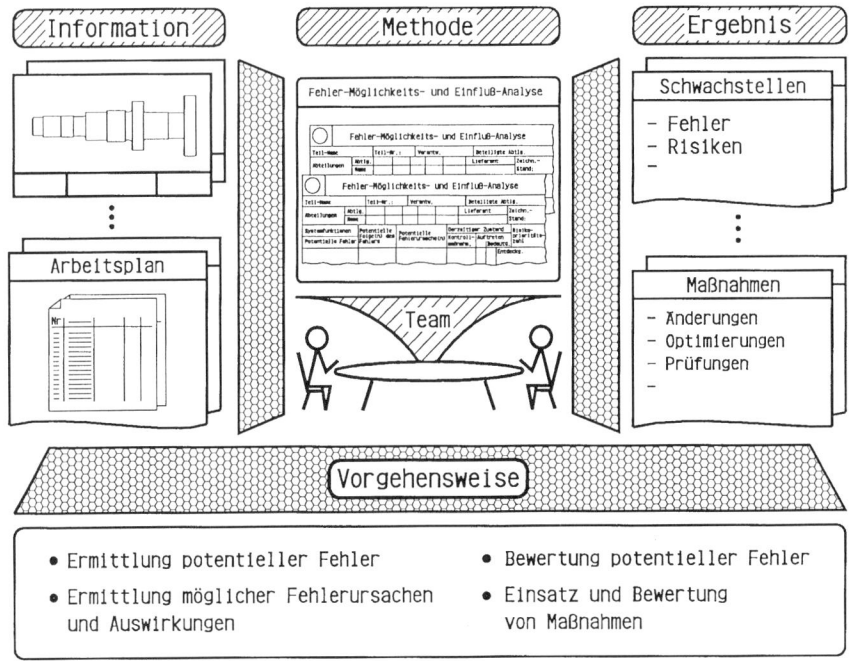

Bild 3.43   Aufgabenbereich der FMEA

Die FMEA steht im engen Zusammenhang mit verschiedenen anderen Methoden, die wie die FMEA in der Sicherheitstechnik entwickelt wurden. Das ursprüngliche Ziel der Methode ist die systematische Erfassung und Bewertung zuverlässigkeits-, sicherheits- und instandhaltungsrelevanter Informationen über ein System durch die induktive Analyse der Ausfallarten aller Komponenten und deren Auswirkungen [di4]. Diese Zielsetzung wird heute um die Betrachtung qualitätsrelevanter Informationen erweitert. Die Methode der Ausfalleffektanalyse gehört zu den qualitativen, sicherheitstheoretischen Analyseverfahren [pe1] und steht mit quantitativen Verfahren, wie Fehlerbaumanalyse [di3] und Störfallablaufanalyse [di2], in engem Zusammenhang. Auf diese Methoden und ihre Abgrenzung zu FMEA und Ausfalleffektanalyse wird in Kapitel 3.4 eingegangen.

3.6.1   Historie der FMEA

Die Methode der Fehlermöglichkeits- und Einflußanalyse[1] wurde Mitte der 60er Jahre im Rahmen von Vorhaben der NASA entwickelt und in Projekten der Luft-und Raumfahrttechnik eingesetzt. In Deutschland wurde die FMEA im Jahr 1980 unter der

---

[1]   engl.: Failure Modes and Effects Analysis; kurz: FMEA.

Bezeichnung „Ausfalleffektanalyse[2]" genormt. Einsatzgebiete waren dabei primär die Kerntechnik sowie die Luft- und Raumfahrttechnik.

Der Einsatz der FMEA im Bereich der Produktionstechnik, hier primär im Bereich der Automobilindustrie, erfolgte erst in der zweiten Hälfte der 80er Jahre. Ein Auslöser für diese Entwicklung war die Einführung der Qualitätssystemrichtlinie Q-101 durch die Fa. Ford [fo3]. Mit der Richtlinie Q-101 wurden verschiedene Erweiterungen der Ausfalleffektanalyse mit dem Ziel einer spezifischen Verbesserung der Methode hinsichtlich des Einsatzes in der Automobilindustrie vorgenommen. So wurde die Einteilung in Konstruktions-FMEA [fo1] und Prozeß-FMEA [fo2] eingeführt. Des weiteren wurde das in DIN 25448 [di4] beschriebene Formblatt an die firmenspezifischen Belange angepaßt und hinsichtlich der Unterstützung von Verbesserungsmaßnahmen erweitert. Der Kernpunkt dieser Ergänzung ist die Einführung der Risikoprioritätszahlen (RPZ)[3] mit dem Ziel, Hinweise auf die Dringlichkeit der verschiedenen Fehlermöglichkeiten zu geben und so die Suche nach Verbesserungsmaßnahmen zu lenken. Zur Bestimmung der RPZ wird das Produkt aus drei Kennzahlen gebildet, die im einzelnen die Aspekte der Auftretenswahrscheinlichkeit, der Bedeutung der Fehlerfolgen sowie die Entdeckungswahrscheinlichkeit beschreiben.

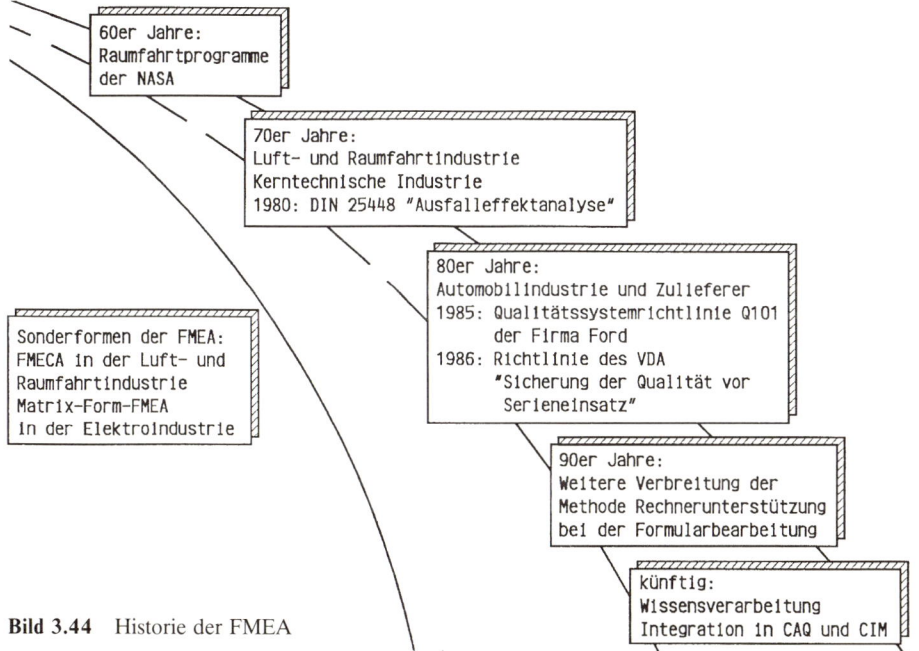

Bild 3.44 Historie der FMEA

Im Jahr 1986 wurde die Methode der FMEA (und andere Methoden des Qualitätsmanagements) von einer VDA/DGQ-Arbeitsgruppe „Sicherung der Qualität vor Serieneinsatz" unter Mitwirkung von Automobilherstellern und einigen Zulieferfirmen überarbeitet und veröffentlicht [vda]. Die Methode der FMEA wurde zusammenfassend beschrieben und ein allgemeines Formblatt zur Durchführung einer FMEA entworfen.

Neben der eigentlichen FMEA existieren eine Vielzahl von Varianten, wie z.B. die FMECA in der Luftfahrtindustrie oder die Matrix-Form-FMEA, welche für Elektronikbauteile eingesetzt wird.

Derzeit geht die weitere Entwicklung der Methode in Richtung einer verstärkten Rechnerunterstützung und wird künftig zum Einsatz wissensbasierter Verfahren sowie der Integration in CAQ-und CIM-Systeme führen (**Bild 3.44**).

3.6.2   Arten der FMEA

Je nach Schwerpunkt und Zielrichtung des Einsatzes werden verschiedene Arten von FMEAs unterschieden (**Bild 3.45**). Im einzelnen handelt es sich hierbei um

– die Konstruktions-FMEA (auch Entwicklungs-FMEA),

– die Prozeß-FMEA und

– die System-FMEA.

	Betrachtetes Objekt	Grundlagen der FMEA	Zeitpunkt der Erstellung	Verantwortung f. Durchführung
System-FMEA	Übergeordnetes Produkt/System (z.B. Fahrzeug)	Produktkonzepte	Nach Fertigstellung des Produktkonzeptes	Entwicklung
Konstruktions-FMEA	signifikantes Bauteil (z.B. Ventil)	Konstruktionsunterlagen	Nach Fertigstellung der Konstruktionsunterlagen	Konstruktion
Prozeß-FMEA	Schritte des Fertigungsprozesses (z.B. Schleifen)	Fertigungspläne	Nach Fertigstellung des Fertigungsplans	Fertigungsplanung

Bild 3.45   Arten der FMEA

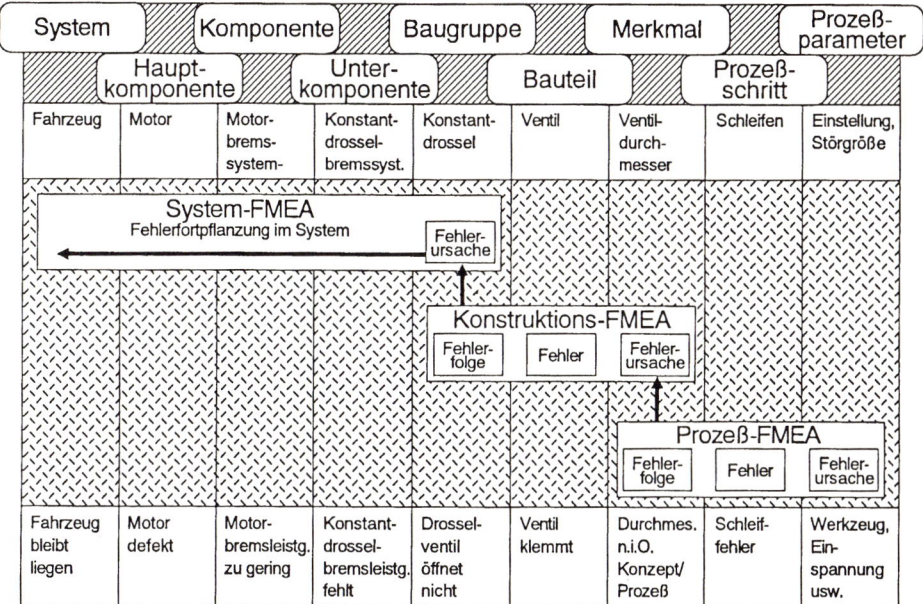

Bild 3.46   Einordnung der FMEA in die Produkthierarchie

Die Vorgehensweise, die im folgenden Abschnitt am Beispiel der Konstruktions-FMEA beschrieben wird, ist bei allen FMEA Arten gleich. Die Unterschiede der FMEA-Arten äußern sich vor allem in der Planungsphase, in der die FMEA erstellt wird, und der Zielsetzung, die mit ihrer Durchführung verbunden ist.

Die Konstruktions-FMEA schließt sich an die Fertigstellung eines Entwurfs an. Ihre Aufgabe ist es, die potentiellen Fehler des Entwurfs aufzudecken, sie hinsichtlich ihrer Schwere zu bewerten und gegebenenfalls geeignete Abstellmaßnahmen vorzuschlagen. Das Ziel ist somit, einen aus konstruktiver Sicht einwandfreien Entwurf zu erhalten, der möglichst wenige Fehlermöglichkeiten aufweist und somit zu einem fehlerfreien Produkt führt.

Die Prozeß-FMEA setzt die Analyse der Fehlermöglichkeiten aus Sicht der Fertigung fort. Hierzu wird die FMEA nach der Erstellung der Arbeitspläne zur Herstellung des Produktes durchgeführt. Die Zielsetzung lautet hier, die Schwachstellen in den Fertigungsplänen aufzudecken, die möglicherweise zu Fehlern führen werden, ihre Schwere zu bewerten und ebenfalls geeignete Abstellmaßnahmen vorzuschlagen.

Bei beiden zuvor genannten FMEA-Arten ist die Schwere der Fehlermöglichkeiten zu bewerten. Hierzu wird neben der Auftretens- und der Entdeckungswahrscheinlichkeit jeweils die Wirkung des Fehlers auf den Endkunden beurteilt. Um diese Beurteilung auch bei komplexen Produkten zu systematisieren, werden System-FMEAs in u.U. mehreren Stufen verwendet, die die Zusammenhänge von Fehlern, Fehlerursachen und Fehlerfolgen auf höheren Abstraktionsebenen analysieren.

Die Grenzen zwischen Konstruktions-, Prozeß- und System-FMEA sind fließend **(Bild 3.46)**. So kann u. U. erst nach Festlegung des Fertigungsverfahrens bewertet werden, welche Fehler an einem Teil mit welcher Häufigkeit auftreten können. Dennoch wird die Trennung zwischen den verschiedenen Arten der FMEA zumeist aufrechterhalten, da so eine Verringerung der Komplexität der Aufgabenstellung erzielt werden kann.

3.6.3 Beschreibung der Methode

Bei der Erstellung einer FMEA sind die folgenden aufeinanderaufbauenden Schritte zu unterscheiden [be2] **(Bild 3.47)**:

1. Organisatorische Vorbereitung der FMEA
   In dieser Phase sind die Teile bzw. Prozesse zu bestimmen, für die FMEAs zu erstellen sind. Des weiteren ist festzulegen, wer für die Erstellung der FMEAs verantwortlich ist, welche Teams zur Durchführung gebildet werden, und welche Termine einzuhalten sind.

2. Inhaltliche Vorbereitung der FMEA
   Ziel dieses Schrittes ist es, in systematischen Vorläufen die Aufgabenstellung zu strukturieren, so daß eine eindeutige Beschreibung des Analysegegenstandes und der angestrebten Funktionalität fixiert wird. Auf der Basis der Strukturierung wird dann eine Verteilung von Aufgaben im Team vorgenommen.

3. Durchführung der Analyse
   Anhand der Strukturierung des Analysegegenstandes sind die Komponenten bzw. Prozeßschritte bezüglich der potentiellen Fehler, der Fehlerursachen und -folgen sowie ihres Risikopotentials zu analysieren. Das Ziel des Schrittes ist es, Schwachstellen aufzudecken und hinsichtlich ihrer Schwere zu priorisieren.

Fehler-Möglichkeits- und Einfluß-Analyse (FMEA)	
1. Organisatorische Vorbereitung	• Teile bzw. Prozesse für FMEA auswählen • Verantwortliche und Teams bestimmen • Termine festlegen
2. Inhaltliche Vorbereitung	• Systematische Vorläufe durchführen • Analysegegenstand strukturieren • Aufgabenverteilung im Team festlegen
3. Durchführung der Analyse	• Potentielle Fehler, Fehlerfolgen und -ursachen bestimmen • Vorgesehene Maßnahmen beschreiben • Bewertung des derzeitigen Zustandes nach Bedeutung, Auftreten und Entdeckung
4. Auswertung der Analyseergebnisse	• Bestimmung von Maßnahmen zur Risikominimierung bei allen Schwachstellen • Festlegen von Verantwortlichen und Terminen
5. Terminverfolgung und Erfolgskontrolle	• Überwachung der geplanten Maßnahmen hinsichtlich Termin und Wirksamkeit • Bewertung des verbesserten Zustandes

Bild 3.47 Vorgehensweise zur Erstellung einer FMEA

4. Auswertung der Analyseergebnisse

In diesem Schritt geht es darum, geeignete Maßnahmen zu finden, um die erkannten Schwachstellen zu beseitigen. Hierzu sind bevorzugt vermeidende Maßnahmen (z.B. konstruktive Änderungen) anzuwenden. Es können aber auch entdeckende Maßnahmen (z.B. zusätzliche Prüfungen) oder auswirkungsbegrenzende Maßnahmen (z.B. Erhöhung der Redundanz) ergriffen werden. Zu jeder Maßnahme sind ein Verantwortlicher und ein Termin festzulegen.

5. Terminverfolgung und Erfolgskontrolle

Die geplanten Maßnahmen sind schließlich hinsichtlich der Termineinhaltung und ihrer Wirksamkeit zu überwachen. Hierzu ist zum einen durch den FMEA-Verantwortlichen sicherzustellen, daß geplante Maßnahmen durchgeführt werden. Zum anderen ist nach der Durchführung der Maßnahme eine erneute Risikoabschätzung vorzunehmen. Gegebenenfalls müssen danach erneut Maßnahmen geplant werden.

Auf die Art und Weise der Durchführung der genannten Schritte wird in den nachfolgenden Abschnitten anhand eines Beispiels eingegangen.

Organisatorische Vorbereitung der FMEA

Die zentrale Aufgabenstellung in diesem Schritt ist die Bestimmung der Teile bzw. Prozesse, für die FMEAs zu erstellen sind.

Aufgrund des relativ hohen Aufwands einer FMEA ist es wichtig, diese Entscheidung möglichst detailliert zu planen. Hierbei ist sowohl zu verhindern, daß wesentliche FMEAs nicht erstellt werden, als auch, daß aus einem falsch verstandenen Vollständigkeitsdenken heraus überflüssige FMEAs erstellt werden.

Als ein Hilfsmittel zur Unterstützung der Entscheidungsfindung können Checklisten eingesetzt werden (**Bild 3.48**). Diese müssen unternehmensspezifisch aufgebaut und gewichtet werden. Durch Zusammenstellung verschiedener Kriterien mit beispielsweise produktgruppenbezogen festzulegenden Gewichtungsfaktoren müssen diese an die Anforderungen des Unternehmens angepaßt werden.

Nach der Festlegung, daß für ein bestimmtes Teil bzw. für einen bestimmten Prozeß eine FMEA durchgeführt werden soll, ist ein Verantwortlicher für die FMEA-Erstellung sowie ein Termin für die Fertigstellung zu definieren. Der FMEA-Verantwortliche legt dann als weitere wesentliche Punkte der organisatorischen Vorbereitung das Projektteam sowie zumindest bei umfangreichen FMEAs einen Meilensteinplan fest.

Inhaltliche Vorbereitung der FMEA

Nach der Festlegung, daß für ein bestimmtes Teilsystem bzw. für einen Prozeß eine FMEA erstellt werden soll, ist dieses im nächsten Schritt zu strukturieren, um die Erstellung der FMEA zu systematisieren. Hierzu werden sogenannte systematische Vorläufe durchgeführt, die je nach Art der FMEA unterschiedlich aufgebaut sind [be2]. Die Zielsetzung besteht darin, den Untersuchungsgegenstand, also ein Produkt, ein Teilsystem oder einen Prozeß in Teilobjekte zu gliedern, wobei insbesondere die Funktion beschrieben wird, die das jeweilige Objekt erfüllen soll.

Die prinzipielle Vorgehensweise wird nachfolgend für die Konstruktions-FMEA anhand des Beispiels „Lichtmaschine" erläutert.

Teil: Verstellasche - Lichtmaschine

FMEA-Kriterien:		Gew.	Bew.	Bemerkungen:
Innovations-grad	innovative Entwicklung	8	2	
	neue Konstruktionsweise	6	3	leichte Änderung der Geometrie
	Verwendung neuer Werkstoffe	3	4	neuen Werkstoff ...
	neue Fertigungsverfahren	8	2	
	andere Einsatzbedingungen	2	1	
	keine ähnlichen Produkte vorh.	5	3	
Technologie	kritischer Prozeß	8	2	
	komplexes Produkt	4	3	
rechtl. Umfeld	gesetzl.Vorschriften betroffen	9	1	
	Sicherheitsteil	10	0	

Gesamtbewertung:	86

Gesamtbewertung = Σ (Gew. * Bew.)

Bild 3.48   Checkliste zur FMEA-Durchführung

Für das zu untersuchende Teil wird zunächst die nächsthöhere Baustufe angegeben, in welcher das Teil verbaut wird. Diese Angabe dient der Klärung, in welchem Kontext das Teil später zum Einsatz kommen soll. Danach werden die externen Funktionen des Teils beschrieben, d.h., die Funktionen, die das Teil in der nächsthöheren Baustufe zu erfüllen hat.

Im Beispiel ist hier die Lichtmaschine als übergeordnete Baustufe der Verstellasche anzugeben. Eine externe Funktion ist es, den Antrieb der Lichtmaschine zu gewährleisten.

Als abschließender Schritt des Vorlaufs werden die internen Funktionen des Teils beschrieben, d.h., die Funktionen, deren Erfüllung teilintern zur Realisierung der externen Funktionen notwendig ist; im Beispiel etwa die Vorspannung des Keilriemens.

Durchführung der Analyse

Die Durchführung der Analyse wird nachfolgend anhand des Formblattes **(Bild 3.49)** am Beispiel einer Lichtmaschine für die Konstruktions-FMEA erläutert. Die Vorgehensweise gilt in analoger Weise auch für die Prozeß-FMEA.

Nachdem die Stammdaten in den Kopf des Formblattes eingetragen wurden (1), beginnt die Analyse damit, daß die Funktionen des betrachteten Teils beschrieben werden (2). Im Beispiel „Lichtmaschine" wird hier die Vorspannung für den Keilriemen eingetragen.

Bei der Beschreibung ist allgemein darauf zu achten, daß diese in knapper Form den Sachverhalt unmißverständlich und eindeutig darstellt. Hier kann es hilfreich sein, eine Skizze anzufertigen.

Fehler-Möglichkeits- und Einfluß-Analyse

☒ System-FMEA Produkt   ☐ System-FMEA Prozeß ①

			Regel-Nr.:
Typ/Modell/Fertigung/Charge: 1990/03/X 13 ①	Sach-Nr.: 90 HF-10145-AA ① Änderungsstand: A/369 437/KC	Verantw.: M. Schmitz Firma:	Seite 1 von 1 Abt.: Techn. Entw. ① Datum: 21.10.85
System-Nr./Systemelement: Funktion/Aufgabe: Antrieb Lichtmaschine ② Vorspannung für Keilriemen	Sach-Nr.: Änderungsstand:	Verantw.: Firma:	Abt.: Datum:

Fehler Nr.	Mögliche Fehlerfolgen ④	B ⑧	Mögliche Fehler ③	Mögliche Fehlerursachen ⑤	Vermeidungsmaßnahmen ⑥	A ⑨	Entdeckungsmaßnahmen ⑦	E ⑩	RPZ ⑪	V/T
	Verstellasche bricht; Lichtmaschine wird nicht angetrieben (lädt nicht)	6	Materialermüdung	Übermäßiger Materialeinzug an Kanten und Löchern		2		10	120	Prod.-Entw.
		6		Falsches Material benutzt		1	Zugversuch am Rohmaterial 1/Coil	10	60	–
		6		Materialfehler (Verformrisse)		1	Prüfung 5 Teile/ Stunde	10	60	Fertigungsprüfung Fa. Schmidt
		6		Dimensionsabweichungen		1	Prüfung der wichtigen Merkmale (am Fertigteil) 5 Teile / Stunde	5	30	–
		6		Tatsächliche Beanspruchung übersteigt Konstruktionsgrundlage		4	–	10	240	Prod.-Entw.

B = Bewertungszahl für die Bedeutung   A = Bewertungszahl für die Auftretenswahrscheinlichkeit   E = Bewertungszahl für die Entdeckungswahrscheinlichkeit
V = Verantwortlicher   T = Termin für die Erledigung   Risikoprioritätszahl RPZ = A*B*E

Bild 3.49 Beispiel eines FMEA-Formblattes

Im nächsten Schritt werden zu jeder Funktion die potentiellen Fehler (3) sowie zu den Fehlern die potentiellen Folgen (4) und Ursachen (5) angegeben. Im Beispiel wurden hier zum Fehler „Materialermüdung" eine potentielle Fehlerfolge und fünf potentielle Fehlerursachen eingetragen. Potentielle Fehlerursachen können dabei etwa in einer fehlerhaften, ungenauen oder unvollständigen Konstruktion, z.B. „übermäßiger Materialeinzug", oder in falschen Vorgaben, z.B. „tatsächliche Beanspruchung übersteigt die Konstruktionsgrundlage", liegen.

Zu jedem Tupel „Fehler, Folge und Ursache" ist dann der derzeitige Zustand z.B. auf der Basis von Erfahrungen mit früheren Produkten, zu analysieren. Hierzu werden zunächst bereits vorgesehene vermeidende, d.h. auf die Fehlerursache wirkende, Maßnahmen angegeben (6). Schließlich werden die vorgesehenen Prüfmaßnahmen (7) eingetragen, im Beispiel etwa „Zugversuche am Rohmaterial".

Dann wird das Risiko des Fehlers hinsichtlich Bedeutung (8), Auftreten (9), und Entdeckung (des Fehlers) (10) bestimmt. Hierzu wird jeweils eine Risikozahl aus dem Bereich 1 bis 10 zugeordnet, wobei jeweils „1" ein geringes und „10" ein hohes Risiko bedeutet.

Zur Vereinheitlichung der Bewertung können Tabellen zu den Risikozahlen mit den ausführlichen Beschreibungen der Stufen verwendet werden [vda]. Im Beispiel „Lichtmaschine" wurde etwa die Bedeutung des Fehlers „Materialermüdung" mit „6" bewertet, da die Folgen zwar zu einer nicht geringen Belästigung aber noch nicht zu einer Verärgerung des Kunden führen. An dieser Stelle wird deutlich, daß die Risikozahlen nur subjektiv zu verstehen sind. Auf diese Problematik, die einen Hauptkritikpunkt an der FMEA darstellt, wird später noch eingegangen.

Der nächste Schritt besteht darin, die Aussage der Risikozahlen zu verdichten. Hierzu werden die Risikozahlen miteinander zur Risikoprioritätszahl RPZ (11) multipliziert, die im Bereich 1 bis 1000 liegt.

Auswertung der Analyseergebnisse

Im Rahmen der Auswertung der Analyseergebnisse sind Abstellmaßnahmen vorzuschlagen. Hierbei wird üblicherweise so vorgegangen, daß vordringlich für Fehler mit hohen Risikoprioritätszahlen Maßnahmen zu definieren sind. In einigen Firmenrichtlinien werden hierzu feste Grenzen, z.B. RPZ größer als 125, festgelegt. Ein solches Vorgehen ist allerdings aufgrund der Subjektivität der Risikozahlen und damit auch der RPZ als problematisch anzusehen. Vielmehr sollten alle Fehlerzustände untersucht werden, wobei durch die RPZ die Reihenfolge und Intensität der Untersuchung bestimmt wird.

Für alle Fehlerursachen ist die Entscheidung zu treffen, ob Maßnahmen ergriffen werden müssen. Falls dieses der Fall ist, werden neben der Abstellmaßnahme auch die Verantwortlichkeit und der Termin für die Durchführung der Maßnahme festgelegt. Für die Dokumentation der Maßnahmen ist nach [vda] ein eigenes Formblatt vorgesehen.

Allgemein ist hier festzuhalten, daß im Sinne einer präventiven Qualitätsmanagementphilosophie vermeidende Maßnahmen vor entdeckenden zu bevorzugen sind.

Terminverfolgung und Erfolgskontrolle

Dem Verantwortlichen für die FMEA-Durchführung obliegt es, die termingerechte Umsetzung der empfohlenen Maßnahmen zu überwachen und gegebenenfalls deren Umsetzung anzumahnen.

Bei der Umsetzung muß geprüft werden, ob die empfohlenen Maßnahmen tatsächlich geeignet sind, den Fehler zu beseitigen, sowie ob möglicherweise durch die Maßnahme Seiteneffekte bedingt werden, die zu neuen Fehlern führen.

Die schlußendlich getroffenen Maßnahmen werden dann in das FMEA-Formblatt übernommen. Darüber hinaus werden neue Risikozahlen vergeben und die RPZ neu bestimmt. Falls durch die getroffene Maßnahme noch keine ausreichende Wirksamkeit erreicht wird (einen Anhaltspunkt bietet wiederum die RPZ), also das Risiko noch zu hoch erscheint, sind weitere Maßnahmen zu empfehlen. Ferner ist sicherzustellen, daß die Änderungen, die möglicherweise durch die getroffenen Maßnahmen an anderer Stelle bedingt werden, Berücksichtigung finden und die FMEA entsprechend geändert bzw. ergänzt wird.

3.6.4   FMEA als Teamarbeit

Die FMEA ist ihrem Wesen nach eine bereichsübergreifende Methode, d.h., daß Mitarbeiter aus verschiedenen Abteilungen eines Unternehmens gemeinsam an der Erstellung einer FMEA arbeiten. Die Ursache hierfür liegt darin, daß aufgrund der heute in den Unternehmen üblichen tiefgehenden Aufgabenteilung das Wissen bezüglich eines Produktes oder Prozesses i.a. auf viele Personen verteilt ist. Dies gilt um so mehr für

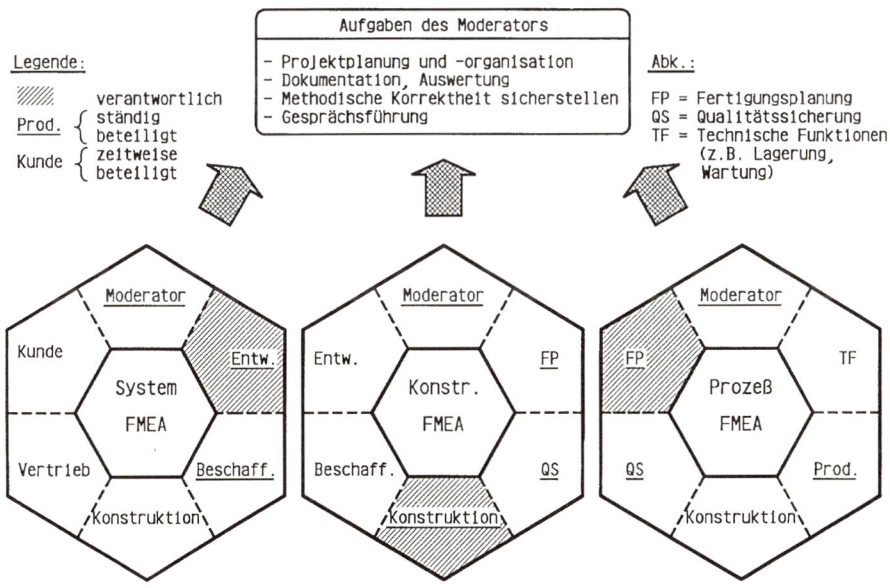

Bild 3.50   Teamarbeit bei der FMEA-Erstellung   nach G. Kersten

qualitätsrelevantes Wissen, wie es für die Erstellung einer FMEA benötigt wird, da die Produktqualität von nahezu allen Bereichen eines Unternehmens beeinflußt wird.

Wegen dieses bereichsübergreifenden Charakters der FMEA ergibt sich die Notwendigkeit, die Erstellung einer FMEA durch mehrere Wissensträger gemeinsam, d. h. in Teamarbeit, vorzunehmen.

Zur Zusammensetzung der Teams sind verschiedene Modelle entwickelt worden, die zum einen von der FMEA-Art und zum anderen von der jeweiligen Unternehmensstruktur abhängen. Ein Beispiel eines solchen Modells, wie es etwa in der Automobilindustrie eingesetzt werden kann, ist in **(Bild 3.50)** dargestellt.

Um die Kontinuität der gesamten FMEA-Erstellung sicherzustellen, nehmen verschiedene Bereiche an der Erstellung von mindestens zwei FMEA-Arten teil. Darüber hinaus nimmt an allen Sitzungen möglichst derselbe Moderator teil, der dafür Sorge zu tragen hat, daß die FMEA-Erstellung effizient und methodisch richtig abläuft. Darüber hinaus leitet und moderiert er die Diskussionen in den Teamsitzungen [ke1].

Aufgrund der geringen Fertigungstiefe in vielen Unternehmen entsteht für die FMEA-Erstellung das besondere Problem, das Wissen von Zulieferern und/oder Kunden einzubeziehen. Dieses erweist sich in der Praxis bereits aus organisatorischen Gründen als schwierig, gewinnt aber zusätzlich dadurch an Bedeutung, daß in einer FMEA i. a. unternehmensinternes Wissen dokumentiert wird, welches nicht oder nur unter bestimmten Voraussetzungen an Andere übermittelt werden soll.

Die Entstehung der FMEA in Teamarbeit setzt voraus, daß alle Beteiligten nicht nur über das entsprechende Fachwissen verfügen, sondern auch über die methodischen Grundlagen der FMEA informiert sind sowie motiviert sind, intensiv an der FMEA mitzuwirken. Hierzu muß bereits die Einführung der FMEA-Methode in ein Unternehmen entsprechend geplant werden.

3.6.5   Einführung der Methode in ein Unternehmen

Mit der Einführung der FMEA in ein Unternehmen sind zwei Problemschwerpunkte verbunden. Zunächst ist es notwendig, die Mitarbeiter zu motivieren, die Methode anzuwenden. Hierzu müssen die Vorteile der Anwendung der FMEA-Methode so erläutert werden, daß jeder Mitarbeiter diese für sich persönlich nachvollziehen kann. Typische Widerstände, die hier zu überwinden sind, sind etwa, daß die Mitarbeiter der Ansicht sind, schon immer Fehlervermeidung betrieben zu haben, oder in der FMEA ein Kontrollinstrument zur Überwachung ihrer Arbeit sehen. Als Lösungsweg hat sich hier ein Top-Down-Ansatz bewährt, d. h. zunächst wird das Management sensibilisiert und informiert, so daß es die Anwendung im Unternehmen unterstützt.

Darüber hinaus ist es notwendig, das Methodenwissen zu vermitteln. Hierzu wird üblicherweise ein Bottom-Up-Ansatz verfolgt. Zunächst werden dazu in einem Basis-Seminar den Mitarbeitern die Grundlagen der FMEA vermittelt. Darauf aufbauend werden dann ausgewählte Mitarbeiter für die Aufgaben eines FMEA-Moderators geschult.

Insgesamt sollte die Einführung der FMEA in ein Unternehmen sorgfältig geplant werden. Hierzu gehört vor allem die Aufstellung eines Schulungskonzepts, durch welches

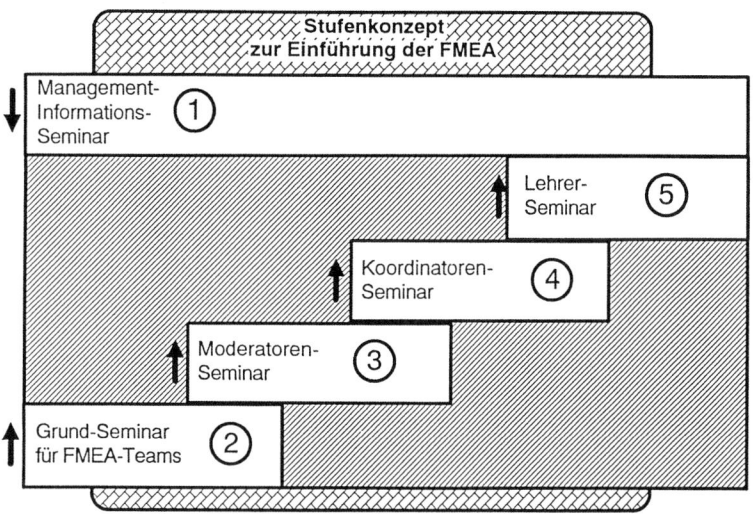

Bild 3.51   Schulungskonzept zur FMEA-Einführung

die Mitarbeiter systematisch an die FMEA herangeführt werden. Dieses Schulungskonzept muß beiden Aspekten Rechnung tragen und sollte den Top-Down- und den
Bottom-Up-Ansatz integrieren **(Bild 3.51)** [ke1].

3.6.6   Nutzen der FMEA

Die bisher gemachten Erfahrungen mit der FMEA zeigen, daß die Methode grundsätzlich zu einer wesentlichen Reduzierung der Fehler in den frühen Phasen der Produktentstehung beiträgt. Voraussetzung hierfür ist allerdings, daß die Methode konsequent
und gezielt eingesetzt wird, wobei vor allem eine ausgereifte Organisation der Abläufe
und die Bewältigung des hohen Aufwandes, gerade zu Beginn des Einsatzes, zu beachten sind [sto].

Darüber hinaus gilt es, personelle Widerstände zu überwinden, die beim Einsatz von
systematischen und damit u.U. stereotypen Verfahren drohen. Dieses gilt um so mehr
für die FMEA, da die Benutzung von Formblättern zu einem hohen administrativen
Aufwand (Bürokratisierung) führen kann, mit der Folge, daß FMEAs nicht mehr oder
nur im Sinne einer Pflichtübung erstellt werden.

In diesem Zusammenhang ist es also zum einen notwendig, für eine entsprechende
Schulung und Motivation des Personals Sorge zu tragen und zum anderen den Einsatz
der Methode durch geeignete (rechnergestützte) Hilfsmittel zu vereinfachen [ble, sto].

In bezug auf die Kosten/Nutzen-Betrachtung für den Einsatz der FMEA gelten z.Zt.
grundsätzlich die gleichen Schwierigkeiten, wie für das Qualitätsmanagement allgemein. Die Situation ist geprägt durch problematische Begriffsbildungen wie Fehlerkosten, Fehlerverhütungskosten, Qualitätskosten o.ä. und in der Folge durch die unzureichende Kenntnis der durch Fehler entstehenden Kosten [ble]. Dieser Umstand führt ge-

rade für die FMEA-Methodik zu Argumentationsschwierigkeiten, da die Vorteile ihres Einsatzes eher mittel- oder langfristig zu Tage treten.

Den Vorteilen des Einsatzes der FMEA steht ein erheblicher Aufwand bei ihrer Durchführung gegenüber. Hierfür sind primär folgende Faktoren maßgebend. Zum ersten ist die FMEA ihrem Wesen nach eine bereichsübergreifende Methode, da Informationen und Wissen aus nahezu allen Bereichen der Planung und Fertigung zusammengeführt werden müssen. Hierzu ist ein hohes Maß an Koordinierungstätigkeiten notwendig. Zum zweiten ist es erforderlich, die Inhalte einer FMEA ständig fortzuschreiben, da nur so die Vorteile der Methode voll greifen können. Zum dritten sind im Rahmen der Erstellung einer FMEA aufgrund der systematischen Vorgehensweise und der feinen Strukturierung der Problembereiche eine große Zahl von Einzelfunktionen, Prozeßabläufen bzw. Arbeitsschritten zu analysieren, wodurch der Arbeitsumfang weiter anwächst.

Bei der Frage nach dem optimalen Zeitpunkt für die FMEA-Erstellung in der Produktentwicklung sind zwei einander widersprechende Zusammenhänge zu beachten.

Zum einen sollte die FMEA so früh wie möglich erstellt werden, da die Fehlerbehebungskosten i. a. mit der Zeit ansteigen. Andererseits sollte die FMEA erst begonnen werden, wenn ein vollständiger Entwurf vorliegt, der eine ausreichende Stabilität aufweist, um zu verhindern, daß FMEAs ständig geändert und überarbeitet werden müssen.

Insgesamt wird es hier darauf ankommen, in jedem Einzelfall zu prüfen, wann mit der FMEA-Erstellung begonnen werden soll.

Im allgemeinen wird der Nutzen der FMEA in der Fachliteratur anerkannt. Dennoch sind einige Kritikpunkte zu nennen, die teilweise die FMEA als Methode grundlegend in Frage stellen [arn].

Zum ersten ist hier die Subjektivität der Risikozahlen und damit die Unsicherheit der RPZ zu nennen. Eine einfache Rechnung zeigt dieses sehr deutlich.

Wird angenommen, daß aufgrund der Subjektivität die Risikozahlen um +/−1 variieren, so ergibt sich für ein wahres Risiko von 5 für Auftreten, Bedeutung und Entdeckung eine Bandbreite von 64 (4 * 4 * 4) bis 216 (6 * 6 * 6) für die RPZ [arn].

Aus diesem Grund sollte die RPZ nicht im Sinne einer festen Schranke (z.B. RPZ größer 125) zur Selektion von zu behebenden Fehlern sondern nur zur Priorisierung verwendet werden.

Ein weiterer Kritikpunkt ist die Trennung in Konstruktions- und Prozeß-FMEA. Diese Trennung ist problematisch, da beispielsweise Risiken der Fertigungsverfahren auf die Konstrukions-FMEA Einfluß haben. Daher müssen die verschiedenen FMEA-Arten immer gemeinsam betrachtet werden. Die Trennung wird nur aus pragmatischen Gründen vorgenommen, die für eine schrittweise Erstellung der FMEA sprechen.

Abschließend sei noch auf die Problematik der Vollständigkeit einer FMEA eingegangen. Hierzu ist festzuhalten, daß es nicht darauf ankommt, alle Fehler einer Planung festzuhalten, sondern im Sinne des Pareto-Prinzips die wesentlichen Fehler, die zu Qualitätsproblemen führen können, zu finden und zu beseitigen.

Die Erfahrungen in den Unternehmen, die die FMEA einsetzen, zeigen, daß die Methode bei richtiger Anwendung zu einer wesentlichen Erhöhung der Planungsqualität führt [sto]. Die genannten Kritikpunkte sollten allerdings nicht außer acht gelassen werden. Dies gilt in besonderem Maße, wenn die im Vergleich zum industriellen Qualitätsmanagement wesentlich strengeren Maßstäbe der Sicherheitstechnik berücksichtigt werden müssen.

3.6.7 Rechnergestützte Hilfsmittel

Um den Aufwand der Erstellung einer FMEA so weit wie möglich zu reduzieren, ist es naheliegend, rechnergestützte Hilfsmittel zur Erstellung und Pflege von FMEAs einzusetzen. Hierzu existierende Ansätze beschränken sich derzeit im wesentlichen auf die Unterstützung bei der Formularerstellung oder geben Hilfen in Form von Auswahltabellen, welche aus bereits erstellten FMEAs generiert werden.

Rechnergestützte Ansätze zur Erstellung von FMEAS haben bislang keine allgemeine Verbreitung gefunden. Heute werden vor allem PC-basierte Lösungen angeboten, die in erster Linie Routinen zum Ausfüllen der FMEA-Formulare enthalten sowie zur Verwaltung und Bearbeitung bereits existierender Formulare eingesetzt werden können. Dabei rangiert die Leistungsfähigkeit der verschiedenen Lösungsansätze von einfachen Textverarbeitungssystemen bis hin zu wissensbasierten Ansätzen [ble]. Im folgenden werden drei der Ansätze näher betrachtet.

– Ein Textverarbeitungssystem unterstützt den Anwender beim Ausfüllen der FMEA-Formulare, indem über ein Fenster- und Menüsystem der Zugriff auf die einzelnen Felder des Formulars möglich ist. Dabei ist die Software in der Lage, aus anderen FMEAS stammende Beschreibungen als Vorschläge anzubieten. Die erstellten FMEA-Formulare können sowohl als Preview auf dem Bildschirm angezeigt, als auch in Form z.B. der VDA-Formulare ausgedruckt werden. Das Programm bietet keinerlei Unterstützung bei der Strukturierung der verschiedenen Feldinhalte, z.B. Fehlerbeschreibungen, Maßnahmendefinitionen, etc., sondern erlaubt in allen Fällen die Eingabe von beliebigen Texten. Damit liegt es in der alleinigen Verantwortung der Benutzer, eindeutige Bezeichnungen zu benutzen. Da auch die Zerlegung der FMEA in unabhängige Teilgebiete nicht unterstützt wird, ist das System nicht geeignet, die Erstellung einer FMEA in Teamarbeit zu unterstützen, sondern kann allenfalls für wenig umfangreiche Aufgabenstellungen nutzbringend eingesetzt werden.

– Neuere Ansätze basieren auf relationalen Datenbanken, in denen die Strukturen in eindeutiger Weise beschrieben sind. Hierdurch wird es notwendig, vor der eigentlichen FMEA zunächst diese Strukturen zu beschreiben. Die Realisierung kann z.B., wie in [be2] beschrieben, erfolgen. Der grundsätzliche Programmaufbau (**Bild 3.52**) zeigt, daß in einem Vorlauf zunäckt eine Basis für die eigentliche Analyse gebildet wird. Der Vorlauf ist für Konstruktions- bzw. Prozeß-FMEA unterschiedlich, dient aber jeweils der Strukturierung des Analyseproblems. Für die Konstruktions-FMEA werden dabei die Funktionen des zu analysierenden Teils hierarchisch beschrieben, während für die Prozeß-FMEA die einzelnen Prozeßschritte definiert werden. Die so erstellten Strukturen dienen dann als Bearbeitungsleitfaden für die eigentliche Analyse und stellen damit eine wesentliche Grundlage für die Bearbeitung der FMEA in Teamarbeit dar. In der Analyse werden dann die potentiellen Fehlerarten, Fehlerfolgen, Fehlerursachen und Entdeckungsmaßnahmen zusammen mit den Kennzahlen für Auftreten, Bedeutung und Entdeckung eingetragen. Zur Unterstützung des Benutzers bietet die Software dabei aus anderen FMEAs entnommene Beschreibungen als Referenz an. Zur Definition der Abstellmaßnahmen ist dann zunächst ein Auswahlkriterium, z.B. RPZ > 200, anzugeben, anhand dessen das System diejenigen Fehler auswählt, für die Maßnahmen zu definieren sind.

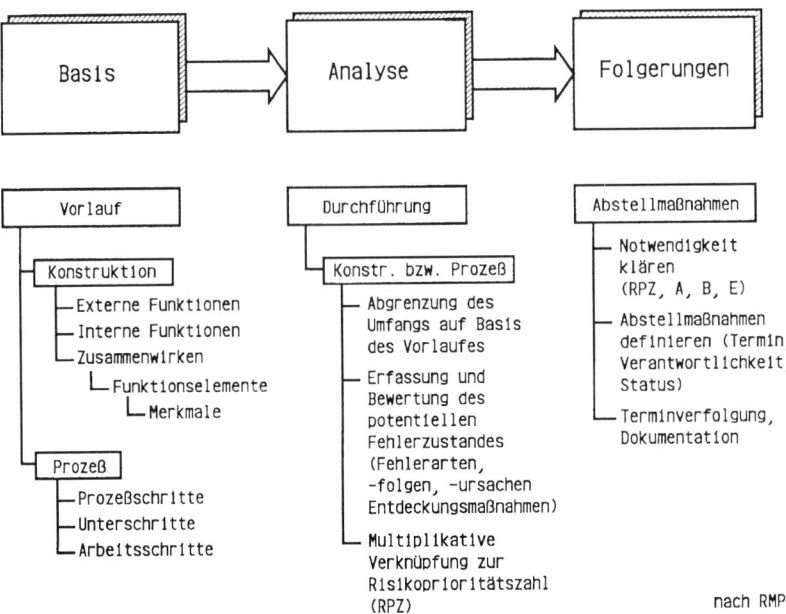

Bild 3.52   Vorlauf in einem rechnergestützten FMEA-System

– Zur Überwindung der Defizite dieser Systeme wurde schon seit längerem der Einsatz von wissensbasierten Systemen bzw. Expertensystemen gefordert [be1, ble, sch]. Seit neuestem sind wissensbasierte Systeme am Markt erhältlich [pfz], die eine wirkungsvolle Nutzung des abgelegten FMEA-Wissens unterstützen.

Der Einsatz eines wissensbasierten FMEA-Systems bietet eine Reihe von Vorteilen **(Bild 3.53)**. Zunächst wird die FMEA-Erstellung weitestgehend systematisiert. Der Benutzer wird bei den durchzuführenden Strukturierungsschritten angeleitet und kann sich daher voll auf die inhaltlichen Aspekte konzentrieren. Der größte Vorteil eines derartigen Systems liegt sicherlich in der weitgehenden Wiederverwendung des eingebenen FMEA-Wissens. Der Benutzer wird hierbei durch problembezogene Systemvorschläge unterstützt. Möglich wird dies durch die tiefgehende Strukturierung der untersuchten Probleme. Ein weiterer Vorteil des wissensbasierten Ansatzes liegt in der Reduzierung des Erstellungsaufwandes durch die Optimierung der Teamarbeit und das weitgehende Zurückgreifen auf bereits eingegebene Informationen. Der Einsatz eines wissensbasierten FMEA-Systems kann somit die Effizienz und Auswertbarkeit der FMEA deutlich steigern.

Bild 3.53   Vorteile eines wissenbasierten FMEA-Systems

3.6.8   Weitere Entwicklung

Im Zuge der fortschreitenden Integration rechnergestützter Verfahren in der Fertigungstechnik liegt es nahe, ein rechnergestütztes FMEA-System derart in die betriebliche Datenverarbeitung zu integrieren, daß FMEA-Daten bereichs- oder sogar unternehmensübergreifend per EDV und dadurch einfach und schnell ausgetauscht werden können. Mögliche und sinnvolle Partner für einen Datenaustausch sind dabei fast alle rechnergestützten Qualitätsmanagement- und Fertigungssysteme und – im zwischenbetrieblichen Austausch – natürlich andere FMEA-Systeme. Durch die Nutzung des in der FMEA dokumentierten Wissens in anderen rechnergestützten Systemen werden Synergieeffekte genutzt. So wird zum einen der Aufwand bei der Durchführung der Methoden verringert. Zum anderen kann durch den Datenaustausch das bei der Durchführung der einzelnen Methoden dokumentierte Wissen berücksichtigt werden. Hierdurch wird Erfahrungswissen transferiert, das Auftreten von Wiederholungsfehlern kann verringert werden.

Der prinzipiellen Möglichkeit eines solchen Datenaustauschs stehen bei der konkreten Durchführung in der Praxis vor allem das Fehlen eines Konzepts oder Handlungsleitfadens entgegen. Bezüglich des zwischenbetrieblichen Datenaustauschs ist darüber hinaus zu berücksichtigen, daß in den FMEA-Daten u. U. geheimhaltungsbedürftiges Unternehmens-Know-How dokumentiert ist. Daraus resultiert eine – durch juristische und durch strategische Überlegungen bedingte – eingeschränkte Bereitschaft der Unternehmen zum Austausch von FMEA-Daten.

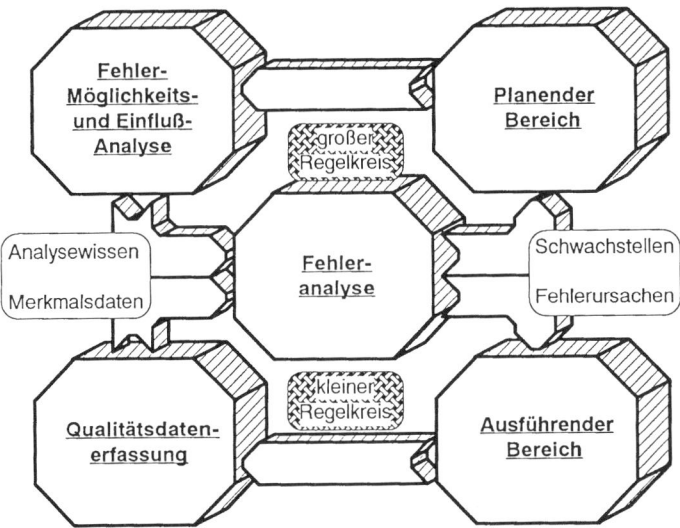

Bild 3.54   Fehleranalyse als Schnittstelle zwischen planenden und ausführenden Bereichen

In der weiteren Entwicklung der FMEA wird es darum gehen, den inner- und zwischenbetrieblichen Austausch von FMEA-Daten voranzutreiben. Es müssen Lösungen für die hierbei auftauchenden organisatorischen, inhaltlichen und technischen Aufgaben gefunden werden. Hierbei ist insbesondere den Bedenken Rechnung zu tragen, die auf Zuliefererseite wegen des Know-How-Transfers im Zusammenhang mit dem Datenaustausch bestehen.

Beispiel einer Integration der FMEA ist die Verknüpfung mit der Fehleranalyse. Hierdurch wird eine Schnittstelle zwischen planenden und ausführenden Bereichen eines Unternehmens gebildet und so der Informationsfluß kanalisiert und systematisiert **(Bild 3.54)**.

Auch für die Methoden der Fehlerbaumanalyse, der Ereignisablaufanalyse und ähnliche Verfahren werden künftig vermehrt rechnergestützte, insbesondere wissensbasierte Lösungen entstehen. Festzuhalten ist noch, daß sich diese Entwicklungen nicht darauf beschränken dürfen, die existierenden Verfahren nur zu übernehmen. Vielmehr wird es darauf ankommen, die sich bietenden Möglichkeiten zur Weiterentwicklung der Methoden selbst zu nutzen.

3.7   Statistische Tolerierung

3.7.1   Aufgaben der statistischen Tolerierung

In der heutigen hochtechnisierten Fertigungsindustrie treten, trotz aller Bestrebungen auf Sollmaß zu fertigen, immer noch Maßabweichungen auf. Diese resultieren aus zufälligen oder systematischen Einflußgrößen. Insbesondere bei Serien- oder Massenprodukten tritt diese Erscheinung verstärkt zu Tage. Dabei sollen die gefertigten Teile immer noch austauschbar sein; d.h. sie sollen bei wahlloser Paarung und Montage die geforderte Funktion sicher erfüllen.

Der Konstrukteur berücksichtigt diese unvermeidbaren Abweichungen, indem er für jedes Maß einen Wertebereich vorgibt. Dieser Wertebereich wird als Toleranz bezeichnet. Es ist oft schwierig, Toleranzen realistisch an das gestellte Problem anzupassen. Gerade bei Neuentwicklungen kann der Konstrukteur oft nicht vorhersagen, welchen Einfluß die vielen verschiedenen Produktionsfaktoren auf die Einheitlichkeit des Produktes haben werden. Selbst die Kenntnis der Eigenschaften der Produktionsmittel kann, durch z.B. die Änderung des Materials, eine Modifikation der Toleranzen oder sogar der gesamten Konstruktion bewirken.

Unangepaßte Toleranzen verursachen unnötige Kosten. Bei zu weit gewählten Toleranzen kann es Reklamationen geben. Sind die Toleranzen zu eng gewählt, so ergeben sich unnötig hohe Fertigungskosten.

Der Fall der zu eng gewählten Toleranzen tritt in der Praxis häufiger auf. Dieses Verhalten der Konstrukteure ist verständlich, insbesondere unter der Berücksichtigung der Tatsache, daß mit zu weiten Toleranzen gefertigte Bauteile nicht mit anderen Bauteilen gepaart werden können und deswegen zu Ausschuß führen. Vielfach kennt der Konstrukteur die Maschinen, auf denen gefertigt wird, und deren Arbeitsgenauigkeit nicht. Ebenso muß menschliches Versagen mit einkalkuliert werden. Zu enge Toleranzen bereiten aus Sicht des Konstrukteurs „nur" der Produktion Probleme.

Voraussetzung für eine wirtschaftliche Fertigung sind geringe Herstellkosten und hoher Ausstoß bei geringem Ausschuß. Als Ausschuß werden die Teile bezeichnet, bei denen ein oder mehrere Maße außerhalb des Toleranzfeldes liegen. Bei der „klassischen" Toleranzforderung sollen alle Teile zwischen dem oberen und dem unteren Grenzwert liegen. Wo die Istmaße innerhalb des Toleranzfeldes liegen, ist ohne Bedeutung. Einer 100%igen Einhaltung des Toleranzfeldes stehen wirtschaftliche, technische und menschliche Gründe gegenüber. Bei den häufig zu eng gewählten Toleranzen führen diese Gründe sehr oft zu Ausschuß. Eine Lösung des Problems findet sich in der sogenannten „statistischen" Tolerierung. Bei der statistischen Tolerierung wird die Kenntnis der potentiellen Lage der Istmaße im Toleranzfeld in den Vorgang der Tolerierung einbezogen. Die Informationen über die Lage der Istmaße werden aus der Fertigung gewonnen. Damit stehen die Konstruktion und die Produktion in engem Kontakt um die Bemühung der Qualität und Wirtschaftlichkeit.

Die Auswahl geeigneter Toleranzen kann in einer formellen Vorgehensweise (**Bild 3.55**) durchgeführt werden.

Für die Spezifikation von ein- oder zweigliedrigen Maßketten, wie z.B. Paßmaßen bei Welle-Lager-Kombinationen, stehen dem Konstrukteur vielfältige Normen (DIN-, ISO- etc.), Richtlinien sowie Tabellenwerke zur Verfügung. Auf diese Weise kann eine eindeutige Auswahl von Toleranzbereichen für Konstruktionsmaße getroffen werden. In gleicher Weise problemlos ist die Konstruktionsaufgabe, wenn das zu tolerierende Maß mit keinem anderen Maß in Wechselwirkung tritt. Auch hier kann sich der Konstrukteur der genannten Hilfsmittel bedienen. Bei mehrgliedrigen Maßketten wird die Aufgabe der Tolerierung komplex, da es hier keinerlei genormte Hilfsmittel gibt. Der Konstrukteur legt meist aus seinem Erfahrungsschatz und Tabellenwerken die Toleranzen willkürlich fest.

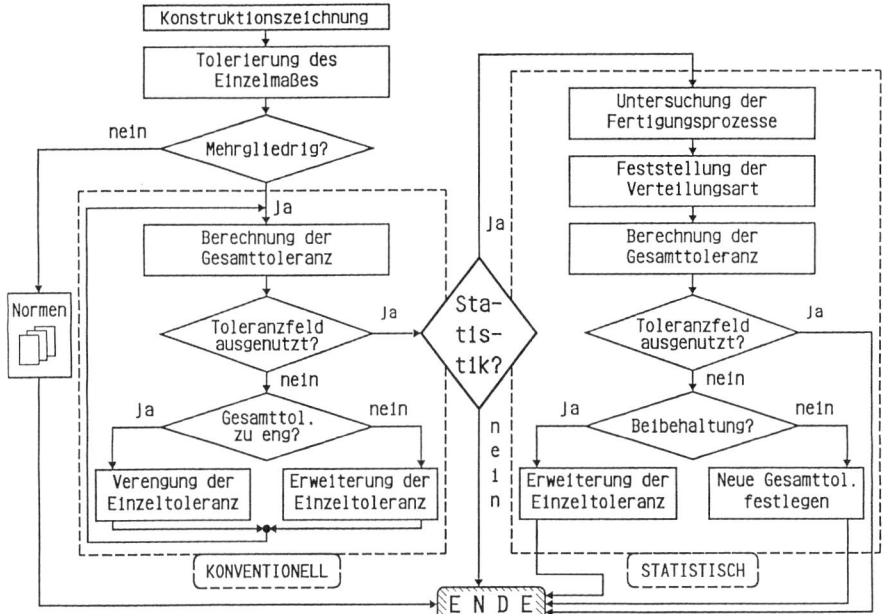

Bild 3.55   Vorgehensweise bei der Toleranzermittlung

Eine Alternative zu dieser Vorgehensweise liegt in der Anwendung der statistischen Tolerierung. Ausgehend von einer Tolerierung der Einzelmaße werden diese, unter Berücksichtigung der Häufigkeitsverteilung der Istmaße in den entsprechenden Fertigungsprozessen, zu einem Gesamtmaß verknüpft.

Mit der statistischen Tolerierung hat der Konstrukteur ein Mittel zur Hand, das es ihm erlaubt, Toleranzen festzulegen, die sowohl die Spezifikation des Kunden als auch die Möglichkeiten der eigenen Fertigung berücksichtigen. Aufgrund des erforderlichen Berechnungsaufwandes und weil häufig keine Informationen über die Fertigungsunsicherheit in die Konstruktion rückgekoppelt werden, wird die statistische Tolerierung in der Praxis heute allerdings nur selten eingesetzt.

3.7.2   Verfahren der statistischen Tolerierung

Nach der Erstellung der Konstruktionszeichnung anhand des Pflichtenheftes und der Kundenvorgaben muß die Funktionserfüllung aller am Produkt beteiligter Elemente sichergestellt werden. Zur Sicherstellung der Zuverlässigkeit, Qualität und Wirtschaftlichkeit muß der Konstrukteur daher alle Maße überprüfen und gegebenenfalls tolerieren.

Bei der Festlegung von Toleranzen ist die Tolerierung von Einzelmaßen und Paßmaßen von der Tolerierung von Kettenmaßen zu unterscheiden. Bei der Tolerierung von Einzelmaßen greifen die statistischen Methoden nicht. Der Konstrukteur ist dabei auf die Auswahl der geeigneten Toleranzklasse beschränkt. Neben dieser konventionellen Methode empfiehlt Taguchi einen kostenorientierten Ansatz für die Einzelmaßtoleranzbestimmung [ta2]. Das bisherige konventionelle Denken täuscht vor, daß ein Produkt A, das gerade nicht mehr im Gut-Bereich liegt, sich erheblich von einem anderen Produkt B unterscheidet, das gerade noch im Gut-Bereich liegt. Es täuscht ebenfalls vor, daß alle Teile innerhalb der Toleranz gleich gut sind. Daß dieses „digitale Prinzip" nicht der Wirklichkeit entsprechen kann, leuchtet unmittelbar ein. Selbst wenn die Produkte innerhalb der Toleranzen liegen, ist es möglich, daß das Produkt seine Aufgabe nicht in optimaler Weise erfüllt. Dies ist vor allem dann zu erwarten, wenn beim Zusammenbau mehrerer Teile durch Überlappung der jeweiligen Einzelteil-Toleranzen zu enge oder zu weite Passungen entstehen.

Aus diesen Überlegungen folgt, daß eine Orientierung an den Zielwerten überzeugender ist, als eine ausschließliche Orientierung an den Grenzwerten. Es muß zudem berücksichtigt werden, daß ein Qualitätsmerkmal eines Produktes sich im Laufe der Lebensdauer ändert. Dieses kann durch Alterung, Abnutzung etc. geschehen. Ein Produkt, dessen Werte sich in der Nähe des Zielwertes befanden, wird somit weniger schnell die Funktionsgrenze erreichen.

Diese Orientierung an den Zielwerten ist der Grundgedanke des Ansatzes von Taguchi. Der Ansatz basiert auf einer von ihm entwickelten Verlustfunktion. Ausgehend von der Überlegung, daß jede Abweichung vom Sollmaß einen quadratisch ansteigenden Verlust für die Gesellschaft bedeutet, werden die Toleranzen unter wertmäßigen Gesichtspunkten festgelegt. Eine genauere Erläuterung der Verlustfunktion von Taguchi findet sich in [ta2].

Bei der Tolerierung von Kettenmaßen stehen dem Konstrukteur mehrere Methoden zur Verfügung. Die Verfahren sind in **Bild 3.56** zusammengefaßt.

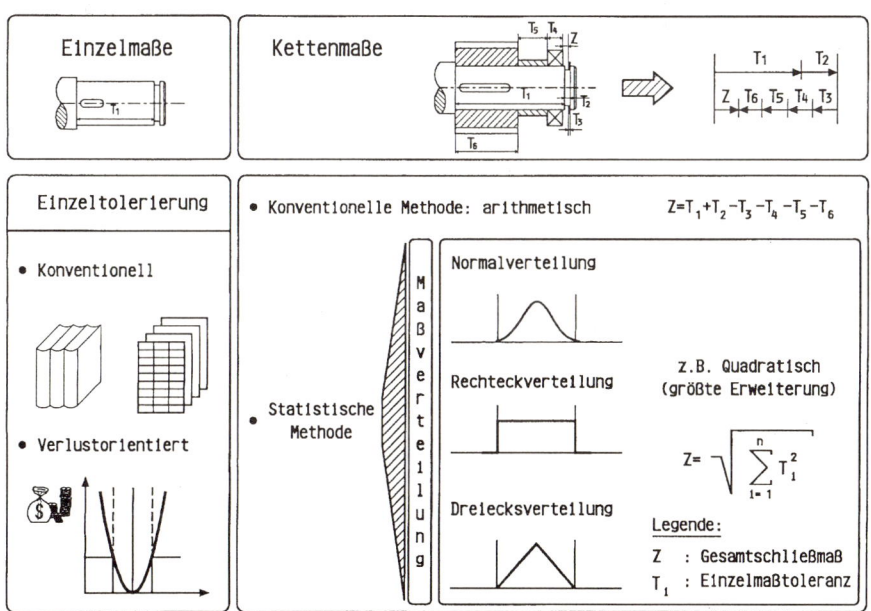

Bild 3.56   Verfahren zur Toleranzberechnung

Meist rechnet er mit der Annahme des „worst case", konventionell, nach dem sogenannten arithmetischen Verfahren. Das arithmetische Verfahren läßt eine Verteilung aller Istmaße innerhalb des Toleranzfeldes zu und summiert die Einzeltoleranzen auf.

Die statistische Tolerierung weicht von dieser Vorgehensweise ab, da gerade aus Kostengründen eine Überprüfung des Toleranzfeldes wünschenswert ist. Voraussetzung
dafür ist eine möglichst genaue Produktion aller Maße am Sollwert und die Beobachtung der Fertigungsprozesse. Auch soll die Mitte der Istverteilung aller Maße auf dem
Sollmaß liegen.

Bei der statistischen Tolerierung wird die Tatsache genutzt, daß alle Maße der gefertigten Lose eine statistische Verteilung besitzen. Den einzelnen Maßen wird eine der Ver-
teilungstypen Normalverteilung, Rechteckverteilung oder Dreiecksverteilung zugeordnet. Mit diesem Wissen und einem vorgegebenen zulässigen Fehleranteil werden die
Toleranzfelder optimiert. Je nach Verteilungsform kommen unterschiedliche Berech-
nungsvorschriften zum Einsatz. Hier sei auf die einschlägige Literatur verwiesen [di1,
gra, kir, vdi].

3.7.3 Beispiel für eine statistische Toleranzrechnung bei Einzelmaßen mit Rechteckverteilung

Die Toleranzrechnung mit der Annahme von Rechteckverteilung wird vereinfachte Toleranzrechnung genannt. Das geschieht nicht wegen der einfacheren Rechnung, sondern weil bei der Annahme von Rechteckverteilung eine Überprüfung auf die Verteilungsform entfällt. Alle Maße werden als gleichmäßig im Toleranzfeld verteilt und das
Toleranzfeld als ganz ausgefüllt angenommen.

Bei gleich großen Einzeltoleranzen T_i ist der Reduktionsfaktor r, um den die arithmetisch berechnete Gesamttoleranz T_a, bestehend aus k-Einzeltoleranzen, eingeengt werden kann, definiert als:

$$r = \frac{T_s}{T_a} = \frac{u_{1-p}}{\sqrt{3} * \sqrt{k}} \qquad (3.1)$$

mit:

$$T_s = 2 * u_{1-p} * \sigma_k \qquad (3.2)$$

T_s: statistische Gesamttoleranz
u_{1-p}: Korrekturwert aus Tabelle für Normalverteilung mit p-Gesamtfehleranteil (z.B.
in [kir])

und:

$$\sigma_k = \frac{\sqrt{k} * T_i}{2 * \sqrt{3}} \qquad (3.3)$$

k: Anzahl der Meßglieder
T_i: Einzeltoleranz mit:

$$T_i = 2 * \sqrt{3} * \sigma_i = R \qquad (3.4)$$

Wichtig ist, daß nur bei der Rechteckverteilung die Einzeltoleranz genau R entspricht.
Der Reziprokwert von r ist der Erweiterungsfaktor e, um den die Einzeltoleranzen erweitert werden können, wenn die Gesamttoleranz $T_s = T_a$ beibehalten werden soll.

$$e = \frac{\sqrt{3} * \sqrt{k}}{u_{1-P}} \qquad (3.5)$$

In jedem Fall ergibt sich für das Gesamtschließmaß eine Normalverteilung. Dieser Sachverhalt wird aus dem zentralen Grenzwertsatz hergeleitet. Damit läßt sich der Wert u_{1-p} aus der Tabelle für Normalverteilungen entnehmen.

Die Vorgehensweise wird im folgenden an einem Beispiel erläutert.

Gegeben sei ein Bauteil mit 4 Maßgliedern (k = 4) und den Toleranzen T_1, T_2, T_3 und T_4 (**Bild 3.57**). Der Einfachheit halber haben im Beispiel alle Maßglieder die gleiche Toleranzfeldbreite von $T_i = 16 \, \mu m$.

(0) Arithmetische Vortolerierung

Die arithmetisch berechnete Toleranz des Schließmaßes T_a ist:

$$T_a = k * T_i = 4 * 16 \, \mu m = 64 \, \mu m \qquad (3.6)$$

Die Verteilungsform der Einzelwerte ist dabei ohne Bedeutung.

Die statistische Rechnung ermöglicht nun entweder eine Verengung des Gesamtschließmaßes (1) oder eine Erweiterung der Einzelschließmaße (2).

(1) Statistische Toleranzverengung des Gesamtschließmaßes

Ist die Verteilungsform der einzelnen Merkmale bekannt, so können die Einzeltoleranzen und die Toleranz des Schließmaßes statistisch optimiert werden. So sei in diesem

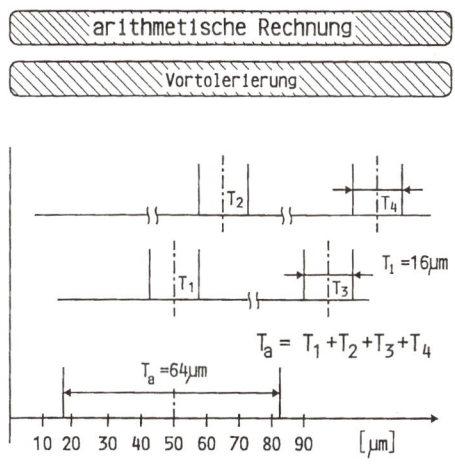

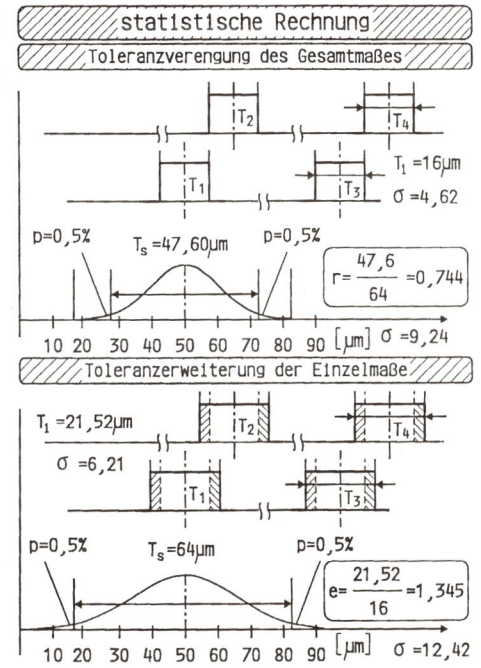

Legende:
T_a = arithmetische Gesamttoleranz
T_s = statistische Gesamttoleranz
T_i = Einzelmaßtoleranz
r = Reduktionsfaktor
e = Erweiterungsfaktor
p = zulässiger Fehleranteil

Bild 3.57 Beispiel für eine Berechnung

Beispiel aus einer Beobachtung des Fertigungsprozesses bekannt, daß die einzelnen Merkmale eine Rechteckverteilung besitzen. Diese soll das Toleranzfeld voll ausfüllen und für alle Einzelmaßglieder gleich groß sein. Die Standardabweichung der Einzelmaße σ_i berechnet sich dann nach der Formel für eine Rechteckverteilung [kir] zu:

$$\sigma_i = \frac{R}{\sqrt{12}} = \frac{T_{si}}{\sqrt{12}} = \frac{16}{\sqrt{12}} = 4{,}62 \ \mu m \tag{3.7}$$

Wobei R als die Spannweite der Verteilung und T_{si} als die statistische Einzelmaßtoleranz definiert ist.

Bei der Bestimmung des Schließmaßes ist von einer Normalverteilung auszugehen. Die Standardabweichung dieser Verteilung σ_k läßt sich nach der Formel (3.4 in 3.3) berechnen:

$$\sigma_k = \sqrt{k} * \sigma_i = \sqrt{4} * 4{,}62 \ \mu m = 9{,}24 \ \mu m \tag{3.8}$$

Der Kunde akzeptiert für dieses Schließmaß einen Fehleranteil von p = 1 %. Damit ergibt sich die erforderliche statistische Schließmaßtoleranz T_s zu:

$$T_s = 2 * u_{1-p} * \sigma_k \tag{3.9}$$

$$T_s = 2 * 2{,}5758 \ \mu m * 9{,}24 \ \mu m \tag{3.10}$$

$$T_s = 47{,}60 \ \mu m \tag{3.11}$$

mit u_{1-p} als Transformationsfaktor für die Berücksichtigung des geforderten Fehleranteils. Dieser Faktor wird einer Tabelle für standardisierte Normalverteilungen, wie sie z.B. [gra] enthalten, entnommen.

Wie aus einem Vergleich der Formel 3.6 mit 3.11 ersichtlich ist, ist die statistisch errechnete Toleranz kleiner als die arithmetisch berechnete. Das Ergebnis besagt, daß, bei Beibehaltung der ursprünglichen Einzeltoleranz, eine Toleranzreduktion r der Schließmaßtoleranz von:

$$r = \frac{T_s}{T_a} = \left(\frac{47{,}60 \ \mu m}{64{,}00 \ \mu m}\right) = 0{,}74375 \tag{3.12}$$

vorgenommen werden kann.

(2) Statistische Toleranzerweiterung der Einzelmaße

Ist die Erweiterung der Einzeltoleranzen das Ziel, so kann wie folgt verfahren werden.

Soll die ursprünglich arithmetisch berechnete Schließmaßtoleranz T_a beibehalten werden, so können die Toleranzen der Einzelmaße T_i erweitert werden. Da die selben Fertigungsverfahren angewendet werden, kann wieder eine Rechteckverteilung der einzelnen Merkmale als Verteilungsform angenommen werden. Diese soll das Toleranzfeld voll ausfüllen. Ebenso gilt wieder der gleiche Fehleranteil p für das Schließmaß von 1 %. Die Verteilungsform des Schließmaßes ist wieder eine Normalverteilung. Die Standardabweichung des Schließmaßes ergibt sich dann zu:

$$\sigma_k = \frac{T_s}{2 * u_{1-p}} = \frac{64{,}00 \ \mu m}{2 * 2{,}5758 \ \mu m} = 12{,}432 \ \mu m \tag{3.13}$$

Bei dieser Standardabweichung wird die Standardabweichung in den Einzelmaßen zu:

$$\sigma_i = \frac{\sigma_k}{\sqrt{k}} = \frac{12{,}423 \ \mu m}{\sqrt{4}} = 6{,}212 \ \mu m \qquad (3.14)$$

Die Spannweite und damit auch die Toleranz für das Einzelmaß aller 4 Maßglieder, errechnet sich wieder nach der Formel bei Vorliegen einer Rechteckverteilung zu:

$$R_i = T_{si} = \sqrt{12} * \sigma_i = \sqrt{12} * 6{,}212 \ \mu m = 21{,}518 \ \mu m \qquad (3.15)$$

Dieses Ergebnis bedeutet für die Einzeltoleranzen, daß die alten Toleranzfelder um den Erweiterungsfaktor e:

$$e = \frac{21{,}518 \ \mu m}{16{,}00 \ \mu m} = 1{,}345 \qquad (3.16)$$

erweitert werden können. Oder anders gesagt, ist nun der zulässige Fehleranteil p in den Einzelmaßen von:

$$p = \frac{21{,}518 \ \mu m - 16{,}00 \ \mu m}{21{,}518 \ \mu m} = 25{,}644 \ \% \qquad (3.17)$$

erlaubt, der vorher bei arihmetischer Rechnung nicht zulässig war.

3.8 Zusammenfassung

Die wirkungsvollsten und kostengünstigsten Einflußmöglichkeiten auf das Qualitätsniveau liegen im Bereich der planenden und konzipierenden Tätigkeiten. Hier müssen Methoden zur Anwendung kommen, die bereits in den Phasen vor Fertigungsbeginn greifen („Off-Line") und zwangsläufig zu qualitätsfähigeren Produkten und Prozessen führen, um so einer Fehlerentstehung wirksam vorzubeugen. Als Bausteine eines präventiven Qualitätsmanagements sind die in Kap. 3 beschriebenen Methoden in den Unternehmen zu etablieren. Zur Anwendung setzen diese Methoden interdisziplinäre Teams voraus, die sich meist aus Mitarbeitern der Entwicklung, der Fertigung und des Qualitätsmanagements zusammensetzen. Gemeinsames Ziel aller Methoden ist, bei den Mitarbeitern vorhandenes Erfahrungswissen zur Verbesserung des Qualitätsniveaus von Produkten und Prozessen vor Fertigungsbeginn zu nutzen.

Design Reviews sind ein wichtiger Baustein zur Fehlerverhütung vor Serienanlauf. Ziel der Reviewtechnik ist es, Unzulänglichkeiten oder Fehler schon frühzeitig im Konstruktionsprozeß aufzudecken und Lösungsmöglichkeiten zur Behebung bzw. Vermeidung zu entwickeln. Zu diesem Zweck werden am Ende von Bearbeitungsphasen bzw. an definierten Meilensteinen die jeweils vorliegenden Entwicklungsergebnisse kritisch auf Einhaltung der gestellten Anforderungen sowie auf Fehler untersucht. Die Wirksamkeit dieser Methode beruht auf dem formalen Vorgehen, unterstützt z.B. durch Checklisten, schon zu einem Zeitpunkt, zu dem das Produkt noch nicht in allen seinen Merkmalen festgeschrieben ist.

Die *Qualitätsbewertung (QB)* verfolgt das Ziel, durch systematisches Abfragen der an der Produktentstehung beteiligten Unternehmensbereiche etwaige Schwachstellen, die die angestrebte Qualität des neuen Erzeugnisses beeinträchtigen könnten, rechtzeitig vor Produktionsfreigabe aufzudecken und zu bewerten. Die Befragung der beteiligten Unternehmensbereiche erfolgt mittels erzeugnisspezifischer Checklisten in drei chronologisch aufeinander abfolgenden Stufen bis zur Serienfreigabe.

Mittels der *Fehlerbaumanalyse (FTA = Fault Tree Analysis)* werden Produkt- und Prozeßmerkmale hinsichtlich Versagensmöglichkeiten und Versagensursachen untersucht. Die Fehlerbaumanalyse geht vom Ausfall des Systems aus und verfolgt deduktiv die Kette der Ausfallursachen des Produktes bzw. des Prozesses, mit dem Ziel, Aussagen über die Ausfallwahrscheinlichkeit zu gewinnen. Dadurch können die wesentlichen Einflußgrößen und deren Zusammenhänge bezüglich der Zuverlässigkeit der Produkte und der Prozesse erkannt und bewertet werden.

Ein sehr leistungsfähiges aber bisher kaum eingeführtes Werkzeug zur systematischen Optimierung von Prozessen und Produkten stellt die *Statistische Versuchsmethodik* dar. Zielsetzung der Statistischen Versuchsmethodik ist es, unter Einsatz mathematisch statistischer Verfahren Wissen über Prozeßzusammenhänge zu gewinnen. Teilziele stellen die Ermittlung der für das Prozeßergebnis bzw. für die Produkteigenschaften signifikanten Einflußgrößen sowie deren Einstellwerte für ein optimales Ergebnis dar.

Die wesentlichen Ausfallursachen, Fehlermöglichkeiten und deren Folgen werden mittels der *Fehlermöglichkeits- und Einflußanalyse (FMEA)* einer Riskobewertung unterzogen. Die Risikoprioritätskennzahl für eine Fehlermöglichkeit ergibt sich dabei aus der Wahrscheinlichkeit des Auftretens und der Wahrscheinlichkeit der rechtzeitigen Entdeckung des Fehlers sowie aus den Folgen für den Kunden. Während die Konstruktions-FMEA die konstruktive Auslegung von Produkten bzw. deren Komponenten beurteilt, bewertet die Prozeß-FMEA die prozeßtechnische Realisierbarkeit der Produkte bzw. deren Komponenten.

Riskanten Produkt- und Prozeßmerkmalen können nun wirkungsvolle, risikosenkende Maßnahmen zugeordnet werden. Eine Senkung des Risikos kann zum einen über die Erhöhung der Entdeckungswahrscheinlichkeit, z.B. durch eine verschärfte Prüfung, und zum anderen über eine Verringerung der Auftretenswahrscheinlichkeit durch vorbeugende z.B. konstruktive Maßnahmen erreicht werden. Im Sinne des präventiven Qualitätsmanagements sind hier die vorbeugenden Maßnahmen zu bevorzugen.

Die *Statistische Toleranzanalyse* unterstützt den Konstrukteur bei der Tolerierung von Kettenmaßen. Die Statistische Tolerierung folgt der Überlegung, daß eine Orientierung am Mittelwert der Toleranz sinnvoller ist als eine ausschließliche Orientierung an den Grenzwerten. Bei der Statistischen Tolerierung wird der Tatsache Rechnung getragen, daß ein Maß über das gefertigte Los einer statistischen Verteilung folgt. Mit diesem Wissen und einem vorgegebenen zulässigen Fehleranteil werden die Toleranzfelder statistisch optimiert.

Niemand wird heute die Berechtigung der präventiven Qualitätstechniken in Zweifel ziehen. Aufgrund des hohen Aufwands für die Methoden des präventiven Qualitätsmanagements stellt sich jedoch die Frage, wieviel präventives Qualitätsmanagement sich ein Unternehmen überhaupt leisten kann. Bei dieser Fragestellung, die immer wieder Ausgangspunkt für ausgiebige Diskussionen ist, wird gern übersehen, daß der Aufbau eines präventiven Qualitätsmanagements anfänglich zwar Kapazitäten bindet, mittelfristig aber aufgrund des steigenden Qualitätsniveaus in allen Unternehmensbereichen einen Rückgang des Kosten- und Kapazitätsbedarfes für die Fehlerbeseitigung bewirkt.

Literatur

[and] **Anderson, V.; Mc Lean, R.:** *Design of Experiments.* Marcel Dekker, Inc., New York, 1. Auflage, 1974

[arn] **Arnold, R.; Bauer, C. O.:** *Qualität in Entwicklung und Konstruktion.* Verlag TÜV Rheinland; Köln, 1990

[asi] **N.N.:** *Quality Function Deployment QFD – Implementation Manual.* American Suplier Institute; Dearborn, Michigan, 1987

[be1] **Berens, N.:** *Die rechnerunterstützte FMEA als Grundlage einer unternehmensspezifischen Qualitäts-strategie.* Vortrag im Rahmen des 5. TZN-Kongreß „Fabrik der Zukunft – Zukunft der Fabrik", Bremen, 7.–8. Juni 1989

[be2] **Berens, N.:** *Anwendung der FMEA in Entwicklung und Produktion.* Landsberg: Verlag Moderne Industrie, 1989

[bir] **Birolini, A.:** *Qualität und Zuverlässigkeit technischer Systeme.* Theorie, Praxis, Management; Springer Verlag, 2. Auflage, 1988

[ble] **Blechschmidt, H.:** *FMEA Know-How-Transfer, EDV und Kostenbetrachtung.* Vortrag im Rahmen der VDA/DGQ Gemeinschaftsveranstaltung „FMEA Fehler-Möglichkeits- und Einfluß-Analyse" im September 1987, Frankfurt am Main: Deutsche Gesellschaft für Qualität e.V., 1987

[bot] **Bothe, K.:** *World Class Quality – Design of Experiments made easier, more cost effective than SPC.* AMA management briefing; American Management Association, New York, 1. Auflage, 1988

[bx1] **Box, G.:** *Use and abuse of regression.* Technometrics; Jg. 8 (1966) 8; S. 625–629

[bx2] **Box, G.; Hunter, W.; Hunter, J.:** *Statistics for Experimenters.* John Wiley & Sons, New York, 1978

[bx3] **Box, G.; Hunter, J.:** *The $2^{(k-p)}$ fractional factorial designs.* Technometrics; Jg. 3 (1961) 3; S. 311–352

[dgq] **N.N.:** *DGQ 11-04 Begriffe zum Qualitätsmanagement.* Deutsche Gesellschaft für Qualität e.V.; 5. Auflage; Beuth Verlag; Berlin, 1993

[di1] **N.N.:** *DIN 7186 Statistische Tolerierung – Begriffe, Anwendungsrichtlinien und Zeichnungsangaben.* Deutsches Institut für Normung e.V.; Beuth Verlag; Berlin, 1974

[di2] **N.N.:** *DIN 25419 Störfallablaufanalyse – Verfahren, grafische Symbole und Auswertung.* Deutsches Institut für Normung e.V.; Beuth Verlag; Berlin, 1985

[di3] **N.N.:** *DIN 25424 Fehlerbaumanalyse. Teil 1: Methode und Bildzeichen. Teil 2: Handrechenverfahren zur Auswertung eines Fehlerbaums.* Deutsches Institut für Normung e.V.; Beuth Verlag; Berlin, 1981

[di4] **N.N.:** *DIN 25448 Ausfalleffektanalyse.* Deutsches Institut für Normung e.V.; Beuth Verlag; Berlin, 1980

[di5] **N.N.:** *DIN EN ISO 9004-1: Qualitätsmanagement und Elemente eines Qualitätsmanagementsystems – Teil 1: Leitfaden.* Deutsches Institut für Normung e.V.; Beuth Verlag; Berlin, 1994

[fi1] **Fisher, R.:** *Statistical Methods for Research Workers.* Oliver and Boyd, Edinburgh, 1935

[fi2] **Fisher, R.:** *The Design of Experiments.* Oliver and Boyd, Edinburgh, 1935

[fo1] **Ford (Hrsg.):** *Fehler-Möglichkeiten und Einfluß-Analyse – Instruktionsleitfaden.* Ford Motor Company, 1988

[fo2] **N.N.:** *Analyse potentieller Fehler und Folgen für Fertigungs- und Montageprozesse (Prozeß-FMEA).* Ford-Werke; Köln, 1984

[fo3] **N.N.:** *Q101 – Qualitätssystemrichtlinie. Leitfaden der Fa. Ford.* Ford-Werke; Köln, 1985

[gra] **Graf, U.; Henning, H.-J.; Stange, K.:** *Formeln und Tabellen der mathematischen Statistik.* Springer Verlag; Berlin, 1966

[gim] **Gimpel, B.:** *Qualitätsgerechte Optimierung von Fertigungsprozessen.* VDI-Verlag, Düsseldorf, 1990

[har] **Hartung, J.; Elpelt, B.; Klösener, K.:** *Statistik – Lehr- und Handbuch der angewandten Statistik.* R. Oldenbourg Verlag, München, 6. Auflage, 1987

[ha1] **Hartz, O.:** *Design Review, Characteristics and Models.* Proceedings Intern. Conf. on Quality Control, Tokyo: JUSE, Tokyo, 1987

[jur] **Juran:** *Quality Control Handbook.* McGraw Hill, New York, 4. Auflage, 1988

[kap] **Kapfer, W.:** *Taguchi-Methode contra klassische Versuchsplanung – Ist eine Synthese möglich?* Fachtagung „Industrielle Versuchsmethodik"; VDI-Württembergischer Ingenieurverein, Stuttgart, 1990

[ke1]   **Kersten, G.:** *FMEA – eine wirksame Methode zur präventiven Qualitätssicherung.* VDI-Z 132 (1990), Nr. 10, S. 201–207

[ke2]   **Kersten, G:** *Steuerung und Unterstützung von Produkt- und Prozeßentwicklung durch Methoden der präventiven Qualitätssicherung.* Steuerungen, (1991), S. 20–23

[kir]   **Kirschling, G.:** *Qualitätssicherung und Toleranzen.* Springer Verlag; Berlin, Heidelberg, 1988

[klü]   **Klügel, M.:** *Versuchsplanung nach Shainin. VDI – Seminar „Industrielle Versuchsmethodik“;* VDI Bildungswerk, Düsseldorf, 1990

[ku1]   **Kuhn, H.:** *Möglichkeiten und Grenzen der Taguchi-Methode.* VDI-Seminar 47-04-01; VDI-Bildungswerk, Düsseldorf, 1990

[ku2]   **Kuhn, H.:** *Klassische Versuchsplanung, Taguchi-Methode, Shainin Methode – Versuch einer Wertung.* Fachtagung „Industrielle Versuchsmethodik“; VDI-Württembergischer Ingenieurverein, Stuttgart, 1990

[kür]   **Kürner, H.:** *Qualität durch strukturierte Entwicklung.* QZ, Qualität und Zuverlässigkeit; Carl Hanser Verlag, München, Jg. 33 (1988) 2, S. 91

[mey]   **Meyna, A.:** *Einführung in die Sicherheitstheorie.* Hanser Verlag; München, Wien, 1982

[mon]   **Montgomery, D.:** *Design and analysis of experiments.* Georgia Institute of Technology; John Wiley & Sons, New York, 3rd. ed. 1991

[nn1]   **N.N.:** *Qualitätsmanagement auf der Schwelle zum Europäischen Binnenmarkt – Umfrageergebnisse.* Fraunhofer-Institut für Produktionstechnologie IPT, Eigendruck; Aachen, 1993

[pe1]   **Peters, O. H. und Meyna, A.:** *Sicherheitstechnik in: Masing, W. (Hrsg.): Handbuch der Qualitätssicherung.* Carl Hanser Verlag; München, Wien, 2. Auflage, 1988

[pet]   **Petersen, H.:** *Grundlagen der statistischen Versuchsplanung.* Band 2, Ecomed Verlagsgesellschaft mbH; Landsberg/Lech, 1991

[pfz]   **Pfeifer, T.; Zenner T.:** *Rechnergestützte, wissensbasierte Erstellung von Fehlermöglichkeits- und Einflußanalysen (FMEA) in: Tagungsband zur Forschungstagung Qualitätssicherung, FQS-Schrift 80-93, Beuth Verlag; Berlin, 1993*

[rec]   **Rechenberg, I.:** *Evolutionsstrategie – Optimierung technischer Systeme nach Prinzipien der biologischen Evolution.* Friedrich Fromann Verlag, Stuttgart – Bad Cannstatt, 1973

[sch]   **Schnepel, U.:** *QUADOS-FMEA – EDV-unterstützte Fehlermöglichkeits- und Einflußanalyse.* Vortrag im Rahmen des 5. TZN-Kongresses „Fabrik der Zukunft – Zukunft der Fabrik“, Bremen, 7.–8. Juni 1989

[sed]   **Seder, L.:** *Diagnosis with diagrams (Part I and II).* Industrial Quality Control, January & March, 1950

[sha]   **Shainin, D.; Shainin, P.:** *Alternatives to Taguchi Orthogonal Tables.* Best on Quality Vol. 2; Hanser Verlag, München, 1989

[she]   **Scheffler, E.:** *Einführung in die Praxis der statistischen Versuchsplanung.* VEB Deutscher Verlag für Grundstoffindustrie; Leipzig, DDR, 2. Auflage, 1986

[sto]   **Stockinger, K.:** *FMEA ein Erfahrungsbericht. Qualität und Zuverlässigkeit;* Carl Hanser Verlag, München, Heft 3 (1989), S.155–158

[stu]   **Stumpf, T.:** *Qualitätssicherung in der Entwicklungsphase.* Lehrgang der DGQ, Frankfurt am Main, 1978

[ta1]   **Taguchi, G.:** *System of Experimental Design; Vol. I und II.* American Supplier Institute, Inc.; Center for Taguchi Methods; Dearborne, 1987

[ta2]   **Taguchi, G.:** *Introduction To Quality Engineering.* Asian Productivity Organisation; Tokyo, 1986

[vda]   **N.N.:** *Qualitätskontrolle in der Automobilindustrie; Sicherung der Qualität vor Serieneinsatz.* VDA Verband der Automobilindustrie e.V., Frankfurt/Main 1986

[vdi]   **N.N.:** *Entwurf (Gründruck) zur VDI-Richtlinie 2247: Qualitätsmanagement in der Produktentwicklung.* VDI, Düsseldorf 1994

[whe]   **Wheeler, D.:** *Understanding industrial experimentation.* Statistical process controls; Knoxville (USA), 1990

[zei]   **Zeiss, C. H.:** *Design Review bei Gemeinschaftsprojekten, Beispiel Nachrichtensatellit Symphonie.* VDI-Bericht 307, 1978

Kapitel 4   Qualitätsmanagement in der Beschaffung

Gliederung

4.1   Einleitung

Die Liberalisierung und die infrastrukturelle Vernetzung der Wirtschaftsräume und nicht zuletzt die Möglichkeiten der modernen Telekommunikation führen zu einer Internationalisierung der Märkte. Hochwertige Erzeugnisse können heute an vielen Standorten rund um den Erdball beschafft, produziert und abgesetzt werden. Hieraus erwächst für viele Unternehmen die Chance, weltweit „günstiger" zu beschaffen und die Notwendigkeit, weltweit lieferfähig zu sein.

Der enge Wettbewerb zwingt die Unternehmen, sich fortschreitend auf das zu konzentrieren, was sie am besten beherrschen – ihr Kerngeschäft. Zukünftig ist daher die Fertigungstiefe weiter zu reduzieren, d.h. Produkte und Dienstleistungen sind zu beschaffen, die heute noch selbst erzeugt werden. Der Kostendruck führt dabei zur konsequenten Reduzierung von nicht wertschöpfenden Tätigkeiten wie etwa einer Wareneingangsprüfung oder einer aufwendigen Lagerhaltung. Eine Anlieferung – just in time – erfordert eine vertrauensvolle Zusammenarbeit und den Abbau von Informationsdefiziten im Vertrieb des Lieferanten und in der Beschaffung des Kunden.

Kürzer werdende Produktlebenszyklen, beispielsweise in immer kürzeren Abständen erscheinende Modelle, erfordern eine unternehmensübergreifende Entwicklung und eine Strategie der Partnerschaft mit den Lieferanten.

Qualitätsmanagement in der Beschaffung bezieht sich daher nicht mehr ausschließlich auf die operative Sicherung der Qualität des beschafften Materials, Halbzeugs oder Fertigteils. Qualitätsmanagement in der Beschaffung bedeutet den Aufbau strategischer Al-

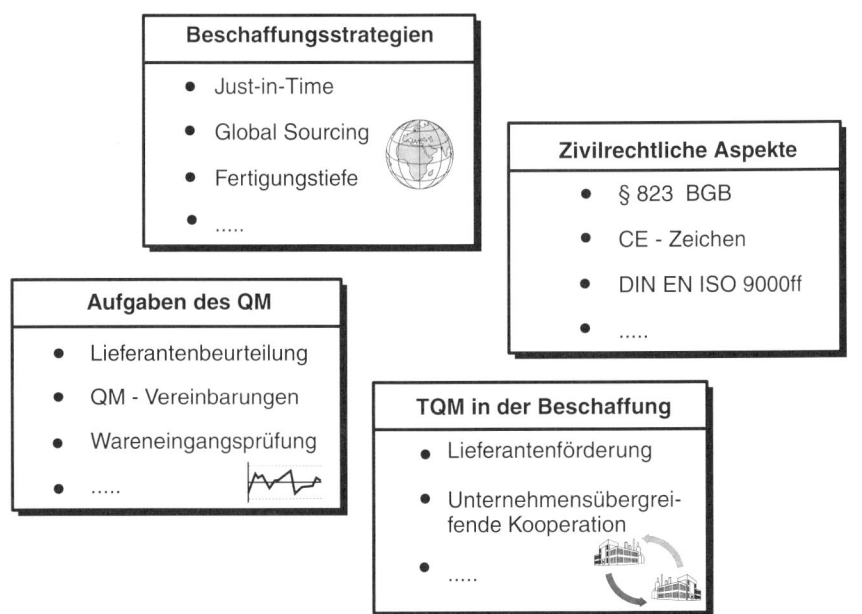

Bild 4.1   Einflußfaktoren auf den Beschaffungsprozeß

lianzen. „Beschafft" wird dabei Entwicklungs- und Fertigungs-Know-how des Partners. Auf der Basis des gegenseitigen Vertrauens greifen die QM-Systeme der Partnerunternehmen ineinander und beenden das Nullsummenspiel „was ich gewinne verlierst du". Nichts anderes heißt Total Quality Management in der Beschaffung.

Das vorliegende Kapitel beschreibt gleichermaßen die traditionelle Qualitätssicherung von Lieferungen und die Potentiale des ganzheitlichen Qualitätsmanagements mit Kunden und Lieferanten. Erläutert werden zunächst die derzeit erkennbaren Beschaffungsstrategien und zivilrechtliche Aspekte, die teilweise einer „TQM-orientierten Beschaffung" entgegenwirken **(Bild 4.1)**.

4.2 Beschaffungsstrategien

Die wachsende Komplexität der Produkt- und Produktionsstrukturen infolge der stärkeren Kundenorientierung, der große Rationalisierungsdruck und die steigende Bedeutung des Faktors Zeit bei gleichzeitiger Forderung nach höchstem Qualitätsniveau prägen die derzeitigen Beschaffungsstrategien in nahezu allen Industriezweigen **(Bild 4.2)**. Von übergeordneter Bedeutung sind dabei die Bemühungen der Hersteller, ihre Fertigungstiefe weiter zu verringern und zunehmend Produkte zu beschaffen, die vormals selbst hergestellt wurden.

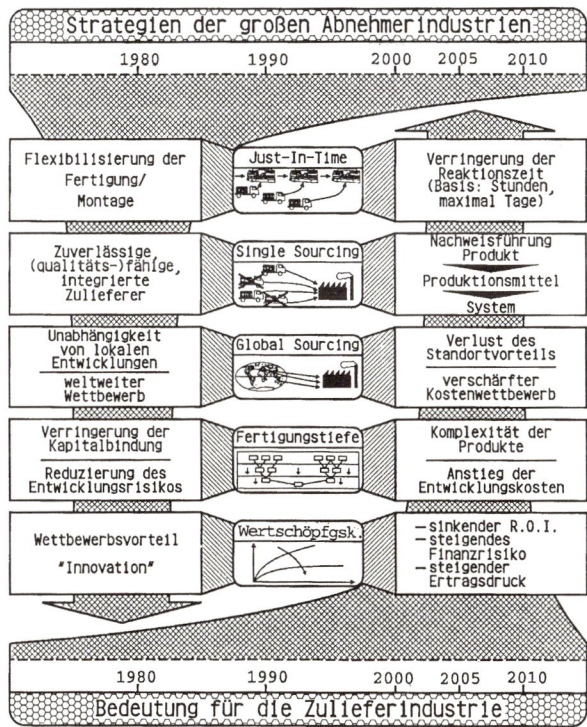

Bild 4.2 Entwicklungen in der Abnehmer- und Zulieferindustrie

Fertigungstiefe – Outsourcing

Eine Reduzierung der Fertigungstiefe bedeutet die Konzentration auf die eigentlichen Kerngeschäfte der jeweiligen Unternehmung. Die Fokussierung auf die Kernkompetenzen baut einerseits die Komplexität der innerbetrieblichen Abläufe ab und reduziert somit Durchlaufzeiten und potentielle Fehlerquellen. Andererseits entfallen unwirtschaftliche Randkompetenzen, die beim „Produktionsspezialisten" oft wesentlich günstiger eingekauft werden können. Zunehmend wird die Entscheidung der Selbstherstellung oder Fremdvergabe (make or buy) daher zugunsten der Fremdvergabe, also des „Outsourcings" getroffen.

Der Anteil von nicht selbst hergestellten Komponenten an komplexen Erzeugnissen beträgt heute oftmals mehr als 70 % [fr1]. In der Bundesrepublik liegt der Anteil der von den Automobilherstellern zugekauften Teile und Komponenten bei über 60 %, vor wenigen Jahren lag dieser Anteil noch bei 40 %. In Japan beträgt die Fertigungstiefe in der Automobilbranche nur noch 20 % [sie]. Der Wertschöpfungsanteil am Produkt, der durch die Beschaffung abgedeckt wird, ist also größer, als der der Fertigung. Somit gewinnt die Beschaffung im Vergleich zur eigenen Produktion deutlich an Bedeutung.

Diese Entwicklung ist aus gesamtwirtschaftlicher Sicht der Zulieferbranche positiv zu bewerten; ihr Wertschöpfungsanteil am erzeugten Produkt und damit ihre wirtschaftliche Bedeutung wächst. Mit dieser Steigerung wächst aber auch die Verantwortung für das Erzeugnis. Die Abnehmerindustrie versucht durch entsprechende Klauseln bei der Vertragsgestaltung diese Verantwortung und damit auch das wirtschaftliche Risiko auf den Zulieferer zu übertragen.

Hierdurch werden viele Probleme auf den Zulieferer abgewälzt. Der Einkäufer erwartet in verstärktem Maße ganze Produktsysteme bzw. vormontierte Baugruppen. Das zwingt den Lieferanten zu höheren Investitionen in seine eigene Forschung und Entwicklung. Steigende Kapitalbindung und neue logistische Sachzwänge setzen ihn mehr und mehr unter Druck. Darüber hinaus wächst der Druck auf das Qualitätsmanagement des Lieferanten, um die Beschaffungssicherheit des Abnehmers zu gewährleisten. Demgegenüber stehen die Vorteile stabiler Absatzplanung und Abnahmegarantien. Die Bedeutung des Zulieferers für seinen Kunden muß neu definiert werden. Der Unternehmenserfolg hängt zunehmend von der Leistungsfähigkeit und Zuverlässigkeit der Lieferanten ab. Demzufolge muß das unternehmerische Risiko angemessen verteilt werden. Ein Loslassen vom alten, kurzfristigen Profitdenken ist notwendig, um den Lieferanten stärker einzubinden.

Single Sourcing

Eine stärkere Einbindung des Zulieferers in die Produktionsabläufe des Abnehmers bedeutet eine partnerschaftliche Zusammenarbeit beider und zunächst einmal ein Mehr an organisatorischem Aufwand, der mit einer Vielzahl von Lieferanten nicht gleichzeitig zu bewältigen ist. Folgerichtig muß die Philosophie der Partnerschaft zu

– einer geringeren Anzahl von Lieferanten für ein Zulieferteil,

– einer insgesamt geringeren Anzahl von Lieferanten und zu

– einer langfristig angelegten Vertragsgestaltung

führen. Diese Beschaffungsstrategie wird mit Single Sourcing bezeichnet.

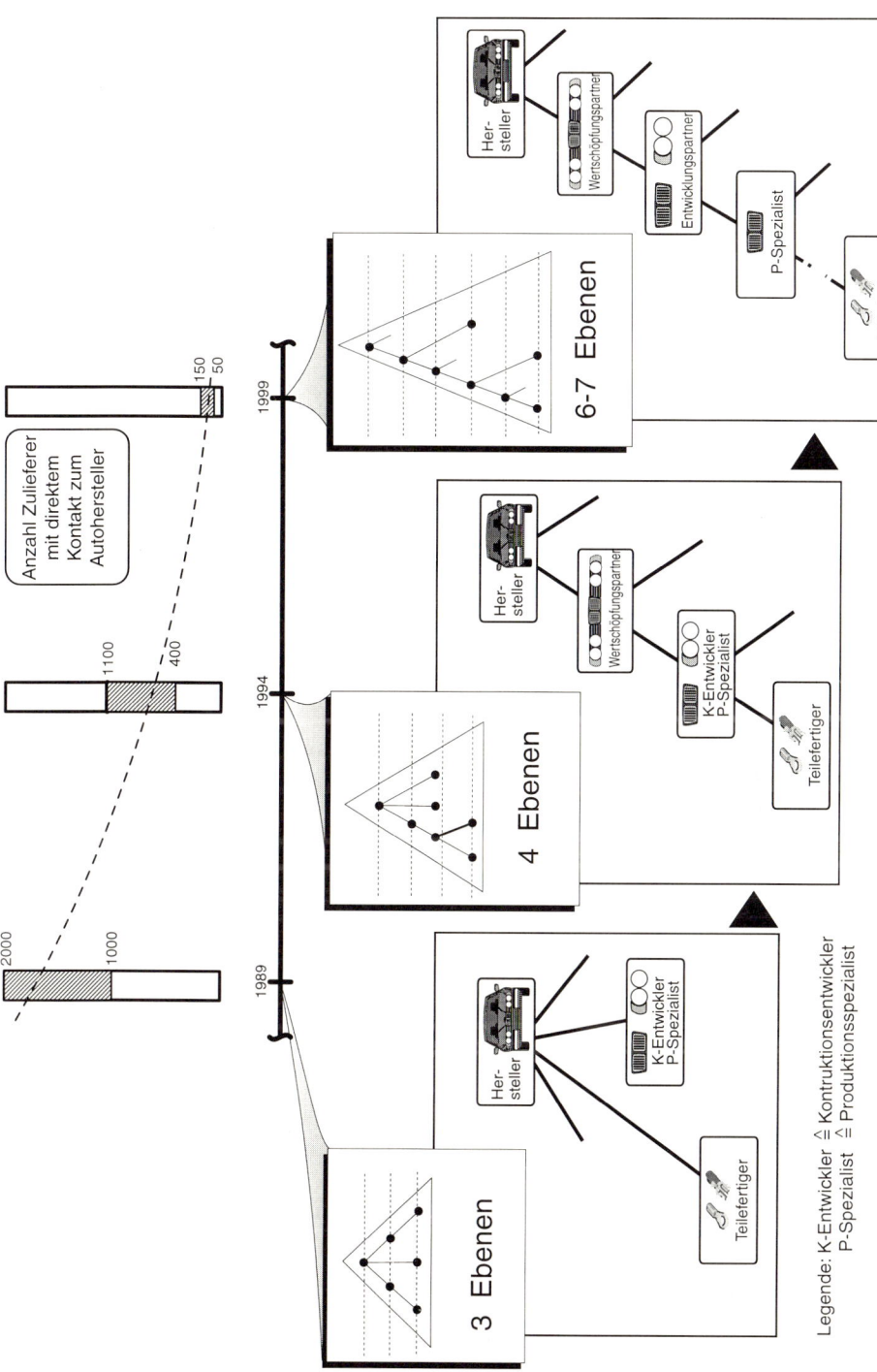

Legende: K-Entwickler $\hat{=}$ Kontruktionsentwickler
         P-Spezialist $\hat{=}$ Produktionsspezialist

Bild 4.3   Tendenzen in der Zulieferstruktur

Um das erhöhte Risiko besser absichern zu können, werden die Lieferverträge häufig um Vereinbarungen ergänzt, die bisher nicht oder nur mit untergeordneter Bedeutung berücksichtigt wurden. So beinhalten die Verträge nicht nur die technischen Eigenschaften und Spezifikationen des Produktes, sondern auch detaillierte Forderungen zur Qualität der Produkte und der eingesetzten Produktionsmittel bzw. Forderungen an die Wirksamkeit des installierten QM-Systems des Lieferanten. Weitere Lieferbedingungen beziehen sich auf die Beschaffungslogistik und die geforderten Dokumente. Vom Lieferanten wird oft eine lückenlose Nachweisführung und Dokumentation der Qualitätseigenschaften bzw. des Fertigungsablaufes eines jeden gelieferten Loses verlangt.

Ob die enge Kooperation beiden Partnern gleichermaßen zum Nutzen werden kann, hängt von der angemessenen Berücksichtigung und Honorierung des jeweiligen unternehmerischen Risikos ab.

Wertschöpfungskette

Die Umsetzung der Strategie des Out- und Singlesourcings hat vor einigen Jahren bei den Endprodukt-Herstellern begonnen und überträgt sich seither kontinuierlich auf die großen Zulieferunternehmen und zukünftig auf deren Lieferanten und Unterlieferanten usw. Im Entstehen ist dabei eine Zulieferstruktur mit einer zunehmenden Anzahl von „Lieferantenebenen" innerhalb der gesamten Wertschöpfungskette **(Bild 4.3)** [hil]. Während 1989 noch zwischen 1000 und 2000 Zulieferer direkten Kontakt zum Autohersteller hatten, waren es 1994 zwischen 400 und 1100. 1999 werden es voraussichtlich nur noch 50 bis 150 Unternehmen pro Autohersteller sein [jet]. Auf unterster Ebene der Lieferantenstruktur in der Automobilindustrie steht der Teilefertiger. Seine Situation ist gekennzeichnet durch geringe Gewinnmargen, hohe Kostentransparenz gegenüber dem Kunden, geringe Kooperationsmöglichkeiten und ein begrenztes Produktions-Know-how. Eine Überlebenschance hat der Teilefertiger nur, wenn es ihm gelingt, die Position des Kostenführers einzunehmen oder sich zum Produktionsspezialisten, Entwicklungspartner oder letztlich zum Wertschöpfungspartner zu entwickeln [wil]. Den Status des Kostenführers läßt der Industriestandort Deutschland aufgrund der hohen Lohn- und Lohnnebenkosten kaum mehr zu. Der Zulieferer auf unterer Lieferantenebene ist gezwungen, sich zu entwickeln und die Zusammenarbeit mit seinen Kunden zu suchen. Kooperationsfähig wird er nur durch eine Erhöhung der Produkt- und Produktionskompetenz, eine Erweiterung seines Leistungsangebots und die Fähigkeit zur Innovation.

Global Sourcing

Durch das Zusammenwachsen der internationalen Märkte kann die Auswahl der zukünftigen Lieferanten aus einem stark erweiterten Potential erfolgen. Die Beschaffung von Produkten und Dienstleistungen aus allen Teilen der Welt wird Global Sourcing genannt. Restriktionen in Informations-, Kommunikations- und Transportsystemen haben in der Vergangenheit die Zahl der möglichen Lieferanten erheblich eingeschränkt. Transportzeiten und -kosten sinken durch bessere Infrastrukturen, zunehmenden Wettbewerb und Optimierung der Zusammenarbeit. So kann für viele Produkte heute ein weltweiter Wettbewerb für eigene Zwecke genutzt werden. Der Abnehmer wird dabei unabhängiger von lokalen, politischen und finanzpolitischen Entwicklungen [pf1].

Die Einsatzmöglichkeiten der Beschaffungsstrategie des Global Sourcing werden durch eine Bündelung der Nachfrage in Form von Einkaufsorganisationen und zunehmender internationaler Konzernverflechtungen verstärkt. Automobilhersteller beispielsweise fordern sog. „Global Players", i.d.R. Systemlieferanten, die für alle Produktionsstandorte in den verschiedensten Kontinenten lieferfähig sind. Auftragsvergaben für Bauteile und Systemkomponenten für den deutschen Markt werden zunehmend davon abhängig gemacht, ob der Lieferant grundsätzlich auch in der Lage ist, Werke in Mexiko oder Brasilien zu beliefern.

Just-in-Time und Ship-to-Stock

Grundgedanke der Just-in-Time-Strategie ist die Minimierung der Kapitalbindung in Bestände durch Verzicht auf eigene Vorräte. Der Lieferant soll seine Ware möglichst produktionssynchron bereitstellen, so daß sie unmittelbar in den Prozeß des Abnehmers eingebunden werden kann. Die Reduzierung der Lagerkapazität im Wareneingangs- und Materiallager und der Abbau von mehrstufigem Handling bringen weitere Kostenvorteile.

Das erfolgreiche Umsetzen dieser Strategie ist an wichtige Voraussetzungen geknüpft: Sowohl Lieferant als auch Abnehmer müssen über eine gleichermaßen flexible wie auch sichere und zuverlässige Produktion und Auftragsabwicklung verfügen. Null-Fehler-Lieferungen werden vor allem dann nötig, wenn der Abnehmer über einen hohen Automatisierungsgrad in der Fertigung verfügt. Hierbei können Teile und Produktmerkmale an Bedeutung gewinnen, die vormals eine weniger wichtige Rolle spielten.

Genaue Beschaffungsaufträge mit detaillierter Produktbeschreibung sowie ein reibungsloser Informationsaustausch zwischen den Partnern sind notwendig. Die Transportaufgabe erhält ein neues Profil. Hohe Zuverlässigkeit und Pünktlichkeit sind Voraussetzung für die Realisierung eines Just-in-Time-Konzeptes. Bei höherer Frequenz wird die Auslastung der logistischen Kapazitäten schwieriger.

Kern der Ship-to-Stock-Lieferungen ist der Verzicht auf Wareneingangsprüfungen beim Abnehmer. An ihre Stelle treten häufig vertragliche Vereinbarungen, die Regelungen für Leistungsstörungen beinhalten. Die gegenseitige Abhängigkeit der Handelspartner wird durch diese Form der Kooperation entscheidend verstärkt. In diesem Zusammenhang sind insbesondere zivilrechtliche Aspekte in die Überlegungen mit einzubeziehen [pf1].

4.3   Zivilrechtliche Aspekte

Das Thema Qualitätsmanagement und Recht wird in Kap. 11 ausführlich behandelt. An dieser Stelle soll nur auf die Konsequenzen für die Anforderungen während der Beschaffungsphase eingegangen werden. Zum Teil sind die eingeforderten rechtlichen Aspekte so konkret und detailliert, daß aus ihnen direkt die Maßnahmen zur Qualitätssicherung bzw. die Restriktionen an eine TQM-orientierte Beschaffung abgeleitet werden können. Die folgenden Ausführungen geben einen kurzen Überblick über zivilrechtliche Anspruchsgrundlagen bei fehlerhaften Produkten **(Bild 4.4)**.

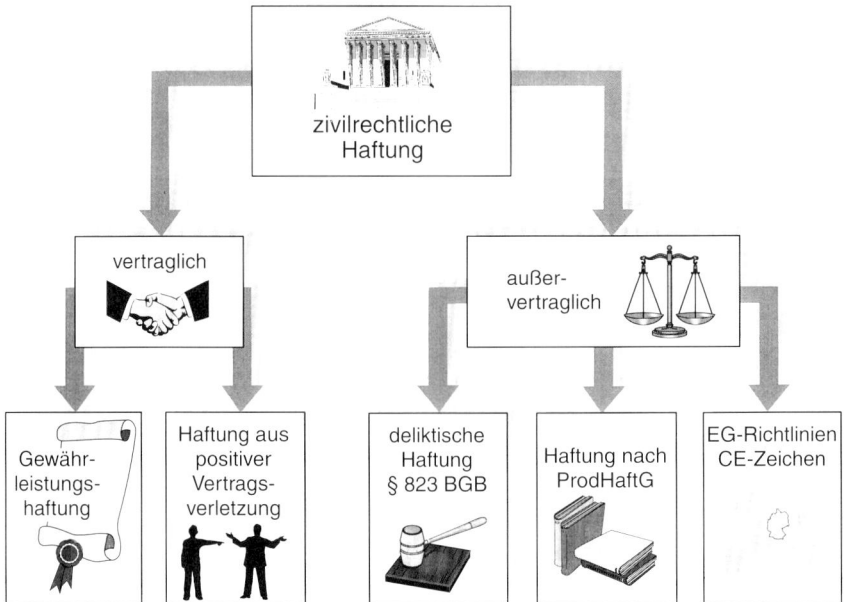

Bild 4.4   Zivilrechtliche Haftung bei fehlerhaften Produkten

Ansprüche aus Verträgen

Verträge zwischen Kunden und Abnehmern dienen im wesentlichen dazu, die einzelnen Rechte und Pflichten der Vertragspartner festzulegen und rechtlich abzusichern, d.h. einklagbar zu machen. Auch für vertragliche Vereinbarungen zwischen Kunden und Lieferanten gibt es gesetzliche Grundlagen. Es sind dieses der § 377 ff. des Handelsgesetzbuches (HGB) und die Paragraphen des Kaufvertragsrechts (§ 433–463) als auch die des Werkvertragsrechts (§ 631–649). Diese gesetzlichen Regelungen treten automatisch dann in Kraft, wenn in den vertraglichen Vereinbarungen keine anders lautenden Regelungen getroffen werden.

Nach § 377 HGB ist die Qualitätsprüfung im Wareneingang eine Voraussetzung für den Erhalt der Gewährleistungsansprüche gegenüber dem Lieferanten. Dem Abnehmer von Waren wird im § 377 HGB zur Auflage gemacht, sich mit branchenüblicher und fachmännischer Sorgfalt (z.B. Stichprobenprüfung, AQL-Kennwerte) ein zuverlässiges Bild von der Qualität der Ware zu machen, das heißt zu prüfen. Bei mangelhaften Lieferungen muß der Abnehmer Gewährleistungsansprüche gegenüber dem Lieferanten durch Mängelrügen geltend machen [fr2].

Prüft ein Hersteller seine Kaufteile allein auf Identität und damit nicht die wesentlichen Qualitätsmerkmale, so ist zu beachten, daß dieses Vorgehen auch bei Waren mit dokumentierten Prüfnachweisen des Lieferanten, wie z.B. gemäß DIN 40059, für die Inanspruchnahme der Gewährleistungshaftung nach § 377 HGB nicht genügt.

Um die etwaigen Haftungsansprüche gegenüber seinem Lieferanten klar zu regeln, sollte ein Hersteller verbindliche Qualitätsmanagement-Vereinbarungen mit seinem

Lieferanten treffen. Diese vertraglichen Vereinbarungen sollten ferner Regelungen für den Fall des Auftretens offener oder verdeckter Mängel enthalten. Werden bei einer Prüfung Mängel gefunden, so gelten diese als offene Mängel, die später gefundenen als verdeckte Mängel.

Das Kaufvertragsrecht, das im wesentlichen durch § 459 und § 462 ff. des bürgerlichen Gesetzbuches (BGB) mit Leben erfüllt wird, ergänzt den Vertrag zwischen Lieferant und Hersteller um die Regelungen, die im Vertrag nicht ausdrücklich anders lautend getroffen werden.

Grundsätzlich gilt, daß aufgrund des zwischen Hersteller und Lieferanten geschlossenen Kaufvertrages der Lieferant dafür haftet, daß die verkaufte Sache zum Zeitpunkt der Übergabe nicht mit Fehlern behaftet ist, die entweder den Wert oder die Gebrauchsfähigkeit dieser Sache aufheben oder erheblich mindern. Soweit bei Vertragsabschluß besondere Eigenschaften zugesichert wurden, haftet der Lieferant auch für deren Vorhandensein. Er haftet grundsätzlich, d.h. ohne Rücksicht auf etwaiges Verschulden seinerseits, also auch ohne Rücksicht darauf, ob er einen etwaigen Mangel der Kaufsache zu vertreten hat oder nicht.

Wie diese Gewährleistung zu erfolgen hat, richtet sich in erster Linie nach den im Vertrag getroffenen Vereinbarungen und in zweiter Linie, wenn die Parteien nichts oder etwas Unwirksames vereinbart haben, nach den Vorschriften im BGB oder HGB.

Danach kann der Hersteller im Falle der Mangelhaftigkeit der gelieferten Sache nach seiner Wahl vom Lieferanten

- die Rückgängigmachung des Vertrages (Wandlung),
- die nachträgliche Herabsetzung des Kaufpreises (Minderung),
- die Ersatzlieferung eines gleichartigen mangelfreien Teils oder, wenn dies nicht möglich ist,
- Schadenersatz wegen Nichterfüllung

verlangen.

Wurde durch eine Lieferung beim Abnehmer (Käufer) ein Folgeschaden verursacht und ist damit ein Schaden über die gekaufte Sache hinaus an seinen sonstigen Rechten oder Rechtsgütern entstanden, so haftet hierfür der Lieferant Kraft des mit dem Abnehmer geschlossenen Vertrages dann, wenn dieser Schaden darauf beruht, daß der Lieferant eine ihm obliegende vertragliche Pflicht schuldhaft, d.h. vorsätzlich (bewußt und gewollt) oder fahrlässig (Nichtbeachtung der erforderlichen Sorgfalt) verletzt hat. Hierbei handelt es sich um die sogenannte Haftung aus positiver Vertragsverletzung.

Außervertragliche Ansprüche

Im Bürgerlichen Gesetzbuch (BGB) wird jedem Produzenten zur Auflage gemacht, nur fehlerfreie Produkte in den Verkehr zu bringen, von denen bei bestimmungsmäßigem Gebrauch keine Gefahr ausgeht. Grundsätzlich haftet nach § 823 BGB derjenige, der den Schaden am Produkt verursacht und damit zu verantworten hat.

Das Produkthaftungsgesetz (ProdHaftG) ist ein Verbraucherschutzgesetz und regelt damit allein die Ansprüche eines Verbrauchers gegenüber dem Hersteller des Produktes.

Im Zuge der EU-Politik werden zunehmend EG-Harmonisierungsrichtlinien geschaffen, die in allen Mitgliedsstaaten gleichermaßen geltendes Recht sind und auf die Sicherheit der Produkte abzielen. Richtlinienkonforme Produkte unterliegen dabei der Kennzeichnungspflicht durch das CE-Zeichen [pf2].

Die Außervertragliche Haftung wird in Kap. 11 umfassend erläutert.

Normen

Normen sind grundsätzlich freiwilliger Natur, dienen aber oftmals als Grundlage für vertragliche Vereinbarungen. Im Beschaffungsbereich definieren Normen und Richtlinien darüber hinaus das, was juristisch unter „technisch machbar" und „wirtschaftlich zumutbar" verstanden wird.

Zentrale Bedeutung für Qualitätsmanagement-Vereinbarungen kommt der Normenreihe DIN EN ISO 9000 ff. zu (vgl. Kap. 9).

4.4 Aufgaben des Qualitätsmanagements in der Beschaffung

Das Ziel des Qualitätsmanagements in der Beschaffung ist wie folgt zu definieren:

> „Die beschafften Produkte und Leistungen sollen die festgelegten Qualitätsanforderungen des Kunden unter Berücksichtigung der Wirtschaftlichkeit erfüllen."

Im Wandel des Zuliefermarktes haben sich die Methoden und Aufgaben zur Erreichung dieses Ziels maßgeblich verändert. Beschränkten sich die qualitätssichernden Maßnahmen in der Beschaffung zunächst nur auf die Qualitätsprüfung der Produkte im Wareneingang, so erkannte man recht schnell, daß hierdurch die Qualität von Zulieferungen nicht wirksam und wirtschaftlich sichergestellt werden konnte. Zum einen, weil weder statistische Methoden noch 100% Prüfungen eine absolute Sicherheit über die Qualitätsfähigkeit der Ware geben. Zum anderen, weil Produktprüfungen in erster Linie werteverzehrende Tätigkeiten sind. Diese Erkenntnis führte einerseits zu der Überlegung, auf die Wareneingangsprüfung zu verzichten. Doch war man häufig unsicher, ob ein solcher Verzicht aus Rechtsgründen zulässig sei. Andererseits wurden eine Reihe zusätzlicher QM-Methoden entwickelt. Der „günstige" Einkauf als solcher wurde neu definiert. Die Einsicht, Qualitätsprobleme nicht dort zu erkennen wo sie wirken (beim Kunden), sondern dort zu beheben wo sie entstehen (häufig beim Lieferanten), führte zur massiven Auditierung und Beurteilung von Lieferanten. Heute spricht man vom „Audittourismus" und verbindet damit die Überwälzung von Kosten und Risiken auf den Lieferanten. Eines hat diese Entwicklung mit Sicherheit bewirkt, eine erhebliche Verschlechterung der Beziehung zwischen Lieferant und Kunde [fr2]. Zukünftig müssen Unternehmen auf die Qualitätsfähigkeit ihrer Lieferanten vertrauen (können) und ihnen durch Lieferantenförderprogramme die wesentlichen QM-Techniken an die Hand geben.

Die im folgenden erläuterten Methoden und Aufgaben haben daher keinesfalls an Bedeutung verloren. Im Gegenteil helfen sie, unter der Berücksichtigung spezifischer Problemstellungen, das eingangs dargelegte Ziel wirkungsvoll zu verfolgen. Die QM-Aufgaben der Beschaffung unterscheiden sich auch durch ihre zeitbezogene Integration in die betriebliche Leistungserstellung **(Bild 4.5)**.

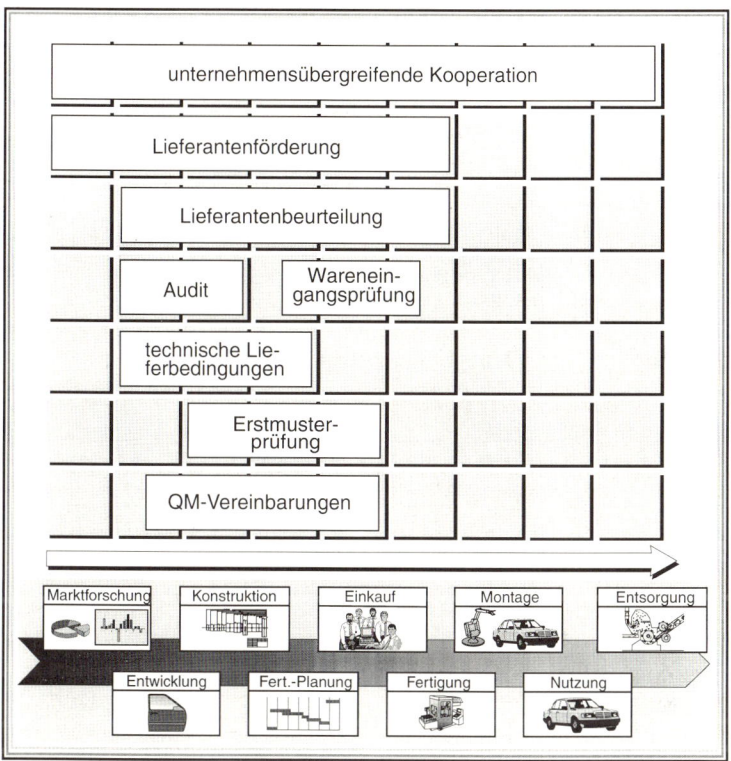

Bild 4.5 QM-Aufgaben in der Beschaffung

4.4.1 Qualitätsprüfung im Wareneingang

Aus der Tradition der „Kontrolle" zählt die Qualitätsprüfung im Wareneingang (WE) zu den klassischen Instrumenten der Qualitätssicherung in der Beschaffungsphase. Die Wareneingangsprüfung unterscheidet sich von der fertigungsbegleitenden Prüfung im wesentlichen durch ihre spezifischen Bedingungen im Prüffeld. In der Regel werden im Wareneingang klar definierte Mengen (Lose) durch eine Stichprobenprüfung auf das Vorhandensein bestimmter, vertraglich festgelegter Eigenschaften geprüft [chr]. Die WE-Prüfung dient der Reduzierung des Fehleranteils von Zulieferungen und der Vermeidung von Fehlern und Fehlerfolgekosten in nachgelagerten Bereichen.

Die Idee der geplanten Prüfung und der Rückführung der Prüfergebnisse aus der Feldebene in die übergeordneten Ebenen wird durch die Instrumente der Prüfplanung, Prüfbeauftragung, Prüfdurchführung, Auswertung und Urteilsfindung realisiert. Der

Informationsfluß zwischen den Funktionen Entwicklung/Konstruktion, Wareneingangsprüfung, Einkauf und den Funktionen des Lieferanten ist durch eine Vielzahl rückführender Elemente gekennzeichnet **(Bild 4.6)**. Die rückführenden Pfeile verdeutlichen, daß die Ergebnisse der Prüfung und Fehlerdatenerfassung nicht nur als Entscheidungsgrundlage für die Annahme oder Rückweisung eines Loses, sondern auch als Anstoß für weitere präventive QM-Maßnahmen dienen.

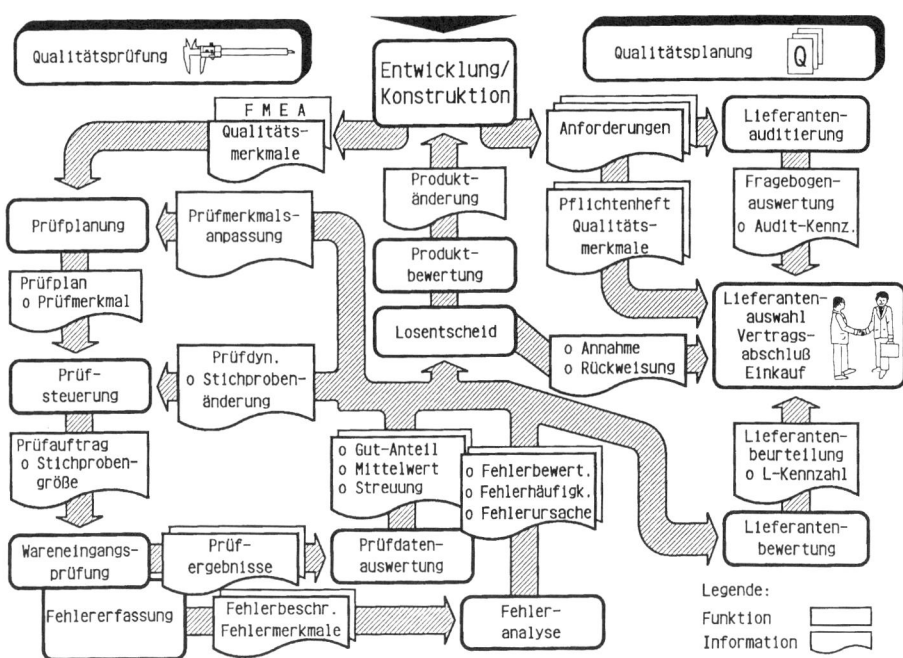

Bild 4.6   Informationsfluß im Beschaffungsvorgang

So sollte zum Beispiel in der Prüfplanung der Prüfaufwand und -umfang der aktuellen Qualitätslage angepaßt werden. Dabei wird bei gleicher Losgröße der Stichprobenumfang in Abhängigkeit der letzten Prüfergebnisse reduziert oder erweitert. Dieses Verfahren nennt man Prüfdynamisierung. Es kann bis zum Prüfverzicht (Skip lot) führen. Das Verfahren ist in den Normen DIN ISO 2859 und DIN ISO 3951 festgeschrieben.

Die Fehlerdatenerfassung mit anschließender Fehleranalyse bildet die Grundlage für weitere Entscheidungen über die Lieferung, für kaufmännische Maßnahmen (Minderung des Kaufpreises, Ersatzlieferung etc.) und die allgemeine Beurteilung der Qualitätsfähigkeit des Lieferanten. Darüber hinaus dient sie der Prävention **(Bild 4.7)**.

Jede Fehlerbehebungsmaßnahme am Produkt sollte nach der Fehlerursache beim Herstellungsprozeß fragen und diese beheben. Da die Fehlerursache bei Zukaufteilen in der Regel beim Lieferanten liegt, ist zur Fehlerbehebung eine intensive Kommunikation zwischen Qualitätssicherung und Einkauf des Kunden und den jeweiligen Stellen des

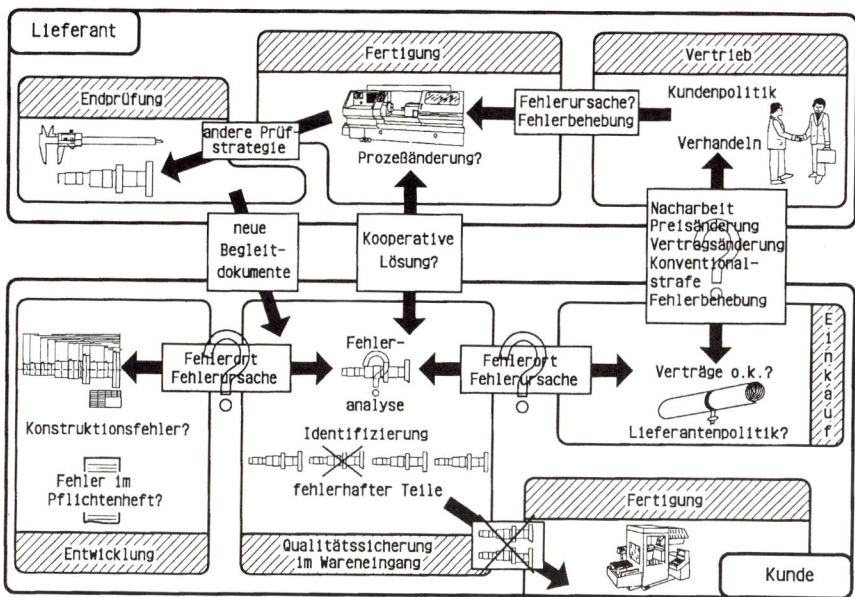

Bild 4.7   Fehlererfassung und -behebung bei Zulieferteilen

Lieferanten erforderlich. Aber auch die Konstruktions- und Entwicklungsabteilung im eigenen Unternehmen ist mit einzubeziehen, denn allzu häufig befindet sich die wahre Fehlerursache in den Konstruktionsunterlagen oder Pflichtenheften.

Prüfstrategien im Wareneingang

Die Prüfstrategien im Wareneingang sind einerseits von Art und Umfang der Lieferung und andererseits von den vertraglichen Vereinbarungen zwischen Kunde und Lieferant abhängig. Bei einer langfristigen Lieferung größerer Stückzahlen sind die dazugehörigen vertraglichen Vereinbarungen in der Regel sehr umfangreich. Sie sollten auf jeden Fall einen Passus enthalten, der die Vorgehensweise des Qualitätsmanagements für die Zulieferteile regelt. Meist wird sich der Kunde durch eine Lieferantenbewertung vor Auftragsvergabe von der Qualitätsfähigkeit seines Lieferanten überzeugen. Als vorteilhaft erweist es sich, gemeinsam mit dem Lieferanten eine fertigungsbegleitende Prüfung der zu liefernden Produkte zu vereinbaren. Der Kunde überzeugt sich dann, ggf. durch regelmäßige Audits, von der Wirksamkeit dieser Produktprüfungen. Die Wareneingangsprüfung kann sich in diesem Falle auf eine Überprüfung der Identität der gelieferten Ware und auf eine Prüfung der mitgelieferten Warenbegleitpapiere beschränken.

Bestehen diese engen vertraglichen Vereinbarungen zwischen Kunden und Lieferanten nicht, so ist der Kunde schon aus haftungsrechtlichen Gründen gezwungen, eine Wareneingangsprüfung vorzunehmen. Hierbei werden neben den gelieferten Dokumenten vor allem die wichtigen und kritischen Merkmale am Produkt überprüft. In der Regel wird bei Serienprüfungen an zwei bis fünf Teilen eine Vollprüfung vorgenommen, d.h. die Erfüllung aller wichtigen Qualitätsanforderungen wird überprüft. Die Überprüfung weiterer Lieferungen erfolgt dann durch eine Stichprobenprüfung der wichtigsten Merkmale.

Bei der Auswahl der Prüfmerkmale und der Bestimmung des Prüfumfanges, d.h. der Bestimmung der Anzahl der zu prüfenden Teile innerhalb eines Loses, ist der Fehlereinfluß auf nachgelagerte Bereiche zu berücksichtigen. Ein Fehler ist nach DIN 55350 [din] die

> *„Nichterfüllung einer Forderung".*

Man unterscheidet grundsätzlich für den Wareneingangsbereich drei Fehlerarten (DIN 55350, Teil 31):

1. *Kritischer Fehler:* Fehler, von dem anzunehmen oder bekannt ist, daß er voraussichtlich für Personen, welche die betreffende Einheit benutzen, instandhalten oder auf sie angewiesen sind, gefährliche oder unsichere Situationen schafft; oder ein Fehler, von dem anzunehmen oder bekannt ist, daß er voraussichtlich die Erfüllung der Funktion einer größeren Anlage gefährdet.

2. *Hauptfehler:* Nicht kritischer Fehler, der voraussichtlich zu einem Ausfall führt, oder der die Brauchbarkeit für den Verwendungszweck wesentlich herabsetzt.

3. *Nebenfehler:* Fehler, der voraussichtlich die Brauchbarkeit für den vorgegebenen Verwendungszweck nicht wesentlich herabsetzt, oder ein Abweichen von geltenden Festlegungen, die den Gebrauch oder Betrieb der Einheit nur geringfügig beeinflussen.

Für die Entscheidung, welche Prüfstrategie zum Einsatz kommt, ist die Fehlerbewertung von entscheidender Bedeutung. Man unterscheidet generell zwischen der 100%-Prüfung und der Stichprobenprüfung. Die 100%-Prüfung wird meist nur bei kritischen Serienteilen oder in der Einzelteil- und Kleinserienfertigung für komplexe Produkte angewandt. Eine Stichprobenprüfung wird oft bei großen Stückzahlen angewandt. Einzelnen Fehlerarten (Merkmalsarten) lassen sich typische Prüfumfänge zuordnen **(Bild 4.8)**.

Stichprobenverfahren bieten häufig niedrigere Gesamtkosten und können so festgelegt und berechnet werden, daß sie den Ansprüchen von Lieferant und Abnehmer gerecht werden. Die Vorteile der Stichprobenprüfung können wie folgt zusammengefaßt werden:

– Geringe Prüfkosten.

– Die Anwendung von zerstörenden Prüfungen ist möglich (hoher Informationsgehalt).

– Die Prüflose sind schnell verfügbar.

– Es wird weniger Prüfpersonal benötigt.

– Durch die höhere Qualifikation und die weniger monotone Arbeit wird das Prüfpersonal besser motiviert, der Restfehleranteil sinkt.

Bei Stichprobenprüfungen werden nicht fehlerhafte Einheiten (Bauteil, Baugruppen) zurückgewiesen, sondern gesamte Lose. Dies kann eine Signalwirkung beim Lieferanten auslösen. Die Motivation zur Qualitätsverbesserung und Fehlerverhütung kann beim Lieferanten steigen.

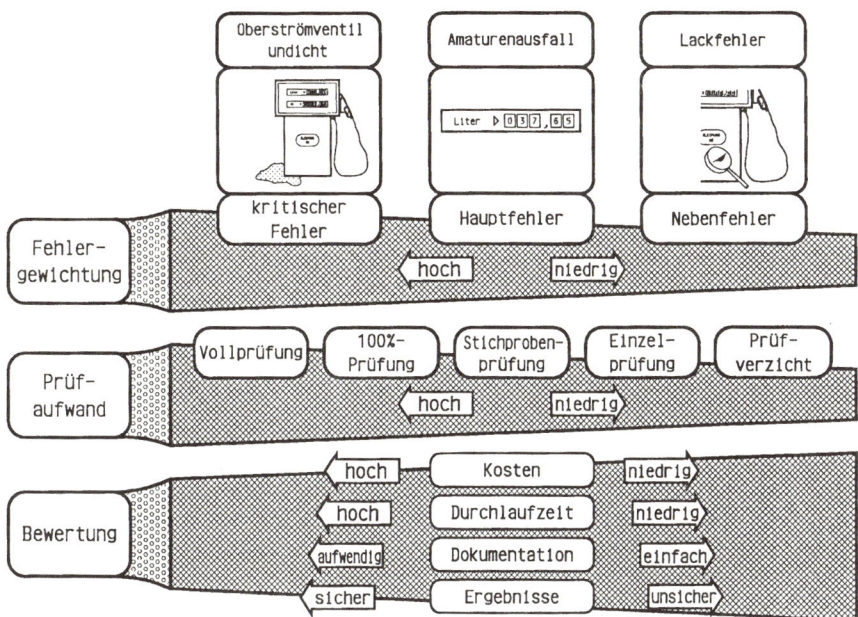

Bild 4.8   Prüfstrategie im Wareneingang

Bei der Auswahl geeigneter Stichprobenverfahren unterscheidet man grundsätzlich zwischen

– Qualitativen Stichprobenverfahren und

– Quantitativen Stichprobenverfahren.

Alle Stichprobenprüfungen (qualitativ, quantitativ) beziehen sich auf bestimmte Prüflose. Die Stichproben aus dem Prüflos sind so zu entnehmen, daß ihre Zusammensetzung repräsentativ für das Los ist.

Die qualitativen Stichprobenverfahren sind nach der Norm DIN ISO 2859 festgelegt. Bei diesen Stichprobenverfahren, früher auch attributive Stichprobenverfahren genannt, wird nach nicht quantifizierten Prüfmerkmalen, z.B. gut/Ausschuß oder vorhanden/nicht vorhanden geprüft. Typische Hilfsmittel für die Überprüfung von attributiven geometrischen Merkmalen sind z.B. die Grenzrachenlehre oder der Grenzlehrdorn.

Beide Stichprobenverfahren verwenden als Ordnungsprinzip die annehmbare Qualitätsgrenzlage AQL (**A**cceptable **Q**uality **L**evel).

Ein AQL-Wert von 0,1 beispielsweise bedeutet, daß im Prinzip nur ein Fehler pro 1000 Einheiten in der Lieferung toleriert wird (0,1 %). Um das Lieferantenrisiko möglichst gering zu halten und weil in der Praxis mit relativ grob gestaffelten Tabellen gearbeitet wird, liegt der tolerierte Fehleranteil zumeist höher. Beispiel: Für einen AQL-Wert von 0,1 und einer Losgröße von 100 000 Stück beträgt der Stichprobenumfang bei normaler Prüfung 500 Stück. Aus der Annahmezahl von 1 (von 500) läßt sich leicht errechnen, daß in Wirklichkeit aber ein tatsächlicher Fehleranteil von bis zu 0,2 % in der Stichprobe toleriert wird.

Die Festlegung des AQL-Wertes richtet sich nach

- den zu prüfenden Fehlermerkmalen (kritischer, Haupt-, Nebenfehler),
- einer Kosten/Nutzen-Rechnung und
- den Vereinbarungen zwischen Lieferant und Abnehmer.

Bedenkt man, daß Kunden heutzutage zumeist auf einer Null-Fehler-Lieferung bestehen, so sind Vereinbarungen eines AQL zwischen Kunden und Lieferanten nicht mehr zeitgemäß. Trotzdem sollten die in den genannten Normen ausgearbeiteten Verfahren der Prüfumfangsbestimmung für die interne Wareneingangsprüfung durch einen internen AQL genutzt werden. Dadurch läßt sich der Prüfaufwand deutlich reduzieren. Im klassischen Sinne ist der festgelegte AQL-Wert eine Kennzahl oder auch ein Grenzwert, der die Entscheidung erleichtert, ob ein Fehleranteil in einer Lieferung noch zu tolerieren ist bzw. ob das eingegangene Los angenommen bzw. abgelehnt wird.

Quantitative Stichprobenverfahren sind Stichprobenprüfungen nach variablen Merkmalen, z.B. Abstand und Durchmesser, bei denen eine konkrete Maßzahl erfaßt wird. Die Bedingung für Stichprobenverfahren ist eine eindeutige Festlegung einer Annahmebedingung. Bei den quantitativen Prüfmerkmalen (Fehlerarten) wird dieses durch Grenzwerte (Zahlenwerte) erreicht. Das Verfahren zur Prüfdynamisierung ist gleichermaßen für quantitative und qualitative Merkmale anwendbar.

Fehlerdatenerfassung und Fehleranalyse

Während der Bearbeitung einer Wareneingangsprüfung sollte bei der Entdeckung fehlerhafter Teile oder Einheiten eine Fehlerdatenbeschreibung erfolgen. Diese Fehlerdatenbeschreibung dient vordringlich der Unterstützung der weiteren Entscheidungsfindung bezüglich der fehlerhaften Einheiten im Betrieb. Diese Entscheidungsfindung erfolgt in der Regel in Übereinstimmung mit dem Einkauf, der Qualitätssicherung und den Verantwortlichen aus der Fertigung. Alternativen sind die Rücksendung zum Lieferanten, bei Nebenfehlern die vorgesehene Verwendung in der Fertigung bzw. bei zeitkritischen Lieferungen die sofortige Nacharbeit und Fehlerbehebung beim Lieferanten bzw. in der eigenen Fertigung.

Im weiteren dient die Fehlerdatenerfassung und Fehleranalyse als Datenbasis für eine systematisierte Fehlerbehebung. Voraussetzung dafür ist die Nutzung von Standardkatalogen für Prüfmerkmale, Fehlermerkmalsklassen und Maßnahmenklassen.

Über die Historie der Prüfergebnisse und die Fehlerhistorie können Fehlerursachen identifiziert werden. Die Fehlerbehebung wird durch die Möglichkeit des Einblicks in Standardmaßnahmenkataloge [wag] und in Maßnahmen, die in der Vergangenheit zu Fehlerbehebung ergriffen worden sind, unterstützt und dadurch erheblich erleichtert.

4.4.2 Technische Lieferbedingungen

Die von einem Lieferanten herzustellenden Produkte oder Teile werden schon von jeher in Zeichnungen, Normen und Rezepturen beschrieben [fr1].

Bei der heutigen Komplexität von Produkten und den oft sehr detaillierten Anforderungen reichen diese einfachen Dokumente nicht mehr aus. So werden die technischen Angaben zu einem Produkt in der Regel in Form von Pflichten- oder Lastenheften zusammengestellt. Der Abnehmer hat bei der Bestellung der Ware geradezu die Pflicht, den Lieferanten über die gestellten Forderungen aufzuklären. Gerade im Hinblick auf Haftungsfragen ist es äußerst wichtig, nicht nur den Liefergegenstand genau und umfassend zu beschreiben, sondern auch die sonstigen Lieferbedingungen zu konkretisieren [fr2]. Im Lastenheft werden die Forderungen, in der Regel Produkt- und Qualitätsmerkmale, an den Liefergegenstand genau und umfassend beschrieben.

Beispielsweise sollen die Türschlösser eines neuen Modells folgende Qualitätsmerkmale aufweisen:

- Schallemission beim Schließen: < 50 db (A)
- Haltekraft durch Gegendruck der Türdichtung: 60 N
- Haltekraft bei gewaltsamer Öffnung: > 15 000 N
- Entriegelungskraft des Zugankers: < 5 N
- Korrosionsschutz nach DIN

Die benannten Betriebs- und Beanspruchungsmerkmale beschreiben die Wechselwirkung des Türschlosses mit seiner Umwelt: Der Tür, dem Türrahmen und dem Bediener. Sie sind in jedem Falle vertraglich zu vereinbaren. Sollen nicht nur diese Anforderungen, sondern auch die technische oder konstruktive Ausführung beschrieben werden, die zu ihrer Erfüllung nötig ist, so wird diese in Pflichtenheften festgehalten. Es wird dann nicht nur vorgeschrieben, „was" (Lastenheft) für Anforderungen zu erfüllen, sondern auch „wie" (Pflichtenheft) diese technisch zu realisieren sind. Im obigen Beispiel kann dann etwa vorgeschrieben sein, den Zapfen, in den der Riegel fällt, zur Schalldämpfung mit einem Kunststoffring zu ummanteln oder zum Korrosionsschutz alle Teile zu lackieren.

Die Einbindung des Lieferanten hängt in starkem Maße von dessen Bedeutung (Status) und dem Grad der Partnerschaft ab. Entwicklungspartner werden z.B. gemeinsam mit dem Hersteller ein Pflichtenheft erarbeiten. Teilefertigern wird i.d.R. eine vollständige Konstruktion vorgeschrieben – der Zulieferer nur als verlängerte Werkbank der eigenen Fertigung betrachtet.

Welche technischen Angaben zum beschafften Produkt mindestens vorliegen sollten, ist in der Norm DIN EN ISO 9001 festgelegt.

Danach müssen für die Beschaffung von materiellen und immateriellen Produkten (Dienstleistungen) Beschaffungsdokumente angefertigt werden, die das zu beschaffende Produkt eindeutig beschreiben (technische Lieferbedingungen). Diese Spezifikationen müssen Angaben enthalten über

a) den Typ, die Klasse, die Bauart, das Anspruchsniveau oder andere genaue Festlegungen;

b) den Titel oder eine andere eindeutige Festlegung, sowie die anzuwendende Ausgabe von Spezifikationen, Zeichnungen, Forderungen an Prozesse, Prüfanweisungen und anderer wichtiger technischer Angaben, eingeschlossen die Forderungen bezüglich

Qualifikation oder Genehmigung des Produktes, der Verfahren, der Fertigungsmittel und des Personals;

c) den Titel, Nummer und Ausgabe der internationalen Norm zu QM-Systemen, die beim Produkt angewendet werden sollen.

4.4.3   Qualitätsmanagementvereinbarungen

Grundsätzlich kann die Gesamtheit aller qualitätsbezogenen Maßnahmen beim Lieferanten und auch beim Kunden Gegenstand von QM-Vereinbarungen sein. In der Regel beinhalten QM-Vereinbarungen einzuhaltende organisatorische und technische Anforderungen an die betriebliche Leistungserstellung, an das Kontrollsystem des Lieferanten und darüber hinaus die Regelung von Überwachungs- und Zustimmungsrechten des Abnehmers. Steht dabei weniger die Sicherstellung qualitätsfähiger Ware im Vordergrund, als vielmehr die Vorgehensweise, *wie* die Qualität erreicht wird, besteht zunehmend die Gefahr, die Eigenverantwortung und wirtschaftliche Selbständigkeit des Lieferanten massiv zu beschneiden. Dies kann die Grenzen eines gesunden Kunden/ Lieferantenverhältnisses überschreiten.

Beispielsweise schreiben mehrere Kunden einem Lieferanten den Einsatz der statistischen Prozeßregelung auf Basis unterschiedlicher Durchführungsverfahren (z.B. Bestimmung von Warn- und Eingriffsgrenzen) vor. Dem Zulieferer ist der Sinn dieser zuweilen unsinnigen Forderungen oft nicht einsichtig, und er reagiert mit Unverständnis und Ablehnung.

Um diesen Eingriff in die Selbständigkeit des Lieferanten zu vermeiden, würde die Nachweisforderung eines QM-Systems nach DIN EN ISO 9000 ff. ausreichen. Die Norm fordert für das dargestellte Beispiel lediglich den Einsatz statistischer Methoden, die Einsatzart bleibt sinnvollerweise dem Lieferanten selbst überlassen. So sollte ein Passus im Kaufvertrag oder in der QM-Vereinbarung genügen, um den Lieferanten zu verpflichten, sein Qualitätsmanagement gemäß DIN EN ISO 9000 ff. zu organisieren und wirkungsvoll einzusetzen. Von strategischer Bedeutung ist dabei der Nachweis durch das Zertifikat. Basis von QM-Vereinbarungen muß das Vertrauensverhältnis beider Handelspartner sein. Voraussetzung ist eine *gemeinsame* Vereinbarung (es handelt sich hier nicht um diktierte QM-Vorschriften) zur Organisation von Abläufen, zu QM-Maßnahmen und zu Rechtspositionen.

Ziel der QM-Vereinbarungen ist es, qualitätssichernde Maßnahmen zu koordinieren und vorzugsweise beim Lieferanten zu organisieren. Eine partnerschaftliche Verteilung von Kosten und Risiken sollte angestrebt werden. Es ist Sache des Abnehmers, angemessene Kosten für seine Risikominderung zu übernehmen. Versteht man die Vereinbarungen als Möglichkeit, Risiken auf den Handelspartner überzuwälzen oder dessen Haftung auszuweiten, so kann dies keiner langfristig erfolgreichen Beschaffung dienen. Vielmehr sollten gemeinsame wirtschaftliche Erfolge durch die Festschreibung von Prüferleichterungen und durch den Abbau von Mehrfachprüfungen erzielt werden.

Mit QM-Vereinbarungen sollen Rechtsunsicherheiten zwischen den Handelspartnern vermieden und eine Absicherung gegen Haftungsrisiken erreicht werden. Der Gegenstand der Vereinbarung kann je nach Anwendungsfall sehr unterschiedlich sein. Beispielsweise können behandelt werden:

- Produkt- und fertigungsspezifische Dokumente und QM-Nachweise durch den Lieferanten
- Kennzeichnung der Qualitätsmerkmale in technischen Unterlagen, Abnahmebedingungen (AQL)
- QM-Aktivitäten im Vorfeld der Fertigung, wie zum Beispiel Erstmusterprüfungen, Prüfungen der Nullserienfertigung, Vorgabe von Kennzahlen und Prozeßfähigkeitskennwerten für bestimmte Prozesse
- Auditierung des QM-Systems durch den Abnehmer
- Qualitätssicherung während der Fertigung, wie zum Beispiel prozeßbegleitende Zwischenprüfungen, Sonderfreigaberegelungen, Behandlung von Beanstandungen, Mängelbeseitigung und Kosten, Mängelrügen, Gewährleistungsregelungen und technische Änderungen
- Vereinbarungen für die Nutzungsphase, wie z. B. Gewährleistungsregelungen gegenüber Kunden, Haftungsregelungen, Rückrufaktionen
- Jede Art von partnerschaftlich vereinbarter Zusammenarbeit

In Zukunft wird, zumindest bei komplexeren Produkten und technischen Geräten, die sog. „qualitätsbestätigte Lieferung" im Handelsverkehr die Regel sein [ret]. Grundsätzlich gilt: Bonusvereinbarungen für gute Lieferqualität sind zweckmäßiger als Sanktionen im Falle schlechter Produktqualität. Im zweiten Fall wird der Lieferant sein Bemühen auf die notwendige Erfüllung entsprechender Forderungen beschränken. Ziel muß es jedoch sein, den Partner zu aktiver Verbesserung und eigener Initiative zu ermuntern [pop].

4.4.4 Erstmusterprüfung

Als Erstmuster bezeichnet man Erzeugnisse, die erstmals unter serienmäßigen Fertigungsbedingungen entstehen. Diese Erstmuster werden einer Vollprüfung, d.h. Maß-, Werkstoff- und Funktionsprüfung unterzogen, um systematischen Fehlern vor Serienbeginn vorzubeugen. Diese Prüfung ist zumeist die erste Gelegenheit für den Abnehmer, die Qualität seiner bestellten Lieferung anhand eines Musters, das in der Regel vom Besteller noch nicht geprüft werden konnte, in Augenschein zu nehmen. Das Verfahren der Erstmusterprüfung ist mit dem Lieferanten in den QM-Vereinbarungen festzulegen. Dabei besteht die Möglichkeit, auf Formulare standardisierter Erstmusterprüfberichte zurückzugreifen, wie sie von verschiedenen Verbänden erarbeitet wurden [vda].

In diesem Berichtsformular teilt der Lieferant z.B. die Soll- und Istwerte mit den Abweichungen der von ihm hergestellten und geprüften Teile dem Abnehmer mit. Der Abnehmer hat dann die Möglichkeit, eine Nachprüfung dieser Ergebnisse bzw. weitere Prüfungen zu verlangen oder selbst vorzunehmen.

Nach Abschluß der Musterprüfung entscheidet der Abnehmer darüber, ob eine Freigabe nach Muster, eine Freigabe mit festgeschriebenen Auflagen oder keine Freigabe erfolgt.

Die Erstbemusterung von Zukaufteilen läuft in der Regel nach einem standardisierten Schema ab **(Bild 4.9)**.

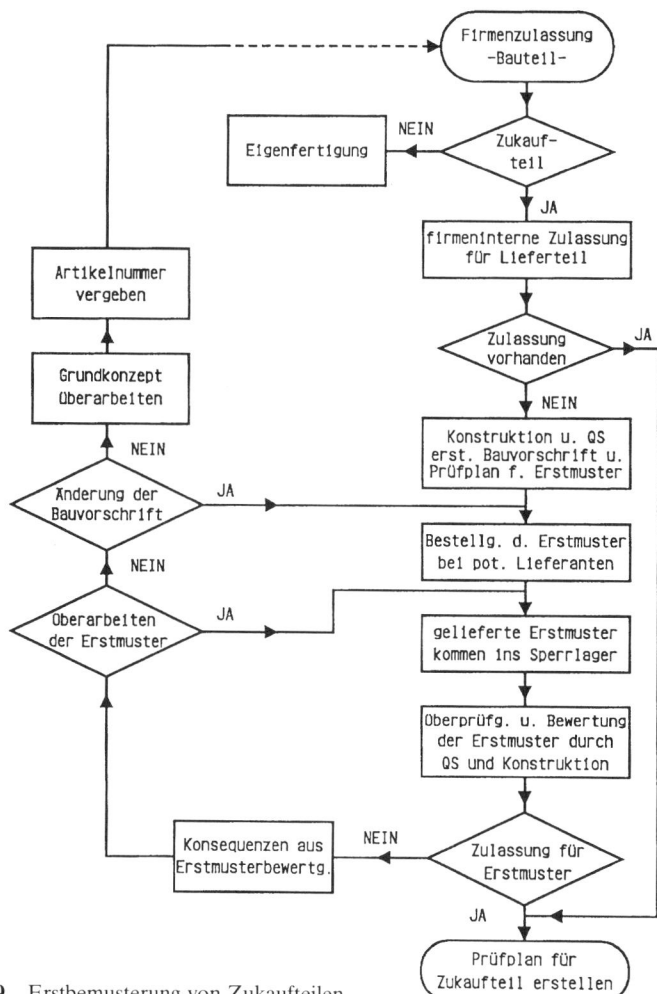

Bild 4.9   Erstbemusterung von Zukaufteilen

Der wesentliche Vorteil der Erstmusterprüfung liegt darin, daß der Kunde unzulässige Abweichungen von vereinbarten Einzelforderungen noch vor der ersten Serienliefe-rung erkennen kann. Dem Lieferanten bietet sie die Sicherheit, vor Serienanlauf ein vom Kunden akzeptiertes Baumuster zu erhalten.

Erfolgt die Erstmusterprüfung durch den Abnehmer, so sollten die gewonnenen Erfah-rungen genutzt werden, um lieferantenseitig Fertigungsprüfpläne und Arbeitsanweisun-gen für die Qualitätsprüfung zu erstellen.

4.4.5   Lieferantenbeurteilung

Die Lieferantenbeurteilung hat immer und ausschließlich zum Ziel, den oder die geeigneten Lieferanten zur Erfüllung der Unternehmensziele und der Qualitätspolitik auszuwählen und/oder gezielt zu fördern. Die Beurteilung der Lieferanten sollte daher anhand eines ganzheitlichen firmenspezifischen Zielsystems erfolgen **(Bild 4.10)**. Traditionell basieren Lieferantenbeurteilungen auf einer Beurteilung der Qualität der gelieferten Ware. Allzu oft werden daraus resultierend Lieferanten vom Qualitätswesen z.B. als „den Ansprüchen nicht genügend" eingestuft – die Beurteilung als solche vom Einkauf aber ignoriert, weil dieser Lieferant seit Jahren durch große Preiswürdigkeit und einen guten Service herausragt. Die Lieferantenbeurteilung muß daher immer ein möglichst objektives und ganzheitliches Bild des Lieferanten wiedergeben! Die Auswahl des Lieferanten ist eine originäre Aufgabe des Einkaufs und sollte unter der Einbeziehung der Lieferqualität eigenverantwortlich durchgeführt werden. Eine pragmatische Vorgehensweise ist aufgrund der Vielzahl teilweise nicht vergleichbarer Einflußfaktoren unerläßlich. Zur Quantifizierung und gegenseitigen Gewichtung der Einflußfaktoren können folgende Verfahren eingesetzt werden:

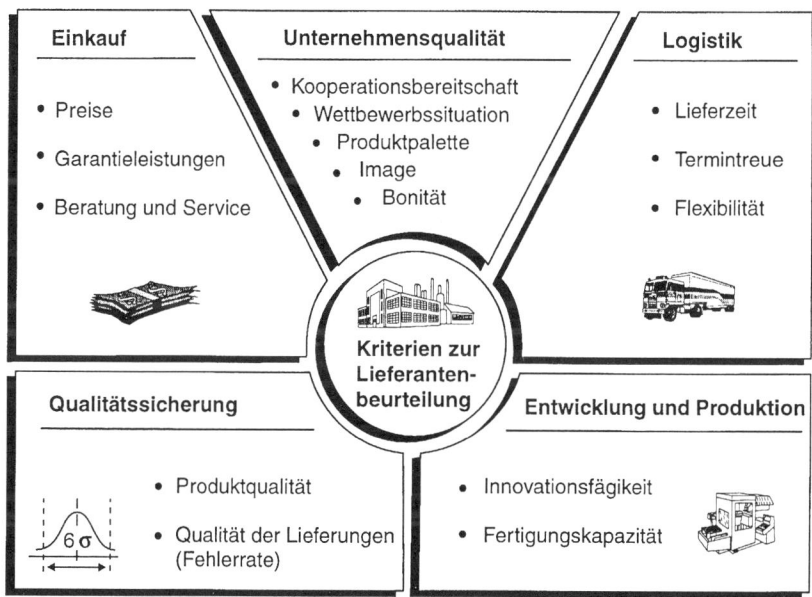

Bild 4.10   Kriterien zur Lieferantenbeurteilung

Checklistenverfahren

Die Anforderungen an das Beschaffungsobjekt werden in Fest- und Wunschforderungen unterteilt und im Lastenheft übersichtlich aufgelistet. Derjenige Anbieter erhält den Zuschlag, der neben allen Festforderungen die maximale Anzahl von Wunschforderungen erfüllt.

Nachteilig sind hierbei die undifferenzierte Betrachtung der einzelnen Anforderungskriterien und die Art der Erfüllung dieser Merkmale.

ABC-Analyse / Pareto-Analyse

Das Vorgehen ist prinzipiell identisch mit dem des Checklistenverfahrens. Die in Frage kommenden Lieferanten werden jedoch sortiert und Klassen zugeordnet. Vergibt man für erfüllte Kriterien Wertungspunkte, so kann das Festlegen der Kategorie zum Beispiel so erfolgen:

> A-Lieferant: mehr als 95 % der erreichbaren Punkte
>
> B-Lieferant: zwischen 95 % und 85 % der erreichbaren Punkte
>
> C-Lieferant: weniger als 85 % der erreichbaren Punkte

Die Auswahl geeigneter Lieferanten erfolgt ausgehend vom Anbieter mit der höchsten Punktzahl sukzessive abwärts.

Das Ergebnis hängt sehr stark von der Festlegung ab, welche Einflußgrößen betrachtet werden sollen. Insofern ist auch hier ein hohes Maß an subjektiver Einflußnahme zu erwarten.

Punktebewertungsmethode (Nutzwertanalyse)

Die Punktebewertungsmethode erlaubt durch die Zuordnung eines Gewichtungsfaktors zu den einzelnen Einflußfaktoren und durch eine Bewertung des Erfüllungsgrades jedes Kriteriums durch den einzelnen Lieferanten eine differenzierte Betrachtung des Angebotes. Vergleichbar einer Nutzwertanalyse lassen sich so eindeutige Rangfolgen – in diesem Fall für die Eignung von Lieferanten – formulieren.

Die Aussagekraft der zugeordneten Werte wird jedoch oft überschätzt. Nüchterne Zahlen täuschen zuweilen ein nicht vorhandenes Ausmaß an Objektivität und Meßbarkeit vor. Im Fall der Punktebewertungsmethode unterliegt vielfach die Gewichtung der Bestimmungsfaktoren und der Erfüllungsgrade willkürlichen Einflüssen oder Einschätzungen. Zudem finden Minimalvoraussetzungen bei der Methode in ihrer allgemeinsten Form keine Berücksichtigung.

Geldwertmethode (Wertanalyse)

Basierend auf dem in der Praxis häufig anzutreffenden Verfahren der Wertanalyse werden bei der Geldwertmethode den Funktionen und Anforderungen monetäre Größen zugeordnet, die sich an den eigenen Unternehmenszielen orientieren. Jeder angebotenen Funktion wird individuell für jeden potentiellen Partner ein Geldwert beigemessen. Unerwünschte Begleiterscheinungen werden durch Negativwerte berücksichtigt. Häufig wird die Alternative der Eigenfertigung von Teilen oder Baugruppen mit in die Betrachtungen einbezogen. Die Differenz aus angebotenen Preisen und der Summe der Geldwerte je Angebot zeigt den Nutzen der Lösung.

Die Vorteile des Verfahrens basieren auf dem Einsatz eines universellen Wertemaßstabes, der die Gewichtung der Kriterien und die jeweilige Merkmalsausprägung berücksichtigt. Alle betrachteten Größen werden hierdurch vergleichbar. Der Zusammenhang zwischen Entscheidungsziel und Entscheidungsalternativen erscheint in metrischer, nachvollziehbarer Form.

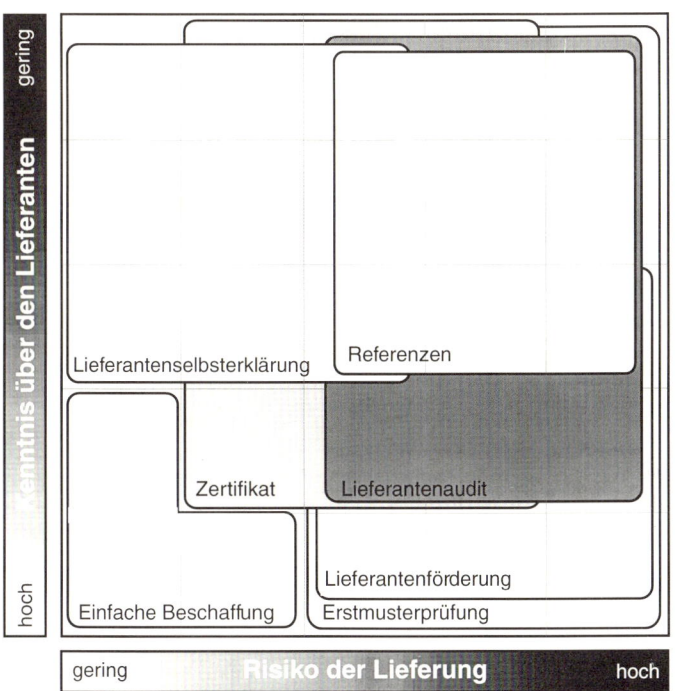

Bild 4.11   Portfolio der Lieferantenbeurteilungs-Methoden

Wesentlicher Nachteil des Verfahrens ist seine hohe Komplexität. Die Bewertung aller Funktionen in bezug auf ihren Grad der Erfüllung von unternehmerischen Vorgaben durch die Skalierung „Geldwert" ist sehr aufwendig. Auch bei qualifizierten Anwendern ist die Gefahr der bewußten oder unbewußten subjektiven Einflußnahme oder Manipulation nie auszuschließen [pf1].

Zur Beurteilung von Lieferanten können eine Fülle von Hilfsmitteln zum Einsatz kommen. Die Auswahl dieser Methoden hängt dabei einerseits von unternehmensspezifischen Randbedingungen (z.B. Kenntnis über den Lieferanten) und andererseits maßgeblich von dem Risiko des zu beschaffenden Produkts, dessen Komplexität, Sicherheitsbedeutung, Kosten und Fehlermöglichkeit und -einfluß ab. Basierend auf den Abhängigkeiten „Risiko der Lieferung/Kenntnis über den Lieferanten" können die potentiellen Einsatzbereiche der einzusetzenden Methoden einer Portfolioanalyse entnommen werden **(Bild 4.11)**.

Die wichtigsten Methoden und Hilfsmittel zur Beurteilung der Qualitätsfähigkeit eines Zulieferers werden im folgenden erläutert. Ihr Einsatz in der Praxis sollte durch pragmatische Anwendungsrichtlinien in Form verbindlicher Verfahrensanweisungen geregelt und dokumentiert werden. Zu unterscheiden sind:

– Beurteilungsverfahren vor Auftragsvergabe und

– Beurteilungsverfahren bei laufender Lieferung.

Eine Beurteilung vor Auftragsvergabe birgt – insbesondere bei Neulieferanten – große Unwägbarkeiten, da dem Unternehmen meist noch keine eigenen Erkenntnisse vorliegen. Je nach Kenntnisstand über den Lieferanten und über das Risiko der Lieferung können Qualitätsfähigkeitsnachweise durch ein *Zertifikat* (z. B. nach DIN EN ISO 9000 ff.) oder durch *Referenzkunden* zu einer ersten Beurteilung des Lieferanten führen. *Lieferantenselbstauskünfte* stellen – ein gewisses Maß an Vertrauenswürdigkeit vorausgesetzt – ein wichtiges Hilfsmittel zur Beurteilung dar. *Erstmusterprüfungen* ergeben vor Serienfreigabe einen ersten eigenen Indikator über die Qualitätsfähigkeit des Lieferanten bzw. über die gemeinsame Zusammenarbeit.

Beurteilungen, die sich auf *laufende Lieferungen* beziehen, stützen sich auf Erfahrungswissen einer Wareneingangs- oder fertigungsbegleitenden Prüfung (Historienbeurteilung).

Lieferantenaudits und *Lieferantenförderprogramme* können gleichermaßen vor und nach der Auftragsvergabe eingesetzt werden.

Lieferantenbeurteilung bei laufender Lieferung

Die Lieferantenbeurteilung bei laufender Lieferung bewertet einen Lieferanten aufgrund von umfassend zusammengestellten eigenen Informationen und langfristigen Erfahrungen mit dem Lieferanten. Die Bedingung hierfür ist, daß der beurteilte Lieferant über einen gewissen Zeitraum Zulieferer des Unternehmens ist und damit eine ausreichende Lieferantenhistorie vorliegt.

Ziel ist,

– dem Lieferanten aufzuzeigen, inwieweit er den Anforderungen des Abnehmers entspricht und wo Verbesserungspotentiale liegen,

– dem Einkauf gesicherte Informationen für eine Lieferantenauswahl bereitzustellen,

– die Schwerpunkte der Wareneingangsprüfung aufgrund der begrenzten Prüfkapazität richtig zu setzen und Prüfkapazität wirtschaftlicher zu nutzen.

Die Beurteilung liegt sowohl im Interesse des nachfragenden als auch des anbietenden Unternehmens, da die aus den Ergebnissen resultierenden Anpassungs- und Korrekturmaßnahmen eine Grundlage für die Intensivierung und vor allem Verbesserung der beiderseitigen Geschäftsbeziehungen bieten.

Zur effektiven Ermittlung eines Lieferanten ist die Bestimmung eines Zielsystems, das alle Entscheidungskriterien beinhaltet, erforderlich **(Bild 4.12)**. Um zu einer gesamthaften Aussage zu gelangen, können für jedes Kriterium Kennzahlen ermittelt und gegeneinander gewichtet werden. Aus Sicht des Qualitätswesens können hierzu Qualitätskennzahlen (QZ) beispielsweise die Qualität der Lieferung (QZ1) und die Qualität des Lieferanten (Auditbeurteilung) (QZ2) beschreiben.

Die Qualitätskennzahl QZ1 wird aus den bei der Wareneingangsprüfung oder später im Produktionsprozeß entdeckten Fehlern ermittelt. Die Fehler werden entsprechend ihrer Fehlerklasse durch die Faktoren f_i gewichtet. Somit berechnet sich die erste Kennzahl nach der Formel

$$QZ1 = \left[1 - \frac{\Sigma\,(\Sigma\,F_i \cdot f_i)}{\max f_i \cdot \Sigma\,N_{ges}} \right]$$

Hierbei bezeichnen:

F_i mit i = 1, 2, 3 die Anzahl der Teile mit kritischen Fehlern, Hauptfehlern oder Nebenfehlern,

f_i mit i = 1, 2, 3 die Wichtungsfaktoren für die jeweilige Fehlerart (z.B. f_1 = 10 für kritische Fehler, f_2 = 5 für Hauptfehler, f_3 = 1 für Nebenfehler)

N_{ges} die Summe/Losgröße/Bezugsmenge

Zur Berechnung einer zweiten oder jeder weiteren Kennzahl des Zielsystems kann ein gleicher oder anderer Algorithmus, je nach den spezifischen Bedürfnissen des Unternehmens, angewandt werden. Für die Bewertung der Qualität des Lieferanten kann aus dem Ergebnis des Lieferantenaudits eine Qualitätskennzahl (QZ2) ermittelt werden.

	Bewertungsstufen						
	-3	-2	-1	0	1	2	3
1. Lieferzeit	8 Wochen	7 Wochen	6 Wochen	5,5 Wochen	5 Wochen	4,5 Wochen	4 Wochen
2. Termintreue	> 5 Wochen später	4 Wochen später	3 Wochen später	2 Wochen später	1 Woche später	2 Arbeitstage später	pünktliche Lieferung
3. Qualitätsstandard	liegt unter den Qualitäts-anforderungen			entspricht den Qualitäts-anforderungen			übertrifft die Qualitäts-anforderungen
4. Reklamationen bei	> 50% der Lie-ferungen	> 35%	> 25%	> 20%	> 15%	> 10%	> 0% oder < 10%
5. Technische Beratung und Service	keine technische Beratung			Schwierigkeiten bei Rückfragen			kompetente Ansprechpartner
6. Durchsetzbarkeit Auftrags- bzw. Sonderwünsche	nie möglich			mit Zeitverzö-gerung und finanziellen Nachteilen			jederzeit möglich
7. Preise	15% über Preisniveau	10% über Preisniveau	5% über Preisniveau	durchschnittl. Preisniveau	etwas günstiger	erheblich günstiger	konkurrenzlos günstig
8. Kundenspezifische Bevorratung	keine Bevorratung der Teile			im Regelfall Lieferung ab Lager möglich			spezielle Mindestbestände für alle Teile
9. Nachfragemacht	< 5% Umsatz-anteil	< 10% Umsatz-anteil	< 15% Umsatz-anteil	< 15% Umsatz-anteil	> 20% Umsatz-anteil	> 25% Umsatz-anteil	> 30% Umsatz-anteil
10. Vollständigkeit des Programms	lieferfähig nur für wenige Ausführungen			lieferfähig ca. 70% des Teile-spektrums			lieferfähig 100% des Teilespektrums

Bild 4.12   Zielsystem einer Lieferantenbeurteilung – Beispiel

Die Kennzahlen können durch die jeweilige Gewichtung im Rahmen einer Nutzwertanalyse zusammengefaßt werden und zu einer Gesamtbeurteilung führen. Sie wird folglich nach der Formel

$$QZ_{ges} = \frac{\Sigma (\Sigma W_i \cdot QZ_i)}{\Sigma W_i}$$

bestimmt. Gemäß einer festgelegten Klasseneinteilung erhält der Lieferant produkt- oder produktgruppenbezogen eines der Kennzeichen A, B oder C.

Der hohe Arbeitsaufwand zur Pflege eines Lieferantenbeurteilungssystems nach dem beschriebenen Modell schränkt die sinnvolle und insbesondere wirtschaftliche Nutzung für kleine und mittlere Unternehmen stark ein. Bisher sind es vorzugsweise Großunternehmen, die diese Methode zur Beurteilung ihrer Lieferanten für die Serienfertigung nutzen. Das Verfahren setzt aufgrund der Fülle auszuwertender Informationen den Einsatz eines Rechnersystems voraus [pf1].

Lieferantenselbstauskunft

Rechtfertigt ein relativ geringes Risiko einer Lieferung den Aufwand eines Lieferantenaudits nicht, so ermöglicht eine Lieferantenselbstauskunft eine gewisse Beschaffungssicherheit. Hierbei wird ein Beurteilungsfragebogen in Checklistenform an den Lieferanten geschickt, von ihm ausgefüllt und wieder an den potentiellen Abnehmer zurückgesendet.

4.4.6   Lieferantenaudit

Ziel der Auditierung eines Lieferanten ist es,

- die Wirksamkeit seines QM-Systems zu überprüfen,
- die Qualitätsfähigkeit des Lieferanten sicherzustellen,
- Entscheidungskriterien für die Lieferantenauswahl abzuleiten und
- Verbesserungen beim Lieferanten einzuleiten, d.h. den Lieferanten zu fördern.

Die Durchführung eines Audits setzt ein hohes Maß an gegenseitiger Vertrauenswürdigkeit voraus, da bei der „Inaugenscheinnahme" vor Ort firmenspezifisches Know-how preisgegeben wird. Insbesondere wenn der Abnehmer in einigen Geschäftsbereichen Wettbewerber ist, ist die Angst des Lieferanten vor ungeschützter Know-how-Weitergabe häufig berechtigt. Die Transparenz, die dem (potentiellen) Abnehmer Einblick in die Qualitätslage des Lieferanten gewährt, führte in den vergangenen Jahren zu einem regelrechten „Auditboom", selbst bei Unternehmen, die von einer akkreditierten Institution nach z.B. DIN EN ISO 9001 zertifiziert waren. Ein Indiz für die häufig noch falsch verstandene Zielsetzung der Normenreihe, Qualitätsstandards als Beweisvermutung zu akzeptieren.

Dennoch sind Lieferantenaudits unter dem Aspekt der Zusammenarbeit ein geeignetes Mittel, beiderseitig Qualitätsvertrauen aufzubauen und Qualitätsverbesserungen zu erzielen. So müssen sich Lieferantenaudits nicht ausschließlich auf Systemaudits nach DIN EN ISO 9000 ff. beziehen, sondern können bestimmte Produkte oder Verfahren fokussieren. Insbesondere die (gemeinsame) Entwicklung neuer Produkte kann Anlaß für die Auditierung des Lieferanten sein. Im Falle struktureller Neuerungen (z.B. Einsatz neuer Fertigungsverfahren) oder auftretender Qualitätsprobleme im Zuliefersortiment können außerplanmäßige Audits nötig werden. In jedem Fall sollte dem Lieferanten der Anlaß des Audits offen dargelegt werden.

Vorgehensweise bei einem Lieferantenaudit

Um die Belange des auditierten Unternehmens angemessen zu berücksichtigen, ist zunächst eine frühzeitige Absprache zu koordinieren. Das betrifft die Auswahl und Zusammensetzung des Auditteams und die Ausarbeitung des Auditplans (Umfang und Betrachtungsbereich des Audits, Audithäufigkeit, Zeitplanung etc.). Der Auditplan sollte vom Lieferanten genehmigt werden.

Die Durchführung des Audits beginnt mit einem Einführungsgespräch und ggf. einer Kurzführung durch den Betrieb. Die Untersuchungen im auditierten Bereich orientieren sich an den vorbereiteten Unterlagen der Auditoren. Abläufe sind durch Befragungen und Stichproben auf ihre Wirksamkeit zu prüfen. Die Ergebnisse werden unmittelbar notiert und bewertet. Bei kritischen Problemen können Sofortmaßnahmen eingeleitet werden. Im Anschluß an die Aufnahme ist ein Abschlußgespräch mit den Vertretern des Lieferanten sinnvoll, in dem sie die Gelegenheit zur Darstellung des Sachverhaltes haben. Diese sollten im Auditbericht berücksichtigt werden, um zu einer übereinstimmenden Annahme des Auditergebnisses zu gelangen.

Die festgestellten Mängel werden analysiert und im Auditbericht beschrieben. Wenn möglich sollten stets Verbesserungsvorschläge aufgezeigt werden. Das Auditergebnis mündet in eine Lieferantenbeurteilung A, B oder C. Die Durchführung von Abhilfemaßnahmen kann dem Abnehmer berichtet werden oder durch Wiederholungsaudits evaluiert werden. Der Auditbericht wird archiviert. Er dient dem Nachweis der Erfüllung von Aufsichts- und Zulieferpflichten.

Im Idealfall ist das Lieferantenaudit Auslöser für ein Lieferantenförderprogramm.

4.4.7   Lieferantenförderung

Ganzheitliche Lieferantenförderungsprogramme sind bislang nur von Großunternehmen bekannt. Sie umfassen technologische, organisatorische und methodische Inhalte. Schwerpunkte liegen bei der Vermittlung von Wissen über den effektiven Einsatz von Qualitätsmanagementstrategien und -techniken. Ziel der Förderung ist es, die Qualitätsfähigkeit des Lieferanten aktiv zu beeinflussen und die partnerschaftliche Zusammenarbeit zu verbessern. Hauptaspekte sind dabei die Schulung des Managements (neues Qualitätsbewustsein, Kooperationsmöglichkeiten etc.) und nachfolgend aller Mitarbeiter (Gruppenarbeit, Ständiger Verbesserungsprozeß etc.) des Lieferanten.

Einige Großunternehmen ermöglichen im Zuge ihrer „Total-Quality-Strategie für Lieferanten" das Benchmarking bei anderen Lieferanten (keine Wettbewerber). Der Lieferant X aus der Kunststoffindustrie erhält beispielsweise die Möglichkeit, sich das herausragende Logistikkonzept des Lieferanten Y aus der Metallverarbeitung anzusehen und zu kopieren; das Einverständnis des Lieferanten Y vorausgesetzt. Die Lieferantenförderung ist ein erster Schritt auf dem Weg zu TQM in der Beschaffung.

4.5   TQM in der Beschaffung

Aufgrund der unterschiedlichen ökonomischen Zielsetzungen beider Unternehmen (preiswert einkaufen, teuer verkaufen) erweist sich der Aufbau von unternehmensübergreifenden Kooperationen als schwierig. Im Spannungsfeld zwischen Kostenverursachung und Gewinnverteilung erscheint die einseitige Profitorientierung der Unternehmen ganz natürlich und führte über Jahrzehnte hinweg zu einem „ganz natürlichen" Mißtrauen. Mißtrauen äußert sich in Form von mangelnder Kommunikation, Verschlossenheit, Skepsis, Unsicherheit, Machtmißbrauch, fehlender Teamfähigkeit etc. und führt zu suboptimalen Ergebnissen an der Schnittstelle zwischen Kunde und Lieferant (Nullsummenspiel). Möglichkeiten, Know-how zu bündeln, sich über vorhandene

Kenntnisse auszutauschen und Zugang zu komplementären Fähigkeiten zu erlangen, können nicht ausgeschöpft werden. Unternehmensübergreifende Zusammenarbeit durch die Neuverteilung von Aufgaben, vor allem im Team zwischen Hersteller und Zulieferer, erzielen zum einen Synergieeffekte und zum anderen lassen sich Zeitvorteile gegenüber dem Wettbewerb erarbeiten **(Bild 4.13)**. Basis der Kooperation ist das Vertrauen. Vertrauen, also die Zuverlässigkeit, Ehrlichkeit, Glaubwürdigkeit, Loyalität, Konsensfindung und Offenheit kann dabei weder erkauft, noch angeordnet oder eingeklagt werden. Es läßt sich nur im Austausch für die eigene Vertrauenswürdigkeit erwerben und aufrechterhalten. Kooperation heißt, aus Parteien Partner zu machen und die verkrusteten Strukturen des Mißtrauens schrittweise aufzubrechen, um den unternehmensübergreifenden Gesamtnutzen zu maximieren. *Dieses ist die TQM-Philosophie der Kunden- und Lieferantenorientierung!*

TQM in der Beschaffung kann daher nur langsam, Schritt für Schritt, wachsen und erfordert den Aufbau und die Einhaltung von „Kooperationsspielregeln":

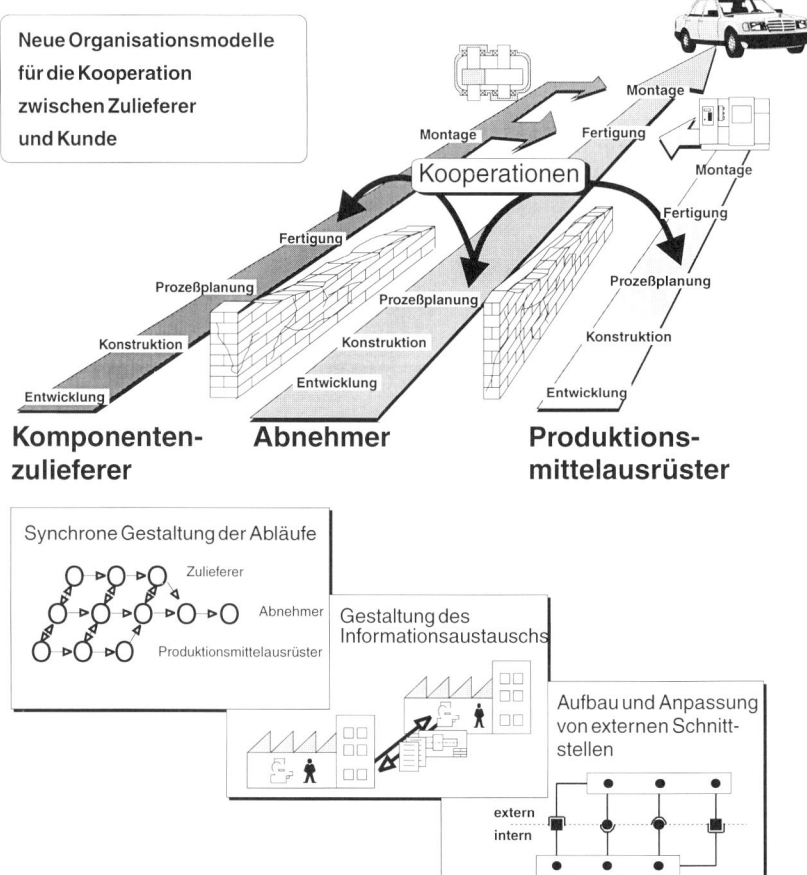

Bild 4.13 Optimierung überbetrieblicher Planungsprozesse

- Leistungen und Gegenleistungen müssen in einem ausgewogenen Verhältnis zueinander stehen.
- Chancen und Risiken müssen zwischen den Partnern gleichermaßen verteilt sein.
- Ziele müssen gemeinsam gesetzt werden.
- Von gemeinsamen Verbesserungen müssen beide Partner gleichsam profitieren.
- Langfristige Ziele und Beziehungen der Zusammenarbeit sollten angestrebt werden, z.B. durch den Abschluß fairer Mehrjahresverträge.
- Ein gleiches TQM-Verständnis ist notwendig.
- Ein größtmögliches Maß an beiderseitiger Transparenz (Informationspflicht) ist erforderlich.
- ...

„Spielregeln" der Kooperation müssen unter der Beachtung gesetzlicher Restriktionen gemeinsam erarbeitet werden. Sie können z.B. auf den „Leitsätzen für Zulieferbeziehungen" des Bundesverbands der Deutschen Industrie e.V. aufsetzen [bdi]. In jedem Fall schafft die beiderseitige Einhaltung der Kooperationsspielregeln das notwendige Vertrauen, um das enorme Rationalisierungspotential an der Nahtstelle Kunde/Lieferant Stufe für Stufe gemeinsam zu nutzen. Mögliche Kooperationsstufen in Abhängigkeit der Intensität des Vertrauens könnten wie folgt aussehen:

Stufe 1: Abbau von redundanten Produktprüfungen im Warenausgang des Lieferanten und Wareneingang des Kunden. Wegfall der Produktprüfungen durch den Nachweis eines wirksamen QM-Systemes. Mitliefern von produktbezogenen Prozeßfähigkeitsnachweisen. Treffen von QM-Vereinbarungen.

Stufe 2: Informationsaustausch reglementieren. Eine schnelle und gezielte Kommunikation führt zum Abbau von Lagerbeständen und zu einer besseren Kapazitätsauslastung durch eine bessere Termin- und Kapazitätsplanung. Das Ineinandergreifen der QM-Systeme fördern, überzogene (sinnentleerte) Qualitätsforderungen abbauen (fitness for use). Lieferantenförderungsprogramme starten. Benchmarking ermöglichen. Rechnerunterstützung einsetzen und den Rechnereinsatz aufeinander abstimmen (DFÜ, EDI).

Stufe 3: Konstruktions- und Entwicklungspartnerschaften aufbauen. Eine „lieferantengerechte" Konstruktion, im Team oder durch Absprache, reduziert den Änderungsaufwand von z.B. Zeichnungen und Werkzeugen und führt zur schnelleren Serienreife (time to market).

Stufe 4: Aufbau und Optimierung unternehmensübergreifender Geschäftsprozesse. Optimierung der logistischen Kette. Prozeßorientierte Gestaltung und Verzahnung der Ablauforganisation. Integration von Aufgaben und Tätigkeiten.

Stufe 5: Gesamthafte Optimierung der Wertschöpfungskette von Abnehmer, Hersteller, Lieferant, Unterlieferant etc.. Image- und Absatzsteigerung einer gesamten Branche.

Unternehmensübergreifende Kooperationen sind in allen Bereichen der betrieblichen Leistungserstellung denkbar – Voraussetzung ist immer ein Klima des wechselseitigen Vertrauens.

4.6   Zusammenfassung

Der zunehmende Wettbewerb der vergangenen Jahre führte einerseits zu erheblichen Rationalisierungen innerhalb der betrieblichen Leistungserstellung, andererseits zu einer deutlichen Verschlechterung der Beziehung zwischen Kunden und Lieferanten. Reine Preiskämpfe, aufwendigste Kontrollmechanismen, Geheimhaltungspolitik, Machtmißbrauch, das Abwälzen von Risiken und übertriebene Forderungen an die Qualität und Kostentransparenz führten zu *einseitigem* Profitdenken, nicht aber zur gemeinsamen Ausschöpfung des enormen Verbesserungspotentials an der Nahtstelle Abnehmer/Lieferer für beide beteiligten Partner.

Die Stellung eines Unternehmens wird zukünftig stärker denn je von der Fähigkeit abhängen, gesamthaft (unternehmensübergreifend) besser zu werden. Der Beschaffungspolitik kommt dabei eine völlig neue Bedeutung zu, dem Qualitätsmanagement in der Beschaffung ein ganz neues Rollenverständnis.

Die dargelegten Aufgaben des Qualitätsmanagements behalten ihren alten Stellenwert, sind allerdings unter der Berücksichtigung von Kosten und Risiken neu zu orientieren und zu verteilen. Qualitätsmanagement in der Beschaffung heißt vor allem die Wertschätzung des Wertschöpfungspartners zu entwickeln.

Literatur

[bdi]   **N.N.:** *Leitsätze für Zuliefererbeziehungen.* Bundesverband der deutschen Industrie e.V. (BDI), Verlag Industrieförderung; Köln, 1994

[chr]   **Christian, H. V.:** *Von der klassischen Wareneingangsprüfung zur progressiven Qualitätssicherung beim Lieferanten.* QZ, Qualität und Zuverlässigkeit, Carl Hanser Verlag; München, Jg. 34, 1989

[din]   **N.N.:** *DIN 55350 Teil 11 ff.: Begriffe zu Qualitätsmanagement und Statistik.* Beuth Verlag; Berlin, August 1995

[fr1]   **Franke, H.:** *Qualitätssicherung von Zulieferungen.* In: *Handbuch der Qualitätssicherung von W. Masing, Carl Hanser Verlag; München, 1988*

[fr2]   **Franke, H.:** *Qualitätsmanagement bei Zulieferungen.* 3. überarb. und erw. Auflage, Expertverlag; Ehningen, 1993

[hil]   **Hillebrand, W.; Linden, F.:** *Noch einmal mit Gefühl.* Manager Magazin 3/1993; S.100–110

[pf1]   **Pfeifer, T., Heine, J., Wunderlich, M.:** *QS-Leitfaden „Beschaffung".* Verein deutscher Werkzeugmaschinenfabriken e.V. (VDW), VDW Eigendruck; Frankfurt am Main, 1994

[pf2]   **Pfeifer, T., Theis, Ch.:** *CE – Ein Zeichen stellt Weichen.* In: *Der Betriebsleiter, Jg. 35, Verlag für Technik und Wirtschaft; Mainz, November, 1994*

[jet]   **Jetter, O.:** *Beschaffung von Systemen und Modulen für Automobile.* Tagungsband 3. Bochumer Qualitätstage; November 1994

[pop]   **Popp, K.:** *Die Qualitätssicherungsvereinbarung.* Carl Hanser Verlag; München, 1992

[ret]   **Retting, H.W.:** *Qualitätsbestätigte Lieferung.* In: Handbuch der Qualitätssicherung von W. Masing, Carl Hanser Verlag; München, 1988

[sie]   **Siebenlist, J.:** *Konjunkturtief der Abnehmer setzt Zulieferer unter Druck.* VDI-Nachrichten 46 (50); Düsseldorf, 1992

[vda]   **N.N.:** *Sicherung der Qualität von Lieferungen in der Automobilindustrie, Lieferantenbewertung, Erstmusterprüfung.* VDA-Schrift Nr. 2, Verband der Automobilindustrie; Frankfurt am Main, 1975

[wag]   **Wagner, H.:** *Technische Lieferantenbewertung.* QZ, Qualität und Zuverlässigkeit, Carl Hanser Verlag; München, 1989

[wil]   **Wildemann, H.:** *Entwicklungsstrategien für Zulieferunternehmen.* Zeitschrift für Betriebswirtschaft (ZfB), Gabler Verlag; München, 1992

Kapitel 5 Qualitätsmanagement in der Fertigung

Gliederung

5.1 Einleitung

In der Fertigungsphase verfolgt das Qualitätsmanagement die Zielsetzung, durch qualitätssichernde Maßnahmen während oder unmittelbar nach der Produktentstehung eine einwandfreie Produktqualität sicherzustellen. Traditionell wird dieses Ziel durch Qualitätsprüfungen verfolgt, die feststellen, inwieweit Produkte oder Tätigkeiten die an sie gestellten Qualitätsanforderungen erfüllen [din].

Die Qualitätsprüfung im „klassischen" Sinne umfaßt die

– Prüfplanung,

– Prüfbeauftragung,

– Prüfausführung bzw. Prüfdatenerfassung und

– Prüfdatenauswertung.

Die Qualitätsphilosophie hat sich in den zurückliegenden Jahren dahingehend gewandelt, Qualität nicht zu erprüfen, sondern von vornherein zu fertigen. Es ist anzustreben, durch die Anwendung präventiver Qualitätsmanagementmethoden sichere, robuste Produkte und Prozesse zu entwickeln und damit den Prüfaufwand in und nach der Fertigung zu minimieren. Sind Prüfungen nicht vermeidbar, so bietet es sich an, im Rahmen fertigungsbegleitender Qualitätsprüfungen Abweichungen so früh zu erkennen, daß korrigierend in den Fertigungsprozeß eingriffen werden kann, bevor überhaupt fehlerhafte Teile produziert werden. Aus diesem Grund finden auch zunehmend statistische Verfahren, wie die statistische Prozeßregelung (SPC), die statistische Qualitätsüberwachung u.a. Anwendung bei der Sicherung der Produkt- und Prozeßqualität. Durch Fä-

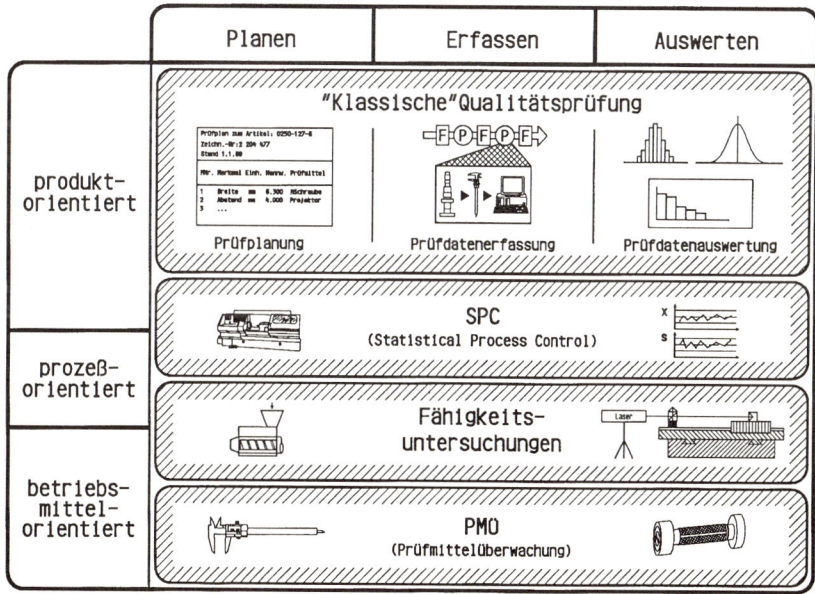

Bild 5.1 Methoden und Verfahren der Qualitätsprüfung

higkeitsuntersuchungen wird die Eignung eines Prozesses oder einer Maschine zur Gewährleistung einer stabilen und sicheren Produktion nachgewiesen. Eine wesentliche Voraussetzung zur sinnvollen Durchführung der Qualitätsprüfung stellt die regelmäßige und systematische Überwachung der eingesetzten Prüfmittel im Rahmen einer Prüfmittelüberwachung (PMÜ) dar.

Während sich die „klassische" Qualitätsprüfung auf die Betrachtung von Produkten beschränkt **(Bild 5.1)**, findet bei der SPC eine Orientierung an Produkt *und* Prozeß statt. Fähigkeitsuntersuchungen betrachten sowohl Prozesse als auch Betriebsmittel, während die Prüfmittelüberwachung sich an Prüfmitteln orientiert.

5.2   Normen und Richtlinien

Im Bereich der Fertigung sind eine Reihe von Normen und Richtlinien von Bedeutung **(Bild 5.2)**. Hier sind zunächst die deutschen Normen, die herausgegeben werden vom Deutschen Institut für Normung (DIN), zu nennen. Auf nationaler Ebene werden diese Normen ergänzt durch DGQ-Schriften und Verbandsrichtlinien. Hier sind insbesondere die VDI/VDE/DGQ Richtlinie 2618 zur Prüfmittelüberwachung (von im Bereich der Fertigung häufig angewendeter Prüfmittel) und die VDI/VDE/DGQ Richtlinie 2619 zur Prüfplanung von Bedeutung. Viele Unternehmen haben darüber hinaus Werksnormen herausgegeben, die sowohl unternehmensintern als auch vielfach für Zulieferer gelten. Im Bereich der Automobilindustrie ist z.B. die Q101 der Firma Ford zu

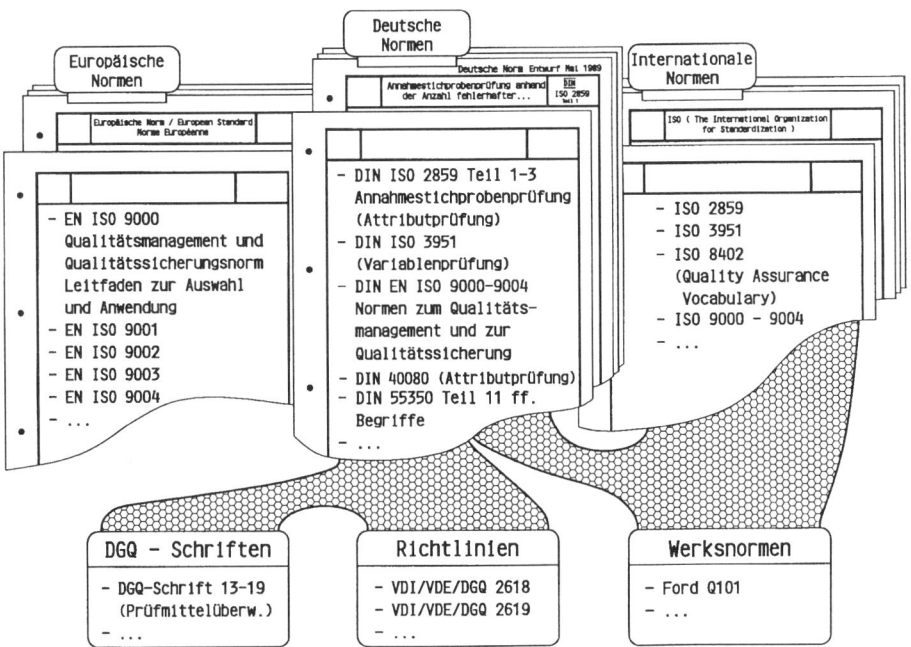

Bild 5.2   Übersicht über relevante Normen und Richtlinien

nennen, die als weltweit gültige Qualitätssystem-Richtlinie sowohl für die Eigenfertigung als auch für die Zulieferer der Firma Ford verbindlich ist. Im Rahmen der Verwirklichung des europäischen Binnenmarktes werden zunehmend auf europäischer Ebene Normen (EN) entwickelt. Darüber hinaus liegt eine Vielzahl von internationalen Normen der „International Organization of Standardization" (ISO) vor.

Im folgenden werden die Inhalte wesentlicher Normen kurz erläutert (vgl. Bild 5.2):

– *DIN ISO 2859* enthält Stichprobenanweisungen und Verfahren für die Prüfung von diskreten Einheiten anhand der Anzahl fehlerhafter Einheiten oder Fehler (Attributprüfung) [do1, do2, do3].

– *DIN ISO 3951* enthält Stichprobenanweisungen und Verfahren für Prüfungen anhand quantitativer Merkmale (Variablenprüfung) [do4]. Sie ergänzt die DIN ISO 2859.

– *DIN EN ISO 9000-9004* ist die zentrale Qualitätsmanagementnorm und legt zum einen Forderungen an ein Qualitätsmanagementsystem auf unterschiedlichen Nachweisstufen (DIN EN ISO 9001, DIN EN ISO 9002 und DIN EN ISO 9003) fest und gibt zum anderen Empfehlungen zum Aufbau eines Qualitätsmanagementsystems (DIN EN ISO 9004)[do5, do6, do7]. DIN EN ISO 9000 ist ein Leitfaden zur Auswahl und Anwendung von DIN EN ISO 9001-9004. Eine detaillierte Beschreibung dieser Normenreihe erfolgt in Kapitel 9.

– *DIN 40080* enthielt Stichprobenanweisungen und Verfahren für die Prüfung von diskreten Einheiten anhand der Anzahl fehlerhafter Einheiten oder Fehler (Attributprüfung) und wurde ersetzt durch die DIN ISO 2859 Teil 1 [do1].

– *DIN 55350 Teil 11 ff.* benennt und definiert die im Bereich des Qualitätsmanagements und der Statistik verwendeten Begriffe mit dem Ziel der Vereinheitlichung [din].

– *DIN ISO 8402* benennt und definiert die im Bereich des Qualitätsmanagements verwendeten Begriffe auf internationaler Ebene[do9].

5.3 Prüfplanung

5.3.1 Aufgaben der Prüfplanung

Heute ist der Begriff der Prüfplanung noch eng mit der Vorstellung einer Planung der Prüfung von Erzeugnissen bzw. Produkten verbunden. Die Prüfplanung entspricht damit der traditionellen Anschauung, daß den direkten Fertigungsbereichen vollständige und eindeutige Vorgaben für die Durchführung ihrer Arbeiten zur Verfügung gestellt werden müssen.

Dieser erzeugnisorientierte Ansatz erfährt in den letzten Jahren zunehmend eine Erweiterung. Die Objekte der Prüfungen, und damit auch der Gegenstand der Prüfplanung, sind schon lange nicht mehr allein die Erzeugnisse, sondern mehr und mehr auch die Betriebsmittel. Langfristig wird also Systemen mit einer prüfplanerischen Funktionalität ein deutlich größeres Wirkungsfeld eingeräumt werden müssen, als es heute unter der reinen Planung der Qualitätsprüfung noch verstanden wird (**Bild 5.3**).

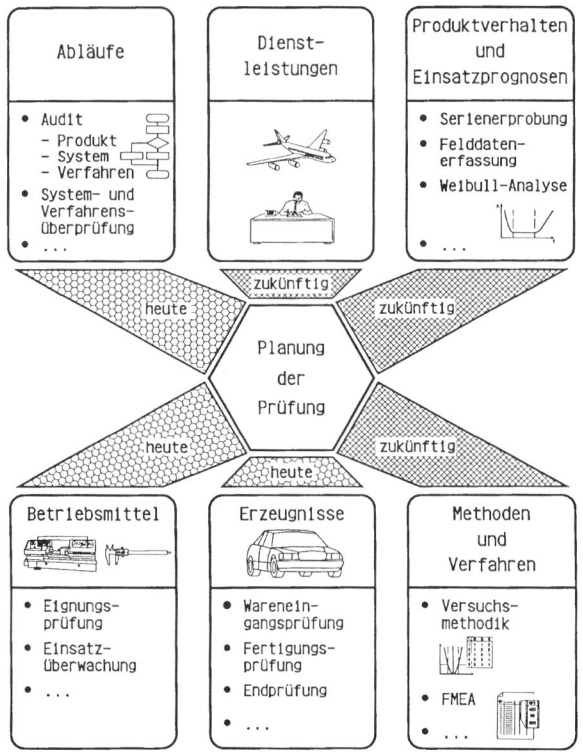

Bild 5.3   Planung der Prüfung – heute und zukünftig

Neben der Planung der klassischen Erzeugnisprüfungen gehört heute die Planung von Betriebsmittel- sowie Werkstoff- und Hilfsstoffprüfungen zu den Aufgaben der Prüfplanung. Im Bereich von Audits (vgl. Kap. 9) erfolgt bereits heute die Planung der Prüfung von Abläufen, Methoden und Verfahren. Zukünftig wird sicherlich auch die Planung der Prüfung von Dienstleistungen und des Produktverhaltens an Bedeutung gewinnen. Dieser Entwicklung tragen die Normen DIN ISO 9000 Teil 3 [do6] zur Anwendung der DIN EN ISO 9001 auf die Entwicklung, Lieferung und Wartung von Software und DIN ISO 9004 Teil 2 [do7] als Leitfaden zur Anwendung der DIN EN ISO 9000 ff. [do5] auf den Dienstleistungssektor Rechnung.

An dieser Stelle soll jedoch eine Beschränkung auf die Prüfplanung im „klassischen" Sinne, d.h. der Prüfplanung als „Planung der Qualitätsprüfung" [din], erfolgen. Ziel einer geplanten Prüfung ist die Sicherstellung einer ordnungsgemäßen Qualitätsprüfung und somit einer einwandfreien Produktqualität. Die Prüfplanung sollte unter Einbeziehung der betrieblichen Strukturen und der Qualitätsvorgaben für das Produkt vor allem auch Kostenaspekte berücksichtigen. Sie ist von entscheidender Bedeutung für spätere lang- und kurzfristige Prüfdatenanalysen. Eine spätere Datenauswertung ist in der Regel um so aussagekräftiger, je detaillierter die Datenerfassung geplant wurde.

Zu den Aufgaben der Prüfplanung im klassischen Sinne, d.h. der Planung der Qualitätsprüfung von Produkten, gehören in erster Linie [mec]:

- Auswahl der zu prüfenden Merkmale
- Einordnung der durchzuführenden Prüfungen in den Produktionsprozeß
- Bestimmung der zu prüfenden Einheiten bzw. des mengen- oder zeitbezogenen Prüfintervalls
- Festlegung der Reihenfolge, in der die einzelnen Merkmale zu prüfen sind
- Ermittlung des anzuwendenden Prüfmittels
- Festlegung der Prüfmethode
- Ermittlung der Prüfzeitpunkte
- Ermittlung der notwendigen Prüfdokumentation
- Aufbereitung der Hinweise für die Prüfdurchführung

Die Planung erstreckt sich sowohl auf die herzustellenden Erzeugnisse als auch auf die einzusetzenden Prüfmittel. Ausgehend von Planungsunterlagen wie Zeichnungen und Arbeitsplänen wird unter Berücksichtigung von Vorschriften, Richtlinien, Auflagen und eventuell vorhandener Vergangenheitsdaten ein Prüfplan erstellt, der die Basis der Qualitätsprüfung darstellt (**Bild 5.4**).

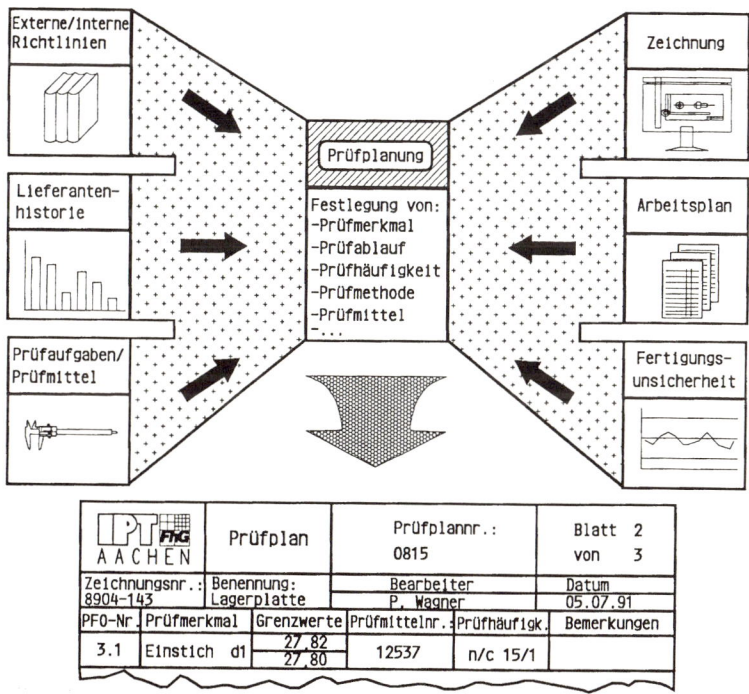

Bild 5.4   Eingangsinformationen für die Prüfplanung

Voraussetzung zur Durchführung der Prüfplanung ist die Kenntnis

– der Funktion der zu prüfenden Teile,

– des Fertigungsablaufs,

– der Fertigungsunterlagen,

– der technischen Unterlagen sowie

– der einsetzbaren und verfügbaren Prüfmittel.

Arbeits- und Prüfplanung weisen große Gemeinsamkeiten in der Vorgehensweise auf. Eine konsequente Rechneranwendung muß diesen Analogien in Zukunft verstärkt Rechnung tragen und zu einer engen Informationsverzahnung zwischen Arbeitsplanung und Prüfplanung führen.

5.3.2   Innerbetriebliche Einordnung der Prüfplanung

Die Prüfplanerstellung erfolgt in der Regel zeitgleich bzw. gemeinsam mit der Arbeitsplanung oder kurz nach der Arbeitsplanerstellung **(Bild 5.5)**. Dabei finden Daten aus der Qualitätsplanung sowie der Entwicklung und Konstruktion Anwendung. Während der Fertigungsphase stellen die von Arbeitsplanung und Prüfplanung erstellten Unterlagen die Grundlage für die Produktherstellung und die Qualitätsprüfung dar. Über die anschließende Prüfdatenauswertung werden die einzelnen Qualitätsregelkreise bezogen auf die Tätigkeiten und Entscheidungen in den jeweiligen Produktentstehungsphasen geschlossen. So können beispielsweise die bei der Prüfdatenauswertung ermittelten Ergebnisse zu einer Nachstellung der Fertigungsanlage im Sinne abweichungskompen-

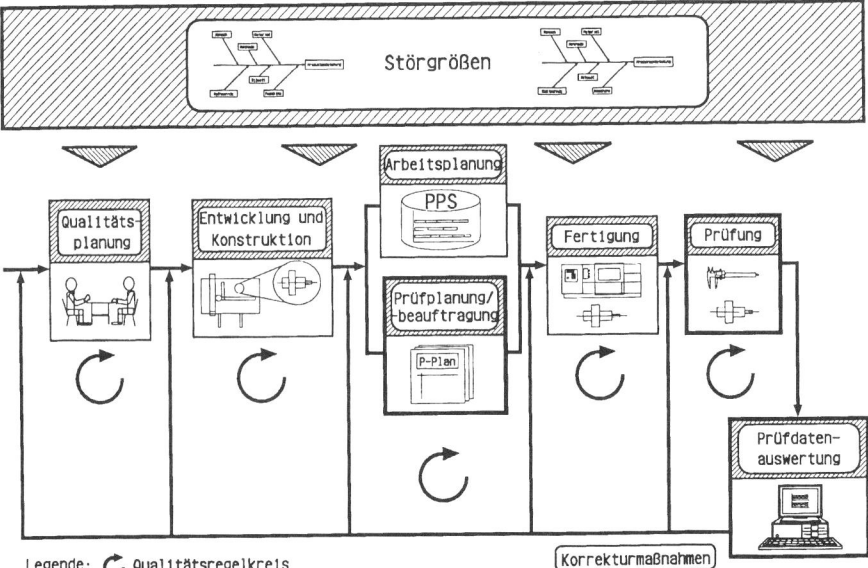

Bild 5.5   Beispiele für Qualitätsregelkreise

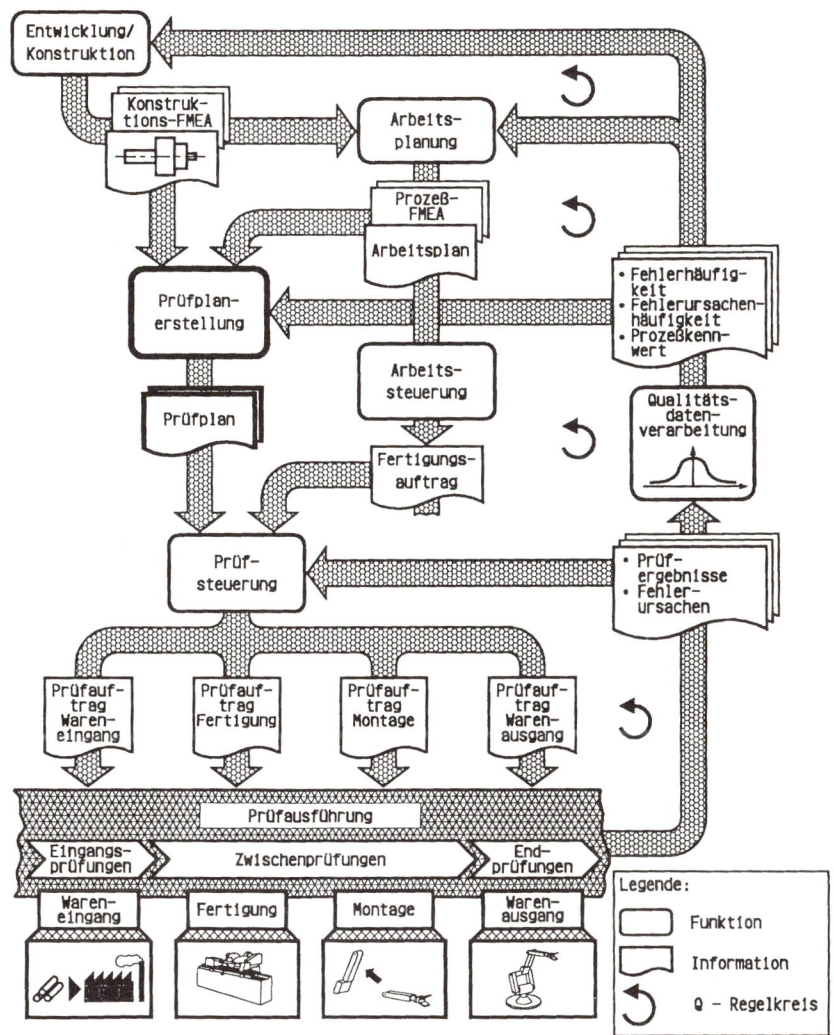

Bild 5.6 Einordnung der Prüfplanerstellung in die Produktion   nach Zeller

sierender Parameterveränderungen genutzt werden (kleiner Qualitätsregelkreis) oder auch zur besseren Angleichung der Konstruktionsvorgaben an die Fähigkeiten der Fertigung verwandt werden (großer Qualitätsregelkreis). Schließlich ist auch vorstellbar, daß die Prüfdaten zur Dynamisierung der in der Prüfplanung und -beauftragung festgelegten Prüfumfänge herangezogen werden.

Die Prüfplanung muß informationstechnisch in den betrieblichen Produktionsprozeß eingebunden werden **(Bild 5.6)**. Bei der Prüfplanerstellung werden Planungsunterlagen aus verschiedenen vorgelagerten Bereichen, wie z.B. aus der Konstruktion und der Arbeitsplanung, benötigt. Aus diesem Grund erfolgt die Prüfplanung in vielen Unterneh-

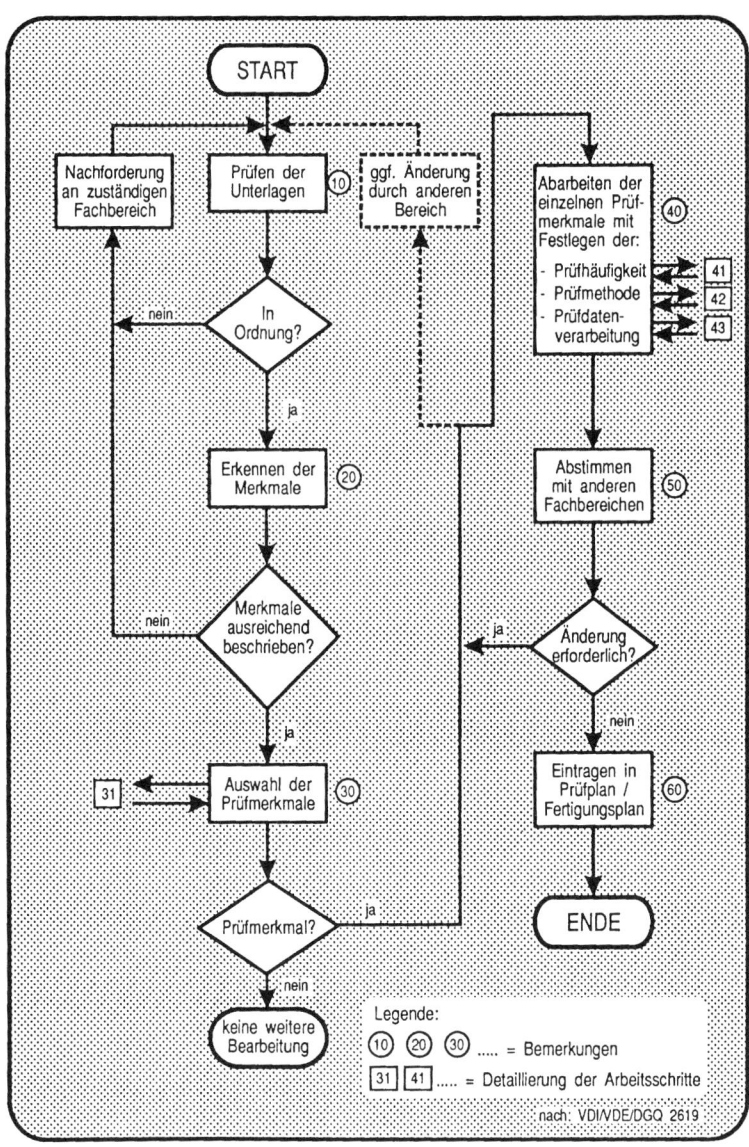

Bild 5.7   VDI/VDE/DGQ Richtlinie 2619 zur Prüfplanung

men heute noch nach Abschluß der Konstruktion und Arbeitsplanung. Hierbei besteht die Gefahr, daß bei der Prüfplanung benötigte Daten nicht ausreichend dokumentiert werden und erst durch aufwendiges Nachfragen des Prüfplaners beim Konstrukteur ermittelt werden können. Daher bietet sich ein frühzeitiger Beginn der Prüfplanung bereits während der Konstruktion an. Zu diesem Zeitpunkt kann zwar keine vollständige Prüfplanung erfolgen, es können jedoch bereits wesentliche Prüfmerkmale ermittelt werden. Da sich die Konstruktion an von der Qualitätsplanung vorgegebenen Qualitätsmerkmalen aus Kundensicht orientiert, fällt an dieser Stelle eine Ermittlung von Prüfmerkmalen nicht schwer. Dem Konstrukteur liegen die hierzu erforderlichen Planungsunterlagen, wie z.B. Verträge, Normen, Konstruktions-FMEA und Funktionsanalysen, vor. Eine endgültige Auswahl und Ergänzung der Prüfmerkmale kann erst nach Durchführung der Prozeßplanung erfolgen, da sich hier weitere Informationen, beispielsweise aus der Prozeß-FMEA, ergeben. Der endgültige Prüfplan kann jedoch erst nach erfolgter Arbeitsplanung erstellt werden. Diese Vorgehensweise verlagert die jeweils erforderlichen Planungstätigkeiten in die Bereiche, in denen die benötigten Daten gerade präsent sind und läßt eine effizientere Planung zu.

Die VDI/VDE/DGQ-Richtlinie 2619 zur Prüfplanung [vd1] beschreibt die Vorgehensweise zur Prüfplanerstellung. Sie beschreibt in einer Vielzahl von Ablaufplänen die wesentlichen Tätigkeiten und Entscheidungsschritte, die zur Erstellung eines Prüfplans erforderlich sind (**Bild 5.7**). Einzelne Schritte werden in der Richtlinie durch ergänzende detailliertere Ablaufpläne dargestellt. In Kapitel 5.3.5 wird die in der Richtlinie be-

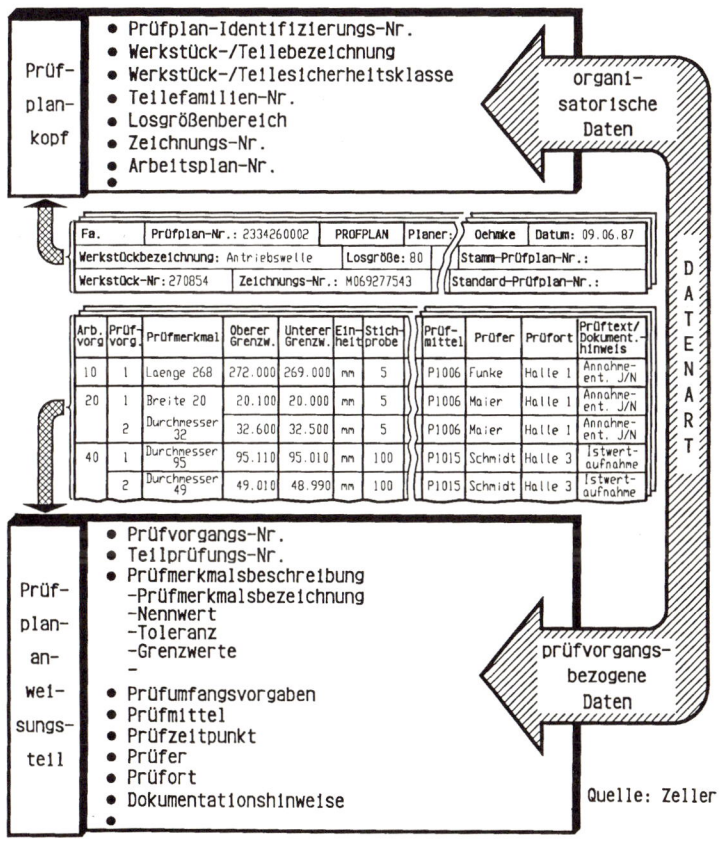

Bild 5.8 Aufbau und Inhalte von Prüfplänen [zel]

schriebene Vorgehensweise erläutert. Die einzelnen dort beschriebenen Planungsschritte sollten möglichst frühzeitig, d.h. bereits in der Konstruktionsphase, starten.

Die Organisation der Prüfplanung muß unternehmensspezifisch festgelegt werden. So
kann je nach Unternehmensstruktur eine gemeinsame Arbeits- und Prüfplanung mit
dem Nachteil der Überschneidung von Produktions- und Qualitätsinteressen oder eine
personell strikt getrennte Durchführung sinnvoll sein.

Wer die Prüfplanung im Unternehmen wahrnimmt, ist letztlich sekundär. Entscheidend
ist, daß sie für alle Stufen im Produktionsablauf durchgeführt wird und daß eine eindeutige und klare Zuordnung der Aufgaben erfolgt. Sowohl die nationale als auch die
internationale Normung lassen eine organisatorische Festlegung offen [mel].

5.3.3   Aufbau und Inhalt eines Prüfplans

Der Aufbau und die Inhalte von Prüfplänen unterscheiden sich teilweise erheblich. Ein
Prüfplan kann z.B. eine arbeitsvorgangsbezogene Struktur aufweisen, d.h. die Prüf-
schritte orientieren sich an einem Arbeitsplan (Bild 5.8). Alle Prüfpläne weisen organisatorische Daten im Prüfplankopf und prüfvorgangsbezogene Daten im Anweisungsteil
auf. Ein Prüfschritt enthält alle Vorgaben für die Prüfung eines Merkmals, d.h. sowohl
Anweisungen für die Prüfdatenerfassung als auch für die Prüfdatenauswertung und
-dokumentation. Die Art der Dokumentation der Vorgaben für die Prüfdurchführung
reicht von Prüfskizzen mit eingetragenen Prüfhinweisen bis hin zu detailliert ausgearbeiteten Prüfplänen [mec].

5.3.4   Datenbedarf bei der Prüfplanerstellung

Die prüfplanerischen Aktivitäten erfordern umfangreiches Datenmaterial (Bild 5.9).
Nur ein geringer Teil der in einem Prüfplan beschriebenen Daten ist originär den Qualitätsdaten zuzuordnen. Ein Großteil der zu ermittelnden Daten kommt aus Bereichen
der heute schon lange etablierten EDV-Anwendungen, wie z.B. dem Konstruktionsbe-
reich oder dem Bereich der Stammdatenverwaltung. Unter der Maßgabe einer redun-
danzfreien Datenhaltung kommt damit bei CAQ-Systemen einer Einbindung der Prüfplanungskomponente in das gesamte EDV-Umfeld eine besondere Bedeutung zu. Die
heute am Markt verfügbaren CAQ-Systeme (vgl. Kap. 8) sind zur Zeit meist so ausgelegt, daß der Prüfplanbestand autark im System verwaltet und gepflegt werden kann.
Die in hohem Maße wünschenswerte Einbindung des CAQ-Systems in das gesamte
EDV-Umfeld ist heute meist immer noch mangels vereinheitlichter Vorgaben eine unternehmensspezifische Applikation. Die Einbindung kann z.B. durch die Realisierung
einer für alle Rechneranwendungen gemeinsam nutzbaren Qualitätsdatenbasis (vgl.
Kap. 7) erfolgen.

5.3.5   Vorgehensweise bei der Prüfplanerstellung

Da die einzelnen Schritte der Prüfplanerstellung wechselseitige Abhängigkeiten aufweisen, existieren in der Literatur Ansätze zur Optimierung des Prüfplanerstellungs-
ablaufs. Nachfolgend erfolgt eine Orientierung an der in der VDI/VDE/DGQ-
2619-Richtlinie zur Prüfplanung [vd1] vorgegebenen Reihenfolge der Arbeitsschritte

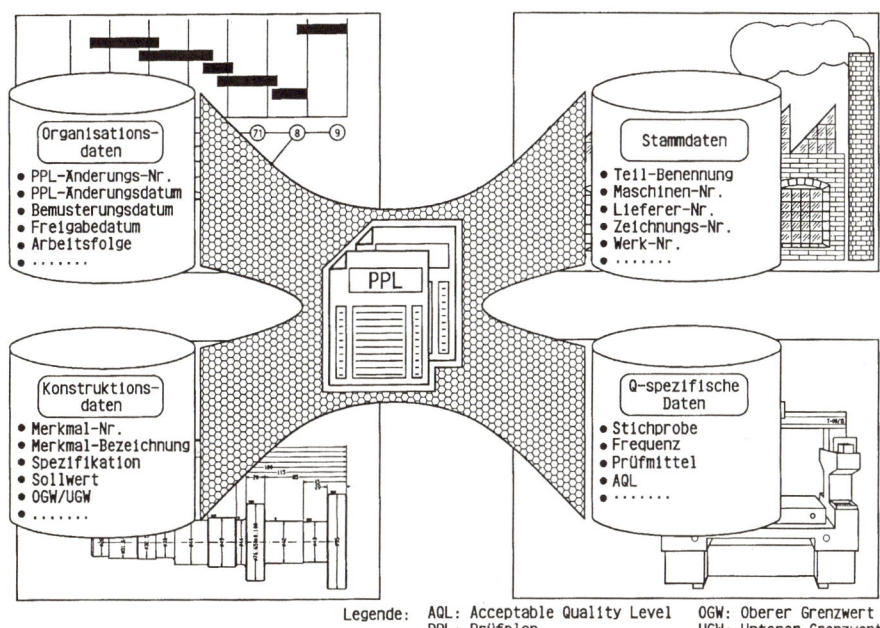

Legende: AQL: Acceptable Quality Level   OGW: Oberer Grenzwert
          PPL: Prüfplan   UGW: Unterer Grenzwert

Bild 5.9 Datenbedarf bei der Prüfplanerstellung

(Bild 5.10). Die Richtlinie empfiehlt für jedes ausgewählte Prüfmerkmal folgenden Fragenkatalog abzuarbeiten:

„was?"   Beschreibung des Prüfmerkmals
„wie oft?"   Prüfhäufigkeit
„wie viel?"   Prüfumfang
„womit?"   Prüfmittel
„wann?"   Zeitpunkt
„durch wen?"   Prüfer (z. B. Fertigungspersonal oder Qualitätsprüfungspersonal)
„wo?"   Prüfort
„wie?"   Prüfanweisung
„Prüfdaten?"   aufschreiben, sammeln, auswerten, verteilen, verdichten

Im folgenden werden die einzelnen Schritte der Prüfplanerstellung erläutert.

Bestimmung der Prüfplankopfdaten

Der Prüfplankopf enthält die organisatorischen Daten eines Prüfplans. Hierzu gehören z. B.:
– Prüfplan-Identifizierungsnummer
– Teile- oder Werkstück-Nummer
– Zeichnungs-Nummer
– Arbeitsplan-Nummer

Die Prüfplankopfdaten sind nach Art und Umfang firmenspezifisch.

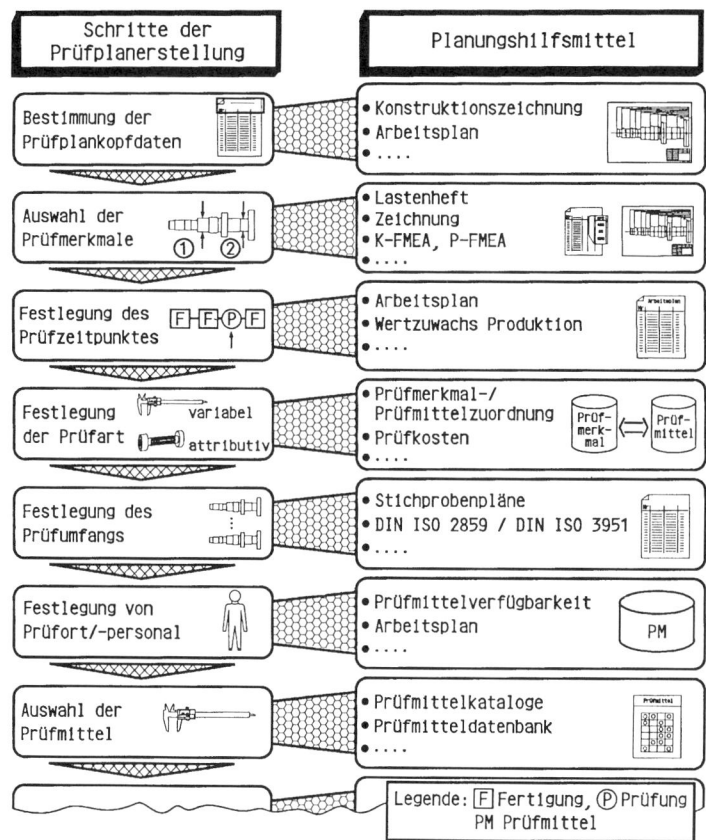

Bild 5.10   Ablauf der Prüfplanerstellung

Auswahl der Prüfmerkmale

Die Auswahl und Beschreibung der Prüfmerkmale („was?") nimmt eine herausragende Stellung bei der Prüfplanung ein, da alle nachfolgenden Planungsschritte davon abhängen. In diesem Schritt erfolgt die Festlegung der zu prüfenden Merkmale an einem Teil, einer Baugruppe, einem fertigen Endprodukt oder einem Betriebsmittel.

Nach Erkennen potentieller Prüfmerkmale erfolgt eine Beurteilung der Prüfnotwendigkeit. Ziel der Festlegung der Prüfnotwendigkeit ist zum einen die Sicherung der Produktqualität und zum anderen die Minimierung der Kosten **(Bild 5.11)**. Dabei wird die Entscheidung über die Prüfnotwendigkeit in Abhängigkeit von Kriterien, wie sie exemplarisch im Bild dargestellt sind, getroffen.

Bei den Prüfmerkmalen kann es sich neben Geometriedaten oder physikalisch-chemischen Eigenschaften beispielsweise auch um Funktionseigenschaften und optische Merkmale handeln. Zur Bestimmung der Prüfnotwendigkeit eines Merkmals können unter anderem folgende Unterlagen herangezogen werden:

- Konstruktionszeichnungen
- Arbeitspläne
- Unterlagen einer Konstruktions- oder Prozeß-FMEA
- Unterlagen über Fertigungsunsicherheiten
- Maschinen- und Prozeßfähigkeitskennwerte
- Schadensberichte
- Reklamationen
- Kostendaten

Das Ergebnis dieses Schrittes ist die Prüfspezifikation, d.h. die Festlegung der Prüfmerkmale und der Merkmalswerte (Bezeichnung, Einheit, Sollwerte ...). Die Prüfspezifikation ist Grundlage für Prüfanweisungen zur Durchführung der Qualitätsprüfung.
Die weiteren Festlegungen (Prüfhäufigkeit, Prüfumfang ...) werden in den nachfolgenden Arbeitsschritten vorgenommen.

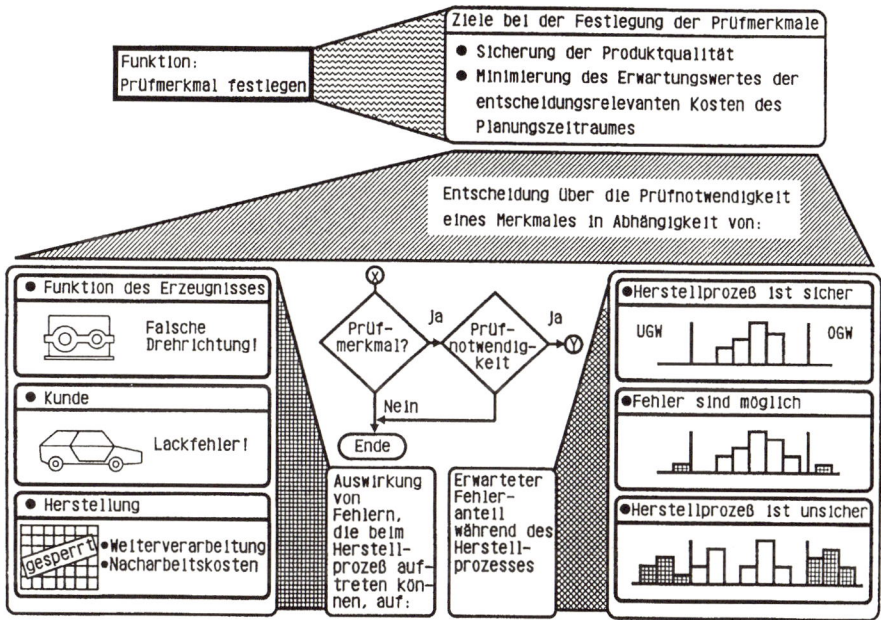

Bild 5.11   Festlegen der Prüfmerkmale [mec]

Festlegung des Prüfzeitpunktes

In diesem Arbeitsschritt wird festgelegt, „wann" die Prüfung erfolgen soll. Es wird beispielsweise festgelegt, ob eine End- oder Zwischenprüfung oder auch beides erfolgen
soll. Bei der Entscheidung für eine Zwischenprüfung muß festgelegt werden, nach welchen Arbeitsschritten die Prüfung erfolgt. Dabei finden folgende Kriterien Berücksichtigung:

- Kosten der Prüfung
- Wertzuwachs des Produktes
- Schadensrisiko
- Kostenstellenwechsel
- Arbeitsgänge, bei denen mit Produktveränderungen (z.B. Verformung durch Schweißen) zu rechnen ist
- Zugänglichkeit der Prüfstelle am Teil
- Totzeit zwischen Merkmalserzeugung und Merkmalsprüfung

Durch zusätzliche Zwischenprüfungen wird sichergestellt, daß eine fehlerhafte Einheit nicht zum nächsten Arbeitsschritt gelangt und so weitere Produktionskosten verursacht. Die Entscheidung für eine Zwischenprüfung sollte unter Beachtung der Prüf- und Ausschußkosten erfolgen. Bei mehr als einem Prüfmerkmal sollten die Merkmale in der Reihenfolge der höchsten Fehlerwahrscheinlichkeit geprüft werden, um unnötige Prüfkosten zu vermeiden.

Festlegung der Prüfart

Die Prüfart legt fest, ob die Prüfung in Form

- einer Variablenprüfung oder
- einer Attributprüfung

erfolgt.

Die Variablenprüfung dient zur Prüfung quantitativer Merkmale, d.h. ein Merkmal, wie z.B. ein Bohrungsdurchmesser, wird anhand einer kontinuierlichen Skala (Meßwert) gemessen. Bei der Attributprüfung erfolgt eine gut/schlecht Prüfung des Merkmals. Das Ergebnis einer Attributprüfung kann z.B. die Anzahl undichter Teile eines Prüfloses sein.

Im Bereich der Annahmestichprobenprüfung, eine für den Wareneingang typische Prüfungsart, legt die DIN ISO 2859 die Vorgehensweise bei der Durchführung fest [do1, do2, do3]. Die DIN ISO 3951 ergänzt die DIN ISO 2859 um Verfahren zur Variablenprüfung [do4]. In beiden Fällen wird mit der im Unterkapitel 5.4.1 erläuterten annehmbaren Qualitätsgrenzlage (AQL) gearbeitet.

Aufgrund der höheren statistischen Aussagekraft und der geringeren erforderlichen Stichprobenumfänge ist die Variablenprüfung in jedem Falle der Attributprüfung vorzuziehen.

Festlegung des Prüfumfangs

Der Prüfumfang („wie viel?") beeinflußt unmittelbar die Prüf- und Fehlerkosten. Es ergeben sich im wesentlichen die folgenden Alternativen [mec]:

- 100%-Prüfung
- Stichprobenprüfung, z.B.
  - mit genormten, veröffentlichten oder werksinternen Stichprobensystemen
  - Skip-Lot
  - statistische Prozeßregelung (SPC)

Bei der 100%-Prüfung werden alle Einheiten eines Prüfloses geprüft. Wirtschaftlich ist eine 100%-Prüfung nur bei Einzel- und Kleinserienfertigung oder in der Mittel- oder Großserienfertigung beim Einsatz von Prüfautomaten. Insbesondere attributive 100%-Prüfungen durch den Menschen haben einen hohen Fehlerdurchschlupf. Häufig ist der Fehlerdurchschlupf bei Stichprobenprüfungen geringer als bei manuell durchgeführten 100%-Prüfungen [ebe].

Die Stichprobenprüfung mit genormten, veröffentlichten oder werksinternen Stichprobensystemen verwendet Tabellen mit Stichprobenplänen und Regeln für die Anwendung der Pläne. Im wesentlichen finden heute Stichprobensysteme nach DIN ISO 2859 [do1, do2, do3] und DIN ISO 3951 [do4] Anwendung.

Eine Erweiterung der Stichprobenprüfung nach DIN ISO 2859 Teil 1 [do1] erfolgt durch das Skip-Lot-Verfahren (DIN ISO 2859 Teil 3 [do3]). Bei guten Prüfergebnissen erfolgt ein zeitweiliges Aussetzen der Losprüfung. Das Skip-Lot-Verfahren wird in Kapitel 5.4.1 detailliert erläutert.

Bei Fertigung größerer Stückzahlen wird heute häufig die statistische Prozeßregelung (SPC) eingesetzt. Bei der statistischen Prozeßregelung werden dem Prozeß in festen Zeitintervallen Stichproben gleichen Umfangs entnommen und geprüft. Die Ergebnisse werden in Form einer Regelkarte dokumentiert. Voraussetzung zur Anwendung der statistischen Prozeßregelung ist die Fähigkeit der eingesetzten Prozesse. Nicht jeder Prozeß ist jedoch regelbar. Eine detailliertere Erläuterung erfolgt in Kapitel 5.6.

Die Entscheidung, ob für ein Merkmal eine 100%-Prüfung oder eine Stichprobenprüfung angewendet wird, hängt maßgeblich vom Risiko bei Auftreten eines Fehlers, der durch das Merkmal verursacht wird, ab. Bei den Fehlerarten (vgl. Kap. 4.4.1) wird meist (z.B. [din]) unterschieden zwischen

- kritischen Fehlern,
- Hauptfehlern und
- Nebenfehlern

Bei Merkmalen, die kritische Fehler verursachen können, erfolgt in aller Regel eine automatisierte 100%-Prüfung, während ansonsten zumindest bei größeren Stückzahlen meist eine Stichprobenprüfung durchgeführt wird.

Die möglichen Auswirkungen fehlerbehafteter Prüfmerkmale auf die Eigenschaften eines Produktes oder die Umgebung beeinflussen wesentlich die Definition des Prüfumfanges und den zu betreibenden Dokumentationsumfang. So ist es für Unternehmen Stand der Technik, sich bei kritischen Merkmalen durch eine 100%-Prüfung und Dokumentation gegen evtl. Regreßansprüche abzusichern, während ansonsten häufig die Stichprobenprüfung Anwendung findet.

Festlegung von Prüfort und Prüfpersonal

Die Festlegung des Prüfortes („wo?") hängt im wesentlichen von den Prüfmerkmalen, den eingesetzten Prüfmitteln, dem Fertigungsfluß und den Teilegrößen ab. So kann der Prüfort z.B. durch ortsgebundene Prüfmittel wie Koordinatenmeßgeräte festgelegt sein.

Prüforte können z.B. Meßräume, Labore und Prüfplätze in, an oder neben Fertigungs- oder Montageeinrichtungen sein.

Durch die Festlegung des Prüfortes ist häufig das Prüfpersonal („durch wen?") bereits bestimmt. Prüfungen in Meßräumen und Laboren werden im allgemeinen durch Qualitätsprüfungsspersonal durchgeführt, während Prüfungen in, an oder neben Fertigungseinrichtungen entweder von Qualitätsprüfungspersonal oder besser direkt durch das Fertigungspersonal ausgeführt werden. Letztere Art der Prüfung wird Werkerselbstprüfung genannt und erfolgt vor dem Hintergrund, daß Fehler durch das Fertigungspersonal selbst erkannt werden und unmittelbar behoben werden sollten. Damit wird dem Werker mit dem Ziel der besseren Identifikation mit dem Produkt und dem Prozeß mehr Verantwortung übertragen.

Auswahl der Prüfmittel

Ziel der Prüfmittelauswahl ist die Ermittlung des für die Prüfung optimalen Prüfmittels („womit?"). Hierbei sind im wesentlichen die folgenden Punkte von Bedeutung:

- organisatorische Gründe, wie Verfügbarkeit
- prüftechnische Aspekte, wie die Zugänglichkeit der Meßstelle
- wirtschaftliche Aspekte mit dem Ziel minimaler Prüfkosten

Die Auswahl eines geeigneten Prüfmittels kann manuell z.B. mit Hilfe einer Prüfmittelauswahlmatrix und einer Prüfmittelkartei erfolgen. Da jedoch häufig die Auswahlkriterien durch eine Vielzahl von Anforderungen bestimmt werden, ist insbesondere bei größeren Prüfmittelbeständen eine optimale Auswahl manuell kaum möglich. Hier bietet sich die rechnergestützte Durchführung der Prüfplanung und insbesondere eine Rechnerunterstützung bei der Prüfmittelauswahl an **(Bild 5.12)**. Nach Definition der

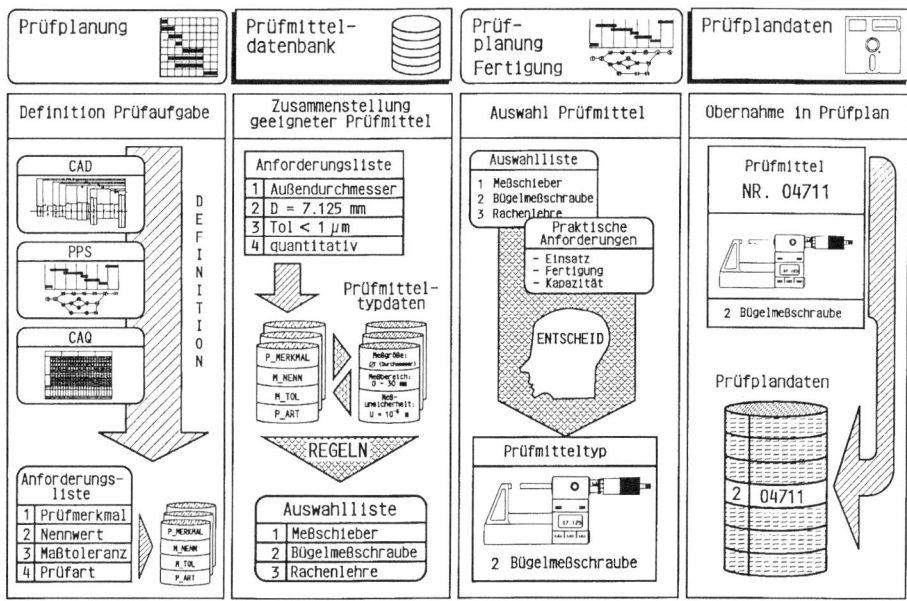

Bild 5.12   Prüfmittelauswahl

Prüfaufgabe wird eine Anforderungsliste aufgestellt. Aus einer Prüfmitteldatenbank werden geeignete Prüfmittel, d.h. Prüfmittel, die den Kriterien der Anforderungsliste genügen, ausgewählt und in Form einer Auswahlliste zusammengestellt. Auf Grundlage der praktischen Anforderungen an das Prüfmittel wird die Entscheidung für ein in der Auswahlliste enthaltenes Prüfmittel getroffen. Im letzten Schritt erfolgt die Übernahme des Prüfmittels in den Prüfplan.

Festlegung des Prüftextes

Der Prüftext enthält ergänzende Informationen zu den bereits festgelegten Prüfvorgaben. Dies kann z.B. erforderlich sein beim Einsatz von neuen oder komplexen Prüfmitteln oder der Prüfung komplexer Merkmale. Der Prüftext kann im Prüfplan selbst dokumentiert sein, bei größerem Textumfang aber auch in einer separaten Prüfanweisung. Der Prüftext oder auch der gesamte Prüfplan kann durch eine Prüfzeichnung ergänzt werden.

Festlegung der Prüfdokumentation

Die Durchführung einer Qualitätsprüfung ist nur dann sinnvoll, wenn aus den resultierenden Ergebnissen auch Schlußfolgerungen gezogen werden. Voraussetzung für gezielte Datenauswertungen ist eine sorgfältige Dokumentation der Prüfergebnisse („Prüfdaten?") unter zusätzlicher Beachtung externer Forderungen sowohl vertraglicher als auch gesetzlicher Art.

Im Prüfplan werden Art und Umfang der Dokumentation, wie z.B. Erstmusterprüfprotokoll oder Fehlersammelkarte, vorgegeben. Die dokumentierten Daten bzw. Prüfergebnisse sind die Grundlage für Nachweise gegenüber dem Kunden und für unternehmensinterne Prüfdatenauswertungen. Im Sinne einer wirtschaftlichen Verarbeitung von Prüfdaten sollte der Grundsatz beachtet werden:

> „Prüfe nur, was du auch dokumentierst,
> dokumentiere nur, was du auch auswertest,
> werte nur aus, wenn du daraus auch Schlußfolgerungen ziehst!"

Festlegung der Prüfdatenverarbeitung

Die Festlegung der Prüfdatenverarbeitung („Prüfdaten?") stellt sicher, daß die erfaßten Daten genutzt und Schlußfolgerungen gezogen werden. Es wird durch generelle Anweisungen festgelegt, ob und in welcher Form Prüfdaten gesammelt und weiterverarbeitet werden [vd1].

Die Ergebnisse der Prüfdatenauswertungen werden von den der Fertigung vorgelagerten Bereichen (z.B. der Qualitätsplanung) genutzt, so daß ein bereichs- und abteilungsübergreifender Regelkreis geschlossen wird. Der Prüfplan gelangt in Form eines Prüfauftrags in die verschiedenen Fertigungsbereiche und wird dort zur Prüfausführung herangezogen. Die Ergebnisse der Prüfung stehen sowohl für kurzfristige als auch für langfristige Prüfdatenauswertungen zur Verfügung. Kurfristige Auswertungen werden zur Durchführung von Prozeßeingriffen (kleiner Qualitätsregelkreis) verwendet, während langfristige Auswertungen (großer Qualitätsregelkreis) sowohl zur Qualitätslenkung dienen als auch eine Informationsquelle für die Prüfplanung darstellen. Die Prüfdatenauswertung wird in Kapitel 5.5 detailliert beschrieben.

Erstellung von Prüfaufträgen

Die Erstellung von Prüfaufträgen ist nicht Bestandteil der Prüfplanung. Der Prüfplan selbst ist in der Regel auftragsneutral, d.h. er wird unabhängig von einem speziellen Fertigungsauftrag erstellt. Der Prüfauftrag beinhaltet den Prüfplan und ergänzt diesen um auftragsspezifische Daten. Ein Prüfauftrag ist nur in Ausnahmefällen eine 1:1-Kopie des Prüfplans. Eine solche Ausnahme kann z.B. die 100%-Prüfung, d.h. die Prüfung an allen Teilen eines Loses oder die statistische Prozeßregelung (SPC) sein.

Der Prüfauftrag ist Voraussetzung zur Durchführung der Prüfdatenerfassung. Einige der vorgenannten Schritte der Prüfplanerstellung, wie z.B. die dynamisierte Festlegung des Prüfumfangs (dynamische Stichprobenverfahren), können meist erst bei der Prüfauftragserstellung durchgeführt werden. Im allgemeinen werden zur Bestimmung der erforderlichen Stichprobengröße drei zusätzliche Informationen benötigt:

– aktuelle Losgröße

– aktuelle Bewertung aus der Qualitätshistorie zu dem Teil und dem Hersteller

– Tabelle, aus der über einen Kennwert die Stichprobengröße bestimmt wird

Die gebräuchlichsten Tabellen zur Bestimmung der Stichprobengröße sind heute für die Attributprüfungen die DIN ISO 2859 bzw. die DIN 40080 oder der Military Standard 105D und für Prüfungen mit variablen Merkmalen der Military Standard 414 bzw. die DIN ISO 3951.

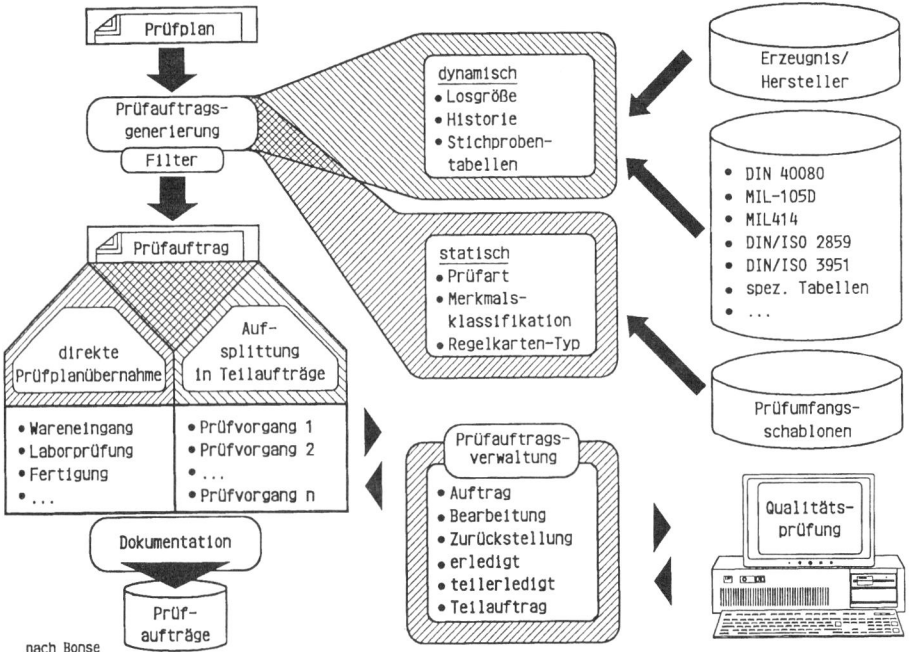

Bild 5.13   Ablaufschema der Prüfauftragserstellung, -verwaltung und -dokumentation

Dynamische Stichprobenverfahren werden besonders in der Wareneingangsprüfung angewandt, wobei, basierend auf der aktuellen Losgröße und der Lieferantenhistorie, der Prüfumfang aus Stichprobentabellen bestimmt wird **(Bild 5.13)**. Prüfumfänge für Labor- oder Fertigungsprüfungen werden seltener dynamisch bestimmt, sondern lassen sich für verschiedene Prüfarten in Abhängigkeit der Merkmalsklassifikation als feste Regel vereinbaren (z.B. für die Anwendung von Q-Regelkarten). Bei der Neuanlage von Prüfaufträgen erfolgt für Prüfungen in der Fertigung und Montage eine Aufsplittung in einzelne Prüfaufträge je Prüfvorgang. Sie werden unterschiedlich terminiert und verschiedenen Maschinen, Bearbeitungs- oder Montageplätzen und damit auch verschiedenen Prüfplätzen zugeordnet [bon].

5.3.6   Rechnergestützte Prüfplanung

Die Möglichkeit, die Prüfplanung von einer aufwendigen, manuellen, papiergestützten Verwaltungsform auf die weitaus schnellere und effizientere EDV-Anwendung umzustellen, war Anlaß für die Entwicklung vieler der heute marktgängigen CAQ-Systeme.

Eine Rechnerunterstützung ist in den einzelnen Bearbeitungsschritten der Prüfplanung in unterschiedlicher Art und Weise möglich **(Bild 5.14)**. Der Unterstützungsgrad ist jedoch im allgemeinen um so geringer, je mehr das kreative, planerische Potential des Bedieners gefordert ist. Neben den einmal zu durchlaufenden in Kapitel 5.3.5 beschriebenen Schritten bei der Ersterstellung eines Prüfplanes muß eine Prüfplanungskompo-

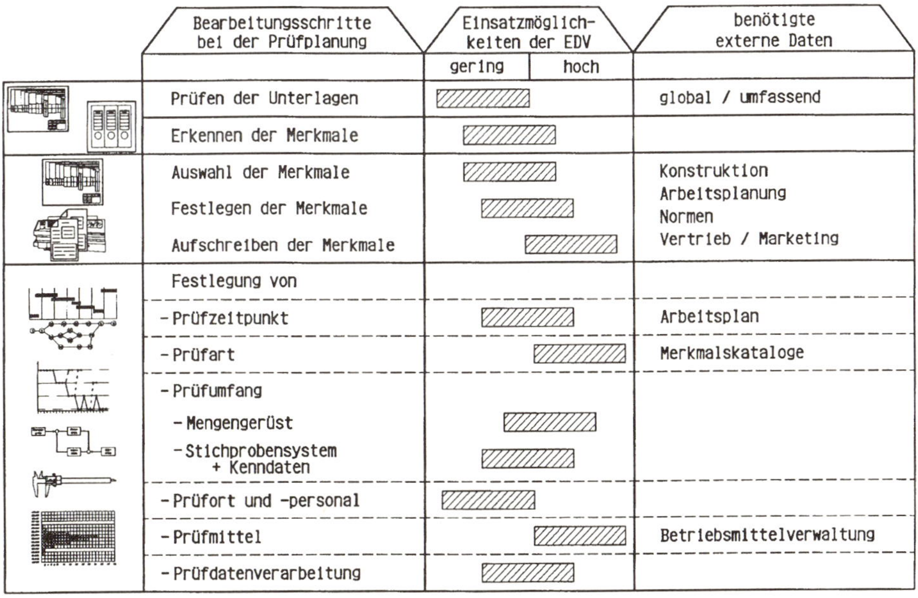

Bearbeitungsschritte bei der Prüfplanung	Einsatzmöglichkeiten der EDV		benötigte externe Daten
	gering	hoch	
Prüfen der Unterlagen	▨		global / umfassend
Erkennen der Merkmale	▨		
Auswahl der Merkmale	▨		Konstruktion Arbeitsplanung Normen Vertrieb / Marketing
Festlegen der Merkmale	▨		
Aufschreiben der Merkmale		▨	
Festlegung von			
– Prüfzeitpunkt	▨		Arbeitsplan
– Prüfart		▨	Merkmalskataloge
– Prüfumfang			
– Mengengerüst		▨	
– Stichprobensystem + Kenndaten	▨		
– Prüfort und -personal	▨		
– Prüfmittel		▨	Betriebsmittelverwaltung
– Prüfdatenverarbeitung	▨		

Bild 5.14   Einsatzmöglichkeiten der EDV bei der Prüfplanerstellung nach VDI\VDE\DGQ 2619

nente heute natürlich auch die laufende Verwaltung und Pflege aktiver und auch archivierter Prüfpläne unterstützen. Hier liegt die besondere Stärke rechnergestützter Systeme zur Prüfplanung.

Mit Sicherheit liegt der Löwenanteil der laufenden Nutzung von Prüfplanbeständen bei der Erzeugung von Prüfaufträgen. Heute sehen fast alle neueren CAQ-Systeme entsprechende Programmstrukturen, z.B. zur Ermittlung einer historienabhängigen Stichprobengröße in Prüfaufträgen vor. Weitere Aufgaben, die auf den Prüfplanbestand zugreifen, dienen z.B. der Dokumentation für den Kunden oder der Aktualisierung von abhängigen „Tochter"-Prüfplänen, wie sie aus Kopiervorgängen bei der Prüfplanerstellung hervorgegangen sind.

Eine Funktion, die heute nicht von allen CAQ-Systemen in befriedigendem Maße erfüllt wird, ist die Pflege des technischen Änderungsstandes. Wie Arbeitspläne und Arbeitsaufträge müssen auch Prüfpläne und Prüfaufträge dem Wechsel des technischen Änderungsstandes einer Artikelnummer schnell und durchgängig nachgeführt werden. Dies erfordert, daß eine Prüfplanungskomponente in der Lage ist, zu einer Teilenummer mehrere Prüfpläne mit unterschiedlichem technischen Änderungsstand zu verwalten.

5.4   Prüfdatenerfassung

Historisch gesehen stellt die Prüfdatenerfassung oder Prüfausführung die Keimzelle aller qualitätssichernder Aktivitäten dar. Im handwerklichen Betrieb des 18. Jahrhunderts wurde das Produkt unmittelbar im oder nach einem Herstellungsprozeß durch den Erzeuger selbst kontrolliert, um eine mindere Qualität der Arbeit auszuschließen. Mit zunehmender Industrialisierung führte das Prinzip der Arbeitsteilung (Taylor) zu der Entwicklung einer Trennung zwischen Arbeitsausführung und Arbeitskontrolle (Qualitätskontrolle) [ler]. Seit dieser Zeit war ein eigenständig arbeitender Personenkreis für die Qualität der Arbeit eines anderen Personenkreises zuständig.

Die Entwicklung der Fertigungstechnologien, neue Bearbeitungsverfahren, die Automatisierung des Produktionsprozesses und die zunehmende Komplexität der Produkte führten bei gleichzeitig steigenden Anforderungen an die Produktqualität dazu, daß die Qualitätsprüfung systematisch geplant und in ihrer Ausführung reproduzierbar gestaltet werden mußte. Hierzu wurden die Abläufe und Vorgehensweisen der Qualitätsprüfung in eine innerbetriebliche Ablauforganisation eingebunden.

Die Prüfausführung orientiert sich an Vorgaben der Prüfplanung **(Bild 5.15)**. Die bei der Prüfausführung anfallenden Prüfergebnisse werden in Prüfprotokollen in Form von Istwerttabellen, Meßwertprotokollen oder Fehleraufschreibungen dokumentiert. Aufgabe der Prüfdatenauswertung ist die Bewertung und Verdichtung der Prüfergebnisse zu Prüfaussagen. Diese wiederum werden einerseits der Prüfplanung als Entscheidungshilfe zur Aktualisierung des zu betreibenden Prüfaufwandes, andererseits der Qualitätslenkung zur Einleitung gezielter qualitätsverbessernder Maßnahmen übermittelt. Die Rationalisierungsanstrengungen in der Qualitätsprüfung zielen heute einerseits auf eine effektivere Durchführung der einzelnen Arbeiten in den verschiedenen Aufgabenbereichen (etwa durch Automatisierung einzelner Bearbeitungsschritte), anderer-

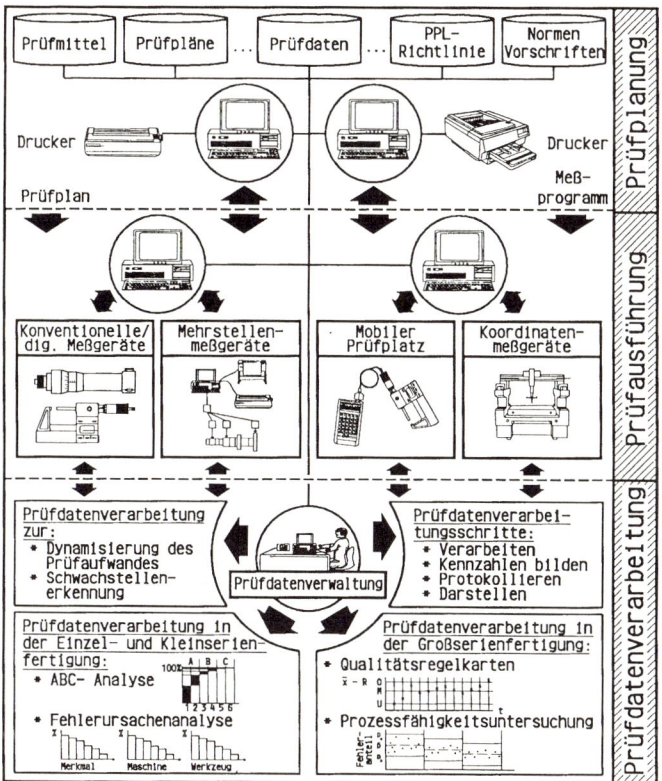

Bild 5.15   Rechnergestützte Qualitätsprüfung

seits auf eine durchgängige informationstechnische Kopplung der Arbeitsbereiche untereinander.

Im Bereich der Prüfung ist ein Trend von der Abnahmeprüfung zur Fertigungsüberwachung zu beobachten. Durch die Verlagerung der Prüfung in die laufende Produktion können Fehlentwicklungen schneller erkannt und behoben werden. Ziel ist die „beherrschte Fertigung", bei der im Idealfall überhaupt kein Ausschuß mehr auftritt [rim].

5.4.1   Prüfarten und -methoden

Die Prüfarten und -methoden sind häufig branchenspezifisch. So ist zum Beispiel im Bereich der chemischen Industrie ein vollkommen anderes Spektrum an Prüfmethoden vorzufinden als im Maschinenbau. Dies ist im wesentlichen begründet durch das unterschiedliche Produktspektrum dieser Branchen. Für den Bereich des Maschinenbaus werden exemplarisch Beispiele für das Produkt- bzw. Prüflingsspektrum sowie das Methodenspektrum dieser Branche gegeben **(Bild 5.16)**.

Sowohl im Bereich der Prüfarten und -methoden als auch im gesamten Bereich des Qualitätsmanagements sind wichtige Begriffe in der DIN 55350 Teil 11 [din] erläu-

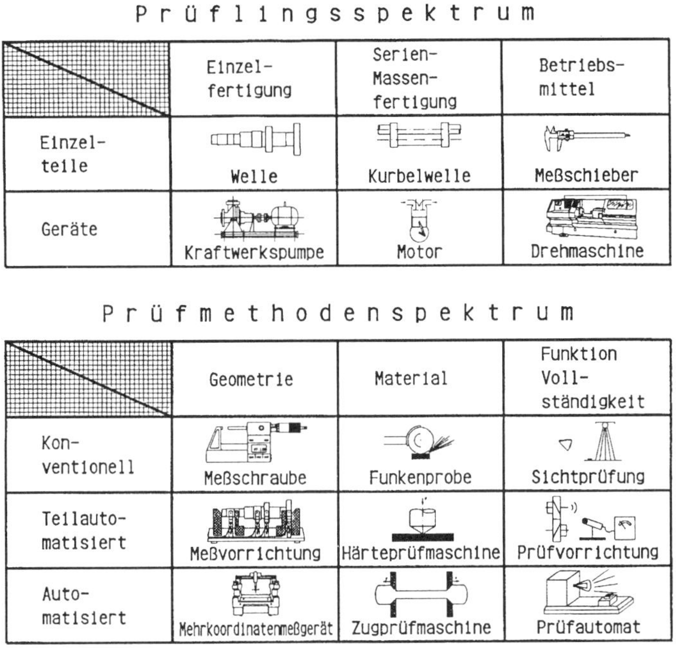

Prüflingsspektrum

	Einzel-fertigung	Serien-Massen-fertigung	Betriebs-mittel
Einzel-teile	Welle	Kurbelwelle	Meßschieber
Geräte	Kraftwerkspumpe	Motor	Drehmaschine

Prüfmethodenspektrum

	Geometrie	Material	Funktion Voll-ständigkeit
Kon-ventionell	Meßschraube	Funkenprobe	Sichtprüfung
Teilauto-matisiert	Meßvorrichtung	Härteprüfmaschine	Prüfvorrichtung
Auto-matisiert	Mehrkoordinatenmeßgerät	Zugprüfmaschine	Prüfautomat

nach E. BREYER

Bild 5.16 Spektrum der Qualitätsprüfung im Maschinenbau

tert. Im folgenden sollen nun einige wichtige, genormte Begriffe aus dem Bereich der Qualitätsprüfung erläutert werden.

Merkmal: Eigenschaft, die das Unterscheiden von Einheiten einer Grundgesamtheit ermöglicht [din].

Prüfmerkmal: Merkmal, anhand dessen eine Prüfung durchgeführt wird [din].

Fehler: Nichterfüllung vorgegebener Forderungen durch einen Merkmalswert [din].

Prüfmerkmale werden entsprechend der Klassifizierung der in Kapitel 5.3.5 erläuterten Fehlerarten eingeteilt in:

– kritische Merkmale

– Hauptmerkmale

– Nebenmerkmale

In der Literatur, insbesondere in der Normung [din, do9], sind diverse Begriffe im Bereich der Prüfarten und -methoden vorzufinden. Die wesentlichen Begriffe können in 4 Kategorien eingeteilt werden **(Bild 5.17)**. Die Einteilung nach Produktentstehungsphasen z.B. verfolgt chronologisch die Produktentstehung von der Entwurfs- und Prototypenprüfung im Bereich der Entwicklung und Konstruktion über die Erstmusterprüfung bei Produktionsanlauf bis hin zur Zuverlässigkeitsprüfung beim Produkteinsatz. Weitere Kategorien zur Unterscheidung sind zum Beispiel Prüfobjekte, die Ausführungsart und der Prüfumfang.

Im Hinblick auf eine kostenoptimale bzw. -minimale Prüfung ist die Stichprobenprüfung, insbesondere bei Serienfertigung, von großer Bedeutung und soll im folgenden näher erläutert werden. Die Festlegung des Stichprobensystems und -umfangs der Stichprobenprüfung erfolgt als Arbeitsschritt der Prüfplanung oder bei dynamisierter Stichprobenprüfung bei der Prüfauftragserstellung.

Bei der Stichprobenprüfung kann grundsätzlich zwischen Verfahren der qualitativen und der quantitativen Prüfung unterschieden werden. Im Bereich der qualitativen Verfahren, auch attributive oder zählende Verfahren genannt, werden heute Stichprobenprüfungen auf der Grundlage der im Umfang erweiterten DIN ISO 2859 [do1, do2, do3] durchgeführt.

Bei der qualitativen und quantitativen Stichprobenprüfung ist die annehmbare Qualitätsgrenzlage AQL (Acceptable Quality Level) die Beurteilungsgröße zur Annahme- oder Rückweiseentscheidung für ein Los. Ein AQL-Wert von 0,1 bedeutet beispielsweise, daß statistisch gesehen 1 Fehler pro 1000 Einheiten toleriert wird. Die Festlegung des AQL-Wertes richtet sich nach:

– Art des Merkmals (kritisches Merkmal, Haupt- oder Nebenmerkmal)

– Gesamtkosten

– Vereinbarungen zwischen Lieferant und Abnehmer

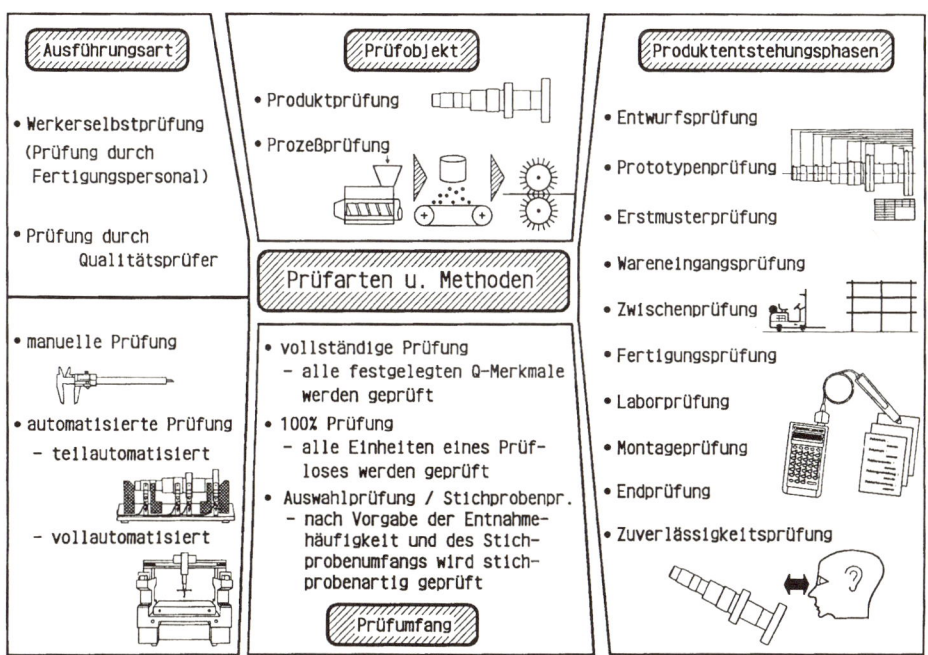

Bild 5.17   Prüfarten und -methoden

Je nach Ergebnis vorangegangener Prüfungen kann die Prüfung auf unterschiedlichen Niveaus erfolgen. Hier wird nach DIN ISO 2859 zwischen ausgesetzter, verschärfter, normaler, reduzierter und Skip-Lot Prüfung unterschieden. Beginnend bei der Prüfung auf normalem Prüfniveau erfolgt bei Erfüllung bestimmter Kriterien, die in der Norm ausführlich erläutert sind, ein Wechsel des Niveaus **(Bild 5.18)**. Werden beispielsweise 2 von 5 aufeinanderfolgenden Losen zurückgewiesen, erfolgt ein Wechsel zu verschärfter Prüfung. Sind hingegen 10 aufeinanderfolgende Lose annehmbar, so wird von normaler zu reduzierter Prüfung gewechselt.

Die Bestimmung der Annahme oder Rückweisung eines Loses erfolgt unter Anwendung von in der Norm angegebenen Stichprobentabellen für die einzelnen Niveaus. In Abhängigkeit von AQL-Wert und Stichprobengröße wird die Annahmezahl c bestimmt, die die Annahme oder Rückweisung bzw. Sperrung eines Loses festlegt.

Bei Erreichen der Skip-Lot Stichprobenprüfung erfolgt eine Annahme einzelner Lose ohne Prüfung. Die Lose, die im Rahmen der Skip-Lot Prüfung geprüft werden, werden zufällig ausgewählt. Es muß sichergestellt sein, daß ein bestimmter festgelegter Anteil der Lose zur Prüfung gelangt. Dabei ist es auch von Interesse die Historie einer Losprüfung zu verfolgen **(Bild 5.19)**. Ausgehend von der normalen Prüfung erfolgt nach Annahme von 10 aufeinanderfolgenden Losen ein Wechsel auf das reduzierte Prüfniveau. Bei 5 angenommenen Losen auf dieser Stufe wird auf die Skip-Lot Stufe gewechselt. Bei Nichterfüllung der Skip-Lot Kriterien erfolgt eine Rückstufung.

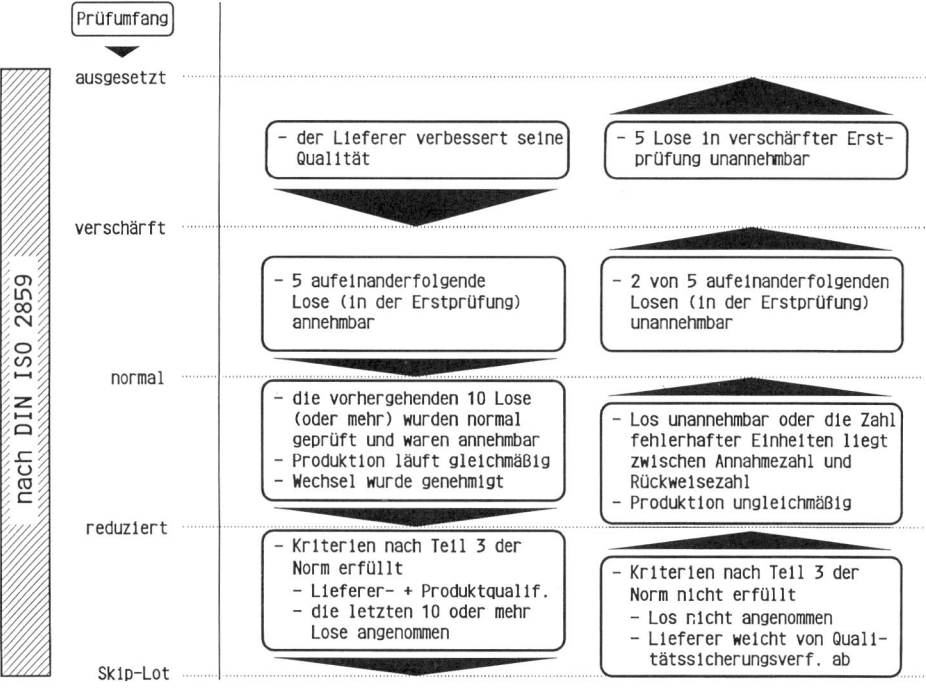

Bild 5.18   Losprüfung nach DIN ISO 2859

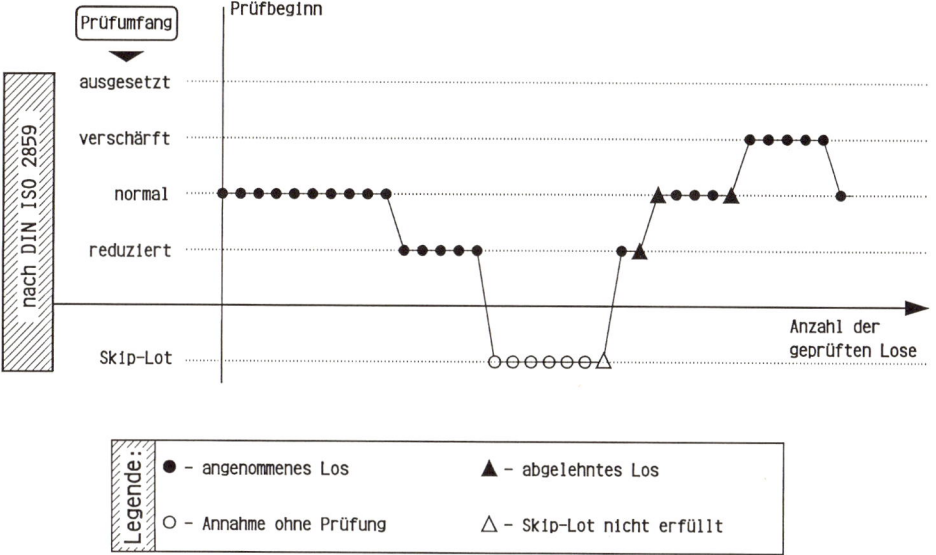

Bild 5.19   Beispiel einer Losprüfung nach DIN ISO 2859

Im Bereich der quantitativen Stichprobenverfahren (Variablenprüfung) wird die DIN ISO 3951 [do4] angewendet. Neben dem Wareneingangsbereich wird diese Norm auch im Bereich der Fertigung verwendet. Im allgemeinen sind für die Anwendung dieses Verfahrens aufwendige Voruntersuchungen notwendig, bei denen die mittlere Streuung und die Normalverteilung der Stichprobe untersucht werden.

Der Hauptvorteil der Variablenprüfung im Wareneingang verglichen mit der Attributprüfung liegt darin, daß der Stichprobenumfang erheblich kleiner gewählt werden kann. Über das Verteilungsgesetz kann ein Urteil bzgl. Normalität und Lage der Einzelwerte im Toleranzbereich getroffen werden. Durch die Erfassung der einzelnen Meßwerte ist der Informationsgehalt pro geprüfter Einheit erheblich größer.

Allerdings ist die merkmalsorientierte Prüfdynamisierung bei der quantitativen Stichprobenprüfung erheblich aufwendiger und in der Regel nur durch Rechnerunterstützung wirtschaftlich realisierbar. Gleiches gilt für den dokumentarischen und organisatorischen Aufwand.

Alle Stichprobenprüfungen (qualitativ, quantitativ) beziehen sich auf bestimmte Prüflose. Diese sollen aus homogenen Einheiten bestehen, d.h. aus einer Fertigungscharge (gleiche Fertigungseinrichtung, gleicher Fertigungszeitraum, gleiche Materialcharge, gleiche Bedingungen) stammen. Wurde das vorgestellte Prüflos z.B. auf drei parallel arbeitenden Werkzeugmaschinen gefertigt, so müssen bei der eingehenden Sendung im Wareneingang entsprechend drei Teillose gebildet werden (entsprechend der Einheiten pro Werkzeugmaschine). Nur so können Fehlurteile bei Stichprobenprüfungen vermieden werden. Diese sind häufig auf die unzulässige Auswahl von Losen bzw. falsche Stichprobenentnahme oder Bedienungsfehler zurückzuführen.

Die Stichproben aus dem Prüflos sind so zu entnehmen, daß ihre Zusammensetzung repräsentativ für das Los ist. Das bedeutet, daß die Wahrscheinlichkeit in die Stichprobe zu gelangen, für jede Einheit des homogenen Loses gleich groß ist. Derartige Stichproben werden auch als Zufallsstichproben bezeichnet.

5.4.2 Meß- und Prüftechnik

Die Aufgabe der Meß- und Prüftechnik ist die Bereitstellung von Verfahren und Geräten zur Prüfausführung. Die Fertigungsmeßtechnik ist ein Teilgebiet der Meßtechnik und befaßt sich mit dem Messen und Prüfen in allen Bereichen der Fertigungstechnik. Sie ist sehr eng mit dem Qualitätsmanagement und hier insbesondere der Qualitätsprüfung verzahnt.

Im Bereich der Meß- und Prüftechnik existieren unterschiedliche Verfahren zur Ermittlung von Meß- und Prüfergebnissen. Einige elementare Grundbegriffe im Bereich der Meß- und Prüftechnik werden nachfolgend erläutert:

– **Zählen** ist das Ermitteln der Anzahl jeweils in bestimmter Hinsicht gleichartiger Elemente oder Ereignisse, die bei dem untersuchten Meßobjekt in Erscheinung treten [dut].
– **Klassieren** heißt der Vorgang, durch den Elemente einer Menge aufgrund bestimmter gleichartiger Eigenschaften bestimmten Klassen zugeordnet werden [dut]. Die Darstellung von Meßwerten in einem Häufigkeitsdiagramm und die Prüfung mittels einer Grenzlehre sind Beispiele für eine Klassierung.
– **Messen** ist ein experimenteller Vorgang zur Ermittlung eines speziellen Wertes (Meßwert) einer physikalischen Größe (Meßgröße). Dieser Wert wird als Vielfaches einer Einheit bzw. eines Bezugswertes angegeben. Aus der Verknüpfung mehrerer Meßwerte resultiert das Meßergebnis. Das Meßergebnis beinhaltet neben der Angabe der Bedingungen unter denen die Messung durchgeführt wurde auch die Angabe der Meßunsicherheit.
– **Prüfen** heißt Feststellen, ob ein Prüfgegenstand eine oder mehrere vereinbarte, vorgeschriebene oder erwartete Bedingungen erfüllt, insbesondere ob vorgegebene Fehlergrenzen oder Toleranzen eingehalten werden. Der Prüfvorgang kann sowohl subjektiver (Sinneswahrnehmung ohne Meßgerät z.B. durch Sichtprüfung) als auch objektiver Art (mittels Meß- oder Prüfgerät) sein.
– Das **Lehren** ist eine spezielle Art des Prüfens. Durch das Lehren wird festgestellt, ob bestimmte Merkmale (z.B. Längen oder Winkel) innerhalb vorgeschriebener Grenzen liegen. Der Betrag der Abweichung wird jedoch nicht ermittelt. Ein vollständiges Lehren erfordert zwei Maßverkörperungen, die dem oberen und unteren Grenzmaß entsprechen.

Eine Klassifizierung von Meßverfahren läßt sich nach unterschiedlichen Gesichtspunkten durchführen. Wichtige Unterscheidungsmerkmale für Meßverfahren können, wie nachfolgend aufgeführt, getroffen werden:

– direkte und indirekte Meßverfahren
– analoge und digitale Verfahren

– zeitlich kontinuierliche und diskontinuierliche Verfahren

– Ausschlags- und Kompensationsverfahren

Bei einer Messung ist oftmals nicht der Meßwert selbst, sondern dessen Abweichungen vom Sollwert besonders interessant. Verursachende Störeinflüsse auf die Messung werden nach ihrem Auftreten bzw. nach ihrer spezifischen Auswirkung auf das Meßsystem klassifiziert. Zu nennen sind hier äußere- und innere Störeinflüsse, Rückwirkungen vom Meßobjekt bzw. vom Empfänger oder auch das Übertragungsverhalten der Meßeinrichtung.

Meßabweichungen

Ziel einer Messung ist die Ermittlung des wahren Wertes einer Meßgröße. Jedes Meßergebnis wird verfälscht durch die Unvollkommenheit des Meßobjektes, der Meßgeräte und der Meßverfahren. Die Unsicherheit eines Meßergebnisses basiert auf der Existenz zufälliger und systematischer Fehler bzw. Abweichungen **(Bild 5.20)**. Ziel muß es sein, die Meßabweichung möglichst gering zu halten. Dies verlangt wiederum einen erhöhten Aufwand für die Messung, die Meßmittel und die Meßumgebung. Somit ist abzuschätzen, welche Meßunsicherheit gefordert werden muß, um einen optimalen Kosten-Nutzen Effekt zu erzielen.

Gut beherrschbar sind systematische Meßabweichungen wie z. B. ein konstanter Gerätefehler. Hier kann über eine Korrekturtabelle der exakte Wert bestimmt werden. Häu-

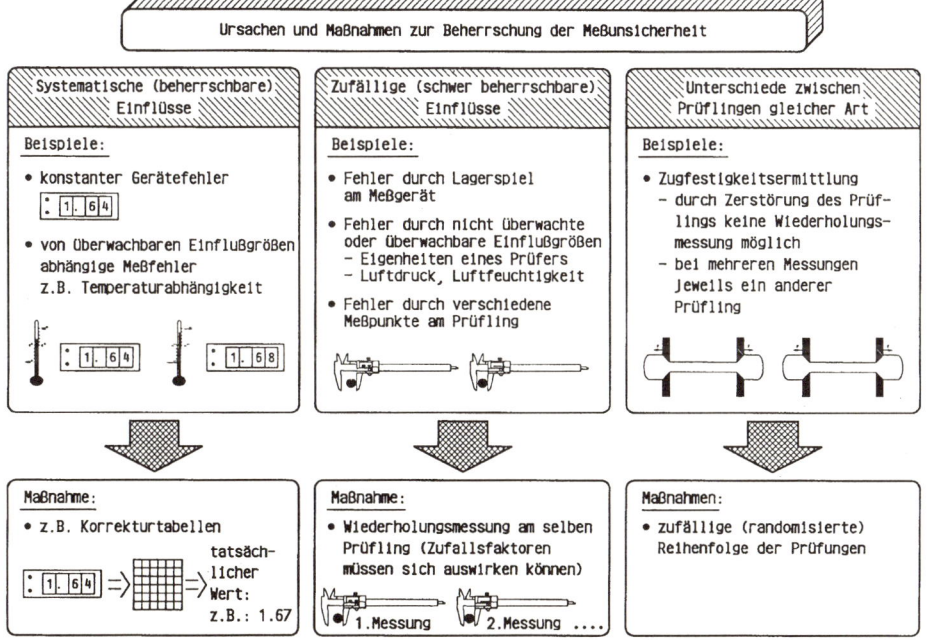

Bild 5.20   Ursachen und Maßnahmen zur Beherrschung der Meßunsicherheit

fig kann auf diese Korrektur verzichtet werden, wenn nur relative Änderungen interessieren, und die Abweichung des gemessenen Wertes vom tatsächlichen Wert im auftretenden Wertebereich konstant ist. Wird z. B. eine Temperaturerhöhung mit einem Thermometer gemessen, das jeweils bei 10 und 20 Grad Celsius einen um 2 Grad höheren Wert anzeigt, ergibt sich trotz des Meßfehlers bei den Einzelwerten als Temperaturdifferenz der exakte Wert von 10 Grad. Werden jedoch die beiden Messungen mit unterschiedlichen Thermometern durchgeführt, kann auf eine Korrektur nicht verzichtet werden.

Schwer beherrschbar sind zufällige Einflüsse, wie z. B. Lagerspiel am Meßgerät. Hier kann durch Wiederholungsmessungen am selben Prüfling festgestellt werden, ob eine Meßabweichung vorliegt und wie groß sie ist. Bei den Wiederholungsmessungen sollten sich alle Zufallsfaktoren auswirken können.

Kaum beherrschbar oder nur sehr schwer beherrschbar ist die Meßunsicherheit bei zerstörenden Prüfungen, da keine Wiederholungsmessung mit demselben Prüfling und keine Messung eines Prüflings auf unterschiedlichen Prüfmaschinen durchgeführt werden kann. Bei mehreren Messungen liegt somit jeweils ein anderer Prüfling vor. Abhilfe kann hier eine randomisierte, d. h. in zufälliger Reihenfolge vorgenommene, Auswahl der Prüflinge bieten.

Fähigkeit von Meß- und Prüfverfahren

Bei der Erfassung von Meßwerten ist es von entscheidender Bedeutung, daß die Werte mit ausreichender Genauigkeit erfaßt werden. In der Vergangenheit wurde meist nur die Genauigkeit eines Prüfmittels unter idealen Bedingungen, d. h. im Meßraum mit geschultem Personal, betrachtet. Die im Praxiseinsatz des Prüfmittels erreichte Genauigkeit ist jedoch häufig schlechter als unter Idealbedingungen. Aus diesem Grund sollte zur Beurteilung die Genauigkeit eines Prüfmittels bzw. Prüfverfahrens unter realen Einsatzbedingungen betrachtet werden. Neben der Genauigkeit unter idealen Bedingungen sind die im folgenden erläuterten Größen, die auf die Gesamtstreuung Einfluß nehmen, von Bedeutung (**Bild 5.21**):

- Die **Genauigkeit** ist die systembedingte Abweichung des beobachteten Mittelwertes einer Meßreihe vom wahren Wert. Diese Untersuchung wird an ein und demselben Normal von einem Bediener an einem Ort vorgenommen.
- Die **Wiederholbarkeit** (Wiederholpräzision) beschreibt die Streuung bei Wiederholungsmessungen in kurzen Zeitabständen an ein und demselben Teil aus der Serie durch einen Prüfer am selben Ort. Ein Maß für die Wiederholpräzision eines Meßmittels ist die Standardabweichung einer Reihe von Wiederholungsmessungen.
- Die **Vergleichbarkeit** (Vergleichpräzision oder Nachvollziehbarkeit) gibt die Streuung eines Meßverfahrens bei Prüfung durch verschiedene Bediener oder an verschiedenen Orten wieder. Ein Maß für die Vergleichpräzision ist der sich unter den jeweiligen Bedingungen (Prüfer und Ort) ergebende Mittelwert einer Meßreihe.
- Die **Linearität** beschreibt Genauigkeitsunterschiede innerhalb des Meßbereichs eines Meßmittels. Zur Ermittlung der Linearität wird an unterschiedlichen Normalen, die den gesamten Meßbereich des Meßmittels abdecken, die Abweichung des Mittelwertes einer Meßreihe vom wahren Wert bestimmt. Werden diese Abweichungen

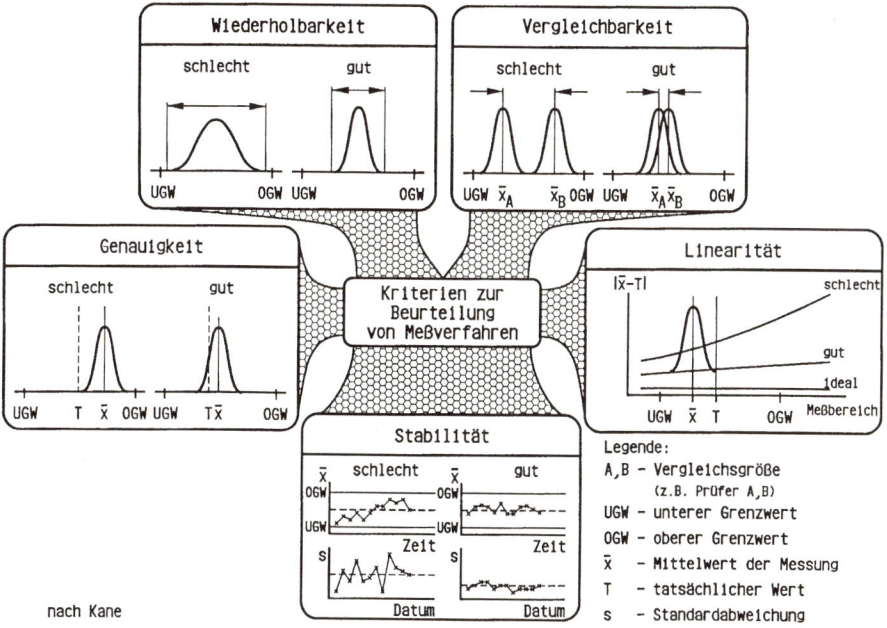

Bild 5.21 Fähigkeitsbeurteilung von Prüfverfahren (nach: [kan])

in einem Diagramm aufgetragen, ergibt sich die Kennlinie der Genauigkeit über dem Meßbereich.

- Die **Stabilität** gibt Auskunft über die zeitliche Abweichung der Mittelwerte einzelner Meßreihen. Hierzu werden zu unterschiedlichen Zeiten am selben Ort durch denselben Bediener an denselben Teilen Messungen durchgeführt. Die Ergebnisse können in Form einer Regelkarte dargestellt werden.

Je nach Anwender [bos, fo2] werden unterschiedliche Verfahren zur Ermittlung der Fähigkeit von Meßsystemen und Meßmitteln eingesetzt. Beispiel für ein Verfahren ist die in der englischsprachigen Literatur als „R&R Study" (Repeatability and Reproducibility Study) bezeichnete Methode. Hier wird die durch die Wiederhol- und Vergleichpräzision verursachte Meßunsicherheit bestimmt.

Messen und Prüfen in der Fertigung

Die Prüfausführung kann anhand der zur Qualitätsprüfung eingesetzten Meßtechnik grob in folgende Ausführungsformen gegliedert werden:

- Prüfung anhand mechanischer Meßmittel
- Prüfung anhand von Meßmitteln mit Digitalanzeige und Schnittstelle zur Datenübertragung
- Prüfung anhand mobiler Datenerfassunngssysteme
- Prüfung anhand von komplexen Meßsystemen

Die klassische, manuell vorgenommene Qualitätsprüfung wird charakterisiert durch den Einsatz einfacher mechanischer Meßmittel und Lehren. Der Prüfer erfaßt das Prüfergebnis, ermittelt durch Bewertung des Ergebnisses gegen Vorgaben den Prüfbefund und dokumentiert die Prüfung papiergestützt. In der letzten Zeit wurden viele messende Prüfmittel um Schnittstellen zur Datenübergabe ergänzt, so daß die Meßwertverarbeitung und Bewertung durch nachgeschaltete Systeme (so z.B. rechnergestützte Prüfplätze) vorgenommen wird. Hierdurch wird einerseits der Prüfer entlastet, andererseits die Qualität der Prüfung selbst durch Verringerung von Übertragungs- und Interpretationsfehlern verbessert.

Mobile Datenerfassungssysteme finden heute vermehrt in den Bereichen der Qualitätsprüfung ihr Einsatzfeld. Kleine Computer, sogenannte PoqetPad-Rechner, erlauben über standardisierte Schnittstellen den Anschluß nahezu aller gängigen Meßmittel. Ihrerseits sind diese Systeme wiederum in der Lage, mit komplexeren übergeordneten Rechnersystemen zu kommunizieren.

Eine Sonderstellung nehmen die Meß- und Prüfsysteme ein, die hochentwickelt und weitestgehend automatisiert für spezifische Meß- und Prüfaufgaben eingesetzt werden. In der Regel verfügen diese Systeme über eigene integrierte Rechner, mit deren Hilfe sie gesteuert werden, und die die Aufgaben der Meßwerterfassung, Datenübernahme und -verarbeitung übernehmen. Die hohe Spezialisierung dieser Systeme erlaubt eine effiziente und umfangreiche Qualitätsprüfung.

Das Instrumentarium, das zur Prüfausführung zur Verfügung steht, ist vielfältig. Im Softwarebereich stehen, ausgehend von einfachen Routinen zur Meßwertübernahme bis hin zu komplexen Programmen zur Prüfablaufgenerierung, geeignete Hilfsmittel zur Verfügung. Hardwareseitig reicht das für Prüfsysteme einsetzbare Spektrum von Single-Chip-Mikroprozessoren für Handmeßgeräte bis hin zu Großrechnern für übergreifende CAQ-Systeme. Aus dieser Vielfalt müssen unter Berücksichtigung von technischen und organisatorischen Einflußgrößen problemgerechte Lösungen für die Gestaltung der Prüfausführung abgeleitet werden. Daher ist der vorhandene oder angestrebte Automatisierungsgrad der Fertigung ebenso wie z.B. die Prüfbarkeit der Merkmale zu berücksichtigen. Speziell für den Bereich der Fertigung stehen unterschiedlichste Meß- und Prüfsysteme zur Verfügung (**Bild 5.22**). Die in der Fertigung erfaßten Daten werden im Rahmen der Prüfdatenverarbeitung ausgewertet.

Die Prüfungen in der Fertigung dienen der Sicherstellung der Qualität der eigenen Produktion. Da sie Kosten verursachen, sind die Bestrebungen verständlich, Prüfungen zu minimieren, jedoch wächst gleichzeitig die Gefahr, Kosten für das Unternehmen auf andere Art und Weise, etwa durch Schrottveredelung, durch Gefährdung der nachfolgenden Produktionsstufen oder gar durch Kundenreklamationen zu verursachen. Seitens der Prüfplanung wird daher sehr genau überlegt ob, wann, was, in welchem Umfang und wie geprüft werden soll. Ist der Fertigungsprozeß beherrscht, besteht er nur aus wenigen oder nur einem einzigen Fertigungsschritt, oder ist der Wertzuwachs zwischen den einzelnen Fertigungsschritten gering, so reicht oftmals eine Prüfung nach mehreren Bearbeitungsfolgen oder gar nach Abschluß des Fertigungsprozesses aus.

Andere Strategien gehen, wenn die o.g. Voraussetzungen nicht zutreffen, dahin, in den Fertigungsprozeß Zwischenprüfungen einzuschalten, die entweder vom Qualitätsmanagementpersonal oder aber vom Werker selbst durchgeführt werden. In der letzten Zeit

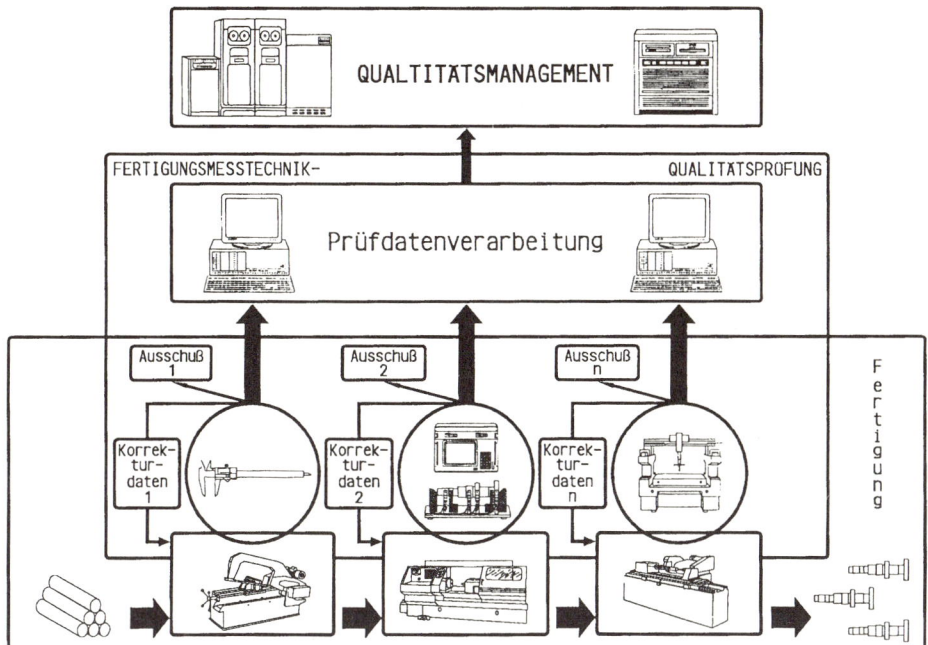

Bild 5.22   Meß- und Prüftechnik im Fertigungsablauf

sind vielfach Bestrebungen zu beobachten, die Verantwortung für die Qualität der Erzeugnisse wieder dem Werker zu übertragen. Die Einführung und Umsetzung der Werker-Selbstprüfung gestaltet sich jedoch oftmals schwierig, da vielfach bedingt durch den Ausbildungsstand des Werkers die fachlichen Voraussetzungen für die Durchführung der Qualitätsprüfung fehlen. Hinzu kommen häufig Motivationsprobleme, die unter anderem in der Modalität der Entlohnung begründet sind, da die Entlohnungssysteme oft auf Stückzahl (Akkordentlohnung) ausgelegt sind und keine Bewertung der qualitativen Arbeit vorsehen. Viele Prüftätigkeiten, vor allem in der Serienfertigung oder in der Prüfung komplexer Geometrien, werden aus Rationalisierungs-, Kapazitäts-, Sicherheits-, Objektivitäts-, Zeit- oder aus humanen Gründen automatisiert. Speziell im Fertigungsumfeld bieten sich viele Möglichkeiten einer automatisierten Messung bzw. Prüfung **(Bild 5.23)**.

Die Vielfalt der dabei eingesetzten Prüfsysteme und Strategien zur Qualitätsprüfung ist groß. Einige werden in der Folge exemplarisch behandelt und vorgestellt.

Viele Erzeugnisse, vor allem billige Massenprodukte, werden, wenn sie mängelbehaftet sind, nicht nachgearbeitet sondern aussortiert. Besteht die Notwendigkeit einer 100%-Prüfung etwa bei der Herstellung von Schrauben, die später mittels Roboter automatisch verarbeitet werden, wie z.B. in der Automobilindustrie, so ist eine Automatisierung der Prüfausführung unumgänglich. Hierzu werden unterschiedliche Meßtechniken eingesetzt, wie beispielsweise die berührungslose optische Messung als eine der neueren Entwicklungen.

Das Haupteinsatzgebiet der Vielstellenmeßtechnik liegt, bedingt durch die geringe Meßzeit bei gleichzeitiger hoher Informationsdichte, im Bereich der Großserien- und Massenfertigung. Durch die große Anzahl von quasi gleichzeitig prüfbaren Merkmalen, bei einigen Meßsystemen sind über 100 Taster im Einsatz, sind die Meßzeiten in diesen Anlagen selbst bei komplizierten Werkstücken sehr gering. Vielstellenmeßeinrichtungen sind in der Lage, die Produktion mehrerer Fertigungslinien schritthaltend zu prüfen oder auch dem Takt einer Transferstraße zu folgen. Vielstellenmeßvorrichtungen sind jedoch nur sehr aufwendig auf andere Meßaufgaben umzurüsten, und das auch nur dann, wenn sie modular aufgebaut sind. Sie werden daher als spezialisierte Prüfsysteme schwerpunktmäßig in der Serienfertigung eingesetzt.

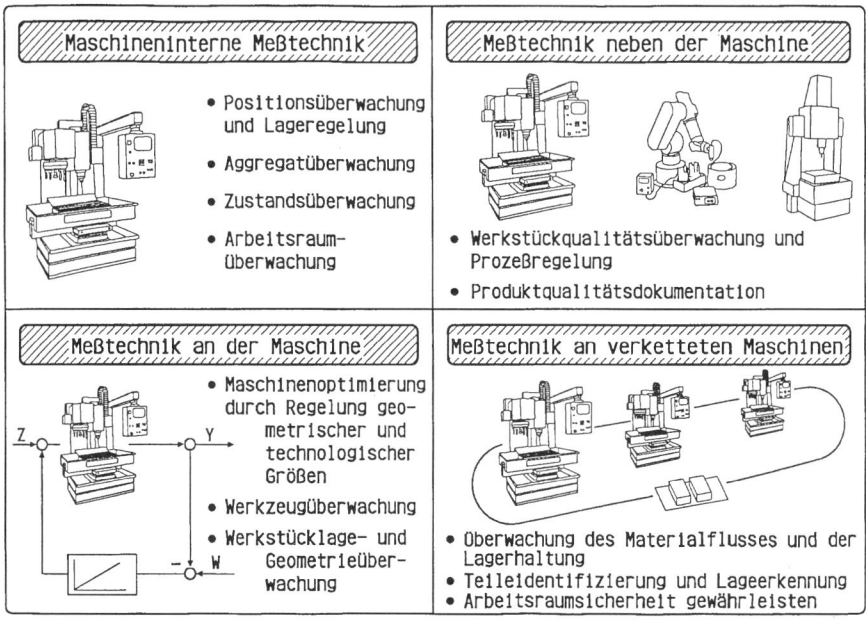

Bild 5.23   Einsatz der Meßtechnik im Fertigungsumfeld

In vielen Fällen werden aber aufgrund des Teilespektrums und der Fertigungsart (Einzel-, Losfertigung) flexible Systeme zur Prüfung komplexer Geometrien verlangt. War diese Anwendung früher das klassische Einsatzgebiet für Koordinatenmeßgeräte im Feinmeßraum, so können heute z.B. folgende Systeme für eine flexible, automatisierte Qualitätsprüfung eingesetzt werden:

– Koordinatenmeßgeräte (maschinenfern im Meßraum, maschinennah in den Fertigungsablauf integriert)
– Meßroboter
– flexible Meßstationen in Fertigungsmeßzellen

Prozeß-, Maschinen- und Fehlerdatenerfassung

Neben der reinen Prüfdatenerfassung gewinnt die Erfassung weiterer Daten aus dem Produktionsablauf zunehmend an Bedeutung. Lag früher die Aufgabe der Qualitätssicherung bzw. des Qualitätsmanagements in der Durchführung einer reinen Qualitätskontrolle, so nimmt heute, insbesondere auch im Hinblick auf präventive Methoden, die Erfassung von über die direkte Produktprüfung hinausgehenden Daten stark zu.

Eine Strategie zur Sicherstellung der Produktqualität ist in der Überwachung von Parametern des Fertigungsprozesses zu sehen. Hier werden nicht die Merkmale am Produkt selbst sondern indirekte Größen kontrolliert gemäß der Philosophie:

> Wenn alle Voraussetzungen stimmen und alle das qualitative Ergebnis beeinflussenden Fertigungsparameter optimal eingestellt sind, dann ist auch das Produkt gut und muß nicht mehr geprüft werden.

So können z.B. Prozeß- oder Maschinendaten genutzt werden, um Korrelationen zwischen Produkt- und Prozeßdaten mit dem Ziel einer besseren Prozeßbeherrschung zu ermitteln oder bei Unregelmäßigkeiten in einer Regelkarte Ursachen gezielt zu ermitteln.

Werden auftretende Fehler sowie die ergriffenen Maßnahmen zur Behebung der Fehler kontinuierlich dokumentiert, so kann eine systematische Analyse z.B. Aufschluß über Fehlerschwerpunkte und die jeweiligen Maßnahmen geben. Besonders die graphische Auswertung von Fehlerdaten und Fehlerbehebungsmaßnahmen gewinnt zunehmend an Bedeutung **(Bild 5.24)**.

Für die 27. Kalenderwoche wird die Häufigkeit der im Produktionsbereich x aufgetretenen Fehler sowie der den Fehlern zugeordneten Maßnahmen in Paretodarstellung aufgezeigt. Damit können Schwerpunkte sowohl bei den Fehlern als auch bei den Fehlerbehebungsmaßnahmen zur gezielten Einleitung von Prozeßverbesserungsmaßnahmen genutzt werden. Im vorliegenden Fall sollte der Fehler mit der Nummer E1210 „Lötverbindung gebrochen" mit erster Priorität bei der Einleitung von Verbesserungsmaßnahmen berücksichtigt werden. Die Maßnahme M1230 „Lot wechseln" hat in den meisten Fällen zum Erfolg geführt und sollte bei Verbesserungsmaßnahmen besondere Beachtung finden.

Laborprüfungen

Neben der Gruppe der Prüfungen, die das Produkt während seiner Entstehung in Wareneingang, Fertigung, Montage und Versand begleiten, ist die Laborprüfung aufgrund ihrer Sonderstellung eigenständig zu betrachten. So verfügt das Prüflabor in der Regel über eine eigene Prüfplanung, eine vielfältig ausgeprägte Prüfausführung und umfangreiche Dokumentationen. Laborprüfungen sind gekennzeichnet durch:

- den hohen Anteil an chemischen und physikalischen Prüfungen
- die Komplexität der Prüfungen
- den hohen Automatisierungsgrad
- den hohen Entwicklungsstand der eingesetzten Prüfmittel und Analysegeräte
- den vielfach zerstörenden Charakter der Prüfungen
- den hohen Dokumentationsaufwand

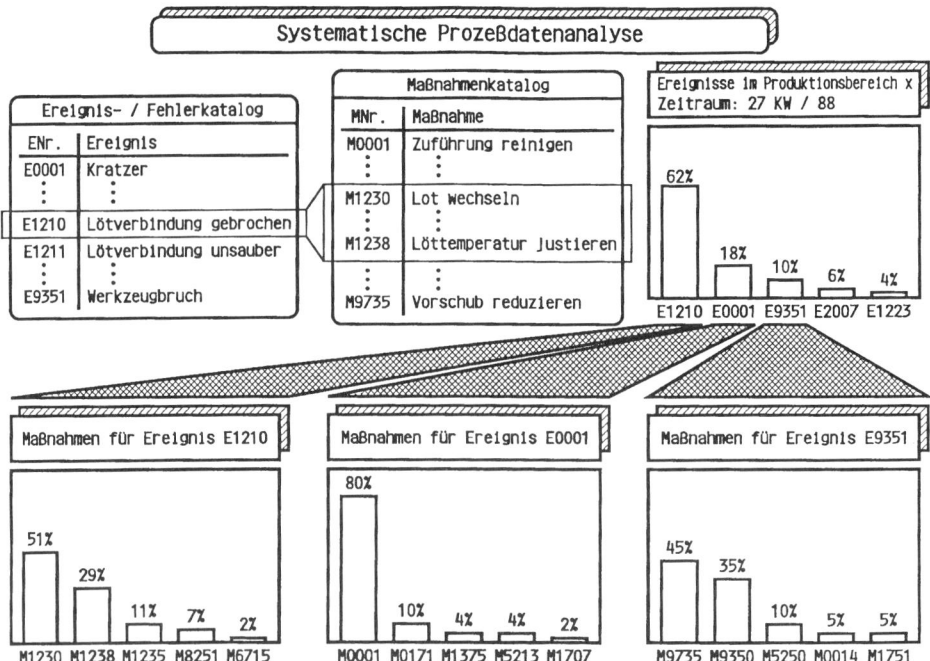

Bild 5.24   Fehlerdatenerfassung und -analyse

Laborprüfungen sind üblicherweise sehr aufwendig. Die hierfür angelegten Prüfpläne können aufgrund der vielen vorbereitenden Arbeitsschritte sehr umfangreich sein. Die Präparierung der Prüflinge, Vorbereitung der Maschinen, Einstellung bestimmter Umweltbedingungen, sowie Durchführung der Prüfung und die zu dokumentierenden externen Daten sind vielfach in Richtlinien niedergelegt, um durch strenge Einhaltung eine Unabhängigkeit der Ergebnisse von Prüfer, Gerät und anderen Einflüssen zu gewährleisten. Vielfach haben heute schon Rechnersysteme zur Unterstützung der Datenerfassungs- und vor allem der Dokumentationsaufgaben Eingang in die Labore gefunden.

5.4.3   Rechnerunterstützte Datenerfassung

Die Grundlage für die rechnerunterstützte Datenerfassung ist der Prüfplan oder der Prüfauftrag. Wurden früher die Prüfaufträge auf Papier ausgedruckt und dann den Prüfabteilungen zugeleitet, so hat sich in den letzten Jahren ein Wandel dahingehend vollzogen, daß der Rechner immer mehr auch die Prüfausführung direkt unterstützt. Nur noch selten werden Meßwerte über Tastatur in den Rechner eingegeben. Alle neueren komplexeren Prüfmitteln sind heute mit standardisierten Schnittstellen ausgerüstet, die entweder über ein spezielles Interface an eine entsprechende Rechnerperipherie anschließbar sind oder auch direkt mittels Dockingverbindung mit einem Rechnersystem kommunizieren können.

Durch den Einsatz rechnergestützter Systeme wird die Meßwerterfassung, Prüfdaten-auswertung und -dokumentation sicherer gestaltet und vor allem wird der Prüfer durch Abnahme der Auswerte- und Dokumentationstätigkeiten entlastet.
Kennzeichen rechnergestützter Prüfplätze sind:

- die Führung des Bedieners durch den gesamten Prüfvorgang
- die einfache Art der Datenerfassung durch direkte Meßwertübernahme durch den Rechner
- die Plausibilitätsüberprüfung von Eingaben
- die Verknüpfung von Meßdaten zu Meßwerten
- die Bewertung der Meßwerte gegen Vorgaben aus dem Prüfplan
- die Visualisierung der Prüfergebnisse auf dem Bildschirm
- die Berechnung statistischer Kennwerte
- die graphische Aufbereitung und Analyse der Auswertungen
- die stark gestiegene Mobilität der Erfassungssysteme

Probleme bestehen heute noch bei der Ankopplung der unterschiedlichen Prüf- und Analysegeräte an Rechnersysteme, da zum einen die Hersteller der Meßmittel einen einheitlichen Schnittstellenstandard nicht einhalten zum anderen sie die Kommunika-tionsprotokolle ihrer Meßmittel nur unzureichend offenlegen.

5.5   Prüfdatenauswertung

Die Grundaufgaben der Prüfdatenauswertung sind die Aufbereitung, Verdichtung und Visualisierung von Prüf- und Prozeßdaten. Die Prüfdatenauswertung stellt die wesentli-che Basis zur Realisierung ebeneninterner als insbesondere auch ebenenübergreifender Qualitätsregelkreise dar. Mit ihr steht ein sehr leistungsfähiges „Werkzeug" zur Verfü-gung, das es ermöglicht, die Qualitätsfähigkeit der Produktionsprozesse: Beschaffung, Fertigung, Montage etc. adäquat und frühzeitig in die der eigentlichen Fertigung vorge-lagerten Tätigkeiten und Funktionen der Entwicklungs-, Planungs- und Steuerungspro-zeduren einzubinden und zu berücksichtigen. Präventive Qualitätsmanagementverfah-ren, wie das Quality-Function-Deployment (QFD), die Konstruktions- oder Prozeß-Fehlermöglichkeits- und Einflußanalyse (K-FMEA, P-FMEA) oder auch die Statisti-sche Versuchsmethodik (SVM) sind in entscheidendem Maße davon abhängig, daß ge-sichertes Datenmaterial über produkt-, produktions- oder betriebsmittelbeschreibende Parameter und Qualitätsmerkmale zur Verfügung steht **(Bild 5.25)**.

Ein grundlegendes Ziel der Prüfdatenauswertung liegt darin, einen Beitrag zum Nach-weis der Qualitätsforderungen zu leisten. Basis hierzu ist die Auswertung von Fehlern und Schwachstellen, die während des Produktionsprozesses und der Fertigungsprüfung aufgedeckt werden bzw. solche, die erst später auf dem Markt auftreten. Eng verbunden damit ist aber auch die Gewinnung von Daten über die Zuverlässigkeit und Lebens-dauer der Produkte aus marktanalytischen Informationen.

Durch die Auswertung von Prüfdaten und den daraus abgeleiteten Maßnahmen lassen sich, wie bereits erwähnt, Qualitätsregelkreise schließen, die das Ziel verfolgen, sowohl

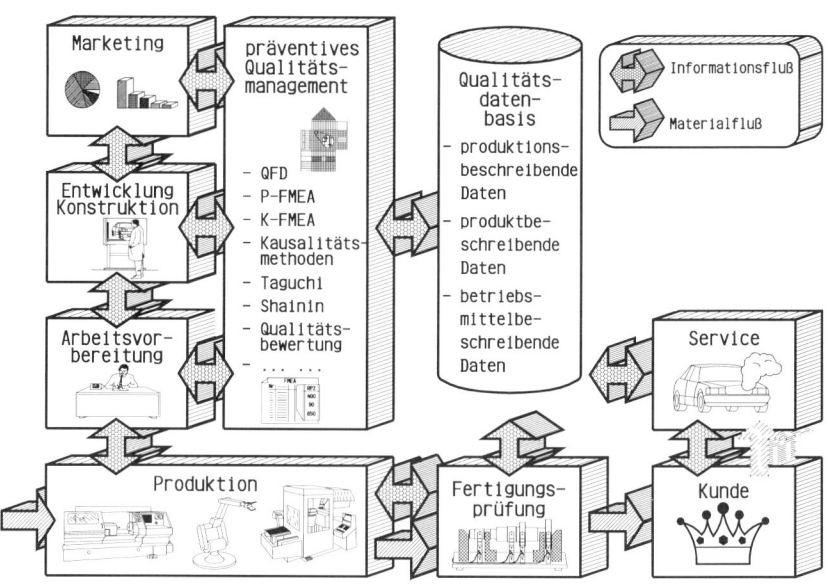

Bild 5.25   Kopplung präventiver Verfahren mit der Qualitätsprüfung

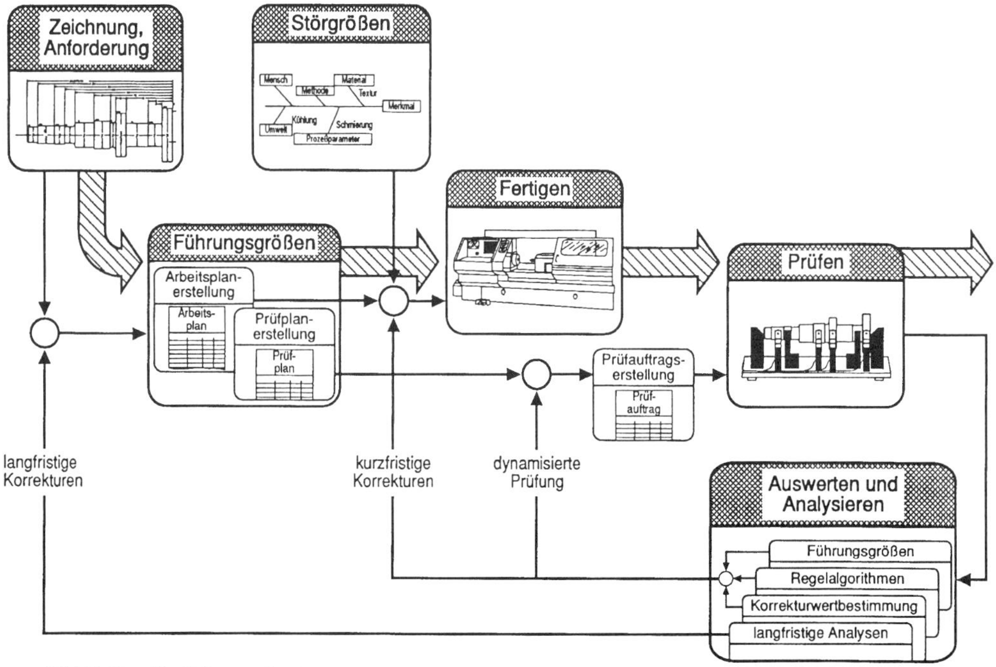

Bild 5.26   Qualitätsregelkreise

kurzfristig (prozeßnah) als auch langfristig (ebenenübergreifend) durch Korrekturdatenrückführung qualitätsverbessernd zu wirken (**Bild 5.26**). Regelkreise der Qualitätsprüfung bestehen aus den Elementen Prüfplanerstellung, Prüfausführung und Prüfdatenauswertung. Die Prüfplanung definiert und spezifiziert die eigentlichen Prüfmerkmale, die bei der Prüfung in Form eines Prüfplans vorliegen. Die Prüfplanung bildet somit auch die Führungsgröße im Regelkreis. Im Rahmen der Prüfausführung erfolgt die Erfassung der Prüf-, Fehler- und Prozeßdaten auf der Basis des Prüfplans. In der Prüfdatenauswertung und -analyse werden die Prüfergebnisse aufbereitet, verdichtet und visualisiert. Dies erfolgt mit zwei unterschiedlichen Zielsetzungen. Die kurzfristige Datenauswertung dient im wesentlichen zur Findung des Prüfentscheids über Freigabe, Ausschuß oder Nacharbeit und zur kurzfristigen Rückkopplung von Prozeßinformationen. In der Fertigung beispielsweise werden die Ergebnisse der Prüfdatenauswertungen genutzt, um direkt und gezielt auf Fertigungsprozesse – auch im Sinne eines präventiven Qualitätsmanagements – abweichungskorrigierend einzuwirken. Die langfristige Datenauswertung verfolgt die Zielsetzung der Aufdeckung von Schwachstellen. Diese werden, neben der Prüfplanung, auch an andere Stellen weitergeleitet und bei künftigen Prüfplanungen berücksichtigt.

In diesem Kapitel werden methodische Ansätze, Algorithmen und Visualisierungstechniken für die Prüfdatenauswertung erläutert. Darüber hinaus wird ihre prinzipielle Anwendung im Hinblick auf das o.g. präventive Qualitätsmanagement beschrieben und mögliche Anwendungsgebiete im Unternehmen exemplarisch aufgezeigt.

5.5.1 Aufbereitung, Verdichtung und Darstellung von Prüfdaten

Grundlage für Aussagen über bestimmte Qualitätsmerkmale eines Produktes sind meist Aufzeichnungen aus Messungen oder Versuchen während der laufenden Fertigung oder auch im Feld. Die Nutzung der in diesen Prüfdaten enthaltenen Informationen wird oftmals nur ungenügend ausgeführt.

Eine wesentliche Voraussetzung zur Durchführung einer aussagekräftigen Prüfdatenauswertung sind fundamentale Kenntnisse im Bereich der Statistik und der Kennwertbildung. Aufgrund der Vielzahl der Einflußfaktoren kann angenommen werden, daß alle technischen Prozesse stochastisch ablaufen. Die Statistik liefert zur Bearbeitung dieser Problemstellung das notwendige Handwerkszeug, dessen wesentliche Grundlagen nachfolgend kurz dargestellt werden. Darüber hinaus werden prinzipielle Möglichkeiten der graphischen Darstellung von Prüfdatenauswertungen aufgezeigt.

Nach der Art der Ermittlung der Prüfergebnisse erfolgt eine Klassifizierung der Prüfungen in eine zählende und eine messende Prüfung. Bei der zählenden Prüfung, auch Attributivprüfung genannt, erfolgt die Einteilung der Ergebnisse in die zwei Kategorien „Gut" und „Schlecht". Die messende Prüfung, auch als Variablenprüfung bezeichnet, basiert auf der direkten Aufzeichnung von Meßergebnissen (vgl. Kap. 5.4.2). Die Wahl des Prüfverfahrens hängt, sofern es der Merkmaltypus zuläßt, von den personellen, technologischen und wirtschaftlichen Gegebenheiten im Unternehmen ab. Die statistische Aussagekraft variabler Prüfdaten ist gegenüber attributiven deutlich höher. Bei praktisch gleicher Operationscharakteristik kann der Prüfdatenumfang bei der messenden Prüfung wesentlich kleiner gewählt werden [mas]. Daher sollen die nachfolgenden

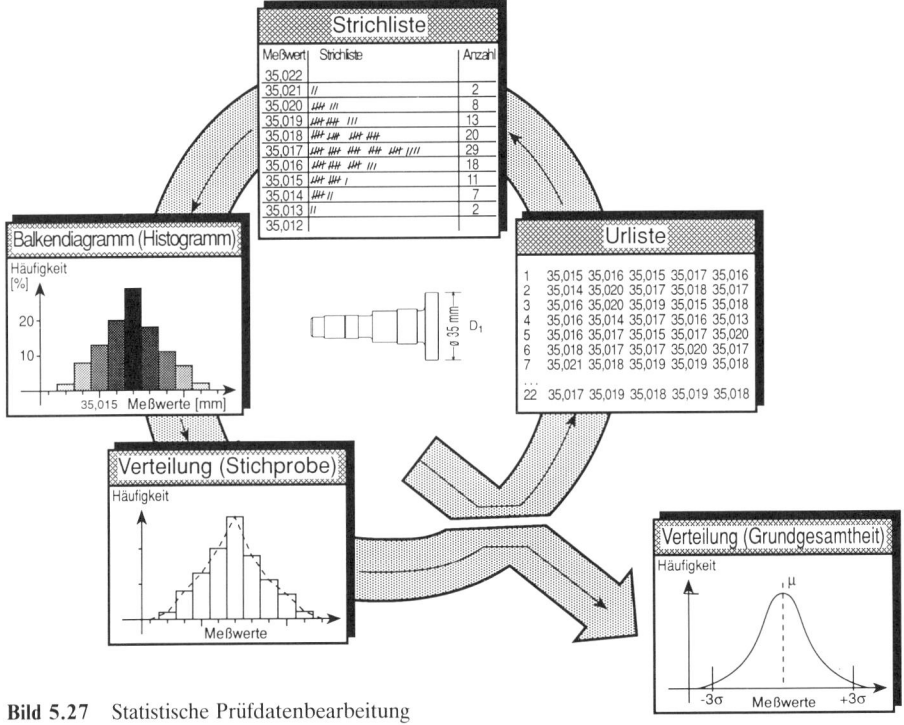

Bild 5.27   Statistische Prüfdatenbearbeitung

Beispiele anhand der Auswertung variabler Daten behandelt werden. Detailliertere Ausführungen sowohl zur Auswertung variabler als auch attributiver Daten können einschlägiger Fachliteratur entnommen werden (vgl. [bam, ha1, joh, rim]). Zunächst wird die Erläuterung einiger grundlegender statistischer Begriffe am Beispiel eines Wellendurchmessermaßes aufgegriffen **(Bild 5.27)**.

Aus Kosten- und Zeitgründen ist es häufig notwendig, die Prüfungen nur an einer Teilmenge (*Stichprobe*) der hergestellten Produkte durchzuführen. Die Stichprobe steht dann repräsentativ für die gesamte zu beurteilende Menge, die *Grundgesamtheit*. Als Grundgesamtheit wird dabei die Gesamtmenge aller Einheiten oder Ereignisse bezeichnet, die der statistischen Betrachtung zugrunde liegt. Damit die Stichprobe ein möglichst charakteristisches Bild der Grundgesamtheit widerspiegelt, ist ein ausreichend hoher Stichprobenumfang und ein hinreichend kleines Zeitintervall zwischen den einzelnen Stichproben zu wählen.

Als gängige Stichprobenverfahren sind das einstufige Zufallsverfahren oder auch Zufallsstichprobenverfahren, das zweistufige oder auch geschichtete Stichprobenverfahren und das „Klumpen"-Stichprobenverfahren zu nennen. Für die Auswahl von Stichprobenverfahren läßt sich keine allgemeingültige Vorgehensweise festlegen. Bevorzugt sollten Stichprobenverfahren ausgewählt werden, die auf der annehmbaren Qualitätsgrenzlage (AQL) beruhen. Weiterhin werden die Prüfkosten ein bestimmendes Kriterium für die Wahl des Stichprobenverfahrens sein.

Im dargestellten Beispiel (Bild 5.27) wurden in einem zeitlich konstanten Abstand von 1 Stunde 20 Stichproben von jeweils 5 Teilen dem Fertigungsprozeß entnommen und der Außendurchmesser D_1 gemessen.

Die reinen Zahlenwerte der Prüfergebnisse bieten in der Regel einen schlechten Überblick über den Fertigungsprozeß, so daß sich eine grafische Darstellung der Prüfergebnisse häufig empfiehlt. Eine praxisnahe Form der Darstellung ist z.B. die Strichliste bzw. die Häufigkeitstabelle. Hierbei werden die gemessenen Werte über einem geeigneten Maßstab derart aufgetragen, daß jeder Wert an der jeweiligen Stelle mit einem Strich festgehalten wird. Hierdurch kann ein anschauliches Bild über die Verteilung der streuenden Meßwerte gewonnen werden. Als Ergänzung zu den festgehaltenen Meßwerten wird häufig noch die Anzahl bzw. die Häufigkeit (in Prozent) einzelner Meßwerte mit aufgetragen. Die Streuung der Meßwerte läßt sich auch in Form eines Balkendiagramms (Histogramms) darstellen, in dem der prozentuale Anteil der einzelnen Meßwerte aufgetragen wird.

Werden jeweils die Maximalwerte der einzelnen Balken im Histogramm verbunden, so ergibt sich eine Verteilungskurve der Meßwerte. Diese Kurve hat im vorliegenden Beispiel der 20 Stichproben à 5 Teilen einen unstetigen Verlauf (Spitze im Maximum). Wird die Anzahl der Stichproben bzw. auch die der Teile weiter erhöht, so läßt sich die Häufigkeit der Meßwerte immer besser durch eine stetige *Verteilungskurve* beschreiben (Bild 5.27).

In der Praxis treten verschiedene Verteilungskurven auf, die sich durch Form, Lage und Streuung unterscheiden. Im allgemeinen liegen jedoch keine exakten Kenntnisse der Verteilungsfunktion vor, allenfalls kann auf einen bestimmten Verteilungstyp zurückgegriffen werden. In vielen praktischen Anwendungen kann zumindest näherungsweise davon ausgegangen werden, daß die Verteilungsform einer *Normalverteilung* vorliegt, die auch *Gauß-Verteilung* oder nach ihrer Form „Gauß'sche Glockenkurve" genannt wird [bam]. Sie spielte in der statistischen Qualitätssicherung eine zentrale Rolle. Ihre Anwendungsbreite ist darauf zurückzuführen, daß eine Zufallsvariable schon unter recht schwachen Voraussetzungen approximativ dieser Verteilung gehorcht. Die Normalverteilung tritt z.B. dann auf, wenn eine Messung an einer festen Größe mehrfach hintereinander unter Einfluß zufälliger Meßfehler durchgeführt wird.

Die Normalverteilungsform ist symetrisch und wird durch die Parameter

- Arithmetischer Mittelwert und
- Standardabweichung

beschrieben. Eine Zufallsvariable x folgt genau dann einer Normalverteilung, wenn ihre Dichtefunktion $f(x) =: no(x|\mu; \sigma^2)$ gegeben ist durch:

$$no(x|\mu; \sigma^2) = \frac{1}{\sigma \cdot \sqrt{2\pi}} \exp\left[-\frac{(x-\mu)^2}{2\sigma^2}\right] \tag{5.1}$$

Der Graph der Verteilungsdichtefunktion veranschaulicht die Lage der in obiger Formel verwendeten charakteristischen Größen (Bild 5.27).

Der arithmetische Mittelwert der Grundgesamtheit wird mit μ und der der Stichproben (Näherungswert für μ) mit $\bar{x}$ bezeichnet. Er ist der *Lageparameter* der Verteilung und beschreibt die Mittenlage der Normalverteilungskurve.

Die Standardabweichung wird entsprechend für die Grundgesamtheit mit σ und als Näherungswert für eine Stichprobe mit s bezeichnet. Sie ist ein Maß für die Breite einer Normalverteilungskurve. Der Abstand zwischen dem Mittelwert und dem Wendepunkt der Normalverteilungskurve gibt die Größe der Standardabweichung an und spiegelt die Streuung des Prozesses wider (*Streuungsparameter*).

Als Lageparameter zur Beschreibung einer Meßreihe kann alternativ zum Mittelwert auch der Median verwendet werden. Der Median ist der mittlere Wert der nach Größe geordneten Meßwerte. Im Beispiel des Drehteildurchmessers (Bild 5.27) beträgt dieser Wert für das erste Los (35,015 mm; 35,015 mm; **35,016 mm**; 35,016 mm; 35,017 mm) $\tilde{x}_1 = 35,016$ mm. Entsprechend findet als Streuungsparameter neben der Standardabweichung s bzw. σ die Spannweite R Anwendung. Die Spannweite ist die Differenz zwischen dem größten und dem kleinsten Wert einer Meßreihe ($R_1 = 35,017$ mm $-$ 35,015 mm = 0,002 mm für das Beispiel gemäß Bild 5.27).

Viele Auswerteverfahren setzen voraus, daß die zu analysierenden Meßwerte in der Grundgesamtheit normalverteilt sind. So existieren in der Statistik eine Reihe von Testverfahren zur Überprüfung der Normalverteilung von Meßwerten. Hier sind z.B. im Bereich der rechnerischen Verfahren der chi^2-Test und der Kolmogoroff-Smirnov-Test zu nennen. Für Stichprobengrößen $n \leq 50$ ist der Kolmogoroff-Smirnov-Test anzuwenden, bei Probengrößen $n \geq 50$ kommt der chi^2 Test zum Einsatz. Die Grundlage für den chi^2-Test besteht darin, daß die festgestellte Abweichung der tatsächlichen Beobachtungshäufigkeiten von den bei Vorliegen einer Normalverteilung zu erwartenden Häufigkeiten einen vorgegebenen Schwellenwert der chi^2-Verteilung nicht überschreitet. Im Bereich der graphischen Verfahren ist das Wahrscheinlichkeitsnetz zu nennen (vgl. [ha1]). Eine Normalverteilung liegt dann vor, wenn im Wahrscheinlichkeitsnetz die dargestellte Summenhäufigkeit im Zentralbereich durch eine Gerade angenähert werden kann. Sollen Verfahren, die eine Normalverteilung voraussetzen, für nicht normalverteilte Meßwerte angewendet werden, so ist eine Transformation der Werte erforderlich. Geeignete Transformationsverfahren werden beispielsweise in [joh] beschrieben.

Unter der Voraussetzung annähernder Normalverteilung können durch die SPC (vgl. Kap. 5.6) systematische Prozeßeinflüsse aufgedeckt werden. Hierzu werden einem Prozeß in regelmäßigen Abständen Stichproben entnommen und die aktuellen Prozeßkennwerte, repräsentiert durch einen Lage- und einen Streuungsparameter, z.B. $\bar{x}$ und s, ermittelt und graphisch in Form einer Regelkarte dargestellt **(Bild 5.28)**.

Ein weiterer Anwendungfall der Statistik stellt die Ermittlung des Prüfentscheids für ein Fertigungslos dar. Der Prüfer entnimmt zu diesem Zweck der laufenden Fertigung eine Teilestichprobe und beurteilt anhand der Kennwerte $\bar{x}$ und s aus der Histogrammdarstellung, ob das gefertigte Los (Grundgesamtheit) freigegeben werden kann. Diese Art der Prüfung wird auch statistische Qualitätsüberwachung (SQÜ) genannt (Bild 5.28).

Zusätzlich zur direkten Nutzung der Prüfdaten im Rahmen der Fertigung können die Prüfergebnisse in weiter verdichteter Form auch durch die der Fertigung vorgelagerten Bereiche, wie z.B. die Arbeits- und Prüfplanung oder die Konstruktion, genutzt werden. So gestatten es Schätzverfahren, für Kennwerte von Grundgesamtheiten Schätzungen zu errechnen, indem Beobachtungswerte von Zufallsstichproben mittels spezieller Rechenverfahren verarbeitet werden. Die in der Satistik am weitesten verbreitete Methode ist die von K. Pearson entwickelte Momenten-Methode. Bei kontinuierlich meß-

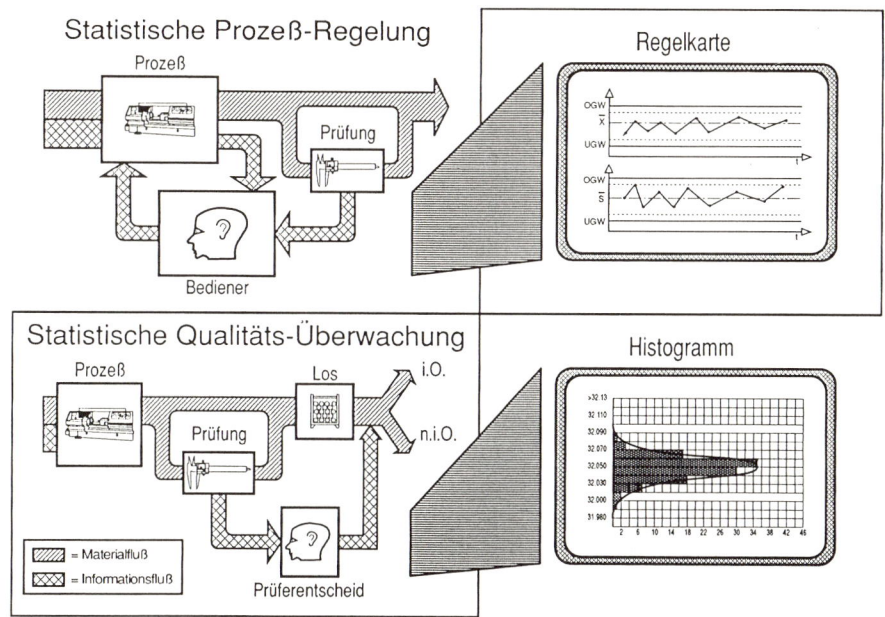

Bild 5.28   Statistische Prozeß-Regelung und Statistische Qualitäts-Überwachung

baren Merkmalen interessieren Schätzungen sowohl über die Streuung und hier z.B. das Streuen der Merkmalswerte um die Mittenlage sowie die Streubreitenspannweite als auch die Größe des Überschreitungsanteils.

Für weitergehende Auswertungen und Datenverdichtungen, wie z.B. die Korrelationsanalyse oder die Kennzahlbildung (vgl. [ha1]), sind in der Regel komplexe Rechenverfahren erforderlich.

Grafische Darstellungsformen

Eine umfangreiche Erfassung und Auswertung von Daten aus der Qualitätsprüfung wäre wenig sinnvoll, wenn daraus nicht eine benutzerfreundliche grafische Darstellungsform und Dokumentation der Ergebnisse resultieren würde **(Bild 5.29)**. Unter Ausnutzung vorhandener informationstechnischer Kopplungen kann ein System zur Prüfdatenvisualisierung aufgebaut werden, das die Ergebnisse der Prüfdatenauswertung allen Bereichen zur Verfügung stellt und so ebenenübergreifende, ebeneninterne und maschinennahe Regelkreise unterstützt.

Zur Selektion der Daten können diverse Filter- und Sortierkriterien genutzt werden, die heute zum Standardumfang von Datenbankanwendungen zählen. Die grafische Darstellung ist teilweise direkt aus dem Anwenderprogramm oder über die Bereitstellung der Daten in Form einer strukturierten Datei und Weiterverarbeitung mit einem Grafik- bzw. Statistikprogramm möglich.

Die einzelnen Darstellungsformen (Bild 5.29) sind, sofern nicht eindeutige Vorgaben existieren, teilweise frei wählbar. Im Rahmen der statistischen Verfahren sind als wich-

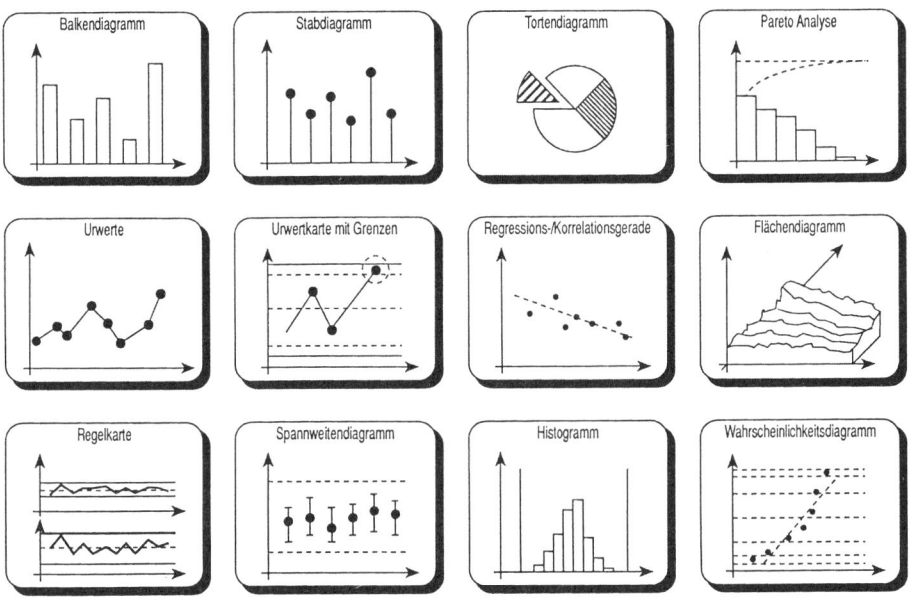

Bild 5.29   Grafische Darstellungen

tige Beispiele für die grafische Darstellung von Prüfdaten zum einen die Qualitätsregelkarten und zum anderen das Wahrscheinlichkeitsdiagramm zu nennen.

Des weiteren können Grafiken zu Prüfergebnissen, z.B. von dokumentationspflichtigen
Teilen, direkt in die Berichtsformulare integriert und in der gewünschten Form ausgedruckt werden, was z.B. für die Erstellung von Erstmusterprüfberichten interessant ist.

5.5.2   Kennzahlen und Kennzahlensysteme in der Prüfdatenauswertung

Basierend auf den erfaßten Prüfdaten ist es für ein Unternehmen wichtig, durch miteinander vergleichbare Kennzahlen ein Instrumentarium zur Lenkung des Organisations-
geschehens an die Hand gegeben zu bekommen. Durch geschickte Verdichtung werden
aus Qualitätskennzahlen Qualitätsinformationen, die dann zur Trenddarstellung genutzt werden können.

Kennzahlen ermöglichen das Aufzeigen von Qualitätslagen und damit verbunden das
Erkennen von Schwachstellen. Dies wiederum ist Anstoß zur Einleitung von Verbesserungsmaßnahmen, die ihrerseits Motivation zur Leistungssteigerung sein können.

Neben dem Erfassen, Sortieren und Verdichten steht die Auswertung der Prüfdaten in
Form von Kennzahlen im Vordergrund. Der Vergleich mit festgelegten Standards ist
durchzuführen sowie die Vereinbarungen über vergleichbare Niveaus zu treffen.

Die Anwendung von Kennzahlensystemen erstreckt sich über alle Bereiche eines Unternehmens von der Wareneingangsprüfung über die Fertigungsüberprüfung bis hin
zum Kundendienst.

Für eine praxisnahe Kennzahlenermittlung wurden bereits geeignete Berechnungsalgorithmen und Formeln für die unterschiedlichsten Anwendungsfälle erarbeitet [dgq]. Um das fähigste Verfahren daraus auszuwählen, sind zuerst die Anfangsbedingungen zu ermitteln. Beurteilungskriterien wie Beschaffungsart, Serienumfang, Einheitenart etc. werden gewichtet ebenso die vorhandenen Ausgangsgrößen. Weiterhin spielt die Maßzahl neben dem Vergleich der Qualitätsstandards eine Rolle.

Exemplarisch wird nun ein Qualitätskennzahlensystem mit Gewichtung der Fehler vorgestellt. Die Bewertung erfolgt nach dem Verhältnis der gefundenen Fehler zu den möglichen Fehlern unter Berücksichtigung der Fehlerklassen. Die gefundenen Fehler werden nach zugehöriger Fehlerklasse gemäß untenstehender Tabelle gewichtet (**Tab. 5.1**).

Fehlerklasse		Bewertungsfaktor	
Bezeichnung	Klassennummer	Formelzeichen	Wert
Nebenfehler B	1	B_{f1}	1
Nebenfehler A	2	B_{f2}	10
Hauptfehler B	3	B_{f3}	20
Hauptfehler A	4	B_{f4}	50
Kritischer Fehler	5	B_{f5}	100

Tabelle 5.1 Gewichtungsfaktoren bei unterschiedlichen Fehlerklassen

Die Berechnungsformel für die Qualitätskennzahl lautet:

$$QKZ = 100 - \frac{\Sigma (F_{gi} \cdot B_{fi})}{\Sigma (F_{mi} \cdot B_{fi})} \cdot 100 \tag{5.2}$$

F_{gi} = Anzahl der gefundenen Fehler in der Fehlerklasse i im Berichtszeitraum
F_{mi} = Anzahl der möglichen Fehler in der Fehlerklasse i im Berichtszeitraum

Die Extremwerte des Niveaus liegen bei QKZ = 100 für das beste und bei 0 für das schlechteste Qualitätsniveau.

5.5.3 Anwendung der Prüfdatenauswertung im Unternehmen

Im Bereich der operativen Ebene (Wareneingang, Fertigung, Montage, etc.) werden Qualitätsdaten auf der Grundlage des Prüfauftrages bereits während oder unmittelbar nach der Fertigung erfaßt. Dies beinhaltet die Aufnahme von Prüf- und Fehlerdaten sowie der ihnen zugehörigen Prozeßdaten. Dabei kann die Prüfung fertigungsflußbegleitend vom Wareneingang über die Fertigungszwischenprüfung bis hin zur Endprüfung erfolgen. Die Aussagekraft der Prüfdatenauswertung basiert auf den zur Verfügung stehenden Daten. Aus diesem Grunde muß sichergestellt sein, daß nur die Daten zur Auswertung herangezogen werden, von denen nachgewiesen ist, daß sie gewissenhaft und korrekt erfaßt wurden und sich aus ihnen der Sachverhalt ableiten läßt, der durch die Auswertung bestimmt werden soll.

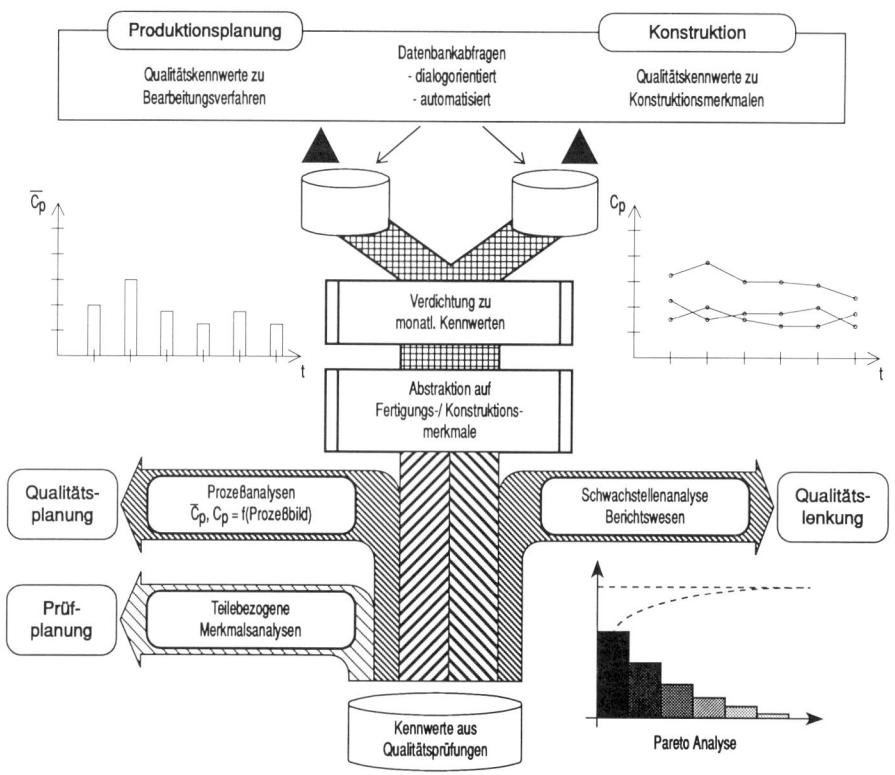

Bild 5.30   Nutzungskonzepte für die Ergebnisse einer Prüfdatenauswertung

Die erfaßten Daten fließen, sofern sie gespeichert werden, entweder sofort oder nach einer statistischen Vorverarbeitung in die Qualitätsdatenbasis ein (vgl. Kap. 7). Weiterhin finden Daten aus der Steuerungsebene, wie z.B. Fertigungsdaten, und aus der planerischen Ebene, z.B. Merkmalsdaten, Eingang in die Qualitätsdatenbasis, die so den wesentlichen Bestandteil für die Prüfdatenauswertung und die Bildung von Kennzahlen darstellt **(Bild 5.30)**. Die Datenbasis kann z.B. in einem vernetzten Rechnersystem im Zentralrechner gespeichert werden, so daß die Nutzung der Daten von allen angeschlossenen Einheiten möglich ist.

Zur Realisierung maschinennaher Regelkreise stehen dem Maschinenbediener die Prüfdaten und die statistisch vorverarbeiteten Daten zur Justierung seines Prozesses unmittelbar zur Verfügung.

Zielgerichtet läßt sich die Prüfdatenauswertung zur Schwachstellenbeseitigung nutzen. Es ist dabei wichtig, zwischen Konzept- und Produktfehlern zu unterscheiden. So lassen sich aus kundendienstspezifischen Daten unter Verknüpfung der Daten aus dem Produktionsprozeß Entscheidungen ableiten, ob z.B. noch bei Kunden befindliche Erzeugnisse vorsichtshalber nachzubessern oder zurückzurufen seien. So gilt es auch, die Auswertung von Felddaten für die Planung und Entwicklung neuer oder Folgeprodukte im Sinne der Vermeidung von Problemen z.B. bei der Durchführung einer System-, Konstruktions- und Prozeß-FMEA mit zu berücksichtigen.

Die Prüfdatenauswertung und damit verbunden die Bereitstellung von Kennzahlen ist als eigenständiger Vorgang zu sehen, der geplant und durchgeführt wird. Die Planung der Auswertung bedingt, daß die einzelnen Datenquellen festgelegt werden müssen und, wenn notwendig, fehlende Informationen zu ergänzen sind, um eindeutige Analysen und Bewertungen der Prüfdaten durchführen zu können. Häufig ist z.B. eine Zusammenführung von Prüf- und Prozeßdaten notwendig. Die Ergebnisse der Prüfdatenauswertung in Form von Kennzahlen werden insgesamt zur Beurteilung der aktuellen Qualitätslage in der Prozeßebene (Beschaffung, Fertigung, Montage etc.) herangezogen.

5.5.4 Nutzungsmöglichkeiten der Ergebnisse der Prüfdatenauswertung im Unternehmen

Maßnahmen im Bereich des Qualitätsmanagements werden häufig in vielen Verantwortungsbereichen eines Unternehmens wirksam. Aus diesem Grund ist die Unternehmensleitung nicht nur gefordert den Maßnahmen zuzustimmen, sondern sie muß auch selbst gestaltend aktiv werden. Eine wesentliche Voraussetzung zur gezielten Einflußnahme des Managements auf die Qualitätssituation sind verläßliche Informationen aus den verschiedenen Bereichen, die eine Aussage darüber treffen, inwieweit Prozesse oder Abläufe in der Lage sind, Qualitätsforderungen zu erfüllen. Hierzu kann die Prüfdatenauswertung grundlegend beitragen, da mit ihr Daten aus allen Unternehmensbereichen aufbereitet werden und in Form von verdichteten Informationen (Kennzahlen) den verschiedenen Ebenen des betrieblichen Managementes zur Verfügung gestellt werden **(Bild 5.31)**. Ein Beispiel für eine Auswertung im Bereich der Fertigung stellt die Langzeitanalyse über die von einer bestimmten Maschine oder Maschinengruppe eingehaltenen oder erreichten Qualitätsfähigkeitskennwerte (c_p und $\overline{c}_p$-Werte) dar. Die Auswertungen können wichtige Entscheidungshilfen für eine auf die Fähigkeit der Fertigung optimal abgestimmte Produktionsplanung liefern (Bild 5.31).

In gleicher Weise läßt sich die Prüfdatenauswertung für die Konstruktion nutzbringend einsetzen. Neben Aussagen zu der qualitativen Leistungsfähigkeit des Produktionsprozesses lassen sich durch die Auswertung von Prüfdaten auch Möglichkeiten und Grenzen einer Realisierung von konstruktiven und funktionsrelevanten Merkmalen aufzeigen. Weiterhin können Aussagen darüber getroffen werden, ob Toleranzen für einzelne Merkmale fertigbar, nur mit sehr hohem Aufwand realisierbar (z.B. durch Nacharbeit) oder nur durch den Einsatz anderer Fertigungsverfahren bzw. -technologien erreichbar sind. Basis hierfür ist wiederum die Existenz ebenenübergreifender Regelkreise bzw. Informationsaustausch zwischen der Konstruktion und dem operativen Umfeld.

Die Prozeßplanung und -überwachung kann in ähnlicher Form von einer Prüfdatenanalyse profitieren. Für die Prozeßplanung sind Aussagen darüber relevant, inwieweit einzelne Fertigungsverfahren oder -einrichtungen in der Lage sind, Qualitätsanforderungen zu erfüllen. Durch die Auswertung nach Maschinentypen, Maschinengruppen, Fertigungsverfahren o.ä. lassen sich geeignete Prozesse für die Produktion auswählen und Schwachstellen im Prozeß schnell ermitteln. Darüber hinaus läßt sich die Prüfdatenauswertung auch wirksam zur Überwachung der laufenden Produktion einsetzen.

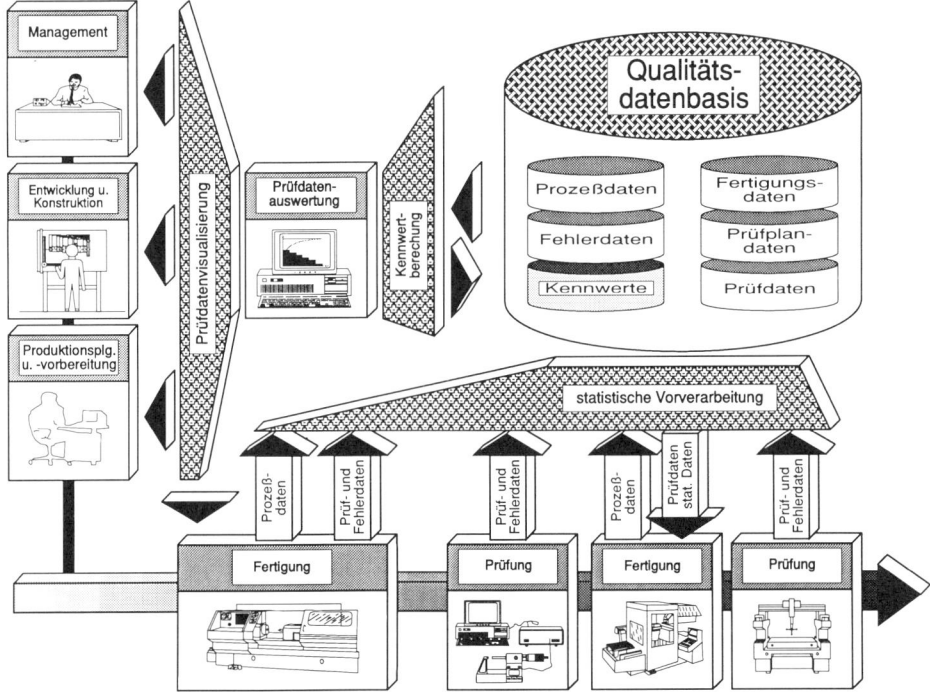

Bild 5.31   Anwendung der Prüfdatenauswertung im Unternehmen

Stehen für die Auswertung eine Vielzahl von Daten relevanter Einflußgrößen auf den Prozeß zur Verfügung, so lassen sich diese Daten auch sinnvoll im Rahmen der Versuchsmethodik verwenden (vgl. Kap. 3.5). Ebenso zielen viele Auswertungen der fertigungsbegleitenden Prüfung auf die Bewertung und Steuerung eines Fertigungsprozesses ab. Die Prüfergebnisse werden dann im Rahmen einer Statistischen-Prozeß-Regelung (SPC) erfaßt und genutzt (vgl. Kap. 5.6). Gleiches gilt für die Prüfdatenauswertung zur Festlegung der weiteren Verwendung des geprüften Produktes (Freigabe, Sperrungen, Nacharbeit, bedingte Freigabe).

Der Prüfplanung steht durch eine Prüfdatenauswertung unmittelbar die gesamte Historie eines Erzeugnisses zur Verfügung, aus der heraus z.B. die Prüfmerkmalsauswahl optimiert und der Prüfumfang dynamisiert werden kann. Zur Dynamisierung des Prüfumfangs existieren in der Normung festgelegte Vorschriften, die in Kap. 5.4.1 beschrieben werden.

Die genannten Auswertungsmethoden erfolgen i.d.R. zeitversetzt oder maschinenfern. Für einige weitergehende Auswertungen der Meß- und Prüfdaten ist es notwendig, organisatorische, zeitbezogene und prozeßbeschreibende Informationen zu erfassen und miteinander zu verknüpfen. Dies kann über eine nachträgliche Synchronisation der einzelnen Daten geschehen. Auswertungsergebnisse von z.B. Produktionsmerkmalen lassen sich dadurch später wieder einem bestimmten Prozeßzustand oder einer definierten Fertigungsaufgabe zuordnen.

5.5.5   Beispiele für die Anwendung der Prüfdatenauswertung

Die folgenden Beispiele sollen exemplarisch für die Konstruktion, die Arbeitsvorbereitung und die Prüfauftragsbearbeitung die Anwendung der Ergebnisse der Prüfdatenauswertung aufzeigen. Anhand des Merkmals „Innendurchmesser" mit dem Wert „35 mm H7" wird die Überprüfung der momentanen Realisierbarkeit der Toleranz, die Auswahl der geeigneten Fertigungsanlage (NC-Drehmaschine) und die Festlegung des Prüfumfanges für das ausgewählte Drehteil aufgezeigt.

Den Ausgangspunkt für die Prüfdatenauswertung bildet die Qualitätsdatenbasis, in der die Prüfdaten zu dem Merkmal „Innendurchmesser" gespeichert sind. Des weiteren sind Daten über das vorläufige Prozeßfähigkeitspotential (p_p), das Prozeßfähigkeitspotential (c_p), die vorläufige Prozeßfähigkeit (p_{pk}) und die Prozeßfähigkeit (c_{pk}) in Kennwertdatenbanken gespeichert. Die Kennwerte zur Prozeßfähigkeit sind der FORD-Richtlinie „Process Capability" entnommen [fo1]:

$$p_p, c_p = \frac{OGW - UGW}{6\,\hat{\sigma}} \qquad (5.3)$$

$$p_{pk}, c_{pk} = \min \; von: \; \frac{OGW - \overline{\overline{X}}}{3\,\hat{\sigma}} \; oder \; \frac{\overline{\overline{X}} - UGW}{3\,\hat{\sigma}} \qquad (5.4)$$

UGW = unterer Grenzwert
OGW = oberer Grenzwert

$\hat{\sigma}$: Schätzwert der Standardabweichung der Grundgesamtheit
$\overline{\overline{X}}$: Mittelwert aller Stichprobenmittelwerte

Ford fordert, daß bei einem fähigen Prozeß die vorläufigen Prozeßfähigkeitskennwerte (p_p und p_{pk}) größer als 1,67 und die Prozeßfähigkeitskennwerte (c_p und c_{pk}) größer als 1,33 sein müssen.

● **Konstruktion**

Die Konstruktion eines Bauteils umfaßt neben dem grafischen Entwurf und der funktionsgerechten Gestaltung auch die adäquate Anpassung der Merkmalstolerierung an die Qualitätsfähigkeit der Produktionsprozesse. Der Konstrukteur kann dazu z.B. mittels einer Prüfdatenanalyse einen Überblick über die momentane Qualitätslage der einzelnen Merkmale, z.B. „Innendurchmesser" mit dem „Sollwert = 35 mm", abfragen (**Bild 5.32**). Die Merkmalsdaten sind in diesem Fall in einer Qualitätsdatenbasis gespeichert. Sie basieren auf Abnahmedaten (Fähigkeitsuntersuchungen) sowie laufend während der Fertigung, z.B. in Form von Stichprobenprüfungen, aktuell erfaßten Daten. Das Hinterfragen der Realisierbarkeit der fertigungstechnischen Merkmale mittels der genannten Prozedur kann auch als merkmalsorientierte Prüfdatenanalyse bezeichnet werden.

Die Vorgehensweise gemäß Darstellung in Bild 5.32 kann etwa wie folgt ablaufen:

In der vom Konstrukteur abgefragten p_p-Kennwertdatenbank sind die Fähigkeitswerte zu allen erfaßten Merkmalen wie z.B. „Innen-, Außendurchmesser und Länge" sowie die jeweiligen Wertebereiche gespeichert. Durch eine Filterbedingung auf das Prüfmerkmal „Innendurchmesser" werden bei der gezielten Abfrage allerdings nur noch die Merkmale durch das System angeboten, die der gewählten Filterbedingung entspre-

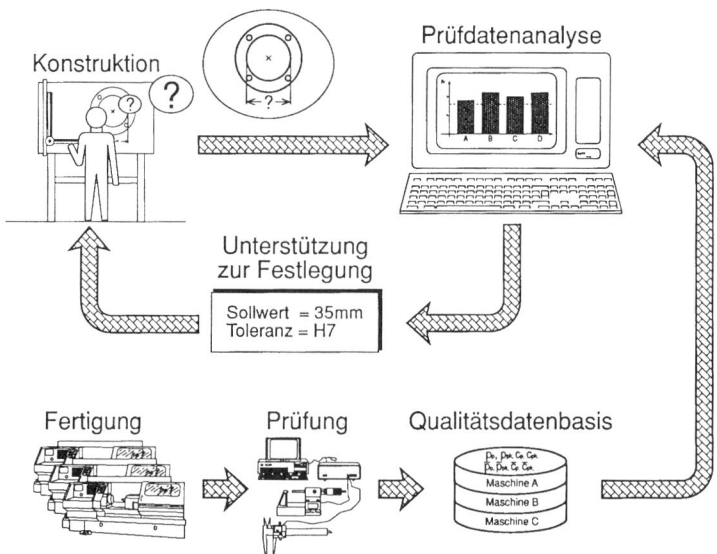

Bild 5.32   Unterstützung des Konstrukteurs durch Prüfdatenanalyse

chen. Wird der zweite Filter auf den Sollwert „∅35H7" gesetzt, erhält der Konstrukteur nur noch die Kennwertdatensätze, die für seine gewünschte Beurteilung relevant sind. Da die Kennwerte für gewöhnlich von der einzelnen Bearbeitungsanlage (Werkzeugmaschine) abhängig sind, auf der das Merkmal gefertigt wird, kann eine maschinenorientierte Mittelwertbildung der p_p-Werte geeignet sein, die Anzahl der Datensätze weiter zu reduzieren. Zur besseren Visualisierung der Datensätze kann eine grafische Darstellung in Form eines Balkendiagramms hilfreich sein. So können z.B. die $\overline{p}_p$-Werte über die Maschinennummern aufsteigend sortiert wiedergegeben werden (**Bild 5.33**). Die Werte im dargestellten Beispiel liegen für alle Maschinen im zulässigen Bereich über der Untergrenze von 1,67. Liegen auch die Werte für die vorläufige Prozeßfähigkeit (p_{pk}) über 1,67, kann auf der Grundlage einer derart charakterisierten Prozeßfähigkeit eine positive Bewertung für dieses Merkmal erfolgen, das dann auch durch die Konstruktion freigegeben werden sollte.

● **Arbeitsvorbereitung**

Die Arbeitsvorbereitung legt unter anderem den Zeitpunkt und die konkrete Fertigungsanlage (z.B. Werkzeugmaschine) fest, mit der das Merkmal gefertigt werden soll (**Bild 5.34**). Zur Festlegung kann neben Kriterien wie, Verfügbarkeit, Maschinenstundensätze etc. als weiterer Anhaltspunkt die Darstellung der $\overline{p}_p$-Werte für die in Frage kommende Anlage dienen, die auch bereits von der Konstruktion genutzt wurde. Anhand dieser Werte kann eine Vorauswahl der unter Qualitätsgesichtspunkten bestgeeigneten Anlage erfolgen. Hierzu empfiehlt es sich, die $\overline{c}_p$- und $\overline{c}_{pk}$-Werte der zurückliegenden Zeitspanne (Monate) näher zu betrachten. Die Vorgehensweise zur Bereitstellung der Daten aus der $\overline{c}_p$-Kennwertdatenbank ist fast identisch wie im oben dargelegten Beispiel der Konstruktionsbewertung erläutert. In Ergänzung hierzu ist in diesem

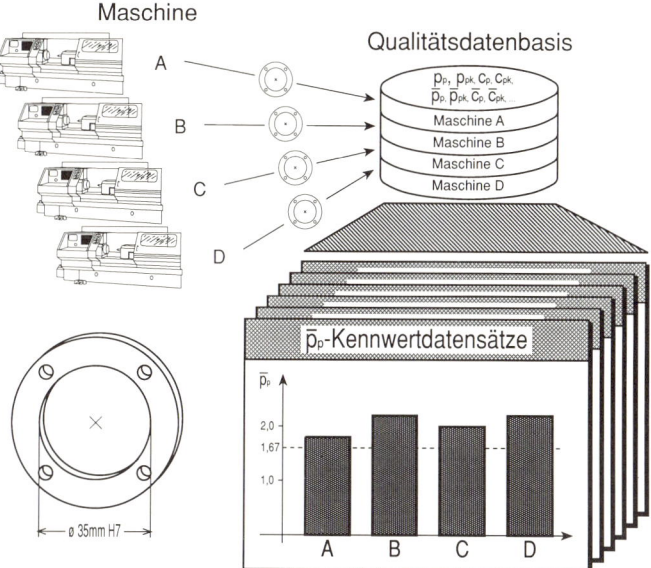

Bild 5.33   Maschinenorientierte Darstellung der p_p-Kennwertdatensätze

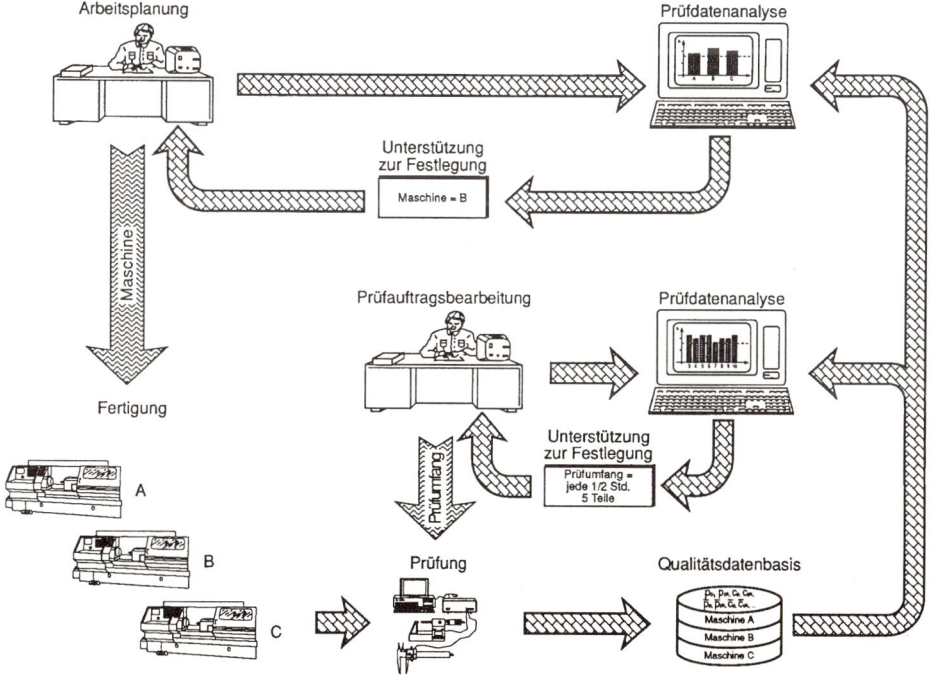

Bild 5.34   Unterstützung der Arbeitsplanung und der Prüfauftragsbearbeitung durch Prüfdatenanalyse

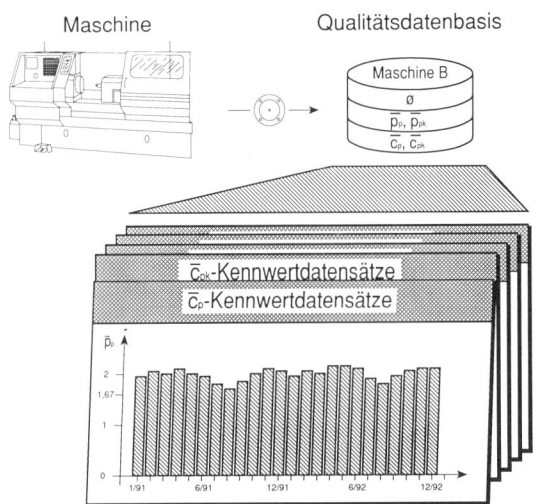

Bild 5.35 c_p- und c_{pk}-Kennwertdatensätze zu einer Maschine

Fall jedoch als zusätzlicher Filter noch die Anlage (z.B. CNC-Drehmaschine) selbst zu wählen (z.B. Typ A, B oder C). Die Angabe der $\bar{c}_p$-Werte der letzten 24 Monate ist dann z.B. für die X-Zeitachse ansetzbar **(Bild 5.35)**. Die Werte im Beispiel zeigen eine deutliche monatliche Schwankung die z.B. durch Urlaubsphasen hervorgerufen sein kann. Für den anstehenden Arbeitsauftrag spricht anhand der beiden Darstellungen nichts gegen die Auswahl der durch diesen Datensatz charakterisierten Maschine. Die $\bar{c}_{pk}$-Werte sind für die endgültige Auswahl gleichwertig zu berücksichtigen.

● **Prüfumfangsdynamisierung**

Im Rahmen der Prüfauftragsbearbeitung steht der hierfür zuständige Mitarbeiter vor der Aufgabe, daß die Prüfungen und der Prüfumfang die Erfüllung der Merkmale und ihrer Toleranzgrenzen sicherstellen (Bild 5.34). Eine besondere Problematik liegt hierbei in der Anforderung, daß der Prüfumfang bei kritischen Merkmalen sicherheitsbedingt so hoch wie möglich sein soll, jedoch aus Zeit- und Kostengründen auf einen aus Qualitätsaspekten noch zu vertretenden Umfang zu minimieren ist.

Zur Erfüllung dieser Aufgabe kann unter anderem eine merkmalsorientierte Ausgabe des prozentualen Verhältnisses der Anzahl geprüfter Teile, die mit „gut" bewertet wurden, zu der Gesamtanzahl der Teile, die produziert wurden, dienen. Zur Darstellung der zeitlichen Entwicklung können die Kennwerte der letzten 12 Monate berechnet und grafisch in Form eines Balkendiagramms dargestellt werden. Wird anhand einer solchen Grafik festgestellt, daß die Kennwerte eines Merkmals in der Vergangenheit immer im zulässigen Bereich lagen, so kann davon ausgegangen werden, daß sie sich auch mit einem hohen Maß an Wahrscheinlichkeit zukünftig ähnlich verhalten werden, und somit der Prüfumfang klein gehalten werden kann. Umgekehrt ist natürlich auch bei veränderten, stark absinkenden Kennwerten eine Verschärfung des Prüfumfangs bis hin zur 100%-Prüfung ableitbar.

5.6 Statistische Prozeßregelung

Die statistische Prozeßregelung (SPC) ist eine der bekanntesten Qualitätstechniken. Über sogenannte Qualitätsregelkarten wird das statistische Verhalten eines Prozesses beschrieben. Diese Karten geben Hinweise auf Prozeßstörungen und ermöglichen den Aufbau von Regelkreisen zur optimalen Prozeßführung. Die SPC wurde in den 30er Jahren von Walter Shewhart entwickelt [shw] und seitdem auf breiter Basis mit unterschiedlichem Erfolg eingesetzt [kod]. Der unterschiedliche Erfolg ist nicht zuletzt auf eine unsachgemäße Anwendung der einzelnen Verfahren sowie die falsche Auswahl eines für den Prozeß geeigneten Regelkartentyps zurückzuführen.

In diesem Kapitel werden die Grundlagen und Randbedingungen der statistischen Prozeßregelung im Hinblick auf einen erfolgreichen Einsatz beschrieben. Die einzelnen Verfahren werden nicht im Detail erläutert, da dies den Rahmen dieses Buches sprengen würde. Hier sei auf die einschlägige Literatur verwiesen [wel, whe].

5.6.1 Das statistische Verhalten von Prozessen

Der erste Schritt zur Beherrschung eines Prozesses liegt darin, daß grundlegende Verhalten von Prozessen zu verstehen. Zu diesem Zweck schlägt Dr. Edwards Deming, einer der Pioniere des modernen Qualitätsmanagements, das Trichterexperiment vor (**Bild 5.36**) [boa, dem, sha].

Ein Trichter wird von einem Stativ gehalten, das in x- und y-Richtung bewegt werden kann. Durch den Trichter werden Kugeln (z.B. Murmeln) geworfen, die eine Markierung auf der Tischplatte treffen sollen (Sollwert). Der Prozeß kann über die Verschiebung in x- und y-Richtung justiert werden.

Die Aufgabe lautet, den Prozeß auf den Sollwert einzustellen, wobei verschiedene Strategien verfolgt werden können.

Eine typische Strategie zur Einstellung eines Prozesses besteht darin, die Abweichung zwischen Ist- und Sollwert zu ermitteln und den Prozeß gemäß dieser Abweichung

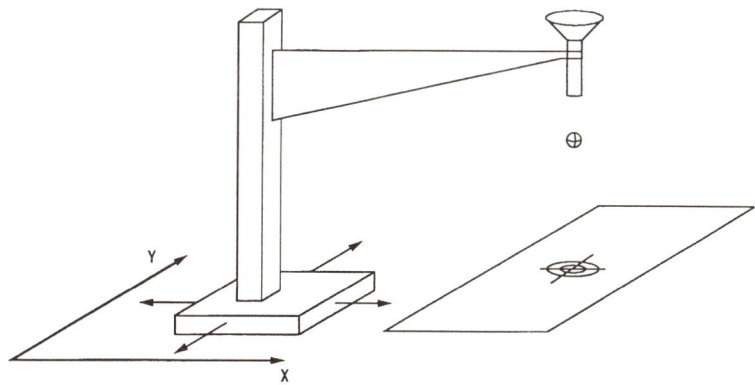

Bild 5.36   Das Trichter Experiment von Deming

nachzustellen. Hierzu wird eine Kugel durch den Trichter geworfen, der Aufprallpunkt wird (z.B. durch Kohlepapier) gekennzeichnet. Die Abweichung in x- und y-Richtung zwischen diesem Punkt und dem Zielwert wird gemessen, das Stativ mit dem Trichter wird entsprechend diesen Werten verschoben. Es wird nun erwartet, daß die nächste Kugel das Ziel trifft.

Die Ergebnisse der Strategie der exakten Nachstellung des Trichters gemäß dem Abstand eines Wurfes vom Sollwert sind in **Bild 5.37** dargestellt. Es handelt sich um reale Versuchsergebnisse, die Würfe sind durchnumeriert (z.B. 1 = erster Wurf, 2 = zweiter Wurf).

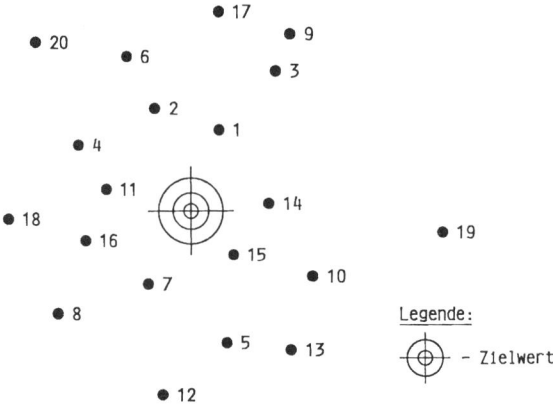

Bild 5.37   Ergebnisse der exakten Nachführung des Prozesses (Trichter)

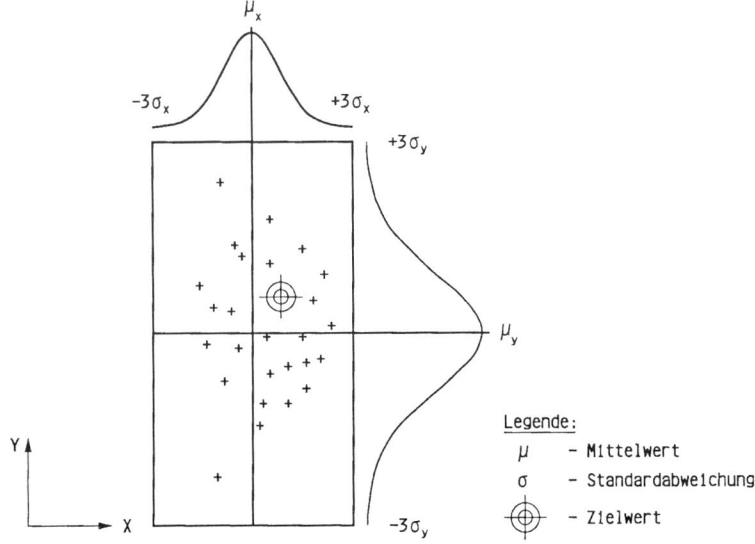

Bild 5.38   Natürliche Streuung des Prozesses (Trichter)

Der erste Wurf (1) liegt rechts oberhalb des Zielwertes. Das Stativ mit dem Trichter wird entsprechend dieser Abweichung nach links unten verstellt. Der nächste Wurf sollte nun das Ziel treffen. Dies ist nicht der Fall – der zweite Wurf (2) liegt links oberhalb des Zieles. Auch alle weiteren Versuche führen nicht zu dem gewünschten Ergebnis.

Ein „ungestörter Prozeß" liegt dann vor, wenn mehrere Würfe nacheinander ohne Bewegen des Trichters erfolgen (**Bild 5.38**). Dabei zeigt sich, daß das System sowohl in x- als auch in y-Richtung streut. Da diese Streuung nicht durch einen Eingriff in den Prozeß hervorgerufen wird, sondern systemimmanent ist, liegt hier eine sogenannte natürliche Streuung des Systems vor. Sie beruht z.B. auf Unregelmäßigkeiten der Trichterlaufbahn oder auf Schwingungen innerhalb des Auslegers. All diese Streuungsursachen werden durch den Versuch, den Trichter in x- und y-Richtung zu zentrieren, nicht beseitigt. Sie überlagern vielmehr die zwecks Korrektur vorgenommene Verschiebung. Dadurch ergibt sich insgesamt eine größere Prozeßstreuung.

Die statistische Auswertung der Daten ermöglicht es, die Streuung des Prozesses (σ = Standardabweichung) und seine Lage (μ = Mittelwert) zu bestimmen. Damit kann die Aussage getroffen werden, daß sich mehr als 99% aller Würfe in einem Bereich von +/− 3 σ um den Mittelwert μ in x- und y-Richtung befinden. Eine sinnvolle Zentrierung besteht nun darin, den Mittelwert der Verteilungen auf den Sollwert zu justieren. Eine weitere Verbesserung des Systems ist nur durch eine Reduzierung der natürlichen Streuung möglich. Genügt das System in der jetzigen Form unseren Anforderungen, so muß sichergestellt werden, daß keine zusätzlichen (nichtnatürliche oder spezielle) Störeinflüsse auftreten, die das bekannte Prozeßbild verändern.

Wo liegt die Erklärung für dieses Ergebnis? Die Antwort ist einfach: in der natürlichen Streuung, die jeder Prozeß besitzt.

Das Bild eines Prozesses wird von verschiedenen Einflüssen geprägt, die sich durch verschiedene Streuungstypen charakterisieren lassen (**Bild 5.39**).

Grundbestandteil der Prozeßstreuung ist die natürliche Streuung. Sie spiegelt das Verhalten des Prozesses im ungestörten Zustand und ist das Ergebnis von vielen kleinen

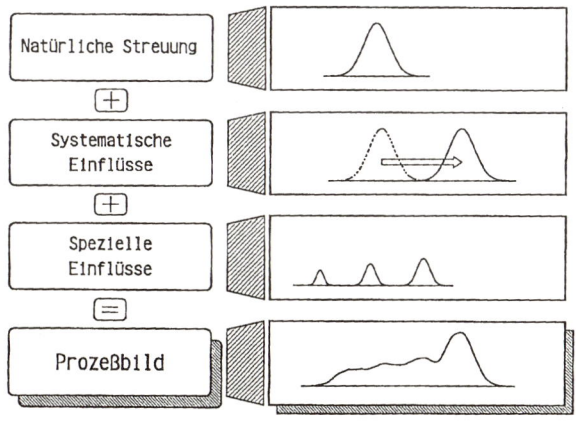

Bild 5.39 Zerlegung der Streuungseinflüsse eines Prozesses

Einflußgrößen, die zufällig streuen und sich statistisch verhalten (z.B. kleine Temperaturschwankungen). Daneben können systematische Einflüsse auftreten, die zu einer mehr oder weniger festen Verschiebung der Prozeßlage führen. So kann sich z.B. die Geschwindigkeitsanzeige am Tachometer eines PKW durch die Montage von Reifen mit einem anderen Durchmesser verschieben. Daneben können spezielle Einflüße auftreten, deren Verhalten nicht vorhersehbar ist (z.B. ein Klemmen innerhalb des Tachoantriebs infolge fehlender Schmierung). All diese Einflüße ergeben in der Summe das Bild des Prozesses.

Ziel einer statistischen Prozeßregelung ist es, die systematischen Einflüße des Prozesses zu kompensieren und die speziellen Einflüße frühzeitig zu erkennen und zu beseitigen. Um diese zu entdecken ist die Kenntnis der natürlichen Streuung des Prozesses erforderlich.

5.6.2 Anwendung der statistischen Prozeßregelung

Die Überwachung eines Prozesses mit einer sogenannten Regelkarte setzt sich aus drei Komponenten zusammen **(Bild 5.40)**.

– Die *graphische Darstellung* erhöht im Gegensatz zu tabellarischen Aufschreibungen die Transparenz des Prozeßgeschehens [sed].
– Der aus der natürlichen Streuung des Prozesses ermittelte Zufallsstreubereich wird in Form sogenannter *Eingriffsgrenzen* in die Graphik eingetragen. Das Überschreiten der Eingriffsgrenzen ist ein Zeichen für das Auftreten nichtnatürlicher Einflüsse. Der ungestörte Prozeß bewegt sich zufallsverteilt innerhalb der Eingriffsgrenzen.

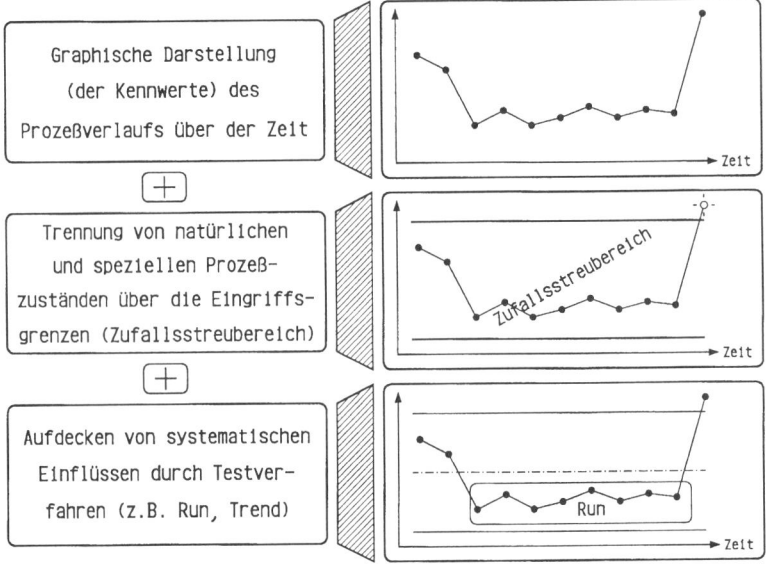

Bild 5.40   Leistungsmerkmale der Regelkartentechnik

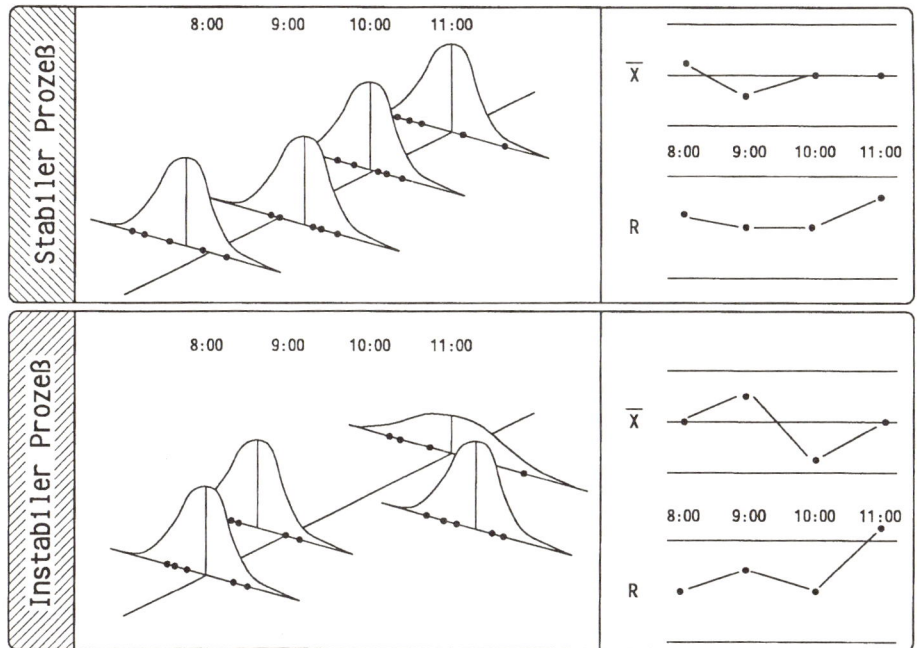

Bild 5.41 Stabiler und instabiler Prozeß

– Neben dem Kriterium der Eingriffsgrenzen kann auf *spezielle Verläufe getestet* werden, die auf systematische oder spezielle Einflüsse zurückzuführen sind. Das Beispiel in Bild 5.40 zeigt eine nichtnatürliche Verlagerung der Prozeßlage unterhalb der Mittellinie, die als Run bezeichnet wird.

Die im rechten Teil von **Bild 5.41** dargestellten $\bar{x}$- (Mittelwert) / R- (Spannweite = größter – kleinster Wert einer Stichprobe) -Regelkarten spiegeln die Werte aus Stichproben von jeweils 4 Teilen wider, die einem Prozeß in stündlichen Abständen entnommen werden. Die eingezeichneten Grenzlinien stellen den Zufallsstreubereich des Prozesses dar, der in einer Voruntersuchung ermittelt wird. Die mittlere Linie ist der Mittelwert.

Der obere Teil des Bildes zeigt einen stabilen (ungestörten) Prozeß, der nur seiner natürlichen Streuung unterliegt. Der untere Teil des Bildes zeigt das Auftreten von speziellen Einflüssen. Nichtnatürliche Änderungen der Prozeßlage sind um 9:00 Uhr und 10:00 Uhr zu beobachten, um 11:00 Uhr hat die Streuung des Prozesses über das normale Maß hinaus zugenommen.

Es existiert eine Vielzahl möglicher Regelkartentypen, die auszugsweise vorgestellt werden sollen **(Bild 5.42)**. Die dargestellten Karten werden auf variable (meßbare) Prüfmerkmale angewendet, darüber hinaus existieren verschiedene Regelkartentypen für attributive Prüfmerkmale (zählbar oder gut/schlecht). Die gängigsten Regelkarten sind die Mittelwert/Standardabweichungskarte und die Mittelwert/Spannweitenkarte, sowie die Median (mittlerer Wert)/Spannweitenkarte. Diese Karten schätzen den Zufalls-

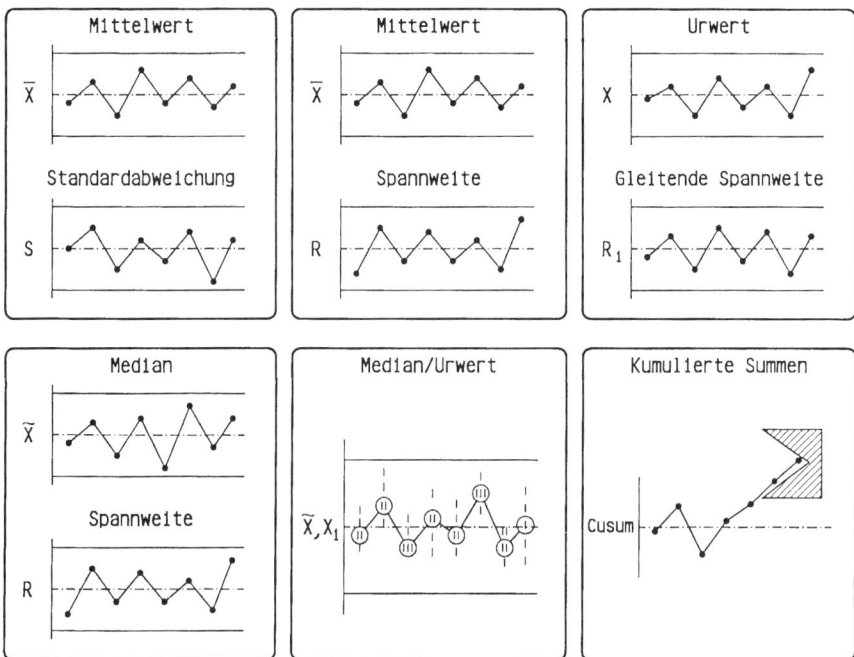

Bild 5.42   Beispiele für Typen variabler Regelkarten

streubereich aus der mittleren Streuung innerhalb der einzelnen Stichprobe. Die Urwert/gleitende Spannweitenkarte schätzt den Zufallsstreubereich aus der Streuung zwischen den einzelnen Meßwerten. Diese vier Kartentypen führen jeweils eine getrennte Karte für den Streuungsparameter (z.B. Standardabweichung) und den Lageparameter (z.B. Mittelwert) des Prozesses.

Die Median/Urwertkarte beinhaltet die einzelnen Meßwerte der Stichprobe. Die mittleren Werte (Mediane) werden als Kurvenzug verbunden. Diese Karte gibt auf einen Blick eine Information über Lage und Streuung des Prozesses und kann ohne Rechenaufwand manuell geführt werden.

Neben den bisher betrachteten sogenannten Shewhart-Regelkarten (*Walter Shewhart* ist der Begründer der klassischen Regelkartentechnik [shw]) werden spezielle Regelkarten, wie z.B. die Cusum-Karte eingesetzt, die bereits kleine Änderungen der Prozeßlage anzeigt [rim].

Es existiert eine Vielzahl von Testkriterien, um das Auftreten nichtzufälliger Ereignisse in der Regelkarte zu erkennen **(Bild 5.43)**. Neben der Überschreitung der Eingriffsgrenzen wird getestet, ob mehr als 7 aufeinanderfolgende Werte auf einer Seite der Mittellinie liegen (Run) oder in aufsteigender oder abfallender Reihenfolge auftreten (Trend). Die Zahl 7 entstammt der Kombinatorik. Die Wahrscheinlichkeit dafür, daß z.B. ein Wert oberhalb der Mittellinie liegt, beträgt 0.5^1 (entspricht dem Werfen einer Münze). Die Wahrscheinlichkeit, daß zwei Werte oberhalb der Mittellinie liegen, beträgt

$0.5^2 = 0.25$; die Wahrscheinlichkeit für 7 Werte ist $0.5^7 = 0.008$ also kleiner als 1%. Damit wird angenommen, daß es sich nicht mehr um ein zufälliges Ereignis handelt. Zusätzlich zu den o.g. Standardkriterien kann getestet werden, ob unnatürlich viele nachfolgende Werte in der Nähe der Mittellinie oder der Eingriffsgrenzen liegen. Hier wird zur Bestimmung der kritischen Anzahl der Werte das Modell einer Normalverteilung innerhalb der Eingriffsgrenzen herangezogen.

Neben den geschilderten Verfahren sind mehr als 30 weitere Testverfahren bekannt. Hier verhält es sich ähnlich wie beim „Russischen Roulette": je mehr Kugeln in den Revolver geladen werden, desto größer ist die Chance eines Schusses. Es empfiehlt sich daher, sich auf eine sinnvolle Auswahl von Verfahren zu beschränken und den entdeckten Ereignissen wirklich nachzugehen!

Die Prozeßregelung und Prozeßverbesserung mit Qualitätsregelkarten ist eine kontinuierliche Vorgehensweise **(Bild 5.44)**. Die grundlegenden Phasen der Datenerfassung, Datenanalyse und Regelung werden fortlaufend wiederholt.

Zu Beginn der Untersuchung wird der Prozeß während des sogenannten Vorlaufs beobachtet. Während dieser Beobachtungsphase, in der keinerlei Eingriffe am Prozeß vorgenommen werden dürfen, werden dem Prozeß Stichproben entnommen. Es sind in der Regel 10 Stichproben à 5 Teile erforderlich, um ein vollständiges Bild des Streuverhaltens des Prozesses zu gewinnen. Da ein solch aufwendiger Vorlauf in der Praxis häufig nicht zu realisieren ist, wird auch mit geringeren Datenmengen gearbeitet. Dabei muß sich der Anwender darüber im klaren sein, daß er die Prozeßstreuung zu gering abschätzen kann, da sich nicht alle Einflüsse auswirken können.

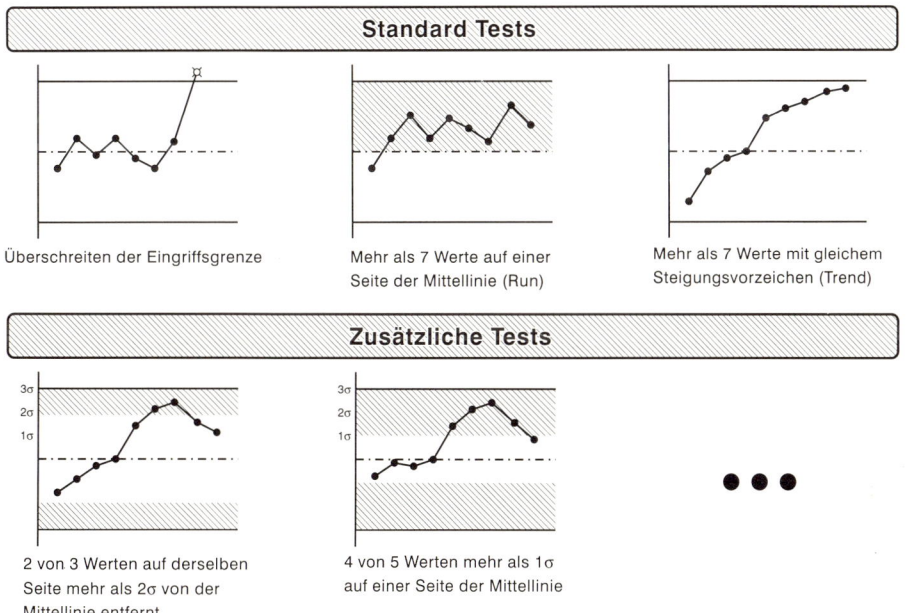

Bild 5.43   Testverfahren auf nicht zufällige Verläufe in der Regelkarte

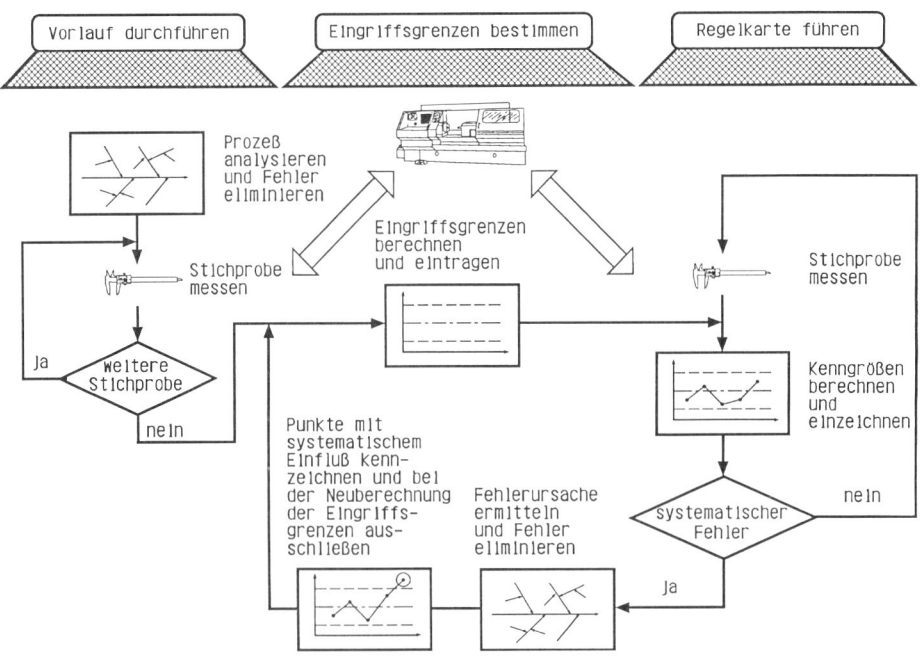

Bild 5.44   Ablauf einer statistischen Prozeßregelung (SPC)

Aus den so ermittelten Daten werden Prozeßmittelwerte und Eingriffsgrenzen berechnet und in die Regelkarte eingetragen.

In vorgegebenen Zeiträumen werden der laufenden Fertigung Stichproben entnommen. Die statistischen Kennwerte werden ermittelt und in die Karten für Lage und Streuung eingetragen. Danach werden die Kurvenverläufe analysiert. Die dabei verwendeten Interpretationskriterien geben Hinweise auf das Auftreten spezieller (Stör-)Einflüsse. Zu diesen Einflüssen zählen jedoch auch Eingriffe des Maschinenbedieners in den Prozeß, da diese den im Vorlauf ermittelten Zustand ändern und eine erneute Bestimmung der Eingriffsgrenzen erforderlich machen können!

Zeigen sich spezielle Störeinflüsse in der Regelkarte, so muß der Prozeß gestoppt und untersucht werden. Um „Ausreißer" zu erkennen, die z.B. durch Fehlmessungen entstehen können, sollte bei Überschreiten der Eingriffsgrenzen unmittelbar eine zusätzliche Stichprobe entnommen werden, bevor der Prozeß gestoppt wird. Nach Beseitigung der Störeinflüsse werden die Eingriffsgrenzen neu berechnet. Punkte, die unter Störeinfluß standen, werden von der Berechnung ausgeschlossen. Diese würden die Lage der Eingriffsgrenzen verfälschen, da die spezielle Streuung als Bestandteil der natürlichen Streuung interpretiert würde. Die neuen Eingriffsgrenzen werden in die Karte eingetragen. Die Punkte „außer Kontrolle" werden in der Karte gekennzeichnet. Die Ursachen und Abstellmaßnahmen werden vermerkt. Auf diese Art und Weise wird ein Prozeßregelkreis aufgebaut, der zu einer fortlaufenden Eliminierung spezieller und systematischer Einflüsse aus dem Prozeß führt [awk].

5.6.3   Randbedingungen für den Einsatz der statistischen Prozeßregelung

Bei Diskussionen über die Regelkartentechnik wird häufig die Frage gestellt, wie sich Abweichungen von der Normalverteilung auf die Anwendung der SPC auswirken [ang, sch]. Die Amerikaner *Chambers* und *Wheeler* sind dieser Frage in umfangreichen Simulationsstudien nachgegangen [whe]. Die Untersuchungen wurden bei der Mittelwert/Spannweitenkarte **(Bild 5.45)** durchgeführt, weil diese ein sehr robustes Verhalten bezüglich der Verteilungsvoraussetzungen aufweist und deshalb von Chambers und Wheeler bevorzugt wird.

Es zeigte sich, daß mäßige Abweichungen von der Normalität keinen nennenswerten Einfluß auf die Funktion der Regelkarte haben. Nur bei extrem schiefen und langauslaufenden Verteilungen kommt es zu einer erhöhten Anzahl von „Fehlalarmen", die sich jedoch in Grenzen hält. *Damit sind sowohl die Mittelwert- als auch die Spannweitenkarte robust gegenüber Abweichungen von der Normalität, wie sie in der Praxis auftreten.*

Die hier gezeigten Betrachtungen betreffen die Ermittlung des Zufallsstreubereichs des Prozesses und damit die Funktion der Eingriffsgrenzen der Regelkarte. Anders verhält es sich mit den zusätzlich eingesetzten *Testkriterien zur Aufdeckung nichtnormaler Verläufe innerhalb der Eingriffsgrenzen* (z.B. Run oder Trend). Die hier eingesetzten Regeln gehen von einer normalen Verteilung der Werte innerhalb der Eingriffsgrenzen aus und testen auf Abweichungen vom zufälligen Verhalten nachfolgender Werte. Eine Betrachtung der Verteilungen der Spannweiten zeigt, daß diese insbesondere bei schiefen Verteilungen unsymmetrisch werden. Dadurch ist es wahrscheinlicher, Werte unterhalb des Mittelwertes zu finden, als oberhalb. Damit kann z.B. das Standardtestverfahren auf ei-

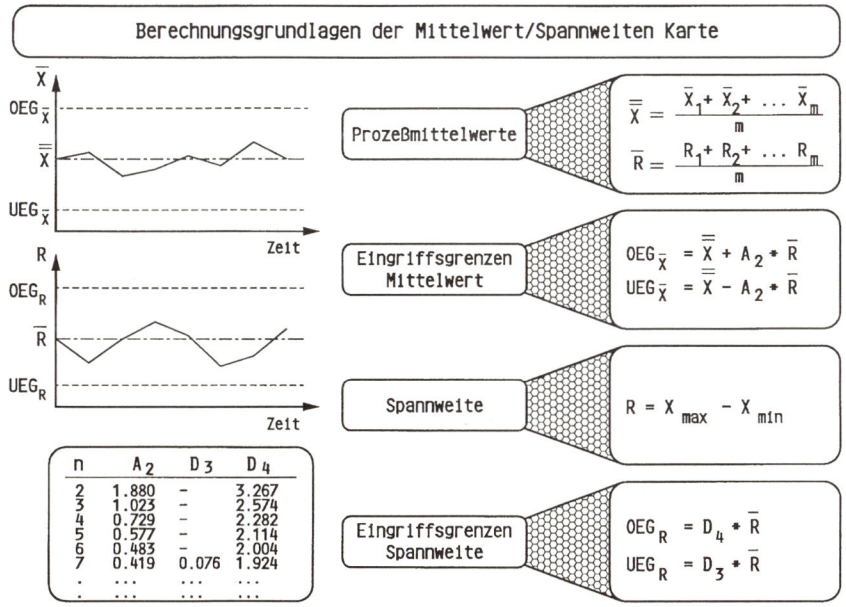

Bild 5.45   Berechnungsgrundlagen der Mittelwert-/Spannweitenkarte

nen Run, d.h. eine unnatürlich lange Folge von mehr als 7 Werten oberhalb oder unterhalb der Mittellinie, nicht mehr angewendet werden. Die Testverfahren müssen entsprechend modifiziert werden, so daß z.B. 7 Werte oberhalb, aber 12 Werte unterhalb der Mittellinie als Kriterium verwendet werden.

Von erheblich größerer Bedeutung für die Funktion der Regelkarte als die Verteilung der Grundgesamtheit ist der Typ des Prozesses, der zu dieser Grundgesamtheit geführt hat. Hier muß man sich vor Augen halten, daß die Eingriffsgrenzen aus Stichprobendaten bestimmt werden, die wesentlich vom Verhalten des Prozesses abhängen. **Bild 5.46** zeigt zwei typische Prozeßmodelle [hel], die insgesamt zu der gleichen Grundgesamtheit führen, aber ein gänzlich unterschiedliches Verhalten aufweisen.

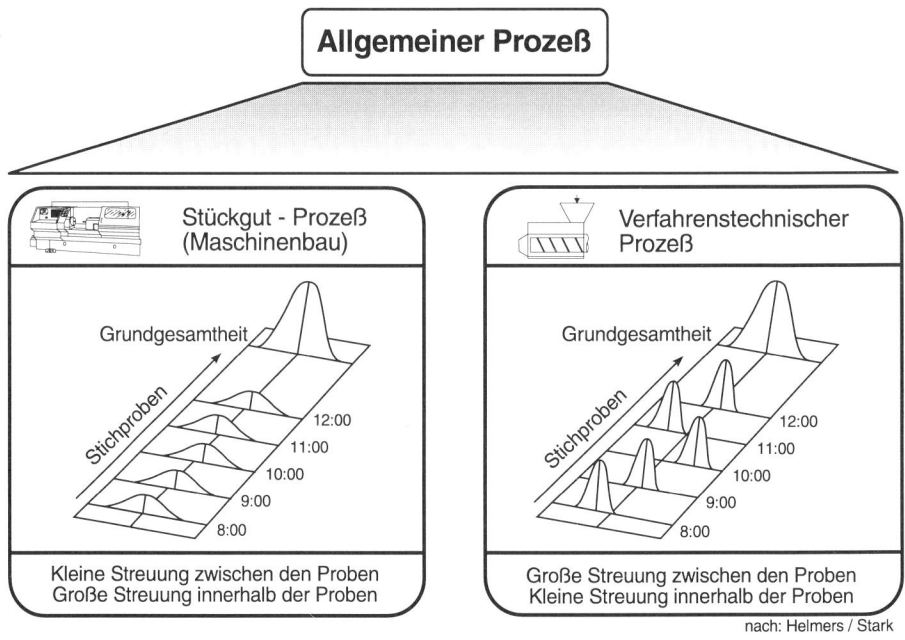

Bild 5.46   Prozeßmodell

Der im linken Teil des Bildes dargestellte Stückgutprozeß entspricht dem Prozeßmodell, das die Basis für die von *Shewhart* [shw] entwickelten Regelkartentypen (z.B. Mittelwert/Standardabweichung oder Mittelwert/Spannweite) bildet. Hier liegt eine relativ große Streuung innerhalb der Stichproben und eine kleine zwischen den Stichproben vor. Aus der inneren Streuung wird der Zufallsstreubereich ermittelt und es werden mittels der Regelkarte Abweichungen zwischen den Stichproben ermittelt.

Der im rechten Teil des Bildes dargestellte Prozeß weist ein gänzlich anderes Verhalten auf, wie es z.B. bei verfahrenstechnischen oder chemischen Prozessen zu finden ist. Hier sind die Stichproben homogen, Abweichungen treten z.B. zwischen den einzelnen Chargen auf. Wird aus der Streuung innerhalb der Stichproben der Zufallsstreubereich berechnet, so ergeben sich Eingriffsgrenzen, die im wesentlichen den Meßfehler beinhalten und viel zu eng sind. Bei solchen Prozessen müssen deshalb Strategien verwendet werden, die die Streuung zwischen den Stichproben zur Bestimmung der Eingriffsgrenzen verwenden, wie z.B. die Mittelwert/gleitende Spannweitenkarte. Darüber hinaus können z.B. Cusum-Karten eingesetzt werden, die sehr empfindlich auf Schwankungen der Mittelwerte reagieren.

In der Praxis treten neben diesen beiden Prozeßtypen auch Mischformen auf, die ein dem Prozeßverhalten individuell angepaßtes Verfahren zur Bestimmung der Eingriffsgrenzen erforderlich machen. In diesem Zusammenhang sei auf die von *Stark* entwickelten Berechnungsverfahren zur Bestimmung der Eingriffsgrenzen für Prozesse mit ge-

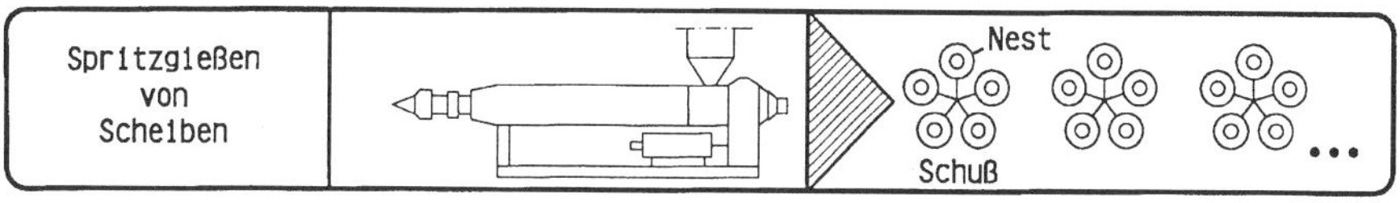

| Spritzgießen von Scheiben | Nest Schuß | | |

Strategien zur Bildung einer 5'er Stichprobe	Streuung		
	Stunde zu Stunde	Schuß zu Schuß	Nest zu Nest
5 Teile aus einem Schuß	zwischen den Stichproben	zwischen den Stichproben	innerhalb der Stichproben
5 nachfolgende Teile aus einem Nest	zwischen den Stichproben	innerhalb der Stichproben	▬
Je 1 Teil pro Schuß aus unterschiedlichen Nestern	zwischen den Stichproben	innerhalb der Stichproben	innerhalb der Stichproben

Bild 5.47 Bildung von Stichproben

mischten Streuungsursachen verwiesen [hel, sta]. Daneben sollte man sich nicht scheuen, die Eingriffsgrenzen ggf. nach Augenmaß festzulegen und den größten Abweichungen nachzugehen – denn kein Modell ist immer noch besser als ein falsches Modell!

Die Qualitätsregelkarte gibt Antworten auf die Frage, ob spezielle Störeinflüsse bei einem Prozeß auftreten. Sie kann die Frage jedoch nur dann beantworten, wenn sie entsprechend formuliert ist. Diese Formulierung hängt im hohen Maße von der verwendeten Strategie zur Bildung der Stichprobe ab – ein Sachverhalt, den viele Anwender nicht berücksichtigen und deshalb zu unbefriedigenden Ergebnissen gelangen.

Der Sachverhalt soll am Beispiel eines Spritzgußprozesses dargestellt werden **(Bild 5.47)**. Dieser Prozeß verfügt über 5 Nester, so daß je Schuß 5 Unterlegscheiben erzeugt wer-

den. Soll für diesen Prozeß eine Mittelwert/Spannweitenkarte mit einem Stichprobenumfang von n = 5 geführt werden, so sind unter anderen die folgenden drei Strategien
zur Bildung der Stichprobe möglich, die dem Prozeß stündlich entnommen werden soll.

– Es wird eine Stichprobe aus den 5 Teilen eines Schusses gebildet. Damit befindet sich
  die Streuung zwischen den Nestern innerhalb der Stichprobe und wird zur Bestimmung der Eingriffsgrenzen verwendet. Die Regelkarte testet, ob die Streuung zwischen den Stichproben, die die Streuung zwischen den Schüssen und die zeitliche
  Streuung beinhaltet, den so ermittelten Zufallsstreubereich überschreitet.

– Die Stichprobe wird aus 5 nachfolgenden Teilen eines Nestes gebildet. Damit ist eine
  Aussage über dieses Nest möglich, indem die Kurzzeitstreuung (Stichprobe) mit der
  Langzeitstreuung (stündlicher Abstand) verglichen wird.

– Es wird je Schuß über eine Zufallsauswahl ein Teil aus unterschiedlichen Nestern entnommen. Damit wird die Streuung zwischen den Schüssen und den Nestern gegen die
  zeitliche Streuung getestet.

Bei jeder dieser drei Strategien werden sich unterschiedliche Aussagen ergeben, da jede
Strategie jeweils eine andere Frage formuliert. Ist man sich dieses Sachverhaltes nicht
bewußt, so tritt ein „Fehler der dritten Art" auf: man erhält die richtige Antwort auf die
falsche Frage.

Vor der Analyse eines Prozesses mittels SPC sollte die Auswahl eines geeigneten Prüfmerkmals stehen. Hier sind unterschiedliche Kriterien zu berücksichtigen (**Bild 5.48**).

Es ist zu untersuchen, ob das Merkmal mit anderen Merkmalen korreliert – d.h. entweder andere Merkmale beeinflußt oder von anderen beeinflußt wird. Dies gilt z.B. bei
mehreren Durchmessern, die gleichzeitig mit einer Profilschleifscheibe bearbeitet werden. Der Versuch, mehrere dieser Durchmesser zu regeln, wird scheitern, da Korrekturen des einen Durchmessers auf den anderen wirken. Hier müssen Führungsmerkmale
definiert werden, die mit einer SPC geregelt werden.

Das Prüfmerkmal muß mit hinreichender Genauigkeit und Reproduzierbarkeit gemessen werden. So kann z.B. eine nicht ausreichende Auflösung des Meßmittels zu einer
falschen Bestimmung der Eingriffsgrenzen führen, da keine kontinuierliche Verteilung
der Werte vorliegt. Eine zu ungenaue Meßtechnik kann gut durch eine Betrachtung der
Spannweitenkarte erkannt werden, wenn diese weniger als 5 unterschiedliche Werte
aufweist.

Die Materialeigenschaften müssen bei der Ermittlung des Meßwertes berücksichtigt
werden. Dies gilt insbesondere für Warmbearbeitungen wie Schmieden oder die im Bild
dargestellte Extrusion eines Gummiprofils. Hier müssen Standardprüfabläufe definiert
werden, die eine zeitliche Veränderung des Meßwertes, z.B. durch Schrumpfung berücksichtigen.

Eine Ursache für Probleme bei der SPC-Anwendung ist sicherlich in dem Tatbestand zu
sehen, daß es „den Prozeß schlechthin" nicht gibt. Das Spektrum der Fertigungsprozesse in der Grundstoff- und Konsumgüterindustrie ist weit gespannt. Es ist also durchaus sinnvoll, vor der Planung von Prüfformen die betrachteten Fertigungsprozesse
durch eine entsprechende Systematik in Anwendungsklassen einzuteilen. Hierbei bietet
es sich an, die Betrachtungsobjekte zum einen nach dem Anteil der zu prüfenden Teile
an der Grundgesamtheit und zum anderen nach der Möglichkeit der Einflußnahme auf

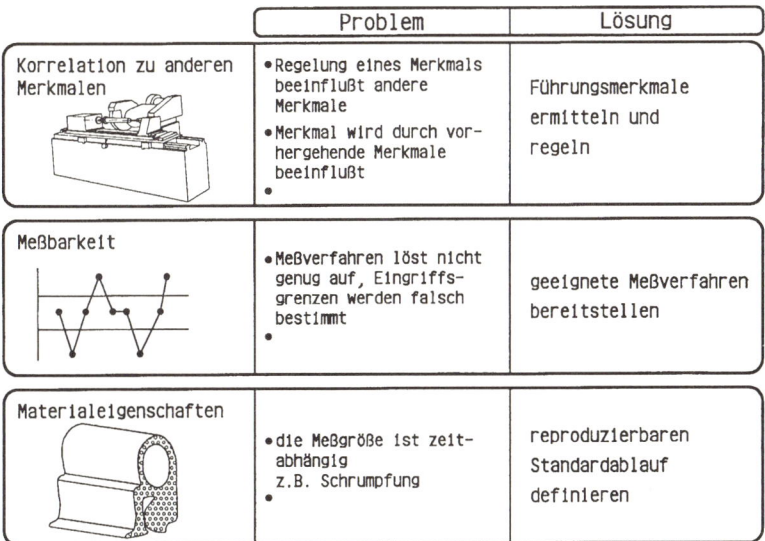

Problem	Lösung
Korrelation zu anderen Merkmalen	•Regelung eines Merkmals beeinflußt andere Merkmale •Merkmal wird durch vorhergehende Merkmale beeinflußt •	Führungsmerkmale ermitteln und regeln
Meßbarkeit	•Meßverfahren löst nicht genug auf, Eingriffsgrenzen werden falsch bestimmt •	geeignete Meßverfahren bereitstellen
Materialeigenschaften	•die Meßgröße ist zeitabhängig z.B. Schrumpfung •	reproduzierbaren Standardablauf definieren

Bild 5.48   Kriterien für die SPC-Eignung eines Merkmals

den Prozeß zu klassieren. Es lassen sich dabei jeweils zwei Betrachtungsfälle unterscheiden. Zum einen können dem Prozeß Prüflinge in Form einer Stichprobe entnommen werden. Die Stichprobengröße liegt hier üblicherweise zwischen drei, besser fünf, und zehn Teilen. Zum anderen kann jedes Prozeßergebnis, d.h. jedes Produkt geprüft werden. Damit liegt dann eine 100%-Prüfung vor. Bei der Möglichkeit einer Einflußnahme auf den Prozeß lassen sich ebenfalls zwei extreme Zustände definieren. Entweder der Maschinenbediener kann korrigierend in den Ablauf des Prozesses eingreifen oder er hat nur die Möglichkeit, den Prozeßablauf abzubrechen, um dann Modifikationen an Werkzeug oder Maschine vorzunehmen.

Werden beide Klassen zur Überschneidung gebracht, so ergeben sich vier Typen von Prozessen **(Bild 5.49)** [kod]. Jeder dieser Prozeßtypen bedingt einen spezifischen Prüfablauf. Bei der klassischen SPC (Prozeßregelung) entnimmt der Maschinenbediener periodisch Stichproben und greift ggf. korrigierend in den Prozeßablauf ein. Die Erzeugnisse oder Zwischenprodukte werden laufend dem Prozeß entnommen und weiterverarbeitet. Die Teilaufgabe des Prüfens und Bewertens kann bei entsprechender Ausrüstung der Maschine auch durch eine Kontrollelektronik übernommen werden. Wird bei einer so ausgerüsteten Maschine die Stichprobennahme durch eine kontinuierliche 100%-Prüfung der gefertigten Erzeugnisse ersetzt, so liegt Prozeßtyp 2 vor. Nach jeder Prüfung wird entschieden, ob der Prozeß zu modifizieren ist. Bei den heute anfallenden Taktraten moderner Fertigungseinrichtungen ist dieser Prozeßtyp üblicherweise nur noch über den Einsatz einer entsprechenden elektronischen Datenverarbeitungs- und Steuerungseinheit zu realisieren. Dies gilt auch für den Fall, daß zwischen dem Prüfautomaten und der Fertigungseinrichtung eine Verbindung noch nicht realisiert werden kann. Bei dieser Konfiguration von Fertigungseinrichtung und nachgeschaltetem Prüfautomaten liegt damit ein Prozeß des Typs 3 vor. Der Automat übernimmt dabei die

Aufgabe der klassischen Sortierprüfung. Bei einem zu hohen Anteil fehlerhafter Teile muß der Prozeß abgebrochen werden. Bei einem Prozeß des Typs 4 ist die Möglichkeit eines Eingriffs in den Prozeßablauf ebenfalls nicht gegeben. Anstelle der 100%-Prüfung entnimmt ein Prüfer periodisch Stichproben. Zwischen den Stichproben werden die Teile auf ein Pufferlager gefertigt. Nach der Stichprobe wird ein Entscheid über die weitere Verwendung der im Lager befindlichen Teile gefällt. Bei positivem Entscheid kann der Lagerbestand weiterverarbeitet werden, bei negativem Entscheid muß die im Lager befindliche Menge sortiert werden. Es wird deutlich, daß bei den Prozeßtypen, die auf statistische Verfahren zurückgreifen, die Aufdeckung zufälliger Fehler nicht möglich ist.

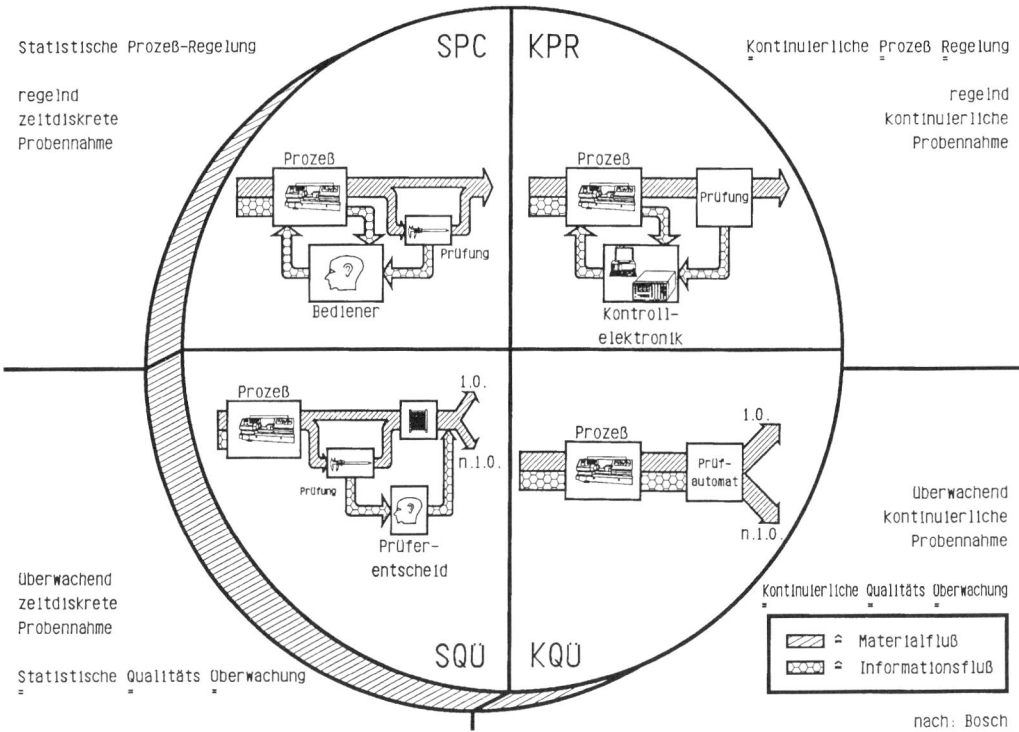

Bild 5.49   Methoden der Prozeßregelung und Überwachung

Dagegen ist der Nachweis systematischer Fehler gegeben. Die 100%-Prüfungen erfassen beide Fehlergruppen, erlauben aber ohne geeignete nachgeschaltete Auswerteverfahren keine Einteilung hinsichtlich der beiden Gruppierungen.

Im Rahmen dieser Systematik entspricht nur ein Prozeßtyp, nämlich der Typ 1, von Verfahren und Ablauf her der klassischen SPC. Ein Blick in die industrielle Praxis zeigt, daß die Unterteilung in vier Prozeßtypen nicht nur gerechtfertigt ist, sondern daß die übrigen drei Prozeßtypen derzeitig gegenüber der SPC von der Anzahl her ein deutliches Übergewicht haben können, wie das folgende Beispiel aus der Praxis zeigt.

Ein deutsches Großunternehmen stellt Generatoren für PKW-Motoren her [kod]. Es wurde Mitte der 80er Jahre, wie auch die anderen Zulieferunternehmen der Automobilindustrie, mit der Forderung konfrontiert, gegenüber seinen Kunden die Qualitätsfähigkeit der Fertigungseinrichtung und Prozesse zu dokumentieren. Das Unternehmen wurde aufgefordert nachzuweisen, daß in der Fertigung der relevanten Erzeugnisse das Verfahren der statistischen Prozeßregelung (SPC) zur Anwendung kommt. In einem ersten Schritt wurden daraufhin die Prüfungen und Prozesse in einem Werk analysiert und nach dem oben geschilderten Schema strukturiert (**Bild 5.50**). Von 606 unterschiedlichen Prüfungen und Merkmalen waren 270 attributive und 336 variable Prüfungen. Diese Prüfungen wurden dann nach der o.g. Systematik unterschieden. Das Ergebnis

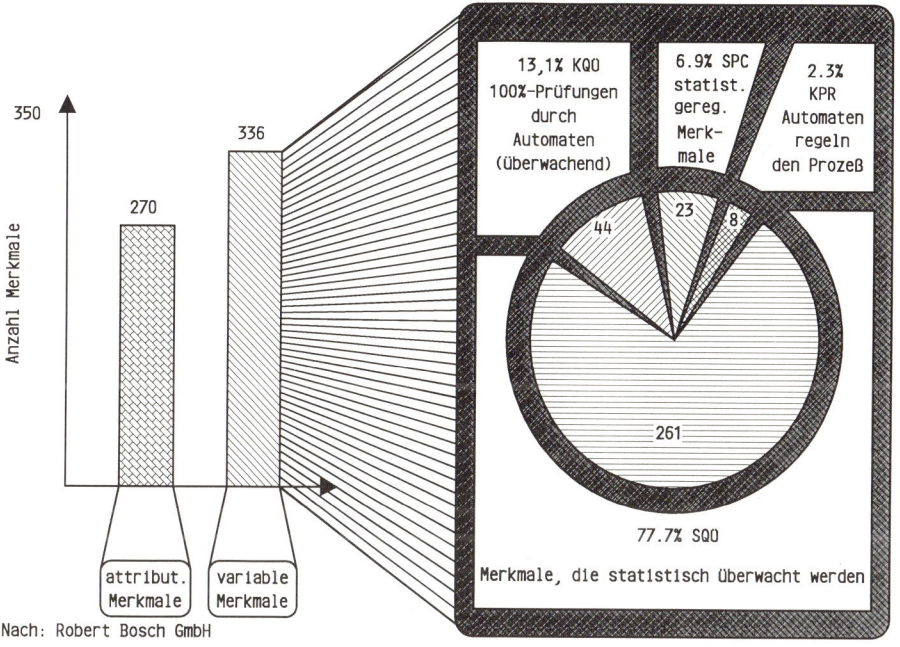

Bild 5.50   Überwachende und regelnde Prüfungen, Verteilung im Fertigungsbereich

zeigte, daß aus Sicht des Unternehmens nur bei 6,9 % der identifizierten Prozesse SPC sinnvoll eingesetzt werden konnte. Der Löwenanteil der variablen Prüfungen entfiel mit 77,7 % oder 261 Prüfungen auf den Prozeß des Typs 3 (statistische Qualitätsüberwachung). Der verbleibende Rest verteilte sich auf die kontinuierlichen Prüfungen. Dabei stellte die kontinuierliche Prozeßregelung, wie zu erwarten war, mit 2,3 % den kleinsten Anteil.

Die Auswahl eines geeigneten Regelkartyps kann mittels einer Entscheidungsmatrix erfolgen (**Bild 5.51**). Als wesentliches Kriterium muß der Haupttyp der natürlichen Streuung berücksichtigt werden. Liegt die Streuung innerhalb der Stichprobe, so können die gängigen Typen von Shewhart-Karten verwendet werden. Liegt die natürliche Streu-

Regelkartentyp	X̄/S	X̄/R	X̃/R	X/R₁	Cusum	X̃,X₁	Individuell
Natürliche Streuung innerhalb der Proben	⊘	⊘	⊘	⊖	⊖	⊘	
zwischen den Proben	⊖	⊖	⊖	⊘	⊘	⊘	
beides/nicht beherrscht	⊖	⊖	⊖	⊖	⊖	▽	
Empfindlichkeit normal	⊖	⊘	⊘	⊘	▽	⊘	
hoch	⊘	▽	⊖	⊖	⊘	⊖	
Stichprobenumfang n = 1	⊖	⊖	⊖	⊘	▽	⊘	
n > 1	⊘	⊘	⊘	⊖	⊘	⊘	
Losgröße N < 30...200	⊖	⊖	⊖	⊘	⊖	⊘	
N > 30...200	⊘	⊘	⊘	⊘	⊘	⊘	
Auswertung manuell	⊖	▽	⊘	▽	⊖	⊘	
rechnergestützt	⊘	⊘	⊘	⊘	⊘	⊘	
Anschaulichkeit	▽	▽	▽	▽	⊖	⊘	

(Rechte Spalte: Je nach Situation)

Legende: ⊘ geeignet   ▽ bedingt geeignet   ⊖ nicht geeignet

Bild 5.51   Entscheidungsmatrix für die Auswahl eines geeigneten Regelkartentyps

ung zwischen den Stichproben, so kommen Gleitwert- oder Cusum-Karten zum Einsatz. Die Median/Urwertkarte ($\tilde{x}$, x_i) weist eine hohe Anschaulichkeit auf, ist einfach manuell zu führen und kann auch in kritischen Situationen eingesetzt werden, wenn die Eingriffsgrenzen intuitiv festgelegt werden müssen, weil kein passendes Prozeßmodell ermittelt werden kann.

Die Karten weisen unterschiedliche Empfindlichkeiten auf. Die hochempfindlichen Karten (Mittelwert/Standardabweichung- oder Cusum-Karte) sollten mit Bedacht eingesetzt werden, um zu häufigen Eingriffen in den Prozeß vorzubeugen, die diesen destabilisieren können.

Eine wesentliche Randbedingung für den Einsatz der Regelkartentechnik liegt in den möglichen Stichprobenumfängen und der Losgröße. Daneben ist zu beachten, ob die Karte rechnergestützt eingesetzt oder manuell geführt wird. Bei manuellem Einsatz empfiehlt sich insbesondere die Median/Urwertkarte, weil sie ohne Rechenaufwand geführt werden kann. Darüber hinaus weist diese Karte die höchste Anschaulichkeit auf.

Die wesentlichen Randbedingungen für den erfolgreichen Einsatz der statistischen Prozeßregelung sind in **Bild 5.52** in Form eines „Fischgrätendiagrammes" nach *Ishikawa* [jur] zusammengefaßt.

Die wichtigste Ressource ist der *Mensch*. Neben einer guten Ausbildung muß das Personal, das die Regelkarte einsetzt, über eine entsprechende Motivation verfügen. Die Technik muß aus der Einsicht angewendet werden, daß sie dem Maschinenbediener oder Anlagenführer hilft und nicht eine zusätzliche Arbeit für ihn darstellt. Darüber hin-

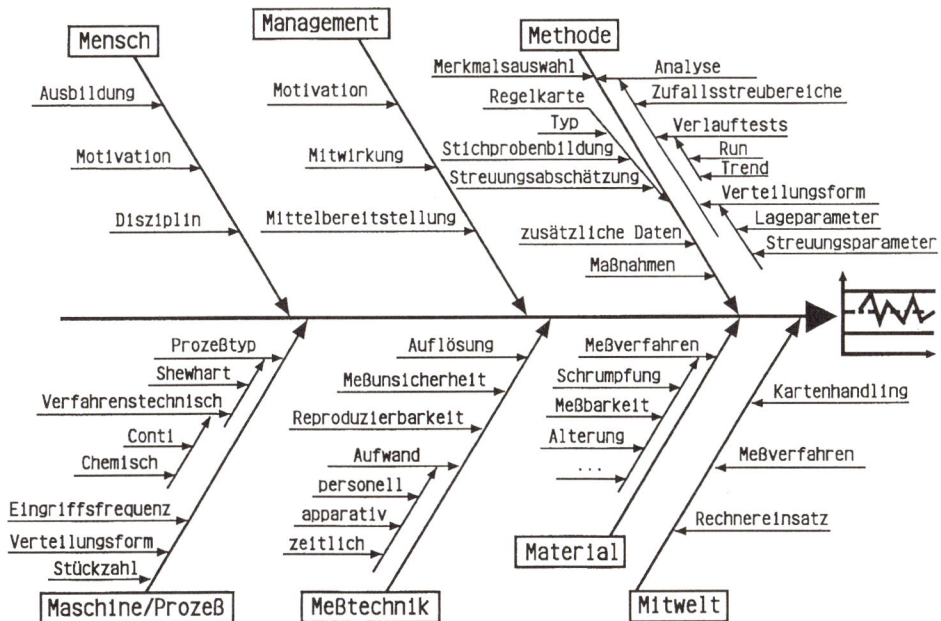

Bild 5.52 Randbedingungen für den Einsatz der statistischen Prozeßregelung

aus muß das Instrument der statistischen Prozeßregelung konsequent eingesetzt werden, was ein hohes Maß an Selbstdisziplin voraussetzt. So darf nur dann in den Prozeß eingegriffen werden, wenn die Regelkarte einen Störeinfluß aufzeigt. Dies widerspricht vielfach der Einstellung des Maschinenbedieners, der z.B. bei Schichtwechsel seinem Vorgänger zeigen möchte, daß er den Prozeß besser beherrscht und die Prozeßeinstellung ändert.

Das *Management* muß dafür Sorge tragen, daß die Technik der Statistischen Prozeßregelung im Unternehmen eingesetzt wird und motivierend mitwirken. Insbesondere muß es den Mitarbeitern Freiräume für Ihre Aufgaben schaffen und entsprechende Mittel bereitstellen. Nichts wirkt demotivierender als die Einstellung des Managements, daß Qualität umsonst und Sache der Mitarbeiter ist. Als Beispiel sei ein Unternehmen genannt, bei dem die rechnergestützte SPC mit hohem finanziellen Aufwand eingeführt wurde, aber auf der anderen Seite keine Finanzmittel für Reparatur- und Wartungsarbeiten an den Maschinen freigegeben wurden.

Die eingesetzten *Methoden* und Verfahren zum Führen und Analysieren der Regelkarte müssen dem *Prozeß* entsprechen; man hüte sich vor dem unreflektierten und kochrezeptartigen Einsatz von (möglichst vielen) Regelkarten. Eine erfolgreich eingesetzte Regelkarte, mit der wirklich gearbeitet wird, ist mehr wert als zwanzig Karten, die zu Show Program for Customers-Zwecken eingesetzt werden.

Die erfolgreiche Anwendung der Regelkarte setzt eine geeignete *Meßtechnik* voraus, die vielfach von den Eigenschaften des *Materials* und der *Mitwelt* beeinflußt wird.

Erst wenn alle diese Punkte ausreichend berücksichtigt werden, ist die Anwendung der Regelkarte von Erfolg gekrönt. Dabei bereitet die eigentliche Anwendung der statistischen Verfahren in der Praxis die geringsten Probleme. Die hier geführten Diskussionen sind häufig rein akademischer Natur. Ebensowenig ist ein Rechner erforderlich, um zu positiven Ergebnissen zu gelangen. Viel wichtiger ist ein Verständnis des Prozesses und ein Einsatz der Regelkarte als das, was sie ist: ein graphisches Verfahren, das einen „Fingerabdruck" des Prozesses liefert. Aus diesem Grund sollte die Regelkartentechnik stets nach dem Motto eingesetzt werden: Akzeptanz und Anschaulichkeit geht vor Genauigkeit!

5.7   Fähigkeitsuntersuchungen

5.7.1   Stabilität und Fähigkeit eines Prozesses

Die wichtigste Voraussetzung für eine sichere Produktion sind stabile Prozesse. Die Stabilität wird über die oben gezeigte Regelkartentechnik nachgewiesen. Bewegt sich der Prozeß zufallsverteilt innerhalb seiner Eingriffsgrenzen, und liegen keine Hinweise auf spezielle oder systematische Störeinflüsse vor, so liegt ein beherrschter Prozeß vor. Ist diese Voraussetzung erfüllt, so kann das statistisch beschriebene Prozeßbild mit vorgegebenen Toleranzen verglichen werden. Dieser Vorgang wird als Ermittlung der Fä-

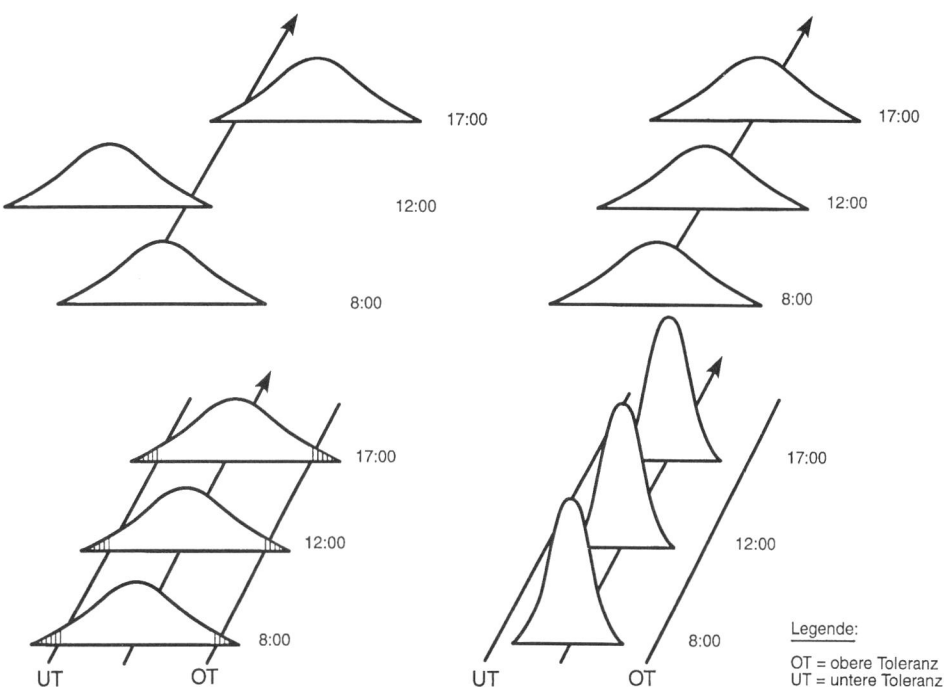

Bild 5.53   Stabilität und Fähigkeit eines Prozesses

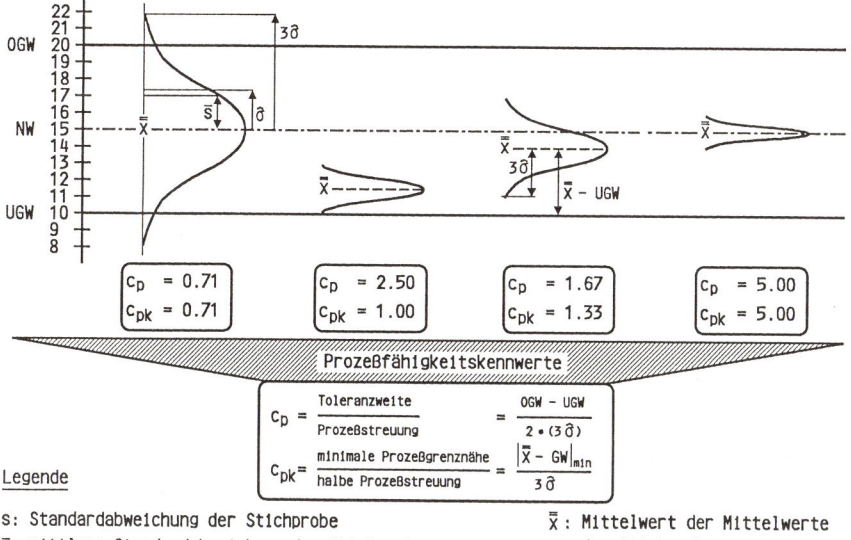

Bild 5.54 Fähigkeitskennwerte

higkeit des Prozesses bezeichnet. Die Fähigkeit eines Prozesses steht in engem Zusammenhang mit dem Begriff Stabilität **(Bild 5.53)**.

Der im oberen linken Quadranten des Bildes dargestellte Prozeß zeigt ein unterschiedliches Verhalten über der Zeit – er ist nicht stabil und damit *nicht beherrscht*. Der rechts daneben dargestellte Prozeß zeigt einen gleichmäßigen Verlauf, er weist eine ähnliche Streuung der einzelnen Stichproben und lediglich geringe Änderungen der Mittellage auf. Das Verhalten dieses Prozesses ist vorhersagbar – er ist *beherrscht*. Für diesen Prozeß erfolgt nun ein Vergleich mit den vorgegebenen Fertigungstoleranzen (linker unterer Quadrant des Bildes). Es zeigt sich, daß die Streuung des Prozesses breiter als die Toleranz ist – er ist *beherrscht aber nicht fähig*. Im Gegensatz hierzu ist der im rechten unteren Quadranten des Bildes dargestellte Prozeß *beherrscht und fähig*. Er weist einen stabilen Verlauf auf und befindet sich innerhalb der Toleranzgrenzen.

Die Fähigkeit eines Prozesses kann über die sogenannten Fähigkeitsindizes c_p und c_{pk} beschrieben werden.

– Der Index c_p ist ein Maß für die Breite der Prozeßstreuung im Verhältnis zur Toleranzbreite. Als Breite der Prozeßstreuung wird üblicherweise die dreifache Standardabweichung nach oben oder unten um den Mittelwert verwendet (6-Sigma-Bereich). Innerhalb dieses Bereiches werden bei einem beherrschten Prozeß mehr als 99% aller Werte erwartet. Ist diese Prozeßstreubreite gleich der Toleranzbreite (Oberer Grenzwert – Unterer Grenzwert), so ist der c_p-Wert gerade 1. Bei einseitig tolerierten Merkmalen (z.B. Rundlauf) kann der c_p-Wert nicht bestimmt werden, in diesem Fall wird nur mit dem c_{pk}-Wert gearbeitet.

– Der Index c_{pk} berücksichtigt zusätzlich die Lage der Verteilung. Hierzu wird der kritische Abstand zwischen Prozeßlage und Toleranzgrenzen berechnet. Der c_{pk}-Wert ist so definiert, daß er gleich dem c_p-Wert ist, wenn der Prozeß in Toleranzmitte zentriert ist. Jede Abweichung von dieser zentralen Lage führt dazu, daß der c_{pk}-Wert kleiner ist als der c_p-Wert.

Der Prozeß wird prinzipiell als fähig bezeichnet, wenn beide Indizes größer als 1 sind. Ist c_p größer als c_{pk}, so kann der Prozeß durch eine Zentrierung fähig gemacht werden. Der Zusammenhang zwischen der Ausprägung der Verteilung und den Fähigkeitskennwerten ist an einigen Beispielen in **Bild 5.54** dargestellt. In jedem Fall ist zu beachten, daß die Ermittlung der Fähigkeit *nur* bei einem beherrschten Prozeß erfolgen darf.

Die Forderung von Prozeßfähigkeitskennwerten > 1 stellt den Grenzfall einer Produktion dar, die die Toleranz voll ausnutzt. Jede noch so geringe Verschiebung des Prozesses führt zur Erzeugung von Fehlteilen. Aus diesem Grund werden vielfach höhere Kennwerte gefordert, was einem gewissen „Sicherheitsabstand" entspricht.

5.7.2   Abgrenzung der Maschinen- und Prozeßfähigkeit

Es werden drei Fälle von Fähigkeitsuntersuchungen unterschieden: die Prozeßfähigkeitsuntersuchung (PFU), die Maschinenfähigkeitsuntersuchung (MFU) und die Prüfmittelfähigkeit, die im Kapitel Prüfmittelüberwachung beschrieben ist. Während die Prozeßfähigkeit ein Maß dafür ist, ob ein Prozeß in der Lage ist, die an ihn bezüglich eines Produktionsmerkmals gestellten Anforderungen in der laufenden Produktion zu erfüllen, beschreibt die Maschinenfähigkeit die Qualitätsfähigkeit einer Maschine unter Idealbedingungen. Die Maschinenfähigkeitsuntersuchung wird deshalb z.B. bei Abnahmeuntersuchungen eingesetzt. Da in der betrieblichen Praxis solche Idealbedingungen in der Regel nicht vorliegen, wird innerhalb der Produktion überwiegend mit der Prozeßfähigkeit gearbeitet.

Um Mißverständnissen vorzubeugen, die in der Vergangenheit zu Verwirrung zwischen den beiden Begriffen geführt haben, setzt sich zunehmend das Regelwerk eines amerikanischen Automobilkonzerns durch [fo1]. Dieses empfiehlt die Ermittlung

– des Prozeßpotentials bei Kurzzeituntersuchungen, z.B. zum vorläufigen Nachweis der Tauglichkeit eines Prozesses vor Serienanlauf, mit mindestens 20 Stichproben, (Kennzahlen: p_p und p_{pk}) als Ersatz für die Maschinenfähigkeitsuntersuchung und

– der Prozeßfähigkeit (Kennzahlen: c_p und c_{pk}) bei Langzeituntersuchungen, d.h. bei Prozeßläufen von mehr als 20 Fertigungstagen.

Die Berechnung der Kennzahlen für Prozeßpotential und -fähigkeit ist identisch.

5.7.3   Durchführung der Fähigkeitsuntersuchung – Vorgehensweise und Berechnungsgrundlagen

Die prinzipielle Vorgehensweise zur Durchführung einer Fähigkeitsuntersuchung soll am Beispiel der Ermittlung der Prozeßfähigkeit dargestellt werden **(Bild 5.55)**. Zu beachten ist, daß neben der Ermittlung der Daten durch einen speziellen Vorlauf (Prozeß-

potential) auch Daten aus laufenden Regelkarten zur Ermittlung der Fähigkeitskennwerte verwendet werden können.

Voraussetzung für die Ermittlung der Fähigkeit ist der Nachweis, daß der Prozeß stabil
ist. Dieser Nachweis erfolgt durch eine Prozeßanalyse unter Anwendung der Regelkartentechnik. Sollten systematische Einflüsse vorhanden sein, so müssen diese abgestellt
werden.

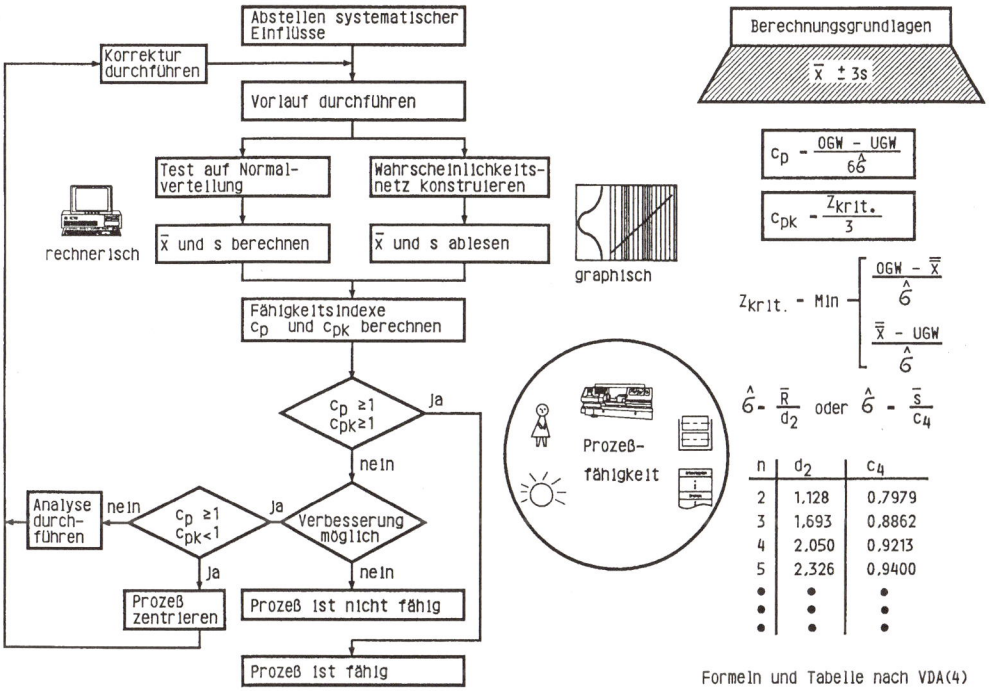

Bild 5.55 Vorgehensweise zur Ermittlung der Prozeßfähigkeit

Die Daten werden bezüglich Ihrer Verteilungsform getestet, wobei die im Bild beschriebenen Formeln auf einer Normalverteilung beruhen. Liegen andere Verteilungsformen
vor, so muß die Prozeßstreuung auf geeignete Weise (z.B. über die Percentile der jeweiligen Verteilung) ermittelt werden [fo1]. Danach werden die Fähigkeitsindizes nach den
im Bild dargestellten Formeln berechnet. Es sei an dieser Stelle nochmals darauf hingewiesen, daß die Fähigkeitskennwerte bei Langzeituntersuchungen mit c_p und c_{pk}, bei
Kurzzeituntersuchungen mit p_p und p_{pk} (früher c_m und c_{mk}) bezeichnet werden.

Der Prozeß ist fähig, wenn beide Kennwerte größer als 1 sind. Dies ist der Extremfall,
der nicht unterschritten werden darf. Üblicherweise werden in der industriellen Anwendung höhere Werte gefordert, die in vielen Fällen zwischen Kunde und Lieferer
vertraglich vereinbart werden. Als Richtwerte fordert ein großer Automobilhersteller
c_p- und c_{pk}-Wert größer als 1.33 für Langzeituntersuchungen und p_p- und p_{pk}-Wert größer als 1.67 für Kurzzeituntersuchungen [fo1].

5.8   Prüfmittelmanagement

Das Prüfmittelmanagement ist ein wesentliches Element des Qualitätsmanagements. Es ist für die Qualität, Zuverlässigkeit, Einsatzfähigkeit und Einsatzbereitschaft der Prüfmittel in einem Unternehmen verantwortlich und umfaßt grundlegende Funktionen des Qualitätsmanagements. Alle Geräte und Hilfsmittel, die während der Qualitätsprüfung eingesetzt werden, werden ganz allgemein als Prüfmittel bezeichnet. Als Beispiel sei hier eine Unterteilung einiger gebräuchlicher Prüfmittel des Maschinenbaus angegeben (**Bild 5.56**).

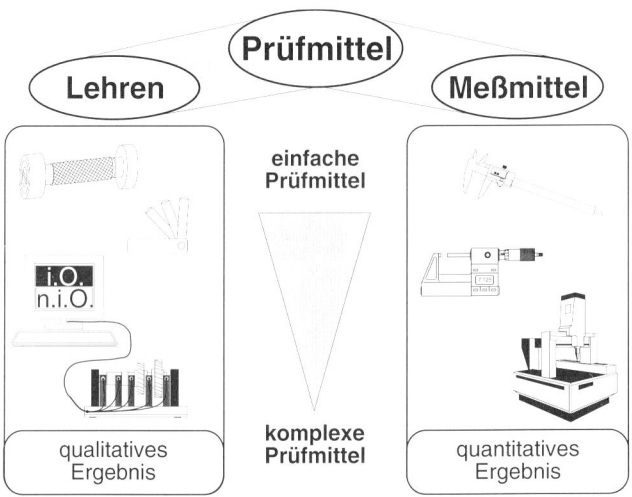

Bild 5.56   Typische Prüfmittel des Maschinenbaus

Ein Prüfmittel muß es dem Prüfer ermöglichen, die Prüfung nach standardisierten Vorgaben abzuwickeln und ein eindeutiges, objektives und vergleichbares Prüfergebnis zu formulieren. Allen Prüfungen ist gemein, daß die Merkmalsausprägung am Prüfling mit der Referenz des Prüfmittels verglichen wird. Allgemein werden die qualitativ bewertenden Prüfmittel Lehren und die quantitativ untersuchenden Meßmittel genannt. Qualitative Prüfung bedeutet hier, daß die Prüfung zu einem wertenden Ergebnis, z.B. der Einhaltung bzw. Nichteinhaltung einer Toleranz, führt, nicht aber in welchem Maße die vorgegebenen Toleranzen überschritten bzw. eingehalten werden. Quantitative Prüfungen erhalten als Prüfergebnis einen Zahlenwert und eine Einheit (z.B. Meter, Ampère). Das Prüfergebnis kann durch den Vergleich mit dem Sollwert eines Qualitätsmerkmals zu einer quantitativen Aussage genutzt werden. Eine weitere Klassifizierung ist durch den Komplexitätsgrad der Prüfmittel möglich. Hier sind einfach zu bedienende Handprüfmittel und starre bzw. flexible, komplexe Prüfsysteme zu nennen. Ein Beispiel für ein flexibles, hochkomplexes Meßmittel ist ein Koordinatenmeßgerät.

Prüfmittel sind die Referenz bzw. der Maßstab, an dem die Qualität der Produkte gemessen wird. Sie sind der Ursprung für Prüf- und Qualitätsdaten und bilden damit eine Entscheidungsgrundlage für das Qualitätsmanagement. Fehlerhafte Prüfmittel können

Ausschuß zum Kunden schicken und Gutteile zu Ausschuß werden lassen, sie erzeugen fehlerhafte Qualitätsdaten, verfälschen Auswertungen und Kennwerte und verursachen in der Konsequenz eine Reihe von Fehlentscheidungen vom Prüfer bis zum Management. Vor allem verursachen sie unnötige Kosten.

Motiviert wird der Aufbau eines Prüfmittelmanagements durch interne und externe Anforderungen an einen Hersteller, insbesondere durch

- die Anhebung des Qualitätsniveaus und somit Senkung der Ausschußraten bis hin zur Null-Fehler-Produktion,
- die Verbesserung des Firmenimages und damit Sicherung von Wettbewerbsvorteilen,
- die Kundenanforderungen und
- nicht zuletzt gesetzliche Normen und Richtlinien.

Das Qualitätsniveau hergestellter Produkte kann durch geeignete Maßnahmen im Bereich der Produktion gesteigert werden. Nachgewiesen und kontrolliert werden kann es jedoch nur mit fähigen Prüfmitteln. Um die Fähigkeit eines Prüfmittels zu gewährleisten, muß es in definierten Intervallen überprüft werden. Eine optimierte Prüfmittelfähigkeit führt dann direkt zu einer Anhebung des gesamten Qualitätsniveaus der hergestellten Produkte, da aufgrund der Prüfergebnisse Fehler in der Produktion schneller und sicherer erkannt werden und durch eine Korrektur des Produktionsprozesses behoben werden können. Hierdurch werden Ausschußraten gesenkt und somit Kosten reduziert.

Generell zeichnet sich die Tendenz ab, den Prüfprozeß mehr und mehr in die Fertigungsprozesse einzubinden. So werden z. B. die Werkzeugmagazine von Bearbeitungszentren und flexiblen Fertigungszentren mit Tastgeräten zur geometrischen Prüfung bestückt. Die Meßtechnik und Sensorik bei verfahrenstechnischen Umwandlungs- und Formungsprozessen, z. B. in der Chemie oder Kunststofftechnik, wird neben der Prozeßregelung auch zur Gewinnung produktorientierter Prüf- und Qualitätsdaten genutzt. Diese Integration hat den Vorteil, daß die Prüfung ihren zeitraubenden und damit kostenträchtigen Charakter verliert, Prüf- und Qualitätsdaten zeitlich parallel als Nebenprodukt des Fabrikationsprozesses anfallen, der Prüfprozeß als solcher nicht mehr im Vordergrund steht und so mehr Zeit und Energie bleibt, sich auf Auswertungen, Schlußfolgerungen, Entscheidungen und Konsequenzen zu konzentrieren. Das Prüfmittelmanagement hat also vor allem eine fehlerverhütende und damit kostensenkende Funktion.

Gleichzeitig ergibt sich durch ein höheres Qualitätsniveau der hergestellten Produkte eine Imageverbesserung, die sich wiederum positiv auf das Kaufverhalten potentieller Kunden auswirkt. So können existierende Wettbewerbsvorteile gesichert werden.

Ein weiterer Grund für die Einführung eines systematischen Prüfmittelmanagements sind Kundenanforderungen und hier insbesondere die Forderungen an Zulieferfirmen (z. B. Automobilindustrie). Eine von den Herstellern angestrebte Verringerung der Anzahl ihrer Zulieferer und eine Verantwortungsverlagerung zum Zulieferer hin führen zu einer Überprüfung nicht nur der gelieferten Produkte, sondern auch der Produktionsbedingungen einer Zulieferfirma. Vor diesem Hintergrund ist die Überprüfung des Prüfmittelmanagements innerhalb eines Qualitätsaudits zu verstehen.

Auch durch Gesetze, Normen und Richtlinien werden Unternehmen veranlaßt, sich mit dem Prüfmittelmanagement zu befassen. Zu nennen sind das Eichgesetz, das Einheitengesetz, die deliktische Haftung nach § 823 BGB und vertragliche Haftung nach § 459 ff. BGB (siehe auch Kap. 11 *Qualität und Recht*) [dgq, pf3].

Die DIN EN ISO 9001 [do 8], die höchste Nachweisstufe für Qualitätsmanagementsysteme im Verhältnis zwischen Kunden und Lieferern, fordert explizit, daß der Lieferant u. a. dazu verpflichtet ist:

– Prüfmittel zu überwachen, zu kalibrieren und instandzuhalten,
– die durchzuführenden Messungen und die zulässigen Meßunsicherheiten festzulegen sowie die geeigneten Prüfmittel auszuwählen und
– alle Prüfmittel und -vorrichtungen zu kennzeichnen und in festgelegten Prüfintervallen zu kalibrieren und zu justieren.

Das Ziel, unter Berücksichtigung von wirtschaftlichen Aspekten möglichst exakt die tatsächliche Merkmalsausprägung festzustellen (also z. B. die Differenz zwischen dem tatsächlichen Wert und dem gemessenen Wert möglichst gering zu halten), kann nur erreicht werden, wenn der einwandfreie Zustand der verwendeten Prüfmittel zum Zeitpunkt der Prüfung gewährleistet ist.

Damit Prüfmittel diese Aufgabe erfüllen können, muß sichergestellt sein, daß

– das Prüfmittel dem Anwendungsfall entsprechend ausgewählt wird,
– das Prüfmittel zum benötigten Zeitpunkt auch verfügbar ist und
– seine tatsächlichen Eigenschaften mit den geplanten auch übereinstimmen [pf1].

Aus dieser Aufgabenstellung ergibt sich eine Dreiteilung der Tätigkeiten innerhalb des Prüfmittelmanagements. Es sind dies die

– Prüfmittelplanung und -beschaffung,
– Prüfmittelverwaltung und
– Prüfmittelüberwachung.

Die Prüfmittelplanung (**PMP**) und -beschaffung umfaßt die Planung der Verwendung, Eigenschaften, Anforderungen, Spezifikationen und des Einsatzfeldes von Prüfmitteln als Teil der Fertigungsplanung und deren Beschaffung bzw. Eigenfertigung. Sie ist der Einsatzplanung und -steuerung vorgelagert und vom eigentlichen Fertigungsgeschehen abgekoppelt.

Die Prüfmittelverwaltung (**PMV**) umfaßt den verwaltungstechnischen Umgang mit Prüfmitteln. Dazu gehören vor allem die Beschreibung der Prüfmittel durch Stammdaten und Bewegungsdaten und deren Erfassung, die Verfolgung des aktuellen Zustandes der einzelnen Prüfmittel, die Bestandsführung und Einsatzverwaltung und die Dokumentation der Tätigkeiten der Prüfmittelüberwachung. Besonders durch die Dokumentation ergeben sich viele Überschneidungen mit der Prüfmittelüberwachung, so daß im Einzelfall eine eindeutige Zuordnung zu Verwaltung oder Überwachung nicht möglich ist.

Die Prüfmittelüberwachung (**PMÜ**) umfaßt alle Tätigkeiten und Maßnahmen, die die Genauigkeit, Zuverlässigkeit und technische Einsatzfähigkeit von Prüfmitteln gewährleisten. Sie beginnt mit der Zuführung eines Prüfmittels zur betrieblichen Verwendung und endet mit dessen Ausmusterung. Im besonderen umfaßt sie die Tätigkeiten der re-

gelmäßigen Überwachungsprüfung, der Eichung, Kalibrierung und Justage von Prüfmitteln sowie der Instandhaltung und Reparatur.

Nach erfolgter Prüfmittelplanung werden die über den Einkauf bzw. die Eigenfertigung
beschafften Prüfmittel einer Eignungsprüfung, auch Abnahme- oder Eingangsprüfung
genannt, unterzogen. In der Eignungsprüfung wird ermittelt, ob alle vorgegebenen Forderungen an das Prüfmittel erfüllt werden, das Prüfmittel also den Spezifikationen, die
dem geplanten Einsatz des Prüfmittels zugrunde liegen, entspricht (Pflichtenheft,
Zeichnungen, Normen, Vorschriften). Erfolgt die Freigabe für die Verwendung im Betrieb, so werden die Prüfmittel nach Erfassung der Prüfmitteldaten dem Lager zugeführt und für den Einsatz freigegeben **(Bild 5.57)**.

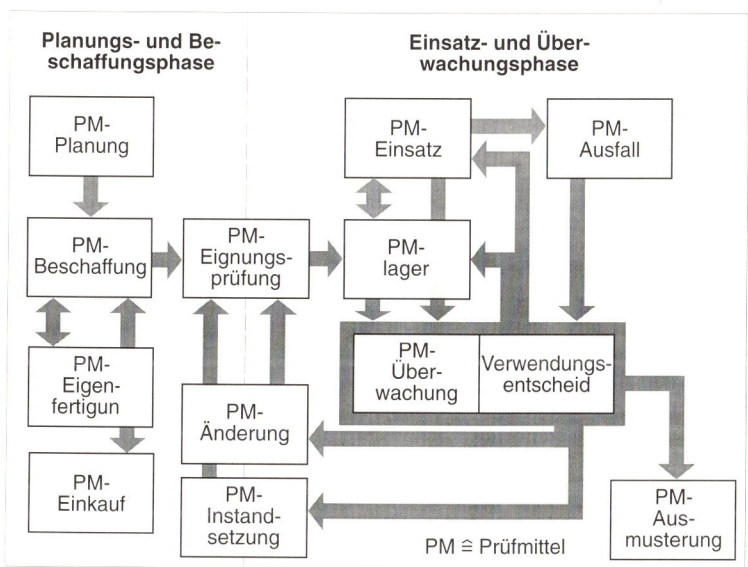

Bild 5.57   Prüfmittelmanagement

Während des Einsatzes eines Prüfmittels im Betrieb bzw. im Lager werden sie in zeitlich definierten Zyklen einer Prüfmittelüberwachung unterzogen. Diese soll sicherstellen, daß Genauigkeit, Funktion und Einsatzfähigkeit gewährleistet sind. Die Durchführung wird für jede Prüfmittelart in Form eines Prüfplans oder einer Checkliste festgelegt. Checklisten für Standardprüfmittel sind z.B. der VDI/VDE/DGQ-Richtlinie 2618
zu entnehmen [vd1].

Prüfmittel, die ohne Beanstandung die Überprüfung durchlaufen haben, werden für
den weiteren Einsatz freigegeben. Beanstandete Prüfmittel, bzw. im Einsatz ausgefallene Prüfmittel werden einer Verwendungsentscheidung unterzogen. Die Verwendungsentscheidung sollte durch einen kompetenten Meßtechniker, der die Verantwortung für
die Einsatzfähigkeit übernimmt, getroffen werden und nicht vom Prüfpersonal selbst.

Dabei wird festgelegt, ob Prüfmittel

- bedingt weiterverwendet,
- für andere oder ähnliche Prüfaufgaben geändert oder
- durch Instandsetzungsmaßnahmen wiederhergestellt

werden können. Andernfalls ist das Prüfmittel auszumustern. Instandgesetzte oder geänderte Prüfmittel gelangen nur über eine erneute Eignungsprüfung wieder in den Prüfmitteleinsatz. Ausgemusterte Prüfmittel werden im Rahmen einer erneuten Prüfmittelplanung ersetzt (Bild 5.57).

Neben den schon genannten Aufgaben sind für ein lückenloses und sicheres Prüfmittelmanagement verwaltende Tätigkeiten erforderlich, die sich über die beiden Phasen der Planung und Beschaffung und des Einsatzes sowie der Überwachung eines Prüfmittels bis zu seiner Ausmusterung erstrecken.

5.8.1   Prüfmittelplanung und -beschaffung, Eignungsprüfung

Ausgangspunkt für den Einsatz eines Prüfmittels ist die Notwendigkeit, daß Qualitätsmerkmale eines Produktes nachgewiesen und deswegen überprüft werden müssen. Aufgrund der unterschiedlichen Prüfaufgaben kommen für die durchzuführenden Qualitätsprüfungen verschiedenartige Prüfmittel in Frage. Hieraus leitet sich die zentrale Aufgabe der Prüfmittelplanung und -beschaffung ab.

Die Prüfmittelplanung und -beschaffung ist verantwortlich für die anforderungsgerechte Auswahl und die fristgerechte Beschaffung (Anschaffung bzw. Fertigung) benötigter Prüfmittel. Sie ist Teil der Fertigungsplanung und somit der eigentlichen Fertigung vorgelagert.

Während der Planungs- und Beschaffungsphase sind sukzessive folgende Teilaufgaben zu lösen:

- Ermittlung des Prüfmittelbedarfs
- Einsatzplanung
- Beschaffung standardisierter Prüfmittel
- Konstruktion und Fertigung nicht standardisierter Prüfmittel
- Erstellen von Prüfanweisungen
- Durchführung von Eignungsprüfungen und
- Verwendungsentscheide

Aus der Art des zu prüfenden Qualitätsmerkmals lassen sich sowohl qualitative als auch quantitative Anforderungen an ein Prüfmittel ableiten. Diese Forderungen werden in einem Pflichtenheft oder einer Anforderungsliste zusammengefaßt. Des weiteren muß die Anzahl, der Einsatzort und der Einsatztermin der benötigten Prüfmittel bestimmt werden. Aus der Differenz zwischen der Anzahl benötigter und verfügbarer Prüfmittel ergibt sich die Anzahl der zu beschaffenden Prüfmittel. Für die Prüfmittel ist somit ebenso wie für andere Betriebsmittel eine genaue Einsatzplanung durchzuführen.

Die Beschaffung der erforderlichen Prüfmittel besteht im Kauf von Standardprüfmitteln, die anhand von Katalogen von Prüfmittelherstellern ausgewählt werden können, oder der Konstruktion und Fertigung spezieller Prüfvorrichtungen (z.B. Vielstellen-meßgeräte) für Sonderprüfaufgaben, die für die Prüfung eines oder mehrerer Qualitäts-merkmale konstruiert und gefertigt werden müssen. Hierbei muß je nach wirtschaftli-chen Randbedingungen entschieden werden, ob ein Prüfmittel in Eigenfertigung oder Fremdfertigung herzustellen ist.

Da die Prüfmittelüberwachung und die Instandhaltung eines Prüfmittels sehr eng mit-einander verknüpft sind, sind weitere Fragen in diesem Zusammenhang zu beantwor-ten, wie

- die Frage der Instandhaltungskosten in Abhängigkeit von der zu erwartenden Häu-figkeit einer Instandhaltungsmaßnahme und
- die Lagerhaltung und Beschaffung von Ersatz und Verschleißteilen (z.B. Griffe, Meßeinsätze).

Nachdem die Planung und Beschaffung eines Prüfmittels abgeschlossen ist, muß vor ei-ner Übernahme in betriebliche Abläufe nachgewiesen werden, daß es fähig ist, ein be-stimmtes Qualitätsmerkmal zu überprüfen bzw. ob die vom Hersteller angegebene Prüfmittelgenauigkeit auch eingehalten wird. Im Rahmen einer solchen Eignungsprü-fung werden die Prüfmittel sowohl unter idealen Umgebungsbedingungen (Feinmeß-raum) als auch unter realen Produktionsbedingungen an ihrem späteren Einsatzort un-tersucht. Die hier üblicherweise angewendeten Methoden einer gerätespezifischen bzw. einer aufgabenspezifischen Prüfmittelüberwachung werden in Kapitel 5.8.3 *Prüfmittel-überwachung* näher erläutert. Bei einer Veränderung des Prüfmittels, d.h. einer In-standsetzungsmaßnahme oder Änderung der Prüfmittelanforderungen (neue Einstu-fung der Genauigkeitsklasse) ist eine erneute Eignungs- bzw. Abnahmeprüfung durch-zuführen.

Während der Planungs- und Beschaffungsphase werden Prüfanweisungen für die pe-riodische Überwachung der Prüfmittel erstellt. Hierbei kann für Standardprüfmittel zu-meist auf standardisierte Prüfanweisungen zurückgegriffen werden (VDI/VDE/DGQ 2618 usw.). Nichtstandardisierte Prüfsysteme (z.B. Vielstellenmeßgeräte) sind zumeist aus Standardprüfmitteln (z.B. Meßtastern) aufgebaut, so daß die Prüfeigenschaften die-ser Einzelkomponenten wiederum überwacht werden können. Für Sonderprüfmittel müssen Prüfanweisungen erstellt werden, die die Rückführung des Prüfmittels auf na-tionale oder internationale Normale erlauben.

Am Ende der Prüfmittelplanungs und -beschaffungsphase steht nach einer erfolgrei-chen Eignungsprüfung die Freigabe eines Prüfmittels für die Verwendung im Betrieb.

5.8.2 Prüfmittelverwaltung

Die Prüfmittelverwaltung umfaßt sämtliche verwaltungstechnischen Aufgaben, die zur Verwaltung eines Prüfmittels erforderlich sind. Im Rahmen der individuellen betriebli-chen Situation variieren diese Aufgaben zum Teil stark [pf3]:

- Anlegen, Führen und Aktualisieren von Prüfmittelstammdaten
- Führen der Einsatzdaten, Bestandsführung, Buchungen, Einsatzplanung und -steue-rung, Kapazitätsplanung und -überwachung, Bestandsoptimierung
- Veranlassen von Rückrufaktionen zur Durchführung von Überwachungsprüfungen

– Dokumentation von Prüfergebnissen, Verwendungsentscheidungen und Instandsetzungsarbeiten

– Führen von Historien oder Statistiken, Datenverdichtung, periodisches Löschen der Urdaten

Nach der Freigabe eines Prüfmittels in der Planungs- und Beschaffungsphase wird es zunächst datentechnisch erfaßt. Hierzu sind einige beschreibende Prüfmitteldaten festzulegen:

– Identnummern

– Klassifizierungsnummern

– augenblicklicher Standort

– Termin der nächsten Überprüfung

– Überprüfungsanweisungen

– Status

Einige dieser Daten wie z.B. der Status eines Prüfmittels oder sein augenblicklicher Standort sind variabel, während andere z.B. Identnummern und Klassifizierungsnummern unveränderlich sind. Grundsätzlich ist ein Prüfmittel als Individuum zu betrachten und muß als solches zu erkennen sein. Hierzu ist es erforderlich, die Identnummer an dem Prüfmittel anzubringen und so jederzeit eine eindeutige Identifizierung des Prüfmittels zu ermöglichen.

Die Prüfmittelverwaltung erfolgt heute fast ausschließlich rechnergestützt, da der Verwaltungsaufwand für ein vernünftiges Prüfmittelmanagement ansonsten nicht vertretbar wäre. Für die durchzuführenden Aufgaben und die zu verarbeitenden prüfmittelspezifischen Daten sind bereits von einigen Anbietern entsprechende Software- und Datenbanksysteme auf dem Markt erhältlich.

Rechnergestützte Prüfmittelverwaltung

Hält man sich die bisher geschilderte Funktionalität des Prüfmittelmanagements vor Augen, so wird klar, daß manuell mit Karteikasten geführte Systeme schnell an ihre Grenzen stoßen. Vorteile durch die Rechnerunterstützung ergeben sich vor allem in der Verwaltung, da diese zum großen Teil aus sehr monotonen und automatisierbaren Arbeitsschritten, wie dem Führen von Dateien, dem Erfassen und Speichern von Daten, Verwaltungs- und Verteilungstätigkeiten sowie Terminüberwachungen besteht. Diese Tätigkeiten sind für den Einsatz der EDV prädestiniert. Der Prüfmittelbestand wird übersichtlicher und kann somit rationeller genutzt werden. Durch Sortier- und Filterfunktionen ist ein Abrufen gezielter Informationen möglich, was bei Karteikästen durch langes Blättern und Suchen praktisch unmöglich ist. Durch die Erfassung von Kostenschwerpunkten kann der Bestand optimiert werden. Der Fehlbestand wird durch die Registrierung aller Prüfmittel erfaßt. Durch eine Statusführung ist der aktuelle Zustand der Prüfmittel jederzeit feststellbar, die Prüfmittel haben eine höhere Verfügbarkeit, Rückruf- und Mahnlisten lassen sich in kürzester Zeit erstellen. Durch geeignete Schnittstellen wird der Prüfmittelbestand auch für andere betriebliche Abteilungen und QM-Bereiche wie z.B. der Prüfplanung nutzbar. Für die Einführung eines Prüfmittelmanagements ist die Gesamtheit der Prüfmittel zu analysieren mit dem Ziel, sie zu identifizieren, ihre Merkmale zu beschreiben und sie ggf. zu klassifizieren. Die Prüfmittelanalyse ist einer der 4 wesentlichen Schritte zur Einführung eines rechnerunterstützten Prüfmittelmanagements **(Bild 5.58)**.

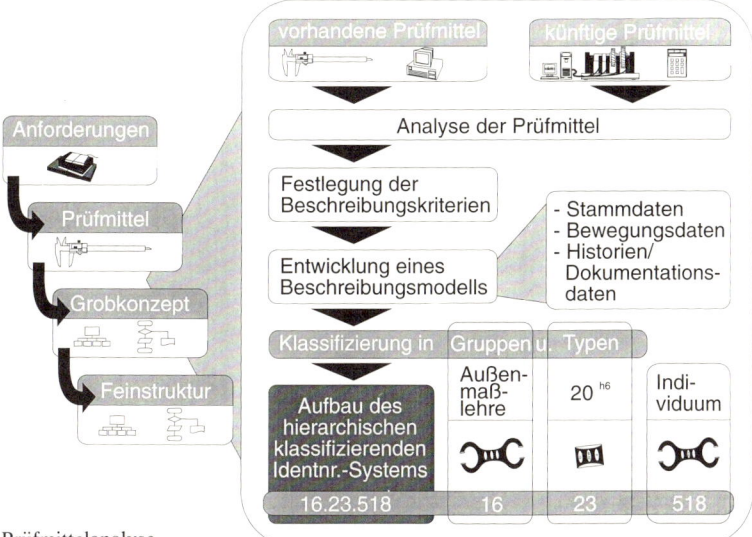

Bild 5.58   Prüfmittelanalyse

Zu Beginn werden alle vorhandenen und in näherer Zukunft geplanten Prüfmittel in einem Katalog zusammengetragen. Um eine Beschreibung aller relevanten Merkmale eines Prüfmittels zu gewährleisten, müssen die dafür erforderlichen Beschreibungskriterien vor der eigentlichen Beschreibung definiert werden. Die zu diesem Zweck benötigten Beschreibungskriterien sind zum Teil in der einschlägigen Literatur zur Prüfmittelüberwachung bereits vorhanden [cze]. Weitere Gesichtspunkte, nach denen Prüfmittel zu beschreiben und zu ordnen sind, sind durch eigene Überlegungen zu ergänzen. Dabei sind folgende Fragen zu beantworten:

- Welche Eigenschaften der Prüfmittel müssen in den Prüfmitteldaten beschrieben werden?
- Nach welchen Kriterien lassen sich die Daten ordnen?
- Ist die Einsatzart des Prüfmittels oberstes Ordnungskriterium, wie z. B. der Einsatz in der Längenmeßtechnik oder in der elektrischen Meßtechnik?
- Werden die Prüfmittel entsprechend ihrem Meßprinzip geordnet, wird etwa nach mechanischen, elektrischen, optischen, pneumatischen oder weiteren Prüfmitteln unterschieden?

An dieser Stelle sei darauf hingewiesen, daß die Nutzung des daraus resultierenden Prüfmittelkataloges nicht auf die Prüfmittelverwaltung beschränkt bleiben sollte, sondern sinnvollerweise für das gesamte Prüfmittelmanagement zur Verfügung stehen muß. Weitere Anwendungsmöglichkeiten liegen in der Planung und Vorbereitung des Prüfmitteleinsatzes in der Fertigung und in der Auswahl des Prüfmittels für die konkrete Prüfaufgabe bei der Prüfplanung. Bei der Festlegung der Beschreibungskriterien sollten diese Anwendungen berücksichtigt werden.

Wie bereits angedeutet, ist es für eine Vielzahl von Anwendungen erforderlich, das Individuum „Prüfmittel" zu jedem Zeitpunkt auch ohne Rechner eindeutig zu identifizieren. Zu diesem Zweck ist jedes Prüfmittel mit einer Identnummer zu versehen, um Verwechslungen auf jeden Fall auszuschließen.

Es stellt sich die Frage, ob die Identnummer klassifizierende Nummernteile enthalten sollte, die das Prüfmittel als zu einer bestimmten Gruppe zugehörig einstufen würde (Bild 5.58). Im Falle einer manuell geführten Prüfmitteldatei dienen die klassifizierenden Nummernteile dazu, eine bestimmte Gruppenzugehörigkeit zu kennzeichnen und so eine anwendergerechte Anordnung der Karteikarten zu erzielen. Bei der rechnerunterstützten Dateiführung besteht diese Notwendigkeit nicht. Je nach Datenbankaufbau und Komfort der Programmierung sind Suchroutinen etwa in der Art

> „Suche alle Längenmeßmittel, die im Meßbereich zwischen 3–5 mm eine geringere Meßunsicherheit als $^1/_{100}$ mm aufweisen!"

recht einfach zu realisieren. Ein Zugriff über Nummernsysteme ist dazu nicht notwendig.

Klassifizierende Nummernteile können dennoch ihre Berechtigung haben. So kann zum Beispiel ein Prüfmittel als zu einer bestimmten Kostenstelle zugehörig gekennzeichnet sein und so nach Verlust und Wiederauffinden sofort, auch ohne Rechner, der verantwortlichen Person wieder zugeführt werden. Die Entscheidung über klassifizierende Nummernanteile sollte somit rein anwenderorientierten Kriterien vorbehalten sein, solange die Nummer nicht zu groß wird.

Prüfmittel, die häufig verbucht werden müssen, können mit einem Barcode gekennzeichnet werden, um so das lästige Eintippen langer Nummern mittels Tastatur zu vermeiden. Dadurch wird ebenfalls die Fehlerquelle „Tippfehler", die auch durch Plausibilitätsabfragen nur bedingt abgefangen werden kann, vermieden.

Wie die Funktionalität der Prüfmittelüberwachung durch EDV unterstützt werden kann, zeigt exemplarisch das in Auszügen dargestellte Programmsystem. Die Struktur der Prüfmitteldatenbank folgt der bereits aufgezeigten Klassifizierung in Gruppen, Typen und Individuen (Bild 5.58).

Innerhalb des dreizeiligen Bildschirmaufbaus werden im ersten Feld die gruppenbezogenen Daten, im zweiten Feld die typenbezogenen Daten und im dritten Feld die Individuendaten dargestellt (**Bild 5.59**). Der Grenzlehrdorn wird zur attributiven Prüfung von 46 H7 Bohrungen eingesetzt. In periodischen Abständen von 180 Tagen wird er einer Überwachungsprüfung unterzogen, die nach einer Prüfanweisung entsprechend der VDI/VDE/DGQ-Richtlinie 2618 Blatt 2 abgewickelt wird. Als Hilfsmittel wird unter anderem das Bezugsnormal 010 eingesetzt. Dokumentiert werden die vier Überwachungsmerkmale, Außendurchmesser-Gutseite, Außendurchmesser-Ausschußseite, das Ergebnis der Sichtprüfung und der Zustand der Meßflächen. Zur Erstellung des Prüfplanes können die Einzelmerkmale editiert werden. Über eine feldbezogene Hilfetaste wird u.a. die vollständige Prüfanweisung nach VDI/VDE/DGQ-Richtlinie 2618 Blatt 2 angezeigt. Die einzelnen Prüfmerkmale können für die Eignungsprüfung (E) und die Überwachungsprüfung (Ü) aktiv gesetzt werden.

```
┌─────────────────────────────────────────────────────────────────────────┐
│ Fa. Mustermann & Söhne          Prüfmittel-Katalog           (c) IPT Aachen │
│                                                                             │
│ Sort.: PM_IDN (aufwärts)                          Filter : <ohne Filter>    │
└─────────────────────────────────────────────────────────────────────────┘

┌─────────────────────────────────────────────────────────────────<Del>─┐
│ Gruppe GZ-Dorn : Grenzlehrdorn              Methode   : A [A/M/Q]        │
│ Prüfnormen    : V2618_2                     B-Normal : 010               │
│ Prüfinterwall : 180 (in Tagen)             Textfile : V_2618_2          │
│ Dokumentation : I   [Istwerte, Text]                                    │
│ ─────────────────────────────────────────────────────────────────────── │
│ PM-Typ :   96   : 46.000 H7                                             │
│                                                                         │
│ Txt:         DA-G      DA-A  SICHTP MESS-FL                              │
│           45.970     46.000  i.o.                                       │
│            0.003      0.003  n.i.o.                                      │
│ vor:       0.020      0.003                                             │
│ ┌──────────────────┬──────────────────────┬───────────────────────────┐ │
│ │ Ident-Nr  : 1006 │ geprüft am  : 11.11.94│ Anz. Prüfungen   : 8       │ │
│ │ in Betrieb : 26.05.92│ n. Prüfung  : 12.11.96│ Anz. Anmahnungen : 0   │ │
│ │ Hersteller : K&O │ 1. Buchung  : 11.11.94│ Interfaceanschluß: J [J/N] │ │
│ │ Überwachung: I [I,E]│ von Maschine : R159 │ Prüfmittelstatus : I [I,U,P,R,V]│ │
│ │ Prüf-Intv. : 180 │ von Bediener : LKR   │                           │ │
│ └──────────────────┴──────────────────────┴───────────────────────────┘ │
└─────────────────────────────────────────────────────────────────────────┘

Nächster Satz: <PgDn>, Vorheriger Satz: <PgUp>, Ende: <Esc>
```

Bild 5.59 Prüfmittelindividuenkatalog eines Grenzlehrdorns 46H7

Datenstrukturen

Der Entwurf der Datenstruktur für die Prüfmittel sollte sich nahe an unternehmensspezifischen Anforderungen orientieren, etwa der Menge und Art der vorhandenen Prüfmittel oder der Struktur der eigenen Fertigung. Die Datenstruktur ist im wesentlichen davon abhängig, welche Funktionen des Prüfmittelmanagements realisiert werden sollen.

Eine mögliche Unterteilung der Daten ist die in

- Stammdaten,
- Bewegungsdaten und
- Historiedaten **(Bild 5.60)**.

Die Prüfmittelstammdaten können ihrerseits untergliedert werden, da je nach Intention des Nutzers nur ein Teil der Prüfmittelbeschreibungsdaten benötigt wird. Aus diesem Grund wird die Gesamtheit dieser Daten unterteilt in drei Gruppen:

- Identifizierende Daten
- Einsatzrelevante Daten
- Überwachungsrelevante Daten

Die Datengruppe „Identifizierende Daten" beschreibt die Prüfmittel hinsichtlich organisatorischer Belange. Dazu zählen in erster Linie Benennung, Typ sowie die Zahlenkombinationen zur Klassifizierung und Identifizierung. Diese Informationen werden von jeder Person benötigt, die in irgendeiner Weise mit den Prüfmitteln in Kontakt kommt. Beispiele hierzu sind der Prüfplaner, der das Prüfmittel einsetzende Werker sowie die die Überwachungsprüfung durchführende Person. Außerdem sind in dieser Datengruppe die zur Neubeschaffung, zum Ersatz und zur Reklamation von Prüfmitteln

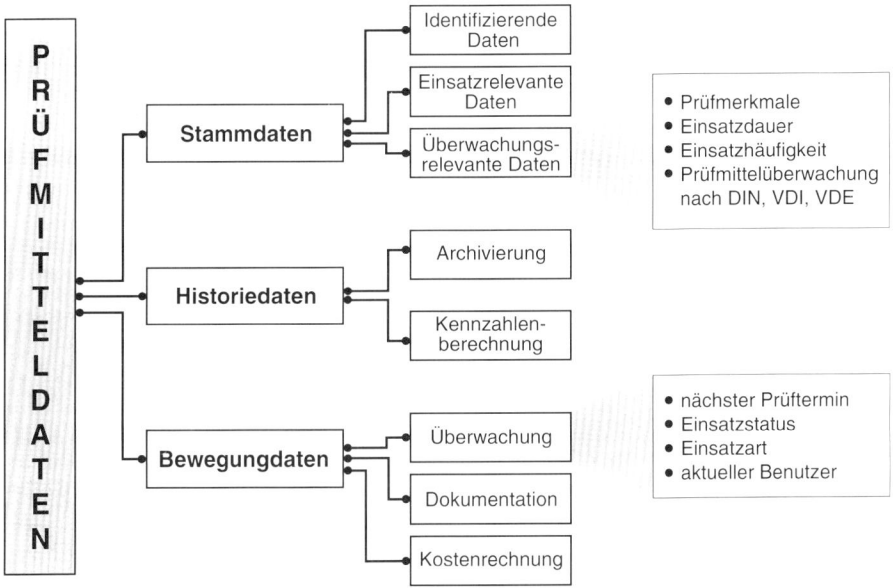

Bild 5.60   Struktur eines Prüfmitteldatensatzes

benötigten Informationen enthalten. Dies sind beispielsweise Angaben über den Hersteller, Lieferanten, die Bestell- und Fabriknummer.

In der Datengruppe „Einsatzrelevante Daten" werden die vom Prüfplaner für den Einsatz des Prüfmittels benötigten Informationen zusammengefaßt. Hierbei handelt es sich
beispielsweise um Angaben über den Meßbereich bei messenden Prüfmitteln bzw. das
Nennmaß mit Toleranzfeldbreite bei Lehren. Zu diesen Daten zählen nicht nur geome-
trische Größen, sondern auch Angaben über Kosten des Prüfmittels, z.B. die Rüst- und
Einsatzkosten pro Messung. Des weiteren können Angaben über technologische Randbedingungen vorgesehen werden, die das Umfeld der Werkstückprüfung abdecken. So
kann der Informationsbedarf über vorhandene Schnittstellen, ON- bzw. OFF-Line-Da-
tenübertragung sowie Möglichkeiten zur Speicherung von Prüfergebnissen gedeckt
werden.

Ferner kann ein Verweis vom Prüfmittel auf den Meßeinsatz und umgekehrt für solche
Prüfmittel vorgesehen werden, die in ihren Anwendungsmöglichkeiten durch Umrüst-
barkeit sehr flexibel sind.

Ähnliches wie bei umrüstbaren Prüfmitteln gilt auch bei Kombinationen aus Prüfmitteln und Vorrichtungen. Um eine rationelle Prüfmittel- und Vorrichtungsauswahl zu
gewährleisten, müssen Informationen in den Beschreibungsdaten enthalten sein, mit
denen eine Zuordnung des Prüfmittels zur Vorrichtung und umgekehrt möglich ist.
Dies gilt natürlich nur dann, wenn ein Prüfmittel reversibel mit einer Vorrichtung verbunden wird. Eine reversible Verbindung besteht dann, wenn ein Prüfmittel beispielsweise durch eine Schraubverbindung mit einer Vorrichtung verbunden wird.

Die zur Prüfmittelüberwachung benötigten Informationen sind in „Überwachungs-relevante Daten" zusammengefaßt. Dazu gehören technische Informationen zum Überprüfungsvorgang wie die Beschreibung von zu prüfenden Merkmalen sowie deren Toleranzgrenzen oder Verweise auf entsprechende Prüfspezifikationen.

Die Festlegung von Einsatzhäufigkeit bzw. Einsatzdauer der Prüfmittel pro Überwachungsintervall ist eine Voraussetzung zur Bestimmung des nächsten Überprüfungstermins. Ist eine Dynamisierung der Prüfintervalle in Abhängigkeit von den einzelnen Prüfmittelgruppen vorgesehen, müssen Parameter für den Rechenalgorithmus zur Berechnung des Intervalls festgelegt werden.

Als Bewegungsdaten werden ausschließlich aktuelle, kurzlebige Daten der einzelnen Individuen abgelegt. Diese werden nach einer gewissen Zeit verdichtet und als Historiedaten gespeichert. Sie dienen als Grundlage zur weiteren Auswertung.

5.8.3 Prüfmittelüberwachung

Aufgabe der Prüfmittelüberwachung ist es, die Qualität und die Fähigkeit eines Prüfmittels zu kontrollieren und nachzuweisen. Sie soll sicherstellen, daß die in einem Unternehmen eingesetzten Prüfmittel zu jedem Zeitpunkt verläßliche Prüfergebnisse liefern. Dies ist besonders unter dem Gesichtspunkt zu sehen, daß ein Prüfmittel während seiner Nutzung dejustiert oder beschädigt werden kann. Des weiteren unterliegt das Prüfmittel einem natürlichen Verschleiß, so daß eine Überprüfung der geforderten oder vom Hersteller zugesagten Prüfmitteleigenschaften in regelmäßigen Abständen zwingend erfolgen muß.

Zunächst ist zu definieren, welche Eigenschaften eines Prüfmittels für die oben gestellte Aufgabe von Interesse sind. Hier sind folgende Fragen zu beantworten:
- Wie genau ist das Prüfmittel?
- Kann ein systematischer Fehler des Prüfmittels eventuell abgeschätzt werden?
- Welche Aussagekraft hat eine durchgeführte Prüfung, wenn die Randbedingungen der Prüfung konstant sind?
- Welche Aussagekraft hat eine durchgeführte Prüfung, wenn die Randbedingungen variabel sind?
- Ist hier ein Einfluß identifizierbar und quantifizierbar?
- Welchen Einfluß hat die Einsatzzeit auf das Prüfergebnis eines Prüfmittels?
- Ist die Genauigkeit eines Prüfmittels abhängig von der Größe des zu prüfenden Merkmals?

Bei der Prüfmittelüberwachung werden charakteristische Eigenschaften eines Prüfmittels überwacht (Bild 5.21, Kapitel 5.4.2 *Meß- und Prüftechnik*). Im wesentlichen sind dies die Eigenschaften
- Genauigkeit,
- Wiederholpräzision,
- Vergleichspräzision,

- Stabilität und
- Linearität.

Die Überwachung dieser Eigenschaften kann mit Hilfe statistischer Kennzahlen stattfinden, die mittels Meßreihen aufgenommen werden. Aufgrund unterschiedlicher, aber definierter Randbedingungen während der Messungen können Aussagen über ihren Einfluß auf den Meßwert gemacht werden. Während bei der Eignungsprüfung alle Merkmale, Eigenschaften und Spezifikationen des Prüfmittels überprüft werden, beschränkt sich die spätere Überwachungsprüfung auf die wesentlichen, wichtigen Merkmale des Prüfmittels.

Bei der Prüfmittelüberwachung können zwei Überwachungsstrategien unterschieden werden, die gerätespezifische und die aufgabenspezifische Prüfmittelüberwachung, die je nach Anwendungsfall eine allgemeinere oder eine sehr spezielle, auf die Meßaufgabe ausgerichtete Überprüfung des Prüfmittels vorsieht. Auf diese beiden Strategien wird in den folgenden Unterkapiteln näher eingegangen.

Nach der Überwachung der Eigenschaften eines Prüfmittels ist in einem Verwendungsentscheid festzulegen, ob ein Prüfmittel

- bedingt weiterverwendet,
- für andere oder ähnliche Prüfaufgaben geändert,
- durch Instandsetzungsmaßnahmen wiederhergestellt werden kann
- oder ausgemustert werden muß (Bild 5.57).

Die Prüfmittelüberwachung und der sich anschließende Verwendungsentscheid werden entsprechend dem Prüfumfang dokumentiert und bei einer vorhandenen rechnerunterstützten Prüfmittelverwaltung in einem elektronischen Datenspeicher abgespeichert. Ist ein Prüfmittel nicht voll funktionsfähig und muß es z.B. einer Instandsetzungsmaßnahme unterzogen werden, ist in einer erneuten Eignungsprüfung zu untersuchen, ob es die Anforderungen erfüllt. Bei ausgemusterten Prüfmitteln ist sicherzustellen, daß sie nicht erneut in Produktionsbereiche gelangen können, da es ansonsten zu fehlerhaften Prüfergebnissen kommt. Diese Forderung wird erfüllt, wenn die Prüfmittel entweder direkt verschrottet oder aber wirksam gekennzeichnet werden.

Gerätespezifische Prüfmittelüberwachung

Unter der gerätespezifischen Prüfmittelüberwachung wird hier die nicht aufgabenbezogene Prüfmittelüberwachung verstanden, bei der die Fähigkeit eines Prüfmittels, die prinzipiell durchführbaren Prüfaufgaben hinreichend genau zu erfüllen, unter Idealbedingungen nachgewiesen wird. Zu den Aufgaben der gerätespezifischen Prüfmittelüberwachung gehören die Kalibrierung und Justage sowie die Eichung von Prüfmitteln.

Kalibrieren ist das Feststellen der Abweichung der Anzeige eines Meßgerätes vom wahren oder (durch Konvention festgelegten) richtigen Wert der Meßgröße. Kalibrieren besagt nicht, daß die festgestellten Abweichungen hinreichend klein sind [dgq]. Die Abweichung zu bewerten ist Aufgabe der Prüfmittelplanung bzw. -einsatzplanung. Oftmals erfolgt bei der Kalibrierung auch eine Justage des Meßmittels. Das Justieren ist das Minimieren der systematischen Meßabweichungen bezüglich des exakten Wertes. Das Justieren erfordert einen Eingriff, der das Meßgerät bzw. seine Maßverkörperung oft bleibend verändert. Äquivalente Begriffe sind auch das „Abgleichen" oder „Einrichten einer Meßanordnung". Beispiele sind die Justage eines Gewichtes durch spanende Bearbeitung oder das Abgleichen eines Widerstandes mit Hilfe einer Wheatstone'schen Brücke.

Kalibrierung und Justage erfolgen durch einen Vergleich mit einem Normal, das den als richtig vorausgesetzten Wert der Meßgröße repräsentiert und durch eine ununterbrochene Kette des Vergleichsnormales an das nationale Normal angeschlossen ist. Derartige Normale sind Referenz-, Bezugs- und Gebrauchsnormale. Die Physiklisch-Technische-Bundesanstalt (PTB) entwickelt die nationalen Normale zur Darstellung der SI-Einheiten und ermöglicht außerdem den Anschluß an die nationalen Normale. Die Bezugsnormale für die Prüfmittelkalibrierung werden nur selten direkt an die Normale der PTB angeschlossen. Meistens werden in der sogenannten „Kalibrierkette" eine oder mehrere Zwischenstufen zur Rückführung der Normale zwischengeschaltet (Bild 5.61).

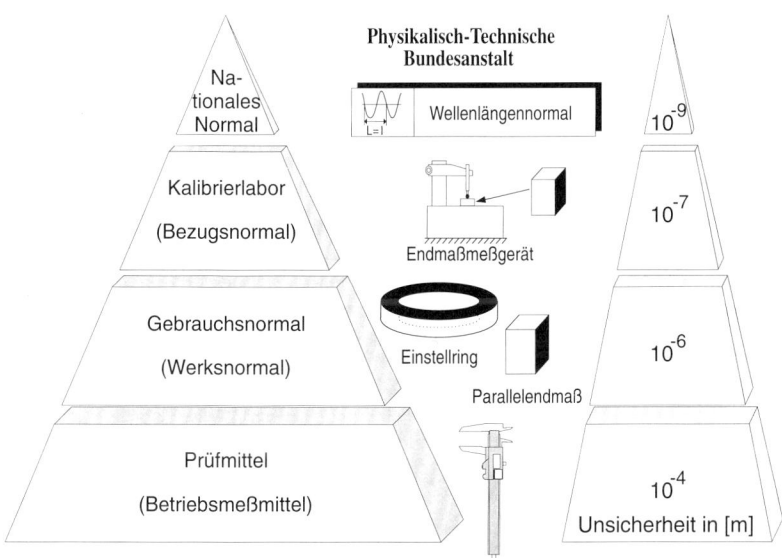

Bild 5.61   Kalibrierkette für einen Standardmeßschieber

Die Kalibrierkette wird durch den Deutschen Kalibrierdienst (DKD), die Industrie oder andere Institutionen (Forschungseinrichtungen, TÜV), die die Kalibrierung als Serviceleistung anbieten, geschlossen. Zur Zeit entsteht in der Bundesrepublik Deutschland ein neuer Dienstleistungsbereich, der einen Kalibrierdienst für die Prüfmittel kleiner und mittlerer Betriebe anbietet. Dieser wird zum Teil durch die Hersteller von Prüfmitteln selber, die eine Überwachung von Standardprüfmitteln wie z.B. Parallelendmaße, Meßschieber und -uhren anbieten, gebildet. Zum anderen sind es aber auch eigens für den Kalibrierservice gegründete Firmen. Oftmals wird von den Anbietern dieser Serviceleistungen auch die Prüfmittelverwaltung und die automatische Benachrichtigung des Prüfmittelbenutzers bezüglich des Überwachungstermins eines Prüfmittels übernommen.

Das Eichen eines Meßgerätes oder einer Maßverkörperung umfaßt das Einstellen der richtigen Funktion einer Meßeinrichtung, Festlegen der Skala eines anzeigenden Meßgerätes (Justierung) und Ermitteln der Abweichung des angezeigten Wertes vom exakten Wert (kalibrieren). Neben dieser im technischen Sprachgebrauch angewandten Bezeichnung findet der Begriff „Eichen" auch für das amtliche Prüfen von Geräten entsprechend den Eichvorschriften der Eichbehörde Verwendung. Dadurch soll sichergestellt werden, daß die Beschaffenheit und die technischen Eigenschaften eines Gerätes den gestellten Anforderungen auch von Amts wegen genügen, insbesondere, ob die Eichfehlergrenzen eingehalten werden und die Ausführung der zugelassenen Bauart entspricht.

Im Rahmen der gerätespezifischen Prüfmittelüberwachung sind einige Richtlinien zu nennen, die eine Überwachung der Meß- und Prüfmittel nach einer standardisierten Vorgehensweise in Form einer Checkliste ermöglichen (entsprechende Richtlinien sind auch für andere Wirtschaftsbereiche erarbeitet worden, z.B. Bereiche der Verfahrenstechnik oder der Elektrotechnik):

- VDI/VDE/DGQ 2618 Blatt 1 bis 27
  für Standardprüfmittel wie z.B. Meßschieber
- VDI/VDE 2617 Blatt 1 bis 5
  zur Überwachung von Koordinatenmeßgeräten
- VDI/VDE 2631 Blatt 4
  für die Abnahme und Überwachung von Formmeßgeräten

Aufgabenspezifische Prüfmittelüberwachung

Ziel der aufgabenspezifischen Prüfmittelüberwachung ist die Beurteilung, ob die Eigenschaften und Handhabungsvorschriften eines zu überwachenden Prüfmittels auf die spezifischen Prüfbedingungen zugeschnitten sind und den an sie gestellten Anforderungen genügen. In der Vergangenheit wurde die Eignung eines Meßgerätes primär anhand von Mindestwerten überwacht, die z.B. in DIN-Normen festgehalten sind oder es wurden Herstellerangaben überprüft, wie es im vorherigen Abschnitt *Gerätespezifische Prüfmittelüberwachung* beschrieben wurde [die].

Hier wird zumeist nur die Meßunsicherheit (oft auch als „Genauigkeit" bezeichnet) des Prüfmittels unter Idealbedingungen (klimatisierter Meßraum, geschulter Prüfer, Standardvorrichtung) untersucht. Beurteilt wird das Prüfmittel mit Hilfe eines direkten Vergleichs der erhaltenen Meßunsicherheit U mit der Toleranzfeldbreite T des zu messenden Merkmals nach der allgemeinen Formel

$$U \leq c \cdot T \quad \text{mit z.B.} \quad c = 0{,}2 \quad [\text{vd2}]. \tag{5.5}$$

Hierbei wird stillschweigend davon ausgegangen, daß das Verhalten des Gerätes unter realen Bedingungen nicht wesentlich vom idealen Verhalten abweicht. Durch den Einsatzort, verschiedene Prüfer und Meßvorrichtungen und das Prüfen von realen Werkstücken in realen Fertigungsprozessen wird die Eignung des Prüfmittels für den Einsatzzweck, auch Prüfmittelfähigkeit genannt, oft erheblich verschlechtert. Wird ein langfristiger Einsatz des Prüfmittels in einer Serienprüfung erwogen, ist das Prüfmittel unter den spezifischen Einsatzbedingungen zu untersuchen.

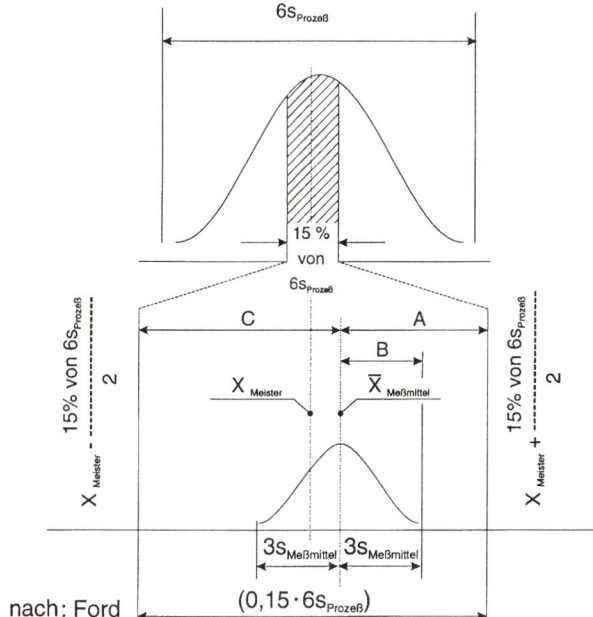

C_{gk} ist der kleinere der beiden Werte A/B und C/B

Bild 5.62   Definition der Fähigkeitsindizes c_g und c_{gk} [for]

Um die Prüfmittelfähigkeit beschreiben zu können, müssen die systematischen und zufälligen Einflüsse auf die Prüfung erkannt und quantifiziert werden. Dazu sind neben der Meßunsicherheit noch einige weitere Größen unter Prozeßbedingungen zu ermitteln [kan]. Sie beschreiben insgesamt die aufgabenspezifische Prüfmittelfähigkeit.

Die Verfahren zur Untersuchung der Prüfmittelfähigkeit variieren je nach Anwender [bos, fo2, die, aia], sind aber in ihrer grundsätzlichen Vorgehensweise sehr ähnlich. Bei der Eignungsprüfung werden Meßunsicherheit, Wiederholpräzision, Vergleichpräzision und Schwankungen über den Meßbereich (Linearität) unter Ideal- und einigen typischen Einsatzbedingungen untersucht. So werden die Grenzen der Prüfmittelfähigkeit ermittelt und Richtwerte für den einmaligen oder kurzfristigen Einsatz bestimmt.

Neben den oben genannten Größen werden durch die Bestimmung verschiedener Vergleichspräzisionen die systematischen Einflüsse (s.a. Kapitel 5.4.2 *Meß- und Prüftechnik*) auf den Prüfprozeß ermittelt. Analog zur Maschinenfähigkeit in der SPC werden die Prüfmittel-Fähigkeitsindizes c_g und c_{gk} bestimmt. Die Prüfprozeßfähigkeit (langfristige Stabilität von Streuung und Lage des Prüfprozesses) wird durch eine periodische Wiederholung der Bestimmung der Genauigkeit und der Wiederholpräzision überwacht. Dazu kann ähnlich der SPC eine Regelkarte geführt werden. Die Auswertung und Interpretation der Regelkarte erfolgt dann analog zur klassischen SPC. Eine systematische Vorgehensweise zur Durchführung einer aufgabenspezifischen Prüfmittelüberwachung ist die sogenannte R&R-Studie (**R**epeatability **&** **R**eproducibility-Study) [fo2, bos].

Alle Messungen zur Bestimmung der Fähigkeitsindizes werden an einem Bezugsnormal (Einstellmeister, Endmaß) vorgenommen. Die Definition der Fähigkeitsindizes c_g und c_{gk} variiert je nach Anwender. Im Prinzip werden die Toleranzweite OWG-UWG des Merkmals oder die Streuung des Prozesses $s_{Prozeß}$ mit der Streuung des Meßmittels $s_{Meßmittel}$ zueinander in Beziehung gesetzt und mit einem Faktor bewertet (**Bild 5.62**).

Nach [fo2] lauten die Formeln für die Fähigkeitsindizes:

$$c_g = \frac{0{,}15 \cdot s_{Prozeß}}{s_{Meßmittel}} \tag{5.6}$$

$$c_{gk} = \frac{|(0{,}5 \cdot 0{,}15 \cdot 6\, s_{Prozeß}) \pm (X_{Meister} - \overline{X}_{Meßmittel})|_{min}}{3\, s_{Meßmittel}}$$

Dynamisierung der Prüfmittelüberwachung

Überwachungsprüfungen können nach festen Perioden (statisch) oder dynamisiert anberaumt werden [pf2]. Prüfmittel, die als Individuen identifizierbar sind, können gezielteren dynamischen Überwachungsstrategien unterworfen werden. Hierzu werden in der individuellen Historie die Einsatzbedingungen des Prüfmittels festgehalten. Die dynamische Prüfmittelüberwachung bietet durch die den Einsatzbedingungen angepaßten Prüfzyklen eine Möglichkeit, die Überwachungskosten zu minimieren.

Wie bereits erwähnt, ist die Überwachungsprüfung eines der zentralen Elemente des Prüfmittelmanagements. Die meisten der heutigen Überwachungssysteme arbeiten bei der Festlegung des Überwachungszeitraumes mit festen (statischen) Perioden T_{Stat}, ähnlich dem TÜV-Stempel bei Kraftfahrzeugen. Die Berechnungsformel für die Festlegung des Zeitpunktes der Überwachungsprüfung ist denkbar einfach. Überschreitet die Kalenderzeit t die statische Überwachungszeit T_{Stat}:

$$t \geq T_{Stat} \tag{5.7}$$

oder ist in der normierten Form das Intervall I für

$$I_{|\%|} = \frac{t}{T_{Stat}} \cdot 100 \tag{5.8}$$

bei 100 % angelangt, so wird die nächste Überwachungsprüfung anberaumt, wobei t die fortlaufende Kalenderzeit seit der letzten Überwachungsprüfung ist.

Oft ist die Anzahl der Prüfmittel im Betrieb sehr groß. Als Beispiel soll ein Betrieb angeführt werden, der bei ca. 1000 Beschäftigten schon etwa 5000 Prüfmittelindividuen vereinnahmt hat. Wird davon ausgegangen, daß jedes Prüfmittel im Durchschnitt einmal pro Jahr geprüft werden soll, so fallen bei 200 Arbeitstagen im Jahr täglich 25 Überwachungsprüfungen an. In dieser hohen Anzahl steckt ein großes Rationalisierungspotential. Viele Prüfungen sind unnötig, weil jedes Prüfmittel unabhängig von seiner tatsächlichen Nutzungsbelastung überprüft wird, also auch solche, die überhaupt nicht benutzt wurden. Eine dynamisierte Steuerung des Überwachungszeitraumes kann die Wirtschaftlichkeit der Überwachungsprüfung entscheidend verbessern, solange der

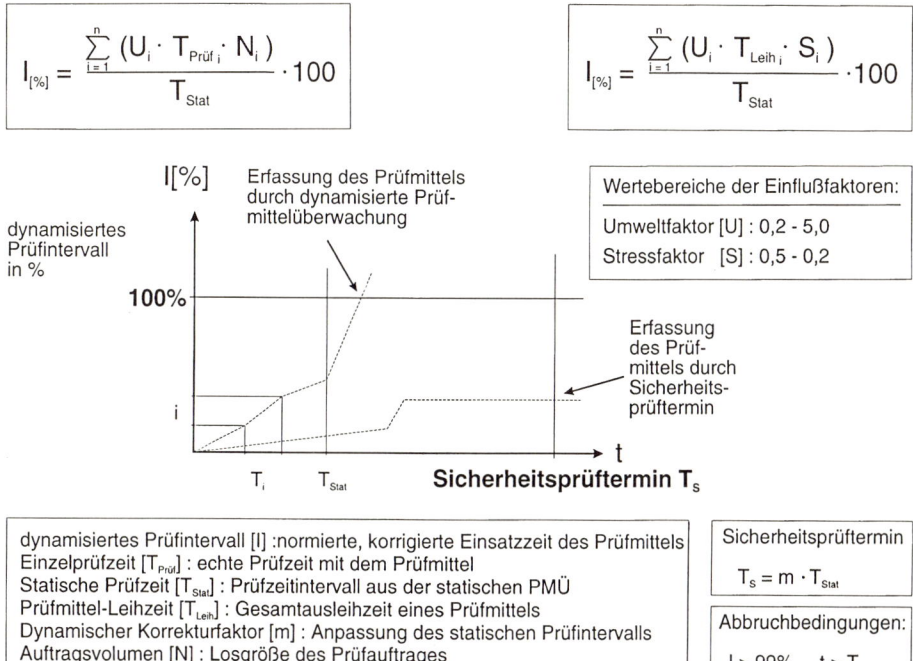

$$I_{[\%]} = \frac{\sum_{i=1}^{n}(U_i \cdot T_{Prüf\,i} \cdot N_i)}{T_{Stat}} \cdot 100$$

$$I_{[\%]} = \frac{\sum_{i=1}^{n}(U_i \cdot T_{Leih\,i} \cdot S_i)}{T_{Stat}} \cdot 100$$

Bild 5.63 Dynamische Prüfmittelüberwachung

hierfür notwendige Aufwand den daraus gezogenen Nutzen nicht übersteigt. Im folgenden sei ein mögliches Dynamisierungsverfahren beschrieben **(Bild 5.63)**.

Die statische Prüfmittelüberwachung bleibt in ihren Grundelementen erhalten. Alle Prüfmittel werden nach definierten Zeiträumen, meist abhängig von Prüfgerätetyp und -art, einer Überwachungsprüfung unterzogen, spätestens jedoch zum Sicherheitsprüftermin.

Diese definierten Zeiträume, auch Prüfintervalle genannt, können bei der Unterstützung durch EDV optimiert werden. Weitere Einflußgrößen werden erfaßt und zur Berechnung des Prüfintervalls herangezogen, das Prüfintervall wird „dynamisiert". In diesem Beispiel werden die beiden Randbedingungen

– echte Einsatzdauer des Prüfmittels und

– Einsatzumgebung des Prüfmittels

zur Berechnung des Prüfintervalls gewählt.

Die echte Einsatzdauer T_E charakterisiert die auftragsspezifische Belastung des Prüfmittels. Sie wird direkt aus den Fertigungsprüfplänen bestimmt und errechnet sich aus dem Produkt der Prüfzeit für ein Werkstück (Einzel-Prüfzeit $T_{Prüf}$) und dem Auftragsvolumen (Stückzahl N), also der Stückzahl der zu prüfenden Werkstücke.

$$T_E = T_{Prüf} \cdot N. \tag{5.9}$$

In der Praxis funktioniert die Dynamisierung über die echte Einsatzdauer nur, wenn ein direkter Zugriff auf die Auftragsdaten im PPS-System möglich ist. Voraussetzung dafür ist die Verknüpfung des PPS- und Prüfmittelverwaltungs-Systems in einem integrierten System oder durch eine Schnittstelle. Falls ein Zugriff auf die Einzel-Prüfzeit und das Auftragsvolumen N nicht möglich ist, so kann über einen sogenannten Streßfaktor die auftragsspezifische Belastung des Prüfmittels z.B. in Abhängigkeit vom Prüfling oder auch der Losgröße definiert werden. Ein solcher Faktor verkürzt bzw. verlängert das Prüfintervall, indem er größer oder kleiner gleich 1 gewählt wird. In einer ersten Abschätzung kann der Bereich des Streßfaktors von 0,5 (Prüfmittel nur bei 1 % der Arbeitsfolgen im Einsatz) bis 2,0 (Prüfmittel ohne Unterbrechung im Einsatz) festgelegt werden.

Dem Einfluß der Einsatzumgebung auf das Prüfmittel wird durch Einführung eines Einflußfaktors, des sogenannten Umweltfaktors U, Rechnung getragen. Der Umweltfaktor charakterisiert eine kostenstellenspezifische Belastung. In einer ersten Abschätzung kann der Bereich des Streßfaktors von 0,2 (Einsatz im Meßraum durch geschultes Personal) bis 5,0 (z.B. Einsatz in der Gießerei) festgelegt werden. Er ist im Laufe der ersten Erfahrungen an die Praxisbedingungen anzupassen. Durch unterschiedlich große Intervalle bei den Wertepaaren lassen sich die Faktoren untereinander wichten.

Damit lautet die Gesamtformel für die erweiterte Berechnung eines Prüfintervalls in Prozent:

$$I_{[\%]} = \frac{\sum_{i=1}^{n} (U_i \cdot T_{\text{Prüf}_i} \cdot N_i)}{T_{\text{Stat}}} \cdot 100. \tag{5.10}$$

Sobald das Prüfmittel die 100%-Grenze zu überschreiten droht, wird es zur Prüfmittelüberwachung herangezogen, spätestens jedoch (wie bei der statischen PMÜ) zum Sicherheitsprüftermin ($t \cdot T_{\text{max}}$).

Die Berücksichtigung des Sicherheitsprüftermins, der sich aus dem statischen Prüfintervall multipliziert mit einem Sicherheitsfaktor errechnet, stellt die Überprüfung von selten benutzten oder verloren geglaubten Prüfmitteln sicher, die sonst aus dem Raster der dynamischen PMÜ herauszufallen drohen.

5.9 Zusammenfassung

Obwohl die Qualitätsmanagementaktivitäten zunehmend in die der Fertigung vorgelagerten Bereiche verlagert werden, sind qualitätssichernde Tätigkeiten in der Fertigung nach wie vor von zentraler Bedeutung. Die Qualitätsmanagementaktivitäten in den der Fertigung vorgelagerten Bereichen können zwar dazu beitragen, die Produktqualität zu verbessern, die tatsächlich erreichte Produktqualität muß jedoch durch Qualitätsprüfungen während oder nach der Fertigung verifiziert werden. Die Qualitätsprüfung beinhaltet die Prüfplanung, die Prüfdatenerfassung bzw. -ausführung und die Prüfdatenauswertung.

Die Prüfplanung erstellt in Form eines Prüfplans Vorgaben zur Durchführung der Prüfdatenerfassung und der anschließenden Prüfdatenauswertung. Im Prüfplan wird der Ablauf der Qualitätsprüfung festgeschrieben. Dabei erfolgt neben der Auswahl der zu prüfenden Merkmale u.a. eine Festlegung der Prüfmethode und der einzusetzenden Prüfmittel. Im Rahmen der Prüfdatenerfassung erfolgt die Durchführung der Qualitätsprüfung auf Grundlage der im Prüfplan enthaltenen Vorgaben. Die bei der Prüfdatenerfassung ermittelten Prüfergebnisse werden im Rahmen der Prüfdatenauswertung bewertet und zu Prüfaussagen verdichtet. Die verdichteten Daten dienen als Grundlage für eine qualitätsgerechte Planung in den der Fertigung vorgelagerten Bereichen.

Von zunehmender Bedeutung ist heute auch die statistische Prozeßregelung, die den Aufbau von Regelkreisen zur optimalen Prozeßführung ermöglicht. In enger Verbindung zur Regelkartenanwendung steht die Ermittlung der Prozeß- und Maschinenfähigkeit.

Die Ergebnisse der Qualitätsprüfung können nur so gut sein, wie die eingesetzten Prüfmittel. Daraus resultiert die Notwendigkeit einer regelmäßigen Prüfmittelüberwachung. Ziel der Prüfmittelüberwachung ist die Sicherstellung der Einsatzfähigkeit, Genauigkeit und Zuverlässigkeit der Prüfmittel. Die Hauptfunktionen sind hier die Prüfmittelplanung, Einsatzverwaltung und Überwachungsprüfung. Die Prüfmittelfähigkeit beschreibt und quantifiziert analog zur Maschinenfähigkeit mit Hilfe der Fähigkeitsindizes das Einsatzverhalten der Prüfmittel. Da bei der Prüfmittelüberwachung ähnliche Funktionen wie in der klassischen Qualitätsprüfung zu realisieren sind, wie z.B. eine Prüfplanung und Prüfdatenauswertung, bieten sich auch hier integrierte EDV-Lösungen an.

Literatur

[aia] N.N.: *Measurement System Analysis.* Reference Manual ASQC; AIAG, Troy Michigan, 1990

[ang] **Anghel, C.:** *Qualitätsregelkarten für logarithmisch-normalverteilte Kollektive.* QZ, Qualität und Zuverlässigkeit, Carl Hanser Verlag; München, Jg. 34 (1989) 10; S. 533–536

[awk] **Weck, M.; Pfeifer, T.; et.al.:** *Die Realisierung von Qualitätsregelkreisen – zentrales Moment der integrierten Qualitätssicherung.* Wettbewerbsfaktor Produktionstechnik, AWK – Aachener Werkzeugmaschinen-Kolloquium; VDI Verlag, Düsseldorf, 1990

[bam] **Bamberg, G.; Baur, F.:** *Statistik.* 6. Auflage, Oldenbourg Verlag; München, Wien, 1989

[boa] **Boardman, E.; Boardman, T.:** *Don't touch that funnel.* Quality Progress, American Society for Quality Control; Milwaukee, Jg. 23 (1990) 12; S. 65–69

[bon] **Bonse, L.:** *Systemkonzept für die Integration von Online- und Offline-CAQ-Funktionen über eine gemeinsame Qualitätsdatenbasis.* Dissertation, RWTH Aachen, 1989

[bos] **N.N.:** *Technische Statistik, Fähigkeit von Meßeinrichtungen.* Qualitätssicherung in der Bosch-Gruppe Nr. 10, Schriftenreihe der Fa. Bosch; Stuttgart, 1990

[cze] **Czetto, R.:** *Klassifizierungssystem für Prüfmittel der industriellen Längenprüftechnik.* Forschung und Praxis, IPA Stuttgart, ISBN 3-7830-0144-7; Krauskopf-Verlag GmbH, Mainz

[dem] **Deming, W.E.:** *Out of the Crisis.* Massachusetts Institute of Technology, Center for Advanced Engineering Study, Cambridge, 1988

[dgq] **N.N.:** *Prüfmittelüberwachung – Grundlagen.* DGQ-Schrift 13-39, 2. Auflage, Beuth Verlag; Berlin, 1988

[die] **Dietrich, E.:** *Fähige Meßverfahren – Die Basis der statistischen Prozeßlenkung.* QZ, Qualität und Zuverlässigkeit, Carl Hanser Verlag; München, Jg. 36 (1991) 3; S. 153–159

[din] **N.N.:** *DIN 55350 Teil 11 ff.: Begriffe zu Qualitätsmanagement und Statistik.* Beuth Verlag, Berlin, August 1995

[do1] **N.N.:** *DIN ISO 2859 Teil 1: Annahmestichprobenprüfung anhand der Anzahl fehlerhafter Einheiten oder Fehler (Attributprüfung) / AQL.* Beuth Verlag; Berlin, April 1993

[do2] **N.N.:** *DIN ISO 2859 Teil 2: Annahmestichprobenprüfung anhand der Anzahl fehlerhafter Einheiten oder Fehler (Attributprüfung) / LQ.* Beuth Verlag; Berlin, April 1993

[do3] **N.N.:** *DIN ISO 2859 Teil 3: Annahmestichprobenprüfung anhand der Anzahl fehlerhafter Einheiten oder Fehler (Attributprüfung) / Skip-Lot-Verfahren.* Beuth Verlag; Berlin, Februar 1995

[do4] **N.N.:** *DIN ISO 3951: Verfahren und Tabellen für Stichprobenprüfung auf den Anteil fehlerhafter Einheiten in Prozent anhand quantitativer Merkmale (Variablenprüfung).* Beuth Verlag; Berlin, August 1992

[do5] **N.N.:** *DIN EN ISO 9000-1 ff.: Normen zum Qualitätsmanagement und zur Qualitätssicherung/QM-Darlegung – Leitfaden zur Auswahl und Anwendung.* Beuth Verlag; Berlin, August 1994

[do6] **N.N.:** *DIN ISO 9000 Teil 3: Qualitätsmanagement- und Qualitätssicherungsnormen – Leitfaden für die Anwendung von ISO 9001 auf die Entwicklung, Lieferung und Wartung von Software.* Beuth Verlag; Berlin, Juni 1992

[do7] **N.N.:** *DIN ISO 9004 Teil 2: Qualitätsmanagement und Elemente eines Qualitätssicherungssystems – Leitfaden für Dienstleistungen.* Beuth Verlag; Berlin, Juni 1992

[do8] **N.N.:** *DIN EN ISO 9001: Qualitätsmanagementsysteme – Modell zur Qualitätssicherung/QM-Darlegung in Design, Entwicklung, Produktion, Montage und Wartung.* Beuth Verlag; Berlin, August 1994

[do9] **N.N.:** *DIN ISO 8402: Qualitätsmanagement und Qualitätssicherung; Begriffe.* Beuth Verlag GmbH; Berlin, 1994

[dut] **Dutschke, W.:** *Allgemeine Meßtechnik, in Masing, W.: Handbuch der Qualitätssicherung.* Carl Hanser Verlag; München, 1988

[ebe] **Ebeling, J.:** *Qualität auf neuen Wegen.* Firmenschrift der Bayerischen Motorenwerke, Abteilung Qualitätssicherung; München, 1988

[fo1] **N.N.:** *„Process Capability".* Richtlinie der Fa. Ford; 1990

[fo2] **N.N.:** *Fähigkeit von Meßsystemen und Meßmitteln.* Richtlinie der Fa. Ford; 1990

[ha1] **Hartung, J.; Elpelt, B.; Klösener, K.:** *Statistik – Lehr- und Handbuch der angewandten Statistik.* R. Oldenbourg Verlag, München, 6. Auflage, 1987

[hel] **Helmers, H.; Stark, R.:** *SPC in der Continental.* QZ, Qualität und Zuverlässigkeit; Carl Hanser Verlag, München, Jg. 33 (1988) 2; S. 71–75

[joh] **John, B.:** *Statistische Verfahren für technische Meßreihen.* Carl Hanser Verlag; München, 1979

[jur] **Juran:** *Quality Control Handbook.* McGraw Hill, New York, 4. Auflage, 1988

[kan] **Kane, V.:** *Defect Prevention.* Marcel Dekker, Inc. ASQC Quality Press; New York, 1989

[kod] **Köppe, D.; Heid, W.:** *Möglichkeiten und Grenzen von SPC.* QZ, Qualität und Zuverlässigkeit; Carl Hanser Verlag, München, Jg. 34 (1989) 12

[ler] **Lerner, F.:** *Geschichte der Qualitätssicherung, in Masing, W.: Handbuch der Qualitätssicherung.* Carl Hanser Verlag; München, 1988

[mec] **Mecklenburg-Weiss, R.:** *Systemkonzept zur anwenderneutralen Prüfplanerstellung auf einem Kleinrechner.* Dissertation; RWTH Aachen, August 1987

[mel] **Melchior, W.; Kring, J.:** *Prüfplanung, in Masing, W.: Handbuch der Qualitätssicherung.* Carl Hanser Verlag; München, 1988

[pf1] **Pfeifer, T.; Bonse, L.:** *Prüfmittel rechnergestützt überwachen.* Industrie-Anzeiger; Konradin Verlag, Leinfelden-Echterd., Jg. 109 (1987) 70; S. 18–25

[pf2] **Pfeifer, T.; Breyer, E.; Mecklenburg, R.:** *Prüfmittelüberwachung – Optimierung des Überwachungsintervalls senkt die Kosten.* Industrie-Anzeiger; Konradin Verlag, Leinfelden-Echterd., Jg. 103 (1981) 26; S. 28–32

[pf3] **Lücker, M.; Pfeifer, T.:** *Aufgaben und Funktionen der rechnergestützten Prüfmittelüberwachung.* Industrie-Anzeiger; Konradin Verlag, Leinfelden-Echterd., Jg. 112 (1990) 33; S. 24–27

[rel] **Reles, T.:** *Rechnergestützte Auswahl von Prüfmerkmalen im Rahmen der Prüfplanung für die mechanische Fertigung.* Dissertation; RWTH Aachen, November 1985

[rim] **Rinne, H.; Mittag, H. J.:** *Statistische Methoden der Qualitätssicherung.* 3. Auflage, Carl Hanser Verlag; München, 1995

[sed] **Seder, L.:** *Diagnosis with diagrams (Part I and II).* Industrial Quality Control, January + March, 1950

[sch] **Schaffer, G.:** *Statistical Quality Control.* American Machinist Special Report 762, January 1984

[sha]   **Shainin, P.:** *The Tools of Quality – Part III: Control Charts.* Quality Progress; American Society for Quality Control, Milwaukee (USA), Jg. 23 (1990) 8

[shw]   **Shewhart, W.:** *Economic Control of Quality of Manufactured Product.* D. van Nostrand Co.; New York, 1931

[sta]   **Stark, R.:** *SPC für die Praxis (Teil 1 und 2).* QZ, Qualität und Zuverlässigkeit; Carl Hanser Verlag, München, Jg. 36 (1991) 2 und 3

[vd1]   **N.N.:** *Richtlinie zur Prüfplanung.* VDI/VDE/DGQ 2619, Beuth Verlag; Berlin, 1985

[vd2]   **N.N.:** *Richtlinien zur Prüfmittelüberwachung.* VDI/VDE/DGQ 2618, Beuth Verlag; Berlin, 1991

[wel]   **N.N.:** *Statistische Qualitätskontrolle – Handbuch der Western Electric Company.* gfmt; Hudak Druck GmbH, München, 1. Auflage, 1989

[whe]   **Wheeler, D.:** *Understanding statistical process control.* Statistical process controls, Knoxville (USA), 1986

[zel]   **Zeller, P.:** *Automatisierte Prüfplanerstellung und Prüfzeichnungsgenerierung.* Dissertation; RWTH Aachen, November 1990

Kapitel 6 Qualitätsmanagement während des Feldeinsatzes

Gliederung

6.1   Einleitung

Der Markt hat sich in den vergangenen dreißig Jahren grundlegend geändert. Der Wandel vom Verkäufermarkt (Nachfrageüberhang) über den Verbrauchermarkt (Angebotsüberhang) bis hin zum heutigen Verdrängungsmarkt erfordert ständig aktuelle, sich am Marktgeschehen orientierende Produktionskonzepte [bon, köp]. Der Hersteller kann seine Marktposition nur solange aufrecht erhalten, wie es ihm gelingt, die Erwartungen seiner Kundschaft nach qualitativ hochwertigen und zuverlässigen Produkten zu erfüllen.

Letztendlich zeigt erst der Gebrauch der Produkte dem Hersteller, ob die von ihm festgelegten Qualitäts- und Zuverlässigkeitsforderungen seinen eigenen und den Vorstellungen des Kunden entsprechen. Der Hersteller kann zwar während des Fertigungsprozesses und der Montage Einzelteile und Aggregate umfangreichen Prüfungen unterziehen, jedoch sind Lebensdaueruntersuchungen und Zuverlässigkeitstests meist nur an wenigen Teilen empfehlenswert. Dies ist zum einen durch den immensen erforderlichen Zeitaufwand für derartige Prüfungen begründet. Zum anderen begrenzen die hohen Kosten für die fast ausnahmslos zerstörenden Prüfungen die Stichprobengröße. Hinzu kommt, daß der Produzent meistens nicht alle möglichen Anwendungsvarianten seines Produktes vorhersagen und diese somit in seinen Prüfungen auch nicht berücksichtigen bzw. einplanen kann [dg1, koc]. Der Markt ist somit das einzige realistische Prüffeld mit 100%-Prüfung. Erst in der Nutzungsphase zeigt sich, ob sich die vom Hersteller während der Produktplanung und -entstehung festgelegten und durchgeführten Maßnahmen zur Qualitäts- und Zuverlässigkeitssicherung bewähren.

Ein organisiertes System zur Beschaffung von Daten, die das Produktverhalten beim Anwender beschreiben, ist ein wirkungsvolles Mittel für die Rückkopplung vom Verbraucher zum Hersteller. Hier können Erfahrungen aus der Nutzung direkt in die laufende Serie fließen oder sind durch Analogiebetrachtungen auf ähnliche Produkte anwendbar. Ein solches System greift hauptsächlich auf Gewährleistungsdaten und Kundendienstberichte zurück. Auswertungen und Analysen dieser Daten zeigen frühzeitig Schwachstellen der Produkte auf. Unter Annahme gleicher Randbedingungen, wie z.B. Einsatzzahlen oder Einsatzbelastungen, sind auch Hochrechnungen über das zukünftige Ausfallverhalten der Produkte in der Nutzungsphase möglich [sto, koc, vd1].

Nicht zuletzt durch die europaweite Regelung der Produkthaftung hat die Beobachtung des Nutzungsverhaltens sehr stark an Bedeutung gewonnen. So finden sich diesbezüglich auch in der Normenreihe DIN EN ISO 9000 ff. einige Forderungen und Empfehlungen. Die DIN EN ISO 9001 fordert in Kapitel 4.4 „Designlenkung" [di1], daß durch eine Designvalidierung, die üblicherweise am Endprodukt durchzuführen ist, die Erfüllung der Kundenforderungen und der festgelegten Erfordernisse sichergestellt werden muß. Dabei gilt es, die beabsichtigten Anwendungen zu berücksichtigen. Darüber hinaus wird in der DIN EN ISO 9004 Abschnitt 7.3 „Kunden-Rückinformation" [di2] zur Nutzung der Rückinformation vom Kunden ein System der Informations-Überwachung und Informations-Rückkopplung auf kontinuierlicher Basis empfohlen. Dabei sollten qualitätsbezogene Informationen über die Produktnutzung durch den Kunden sowie dessen Zufriedenheit mit der Produktqualität mit Hilfe festgelegter Verfahren laufend dokumentiert, analysiert, kritisch verglichen, kommentiert und bekanntgemacht werden. Forderungen nach einem Rückkoppelungssystem bezüglich Informationen zum Leistungsverhalten sich im Einsatz befindender Produkte finden sich ebenfalls in Kapitel 16.6 der DIN EN ISO 9004 „Rückmeldung aus dem Markt". Nur wenn es dem Hersteller gelingt, diese wertvollen Informationen über das Nutzungsverhalten seiner Produkte in Korrektur- und Verbesserungsmaßnahmen bzw. bei Neu- und Weiterentwicklungen einfließen zu lassen, kann langfristig die erforderliche Produktqualität und damit eine hohe Kundenzufriedenheit erreicht werden.

Untersuchungen und Beobachtungen des Produktverhaltens sind dabei im Zusammenhang mit rechtlichen Aspekten zu sehen. Unternehmen sind verpflichtet, durch aktives Beobachten das Verhalten ihrer verschiedenen Erzeugnisse unter unterschiedlichen Einsatzbedingungen zu verfolgen, um unverzüglich den erkennbaren Risiken entsprechende Maßnahmen einzuleiten [bau].

Solche Informationssysteme, wie sie auch durch den VDA [vd2] gefordert werden, finden bereits in der Industrie, im besonderen in der Automobil- und Automobilzuliefererindustrie, Anwendung.

Durch die Verbindung dieser Kunden-Rückinformationen mit der aufwendigen Serienerprobung erhält der Hersteller Informationen, die ihn über das Qualitäts- und Zuverlässigkeitsverhalten seiner Produkte während der Nutzungsphase informieren [wal]. Die Serienerprobung setzt im Regelfall schon bei der Vorserie z.B. in Form von Zuverlässigkeitsprüfungen oder Dauerläufen an.

Der Erprobung vor Serienfreigabe kommt dabei die Aufgabe zu, vor der Auslieferung an den Kunden Schwachstellen und Fehler zu erkennen, die während des Entstehungsprozesses nicht gefunden und beseitigt werden konnten. Gleichzeitig überbrückt eine Überprüfung von Mustern aus der ersten Serie in Kombination mit der Erprobung vor

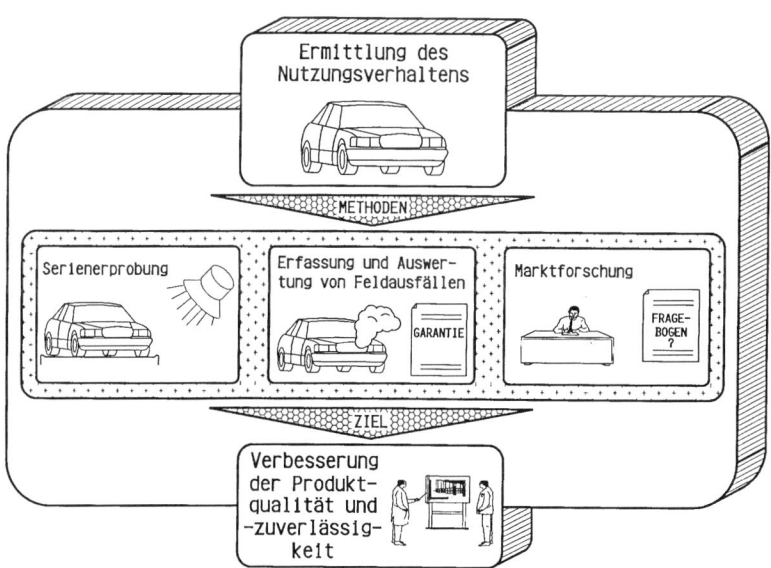

Bild 6.1 Methoden und Ziele der Ermittlung des Nutzungsverhaltens von Produkten

Serienfreigabe die Informationslücke zwischen Serienbeginn und den ersten Kundenbeanstandungen oder Garantiefällen.

Durch die Analyse von Felddaten können zwar Qualitätsprobleme aufgedeckt werden, aber die zukünftige, von der Erzeugnisqualität beeinflußte Kundenzufriedenheit kann nur erahnt werden. Mittels Methoden der Marktforschung ist es möglich, direkt und kurzfristig die Reaktionen der Kunden auf ein Produkt zu erfassen, um hierdurch den Grad der Erfüllung der vom Kunden implizit oder explizit formulierten Erwartungen zu ermitteln [me2]. Diese Methoden sind darüber hinaus zur Datenerhebung in der Nachgarantiezeit geeignet.

Der Hersteller wird somit durch die Methoden der

– Marktforschung,

– Serienerprobung und

– Erfassung und Auswertung von Feldausfällen

in die Lage versetzt, das Verhalten seiner Produkte in der Nutzungsphase zu erkennen **(Bild 6.1)**. Hierdurch wird für ihn die Basis geschaffen, regelnd in die Prozesse der Produktentstehung einzugreifen und die Qualität und Zuverlässigkeit seiner Produkte marktgerecht dem geforderten Niveau anzupassen.

6.2   Marktforschung

Im Rahmen der Marktforschung unterscheidet man zwischen verschiedenen Vorgehensweisen zur Datengewinnung **(Bild 6.2)**. Diese sind [ber]:

– Befragung

– Beobachtung

– Experiment

6.2.1   Die Befragung

Die Befragung ist eine häufig angewandte und wichtige Erhebungsmethode im Rahmen der Primärforschung und dient der Übermittlung von Informationen durch Frage und Antwort [wol]. Ziel und Aufgabe der Befragung ist es, Personen zu Aussagen über bestimmte, vom Fragesteller vorgegebene, Sachverhalte zu veranlassen [ber], wobei allerdings berücksichtigt werden muß, daß die Objektivität der Befragungsergebnisse vom Befragenden abhängt.

Die Befragung, und hier insbesondere die schriftliche Befragung mittels Fragebogen, kann auch für eine Datenerhebung in der Nach-Garantiezeit eingesetzt werden. Sie ist eine der wenigen Möglichkeiten, systematisch über das Ausfallverhalten Auskunft zu erhalten, da sie nach Garantieende bei Konsumgütern häufig die einzige Verbindung zum Kunden darstellt.

Bei der Beschaffung von Feldinformationen ist es häufig zweckmäßig, außer den reinen Daten zur Abschätzung des Ausfall- bzw. Reparaturverhaltens (Angaben zu Schadensart und -ort), auch erste Beanstandungshinweise zum Bauteil, Aggregat oder Zusammenbau zu erhalten [vd1].

Die Fragebögen selbst können über die Kundendienstorganisationen in die Werkstätten oder Servicestationen gegeben werden. Sie werden dort z.B. von entsprechend unterwiesenem Personal gemeinsam mit dem Kunden ausgefüllt. Der Fragebogen ist auch auszufüllen, wenn an dem entsprechenden Produkt keine Beanstandung vorliegt. Dadurch wird die Bildung einer sogenannten Negativ-Stichprobe vermieden. Erst die Erfassung aller positiven und negativen Ereignisse kann verhindern, daß z.B. falsche Fehlerprozentsätze über Feldausfälle ermittelt werden. Gerade bei Befragungen in Werkstätten ist dieses Problem immanent, da Werkstätten nur dann aufgesucht werden, wenn Qualitätsprobleme auftreten.

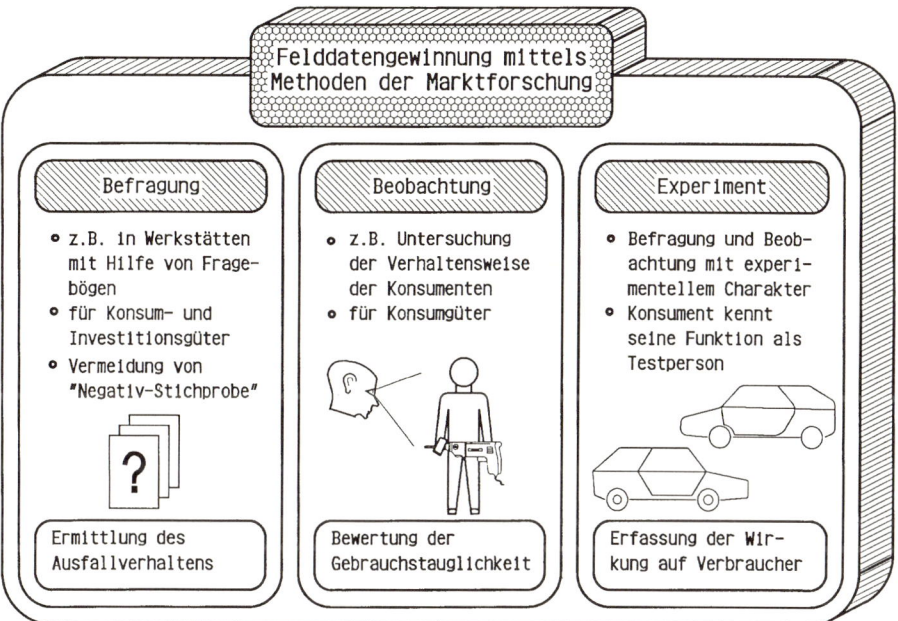

Bild 6.2 Methoden der Marktforschung zur Felddatengewinnung

6.2.2 Die Beobachtung

Das Beobachtungsverfahren ist eine zielgerichtete und planmäßige Erfassung von wahrnehmbaren Sachverhalten und Reaktionen von Personen und technischen Geräten. Die Beobachtung hat das Ziel, sinnlich wahrnehmbare Sachverhalte zum Zeitpunkt des Geschehens zu erfassen. Dazu gehören beispielsweise Objekte (Sortimentsbestände) und objektive Tatbestände bei der Beobachtung von Personen (Verhaltensweisen) [ber, me2].

Neben der klassischen Form der Beobachtung – die Kundenbeobachtung – gewinnen Methoden, wie beispielsweise die Produktlebenszyklusanalyse sehr stark an Bedeutung. Ziel der Kundenbeobachtung im Rahmen des Qualitätsmanagements ist dabei die Analyse der Reaktion der Kunden, um hierduch Rückschlüsse auf die wahrgenommene Produktqualität zu ziehen. Gegenstand der Beobachtung bei der Produktlebenszyklusanalyse ist die zeitliche Entwicklung des Umsatzes bzw. des Gewinnes eines Produktes [me1]. Hierdurch kann die Notwendigkeit von Verbesserungsmaßnahmen bzw. von Neuentwicklungen ersichtlich werden.

Während die Befragung sowohl für den Konsumgüterbereich als auch für den Investitionsgüterbereich wertvolle Informationen für eine Rückkopplung zum Hersteller liefern kann, ist eine Beobachtung hauptsächlich für Produkte der Konsumgüterindustrie als sinnvoll zu betrachten. Durch diese Methode wird im allgemeinen nicht das Ausfallverhalten von Produkten in der Nutzungsphase erfaßt, sondern es kann die Gebrauchstauglichkeit des Produktes transparent gemacht werden. Hierdurch erfährt die Beobachtung des Produktverhaltens in der Nutzungsphase eine deutliche Erweiterung.

Die Gebrauchstauglichkeit ist dabei nach [di3]:

> „Eignung eines Gutes für seinen bestimmungsgemäßen Verwendungszweck, die auf objektiv und nicht objektiv feststellbaren Gebrauchseigenschaften beruht, und deren Beurteilung sich aus individuellen Bedürfnissen ableitet."

6.2.3 Das Experiment

Das Experiment kann als eine Untersuchung definiert werden, die den Inhalt hat, ein Abhängigkeitsverhältnis oder einen Ablauf unter vorher festgelegten Bedingungen exakt zu untersuchen und zu studieren. Das Experiment ist nicht als selbständige Erhebungsmethode anzusehen, sondern vielmehr als Befragung und Beobachtung mit experimentellem Charakter zu bezeichnen [ber]. In diesem Rahmen dient ein Experiment beispielsweise zur Untersuchung, wie sich unterschiedliche Produktgestaltungen oder unterschiedliche Preise auf den Verbraucher und damit auf den Absatz auswirken. Diese Untersuchungsform ist somit zwar geeignet, die Kundenerwartung bzw. die -zufriedenheit zu ermitteln, Informationen bezüglich des Nutzungsverhaltens können auf diesem Wege jedoch nicht gewonnen werden.

6.3   Serienerprobung

Die Serienerprobung stellt in der Regel eine Prüfung auf Überlebenswahrscheinlichkeit vollständiger, verkaufsfertiger Produkte dar. Diese Art der Prüfung ist eine zerstörende Prüfung von mehreren Prüflingen, die mit hohen Kosten, zum einen durch den Verlust des Prüflings und zum anderen durch die Erprobung selbst, verbunden ist. Für die Prüfung auf Überlebenswahrscheinlichkeit von Produkten bieten sich prinzipiell folgende drei Methoden an (**Bild 6.3**) [koc]:

– Simulation einzelner Beanspruchungen

– Umweltsimulationen

– Feldversuche

Auf diese Methoden wird im folgenden näher eingegangen.

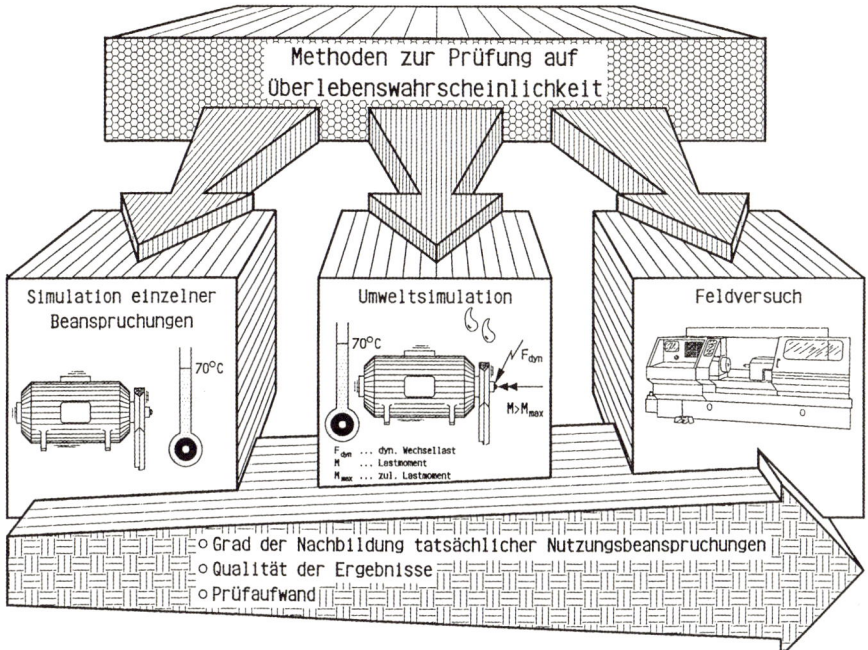

Bild 6.3   Methoden zur Prüfung auf Überlebenswahrscheinlichkeit

6.3.1   Simulation einzelner Beanspruchungen

Zur Bestimmung der Überlebenswahrscheinlichkeit von Produkten versucht man zuerst, die Anzahl äußerer Einflüsse zu minimieren, um den Aufwand bei der Prüfung und Auswertung gering zu halten. Die Prüfung startet mit der Simulation einzelner Prüfbedingungen, die möglichst den während der Nutzung zu erwartenden Einsatzbedingungen entsprechen. Die Beanspruchungen werden im weiteren Verlauf deutlich über die normalen Betriebsbeanspruchungen hinaus gesteigert. Hierdurch werden die Ausfallmechanismen aktiviert und die Alterung beschleunigt. Die Dauer der Prüfung wird damit gesenkt [koc].

Das Problem bei dieser Versuchsmethode besteht darin, daß es sich oft schwierig gestaltet, auf die Überlebenswahrscheinlichkeit der geprüften Einheiten zu schließen, da die Simulation einzelner Beanspruchungen nicht die tatsächlichen Belastungen bei der Nutzung der Einheit wiedergeben kann [koc]. Man wird deshalb bestrebt sein, die tatsächlichen Beanspruchungen der Einheiten während der Nutzung möglichst genau zu simulieren. Dies führt zur Überlagerung verschiedener Beanspruchungen während des Versuchs und führt damit zur Simulation der Umweltbedingungen.

6.3.2   Umweltsimulation

Grundgedanke dieses Prüfverfahrens ist es, durch Umweltsimulation die Alterung der Produkte künstlich und meistens beschleunigt herbeizuführen. Durch die Kombination zu simulierender Beanspruchungen sollen dabei gleichartige Ausfälle hervorgerufen werden, so wie sie im Gebrauch zu erwarten sind. Viele theoretische Überlegungen und Berechnungen sind hierzu im Vorfeld nötig, um die tatsächlichen, im praktischen Gebrauch vorkommenden Belastungen nachzubilden [koc].

6.3.3 Feldversuche

Beim Feldversuch wird das Produkt im praktischen Einsatz unter realen Umweltbedingungen getestet. Um statistisch schlüssige Aussagen zu erhalten, müssen repräsentative Einsatzbedingungen ausgewählt werden. Obwohl diese Art der Serienerprobung die einzige ist, die weitestgehend tatsächliche Einsatzbedingungen wiedergeben kann, bleibt sie jedoch häufig aus Kosten- und Zeitgründen auf wenige Prüfobjekte beschränkt. Des weiteren muß beachtet werden, daß beim Feldversuch nicht wirklich alle Umweltbedingungen einfließen können. Der Zweck dieses Versuches ist es, konstruktions- und fertigungsbedingte Fehler im Vorfeld zu entdecken, die bei einem hohen Prozentsatz von Teilen vorhanden sind [koc, vd1], und bereits vor der laufenden Serie zu beseitigen. Feldversuche sind notwendig, da Informationen über das Verhalten von Produkten viel zu spät das Unternehmen erreichen würden, wenn sie erst in der Nutzungsphase gewonnen werden.

6.4   Felddatenerfassung und -verarbeitung

Innerhalb der Gewährleistungszeit können Felddaten heute im allgemeinen nahezu lückenlos erfaßt werden. Da der Kunde einen aufgetretenen Mangel vom Hersteller ersetzen läßt, erhält dieser sämtliche qualitätsrelevanten Daten z.B. über einen Garantieantrag [vd1]. Ausnahmen von der Regel sind allerdings möglich. So sind beispielsweise Vereinbarungen zwischen Lieferanten und Abnehmer möglich, in denen Pauschalvergütungen für Ausfälle oder den Ausfall ausgleichende Mehrlieferungen ausgehandelt werden. Diese können z.B. auf einer einjährigen Beobachtung über Garantiefälle basieren. Solche Vereinbarungen werden z.B. bei Zulieferfirmen der Halbleiterindustrie getroffen.

Die tatsächlich auftretenden Kundenbeanstandungen liefern die notwendigen Grundlagen für die Ermittlung der Zuverlässigkeit [ohl]. Daten aus dem Feld zeichnen sich dadurch aus, daß sie gegenüber Daten aus dem Versuch die tatsächlichen Gegebenheiten und Beanspruchungen der Nutzung wiedergeben, aber nicht in jedem Fall vollständig erfaßbar sind [vd1]. Des weiteren muß beachtet werden, daß Felddaten zwar Auskünfte über die Zuverlässigkeit geben, aber im allgemeinen nicht auf die Fehlerursache hinweisen.

Unter Umständen können Felddaten bei der Fehleranalyse auch auf eine falsche Fehlerursache hinweisen. Bedingt durch den Zwang zur schnellen und effizienten Reparatur sind Werkstätten häufig gezwungen, eine Einheit komplett auszutauschen, anstatt sie zu demontieren und nur das fehlerhafte Teil zu ersetzen. Die Bereitschaft zum schnellen Austausch scheint vor allem von der Komplexität des Produktes abzuhängen. Besonders einfache und preiswerte Komponenten (z.B. Glühbirnen oder Zündkerzen) erzwingen ihn, da ihr Preis eine nähere Ursachenanalyse nicht rechtfertigt. Besonders komplexe Produkte überschreiten die Möglichkeit einer Reparatur in der Servicewerkstatt. Durch diese Praxis sind Schlußfolgerungen auf die Fehlerursache für einen Feldausfall nicht immer möglich, da eine Fehleranalyse nicht im notwendigen Ausmaß betrieben und dokumentiert wird. Die reale Fehlerursache kann nur durch eingehende Untersuchungen des betroffenen Teils durch Fachpersonal ermittelt werden. Diese erfolgen im allgemeinen bei kritischen Beanstandungen zwischen Industrieunternehmen, finden aber an der Schnittstelle zum Endabnehmer (z.B. Werkstätten) kaum statt.

In diesem Zusammenhang müssen die möglichen Datenquellen, die Auskunft über das Ausfallverhalten geben, näher betrachtet werden. Die Tauglichkeit der verschiedenen Datenquellen für Felddatenanalysen ist von der Vollständigkeit und Erfaßbarkeit der Felddaten abhängig. Vollständig bedeutet dabei, daß alle Ausfälle des Produkts dem Hersteller bekannt werden. Erfaßbarkeit bedeutet, daß alle den Ausfall beschreibenden Informationen (z.B. Typ, Fehlerart) bekannt sind.

6.4.1 Datenquellen

Die Felddaten, die zur Beurteilung der Produkte und der daraus resultierenden Verbesserungsmaßnahmen notwendig sind, können aus verschiedenen Quellen stammen. Vollständige Feldinformationen werden im wesentlichen von folgenden Quellen geliefert **(Bild 6.4)** [sto]:

– Beim Empfang der Ware. Hier wird die Auspackqualität z.B. im Wareneingang des Abnehmers festgestellt und in Prüfberichten dokumentiert.

– Bei der Außenmontage, Inbetriebnahme oder Abnahme werden festgestellte Mängel beispielsweise in Montageberichten oder Fehlermeldungen vermerkt.

Beide Datenquellen sind von ihrem Charakter her gleich. Die betroffene Einheit befindet sich zwischen den Phasen Produktentstehung und -nutzung. Als weitere Datenquellen sind zu nennen:

– Kundenreklamationen während der Garantiezeit, die z.B. über die ausführende Werkstatt erfaßt werden können.

– Rückrufaktionen und Aktionen, die innerbetrieblich veranlaßt werden, wenn Fehler erkannt und an bereits verkauften Einheiten beseitigt werden sollen.

Für eine zuverlässige Auswertung der Felddaten dürfen nur solche Datenquellen herangezogen werden, die eine vollständige Datenerhebung möglich machen. In diesem Zusammenhang kommt den Kundenreklamationen während der Garantiezeit eine besondere Bedeutung zu. Innerhalb der Garantiezeit werden dem Kunden in der Regel die durch einen auftretenden Mangel entstandenen Kosten am Produkt vom Hersteller erstattet. Das bedeutet, daß nahezu alle wichtigen und wissenswerten Informationen über das Verhalten seiner Produkte den Erzeuger zu Beginn der Nutzungsphase erreichen. Im Gegensatz dazu können Ausfälle und Reparaturen nach Garantiezeitende nicht ohne weiteres für die Auswertung genutzt werden, da nur ein unbestimmter Anteil aller Ausfälle und Reparaturen nach Ablauf der Gewährleistungsfrist dem Hersteller bekannt wird und damit nicht mehr gesichert auswertbar ist. Entweder wird ein Teil der Ausfälle gar nicht mehr behoben oder durch fremde Unternehmen beseitigt. Auch in diesem Fall bestätigen Ausnahmen die Regel. Leasingobjekte beispielsweise unterliegen häufig einer weitestgehenden lückenlosen Felddatenerfassung über die Garantie-

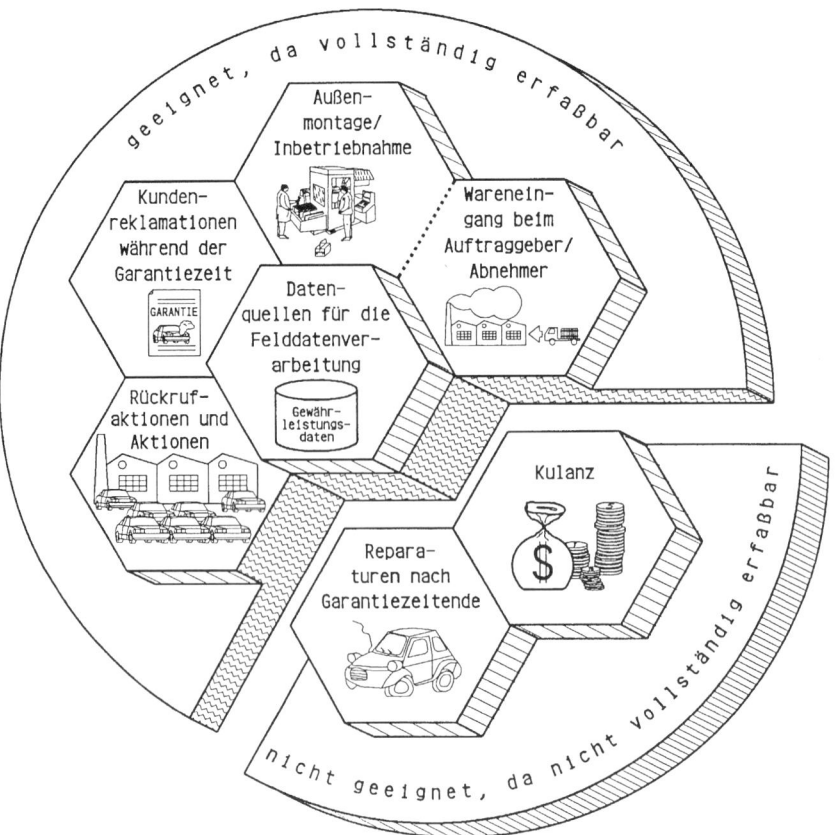

Bild 6.4   Mögliche Datenquellen zur Beschaffung von Feldinformationen

zeit hinaus, weil der Nutzer vertraglich zu Wartungsarbeiten gezwungen ist. Einen ähnlichen Sachverhalt stellen die zwischen Kunden und Herstellern vereinbarten Instandhaltungs- bzw. Wartungsverträge dar, wie sie z.B. bei Kopiergeräten üblich sind.

Die Kundenreklamationen stellen jedoch nicht die einzige Informationsquelle dar. Zu Beginn der Nutzungsphase bieten sich darüber hinaus weitere Möglichkeiten, qualitätsrelevante Daten nach der Auslieferung zu erfassen. Dabei kann es sich um Beanstandungen des Wareneingangs beim Abnehmer handeln. Hierdurch sind z.B. Schlußfolgerungen über den Erfolg eingeführter qualitätsrelevanter Maßnahmen bei der Produktentstehung (z.B. in der Endprüfung) möglich. Dies ist sowohl bei Stichprobenprüfungen als auch bei 100%-Prüfungen denkbar. Außerdem eignen sich Berichte des eigenen Personals, die bei der Außenmontage bzw. Inbetriebnahme erstellt werden, um Mängel der fertigen Erzeugnisse aufzudecken. Daten aus diesen Datenquellen geben keine Auskunft über die Produktzuverlässigkeit, weil sie in der Schnittstelle zwischen Produktentstehung und -nutzung entstanden sind und demzufolge noch keine Nutzung vorlag, denn nach [di3] ist die Zuverlässigkeit der

„Teil der Qualität im Hinblick auf das Verhalten der Einheit während oder nach vorgegebenen Zeitspannen bei vorgegebenen Anwendungsbedingungen".

Daten dieser Datenquellen können für die Einleitung qualitätssichernder Maßnahmen herangezogen werden, müssen aber von den in der Nutzungsphase entstandenen Daten getrennt behandelt werden.

„Rückrufaktionen" und „Aktionen" sind Maßnahmen zur Beseitigung eines festgestellten Mangels. Bei der Rückrufaktion erfolgt die Mängelbeseitigung beim Hersteller bzw. bei dessen Vertretung. Im allgemeinen hat das Produkt dann bereits eine gewisse Nutzung erreicht. Bei der Aktion erfolgt die Beseitigung häufig direkt beim Abnehmer. Dies können z.B. Sortierprüfungen des Herstellers bei seinem Kunden sein, wenn dieser festgestellt hat, daß fehlerhafte Produkte bereits weiterverarbeitet bzw. montiert wurden. Auch hier ist wiederum besondere Vorsicht bei der Analyse geboten. Daten aus Aktionen stammen von Produkten, die bisher keiner Nutzung unterlagen und müssen ebenfalls von den in der Nutzungsphase entstandenen Daten getrennt behandelt werden.

Problematischer hingegen ist die Behandlung von Felddaten, die auf Grund einer Kulanzregelung zustande gekommen sind. Je nach Marktlage oder auch der regionalen Marktsituation können unternehmenspolitische Gründe dafür sprechen, Kulanzregelungen unterschiedlich zu handhaben. Nur wenn die Kosten für die Mängelbeseitigung durch den Hersteller übernommen werden, sind die Mängel auch für ihn erfaßbar. Demzufolge ist es möglich, daß gleiche Mängel aufgrund unterschiedlicher regionaler Einschätzungen in einer Region mit beispielsweise niedrigen Absatzzahlen erfaßt werden, wohingegen sie in absatzstarken Regionen nicht erfaßt werden, da hier eine kunden- und vertriebsfreundlichere Kulanzlösung nicht als notwendig erachtet wird. Ein nicht erfaßter Mangel ist aber gleichbedeutend mit einem nicht aufgetretenen Mangel und verfälscht damit die statistische Felddatenauswertung. Die Kulanz ist somit nicht ohne weiteres als geeignete Datenquelle für Felddatenauswertungen anzusehen.

6.4.2 Datenerfassung

Eine Datenerfassung für Felddaten erfordert eine Formalisierung des Berichts- und Meldesystems [sto]. Zur vollständigen Ereignisbeschreibung von Ausfällen während der Nutzung könnte ein Erfassungsformular eingesetzt werden (**Bild 6.5**). Es beinhaltet die wesentlichen Datenelemente für die Einleitung von Maßnahmen zur Steuerung der Erzeugnisqualität.

Die systematische Datenerfassung ist somit die Grundlage für qualitätssichernde Maßnahmen in diesem Bereich. Wesentlich ist hierbei die genaue Planung der Datenerfassung. Neben der systematischen Erfassung ist auch die schnelle Weitergabe der Daten aus der Nutzungsphase an die für Produktentstehung verantwortlichen Bereiche notwendig. Nur dadurch sind schnelle Reaktionen auf mangelhafte Produkte möglich.

Erst die Auswertung und Analyse dieser Daten liefert brauchbare Informationen über das Produktverhalten in der Nutzungsphase und wird damit zu einer wertvollen Planungshilfe [vd1, sto]. Zur Unterstützung der Erfassung und Auswertung von Felddaten empfiehlt sich der Aufbau eines Informationssystems, das in den gesamten Verbund eines Qualitätsinformationssystems eingebunden ist. Je nach Produktpalette und Werk-

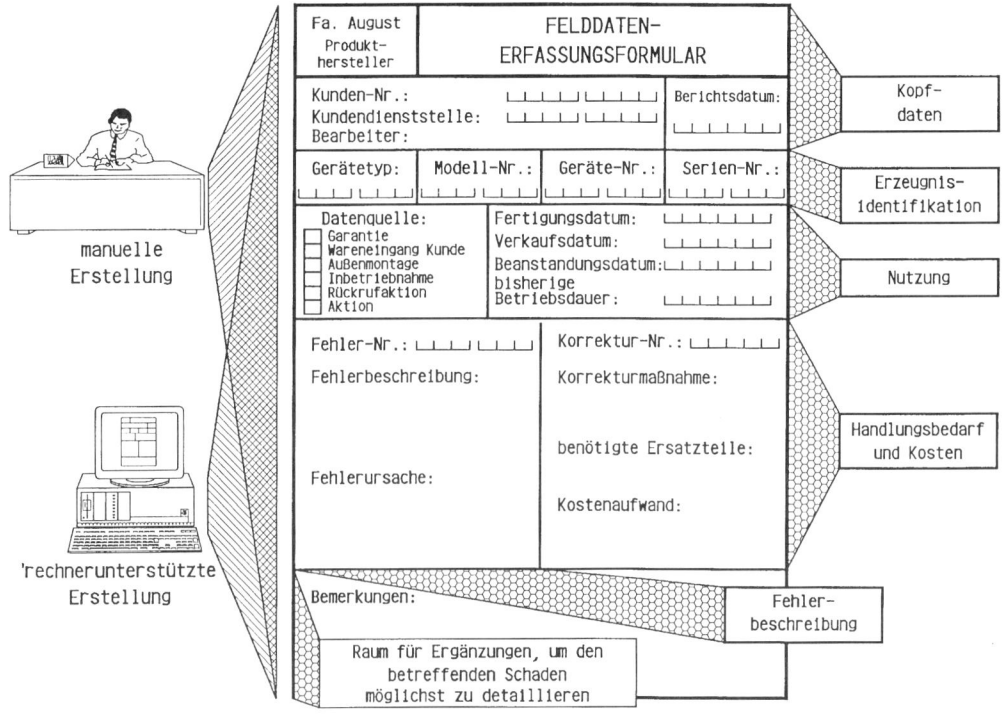

Bild 6.5   Formular für die Erfassung von Felddaten

stattnetz kann die Felddateneingabe in das Informationssystem on-line am Fehlerbesei-
tigungsort (z. B. in der Reparaturwerkstatt) oder erst im Unternehmen erfolgen. Dies ist
z. B. bei Wartungsarbeiten an Investitionsgütern, die außerhalb des Unternehmens
durchgeführt werden, möglich.

6.4.3 Felddatenverarbeitung

Basis der Felddatenverarbeitung ist die Erfassung der erforderlichen Daten **(Bild 6.6)**.
Diese Daten müssen nach ihrer Erfassung dokumentiert und aufbereitet werden, damit
sie ausgewertet werden können. Bei der Auswertung werden Kennzahlen für technische
und kaufmännische Fragestellungen ermittelt. Beispielsweise werden im technischen
Bereich Ausfallstatistiken und im kaufmännischen Bereich Garantiekostenstatistiken
erstellt, die Aussagen über Schadenshäufigkeit und die damit verbundenen wirtschaftlichen Folgen zulassen. Eine mögliche Kennzahl ist z. B. die relative Schadenshäufigkeit,
die als das Verhältnis aus der Summe der Kundendienstreparaturen zur Summe der in
Garantie befindlichen Geräte definiert werden kann [sto].

Kennzahlen allein reichen nicht aus, um treffende Aussagen über das Produktverhalten
während der Nutzung zu erhalten. Sie müssen in geeigneter Form dargestellt werden,
damit sie konkret hinterfragt und analysiert werden können und somit besser nutzbare
Informationen für das produzierende Unternehmen liefern.

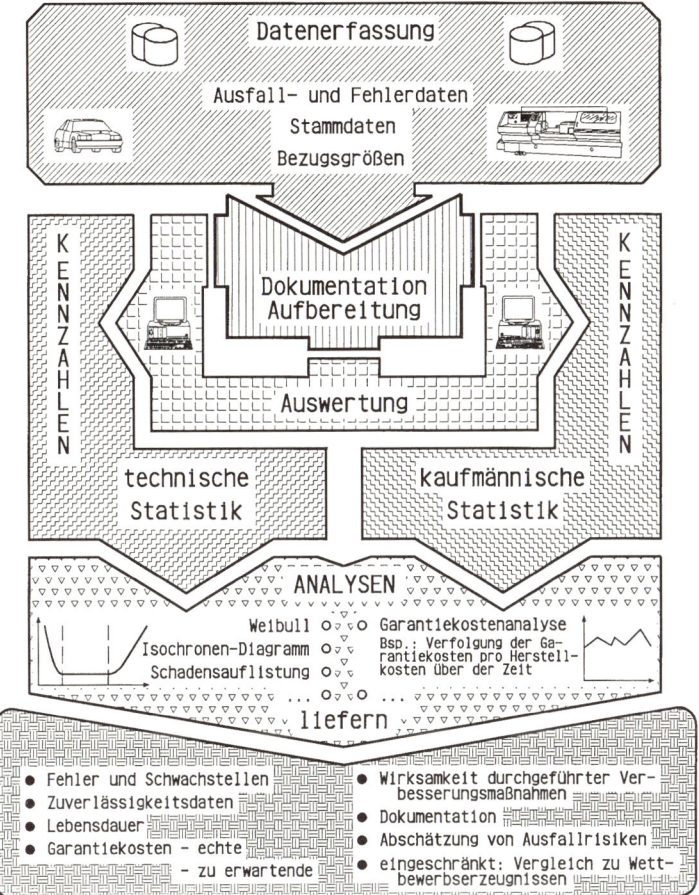

Bild 6.6 Struktur der Felddatenverarbeitung

Bevor die gängigen Analyseverfahren vorgestellt werden, soll an dieser Stelle zunächst eine detaillierte Vorstellung der benötigten Daten gegeben werden.

Ausfalldaten

Die Daten, die Auskunft über Häufigkeit und Art der Ausfälle geben, erhält man aus der oben beschriebenen Datenerfassung. Sie liefern die eigentliche Aussage über das Verhalten der Produkte während der Nutzung. Dazu muß zunächst festgelegt werden, welche Daten aus der Flut der eintreffenden Informationen herausgefiltert und bereitgestellt werden sollen **(Bild 6.7)**.

Die Erzeugnis-Nummer dient der Identifikation des Produktes. Sie erlaubt den Zugriff auf die benötigten Stammdaten (siehe Stammdaten). Entsprechend wird die Fehlernummer dem Fehlerkatalog (siehe Fehlerdaten) entnommen. Sie beschreibt den aufgetretenen Fehler.

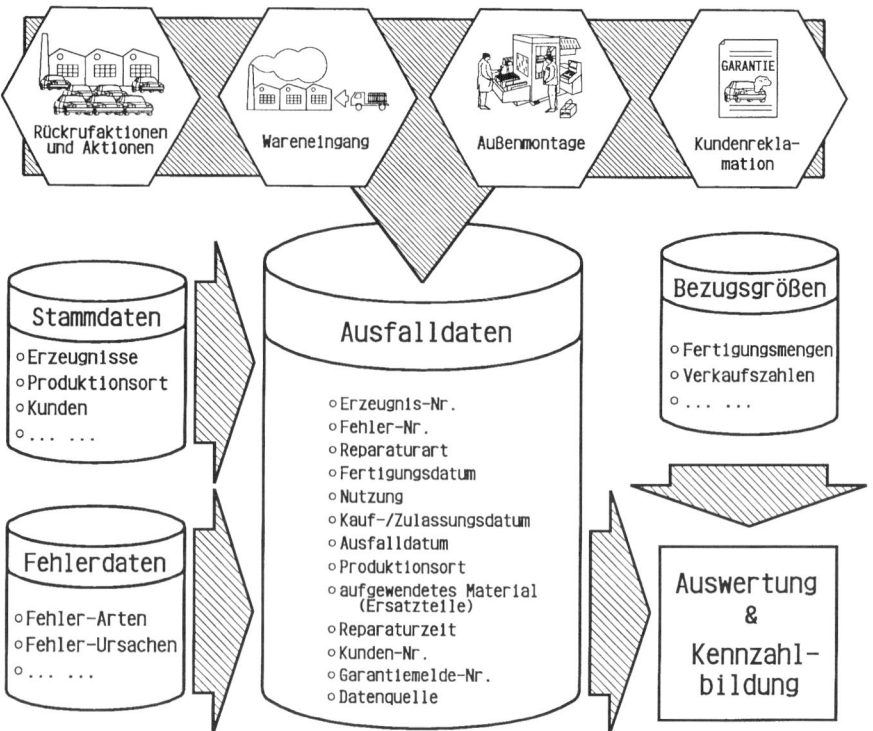

Bild 6.7 Benötigte Daten für die Auswertung von Beanstandungen während der Gewährleistungszeit

Die Reparaturart gibt an, ob es sich um einen Garantiefall an einem neuen, an einem bereits reparierten oder an einem ausgetauschten Erzeugnis handelt. Dies ist wichtig, weil diese Reparaturarten getrennt zur Auswertung kommen müssen, da es sich in der Regel auch um unterschiedliche Ausfallmechanismen handelt.

Das Fertigungs-, das Kauf- bzw. Zulassungs- sowie das Ausfalldatum in Verbindung mit der Nutzung werden für die Ausfallstatistik benötigt. Sie ermöglichen u.a. eine trendmäßige Vorhersage der Ausfallzahlen.

Die Garantiekostenstatistik greift auf die Daten über aufgewendetes Material bzw. Ersatzteile und Informationen über die Reparaturzeiten zurück, um die Kosten für Mängel durch unzureichende Qualität und Zuverlässigkeit aufzulisten und ihrer Entstehung zuzuordnen.

Die letzten drei Datenarten, die Kunden-Nr., die Garantiemelde-Nr. und die Datenquelle dienen dabei vornehmlich der Rückverfolgbarkeit der Information.

Fehlerdaten

Eine systematische Felddatenerfassung setzt nicht nur, wie oben beschrieben, eine formalisierte Erfassung voraus, vielmehr müssen darüber hinaus auch Hilfsmittel geschaffen werden, die eine einheitliche Beschreibung von Ereignissen in der Nutzungsphase erlauben. Gerade bei der Felddatenerfassung, die häufig außerhalb des für das Produkt verantwortlichen Unternehmens erfolgt, ist dies besonders wichtig.

Die Vorkommnisse in der Nutzungsphase werden durch Ausfalldaten beschrieben. Durch die Zuordnung von Fehlerdaten wird der Fehler eindeutig beschrieben. Hierzu sind Angaben zur Fehlerart, zum Fehlerort und zur Fehlerursache u. a. notwendig. Die große Anzahl von Attributen, die diese Parameter beschreiben, sollten in Standardkatalogen abgelegt sein. Nur so kann das mit der Erfassung betraute Personal schnell und vor allem eindeutig Produktfehler aus dem Feldeinsatz beschreiben.

Zur Vermeidung von Informationsverlusten bei der Fehlererfassung sollten derartige Standardkataloge auf das betreffende Produkt zugeschnitten sein. Eine weitgehende Verallgemeinerung der Standardkataloge, um z. B. mittels eines einzigen produktneutralen Kataloges Fehlervorkommnisse an verschiedenen Produkten zu beschreiben, ist weniger sinnvoll. Datenerfassungen, die auf der Grundlage solcher Kataloge durchgeführt werden, verhindern aussagekräftige Auswertungen. Durch den verminderten Informationsgehalt können dann nur bedingt Maßnahmen zur Regelung der Erzeugnisqualität im Unternehmen eingeleitet werden.

Als besonderes Problem stellt sich hier die Definition neuer Fehlerarten, Fehlerursachen oder auch Fehlermaßnahmen dar, die bisher nicht im Fehlerkatalog eingetragen waren. Es muß gewährleistet sein, daß gleiche Vorkommnisse auch gleiche Bezeichnungen erhalten. Erst dann wird eine Auswertung möglich. Dies kann besonders bei Fehlern problematisch sein, die dezentral (z. B. in Reparaturwerkstätten) beschrieben werden. Durch entsprechende Regeln muß vermieden werden, daß gleiche Fehler unterschiedliche Fehlerbezeichnungen erhalten.

Bei der Definition einer neuen Fehlerursache ist zuvor eine Betrachtung notwendig, ob überhaupt eine eindeutige Ermittlung und Zuordnung der Fehler- bzw. Ausfallursache möglich ist [sto].

Stammdaten

Die Ausfalldaten werden ergänzt durch die Zuordnung der Stammdaten, die im Unternehmen vorliegen. Sie werden benötigt, um später Ergebnisse zuzuordnen und Maßnahmen abzuleiten. Diese Daten ermöglichen zudem, auf weitere produktspezifische Informationen zurückzugreifen. Dies ist beispielsweise wichtig, um die einzelnen Fertigungsschritte in Erfahrung zu bringen, die für die Ableitung von Maßnahmen unabdingbar sind. Es handelt sich dabei mindestens um [vd1]:

– die Erzeugnis-Nummer
– die Erzeugnis-Bezeichnung
– die Angabe von Baureihe, Baumuster, Modell und Typ
– den Produktionsort

Bezugsgrößen

Um Kennzahlen für Analysen zu bilden, benötigt man Bezugsgrößen. In den meisten Fällen handelt es sich um Fertigungs- oder Verkaufsmengen von Erzeugnissen eines Berichtszeitraums. Des weiteren kann es wichtig sein, auch über die Losgröße eines Erzeugnisses informiert zu sein. Andere Kennzahlen beziehen sich auf die Anzahl der in

Garantie befindlichen Produkte in einem Berichtszeitraum oder die Anzahl der in Betrieb befindlichen Erzeugnisse in einem Berichtszeitraum. Den Anforderungen entsprechend sind weitere Bezugsgrößen zu bestimmen.

6.5   Weibull-Analyse

Die Zuverlässigkeit von Produkten ist abhängig von unterschiedlichen Einflußgrößen. Sowohl die Beanspruchungsbedingungen, die vom jeweiligen Anwendungsfall abhängig sind, als auch die Erzeugnisqualität selbst entscheiden über die zu erwartende Lebensdauer [zip]. Mit den Hilfsmitteln der Statistik ist es jedoch möglich, auch diese zufallsabhängigen Vorgänge zu beschreiben. In diesem Zusammenhang unterscheidet man zur Beschreibung der Lebensdauer die *Dichtefunktion f(t)* und die *Verteilungsfunktion F(t)* [har]. Die Dichtefunktion gibt die Häufigkeit (absolut oder relativ) der von den einzelnen Erzeugnissen eines betrachteten Kollektivs erreichten Lebensdauer wieder. Bei der Betrachtung des Ausfallverhaltens spricht man in diesem Fall dann von der sogenannten Ausfalldichte. Die Verteilungsfunktion F(t) ist die Integralfunktion der Dichtefunktion f(t) [zip]. Die graphische Darstellung der Verteilungsfunktion entspricht der Summenkurve, d.h. der über dem Lebensdauermerkmal aufsummierten Häufigkeiten der entsprechenden Erzeugnislebensdauern [dg3]. Im Zusammenhang mit der Ausfallanalyse bezeichnet man diese Funktion dann auch als *Summenausfallhäufigkeit.* Sie ist gleichbedeutend mit der Ausfallwahrscheinlichkeit [vd1]. In **Bild 6.8** sind exemplarisch die Ausfalldichte f(t) und die Summenausfallhäufigkeit dargestellt. Die Verteilungsfunktion F(t) wird üblicherweise für Auswertungen herangezogen, da sie bezüglich ihrer Darstellung eine Reihe von Vorteilen gegenüber der Dichtefunktion f(t) aufweist [vd1]. Die bekannteste, aber in diesem Zusammenhang in der Praxis oft nicht relevante und nicht gebräuchliche Verteilungsfunktion, ist die Gauß'sche Normalverteilung, deren Dichtefunktion die Gauß'sche Glockenkurve darstellt [dg3].

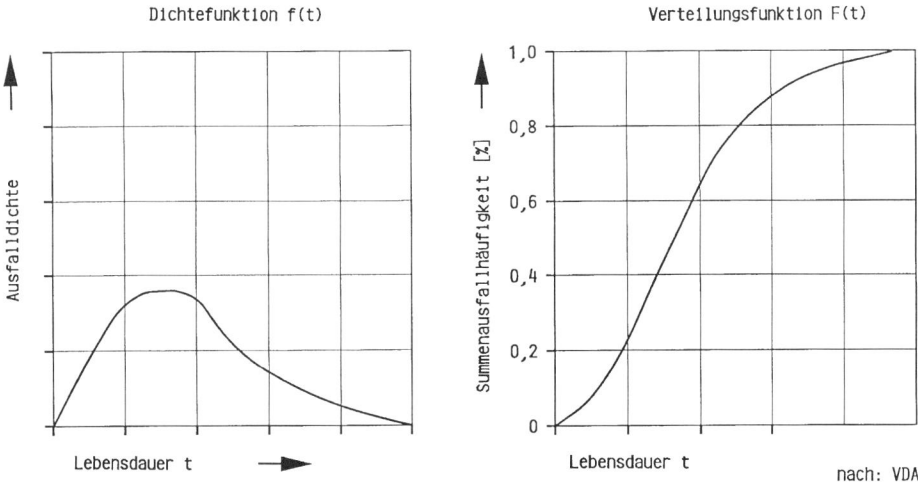

Bild 6.8   Ausfalldichte und Summenausfallhäufigkeit

Jede die Lebensdauer beschreibende Verteilungsfunktion kann dabei durch eine oder durch die Überlagerung mehrerer typischer statistischer Verteilungsformen beschrieben werden. Dabei kann es sich beispielsweise um eine Exponential-, eine Normal-, eine links- oder rechtsschiefe Lognormalverteilung handeln [zip].

6.5.1 Die Weibull-Verteilungsfunktion

Wie *Wallodi Weibull* im Jahre 1939 herausfand, ist es möglich, die meisten Verteilungsformen und deren Überlagerungen (sog. Mischverteilungen) mit einer **universellen Verteilung** hinreichend genau anzunähern [we1, we2]. B. V. Gnedenko fand 1941 das gleiche Verteilungsgesetz [gne]. Es handelt sich bei dieser Verteilung um die sogenannten *Weibull-Gnedenko-Exponentialverteilung,* im folgenden kurz *Weibull-Verteilung* genannt [dg4, gei, har, ohl, vd1, zip]. Die Weibull-Verteilungsfunktion (Summenausfall-häufigkeit F(t)) ist die Grundlage zur Bestimmung und Auswertung des Ausfallverhaltens und lautet:

$$F(t) = 1 - e^{-\left(\frac{t-t_0}{T-t_0}\right)^b}. \tag{6.1}$$

Bei dieser Verteilungsfunktion handelt es sich um eine 3-parametrige Verteilungsfunktion mit den Parametern b, t_0 und T und der Variablen t. Es ist

t   *Lebensdauervariable* (z.B. Einsatzdauer, Fahrstrecke oder Lastwechsel)
es gilt $t \geq 0$

T   *Charakteristische Lebensdauer* (diejenige Lebensdauer bis zu der 63,2% der betrachteten Einheiten ausgefallen sind)
es gilt $T \geq 0$

b   *Formparameter* (Maß für den Anstieg, der als Gerade dargestellten Verteilungsfunktion im transformierten Diagramm)
es gilt $b \geq 0$; in der Praxis meist $\frac{1}{4} \leq b \leq 5$

t_0 *ausfallfreie Zeit;* z.B. Aktivierungszeit für den Ausfallmechanismus

Allgemein ist die ausfallfreie Zeit $t_0 = 0$. Der Parameter t_0 kann aber auch von Null verschiedene Werte annehmen [dg4]. Es gilt $t_0 > 0$, wenn der Ausfallmechanismus frühestens nach einer Zeit t_0 aktiviert wird (z.B.: Reifenverschleiß, bei dem ein bestimmter Verschleiß bis zum ersten Ausfall notwendig ist [vd1]). Es gilt $t_0 < 0$, wenn der Ausfallmechanismus bereits vor der Inbetriebnahme eines Erzeugnisses aktiviert wird. (z.B.: Beanspruchung beim Transport [dg4]). Von Null verschiedene Parameter t_0 werden bei der graphischen Darstellung lediglich durch eine Verschiebung der Lebensdauerachse (Abszisse) um den Betrag t_0 berücksichtigt. Durch Substitution geht die Weibull-Verteilung somit in die 2-parametrige Form über:

$$F(t) = 1 - e^{-\left(\frac{t^*}{T^*}\right)^b} \tag{6.2}$$

In **Bild 6.9** ist die Verteilungsfunktion der 2-parametrigen Form für verschiedene Werte des Formparameters b dargestellt und über der normierten Lebensdauer t/T aufgetragen. Die verschiedenen Kurvenverläufe F(t/T; b) der Verteilungsfunktion schneiden sich in einem Punkt, und zwar für t/T = 1. Die Verteilungsfunktion ist F(t) = 63,2%, und in diesem Zusammenhang ist die *charakteristische Lebensdauer T* diejenige Lebensdauer, bis zu der 63,2 % der betrachteten Einheiten ausgefallen sind [vd1].

Durch Variation des Formparameters b ist es möglich, mit der Weibull-Verteilung folgende Spezialfälle anzunähern [vd1, zip]:

b ≈ 1   Exponentialverteilung

b ≈ 2   Lognormalverteilung

b ≈ 3,2 ... 3,6 Normalverteilung

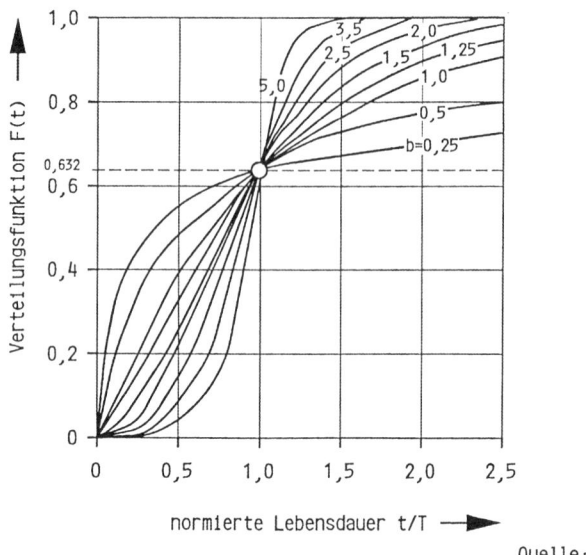

Quelle: VDA

Bild 6.9   2-parametrige Weibullverteilungsfunktion

6.5.2   Das Lebensdauernetz

Die Darstellung der Verteilungsfunktion der Weibull-Verteilung kann durch Transformation der Achsmaßstäbe in eine Gerade überführt werden. Dazu wird die Ordinate nach einem doppellogarithmischen Maßstab und die Abszisse nach einem logarithmischen Maßstab verzerrt [dg1, vd1, zip]. Ausgehend von der 2-parametrigen Weibull-Verteilungsfunktion (6.2) erzeugt man durch Umstellen einen Ausdruck in Form einer Geradengleichung:

$$Y = b \cdot X - b \cdot \ln T. \tag{6.3}$$

Darin ist b die Steigung der Geraden, sie entspricht direkt dem Formparameter b; b · lnT entspricht dem Abschnitt auf der Y-Achse für X = 0. **Bild 6.10** zeigt hierzu eine typische Weibull-Verteilung. Sie ist links in einem Koordinatensystem mit linearer Achsteilung dargestellt. Es ergibt sich ein S-förmiger Kurvenzug. Der rechte Bildteil

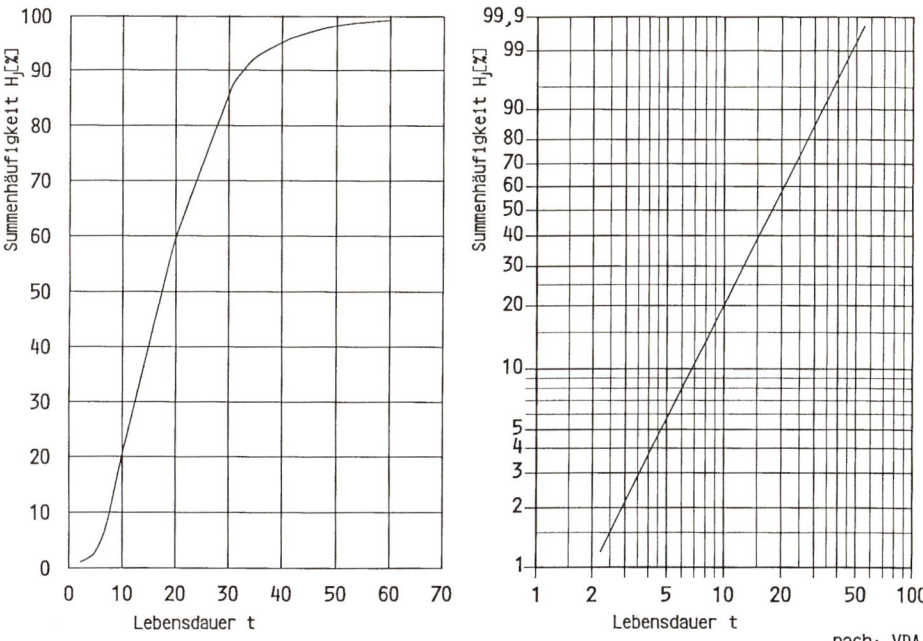

nach: VDA

Bild 6.10   Weibullverteilung im linearen und im transformierten Koordinatensystem

zeigt die gleiche Verteilung in einem Koordinatensystem mit den nach obiger Vorgehensweise transformierten Achsmaßstäben. Es ergibt sich nun eine einfach abzulesende Gerade. Das durch diese Substitution transformierte Koordinatensystem wird *Weibull-Wahrscheinlichkeitsnetz* bzw. *Lebensdauernetz* genannt. Die entstehende Gerade wird als *Lebensdauergerade* bezeichnet [dg3, dg4].

Im folgenden wird zunächst die Vorgehensweise zur graphischen Auswertung mit Hilfe des Lebensdauernetzes unter der Voraussetzung beschrieben, daß eine definierte *Stichprobe einer Grundgesamtheit aller Einheiten* untersucht wird. Alle Elemente dieser Stichprobe sind mit einer bekannten Lebensdauer ausgefallen. Das Lebensdauermerkmal ist die Überlebenszeit. Das ist die zwischen der Produktfertigstellung und dem Ausfall des Produktes verstrichene Zeit. Dies ist ein idealisierter Fall, der bei der Auswertung von Feldausfällen nicht vorkommen wird. Bei der Auswertung müssen zum einen nicht ausgefallene Einheiten berücksichtigt werden und zum anderen müssen i. allg. von der Überlebenszeit verschiedene Lebensdauermerkmale betrachtet werden. Werden solche Korrekturen nicht vorgenommen, führt die Auswertung im Lebensdauernetz zu falschen Ergebnissen. Dieser Sachverhalt wird im Anschluß dargestellt.

Der erste Schritt bei der Durchführung der Auswertung ist das Bilden der Summenhäufigkeit H_j in Abhängigkeit der Größe des Stichprobenumfangs [dg4, vd1, zip]. Bei kleinen Stichprobenumfängen (n < 50) wird für jeden einzelnen Ausfall eine Summenhäufigkeit H_j berechnet. Zunächst wird jedem Ausfall eine Ordnungszahl j = 1 … n entsprechend der erreichten Lebensdauer t zugeordnet. Das Erzeugnis mit der niedrigsten erreichten Lebensdauer erhält die niedrigste Ordnungszahl j = 1. Die diesem Erzeugnis zugeordnete Lebensdauer wird dann mit t_1 bezeichnet. Das Erzeugnis mit der höchsten Lebensdauer t_n wird entsprechend mit der höchsten Ordnungszahl j = n versehen [dg4].

Für die nun folgende Bestimmung der Summenhäufigkeiten bieten sich verschiedene Möglichkeiten an. Einerseits ist es möglich, diese Werte Tabellen zu entnehmen, andererseits kann eine Berechnung der Werte mit Hilfe von Näherungsformeln erfolgen. Welches der folgenden, prinzipiell gleichwertigen Verfahren zur Anwendung kommt, ist nicht relevant, da alle Methoden praktisch die selben Zahlenwerte liefern [dg4]:

– Verteilungsfreie Schätzfunktion für den Erwartungswert des Wahrscheinlichkeitsintegrals („Mean Rank-Verfahren") [gum]:

$$H_j = \frac{j}{n+1}.\tag{6.4}$$

– Näherungsformel für das „Median Rank-Verfahren" [ben]:

$$H_j = \frac{j-0{,}3}{n+0{,}4}.\tag{6.5}$$

Bei Stichprobengrößen von mehr als 50 Stück ist es möglich, zur Vereinfachung des Auswertevorgangs das Lebensdauermerkmal in Klassen zu unterteilen [zip, vd1, dg4]. Dazu wird die Ausprägung des Lebensdauermerkmals in 5 bis 20 gleichgroße Intervalle unterteilt. Die einzelnen von den betrachteten Erzeugnissen erreichten Lebensdauern werden dann den einzelnen Klassen t_j zugeordnet. Fallen dabei vergleichsweise wenige Einzelwerte in die erste bzw. in die letzte Klasse, so wie sich das in der Praxis häufig ergibt, können diese beiden Klassen vergrößert werden.

Die Anzahl der Ausfälle eines Lebensdauerintervalls, also die Anzahl der Ausfälle, die einer Klasse t_j zugeordnet werden, wird als absolute Klassenhäufigkeit oder Besetzungszahl n_j bezeichnet [zip]. Mit dieser Größe kann nun die Summenhäufigkeit H_j der einzelnen Klassen berechnet werden. Die Summenhäufigkeit H_j einer Klasse j bildet man dann aus dem Quotienten der aufsummierten Besetzungszahlen bis einschließlich der Klasse n_j und der Anzahl aller betrachteten Erzeugnisse n:

$$H_j = \frac{\Sigma\,n_j}{n}.\tag{6.6}$$

Die Wertepaare (H_j; t_j) können nun im Lebensdauernetz aufgetragen werden. Bei Klassenbildung werden die Werte H_j über der oberen Klassengrenze aufgetragen. Liegt eine Weibullverteilung vor, dann lassen sich die Punkte durch eine Gerade (Lebensdauergerade) verbinden. Kleinere Abweichungen können durch eine Ausgleichsgerade angenähert werden. Lassen sich die Punkte nur durch zwei oder mehrere Geraden verbinden bzw. ausgleichen, dann handelt es sich um eine Mischverteilung. Sie setzt sich aus der Überlagerung zweier oder mehrerer Weibull-Verteilungen zusammen [zip].

6.5.3 Ermittlung der Parameter der Weibull-Verteilung

Für die Auswertung des Ausfallverhaltens ist es notwendig, die Werte der Parameter der Weibull-Verteilung zu bestimmen, da sie konkrete Rückschlüsse auf die Zuverläs-

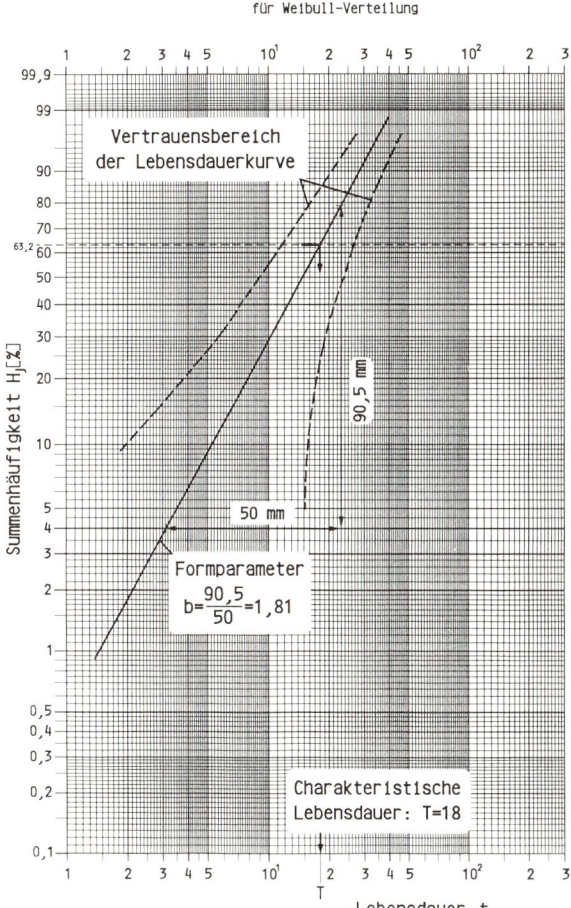

Bild 6.11 Lebensdauergerade – Vertrauensbereich und Parameter

sigkeit der Erzeugnisse zulassen. Wichtige Größen sind dabei die charakteristische Lebensdauer T und der Formparameter b.

Die charakteristische Lebensdauer T erhält man durch loten des Schnittpunktes der Lebensdauergeraden mit der 63,2%-Linie auf die Abszisse [zip, vd1]. Bei dem gewählten Beispiel ergibt sich eine charakteristische Lebensdauer von T = 18 **(Bild 6.11)**.

Der Formparameter b ist ein Maß für die Steigung der als Gerade dargestellten Verteilungsfunktion im transformierten Diagramm. Der Formparameter gibt Aufschluß über die Art des vorliegenden Ausfallverhaltens [zip, vd1, gei]. Es gilt:

b < 1 Frühausfälle; d.h. abnehmende Ausfallwahrscheinlichkeit

b = 1 Zufallsausfälle; d.h. konstante Ausfallwahrscheinlichkeit

b > 1 Verschleiß- und Ermüdungsausfälle; d.h. steigende Ausfallwahrscheinlichkeit.

Für die Verteilung aus Bild 6.11 ergibt sich somit ein Wert für den Formparameter von b = 1,81, was bedeutet, daß es sich bei den Ausfällen um Verschleißausfälle handelt.

Die ermittelte Lebensdauerverteilung spiegelt das *Ausfallverhalten der Stichprobe* wieder. Sie darf nicht verwechselt werden mit der Lebensdauerverteilung der Grundgesamtheit, aus der die Stichprobe entnommen wurde. Allerdings kann das Ergebnis der Stichprobe als Schätzwert der Lebensdauerkurve der Grundgesamtheit betrachtet werden. Der Bereich zu beiden Seiten der Stichproben-Geraden, in dem die Lebensdauergerade der Grundgesamtheit liegen könnte, kann mit einer bestimmten Aussagewahrscheinlichkeit angegeben werden. Dieser Bereich wird *Vertrauensbereich der Lebensdauerkurve* genannt (Bild 6.11). Der Vertrauensbereich der Lebensdauerkurve wird mit fortschreitender Lebensdauer schmaler, weil mit zunehmender Lebensdauer die Anzahl ausgefallener Erzeugnisse zunimmt und somit mehr und mehr Einheiten der Stichprobe berücksichtigt werden können und damit die Genauigkeit steigt [zip, vd1, dg4].

Auch der aus der Stichprobe gewonnene Formparameter stellt nur einen Schätzwert für den Formparameter der Grundgesamtheit dar. Der *Vertrauensbereich für den Formparameter b* wird ebenfalls durch seine obere und untere Grenze b_{un} und b_{ob} dargestellt. Auf die Bestimmung der Vertrauensbereiche [vd1] soll hier nicht weiter eingegangen werden.

6.5.4   Berücksichtigung nicht ausgefallener Einheiten

Bei der Auswertung von Ausfällen im Feld sieht man sich mit der Situation konfrontiert, daß man nur Informationen über die Lebensdauer der Erzeugnisse zur Verfügung hat, die als *erstes ausfallen*. Diese Gruppe der ausgefallenen Erzeugnisse stellt natürlich keine repräsentative Stichprobe dar, wie sie für die oben beschriebene Auswertung erforderlich ist. Berücksichtigt man allerdings die Anzahl der Einheiten, die die gleiche Lebensdauer erreicht haben, wie ein ausgefallenes Erzeugnis, so ist es trotz allem möglich, eine aussagekräftige Lebensdauergerade zu erzeugen. Auf die Herleitung dieses Korrekturverfahrens soll an dieser Stelle verzichtet werden. Es wird jedoch kurz skizziert, welche Überlegungen zu dieser Korrektur führen.

Eine Grundgesamtheit von n Einheiten wird in k Prüflose unterteilt. Diese Prüflose werden nacheinander unter gleichen Bedingungen so lange getestet, bis der erste Prüfling eines jeden Loses ausfällt. Nur diesem ersten Ausfall wird der erreichte Lebensdauerwert zugeordnet. Der Rest des jeweiligen Prüfloses wird nicht weiter geprüft. Bei diesem sogenannten *abgebrochenen Versuch* werden die nicht schadhaften Einheiten über die sogenannte *mittlere Ordnungszahl $j(t_j)$* berücksichtigt. Betrachtet man nun die ersten Feldausfälle als die Anzahl k der ausgefallenen Einheiten des abgebrochenen Versuchs, so kann auch hier die Korrektur durch Bilden der mittleren Ordnungszahl $j(t_j)$ angewendet werden. Bei der Methode des abgebrochenen Versuchs wird die Summenhäufigkeit stets über das Median Rank-Verfahren (siehe oben) ermittelt [vd1].

Die mittlere Ordnungszahl $j(t_j)$ ist definiert als die Summe aus der vorherigen Ordnungszahl $j(t_{j-1})$ und dem Produkt aus Anzahl der Ausfälle $n_{schadhaft}(t_j)$ und Zuwachs $N(t_j)$ [vd1]:

$$j(t_j) = j(t_{j-1}) + [n_{schadhaft}(t_j) \cdot N(t_j)]. \tag{6.7}$$

Der Zuwachs $N(t_j)$ berechnet sich wie folgt:

$$N(t_j) = \frac{n + 1 - j(t_{j-1})}{1 + n - \text{Anzahl davorliegender Teile}}. \tag{6.8}$$

Die Anzahl davorliegender Teile entspricht der Summe aller Teile (schadhaft und nicht schadhaft) aller davorliegenden Nutzungsklassen t_i, $j = 1, ..., j - 1$.

Die Berechnung der Summenhäufigkeiten H_j erfolgt nach der Näherungsformel (6.5) des Median Rank-Verfahrens. Da die mittleren Ordnungszahlen $j(t_j)$ meist keine ganzen Zahlen ergeben, können die oben angesprochenen Tabellen nicht verwendet werden. Wird in Formel (6.5) die Ordnungszahl j durch die mittlere Ordnungszahl $j(t_j)$ ersetzt, so erhält man die Formel für die Summenhäufigkeit $H_j{}'$:

$$H_j' = \frac{j(t_j) - 0{,}3}{n + 0{,}4}. \tag{6.5'}$$

6.5.5 Berücksichtigung anderer Lebensdauermerkmale

Das bisher betrachtete Lebensdauermerkmal „Überlebenszeit", als die chronologische Spanne zwischen Entstehung und Ausfall eines Erzeugnisses, stellt aber einen Idealfall dar. Im allgemeinen spiegelt die Überlebenszeit nur bedingt die tatsächliche Nutzung wieder. Andere Lebensdauermerkmale, wie beispielsweise „Betriebsdauer", „Lastwechsel" oder „Fahrstrecke", sind besser geeignet, die Nutzung zu beschreiben.

Werden bei der Betrachtung eines Kollektivs den ausgefallenen Erzeugnissen Überlebenszeiten zugeordnet, so erhält das zuerst ausgefallene Teil auch die kleinste Ordnungsnummer. Die folgenden Ausfälle haben dann jeweils höhere Überlebenszeiten und erhalten entsprechend aufsteigende Ordnungszahlen. Die Ordnungszahlen werden also in chronologischer Reihenfolge vergeben. Hierdurch ergibt sich der Sonderfall, daß man zu jedem Zeitpunkt in der Lage ist, die Anzahl schadhafter und nicht schadhafter Erzeugnisse für einen bestimmten Lebensdauerwert zu ermitteln.

Anders verhält es sich nun bei Untersuchungen von Erzeugnissen, denen Lebensdauermerkmale dieser Art zugeordnet werden. Zwei gleichaltrige Erzeugnisse A und B können den gleichen Lebensdauerwert t^* (z.B. die Betriebsdauer) zu unterschiedlichen Zeitpunkten t_A und t_B, mit $t_A < t_B$, erreichen. Das bedeutet, daß zum Zeitpunkt t_A nicht ohne weiteres Auskunft über die Anzahl der schadhaften bzw. nicht schadhaften Erzeugnisse einer Nutzungsklasse gegeben werden kann. Denn zu diesem Zeitpunkt t_A kann nicht vorhergesehen werden, daß Erzeugnis B zu einem späteren Zeitpunkt t_B mit dem gleichen Lebensdauerwert ausfallen wird, also als „schadhaftes Teil" berücksichtigt werden muß. Bei einer Auswertung zum Zeitpunkt t_A ist es also ungewiß, ob Erzeugnis B als „schadhaft" oder als „nicht schadhaft" zu betrachten ist. Somit kann das oben beschriebene Verfahren zur Berücksichtigung nicht ausgefallener Einheiten nicht ohne weiteres zur Anwendung kommen.

Gelingt es allerdings, herauszufinden, wieviel Erzeugnisse zum Auswertezeitpunkt eine gewisse Nutzung ohne Ausfall überschritten haben, so können diese „nicht schadhaften" Einheiten dann bei der Auswertung berücksichtigt werden [vd1]. Somit muß also die Nutzungsverteilung für die „nicht schadhaften" Erzeugnisse gefunden werden.

In der Praxis liegen i. allg. aber keine fundierten Kenntnisse über die Nutzung von Erzeugnissen ohne Ausfall vor. Informationen über die Betriebsdauer oder die Fahrstrecke erhält man in ausreichender Form nur von ausgefallenen Produkten. Ist die Anzahl der schadhaften Einheiten groß genug, so können diese als Stichprobe der Gesamtheit aller betrachteten Erzeugnisse angesehen werden. Man kann dann für die Berechnung der Anzahl der nicht schadhaften Teile je Nutzungsklasse die Nutzungsverteilung der ausgefallenen Erzeugnisse heranziehen, wenn man diese auf die Gesamtzahl (schadhafte plus nicht schadhafte Teile) bezieht [vd1].

6.5.6   Korrelation von Versuchs- und Feldergebnissen

Die wesentliche Informationsquelle zur Beurteilung des Einsatzverhaltens eines neuen Erzeugnisses vor Serienbeginn und in der Zeit des Serienstarts sind die Ergebnisse der Serienerprobung. Diese Art der Zuverlässigkeitsprüfung kann nie genau die wahre Betriebsbeanspruchung wiedergeben, der das Erzeugnis im Feld unterliegt. Sie kann diese Beanspruchungen jedoch mit ausreichender Genauigkeit simulieren. Besonders bei zeitraffenden Prüfungen ist es schwierig, zu beurteilen, ob die in der Prüfung zu Grunde gelegten Belastungen so gewählt wurden, daß sie Rückschlüsse auf das Produktverhalten der Erzeugnisse im Feld zulassen. Eine rückblickende Beurteilung der Versuchsbedingungen kann über den Vergleich der Prüfergebnisse mit den später eintreffenden Felddaten erfolgen. Dazu bedient man sich auch hier der Weibull-Analyse. Im Lebensdauernetz werden für den Vergleich die Ausfallverteilungen sowohl für den Versuch als auch für das Feld in bekannter Weise eingetragen. Im allgemeinen können sich dabei deutliche Unterschiede ergeben. Diese betreffen zum einen die Steigung und zum anderen die Lage der Geraden. Die Ursache liegt in der gegenüber den Feldbedingungen veränderten Bauteilbeanspruchung, was aufgrund des zeitraffenden Charakters einer solchen Prüfung auch gewünscht sein kann.

Mittels gezielter Vergleiche von Ausfalldaten aus Lebensdauerversuchen mit denen aus der Nutzungsphase kann somit ermittelt werden, ob die dem Lebensdauerversuch zugrunde gelegten Bedingungen (z. B. Beanspruchungen) richtig gewählt wurden, und ob die aufgrund der Versuchsergebnisse gezogenen Schlußfolgerungen korrekt sind [vd1]. Eine gute Korrelation von Versuchs- und Feldergebnissen ist gegeben, wenn das Verhältnis der Feld-Lebensdauer zur Versuchs-Lebensdauer für gleiche Summenhäufigkeit konstant ist, d. h. die aufgetragenen Werte liegen parallel zueinander. Dies ist ein Indiz für richtig gewählte Prüfbedingungen. Besteht keine Parallelität, so ändert sich das Verhältnis, die Prüfbedingungen entsprechen also nur bedingt den Belastungen im Feldeinsatz. Ist die Ausfallkurve, die im Versuch ermittelt wurde, steiler als die aus der Nutzungsphase, so muß man davon ausgehen, daß die Prüfbedingungen zu schwierig gewählt wurden und umgekehrt. Für zukünftige Versuche müssen dann die gewählten Bedingungen gegebenenfalls neu ausgelegt werden.

6.5.7   Ausfallmechanismen in der Weibull-Analyse

Wie bereits beschrieben, ist die Weibull-Analyse eine der wichtigen Auswerteverfahren bei der Felddatenanalyse [vd1, dg1, dg2, ohl, vd3]. Sie erlaubt zum einen die Einordnung des vorliegenden Ausfallmechanismus, und zum anderen ermöglicht sie in gewissem Umfang auch eine Prognose über den weiteren Verlauf der Schadenshäufigkeit. Wesentliche Zuverlässigkeitskenngrößen sind dabei

- die *Ausfallrate* und

- die *prozentuale Summenausfallhäufigkeit.*

Die *Ausfallrate* gibt die Wahrscheinlichkeit an, mit der eine noch funktionsfähige Betrachtungseinheit des Restbestandes in der darauffolgenden (kleinen) Zeiteinheit dt ausfällt. Sie gibt an, welcher Anteil der bis zur Lebensdauer t noch nicht ausgefallenen Einheiten im darauffolgenden Intervall (t + dt) ausfällt. Als Schätzwert für die Ausfallrate der Grundgesamtheit kann die *Ausfallquote* verwendet werden [gei]. Die Ausfallquote ist der Quotient aus der Anzahl aller ausgefallenen Einheiten einer Lebensdauer t bezogen auf die konstante Grundgesamtheit. Sie ist der mathematische Grenzwert der Ausfallrate [vd1, dg1, di4]. Konstante Grundgesamtheit bedeutet hier, daß der Betrachtungsmenge keine Einheiten aus der laufenden Produktion hinzugefügt werden. Die Grundgesamtheit entstammt einem definierten Produktionszeitraum.

Trägt man die Ausfallrate in einem Koordinatensystem mit logarithmischen Achsen über der Lebensdauer auf, so erhält man die typische und häufig erwähnte „Badewannenkurve" [vd1, dg1, koc, ohl] **(Bild 6.12)**. Aus dieser Darstellung erkennt man die drei verschiedenen Ausfallmechanismen, aus deren Überlagerung die Badewannenkurve

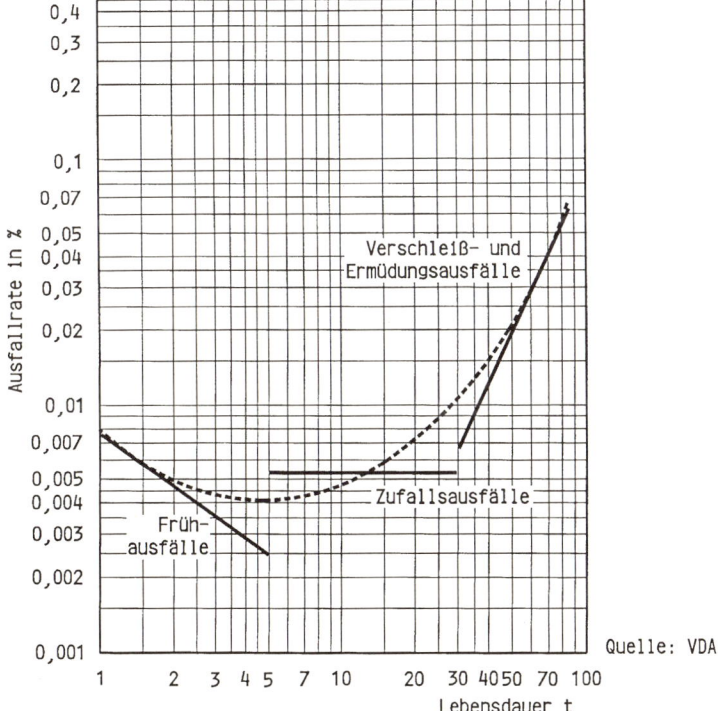

Bild 6.12   Badewannenkurve und Ausfallmechanismen

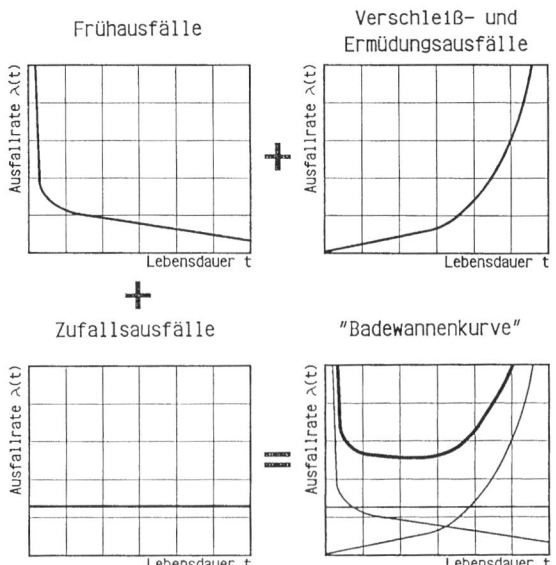

Bild 6.13   Zur Entstehung der Badewannenkurve

entsteht **(Bild 6.13)**. Diese sind Frühausfälle, Zufallsausfälle und Verschleiß- bzw. Ermüdungsausfälle.

Frühausfälle: Sie entstehen durch „Kinderkrankheiten" der Produkte [gei]. Sie treten zu Beginn der Betriebsdauer verstärkt auf und klingen dann ab. Sie sind gekennzeichnet durch eine wesentlich höhere Ausfallrate als im nachfolgenden Abschnitt der Betriebsdauer. Häufig sind Frühausfälle durch Produktionsfehler in Fertigung oder Montage bedingt [koc]. Bsp.: fehlerhaft aufgetragene Klebeverbindung.

Zufallsausfälle: Sie können zu jedem Zeitpunkt der Betriebsdauer auftreten und sind auch in den Phasen der Früh- bzw. der Verschleiß- und Ermüdungsausfälle vorhanden. Diese Art der Ausfälle wird durch eine konkrete Ursache hervorgerufen, die aber zu einem zufälligen Zeitpunkt wirksam wird. Die Ausfallrate der Zufallsausfälle ist nahezu konstant [koc]. Bsp.: Materialfehler, Fremdteile bei der Montage.

Verschleiß- und Ermüdungsausfälle: Sie treten gegen Ende der Betriebsdauer verstärkt auf und bewirken eine zunehmende Ausfallrate. Ihre Ursache liegt häufig in der fortschreitenden Alterung der Bauteile und kann somit zum einen von der Materialauswahl und zum anderen von der geometrischen Gestaltung abhängen. Beides wird in der Konstruktionsphase festgelegt [koc, gei]. Bsp.: Materialermüdung.

Die *Summenausfallhäufigkeit* ist definiert als die Summe aller bis zu einer bestimmten Lebensdauer ausgefallenen Einheiten. Setzt man sie ins Verhältnis zur Grundgesamtheit aller betrachteten Einheiten, so erhält man die *prozentuale Summenausfallhäufigkeit*. Wird sie in einem Koordinatensystem mit logarithmischer Abszisse und doppeltlogarithmischer Ordinate (dem sog. Weibull-Wahrscheinlichkeitsnetz) über der Lebensdauer aufgetragen, so ergibt sich ein charakteristischer Kurvenverlauf, der sich aus drei Geraden mit unterschiedlicher Steigung zusammensetzt. Diese drei Geraden spiegeln die drei typischen Ausfallmechanismen wieder **(Bild 6.14)**.

Sind noch nicht alle Einheiten der Grundgesamtheit ausgefallen, so ist es möglich, durch Verlängerung der jeweiligen Geraden eine Prognose über den weiteren Verlauf der Schadenshäufigkeit abzugeben. Die Voraussetzung hierfür ist, daß für den Zeitraum der Prognose nur ein Ausfallmechanismus wirkt. Dazu sind Erfahrungen mit gleichen oder ähnlichen Erzeugnissen unbedingte Voraussetzung [dg4].

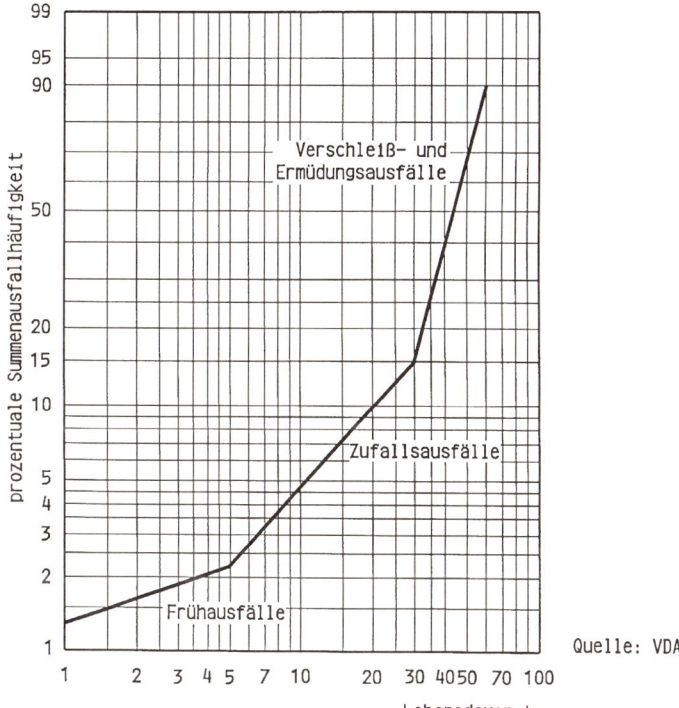

Bild 6.14 Summenausfallhäufigkeitsdiagramm

6.6   Isochronen-Diagramm

Mit Hilfe der Weibull-Analyse war es möglich, die unterschiedlichen Ausfallmechanismen in der Nutzungsphase eines Produktes zu erkennen. Weist die Weibull-Analyse hohe Ausfälle auf, so müssen Verbesserungsmaßnahmen im Produktentstehungsprozeß vorgenommen werden. Dies können Konstruktionsänderungen, Änderungen an Produktions- und Montageeinrichtungen oder auch Wechsel von Lieferanten sein. Will man nun beurteilen, welche Wirkung diese Maßnahmen zeigen, so muß man die Produktqualität über die Zeit verfolgen.

AUSFALL - STATISTIK

Fertigungszeitraum: 1/89 - 1/91   Erzeugnis:
Stand: 2/91   Erzeugnis-Nr.:

lfd. Nr.	F.-Menge Stk	F.-Zeitraum Quartal	1/91 abs.	%	4/90 abs.	%	3/90 abs.	%	2/90 abs.	%	1/90 abs.	%	4/89 abs.	%	3/89 abs.	%	2/89 abs.	%	1/89 abs.	%
			\multicolumn{18}{c}{Ausfall-Stückzahlen seit Beginn des Fertigungsquartals bis zum Ende des Betrachtungsquartals}															
1	84.288	1/89	809	.96	764	.91	601	.71	482	.57	406	.48	356	.42	217	.26	152	.18	57	.07
2	57.522	2/89	792	1.38	698	1.21	548	.95	461	.80	311	.54	233	.41	62	.11	31	.05	57	
3	72.141	3/89	721	.99	547	.76	451	.63	357	.49	212	.30	179	.25	72	.10	183			
4	86.355	4/89	614	.71	521	.60	332	.38	197	.23	98	.11	41	.05	351					
5	79.782	1/90	545	.68	421	.53	346	.43	131	.16	47	.06	809							
6	99.903	2/90	491	.49	419	.42	190	.19	117	.12	1 079									
7	90.993	3/90	167	.18	82	.09	26	.03	1.745											
8	99.225	4/90	132	.13	42	.04	2.494													
9	94.644	1/91	69	.07	3.494															
gesamt	764.853		4.340																	

Fertigungsquartale
gleichen Alters
hier: <3-Linie (s.u.)

Bild 6.15   Treppentabelle zum Isochronendiagramm

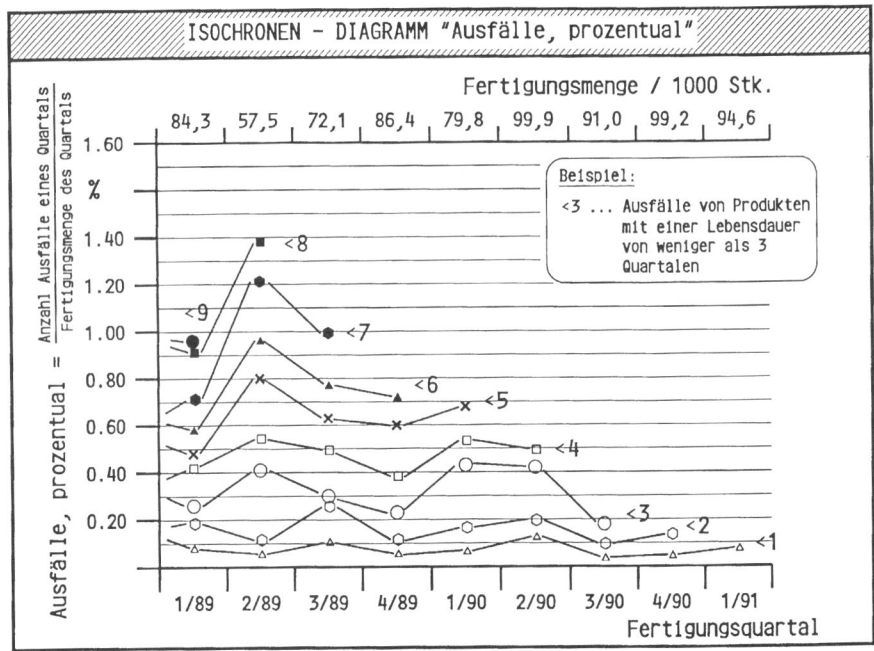

Bild 6.16   Isochronendiagramm

Die Produktqualität kann dabei durch die Beanstandungshäufigkeit der in der Nutzung befindlichen Produkte repräsentiert werden. Es bieten sich dabei unterschiedliche Formen der Betrachtung an. Durch das *Isochronendiagramm* wird die Beanstandungshäufigkeit für Produkte gleichen Alters beschrieben. Hierdurch ergeben sich bei der graphischen Darstellung die sog. *Kurven gleichen Alters – die Isochronen* [sto, vd1]. Dadurch, daß hier die Ausfälle nicht zum Zeitpunkt ihres Auftretens festgehalten werden, sondern der Ausfall eines Produktes seinem Fertigungsquartal zugeordnet wird, ist ein Abbild der Qualitätsfähigkeit zum Zeitpunkt der Produktentstehung möglich. Eine chronologische Auflistung der Ausfälle kann dies nicht ohne weiteres leisten.

Ein Beispiel zeigt eine derartige Ausfallanalyse in tabellarischer Form (**Bild 6.15**) und in graphischer Form (**Bild 6.16**). Die einzelnen Linien geben in dieser Darstellung die Beanstandungshäufigkeit von Einheiten jeweils nach 3, 6, 9, 12 Monaten usw. nach ihrer Produktion wieder. Zur Erhöhung der Aussagekraft des Isochronendiagramms können die durchgeführten Maßnahmen im Diagramm vermerkt werden. Des weiteren können die in der Weibull-Analyse extrapolierten Ausfallzahlen auch im Isochronendiagramm abgetragen werden.

6.7 Zusammenfassung

Verschiedene Methoden ermöglichen heute dem Hersteller von Produkten, Aussagen über das Verhalten seiner Produkte in der Nutzungsphase, bzw. nach Auslieferung zu erhalten. Mittels der Serienerprobung wird die Überlebenswahrscheinlichkeit von Produkten durch Simulation einzelner oder mehrerer Beanspruchungen oder auch durch Feldversuche ermittelt. Das Produktverhalten im Einsatz kann auch durch Mittel der Marktforschung untersucht werden. Durch Befragungen, Beobachtungen und Experimente wird das Produktverhalten im Feld bestimmt.

Durch das Instrumentarium der Felddatenanalyse wird der Hersteller in die Lage versetzt, das Verhalten seiner Produkte in der Nutzungsphase zu erkennen. Oft werden erst hier Fehler und Schwachstellen am Produkt entdeckt, die weder bei Qualifikationstests noch im Entstehungsprozeß festgestellt wurden. Verbesserungsmaßnahmen in der laufenden Produktion können daraufhin eingeleitet und ihre Wirksamkeit bewertet werden. Durch die Abschätzung des zukünftigen Ausfallverhaltens können die Konsequenzen für das Unternehmen abgeleitet und vermindert werden. So z.B. durch die rechtzeitige Einleitung von Rückrufaktionen, um die später zu erwartenden Garantiekosten klein zu halten.

Literatur

[bau]   **Bauer, C.-O.:** *Aufgaben des Kundendienstes in der Produkthaftung.* Information des Haftpflichtverbandes der dt. Industrie, HIII 9/91

[ben]   **Benard, A.; Bos-Levenbach, E. C.:** *Het Uizetten van Waarnemigen op Waarschijnlikheidspapier.* Statistica 7; S. 163, 1953

[ber]   **Berekhoven, L.; Eckert, W.; Ellenrieder, P.:** *Marktforschung, Methodische Grundlagen und praktische Anwendungen.* Gabler; Wiesbaden, 3. verb. Auflage, 1987

[bon]   **Bonse, L.:** *Systemkonzept für die Integration von Online- und Offline-CAQ-Funktionen über eine gemeinsame Qualitätsdatenbasis.* Dissertation, RWTH Aachen, 1989

[dg1]   **N.N.:** *Einführung in die Zuverlässigkeitssicherung.* DGQ-Schrift Nr. 17–33; Beuth Verlag GmbH; Berlin, 3. Auflage, 1987

[dg2]   **N.N.:** *Formblätter mit Wahrscheinlichkeitsnetz.* DGQ-Schrift Nr. 18–19; Beuth Verlag GmbH; Berlin, 2. Auflage, 1986

[dg3]   **N.N.:** *Statistische Auswertung von Meß- und Prüfergebnissen.* DGQ-Schrift Nr. 16–14; Beuth Verlag GmbH, Berlin, 3. Auflage, 1976

[dg4]   **N.N.:** *Das Lebensdauernetz; Erläuterungen und Handhabung.* DGQ-Schrift Nr. 18–19; Beuth Verlag GmbH; Berlin, 2. Auflage, 1986

[di1]   **N.N.:** *DIN EN ISO 9001 Qualitätsmanagementsysteme, Modell zur Qualitätssicherung / QM-Darlegung in Design, Entwicklung, Produktion, Montage und Wartung.* Beuth Verlag GmbH; Berlin, 1994

[di2]   **N.N.:** *DIN EN ISO 9004-1 Qualitätsmanagement und Elemente eines Qualitätsmanagementsystems – Teil 1: Leitfaden.* Beuth Verlag GmbH; Berlin, 1994

[di3]   **N.N.:** *DIN 55350 T11 Begriffe der Qualitätssicherung und Statistik.* Beuth Verlag GmbH; Berlin, 1987

[di4]   **N.N.:** *DIN 40041 E Zuverlässigkeit, Begriffe.* Beuth Verlag GmbH; Berlin, 1988

[gei]   **Geiger, W.:** *Qualitätslehre, Einführung – Systematik – Terminologie.* Vieweg-Verlag; Braunschweig, Wiesbaden, 1994

[gne]   **Gnedenko, B. V.:** *Grenztheorem für den Maximalwert einer Zufallsfolge.* Doklady Akad. nauk.; USSR 32, 1941

[gum]   **Gumbel, E. J.:** *Statistical Theory of Extrem Values and some practical Applications.* Nat. Bur. of Standards; Appl. Math. Series 33, Washington, 1954

[har]   **Hartung, J.; u.a.:** *Satistik; Lehr- und Handbuch der angewandten Statistik.* R. Oldenburg Verlag; München, Wiesbaden, 7. Auflage, 1989

[koc]   **Kocher, H.:** *Marktgerechte Qualität.* Verlag Paul Haupt; Bern, Stuttgart, 1989

[köp]   **Köppe, D.:** *Ein Datenmodell für CAQ-Anwendungen in der rechnerintegrierten Produktion.* Dissertation, RWTH Aachen, 1991

[me1]   **Meffert, H.:** *Marketing Grundlagen der Absatzpolitik.* Gabler Verlag; Wiesbaden, 1990

[me2]   **Meffert, H.:** *Interpretation und Aussagewert des Produktlebenszyklus-Konzeptes.* In: Hammann, P.: Neuere Ansätze der Marketigtheorie; Berlin, 1974

[ohl]   **Ohl, H. L.:** *Weibull-Analyse.* QZ, Qualität und Zuverlässigkeit, Carl Hanser Verlag; München, Jg. 21 (1976) 3; S. 56–59

[sto]   **Stockinger, K.:** *Datenfluß aus dem Feld.* In: Masing, W.: *Handbuch der Qualitätssicherung.* Carl Hanser Verlag; München, Wien, 2. Auflage, 1988

[vd1]   **N.N.:** *Qualitätskontrolle in der Automobilindustrie, Band 3: Zuverlässigkeitssicherung bei Automobilherstellern und Lieferanten.* VDA Verband der Automobilindustrie e.V.; Frankfurt/Main, 2. Auflage, 1984

[vd2]   **N.N.:** *Qualitätskontrolle in der Automobilindustrie, Band 4: Sicherung der Qualität vor Serieneinsatz.* VDA Verband der Automobilindustrie e.V.; Frankfurt/Main, 2. Auflage, 1986

[vd3]   **N.N.:** *VDI 4009 Blatt 1 Überblick über Zuverlässigkeits-Tests.* VDI-Verlag; Düsseldorf, 1986

[wal]   **Walek, J.:** *Informationsrückkopplung vom Verbraucher zum Hersteller.* QZ, Qualität und Zuverlässigkeit, Carl Hanser Verlag; München, Jg. 16 (1971) 3; S. 51–53

[we1]   **Weibull, W.:** *A Statistical Theory of Strength of Material.* Handlingar Ingeniørs Vetenskaps Akademien, Nr. 151; Stockholm, 1939

[we2]   **Weibull, W.:** *A Statistical Distribution Function of Wide Applicabillity.* Trans. ASME, Serie E: J. of Appl. Mechanics 18; 1951

[wol]   **Wolf, J.:** *Marktforschung. In: Handelsbetriebslehre;* Hrsg.: Falk, B.; Wolf, J.; Verlag Moderne Industrie; Landsberg am Lech, 6. Auflage, 1982

[zip]   **Zipperer, M.:** *Zuverlässigkeitsprüfung.* In: *Handbuch der Qualitätssicherung.* Hrsg.: Masing, W.; Carl Hanser Verlag; München, Wien, 2. Auflage, 1988

Kapitel 7   Qualitätsregelkreis und Qualitätsdatenbasis

Gliederung

7.1   Einleitung

Die vorausgegangenen Kapitel geben einen Überblick über die verschiedenen Methoden des Qualitätsmanagements. Diese kommen in allen Phasen des Produktentstehungsprozesses zum Einsatz oder sind als phasenunabhängige Methoden diesen nebengeordnet. Der Bogen wurde dabei von der Planungs bis zur Nutzungsphase gespannt. Für die Planungsphase wurde gezeigt, wie z.B. durch den Einsatz des Quality-Function-Deployment (QFD) die qualitätsgerechte Umsetzung der Kundenforderungen in Produktmerkmale ermöglicht wird. In der Nutzungsphase werden, z.B. durch die Anwendung von Methoden der Feldbeobachtung, Schwachstellen im Feldeinsatz aufgedeckt und bekannt gemacht oder Prognosen über das zu erwartende Ausfallverhalten ermöglicht. Bei zukünftigen oder geplanten Produktentwicklungen kann dieses Wissen dann genutzt werden, um z.B. gleiche oder ähnliche Fehler am Produkt zu vermeiden.

Der Einsatz von Methoden des Qualitätsmanagements ist aber erst dann wirksam, wenn diese Methoden Bestandteile von Qualitätsregelkreisen sind. Die verschiedenen möglichen Formen von Qualitätsregelkreisen werden in diesem Kapitel vorgestellt und durch Beispiele der betrieblichen Praxis angereichert. Grundlage ist dabei ein Modellansatz, der aus der klassischen Regelungstechnik stammt.

Als Ergebnis qualitätssichernder Erfassungs- und Auswertetätigkeiten ist das Berichtswesen im Rahmen des Qualitätsmanagements ein wesentlicher Bestandteil realer unternehmerischer Qualitätsregelkreise. Es ist die Grundlage für die Entscheidungsfindung auf vielen Ebenen einer Unternehmung und für die Einleitung von Maßnahmen zur Verbesserung der Prozeß- und Produktqualität. Das Berichtswesen, als heute übliche Form der Dokumentation qualitätsrelevanter Tätigkeiten und Prozesse im Unternehmen, wird im Rahmen dieses Kapitels eingehend betrachtet.

Erst die unternehmensweite Integration von Qualitätsmanagement-Methoden in Qualitätsregelkreisen ermöglicht die effiziente und schnelle Reaktion auf die Ereignisse im Unternehmen. Eine wesentliche Voraussetzung ist dabei die Qualitätsdatenbasis, die hier ebenfalls vorgestellt wird.

7.2   Systematik von Qualitätsregelkreisen

Um die Wirkungsweise von Qualitätsregelkreisen zu erläutern, wird im weiteren auf die Grundlagen der klassischen Regelungstechnik zurückgegriffen. Ziel einer Regelung ist es, bestimmte Größen – in technischen Anwendungen sind dies meistens Ausgangsgrößen technischer Prozesse – auf vorgegebenen Sollwerten zu halten. Zu regelnde Größen sollen dabei den Änderungen von Sollwerten möglichst gut folgen. Auf den Prozeß einwirkende Störungen sollen die zu regelnden Größen möglichst wenig beeinflussen.

In der klassischen Regelungstechnik, die ihre Anwendung in den Fachgebieten des Maschinenbaus und der Elektrotechnik findet, wird dieses Ziel dadurch erreicht, daß die zu regelnden Größen gemessen werden. Die Meßergebnisse werden dann mit den Sollwerten verglichen und aus der Differenz werden mittels bestimmter Regeln (Regler), Eingriffe in den Prozeß abgeleitet. Diese sind dazu geeignet, die o.g. Differenzen zu verringern oder gar zu eliminieren. Die Regelung hat die Aufgabe, trotz störender Einflüsse den Wert der Regelgröße an den durch die Sollgröße vorgegebenen Wert anzugleichen [di3].

Aus der Gegenüberstellung der Bezeichnungen der Regelungstechnik und denen des Qualitätsmanagements wird deutlich, daß das Modell der Regelungstechnik prinzipiell auch auf das Qualitätsmanagement übertragbar ist (**Bild 7.1**). Die begrifflichen Definitionen der Regelungstechnik finden sich in der DIN 19226 [di3], sie haben im einzelnen folgende Bedeutung:

Die *Regelgröße* ist die Größe, die auf einem vorgegebenen konstanten oder veränderlichen Wert gehalten werden soll und ist damit die Ausgangsgröße der Regelstrecke. Sie entspricht im Modellansatz des Qualitätsmanagements der *Qualität*, die als „Beschaffenheit einer Einheit bezüglich ihrer Eignung, festgelegte und vorausgesetzte Erfordernisse zu erfüllen", definiert ist [di1].

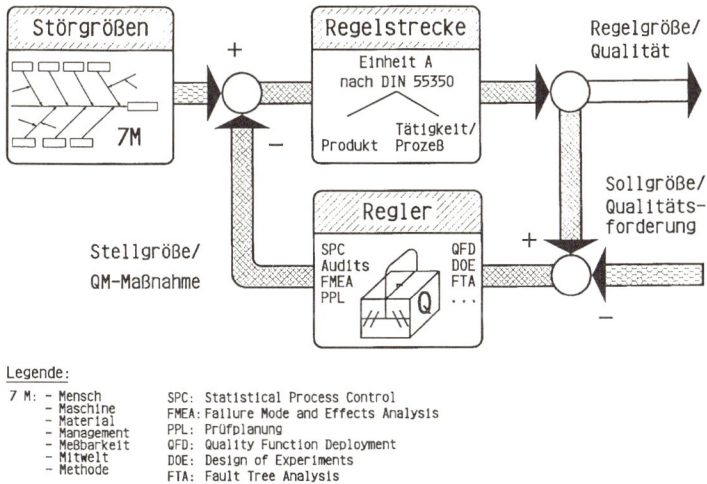

Bild 7.1 Modell des Regelkreises

Jede Größe, die auf die Regelstrecke wirkt, mit Ausnahme der Stellgröße, ist eine *Störgröße*. Störgrößen werden durch eine ungeplante und veränderte Einwirkung der 7 M (Mensch, Maschine, Material, Management, Meßbarkeit, Mitwelt und Methode) auf die Regelstrecke hervorgerufen und beeinflussen somit das die Regelgröße tragende Qualitätsmerkmal.

Die *Stellgröße* ist die Größe, durch deren Änderung die Regelgröße über die Regelstrecke beeinflußt werden kann. Sie resultiert aus dem Vergleich von Sollgröße und Regelgröße also von Qualität und Qualitätsforderung und repräsentiert damit die durchgeführte Qualitätsmanagementmaßnahme und bewirkt die Rückkopplung in die Regelstrecke bzw. in den Prozeß. Die Stellgröße kann sowohl auf die betrachtete Einheit (z.B. Erzeugnis) als auch auf nebengeordnete Einheiten (z.B. Maschinen) wirken. Im Rahmen der Konstruktions-Fehlermöglichkeits- und -Einflußanalyse (K-FMEA) kann, z.B. bedingt durch einen in seinen Folgen als schwerwiegend eingeschätzten Fehler, eine Fehlermaßnahme erwogen werden, die auch Auswirkungen auf den bei der Fertigungsplanung auszuwählenden Fertigungsprozeß zur Folge hat. Die erzeugte Stellgröße der QM-Maßnahme wirkt damit nicht nur auf das Produkt, sondern auch auf die zu ihrer Entstehung eingesetzten Prozesse. Die Einleitung von Maßnahmen des Qualitätsmanagements wird dabei als Qualitätslenkung bezeichnet. Die Qualitätslenkung umfaßt nach [di1] „die vorbeugenden, überwachenden und korrigierenden Tätigkeiten bei der Realisierung der Einheit … mit dem Ziel, die Qualitätsforderung … zu erfüllen".

Der *Sollgröße* aus der Regelungstechnik können die in der Qualitätsplanung definierten Qualitätsforderungen zugeordnet werden. Sie stellt damit, neben der Regelgröße, eine weitere Eingangsinformation für Methoden des Qualitätsmanagements dar. Sie wird als Qualitäts-, Fertigungs- oder Prüfmerkmal im Rahmen einer Qualitätsplanung ausgewählt, klassifiziert und gewichtet [di1].

Die *Regelstrecke* ist im klassischen Sinne ein Prozeß, z.B. eine Anlage, dessen Ausgangsgröße geregelt wird. Sie wird geregelt, indem eine oder mehrere Stellgrößen verändert werden. Der Prozeßbegriff ist bei seiner Verwendung im Qualitätsmanagement gegenüber dem Prozeßbegriff der klassischen Regelungstechnik deutlich zu erweitern. Als Prozeß sollen hier nicht nur technische Prozesse betrachtet werden, sondern alle Aktionen oder Tätigkeiten, die Einfluß auf die Produktentstehung nehmen. Hierzu gehören beispielsweise die Tätigkeiten bei der Planung, Konstruktion, Fertigung, Montage, Datenerfassung oder Prüfung, um nur einige zu nennen.

Der *Regler* ist ein Gerät, das Regel- und Sollgröße miteinander vergleicht und aus der Differenz die Stellgröße bildet. Der Regler entspricht im Qualitätsmanagement der QM-Methode (z.B. QFD, SPC, FMEA).

Bei dem Modell des Regelkreises aus der Regelungstechnik kann die Regelstrecke eine Kombination mehrerer Regelstrecken sein **(Bild 7.2)**. Dies ist z.B. bei Prozeßregelungen der Fall, die sowohl den Prozeßträger (Einheit A: z.B. eine Werkzeugmaschine) als auch das Prozeßprodukt (Einheit B: z.B. ein Werkstück) beeinflussen. Bei Qualitätsregelkreisen muß die Regelgröße aber nicht zwingend der Regelstrecke des betrachteten Regelkreises entstammen. Gerade bei den Methoden des Off-Line-Qualitätsmanagements („Off-Line" = fernab der Fertigungslinie) stammen die Regelgrößen häufig aus ehemaligen Qualitätsprüfungen früherer, zur betrachteten Regelstrecke analogen, Regelstrecken.

Ein Beispiel hierfür ist wiederum die K-FMEA. Sie kann bei der Neu- oder Weiterentwicklung von Produkten eingesetzt werden. Bei der Abwägung eines Fehlers und seiner Fehlerfolgen wird dabei auf Erfahrungen mit ähnlichen Produkten und Qualitätsmerkmalen zurückgegriffen. Im Idealfall weiß der Entwickler bzw. das FMEA-Team durch eine durchgängige Dokumentation aus der Qualitätsprüfung, wo Fehler und Fehlerquellen an ähnlichen Vorgängerprodukten auftraten. Damit wurde hier die Regelgröße an einer Regelstrecke ermittelt, die mit der betrachteten Regelstrecke, auf die die Ergebnisse der K-FMEA wirken, nicht identisch ist.

Aufgabe in einem vermaschten Qualitätsregelkreis sei die Fertigung einer Welle. Durch eine dem Fertigungsprozeß nachgeschaltete Qualitätsprüfung werden Abweichungen von der geforderten Qualität festgestellt, d.h. Fehler am Erzeugnis erkannt (Bild 7.2). Mittels Methoden des On-Line-Qualitätsmanagements („On-Line" = an der Fertigungslinie) können dann die Fehlerursachen am Prozeß behoben werden und die Fertigung der

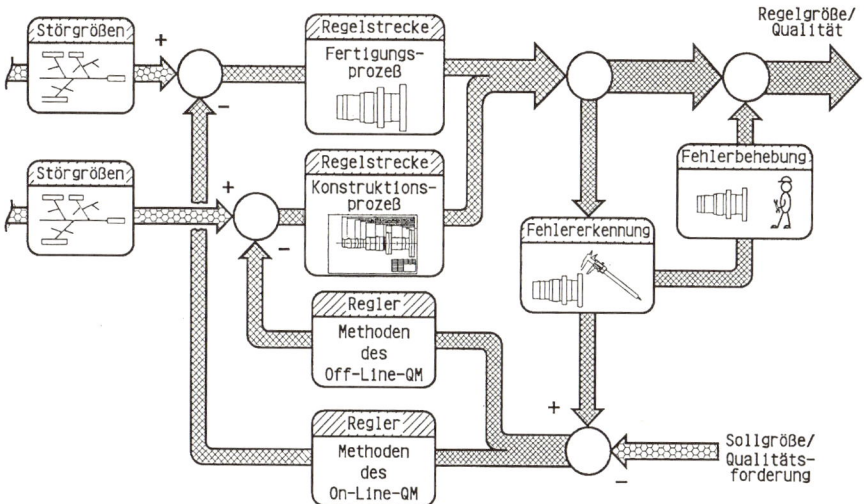

Bild 7.2   Regelkreise im Qualitätsmanagement

Welle fortgesetzt werden. Die Fehlererkennung ist der erste Schritt zur Fehlerbehebung, sie kann sich z.B. in Nacharbeit oder Sortierprüfungen ausdrücken. Die On-Line Fehlererkennung kann neben der Fehlerbehebung am Fertigungsprozeß durch Methoden des On-Line-Qualitätsmanagements auch auf eine weitere Regelstrecke, z.B. die Konstruktion, wirken. Gerade bei langlebigen Serienprodukten werden schwerwiegende bzw. wiederkehrende Probleme in der Produktion zu Konstruktionsänderungen führen, die dann in die laufende Produktion einfließen.

Zusammenfassend ist den Methoden des Qualitätsmanagements gemeinsam, daß sie die Sicherung materieller und/oder immaterieller Gegenstände/Produkte zum Ziel haben und aus der Beschreibung von Ist- und Sollzustand der Qualität Ausgangsinformationen erzeugen, mit deren Hilfe QM-Maßnahmen eingeleitet und gesteuert werden können. Hierdurch wird der Qualitätsregelkreis geschlossen. Es wird deutlich, daß Methoden des Qualitätsmanagements dabei selten für sich alleine wirksam werden können. Sie sind oft auf die Ergebnisse anderer Methoden angewiesen oder sind selbst die Grundlage für den Einsatz weiterer QM-Methoden (z.B. die Fehlererfassung für die K-FMEA).

7.3   Prozesse im Qualitätsmanagement

Bei der Anwendung von Methoden des Qualitätsmanagements werden „... materielle oder immaterielle Gegenstände der Betrachtung" nach [di1] als „Einheit" bezeichnet. Hierzu gehören die Ergebnisse von Tätigkeiten und Prozessen, also z.B. materielle Produkte, immaterielle Produkte (Dienstleistung, DV-Programm) somit die Tätigkeit oder der Prozeß selbst. Dies ist z.B. ein maschineller Arbeitsablauf oder ein Verfahren, also jede Tätigkeit im Rahmen des Qualitätsmanagements. Jede im Qualitätskreis eingesetzte auftragsabhängige oder -unabhängige Methode hat die Optimierung, Überwa-

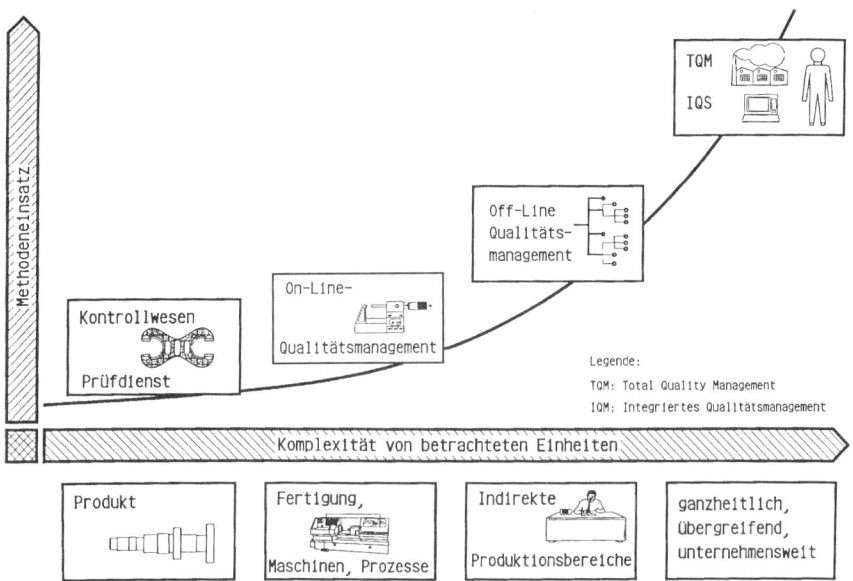

Bild 7.3 Methodeneinsatz im Qualitätsmanagement

chung und Beherrschung einer solchen Einheit zum Ziel. Ihre Wirkung zielt damit auf Objekte, die im betrieblichen Alltag z.B. als Betriebsmittel oder als Erzeugnis bezeichnet werden, und kann, je nach Methode, sogar das Unternehmen selbst mit seinen Werken und Bereichen einschließen.

Je komplexer das Objekt hinsichtlich seiner qualitativen Anforderungen und Ausprägungen ist, desto anspruchsvoller ist der geforderte QM-Methodeneinsatz **(Bild 7.3)**. Es ist einsichtig, daß der Vorgang des Prüfens eines Merkmals am Erzeugnis – sieht man von Problemstellungen der Meßtechnik ab – hinsichtlich der Wechselwirkung mit anderen Objekten wesentlich weniger komplex ist, als die gesamtheitliche Anwendung qualitätssichernder und fördernder Methoden, z.B. aus dem Bereich des Total Quality Management (TQM). In diesem Fall sind nicht mehr die Qualitäts- oder Prüfmerkmale eines Erzeugnisses oder eines Loses von Bedeutung. Vielmehr wird das gesamte Unternehmen mit seinen organisatorischen Abläufen zum Betrachtungsgegenstand. Sogar außerhalb des Unternehmens liegende Betrachtungsgegenstände können einbezogen werden. Dies ist z.B. bei der Durchführung externer Systemaudits der Fall.

Erst durch den richtig gewählten Methodeneinsatz kann dem heutigen Kundenverständnis von Qualität, das weit über die reinen Gebrauchseigenschaften eines Produktes hinausgeht, entsprochen werden. Der Kunde ist längst nicht mehr damit zufrieden, lediglich ein funktionstüchtiges Produkt zu erhalten. Für ihn ist vielmehr das gesamte Produktumfeld, von der Werbung bis hin zur Nutzungsunterweisung, Wartung und Instandhaltung, wesentlich für seine Zufriedenheit. Jedes Produkt entsteht durch eine Folge von Tätigkeiten und entspricht damit dem Ergebnis dieser Tätigkeiten [gei]. Diese beginnen z.B. bei der Produktdefinition und münden in der Instandhaltung oder Entsorgung. Zu ihnen zählen sowohl Tätigkeiten, die direkt auf die Produktentstehung wirken als auch indirekt wirkende Tätigkeiten, wie sie häufig im Bereich des Qualitätsmanagements zu finden sind. Jede dieser Tätigkeiten kann man als Prozeß bezeichnen und in Einzelaktivitäten bzw. Einzelprozesse zerlegen. Diese werden auch als Teil- oder Subprozesse bezeichnet [hai].

Unter einem Prozeß versteht man dabei das Zusammenwirken der 7 M des Qualitätsmanagements, das zum Ziel hat, eine bestimmte Einheit herzustellen. Zur Kundenzufriedenheit tragen alle Prozesse im Unternehmen bei. Unternehmerische Prozesse betreffen damit nicht nur Veränderungen am Material, die zur Produktentstehung beitragen, sondern auch die Entstehung und Verarbeitung von Informationen. Mit einem Prozeß geht dabei i. allg. immer eine Wertsteigerung des Produktes einher (**Bild 7.4**) [str].

Der Prozeß ist des weiteren durch die Schnittstellen gekennzeichnet, über die er mit Eingangsinformationen versorgt wird, oder durch die er Ausgangsinformationen an nachgeschaltete Prozesse weitergibt. Sie sind für den einwandfreien Start eines Prozesses notwendig. Die Eingangsschnittstelle versorgt ein Lieferant mit Eingangsinformationen, an der Ausgangsschnittstelle wird ein Kunde mit Ausgangsinformationen beliefert.

Der Mitarbeiter eines Unternehmens muß sich also darüber im klaren sein, daß Lieferanten und Kunden nicht nur außerhalb sondern auch innerhalb seines Unternehmens anzutreffen sind. Die Erkenntnis aller Mitarbeiter, daß jeder einen unmittelbaren inter-

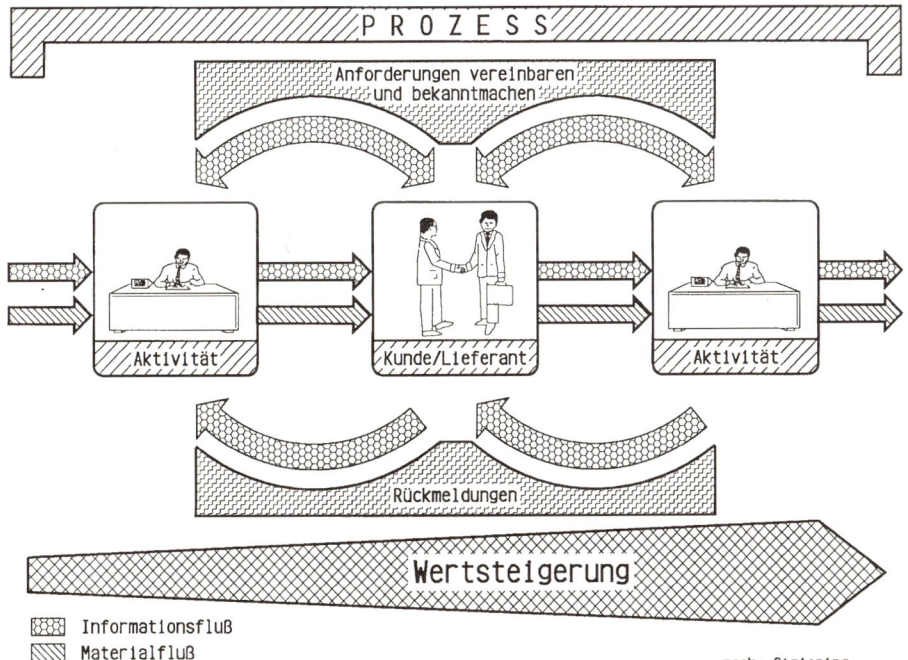

Bild 7.4 Prozesse im Qualitätsmanagement

nen Kunden hat, ist ein wichtiges Kriterium für ein „gutes Unternehmen" [fre]. Der nächste Nachbar bzw. Kollege kann ein Kunde sein. Dies zu wissen, ist besonders wichtig, denn „Qualitätsverantwortung kann nur übernehmen, wer weiß, für wen er arbeitet, wer also seine Kunden kennt" [zin]. Dies erfordert letztlich besondere Sorgfalt bei der Definition interner Kundenforderungen.

Jede Aktivität im Unternehmen ist des weiteren dadurch gekennzeichnet, daß sie nur korrekt ausgeführt werden kann, wenn die entsprechenden Anforderungen an sie vereinbart und bekannt gemacht worden sind. Erst durch die Definition und Vereinbarung von Vorgaben an Prozesse wird die Qualität der Prozeßergebnisse meßbar [ma1].

Um einen Prozeß, der kein technischer Prozeß sondern ein sogenannter Geschäftsprozeß ist, zu überwachen und Probleme frühzeitig erkennen zu können, müssen Kontrollpunkte im Prozeßablauf bestimmt werden, an denen prozeßrelevante Kenngrößen ermittelt werden können [hai]. Derartige Kenngrößen müssen aber meßbar und reproduzierbar sein. Dies ist die Voraussetzung für ihre Akzeptanz seitens aller Prozeßbeteiligten. Bei der Definition von Kenngrößen und den daraus abzuleitenden Kennzahlen sollten u. a. die folgenden Regeln eingehalten werden:

– Prozeßkennzahlen sollten durch Formeln oder Vorschriften zur Berechnung exakt definiert sein.

– Sie müssen den jeweiligen Prozessen und ihren Subprozessen eindeutig zuzuordnen sein.

– Für die Prozeßbeteiligten muß klar sein, an welchen Stellen Kenngrößen anfallen, damit aus diesen Kennzahlen berechnet werden können [hai].

Aus dem Bereich des Vertriebs können die folgenden Beispiele möglicher Bewertungskenngrößen angegeben werden [hai]:

– Zeit, um eine Anfrage zu bestätigen
– Zeit, um einen Auftrag zu bestätigen
– Anzahl unerledigter Aufträge
– Anzahl fehlerhafter Aufträge
– Anzahl der Auftragsstornierungen
– Lieferzeit
– Anzahl der Lieferzeitüberschreitungen
– Anzahl der Kundenbeschwerden

Solche, den Prozeß beschreibende Kenngrößen, sind als Regelgrößen Bestandteile von Qualitätsregelkreisen im Unternehmen. Sämtliche Abläufe im Unternehmen sind in solche Regelkreise einzuordnen; auch Abteilungen mit abgegrenzter Verantwortung unterliegen dabei Regelprozessen [plo] **(Bild 7.5)**. Somit sind alle am Herstellprozeß Beteiligten gleichzeitig Lieferanten und Kunden, sie sind an fehlerfreien Lieferungen interessiert und gleichzeitig auch dafür verantwortlich. Fehlerfreie Qualitätsregelkreise können damit aber erst erreicht werden, wenn

– alle Forderungen des internen und externen Kunden bekannt sind d. h. meßbare Null-Fehlerkriterien zwischen Kunde und Lieferant vereinbart worden sind,

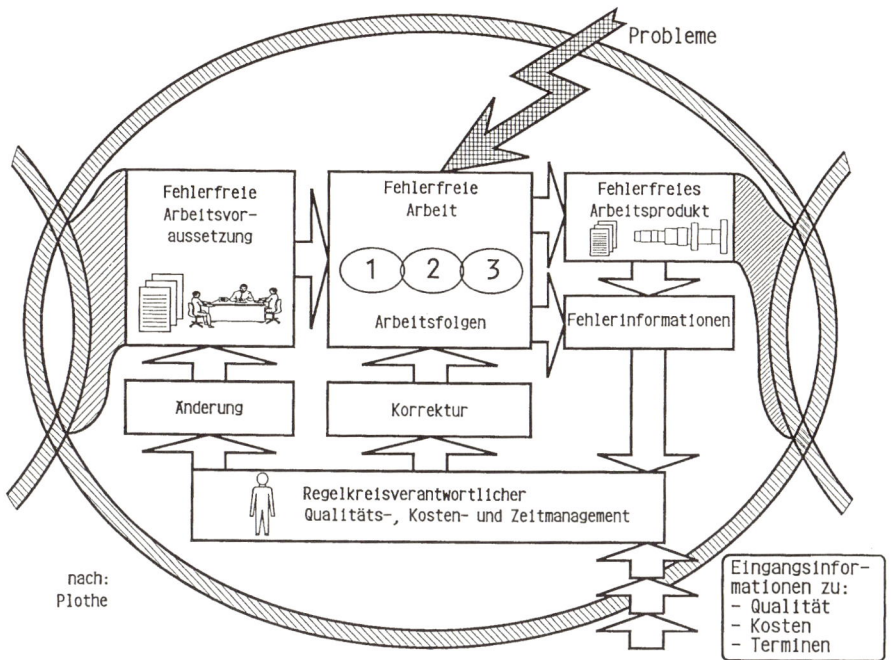

Bild 7.5   Fehlerfreie Qualitätsregelkreise

– die Einhaltung der vereinbarten Forderungen technisch und organisatorisch möglich ist,

– die Fehlerfreiheit einer Arbeit durch den Arbeitsausführenden selbst nachgeprüft werden kann (z.B. Werkerselbstprüfung) und

– der Arbeitsverantwortliche für die Erfüllung seiner Aufgaben hinreichend geschult ist [plo].

Als Möglichkeit zur Optimierung der Funktion eines Qualitätsregelkreises wird die Durchführung einer Fehlermöglichkeits- und -Einflußanalyse (FMEA) vorausgesetzt [plo]. Bekanntermaßen ist die FMEA ein präventives QM-Verfahren, mit deren Hilfe im Vorfeld der Produktentstehung im Rahmen der Konstruktion (K-FMEA) oder Prozeßauslegung (P-FMEA) mögliche potentielle Fehler und ihre Folgen abgeschätzt werden. Die Durchführung einer FMEA für jeden Geschäftsprozeß bzw. für Vorgänge ist heute eher die Ausnahme. Gerade aber in indirekten Produktionsbereichen, in denen die meisten Fehler am Produkt verursacht werden [pf8], wäre eine derartige Maßnahme durchaus erstrebenswert. Sie setzt voraus, daß jeder Mitarbeiter in seinem Umfeld folgende Fragen beantworten kann:

– „Kenne ich meine Geschäftsprozesse und kann ich sie in ihren Abläufen beschreiben?"

– „Kenne ich die prüfbaren Merkmale meiner von mir zu verantwortenden Geschäftsprozesse?"

– „Kenne ich meine Kunden und führt meine Arbeit konsequent zur Erfüllung der Kundenforderungen?"

Leider ist zu erwarten, daß durch ein derartig formalisiertes Vorgehen, wie es die FMEA erfordert, sowie durch die Unkenntnis über die Strukturierung der eigenen Geschäftsprozesse ein selbständiges Durchführen einer „Geschäftsprozeß-FMEA" nicht ohne weiteres möglich ist. Erst durch intensive Einweisung bzw. Schulung können hier Erfolge erzielt werden und fehlerfreie Qualitätsregelkreise etabliert werden (Bild 7.5).

Fehlerfreie Arbeiten und somit fehlerfreie Arbeitsprodukte sind nur durch fehlerfreie Arbeitsvoraussetzungen möglich. Jeder Regelkreisverantwortliche und damit Prozeßverantwortliche ist dabei in der Termin-, Kosten- und Zeitverantwortung. Qualitätsregelkreise im Unternehmen stehen aber nicht isoliert sondern sind miteinander verwoben und im gesamten Unternehmen auf allen Ebenen vorhanden. Diese Ebenen sind [wil]:

– Die Managementebene; sie setzt unternehmerische Ziele und leitet hieraus Unternehmenskonzepte ab.

– Die planerische Ebene; in ihr werden die Konzepte umgesetzt in Arbeitsanweisungen für die Realisierung (z. B. Arbeitsplanung).

– Die administrative Ebene, in der z. B. die Fertigungsaufträge gesteuert werden.

– Die operative Ebene; sie ist diejenige Ebene, in der Konzepte und Planungen in reale Produkte umgesetzt werden.

In dem vierstufigen Unternehmensmodell, das auch gleichzeitig das unternehmensinterne Informationsmodell abbildet, können Qualitätsregelkreise unterschiedlichster Ausprägung verankert sein (Bild 7.6). Regelkreise verschiedener Größe sind in diesem Regelkreismodell ineinander geschachtelt [aw2]. Dieses Modell ist aber aus heutiger Sicht in Unternehmen nur unzureichend und unvollständig vorhanden, kann aber durchaus im Unternehmen schon als Teillösung von Qualitätsregelkreisen existieren [aw1]. Seine Umsetzung im Unternehmen als gesamtheitliches Konzept ist als langfristig anzustrebendes Unternehmensziel zu betrachten.

Vielfach realisiert sind die sogenannten „kleinen" Regelkreise der „In-" und „Post-Prozeßprüfung", die zur unmittelbaren Bewertung und Korrektur des beobachteten Prozesses eingesetzt werden. Als häufig diskutierte Form steht für den maschinennahen Regelkreis die statistische Prozeßregelung (SPC) [bon].

Die Rückführung der Ergebnisse auf den Verursacher, wie z. B. die Bewertungen von Lieferungen, Fertigungslosen oder Schichtergebnissen, wird primär zur ebeneninternen Regelung z. B. zur Dynamisierung von Prüftätigkeiten oder zur kurzfristigen Aufdeckung von Schwachstellen und Reaktion auf Qualitätseinbrüche benutzt [bon]. Im Blickpunkt der Qualitätsberichterstattung aus Langzeitverdichtungen stehen vor allem Maschinen, Fertigungslinien, Werke und auch Zulieferer [pf9, dön, rit].

Zeitlich noch weiter gespannt und derzeit aus o. g. Gründen nur wenig realisiert sind ebenenübergreifende Regelkreise, welche die Aktualisierung bzw. Korrektur der Planungsprozesse zum Ziel haben. Die zukünftigen Entwicklungen von Qualitätsmanagementsystemen und damit auch von CAQ-Systemen werden diesem Defizit Rechnung tragen müssen. Erst dann können die Ressourcen erschlossen werden, die sich aus einer qualitätsgerechten Planung und Produktionsvorbereitung ergeben [bon].

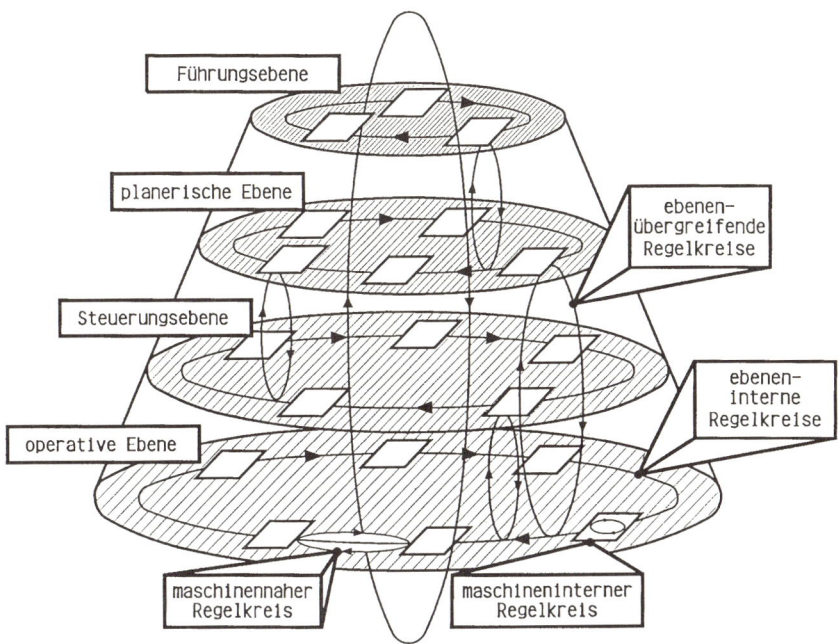

Bild 7.6   Technische und organisatorische Regelkreise

7.4   Anwendungen von Qualitätsregelkreisen

Nachdem in den vorangegangenen Abschnitten das Regelkreis- und Prozeßmodell des Qualitätsmanagements erläutert wurde, sollen nun einige Beispiele aus der Praxis, ihre Realisierung, ihre Einsatzbereiche und ihre Zielsetzungen verdeutlichen. Dabei werden alle vier vorgestellten Typen von Qualitätsregelkreisen behandelt.

7.4.1   Maschineninterne Qualitätsregelkreise

Qualitätsregelkreise dieses Typs greifen die zur Regelung benötigten Informationen unmittelbar an der Maschine bzw. an deren Komponenten ab. Die Regelgrößen werden in die Maschinensteuerung eingespeist. Solche Regelkreise sind gut automatisierbar, wenn der Zusammenhang zwischen Ziel- und Stellgrößen eindeutig beschrieben werden kann. Sie sind bei allen NC-Systemen Stand der Technik. Beispiele sind die Lageregelung der einzelnen NC-Achsen oder die Werkzeugeinstellung bzw. -korrektur über die Nutzung spezieller Meßtaster in Verbindung mit maschineninternen Meßsystemen.

Eine heute gängige Lösung zur Anwendung eines maschineninternen Qualitätsregelkreises spiegelt sich z.B. in der Lageregelung des Vorschubs einer Werkzeugmaschine wider **(Bild 7.7)**. Es handelt sich um das Gerätebild einer kontinuierlichen Regelstrecke mit zeitdiskretem Regler. Das dynamische Verhalten der kontinuierlichen Regelstrecke, hier eines Vorschubantriebs, spiegelt sich in dessen konstruktiver Auslegung wieder.

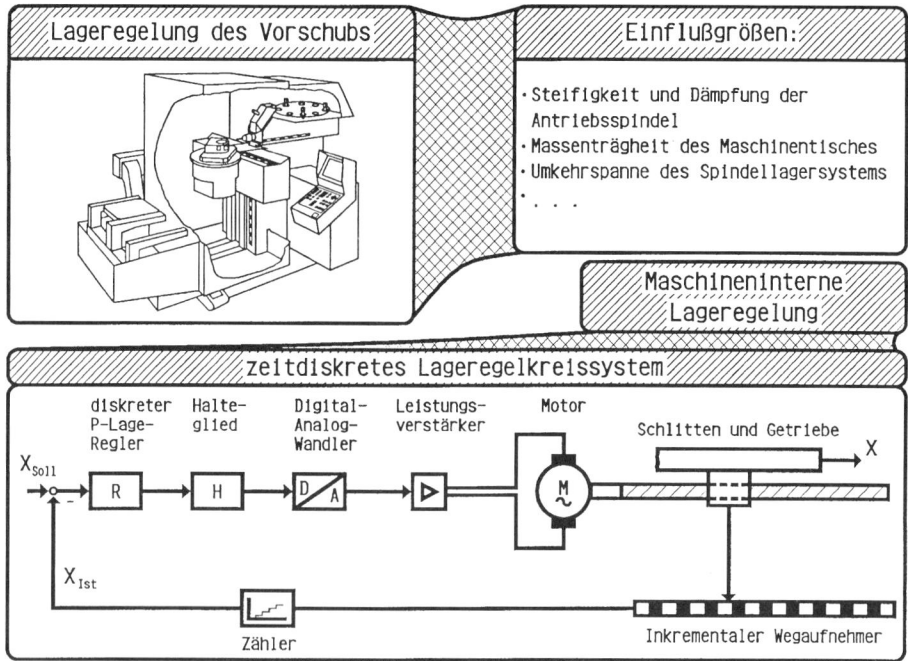

Bild 7.7   Maschineninterner Qualitätsregelkreis am Beispiel eines Lageregelkreises

Steifigkeit, Masse, Massenträgheitsmoment und Dämpfung (c, m, I, ß) der einzelnen Komponenten beeinflussen das Gesamtverhalten der Regelstrecke. Die Lage des Schlittens wird über einen inkrementalen Wegaufnehmer erfaßt, mit der Sollage verglichen und die Abweichung einem zeitdiskreten Regler zugeführt. Dessen digitales Ausgangssignal wird in ein analoges Signal gewandelt und über einen Leistungsverstärker dem Motor zugeführt. Dieser übernimmt die Lagekorrektur des Maschinenschlittens.

Neben derartigen maschineninternen Regelungen sind in der Gruppe der maschineninternen Qualitätsregelkreise solche Systeme zu nennen, die bereits auf der Maschine eine Erfassung von z.B. geometrischen Qualitätskenngrößen am Produkt ermöglichen und mittels dieser Informationen eine Lageregelung durchführen.

Der Ablauf eines Meß- und Korrekturzyklus in dem Qualitätsregelkreis eines Bearbeitungszentrums mit automatisierter Durchmesserprüfung und Korrekturwertermittlung [aw1] kann etwa wie folgt beschrieben werden **(Bild 7.8)**: Die Maschine erhält über die NC-Steuerung den Fertigungsauftrag und stellt das Werkzeug, in diesem Fall eine verstellbare Bohrstange, gemäß den Spezifikationen ein. Nach der Fertigung der Bohrung wird das Werkzeug gegen den im Bild dargestellten Bohrungsmeßdorn ausgetauscht. Durch Prüfaufträge gesteuert, werden die Meßgrößen des gerade erzeugten Durchmessers (d) ermittelt. Nach der Berechnung der Bohrungsgeometrie werden Kenngrößen für die Korrekturwertermittlung des Werkzeuges errechnet. Diese Korrekturwerte werden verwendet, um das Werkzeug automatisch nachzustellen. Der Regelkreis ermöglicht eine optimale Regelung der gestellten Bearbeitungsaufgabe, ist jedoch auf die

Kompensation der Störgröße „Werkzeug" und auf die Zielgröße „Bohrungsdurchmesser" zugeschnitten.

Neben dem hier gezeigten Beispiel eines maschineninternen Qualitätsregelkreises mittels Einsatz von Meßtastern sind je nach Meßsystem weitere, im folgenden vorgestellte Applikationen möglich.

Eine häufig anzutreffende Vorgehensweise in der Fertigung ist es, den Freiflächenverschleiß von Wendelbohrern, die z. B. in flexiblen Fertigungssystemen eingesetzt werden, in gewissen Zeitintervallen mittels Meßmikroskopie zu erfassen und je nach Größe des Verschleißes die Werkzeuge entweder weiter einzusetzen, einem Nachschleifprozeß zu unterziehen oder gegen neue Werkzeuge auszuwechseln. Die Entscheidung über die Einsatzfähigkeit des Bohrwerkzeuges ist bedienerabhängig. Zur Automatisierung dieses Überwachungsvorganges kann nun die vom Maschinenbediener ausgeführte Verschleißmessung von einem Meßverfahren mit Kamerasystem übernommen und in einen Qualitätsregelkreis eingebunden werden [elz, pf1]. Die Regelgröße ist hier der Bohrerverschleiß. Die Erfassung des Verschleißes wird dabei durch ein Kamerasystem direkt im Werkzeugmagazin durchgeführt und die Bildinformation wird mit Hilfe eines rechnergestützten Bildverarbeitungssystems ausgewertet. Der vom Rechnersystem durchgeführte Vergleich zwischen aktuellem Verschleiß und dem Verschleißgrenzwert führt bei einer Grenzwertüberschreitung zum Sperren des Werkzeuges und zur Anzeige eines notwendigen Nachschleifprozesses.

Ein weiteres Beispiel für einen maschineninternen Qualitätsregelkreis ist die On-line-Überwachung des Bohrprozesses auf einem Bearbeitungszentrum [pf2, pf3]. Die installierte Sensorik setzt sich aus einer piezoelektrischen Kraftmeßplattform sowie mehre-

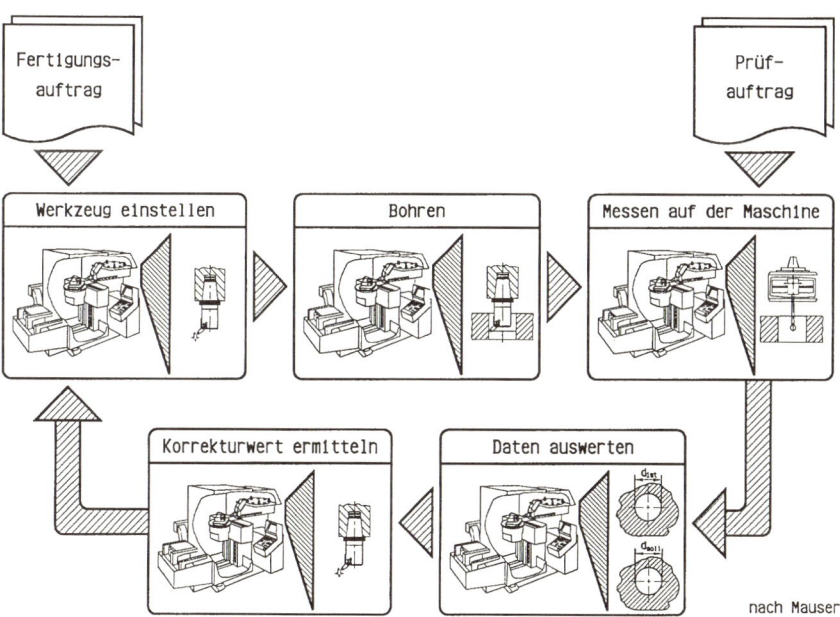

Bild 7.8 Maschineninterner Qualitätsregelkreis am Beispiel des Bohrprozesses [aw1]

ren Beschleunigungsaufnehmern zusammen. Die Meßwerte werden nach ihrer Analog-Digital-Wandlung transputerkompatibel aufbereitet und in einem Parallelrechnersystem in Echtzeit analysiert. Eine unzulässige Abweichung im Fertigungsprozeß (z. B. Werkzeugbruch oder -verschleiß etc.) wird damit erkannt. Der Rechner greift sofort in die Steuerung der Werkzeugmaschine ein, um weitergehende Schäden und damit unnötige Kosten zu vermeiden.

Die Beispiele machen deutlich, daß die Bandbreite der möglichen industriellen maschineninternen Qualitätsregelkreise sehr groß ist. Sie ist sehr stark mit der Fertigungsmeßtechnik verbunden.

7.4.2   Maschinennahe Qualitätsregelkreise

Bei den maschinennahen Qualitätsregelkreisen wird die Zielgröße erst dann ermittelt, wenn das Produkt den Prozeß bereits verlassen hat. Die Ergebnisse einer Prüfung oder das Auftreten bestimmter Ereignisse bewirken dann das Einleiten prozeßverbessernder Maßnahmen. Da in der Regel der Zusammenhang zwischen Zielgröße und Stellgröße nicht eindeutig beschrieben werden kann, setzt der Regelprozeß ein hohes Maß an Wissen über den Prozeß voraus und wird meist von erfahrenem Fachpersonal durchgeführt. Ansätze zur Automatisierung solcher Regelkreise liegen im Einsatz von Expertensystemen, wobei bereits erste Realisierungen durchgeführt wurden [he1].

Ein weitverbreitetes Beispiel für maschinennahe Qualitätsregelkreise ist die statistische Prozeßregelung (Statistical Process Control). Als Beispiel für diese Klasse von Regelkreisen ist der Prozeß der Galvanisierung heizbarer Automobilheckscheiben dargestellt [aw1].

Bei dem stark vereinfachten Prozeß wird die Maske für die Heizdrähte im Siebdruckverfahren auf die Scheibe aufgebracht, woraufhin die Scheiben galvanisiert werden (Bild 7.9). Im Anschluß an das Galvanikbad werden Stichproben entnommen und bei den zu prüfenden Scheiben wird der elektrische Widerstand der Heizdrähte gemessen. Aus den Meßwerten werden dann die Regelkartenparameter Mittelwert und Spannweite errechnet.

Der Verlauf der Mittelwerte (x-quer) und Spannweiten (R) gibt dem Anlagenführer bei der Analyse der Karte Hinweise auf den möglichen Einfluß von Störgrößen. Werden Störungen entdeckt, so wird der Prozeß gestoppt und die Ursache für die Störung ermittelt. Im Beispiel bedurften die Einstellparameter des Galvanikbades einer Korrektur, um den Prozeß wieder in einen stabilen Zustand zurückzuführen. Die Regelung erfolgt innerhalb der zulässigen Fertigungstoleranzen, so daß trotz Überschreiten einer Eingriffsgrenze (s. Kap. 5) des Mittelwertes keine Ausschußteile produziert wurden.

Das Führen einer Regelkarte setzt ein hohes Maß von Wissen über die Prozeßzusammenhänge voraus, um gezielt auf das Auftreten von Störungen reagieren zu können. Es empfiehlt sich deshalb, Ursachen und Maßnahmen in einer geeigneten Form zu dokumentieren, um später Hilfestellung beim Auftreten neuer Störungen leisten zu können. Von besonderer Bedeutung ist es, diese Informationen so abzulegen, daß sie unmittelbar abrufbar sind und auch von übergeordneten Stellen genutzt werden können.

Ein weiteres Beipiel für einen maschinennahen Qualitätsregelkreis ist z. B. die mechanische und informationstechnische Integration von Koordinatenmeßgeräten in flexible

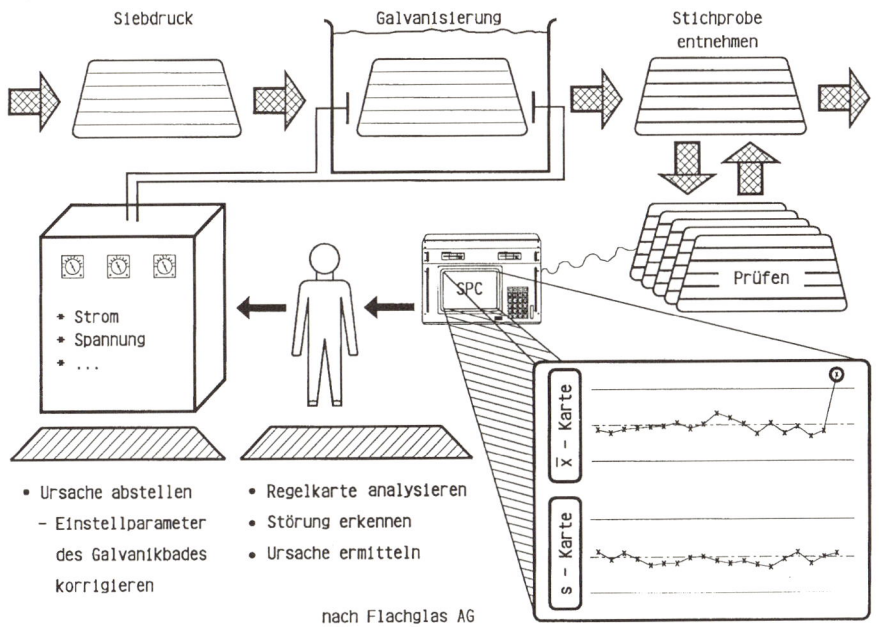

Bild 7.9 Maschinennaher Regelkreis am Beispiel der Galvanisierung heizbarer Heckscheiben [aw1]

Fertigungsanlagen [pf4]. Ähnliche Lösungen von maschinennahen Qualitätsregelkreisen sind z.B. der Einsatz von Innengewindesensoren für spezielle Gewindemeßprobleme [pf5]. Auch hier, wie bei der Integration des Koordinatenmeßgerätes, werden Qualitätsprüfungen nach Beendigung des Fertigungsprozesses durchgeführt. Durch die mechanische und informationstechnische Integration dieser speziellen Meßeinrichtungen werden Korrekturwerte praktisch verzögerungsfrei an die Fertigungseinrichtungen zurückgeführt. Mit ihnen wird der Fertigungsprozeß geregelt und somit der Qualitätsregelkreis geschlossen [pf6].

7.4.3   Ebeneninterne Qualitätsregelkreise

Ebeneninterne Qualitätsregelkreise sind dadurch gekennzeichnet, daß sie nicht den Informationsfluß zwischen verschiedenen Ebenen mitgestalten, sondern Vorgänge innerhalb einer Ebene zu regeln versuchen. Bestandteile hiervon sind auch die bereits erläuterten maschineninternen und maschinennahen Qualitätsregelkreise, die aber auch wegen ihrer Komplexität einzeln betrachtet wurden.

Ebeneninterne Qualitätsregelkreise verknüpfen verschiedene Unternehmensbereiche untereinander, die sich in einer der vier Modellebenen befinden. Der Mechanismus eines derartigen Qualitätsregelkreises wird durch die Betrachtung der Schnittstelle zwischen zwei Produktionsabteilungen eines Unternehmens deutlich **(Bild 7.10)**. Die im Fertigungs- und Materialfluß vorgelagerte Abteilung ist unternehmensinterner Lieferant der nachgelagerten Abteilung. Im vorliegenden Beispiel handelt es sich um die Abteilung „Presserei", die der Abteilung „mechanische Bearbeitung" aus Stangenmaterial

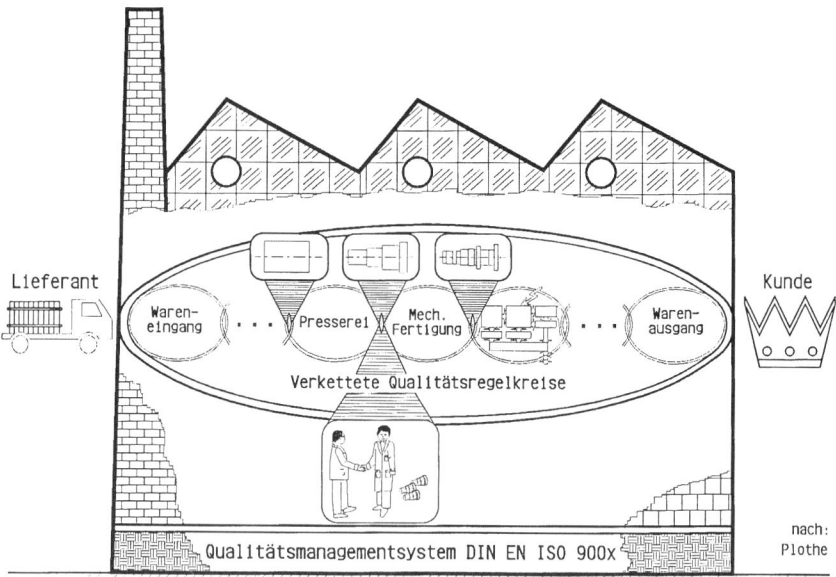

Bild 7.10 Ebeneninterner Qualitätsregelkreis am Beispiel der internen Kunden-Lieferanten-Beziehung

gepreßte Rohlinge zuliefert. Wesentlich für die Existenz eines Qualitätsregelkreises ist hier die Anwendung und Beachtung des internen Kunden-/Lieferantenprinzips. Nur wenn die vorgelagerte, d.h. die liefernde Abteilung, sich ihrer Verantwortung bzgl. der Qualität bewußt ist und die notwendigen Forderungen zu ihrer Einhaltung bekannt sind, sind die Voraussetzungen für eine qualitätsgerechte Produktion in der nachfolgenden Abteilung gegeben. Gerade aber die Festlegung von Vereinbarungen und ihre Dokumentation sind häufig Hemmnisse hierbei. Sie wird oft unterlassen.

Die Schließung des ebeneninternen Qualitätsregelkreises erfolgt durch Rückmeldung über mängelbehaftete Lieferungen der nachfolgenden Abteilung an die Presserei. Erst hierdurch wird die nachfolgende Abteilung in die Lage versetzt, ihre Qualitätsfähigkeit –so wie sie ihr interner Kunde versteht – zu erkennen und Maßnahmen zur Verbesserung einzuleiten. Die Rückkopplung im ebeneninternen Qualitätsregelkreis geschieht dabei heute häufig über den „kleinen Dienstweg" und ist oft mit gegenseitigen Schuldzuweisungen verbunden.

7.4.4 Ebenenübergreifende Qualitätsregelkreise

Ebenenübergreifende Qualitätsregelkreise verknüpfen mehrere Unternehmensebenen und können bis zum externen Kunden oder Lieferanten reichen [aw1]. Solche Regelkreise sind heute in nur wenigen Unternehmen umfassend realisiert [di4, rol]. Dort, wo sie angewandt bzw. eingeführt werden, handelt es sich vorwiegend um Unternehmen, in denen intensiv präventives Qualitätsmanagement betrieben wird.

Die Wirksamkeit eines ebenenübergreifenden Qualitätsregelkreises wird am Beispiel der Kugellagerherstellung deutlich [aw1] **(Bild 7.11)**. Die Kundenerwartungen werden durch den Kugellagerhersteller erfaßt und in konkrete Produktanforderungen umgesetzt bzw. in einem Pflichtenheft dokumentiert. Eine wesentliche Kundenforderung sei im vorliegenden Beispiel der geringe Geräuschpegel eines Lagers. In der Konstruktion werden unter Berücksichtigung der Kundenforderungen bzw. des entstandenen Pflichtenheftes die entsprechenden Unterlagen erstellt. Ein wichtiges Hilfsmittel hierbei ist eine hausinterne, auftragsneutrale Konstruktionsrichtlinie, die eine direkte Umsetzung der Forderungen aus dem Pflichtenheft in Produktmerkmale ermöglicht. So entspricht im vorliegenden Fall z.B. ein bestimmter zulässiger Körperschallpegel einer bestimmten zulässigen Welligkeit der Laufbahn (P + V), die nun als Toleranzvorgabe festgelegt wird.

Die während der Fertigung erfaßten Qualitätsdaten aus Zwischenprüfungen, SPC und Endprüfung werden in einer zentralen Qualitätsdatenbank abgelegt. Dort stehen sie für Auswertungen zur Verfügung, die u.a. maschinenbezogen, merkmalsbezogen oder baugruppenbezogen durchgeführt werden. Gleichzeitig stellen die Daten der Qualitätsdatenbasis die Dokumentation der Auslieferqualität dar.

Die Qualitätslenkung greift in turnusmäßigen Auswertezyklen auf diese Datenbank zu und analysiert Schwachstellen. Zeigt eine dieser Analysen, daß der Körperschallpegel des Kugellagers oberhalb der geforderten Spezifikation liegt, sind entsprechende Fehlerursachenanalysen einzuleiten. Für das Beispiel ergab eine detaillierte Untersuchung, daß die Ursache in einer zu hohen Welligkeit der Laufbahn lag, die sich jedoch noch innerhalb der geforderten Toleranz befand. Diese Erkenntnis wurde umgehend an die Konstruktion weitergeleitet und führte zu einer Aktualisierung der Konstruktionsrichtlinie.

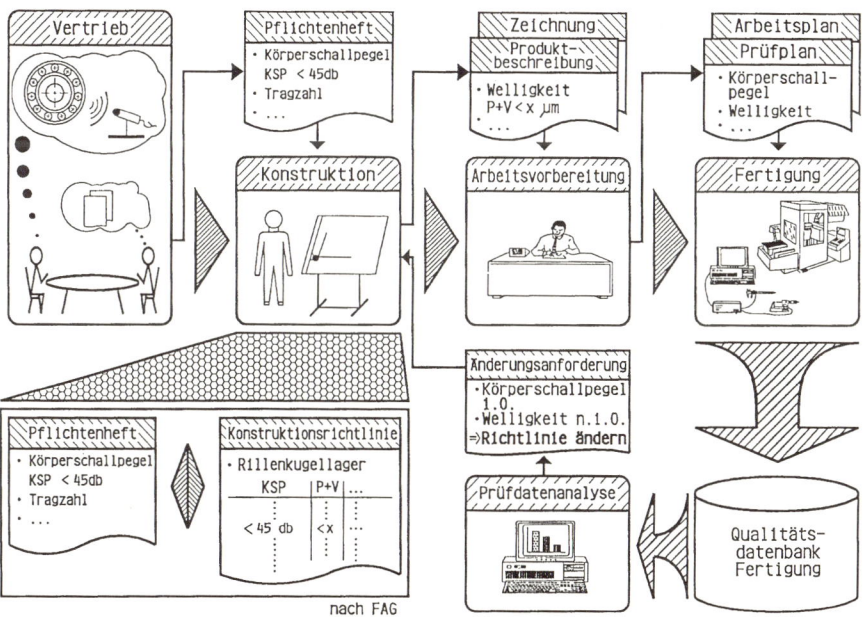

Bild 7.11 Übergreifender Qualitätsregelkreis am Beispiel der Kugellagerherstellung [aw1]

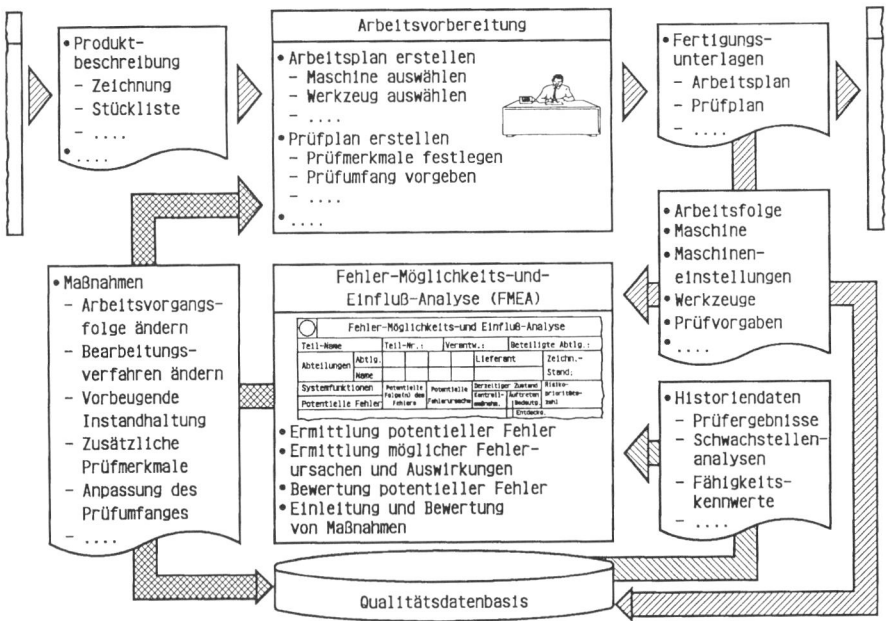

Bild 7.12   Beispiel eines Qualitätsregelkreises: Arbeitsvorbereitung / FMEA [aw1]

Das Beispiel macht deutlich, daß gerade ebenenübergreifende Qualitätsregelkreise geeignet sind, im Unternehmen vorhandenes Wissen zum Zwecke des präventiven Qualitätsmanagements zu nutzen. Anhand des Qualitätsregelkreises mit der Regelstrecke „Arbeitsvorbereitung" und dem Regler „Prozeß-Fehler-Möglichkeits- und -Einfluß-Analyse (P-FMEA)" wird insbesondere die Bedeutung der Qualitätsdatenbasis als universeller Schnittstelle zu anderen Unternehmensbereichen deutlich (**Bild 7.12**).

Die Funktionsanalyse der Arbeitsvorbereitung ergibt in diesem Beispiel unter anderem die Aufgabenbereiche „Arbeitsplan erstellen" und „Prüfplan erstellen" mit verschiedenen Unteraufgaben. Zur Durchführung dieser Tätigkeiten werden im wesentlichen produktbeschreibende Informationen aus der Konstruktion benötigt, wie Zeichnungen und Stücklisten. Die erstellten Unterlagen werden an die Fertigung weitergeleitet. Ein Teil der Informationen, wie z.B. Prüfpläne mit ihren teilespezifischen Prüfvorgaben werden in der Qualitätsdatenbasis abgelegt.

Aufgabe der Prozeß-Fehler-Möglichkeits- und -Einfluß-Analyse (P-FMEA) ist es, Fehlerarten von Systemkomponenten und deren Auswirkungen auf ein Produktionssystem zu untersuchen [vda]. Mit einer Analyse werden Prozesse hinsichtlich des Ausfalls einzelner Prozeßschritte quantitativ bewertet. Schwachstellen sollen bereits vor Produktionsbeginn entdeckt und damit die Sicherheit und die Zuverlässigkeit verbessert werden. Die Untersuchung potentieller Fehlerarten und Fehlerursachen ermöglicht es, Fehler frühzeitig zu erkennen, und damit Ausfälle zu vermeiden.

Hierzu werden mit einer schematisierten Vorgehensweise potentielle Fehler ermittelt und bezüglich der Wahrscheinlichkeit ihres Auftretens und ihrer Auswirkung bewertet.

Eine Untersuchung möglicher Fehlerursachen führt zur Zusammenstellung geeigneter Maßnahmen, die zur Ermittlung einer sogenannten Risikoprioritätszahl herangezogen werden.

Heutzutage wird die FMEA meist im Rahmen eines Brainstormings durchgeführt, da der Zugriff auf unterstützendes Datenmaterial in den wenigsten Fällen vorhanden ist. Ein Brainstorming ist dabei eine Methode zur Problemlösung, bei der in gemeinsamem Bemühen der Beteiligten durch spontane Äußerung von Einfällen zur Lösung des vorliegenden Problemes beigetragen wird. Hier kann die Qualitätsdatenbasis durch Bereitstellung von Historiendaten wesentliche Unterstützung leisten. So können z.B. durch eine Ähnlichkeitsbetrachtung Informationen über das Qualitätsgeschehen im Unternehmen auf neue Produkte übertragen und potentielle Schwachstellen leichter aufgedeckt werden. Weitere Unterstützung können in der Qualitätsdatenbasis abgelegte Fehlerkataloge, Maßnahmenkataloge oder Prüfmerkmalskataloge leisten.

Die Ergebnisse der FMEA fließen in Form von Verbesserungsvorschlägen und Maßnahmen in die Arbeitsvorbereitung zurück. So kann z.B. die Analyse ergeben, daß bei einem ähnlichen Teil die Fertigung auf einer bestimmten Maschine in der Vergangenheit Schwierigkeiten bereitet hat, obwohl diese Maschine für die Fertigung des neuen Produktes im Arbeitsplan vorgeschlagen wurde. In diesem Fall würde der Vorschlag erfolgen, auf eine andere Maschine oder ein anderes Bearbeitungsverfahren auszuweichen. Die FMEA kann neben einer Optimierung des Arbeitsplanes auf nötige Anpassungen des Prüfplans hinweisen. Dies gilt für den Fall, daß bestimmte Fehlerarten entdeckt werden, die zu bisher nicht berücksichtigten Prüfmerkmalen führen.

Zusätzlich werden die Ergebnisse der FMEA, die für spätere Anwendungen und andere Regler interessant sind, in der Qualitätsdatenbasis abgelegt. Dies können z.B. Erweiterungen von Fehlerkatalogen und Maßnahmenkatalogen sein oder die Ergebnisse durchgeführter Analysen oder Daten, die bei weiteren Ähnlichkeitsbetrachtungen genutzt werden können.

Im vorgestellten Beispiel wurde im Sinne der Modellbildung von einer strengen Trennung zwischen Regler und Regelstrecke ausgegangen. Es kann jedoch durchaus der Fall sein, daß die FMEA bereits in der Arbeitsvorbereitung durchgeführt wird, vielleicht sogar von derselben Person, die den Arbeitsplan oder Prüfplan erstellt. Da der wesentliche neue Aspekt des vorgestellten Beispiels in der Unterstützung durch die Qualitätsdatenbasis liegt, handelt es sich um einen ebenenübergreifenden Qualitätsregelkreis, bei dem Informationen aus verschiedenen Unternehmensbereichen systematisch bereitgestellt und genutzt werden.

Ebenenübergreifende Qualitätsregelkreise in der Qualitätsprüfung

Das Qualitätsmanagement gliedert sich u.a. in die Bereiche Qualitätsplanung, Qualitätsprüfung und Qualitätslenkung. Die Qualitätsprüfung gliedert sich wiederum in die

- Prüfplanung,
- Prüfbeauftragung,
- Prüfdurchführung und
- Prüfdatenauswertung **(Bild 7.13)**.

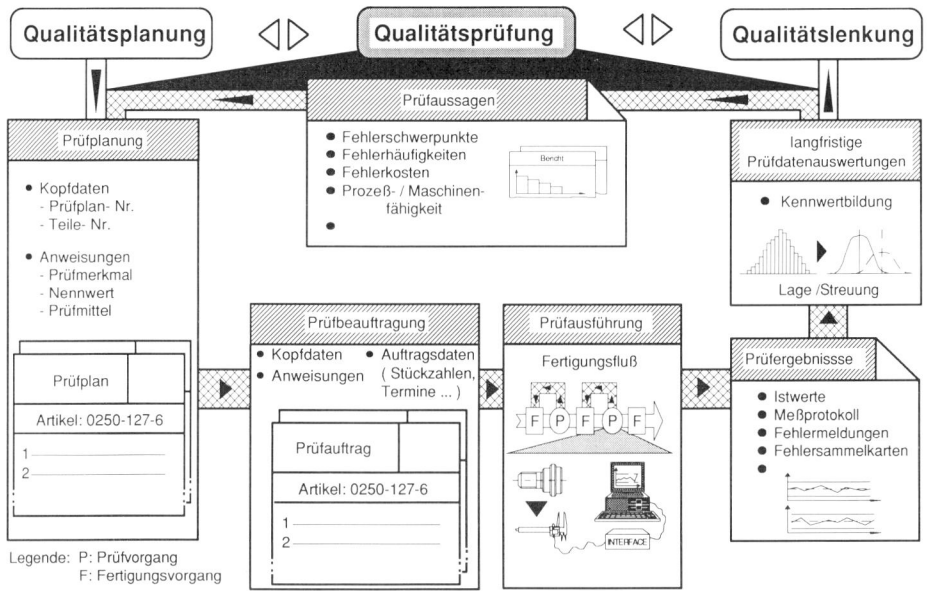

Bild 7.13   Qualitätsregelkreise in der Qualitätsprüfung

Die Prüfplanung gewährleistet, daß die Prüfung der Teile auf eine sichere und ökonomische Weise erfolgt. Der Prüfplan legt fest, was, wann, wie, womit und in welchem Umfang geprüft und dokumentiert werden soll. Auf der Grundlage des aus dem Prüfplan abgeleiteten Prüfauftrages werden dann die Prüfdaten erfaßt. Bei der anschließenden Auswertung kann zwischen einer kurz- und langfristigen Prüfdatenauswertung unterschieden werden. Die Ergebnisse der kurzfristigen Prüfdatenanalyse werden zur Beurteilung der aktuellen Qualitätslage herangezogen (z.B. SPC). Die Ergebnisse der langfristigen Prüfdatenauswertung helfen, zwei weitere Qualitätsregelkreise zu schließen. Zum einen wird durch Prüfaussagen die Prüfplanung gesteuert. Ergebnisorientiert werden dann z.B. Prüfmerkmale je nach dem stärker oder schwächer bei der Planung berücksichtigt. Zum anderen können die Ergebnisse der langfristigen Prüfdatenauswertung auch die Konstruktion beeinflussen.

Einen Qualitätsregelkreis bei dem ausgehend von den Konstruktionsdaten in der Arbeitsplanung die Bearbeitungsprogramme für die Fertigungsmaschinen erstellt werden verdeutlicht **Bild 7.14**. Parallel hierzu arbeitet die Prüfplanung auf der Basis derselben Unterlagen die Prüfprogramme zur Qualitätsprüfung aus. Die gefertigten Teile werden je nach Prüfschärfe und Prüfnotwendigkeit 100% oder stichprobenweise geprüft. Auf der Basis der ermittelten Prüfergebnisse der kurzfristigen Prüfdatenanalyse können im kurzen (maschinennahen) Regelkreis Korrekturmaßnahmen der Fertigung für die folgenden Teile initiiert werden. Weiterhin besteht die Möglichkeit, durch eine langfristige Prüfdatenverarbeitung mit statistischen Methoden über den ebenenübergreifenden Qualitätsregelkreis Korrekturmaßnahmen in der Arbeits- und Prüfplanung sowie Entwicklung und Konstruktion zu veranlassen. Diese Maßnahmen werden durch produkt-,

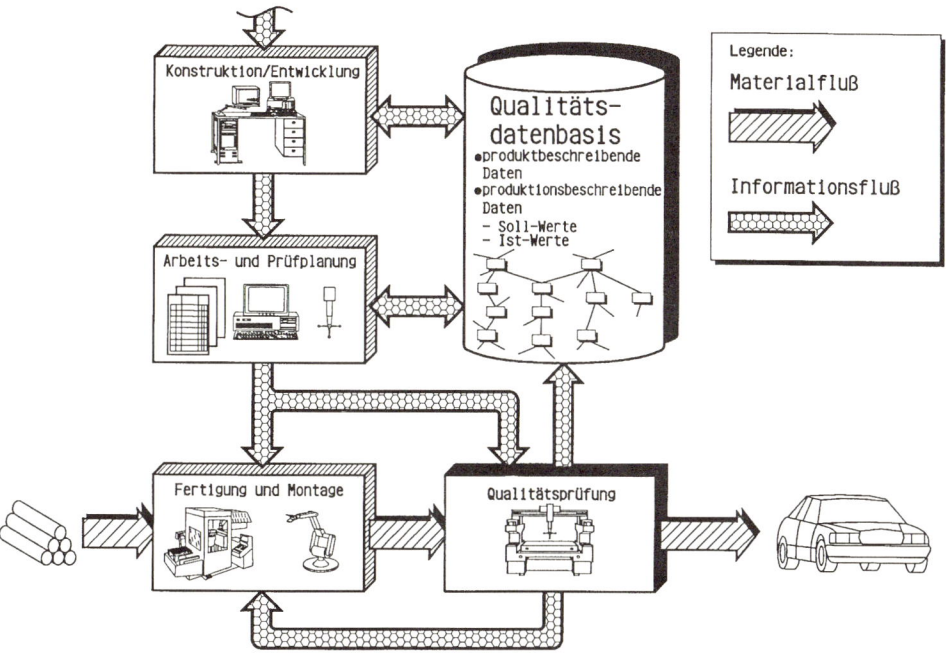

Bild 7.14 Beispiel eines Qualitätsregelkreises der Qualitätsprüfung

merkmals- oder fertigungsbezogene Auswertungen der Prüfergebnisse abgeleitet. Eine solch differenzierte Auswertung ist dann in der Lage, z.B. Fehlerhäufigkeiten, Fertigungsschwachstellen und kritische Merkmale zu analysieren und zu bewerten.

7.4.5 Aufbau von Qualitätsregelkreisen

Um die im Unternehmen verfügbaren funktionalen Bereiche und Methoden des Qualitätsmanagements so aufzubereiten, daß sie als Regelstrecken und Regler unter Einbeziehung der Qualitätsdatenbasis zu einem System von Qualitätsregelkreisen integriert werden können, bedarf es einer universell einsetzbaren Vorgehensweise. Eine solche Vorgehensweise, um aus den Komponenten Regler, Regelstrecke und Qualitätsdatenbasis ein System von Qualitätsregelkreisen zu realisieren, läßt sich in drei Schritte gliedern **(Bild 7.15)**:

1. Definition der Regler und Regelstrecken
2. Bilanzierung der Regler und Regelstrecken
3. Integration über die Qualitätsdatenbasis

Die Definitionsphase grenzt die Regelstrecken gegeneinander ab und beschreibt das Anwendungsspektrum der Regler. Hierzu wird eine Bilanzhülle um die jeweilige Komponente gelegt und eine Analyse der Funktionen durchgeführt. Das Ergebnis dieser Definitionsphase ist eine Aufstellung von Regelstrecken, denen geeignete Regler gegenübergestellt werden.

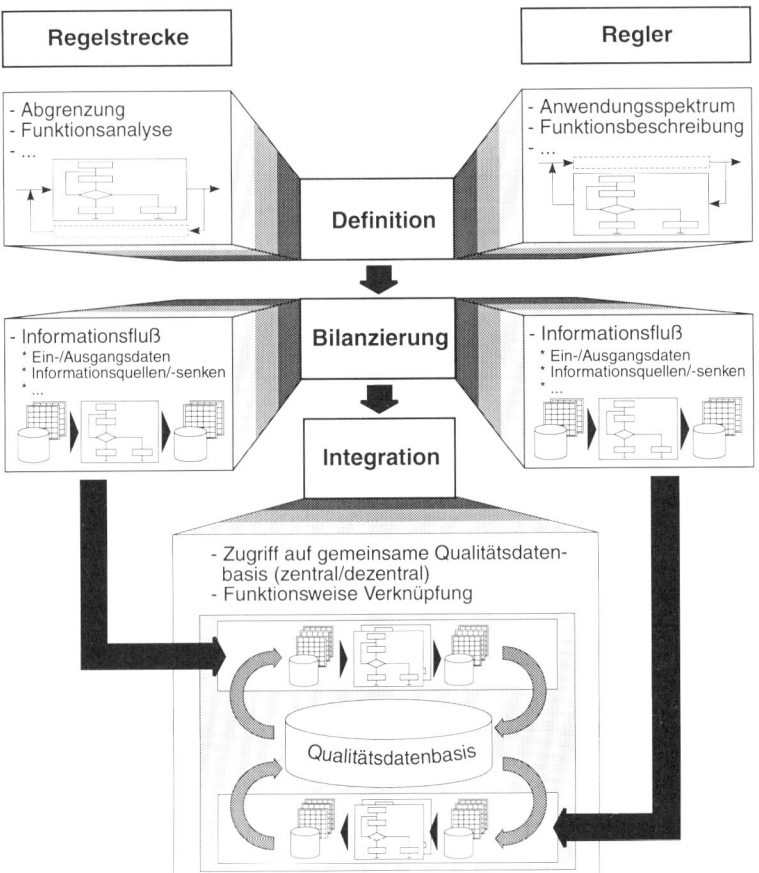

Bild 7.15   Vorgehensweise zum systematischen Aufbau von Qualitätsregelkreisen [aw1]

Um die informationstechnische Verknüpfung vorzubereiten, wird eine Bilanzierung der Komponenten durchgeführt. Hierzu werden die Informationsflüsse von Regelstrecken und Reglern analysiert und die Datenelemente ermittelt, die zur Erfüllung der Funktion benötigt werden. Diese werden, bezogen auf den Regler oder die Strecke, als Eingangsdaten und Ausgangsdaten untersucht. Die Quellen und Senken der einzelnen Datenelemente werden ermittelt.

Das Ergebnis dieser beiden Arbeitsschritte wird zur Beschreibung der Inhalte und Zugriffswege der Qualitätsdatenbasis genutzt, über die Regler und Regelstrecken miteinander integriert werden. Diese Integration der einzelnen Regelkreiskomponenten ermöglicht es, ein System aufzubauen, das maschineninterne, maschinennahe und ebenenübergreifende Regelkreise miteinander verknüpft. Dabei ergibt sich ein Modell vermaschter Qualitätsregelkreise **(Bild 7.16)**. Da in diesem Modell ein Regler auf mehrere Strecken wirken kann, wurde aus Gründen der Übersichtlichkeit auf eine direkte Verbindung von Reglern und Regelstrecken verzichtet.

Der standardisierte Informationsfluß einer Regelstrecke besteht aus Eingangsinformationen von anderen Regelstrecken, die bearbeitet werden und der Erzeugung von Ausgangsinformationen dienen. Die Regler erhalten demnach ihre Eingangsdaten entweder
direkt von den entsprechenden Regelstrecken, oder indirekt über die Qualitätsdatenbasis. Die Ausgangsdaten des Reglers werden direkt an die Regelstrecke weitergegeben,
z. B. als Hinweise auf Schwachstellen oder Verbesserungsvorschläge. Gleichzeitig legen
die Regler Informationen in der Qualitätsdatenbasis ab, die von anderen Reglern genutzt werden können.

Die hier aufgezeigte Vorgehensweise ermöglicht es, systematisch Qualitätsregelkreise
auf allen Bereichen des Ebenenmodells zu modellieren. Sie erlaubt damit neben dem
maschineninternen und maschinennahen Bereich insbesondere eine Einbeziehung der
planerischen Bereiche in die Gestaltung von Qualitätsregelkreisen.

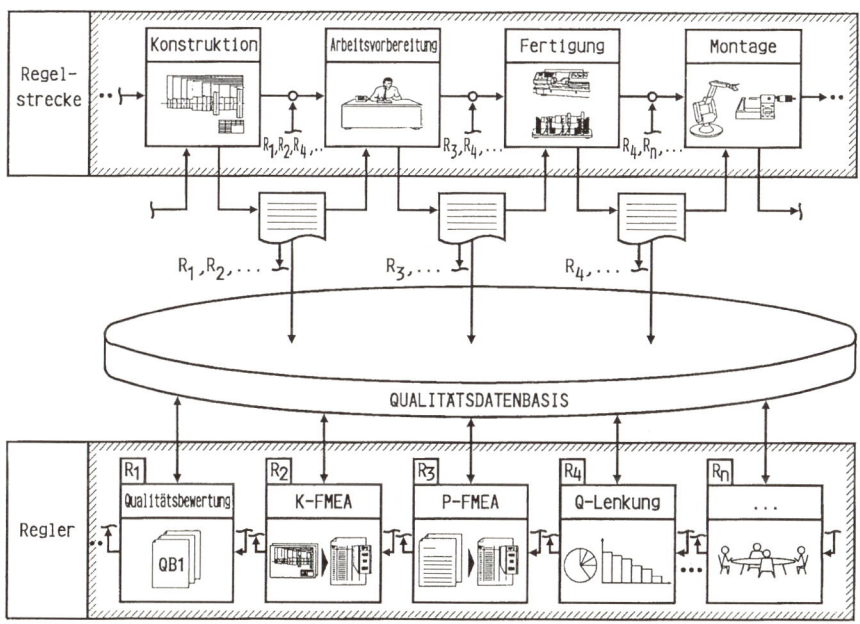

Bild 7.16   Integrierte Qualitätsregelkreise [aw1]

7.5   Die Qualitätsdatenbasis

Analog zu klassischen Regelkreisen verfügen Qualitätsregelkreise über Regelstrecken
und Regler **(Bild 7.17)**. Als Regelstrecken wurden funktionale Bereiche des Unternehmens definiert. Dabei kann es sich sowohl um ganze Abteilungen, wie z. B. die Konstruktion oder die Fertigung, als auch um einzelne Tätigkeitsbereiche, wie die Erstellung eines Arbeitsplanes, einer Konstruktionszeichnung, oder die Herstellung eines
Merkmals auf einer Maschine, handeln.

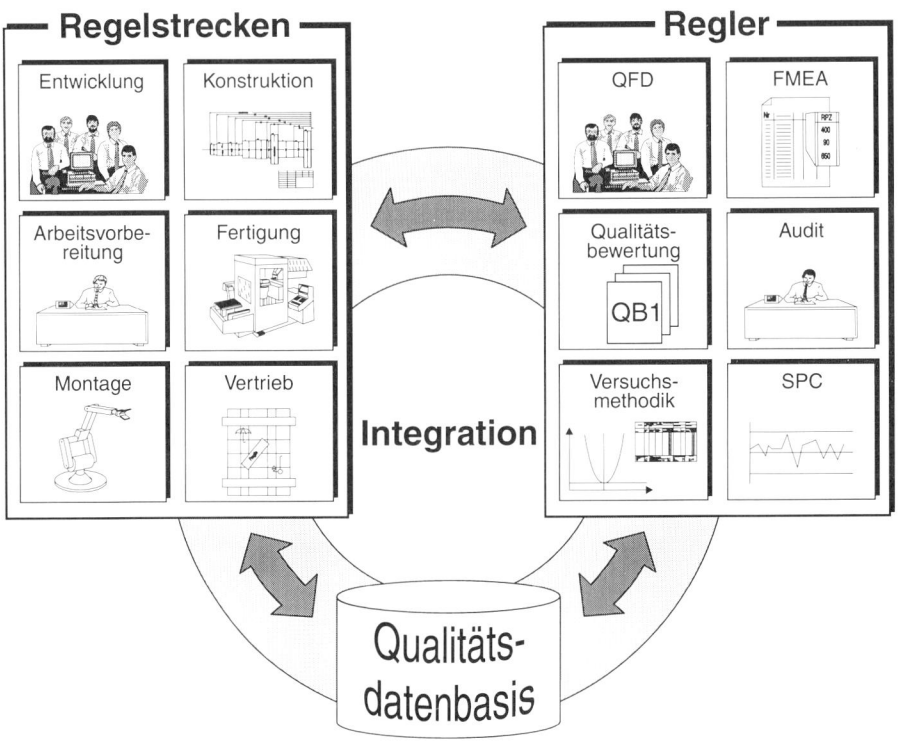

Bild 7.17   Komponenten von Qualitätsregelkreisen [aw1]

Auf diese Regelstrecken wirken keine Regler mit einfachen Regelmechanismen, wie z.B. P-Regler mit direktem Zusammenhang zwischen Regelgröße und Stellgröße, sondern Methoden des präventiven Qualitätsmanagements. Hier seien beispielsweise die statistische Prozeßregelung (SPC), die Versuchsmethodik oder das Quality Function Deployment (QFD) genannt.

Die Anzahl der möglichen Regelgrößen steigt mit der Spannweite des Regelkreises. Betrachtet man die Zusammenhänge bei Reglern, die unmittelbar am technischen Prozeß wirken, wie die statistische Prozeßregelung (SPC), so lassen sich hier unter Umständen noch klare Regelvorschriften festlegen. Bei Reglern wie dem Quality Function Deployment (QFD), die vom Kunden über die gesamte Produktion bis hin zur Feldbeobachtung reichen, ist dies aufgrund der Anzahl und der Komplexität der Einflußgrößen kaum noch möglich.

Hier muß vielmehr die Möglichkeit geschaffen werden, Regelvorschriften flexibel aus der aktuellen Situation abzuleiten. Dazu ist es erforderlich, die dafür benötigten Informationen und Entscheidungshilfen an den richtigen Stellen und zur richtigen Zeit bereitzustellen. Die sich hieraus ergebenden komplexen Regelmechanismen dienen vor allem dazu, Qualitätsforderungen auf lange Sicht zielgerichtet zu erfüllen und so das Unternehmensgeschehen im allgemeinen zu optimieren. Dazu muß das klassische Regelkreismodell um eine zusätzliche, bereits erwähnte Komponente, die Qualitätsdaten-basis, erweitert werden.

7.5.1 Das Unternehmensdatenmodell

Bei dem Aufbau und der Anwendung von Q-Reglern müssen übergreifende, integrierte Informationssysteme aufgebaut und genutzt werden, um die Komplexität beherrschbar zu machen. Diese nicht an einzelne Funktionen gebundenen Systeme erfordern ein ein-heitliches, unternehmensweites Datenmodell, da Informationen in Beziehung gesetzt werden müssen, die zu unterschiedlichen Zeiten an verschiedenen Orten entstanden sind. Unter einem Datenmodell wird hierbei ein Gestaltungsrahmen verstanden, der die verfügbaren Arten von Objekttypen und ihre Beziehungen, die Regeln für ihre Ver-wendung sowie die zugehörige Semantik festlegt [sin].

Einem solchen unternehmensweiten Datenmodell (UDM) kommen besondere koordi-nierende Aufgaben zu, es kann als wesentlicher Teil des „Generalbebauungsplans" ei-nes Informationssystems angesehen werden [sc2]. Nur durch die ganzheitliche Betrach-tung der Unternehmensprozesse (Geschäftsprozesse) über einzelne Bereiche, Abtei-lungen und Funktionen hinweg können die Unternehmensziele wirkungsvoll berück-sichtigt werden.

Über den oben genannten Vorteil hinaus ergeben sich durch den Aufbau von unterneh-mensweiten Datenmodellen Vorteile, trotz des u. U. hohen Aufwandes der Realisie-rung:

- Durch die Dokumentation der Unternehmensressource „Daten" wird eine Transpa-renz erreicht, die wirkungsvoll die Anpassung und Optimierung vorhandener Daten-strukturen ermöglicht.

- Durch die transparente Datenstruktur wird die Auswahl und Einführung von Stan-dardsoftware unterstützt.

- Es wird weitgehend die Schnittstellenproblematik vermieden, die bei dem Datenaus-tausch funktionsübergreifender Anwendungen immanent ist.

- Die komprimierte Darstellung der komplexen Sachverhalte erlaubt eine effiziente und effektive Einarbeitung und Schulung der Mitarbeiter.

Von diesem umfassenden Verständnis der Datenwelt eines Unternehmens ausgehend ist es notwendig, den Begriff der „Qualitätsdatenbasis" als Bestandteil der „Unterneh-mensdatenbasis" zu erläutern.

7.5.2 Die Qualitätsdatenbasis

Durch den Begriff „Qualitätsdatenbasis" (QDB) wird die Vorstellung erweckt, daß der physikalische Aufbau einer einzigen großen Datenbank gemeint ist. Vielmehr geht es um die Entwicklung einer Systematik, Datenstrukturen aufzubauen. Das Ziel ist die durchgängige Bereitstellung und Nutzung zentral und dezentral abgelegter qualitätsre-levanter Informationen.

Unter einer Qualitätsdatenbasis wird die qualitätsorientierte Sicht auf die unterneh-mensweite Datenwelt verstanden. Zur Vereinfachung der Darstellung ist die Qualitäts-datenbasis jedoch meist als eine Datenbank dargestellt.

Am Beispiel der Produktdaten – als Bestandteil der Unternehmensdaten – wird dieser Sachverhalt deutlich (**Bild 7.18**):

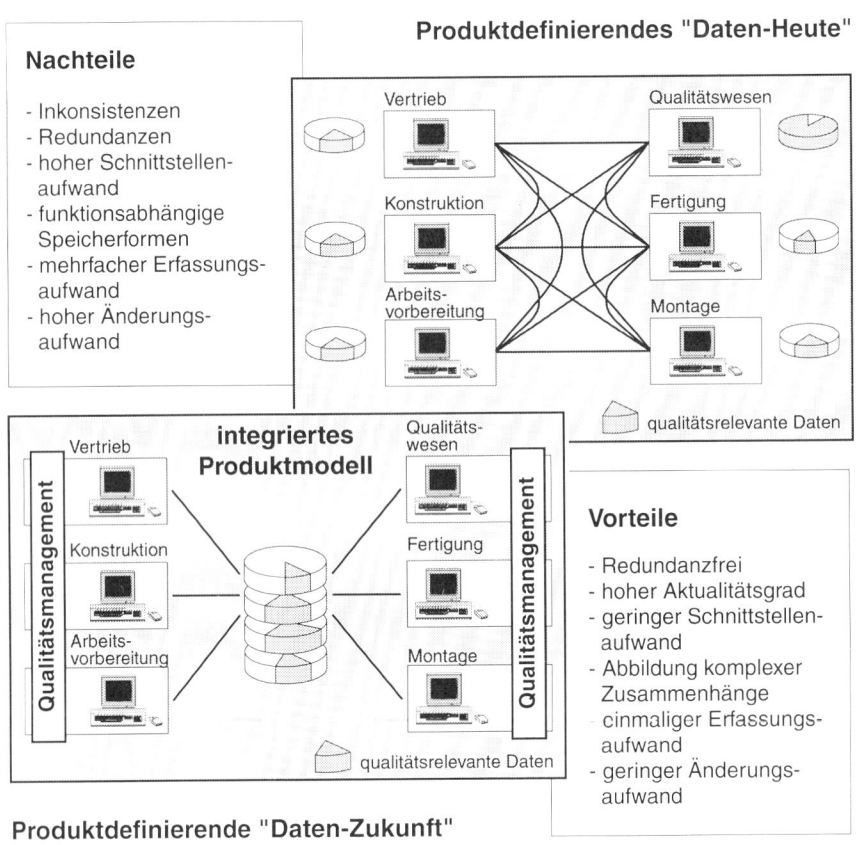

Bild 7.18   Integrierte Produktmodelle

Im Gegensatz zu den strukturorientierten Produktmodellen, die noch auf Datenstrukturen unterschiedlicher Applikationen aufsetzen, wird bei den integrierten Produktmodellen von einer einheitlichen Datendarstellung in einem holistischen Modell ausgegangen. Auf dieses können unterschiedliche Unternehmensbereiche zur Informationsbeschaffung zugreifen. Die qualitätsrelevanten Daten sind hierbei direkt oder indirekt mit den Produktdaten in einem gemeinsamen Datenmodell integriert [kop].

7.5.3   Modellierung der Qualitätsdatenbasis

Für die Konzeption, den Aufbau und die Realisierung einer (Qualitäts-)Datenbasis gibt es grundsätzlich zwei Strategien [vet]:

– die konventionelle funktionsorientierte (auch: ablauforientierte) Vorgehensweise sowie

– die datenorientierte Vorgehensweise.

Funktionsorientierter Ansatz

Die funktionsorientierte, arbeitsteilige Gliederung des Taylorismus war die vorherrschende Form in den Unternehmen, bevor überhaupt Arbeitsabläufe EDV-seitig unterstützt wurden. Hieraus ist zu erklären, daß bis heute die funktionsorientierte Softwareentwicklung und allg. die funktionsorientierte Softwareunterstützung einen hohen Stellenwert hat **(Bild 7.19)**.

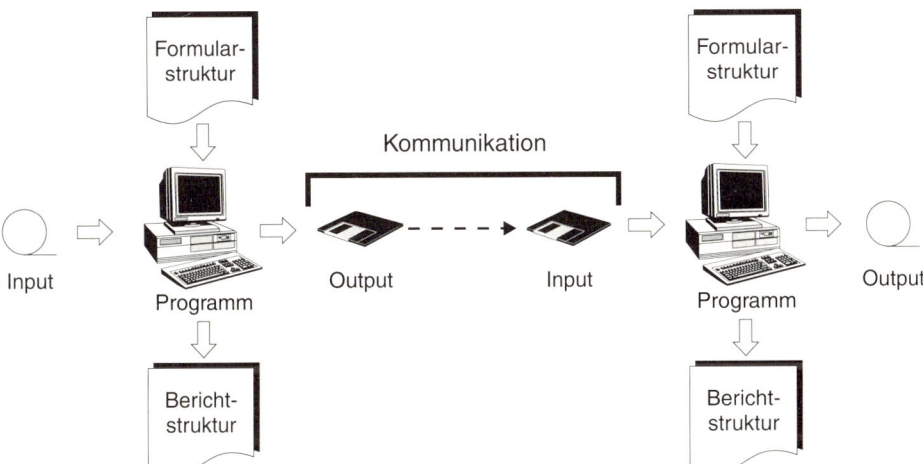

Bild 7.19   Funktionsorientierte Programmsysteme

Bei der Entwicklung dieser Module wurde der Fokus auf deren Funktionalität gelegt. Die Daten – abgebildet in einer Datenstruktur – wurden eher als lästige Begleiterscheinung gesehen. Jedem dieser Systeme liegt in der Regel eine eigene Datenstruktur zu Grunde, in der die spezifischen Daten gehalten werden. Klassische Beispiele sind die Programm-Module „SPC", „Wareneingangsprüfung" oder die Unterstützung der FMEA. Hierdurch wurde von vorne herein die Integration verschiedener Module und der Blick auf das Gesamtsystem erschwert, wenn nicht unmöglich gemacht.

Im Sinne eines ganzheitlichen, geschäftsprozeßorientierten Ansatzes ist aber gerade das Aufbrechen dieser (Funktions-)Barrieren ein wesentlicher Aspekt. Im Kapitel 7.4 wurden Qualitätsregelkreise auf den verschiedensten Ebenen aufgezeigt. Die Informationen und Qualitätsdaten müssen – wie gezeigt – über die Funktionsgrenzen hinweg genutzt werden können, um den Aufbau und das Schließen von Regelkreisen zu ermöglichen.

Der Objektzusammenhang von Geschäftsprozessen führt dazu, daß mehrere – in diesem Prozeß eingebundene – Funktionen ihre Daten u.U. mehrfach und damit redundant führen. Neben dem Aspekt der Verschwendung von Speicherplatz führt dies insbesondere zu dem Problem der logischen Dateninkonsistenz. Jede Funktion hat ihre Daten von den eigenen Forderungen ausgehend definiert. Die verschiedenen Definitionen der inhaltlich identischen Sachverhalte führt zu der Schnittstellen- (oder besser Nahtstellen-)Problematik. Durch diese Tatsache wird eine prozeßorientierte Integration und die Überschaubarkeit erschwert, ja unmöglich. Weizenbaum hat dies 1984 wie folgt charakterisiert: „Es ist inzwischen eine Situation eingetreten, in der wir die Zusammenhänge nicht mehr verstehen, weil wir sie nicht überblicken [...]" [wei].

Aus diesem Dilemma führt der Aufbau einer unternehmensweiten, integrierten Datenbasis, die die Datenstruktur und die hierdurch abgebildeten Daten einheitlich definiert.

Die Datenstruktur befindet sich im Gegensatz zu den Funktionen in einem quasistatischen Zustand. Sie bedürfen bei einer sorgfältigen Definition nur sehr weniger Änderungen, wie empirische Erhebungen von Heilmann und Pleye belegen [hei] (**Bild 7.20**).

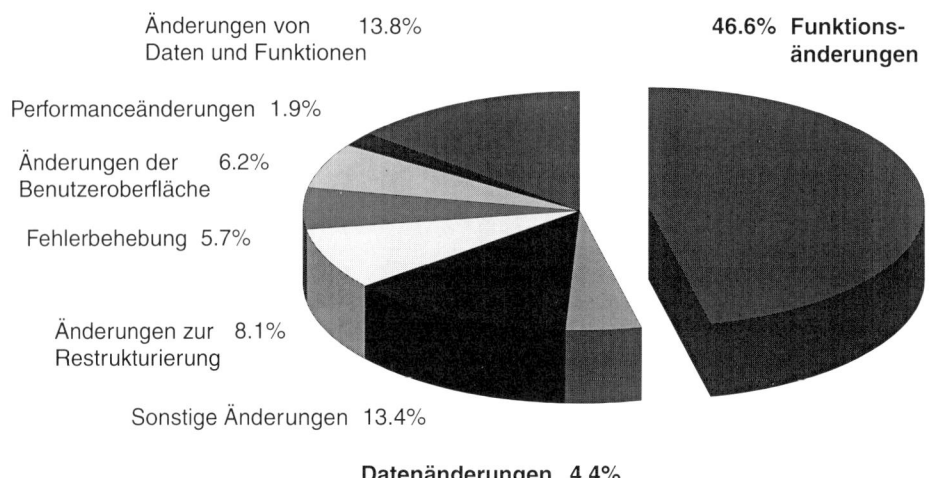

Änderungen von   13.8%
Daten und Funktionen

46.6% Funktions-
änderungen

Performanceänderungen 1.9%

Änderungen der   6.2%
Benutzeroberfläche

Fehlerbehebung 5.7%

Änderungen zur 8.1%
Restrukturierung

Sonstige Änderungen 13.4%

Datenänderungen 4.4%

Bild 7.20   Änderungshäufigkeit von Daten und Funktionen [hei]

Diese Untersuchung zeigt, daß Datenstrukturen im zeitlichen Verlauf statischer sind als Funktionen. Alleine die Hälfte der durchgeführten Änderungen an den untersuchten Anwendungssystemen betreffen die Funktionen, ein vergleichbar sehr geringer Anteil bezieht sich auf Modifikationen an Datenstrukturen.

Datenorientierter Ansatz

Im Gegensatz zu der funktionsorientierten Vorgehensweise wird bei dem datenorientierten Ansatz in einem ersten Schritt die Datenstruktur entwickelt. Erst auf diesen Ergebnissen aufbauend werden Funktionen festgelegt, die diese Daten verwalten und auswerten. Die Datenstrukturen, die sich im Verlauf der Zeit nur geringfügig ändern, stehen also im Mittelpunkt der Betrachtung, sie existieren unabhängig von ihrer Verwendung [mj2]. Der Änderungsaufwand ist somit geringer.

Der Vorteil der Integration über Datenbanken ist darin zu sehen, daß allen Applikationen (Module) sämtliche Informationen der Datenbasis unmittelbar zur Verfügung stehen. Die Datenbasis bildet damit den Grundpfeiler der datentechnischen Durchgängigkeit und wirkt als Schnittstelle zwischen verschiedenen DV-Anwendungen **(Bild 7.21)**.

Weil planende, konzipierende, produzierende, prüfende und analysierende Tätigkeiten im Unternehmen zeitlich entkoppelt durchgeführt werden, muß der Informationsaustausch, gerade bei parallelisierten Prozessen, mittelbar über die gemeinsame Datenbasis erfolgen. Durch den Aufbau der Datenbasis wird es auf einfache Weise möglich, Daten unterschiedlichen Ursprungs miteinander in Beziehung zu setzen und so neue Einsichten zu gewinnen [fri]. Dies ist gerade dann wichtig, wenn Funktionen vorerst nicht ermittelt werden können. Die Datenstruktur bildet dann eine Basis für die Beantwortung von spontanen, nicht voraussehbaren Fragestellungen [vet].

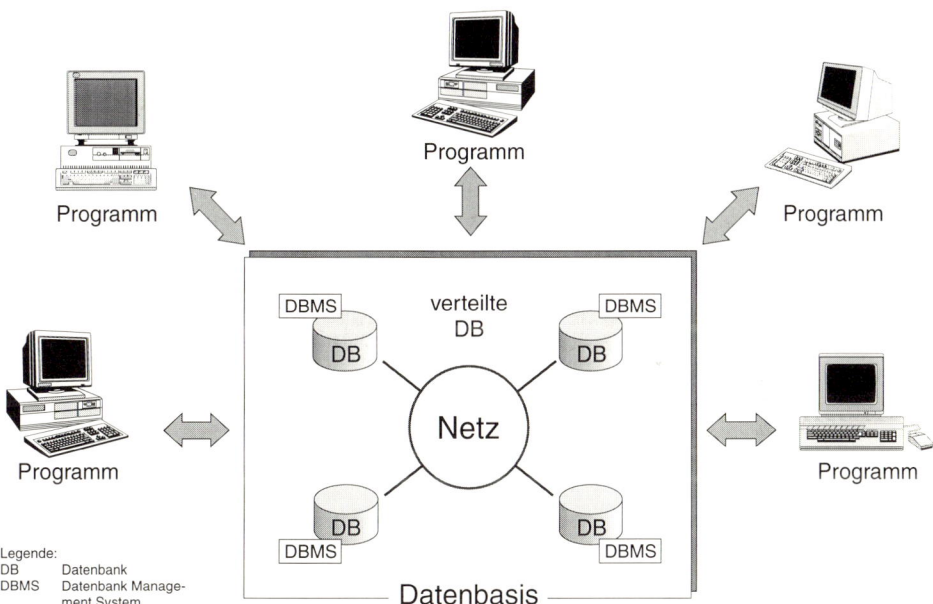

Bild 7.21   Datenorientiert entwickelte Programmsysteme

Durch die systematische und konsequente Anwendung der datenorientierten Vorgehensweise können folgende Eigenschaften erreicht werden [vet]:

–   Es entstehen fast zwangsläufig redundanzfreie, vielfach nutzbare Datenbanken.

–   Es müssen nicht alle Funktionen zum Zeitpunkt der Entwicklung der Anwendung bekannt sein.

–   Der Überblick bezüglich datenspezifischer Aspekte wird unterstützt.

Bei der Planung und dem Aufbau von Anwendungen wird folglich die datenorientierte Sicht auf die Unternehmung eine herausragende Stellung einnehmen. Auch wenn sich während der Entwicklung fast zwangsläufig Funktionalitäten „aufdrängen", so sollten diese zwar für die Überprüfung des Modells genutzt werden, die Daten(-strukturen) müssen jedoch als Richtschnur für die Entwicklung dienen.

In dem nächsten Kapitel wird eine Vorgehensweise zur Datenmodellierung mit ausgewählten und bewährten Hilfsmitteln aufgezeigt.

7.6   Vorgehensweise der Datenmodellierung

Ziel und Zweck der Datenmodellierung ist es, Zusammenhänge zwischen einzelnen operationalen Einheiten, Abteilungen oder Unternehmensbereichen übergreifend transparent zu machen. Dies stützt sich wesentlich auf die systematische Analyse der dort verfügbaren, erforderlichen oder langfristig benötigten Daten und den hieraus ableitbaren Informationen [heu].

Die Hauptforderung an eine Datenbasis ist die zu jedem Zeitpunkt korrekte Abbildung der von ihr zu beschreibenden Realität. Die Datenmodellierung ist der Prozeß, der sicherstellen muß, daß die Datenbasis über ihre gesamte, möglicherweise Jahrzehnte anhaltende Betriebsdauer diese Forderungen erfüllt [may, loc].

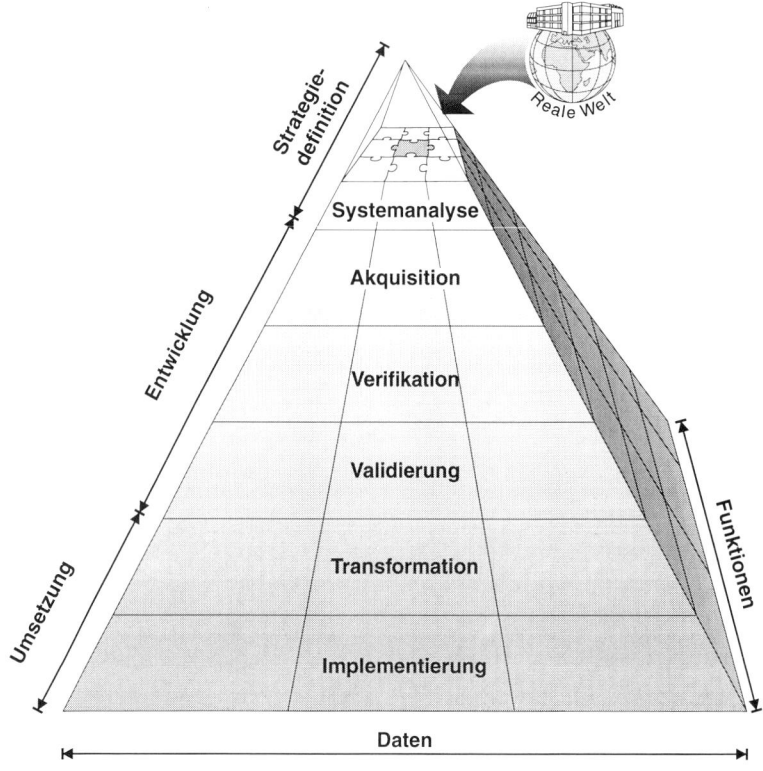

Bild 7.22   Schritte der Datenmodellierung

Die Vorgehensweisen und Methoden, die diese Forderungen umsetzen, können in folgende Arbeitsschritte unterteilt werden **(Bild 7.22)**:

- Systemanalyse
- Akquisition
- Verifikation
- Validierung
- Transformation
- Implementierung

In den folgenden Kapiteln wird jeder dieser Schritte beschrieben und es werden Methoden und Hilfsmittel erläutert, die eine optimale Unterstützung im Aufbauprozeß einer Datenbasis ermöglichen.

7.6.1 Systemanalyse

In der aufzubauenden Datenbasis wird das Ziel verfolgt, nur Daten zu erfassen, die mittel- und unmittelbar von Nutzen sind. Die Komplexität der realen Welt macht es notwendig, zweckdienliche Abstraktionen vorzunehmen und einen Ausschnitt aus der Gesamtheit zu wählen. Die Abstraktion und der Ausschnitt der Realität definiert die sogenannte Diskurswelt (auch: Miniwelt).

Die formale Beschreibung der Diskurswelt wird als Modell bezeichnet. In diesem Modell müssen die zu berücksichtigenden Gesetzmäßigkeiten, die gewünschten Abstraktionen und die notwendigen Ausschnitte erfaßbar und beschreibbar sein [may].

In der Systemanalyse gilt es, aus der realen Welt die relevanten Ausschnitte herauszufiltern. Auf der Grundlage einer sinnvollen Abstraktion sind die Gesetzmäßigkeiten zu erfassen. Die schnell wachsende Komplexität der Aufgabe erfordert es, sinnvolle und handhabbare Projekteinheiten zu bilden, die in den weiteren Schritten separat bearbeitet werden. Hierbei muß jedoch durch geeignete Validierungsschritte sichergestellt sein, daß die Sicht auf das Gesamtsystem nicht verlorengeht **(Bild 7.23)**.

Gerade bei der Aufteilung in solche überschaubaren Projekteinheiten müssen Unschärfen wie Homonyme (gleiche Bezeichnung für Verschiedenes) und Synonyme (verschiedene Bezeichnungen für Gleiches) erkannt und beseitigt werden. Hilfestellung können hierbei z.B. KWIC-Listen (**K**eyword **i**n **c**ontext) leisten. Zusammengesetzte Gegenstands-, Attributs- und Beziehungstypenbezeichnungen werden hierbei in ihre Morpheme (kleinste bedeutungstragende Gestaltungseinheit) aufgelöst und nach diesen gruppiert (z.B. „Lagerort" in „Lager" und „Ort"). Anhand dieser Liste können die o.g. Unschärfen entdeckt und vermieden werden [may, sc1].

Mit den allgemeinen Techniken der Systemanalyse ist eine ganzheitliche methodische Unterstützung dieses Schrittes möglich. Hierbei muß jedoch der Schwerpunkt auf der Modellierung der Zustände der Diskurswelt und ihrer Zusammensetzung gelegt werden [may]. Dies wird in einer Reihe von Methoden berücksichtigt, z.B. die Informationsbedarfsanalyse, die zumeist auf ein Gerüst standardisierter Formblätter aufsetzen. Eine umfangreiche Darstellung ist in [may] vorgenommen.

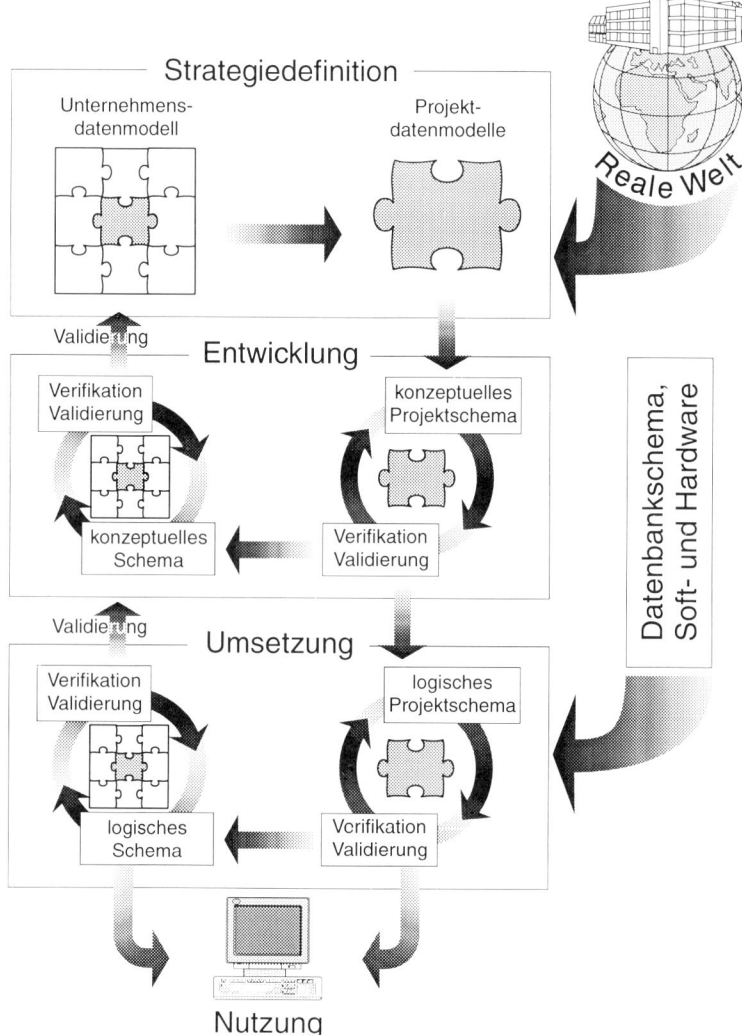

Bild 7.23   Ablauf der Datenmodellierung

7.6.2   Akquisition

In der Akquisitionsphase wird das Ziel verfolgt, auf der Basis einer geeigneten Vorgehensweise ein semantisches Datenmodell zu erarbeiten, welches sich in einem konzeptuellen (oder: semantischen) Schema widerspiegelt. Die Hauptaufgabe ist die Erfassung
des zu modellierenden Umweltausschnittes mit dem Ziel der vollständigen Abbildung
der Diskurswelt und der Bestimmung von nachvollziehbaren Gesetzmäßigkeiten dieser
Miniwelt. Hierbei muß besonderes Augenmerk auf den Detaillierungsgrad des semantischen Modells gelegt werden, da auf der einen Seite zu einem späteren Zeitpunkt

(Realisierung/Nutzung) nur noch schwer neue Typen von Daten und Objekten dem Modell hinzugefügt werden können [sin]. Auf der anderen Seite muß jedoch genügend Spielraum vorgegeben sein, um den Forderungen der jeweiligen Anwendungsgebiete Rechnung zu tragen [boh].

Durch das Abstraktionsniveau des konzeptionellen Schemas werden [sin]:

- heterogene Teilsysteme, wie sie z. B. in dem Schritt der Systemanalyse bestimmt wurden, unter dem Gesichtspunkt einer umfassenden Datenbasis (UDM/QDB) zusammengeführt,

- Altlasten im Sinne von bestehenden Systemen bewältigt und bestenfalls durch die Umstrukturierung in das Gesamtkonzept eingebunden und

- die Produktivität beim Aufbau und Betrieb von Systemen, ihre Zuverlässigkeit und Flexibilität gesteigert.

Dieses Schema muß von allen betroffenen Fachgruppen einer Unternehmung getragen werden. Es beschreibt die Sicht auf die Struktur der Daten und deren Verwendung.

Mitte der 70er Jahre wurden die ersten Vorschläge zur Entwicklung von semantischen Datenmodellen gemacht [boh]. Im Gegensatz zu den logischen Modellen (oder: Datenbankmodellen), deren bekannteste Vertreter das Relationenmodell, das Netzwerkmodell und das hierarchische Modell sind, wird in den semantischen Modellen ein Großteil der Umweltsemantik mit berücksichtigt, insbesondere im Hinblick auf die Zusammengehörigkeit von Informationen. Gerade diese Informationen sind in einem logischen Modell nicht unmittelbar erkennbar und müssen durch die Benutzer hineininterpretiert werden. Die semantischen Modelle weisen hingegen zahlreiche mächtige Modellierungskonzepte auf, mit denen die oben erwähnte Umweltsemantik direkt ausgedrückt werden kann, und somit – im Sinne des präventiven Qualitätsmanagements – bereits im Vorfeld potentielle Mißverständnisse und somit fehlerhafte Modellierungen vermieden werden können.

Aus den zahlreichen Methoden zur Erstellung semantischer Modelle hebt sich die Klasse der Entity-Relationship-Modelle (ERM) ab. Von der 1976 von Chen entwickelten Grundform ausgehend, versuchen die daraus abgeleiteten Ansätze die semantische Aussagefähigkeit des Relationenmodells zu übertreffen. Die meisten Varianten und Erweiterungen des ERM führen letztendlich jedoch auf das klassische ER-Diagramm von Chen. Dieses weist jedoch den Nachteil auf, daß alle Knoten eines Typs grundsätzlich den gleichen Stellenwert haben. Somit sind Schemata mit zunehmendem Umfang nur noch schwer interpretierbar.

Eine Erweiterung des ERM auf der Basis quasi-hierarchischer Graphen ist das „strukturierte Entity-Relationship-Modell" (SERM) von Sinz **(Bild 7.24)**. Auf der Grundlage von Existenzabhängigkeiten zwischen Objekttypen besteht hier die Möglichkeit, zwischen originären und abhängigen Objekttypen zu differenzieren.

Top-down und Bottom-up

Die Ermittlung von Entitytypen (Objekttypen) ist grundsätzlich durch eine Top-down- oder Bottom-up-Vorgehensweise zu erreichen [sc1]. Bei beiden Vorgehensweisen entstehen durch schrittweise Spezialisierung bzw. Generalisierung während der Entwicklung unterschiedlicher Verdichtungsstufen. Der Einsatzschwerpunkt bei der

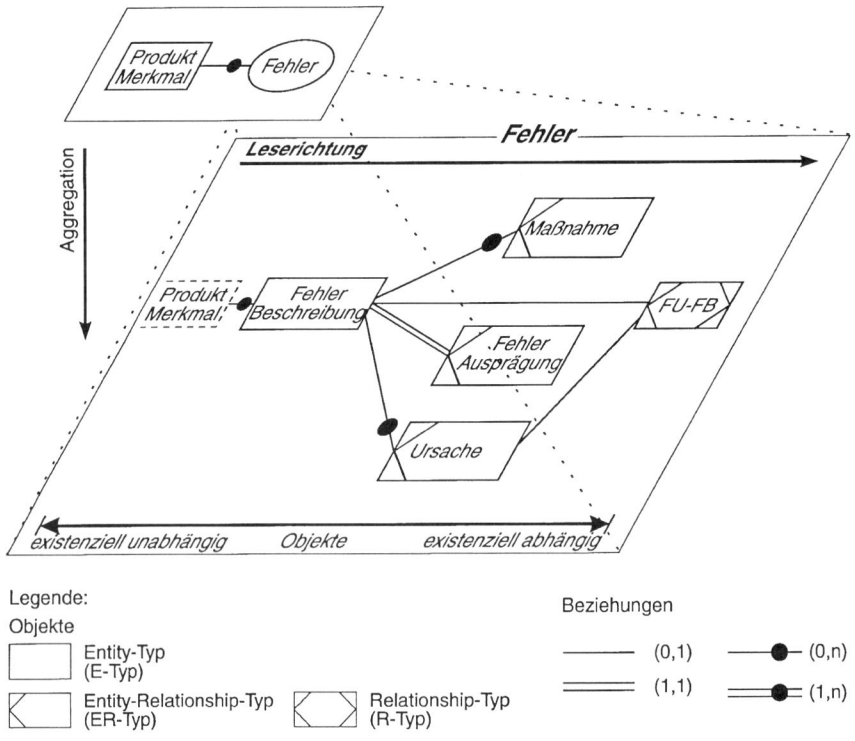

Bild 7.24   Beispiel eines strukturierten ER-Modells (Notation nach [sin])

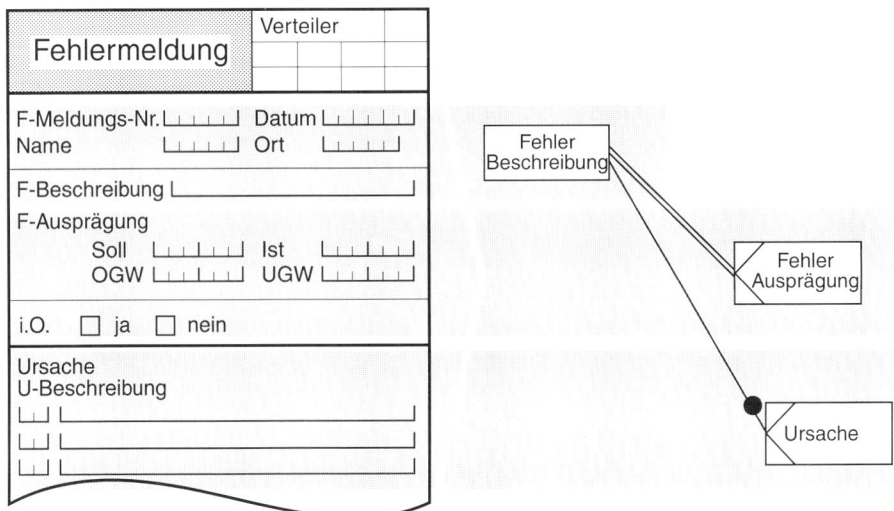

Bild 7.25   Beispiel einer Beleganalyse (Notation nach [sin])

Top-down-Vorgehensweise liegt in der Entwicklung neuer Konzepte, da der Entwickler freier vorgehen kann. Die Bottom-up-Methodik verfolgt eher die Zielsetzung der Nachdokumentation vorhandener Lösungen [sc1].

Die Beleganalyse ist ein Beispiel für die Bottom-up-Vorgehensweise. Hierbei werden vorliegende Dokumentationen wie Formulare und Datenbeschreibungen auf die darin enthaltenen Entitytypen, Beziehungstypen und Attribute hin untersucht [sc1, ach] **(Bild 7.25)**.

Auf der Grundlage des durch diese Hilfsmittel modellierten konzeptuellen Schemas müssen projektbegleitend Verifikations-Schritte (Bild 7.23) durchgeführt werden, die frühzeitig Modellierungsfehler aufdecken können.

7.6.3   Verifikation

Der Schritt der Verifikation hat die Aufgabe, das vorliegende konzeptuelle Schema auf Korrektheit, Vollständigkeit und vor allem Widerspruchsfreiheit zu überprüfen [loc]. Hierbei ist es ebensowenig möglich, einen streng formalen Beweis der Korrektheit anzutreten, wie bei einer Programmverifikation. Eine zumeist intuitive Überprüfung ist jedoch durch verschiedene Hilfsmittel unterstützbar. Auf der einen Seite zählt hierzu die Überprüfung durch den Aufbau eines logischen Datenmodells [lau]. Auf der anderen Seite ist der Aufbau einer Entity-Funktions-Matrix ein geeignetes Mittel, um das konzeptionelle Schema zu überprüfen und ggf. Schwachstellen zu erkennen.

Entity-Funktions-Matrix

Die Entitäten (genau: Entitättypen), die z.B. in dem (S)ER-Modell benötigt werden, und die Funktionen, die in einem Projekt zu diesem Zeitpunkt bereits angedacht sind, können automatisch zu einer Entitäten-Funktionsmatrix transferiert werden [mj1]. Auch wenn die Einbeziehung von Funktionen auf den ersten Blick dem datenorientierten Vorgehen widerspricht, so werden in der Praxis die Funktionen zumindest im Hintergrund Berücksichtigung finden.

Das Analyseteam füllt in jedem Schnittpunkt der Matrix das Verhältnis der Funktion zu der Entität ein. Dieses Verhältnis drückt sich durch folgende Codes aus **(Bild 7.26)**:

- **C** (Create)   Anlegen eines Datensatzes der Entität
- **R** (Read)   Lesen eines Datensatzes einer Entität
- **U** (Update)   Modifizieren eines Datensatzes einer Entität
- **D** (Delete)   Löschen eines Datensatzes einer Entität

Wenn die Anzahl der Funktionen oder der Entitäten zu groß wird, so besteht die Möglichkeit, durch Aggregation Untermatrizen aufzubauen.

Von diesen Vereinbarungen ausgehend kann – von der datenorientierten Sicht ausgehend – das konzeptuelle Schema auf Vollständigkeit und Design überprüft werden. Probleme können durch gezielte Auswertungen erkannt werden, u.a.:

- Jede Entität muß zumindest von einer Funktion genutzt werden.

- Jede benötigte/verwendete Entität muß in dem konzeptuellen Schema definiert sein.

- Jede Funktion muß zumindest eine Entität anlegen/lesen/modifizieren oder löschen (zumindest ein „C", „R", „U" oder „D" in jeder Zeile).

Funktionen	Kopfdaten Fehlermeldung	Fehlerbeschreibung	Fehlerausprägung	Fehlerursache	Fehlermaßnahme	Standardmaßnahme	Prüfarten	Personal	Merkmale	...
Fehlermeldungen verwalten	RC UD	RC UD	RC UD	RC UD	RC UD			R		
Fehler beschreiben	RC U	RC U	RC U			R	R	R		
Fehlerursache beschreiben	R	R	R	RC U				R		
Fehlermaßnahme vorschlagen	R	R	R		RC U	R				
Beschreibungen prüfen	RU	RU	RU	RU		R				
Fehlermaßnahme beauftragen	R	R	R		RU	R				
Maßnahmenausführung prüfen	R	R	R		RU					
Merkmale verwalten									RC UD	
Standardmaßnahmen verwalten						RC UD				
Prüfarten verwalten							RC UD			
... ...										

Legend: R : Read   C : Create
         U : Update D : Delete

Bild 7.26   Entity-Funktions-Matrix

Durch die von zwei Seiten (Daten und Funktionen) unabhängig ausgehende Überprüfung kann eine vergleichsweise genaue, systematische und nachvollziehbare Verifikation des Daten- (und Funktions-)Modells vorgenommen werden.

Darüber hinaus dient das Ergebnis in Zusammenhang z.B. mit dem (S)ER-Modell als ein weiteres Element einer durchgängigen Dokumentation der Datensicht [mj1].

7.6.4   Validierung

Der Arbeitsschritt der Validierung soll sicherstellen, daß das aufgebaute semantische Modell den Absichten der Phase der Systemanalyse entspricht. Über die Widerspruchsfreiheit des Modells hinaus muß es auf der einen Seite die Semantik der Anwendung widergeben, auf der anderen Seite muß sich das Modell in das Gesamtmodell widerspruchsfrei einordnen (siehe auch Bild 7.23).

Ein konkreter Beweis läßt sich ebensowenig wie bei der Verifizierung durchführen. Eine Möglichkeit der Überprüfung ist jedoch durch die Generierung von Testdaten oder die Entwicklung von Prototypen gegeben [loc].

Software-Prototyp

Im Gegensatz zu dem ingenieurwissenschaftlichen Prototyp wird unter einem Software-Prototypen nicht die erste Version des Zielsystems verstanden. Vielmehr ist der Software-Prototyp (im folgenden nur Prototyp genannt) ein Kommunikationsgegenstand, der als Mittel zum Wissenserwerb eingesetzt wird [hal] **(Bild 7.27)**. Er ist ein Modell des geplanten Zielsystems unter den Randbedingungen der Betriebsfähigkeit und der subjektiven Übereinstimmung mit dem Endprodukt [hal]. Der Kommunikationsgegenstand „Prototyp" wird im Sinne des präventiven Qualitätsmanagements genutzt, um bereits in frühen Phasen der „Produktentstehung" das Modell zu validieren und so die Möglichkeit der Fehler bereits im Vorfeld stark einzuschränken. Der Prototyp stellt eine dynamische und veränderbare Formulierung der (Kunden-) Forderungen dar.

Als Bestandteil des Zielsystems (evolutionärer Ansatz) ist der Prototyp so gestaltet, daß ständig neue Forderungen, die sich durch die Kundenbewertung ergeben, aufgenommen werden können. Durch die ständige Weiterentwicklung des Prototypen (auch „versioning" genannt) wächst dieser der Endversion so schrittweise entgegen. Nach Abschluß dieser Phase wird der Prototyp, im Gegensatz zu dem evolutionären Ansatz, nicht weiterverwendet („throw-away"-Ansatz). Das evolutionäre Vorgehen ist in der Datenmodellierung eher möglich als in der Funktionsmodellierung. Dort wird der Prototyp zumeist nur als Objekt zur Erkenntnisgewinnung eingesetzt.

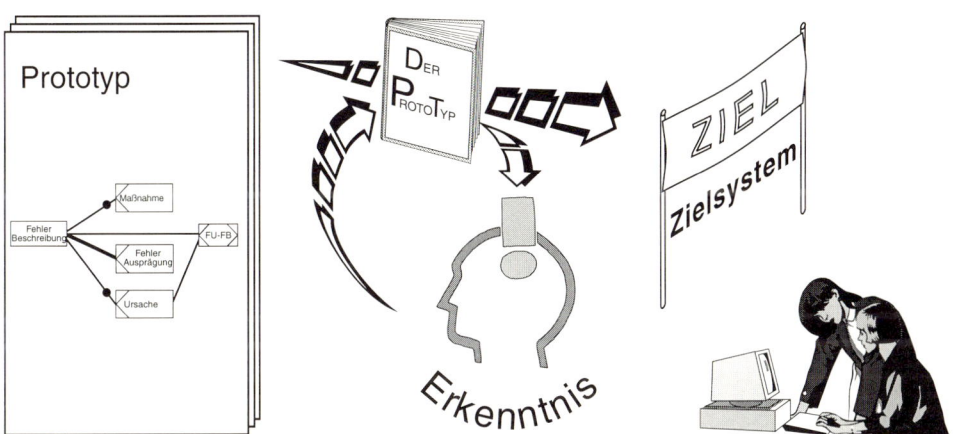

Bild 7.27   Kommunikationsgegenstand „Prototyp"

7.6.5   Transformation

Nach dem Abschluß des konzeptuellen Schemas durch die Verifizierung und Validierung erfolgt die Umsetzung/Übersetzung in das logische Schema. Während der Aufbau des semantischen Modells losgelöst vom Datenmodell (z.B. hierarchisches oder relationales Modell) der Soft- und Hardware entwickelt wurde, so findet die Übersetzung in das logische Schema in Abhängigkeit von mehreren Faktoren, insbesondere dem Datenbanksystem, statt [vet].

Neben dem (historischen) hierarchischen Datenmodell und dem Netzwerkmodell ist zur Zeit das beim Neueinsatz von Datenbanksystemen am häufigsten verwendete Datenmodell das 1970 von Codd eingeführte Relationenmodell [lan], das ebenfalls die methodische Grundlage des ERM ist [sin, loc].

Auf der Grundlage z.B. eines ER-Modells (oder SER-Modells) erfolgt eine Umformung auf der Basis formalisierter Operationen. Das Ergebnis ist das logische – d.h. rechnergestützt interpretierbare – Datenbankschema in der Syntax der Datendefinitionssprache des verwendeten Datenbanksystems [kno].

Der konzeptuelle Entwurf kann nicht alle Konsequenzen des Datendesigns auf das logische Schema berücksichtigen. Aus diesem Grund kann es vorkommen, daß durch die (halb-)automatische Übersetzung der Schemata im logischen Datenbankentwurf Anomalien (Inkonsistenzen) auftreten, die frühzeitig erkannt und vermieden werden müssen. Die Normalisierung (Zerlegung der Relationen derart, daß die Zahl der potentiellen Anomalien verringert wird) ist deshalb ein probates Hilfsmittel während des logischen Entwurfs, das Design des konzeptuellen Schemas und somit auch des logischen Schemas zu überprüfen und ggf. zu korrigieren [may].

7.6.6   Implementierung

Neben dem Aufbau von neuen Anwendungen, die auf dem Gesamtdatenmodell aufsetzen, müssen jedoch auch alte Datenbestände in dem konzeptuellen Datenmodell berücksichtigt werden. Die Vorgehensweise zur Einbindung und Modellierung von bestehenden Datenstrukturen kann analog zu dem oben beschriebenen erfolgen. Zumeist kann jedoch festgestellt werden, daß die vorhandenen Strukturen den neuen Forderungen nicht gerecht werden. Dies betrifft insbesondere die Sicht auf ein unternehmensweites Datenmodell. Die Integration und Modifikation der bestehenden Strukturen kann prinzipiell auf der Basis des evolutionären oder des revolutionären Ansatzes geschehen [vet].

Evolutionäres Vorgehen

Die bestehenden Applikationen werden vorerst auf den alten Datenstrukturen aufsetzen. Parallel zum normalen Betrieb wird das ideale Datenmodell aufgebaut. Nach Abschluß der Arbeiten erfolgt eine schrittweise Implementierung der neuen Strukturen und eine Modifikation der vorhandenen. Dies kann u.a. im Rahmen der üblichen Programm- und Datenpflegen erfolgen. Das Idealmodell dient als Leitbild, dem sich die bestehenden Strukturen annähern. Durch diesen roten Faden kann sichergestellt werden, daß die Änderungen der Zielstruktur entsprechen **(Bild 7.28)**.

Dieses Vorgehen vermeidet, daß möglicherweise hunderte von betroffenen Applikationen zu einem Zeitpunkt geändert werden müssen mit den entsprechenden Gefahren dieser massiven Änderungen. Nachteilig wirken sich zweifelsfrei die lange Zeitdauer bis zur abschließenden Erstellung des Zielsystems und die permanenten Modifikationen aus.

Revolutionäres Vorgehen

Auch bei dem revolutionären Vorgehen werden die existierenden Applikationen auf den alten Datenstrukturen beibehalten. Nach dem Aufbau des modifizierten Datenmodells wird dieses jedoch direkt implementiert. Neue Applikationen setzen sofort auf diese Datenstrukturen und Daten auf, während nur die bestehenden Systeme schrittweise transferiert werden.

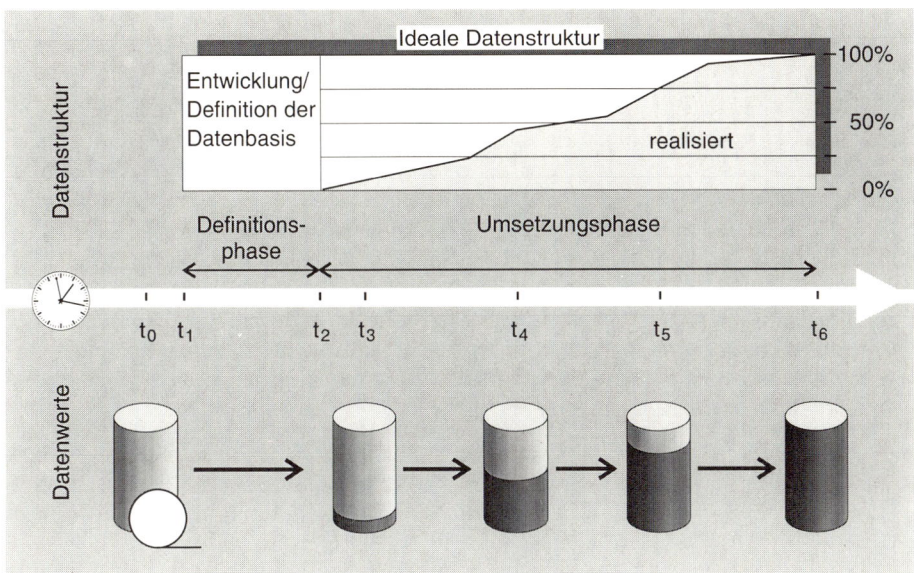

Bild 7.28 Evolutionäres Vorgehen bei der Implementierung

Vorteilhaft ist die direkte Umsetzung des neuen Datenmodells. Es wird die langwierige inkrementale Annäherung vermieden. Nachteilig wirkt sich jedoch die mit hoher Wahrscheinlichkeit notwendige doppelte Datenhaltung aus.

Eine globale Empfehlung, welche Vorgehensweise im Einzelfall die Richtige ist, kann nicht gegeben werden, da das Vorgehen stark von den vielfältigen, individuellen Randbedingungen abhängig ist. Mischformen beider Vorgehensweisen sind selbstverständlich möglich.

7.7   Das Berichtswesen im Qualitätsmanagement

Gerade in den Unternehmen des produzierenden Gewerbes wird oft verkannt, daß wesentliche Aufwände während der Produktentstehung erst durch einen, den Produktentstehungsprozeß begleitenden, Informationsfluß entstehen können und ohne diesen nicht lebensfähig sind. Der Anteil der innerbetrieblichen Aufwendungen bei der Produktentstehung, der zur Erzeugung, Verarbeitung, Speicherung und Wiedergewinnung von Informationen im Unternehmen benötigt wird, kann 80 % und mehr des Gesamtaufwandes betragen [ma2]. Eine zuverlässige Informationsbereitstellung in jedem Schritt der Produktentstehung ist somit ein lebenswichtiger Faktor für das Unternehmen und eine der wesentlichen produktionsverbessernden Ressourcen [kop]. Dies wird um so wichtiger, je automatisierter, komplizierter und damit weniger transparent die Prozesse und Qualitätsregelkreise werden.

Im Qualitätswesen eines Unternehmens sind im wesentlichen zwei Arten der Informationsverarbeitung zu unterscheiden. Erstere ist dadurch gekennzeichnet, daß sie der unternehmensinternen Qualitätslenkung dient. Zweitere hat das Ziel, vor allem die (z.B. externen) Dokumentation qualitätssichernder Tätigkeiten zu unterstützen. Solche Qualitätsaufzeichnungen dienen zum Nachweis, daß die Qualitätsforderungen des Kunden erfüllt wurden und daß das Qualitätsmanagementsystem wirksam ist. Diese Form der Dokumentation wird aber nicht nur im Rahmen der normativen Regelung des Kunden-Lieferantenverhältnisses gefordert und vereinbart [di7]. Auch in speziellen (Kunden-)Vorschriften, wie sie z.B. beim Bau von Großanlagen (Bauwerke oder Schiffe) oder bei sicherheitskritischen Teilen in der Automobilindustrie Anwendung finden, werden zusätzliche Dokumentationen gefordert [kos]. Ihre Erfüllung wird in Prüfzeugnissen dokumentiert und mit der Lieferung dem Kunden ausgehändigt. Der Begriff „Dokumentation" bedeutet hier somit der Nachweis, daß die Ausführung einer Arbeit mit der Vorschrift übereinstimmt [kos]. Aufzeichnungen und Berichte (Qualitätsberichte) dienen neben der Dokumentation der Erfüllung von Kundenforderungen vor allem aber auch der Qualitätslenkung.

Eine wesentliche Datenquelle für die Erstellung von Q-bezogenen Dokumenten im Qualitätsmanagement ist die Qualitätsprüfung in der operativen Ebene (**Bild 7.29**). Diese wird ergänzt durch die der Produktentstehung vor- und nachgeschalteten Bereiche, wie z.B. den Wareneingang oder die Felddatenerfassung. Das Hilfsmittel für die Bereitstellung und Speicherung dieser Daten ist die Qualitätsdatenbasis. Erst durch die Kombination von Qualitätsdaten und deren Darstellung in Auswertungen und Berichten werden Mittel bereitgestellt, Produktentstehungsprozesse zu analysieren und zu bewerten.

Die Prozeßverantwortlichen sind im Bereich der Fertigung z.B. Werker, Meister oder Fertigungsleiter. Jede dieser Personen muß das ihren Anforderungen entsprechende Informationsmaterial über die Qualitätsfähigkeit des von ihr betreuten Prozesses bekommen, um lenkend und regelnd in den Prozeß eingreifen zu können. Das Berichtswesen ist das Instrumentarium, über das steuernde und regelnde Verbesserungs- und Sicherungsmaßnahmen im Unternehmen mittel- und langfristig eingeleitet werden und damit

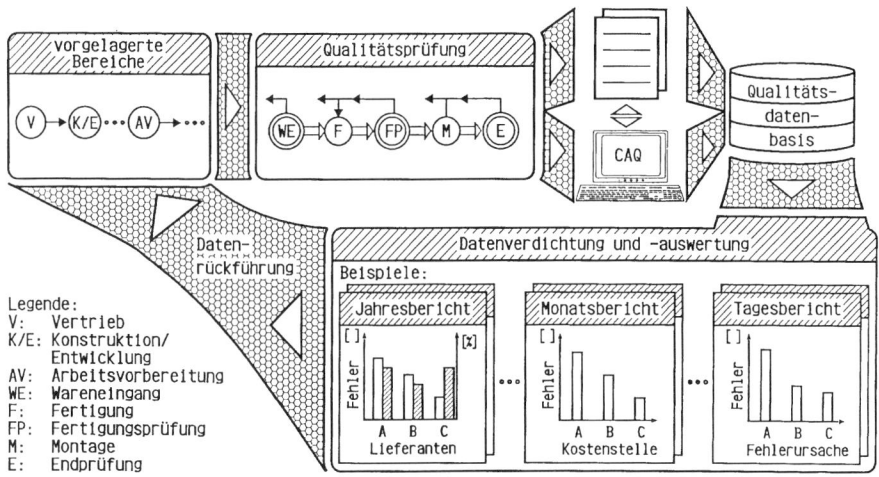

Bild 7.29   Berichtswesen im Qualitätsmanagement

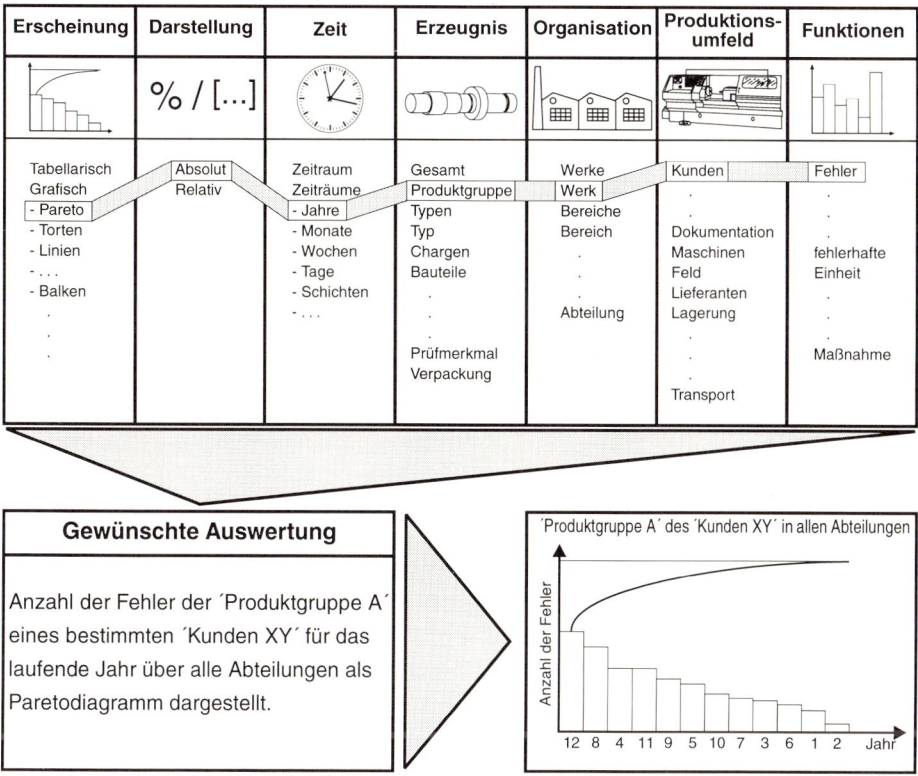

Erscheinung	Darstellung	Zeit	Erzeugnis	Organisation	Produktions-umfeld	Funktionen
Tabellarisch	Absolut	Zeitraum	Gesamt	Werke	Kunden	Fehler
Grafisch	Relativ	Zeiträume	Produktgruppe	Werk	.	.
- Pareto		- Jahre	Typen	Bereiche	.	.
- Torten		- Monate	Typ	Bereich	Dokumentation	.
- Linien		- Wochen	Chargen	.	Maschinen	fehlerhafte
- ...		- Tage	Bauteile	.	Feld	Einheit
- Balken		- Schichten	.	.	Lieferanten	.
.		- ...	.	Abteilung	Lagerung	.
.			Prüfmerkmal		.	Maßnahme
			Verpackung		Transport	

Gewünschte Auswertung
Anzahl der Fehler der ´Produktgruppe A´ eines bestimmten ´Kunden XY´ für das laufende Jahr über alle Abteilungen als Paretodiagramm dargestellt.

´Produktgruppe A´ des ´Kunden XY´ in allen Abteilungen

Anzahl der Fehler

12 8 4 11 9 5 10 7 3 6 1 2   Jahr

Bild 7.30   Bezüge und Funktionen von Qualitätsdatenauswertungen

Entscheidungsgrundlage. Es wird damit zu einem tragenden Element von Qualitätsregelkreisen, in denen der Prozeßzustand dargestellt wird. Die Berichterstattung über die Sachergebnisse der Qualitätssicherung ist ein wesentliches Element des Qualitätsmanagementsystems [gei].

In Abhängigkeit von der Zielgruppe und damit abhängig von den während der Produktentstehung wahrzunehmenden Aufgaben haben Berichte des Qualitätswesens unterschiedliche Ausprägung und damit einen unterschiedlichen Zeithorizont **(Bild 7.30)**. Die Bandbreite reicht hier von

– Meßschrieben, die vom Werker oder Fertigungsmeister direkt oder kurzfristig nach der Merkmalsbearbeitung analysiert werden, um an der betroffenen Fertigungseinrichtung einzugreifen, über

– Fehlerauswertungen, die täglich oder schichtweise geschrieben werden, um aktuelle und kurzfristige Problembereiche (z.B. in den Meistereien) erkennen und beseitigen zu können, bis hin zu

– verdichteten Wochen- und Monatsberichten, die Fehlerursachen langfristig beseitigen helfen.

Die Bandbreite möglicher Qualitätsberichte zur Einleitung und Steuerung von QM-Maßnahmen ist entsprechend den Aufgaben besonders groß. Eine Systematisierung ist über die Zielgruppe, den Zeithorizont oder auch den Betrachtungsgegenstand bzw. dessen Bezugsgröße möglich. So ist z.B. die Größe „Fehlerhäufigkeit" in bezug auf

- alle im Betrachtungszeitraum produzierten gleichen Teile,
- alle im Betrachtungszeitraum produzierten Teile einer Bauart,
- alle produzierten gleichen Teile einer Meisterei oder
- alle produzierten ähnlichen Teile aller Meistereien

darstellbar, um nur einige Kombinationen zu nennen. Dementsprechend notwendig und hilfreich ist ein Qualitätskennzahlensystem (s. Kap. 10 Qualität und Wirtschaftlichkeit). Die Benennung von Qualitätsmeldungen, die z.B. aktuelle Informationen über die Qualitätslage der Fertigung beinhalten, sollten aus psychologischen Gründen weder „Fehlermeldung", „Ausschußzettel" noch gar „Katastrophenmeldung" genannt werden. Diese Meldungen sollten zur Versachlichung dieses Systems z.B. „Qualitätsmeldung" heißen [gei].

Als Ergebnis qualitätssichernder Erfassungs- und Auswertetätigkeiten ist das Berichtswesen des Qualitätsmanagements ein wesentlicher Bestandteil realer unternehmerischer Qualitätsregelkreise und somit ein Führungselement des Qualitätsmanagementsystems. Es stellt eine Grundlage für die Unterstützung qualitätsrelevanter Entscheidungen und für die Einleitung von QM-Maßnahmen dar.

7.8   Zusammenfassung

Heutige Qualitätsregelkreise finden sich vorwiegend in der operativen Ebene des Unternehmens. Es ist zu erwarten, daß sich die Spannweite der Regelkreise zunehmend vergrößern wird, und sich diese über die Steuerungs und Planungsebene bis hinauf in die Entscheidungsebene erstrecken werden (**Bild 7.31**) [aug].

Die Realisierung von Qualitätsregelkreisen verspricht einen vielfältigen Nutzen für alle Bereiche des Unternehmens, da der Wettbewerbsfaktor Qualität neben Terminen und Kosten durch dieses Instrument transparent und handhabbar gemacht werden kann. Primäres Ziel der operativen Ebene ist dabei die Reduzierung von Ausschuß und Durchlaufzeiten, die zu einer deutlichen Reduzierung der Herstellkosten beiträgt. Für die Steuerungsebene eröffnet sich die Möglichkeit einer objektiven Lieferantenauswahl unter technischen und wirtschaftlichen Gesichtspunkten. Die zu realisierende Transparenz der qualitätsbezogenen Kosten mit schnellem Zugriff auf aktuelle Daten ermöglicht es, kostenorientierte Verbesserungsmaßnahmen einzuleiten und zu bewerten. Die Planungsebene erhält Entscheidungsgrundlagen über eine qualitätsgerechte Planung von Produkten sowie Randbedingungen für die qualitätsoptimale Gestaltung von Prozessen und Produktionsabläufen. Die Entscheidungsebene wird in die Lage versetzt, jederzeit Informationen über die aktuelle Qualitätsfähigkeit des Unternehmens abzurufen [aw1].

Schlüssel zur Realisierung dieser Regelkreise ist eine geordnete, strukturierte, auswertbare und handhabbare (Qualitäts-)Datenwelt. Der Weg zur Erfüllung dieser Forderung führt zu einer unternehmensweit zugänglichen Qualitätsdatenbasis. Der Aufbau einer

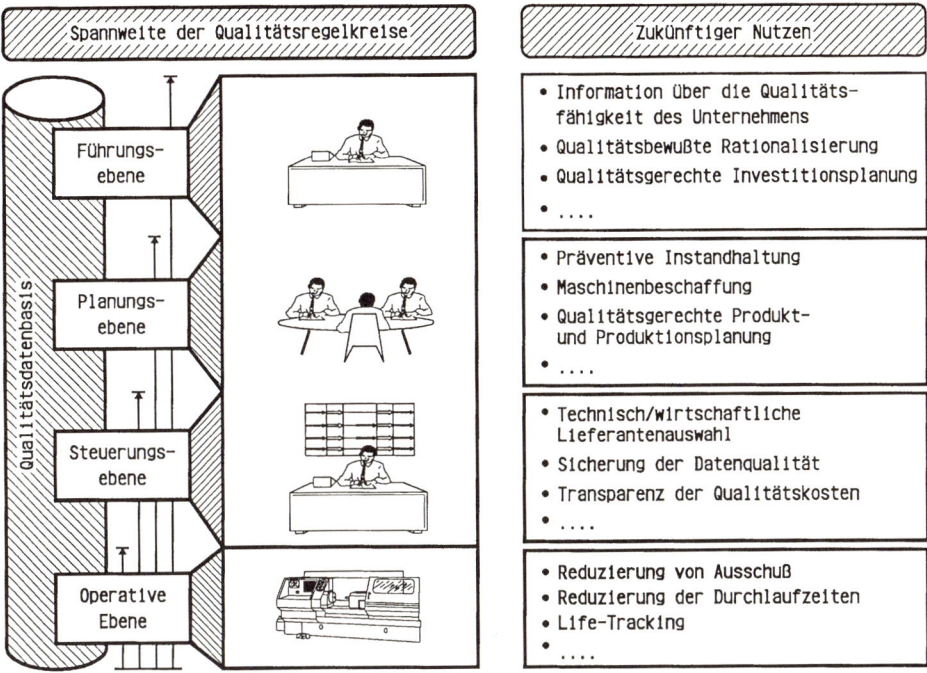

Bild 7.31 Zukünftige Entwicklung und Nutzen von Qualitätsregelkreisen [aw1]

solchen Datenbasis gestaltet sich in der Praxis schwierig. Zur Unterstützung des Vorgehens wurden daher Abläufe und Hilfmittel aufgezeigt, die eine praxisnahe Unterstützung liefern.

Literatur

[ach]   **Achatzi, G.:** *Praxis der strukturierten Analyse.* Carl Hanser Verlag, München, 1991

[aug]   **Auge, J.:** *Qualitätsregelkreise mit Einbindung indirekter Produktionsbereiche.* In: Qualität und Zuverlässigkeit, Carl Hanser Verlag, München 1989, S. 639–643

[aw1]   **N.N.:** *Die Realisierung von Qualitätsregelkreisen zentrales Moment der integrierten Qualitätssicherung.* In: Autorenkollektiv, Wettbewerbsfaktor Produktionstechnik, VDI-Verlag, Düsseldorf, 1990

[aw2]   **N.N.:** *Integrierte Qualitätssicherung in der Produktion.* In: Autorenkollektiv, Produktionstechnik auf dem Weg zu integrierten Systemen, VDI-Verlag, Düsseldorf, 1987

[boh]   **Böhnlein, P. G.; Nittel, S.; Dittrich, K. R.:** *Semantische Datenmodelle.* In: HMD – Theorie und Praxis der Wirtschaftsinformatik, 27 (1990) 152, S. 116–127

[bon]   **Bonse, L.:** *Systemkonzept für die Integration von On-line- und Off-line CAQ Funktionen über eine gemeinsame Qualitätsdatenbasis.* Dissertation RWTH Aachen, 1989

[che]   **Chen, P. P.-S.:** *Entity-Relationship Approach to Information Modeling and Analysis.* Proc. 2. Int. Conf. on Entity-Relationship Approach 1981, North-Holland, Amsterdam, 1983

[cod]   **Codd, E. F.:** *A relational model for large shared data banks.* In: Comm. ACM 13 (1970) 6, S. 377–387

[di1]   **N.N.:** *DIN 55350 T 11: Begriffe zu Qualitätsmanagement und Statistik: Grundbegriffe der Qualitätssicherung.* Beuth Verlag, Berlin, August 1995

[di2]   **N.N.:** *DIN EN ISO 9000: Normen zum Qualitätsmanagement und zur Qualitätssicherung/QM Darlegung, Leitfaden zur Auswahl und Anwendung.* Beuth Verlag, Berlin, 1994

[di3]   **N.N.:** *DIN 19226: Regelungs- und Steuerungstechnik, Begriffe, allgemeine Grundlagen.* Beuth Verlag, Berlin, 1984

[di4]   **N.N.:** *Schnittstellen der rechnerintegrierten Produktion (CIM) Fertigungssteuerung und Auftragsabwicklung.* DIN-Fachbericht 21, 1. Auflage, Beuth Verlag, 1989, Hrsg.: Kommission Computer Integrated Manufacturing (KCIM)

[di5]   **N.N.:** *Schnittstellen der rechnerintegrierten Produktion (CIM) CAD- und NC-Verfahrenskette.* DIN-Fachbericht 20, 1. Auflage, Beuth Verlag, 1989, Hrsg.: Kommission Computer Integrated Manufacturing (KCIM)

[di6]   **N.N.:** *Normung von Schnittstellen für die rechnerintegrierte Produktion (CIM).* DIN-Fachbericht 15, 1. Auflage, Berlin, Beuth Verlag, 1987, Hrsg.: Kommission Computer Integrated Manufacturing (KCIM)

[di7]   **N.N.:** *DIN EN ISO 9001: Qualitätsmanagementsysteme – Modell zur Qualitätssicherung/QM Darlegung in Design, Entwicklung, Produktion, Montage und Wartung.* Beuth Verlag, Berlin, 1994

[dön]   **Dönitz, B.; Heilmann, J.:** *Rechnergestützte Qualitätssicherung im Fahrzeugbau.* In: Qualität und Zuverlässigkeit, Carl Hanser Verlag, München, 31 (1986) 11, S. 469–472

[elz]   **Elzer, J.:** *Automatisierte optoelektronische Erfassung des Bohrverschleißes in Flexiblen Fertigungssystemen.* Dissertation RWTH Aachen, 1990

[fre]   **Frehr, H. U.:** *Die Qualität des Unternehmens eine neue Dimension der Qualität.* In: Zink, K. J.: Qualität als Managementaufgabe, Verlag moderne Industrie, Landsberg/Lech, 1989

[fri]   **Frickel, J.:** *Relationale Datenbanksysteme.* In: Automatisierungstechnische Praxis atp, 28 (1986) 4, S. 191–196

[gei]   **Geiger, W.:** *Qualitätslehre.* Vieweg-Verlag, Braunschweig, Wiesbaden, 1986

[hai]   **Haist, F.; Fromm, H.:** *Qualität im Unternehmen, Prinzipien, Methoden, Techniken.* 2. Auflage. Carl Hanser Verlag, München Wien, 1991

[hal]   **Hallmann, M.:** *Prototyping komplexer Softwaresysteme – Ansätze zum Prototyping und Vorschlag einer Vorgehensweise.* 1. B. G. Teubner, Stuttgart, 1. Auflage, 1990

[he1]   **Held, H.:** *Konzept und Realisierung eines wissensbasierten Fehleranalysesystems für kaltumformende Fertigungseinrichtungen.* Fortschrittsbericht, VDI-Reihe 10 Nr. 94, VDI-Verlag, Düsseldorf, 1989

[he2]   **Hellwig, H. E.; Kunhenn, J.:** *CAD/PPS-Verbindungen.* VDIH, 131 (1989) 6, S. 32–39

[hei]   **Heilmann, H.; Pleye, D.:** *Änderungshäufigkeit von Daten und Funktionen.* In: HMD – Theorie und Praxis der Wirtschaftsinformatik, 30 (1993) 174, S. 115–123

[heu]   **Heuer, K.:** *Projektorientierte Datenmodellierung mit der information Engineering Workbench (IEW).* In: HMD – Theorie und Praxis der Wirtschaftsinformatik, 27 (1990) 152

[kno]   **Knolmayr, G., Myrach. Th.:** *Anforderungen an Tools zur Darstellung und Analyse von Datenmodellen.* In: HMD – Theorie und Praxis der Wirtschaftsinformatik, 27 (1990) 152, S. 90–102

[kop]   **Köppe, D.:** *Ein Datenmodell für CAQ-Anwendungen in der rechnerintegrierten Produktion.* Dissertation RWTH Aachen, 1991

[kos]   **Kösters, A.:** *Dokumentation.* In: Masing, W.: Handbuch der Qualitätssicherung. Carl Hanser Verlag, München, 1988

[lau]   **Lausen, G.; Marx, B.:** *Das Relationenmodell und Normalisierung.* In: HMD – Theorie und Praxis der Wirtschaftsinformatik, 27 (1990) 152, S. 3–16

[lie]   **Liefland, R.:** *CAQ als integrierter Bestandteil von CIM.* In: Qualität und Zuverlässigkeit, Carl Hanser Verlag, München, 33 (1988) 3; S. 151–154

[loc]   **Lockemann, P. C.; Rademacher, K.:** *Konzepte, Methoden und Modelle zur Datenmodellierung.* In: HMD – Theorie und Praxis der Wirtschaftsinformatik, 27 (1990) 152, S. 3–16

[ma1]   **Masing, W.:** *Qualitätspolitik des Unternehmens.* In: Masing, W.: Handbuch der Qualitätssicherung, Carl Hanser Verlag, München, 1988

[ma2]   **Masing, W.:** *New Quality Technologies and Methodologies Required to Meet the Social and Industrial Needs of the 90s.* In: Zeller, H. J.: The Best on Quality, Targets, Improvement, Systems, Carl Hanser Verlag, München Wien, 1988

[may]   **Mayr, H. C.; Dittrich, K. R.; Lockemann, P. C.:** *Datenbankentwurf.* In: Lockemann, P. C.; Schmidt, J. W. (Hrsg.): Datenbank-Handbuch, Springer Verlag, Berlin, 1987

[mj1]   **Martin, J.:** *Information Engineering, Book II Planning and Analysis.* Prentice-Hall, London, 1990

[mj2]   **Martin, J.:** *Manifest für die Informationstechnologie von morgen.* Econ Verlag, Düsseldorf, 1985

[pf1]   **Pfeifer, T.; Elzer, J.:** *Optische Bohrerverschleißüberwachung.* Industrieanzeiger 110 (1988) 66, S. 23–25

[pf2]   **Pfeifer, T.; Plapper, P.:** *Parallel ist schneller. Transputergestütztes Multisensorsystem zur Überwachung von Werkzeugmaschinen.* Industrieanzeiger 111 (1989) 57/58, S. 29–31

[pf3]   **Pfeifer, T.; Plapper, P.:** *Transputergestütztes Diagnosesystem zur Online-Analyse der Signale eines Multisensorsystems.* VDI-Berichte 846, Schwingungsüberwachung Maschinendiagnose, VDI-Schwingungstagung 1990, S. 131–146

[pf4]   **Pfeifer, T.; Benentschik, P.:** *CAD-gestützte Kegelradmessung.* Fachkongreß der Microtecnic, Zürich 1990. VDI-Verlag Bd. 836, Düsseldorf, 1990

[pf5]   **Pfeifer, T.; Eikelmann, E.:** *Mit dem Sensor ins Gewinde.* Industrieanzeiger 113 (1991) 76

[pf6]   **Pfeifer, T.; von Wachter, F.:** *Die Ultraschallprüfung im Rahmen der Qualitätssicherung von Faserverbundbauteilen.* In: Ingenieur Werkstoffe 1 (1989) Nr. 3/4; S. 73–76

[pf7]   **Pfeifer, T.; Grob, R.:** *Knowledge based fault analysis as central component of quality assurance.* 14th Symposium on Operation Research, Ulm, 1989

[pf8]   **Pfeifer, T.; Orendi, G.:** *Die Bedeutung der Qualitätssicherung, Einführungsvortrag.* In: Prozeßüberwachung und Qualitätssicherung in der Lasermaterialbearbeitung, Symposium des ILT, Aachen am 27. und 28. 2. 1991 in Aachen

[pf9]   **Pfeifer, T.; Bonse, L.:** *Problemneutrale Prüfdatenanalyse für den Bereich der zentralen Fertigungsüberwachung.* BMFT Projektträgerschaft Fertigungstechnik, KfFT 116, Kernforschungszentrum Karlsruhe GmbH, Karlsruhe, 1986

[plo]   **Plothe, H.:** *Total Quality Management.* In: Qualitätsmanagement kritisch Beleuchtet, IIR Konferenz „Qualitätsmanagement", Sindelfingen 16. 4. 1991

[rit]   **Rittershaus, E.:** *Extreme Qualitätsdatenverdichtung zur sicheren Qualitätssteuerung.* In: Qualität und Zuverlässigkeit, Carl Hanser Verlag, München, Jg. 31 (1986) 3; S. 110–112

[rol]   **N.N.:** *Stand und Entwicklungstendenzen im Qualitätswesen im Hinblick auf CAQ.* Roland Berger & Partner, München, 1987

[sc1]   **Scheer, A. W.:** *Computer integrated manufacturing: CIM Der computergesteuerte Industriebetrieb.* 3. Auflage, Berlin, Heidelberg, New York, London, Paris, Tokio, Springer Verlag 1988

[sc2]   **Scheer, A. W.:** *Wirtschaftsinformatik; Referenzmodelle für industrielle Geschäftsprozesse.* 5. durchgesehene Auflage, Berlin, Heidelberg, New York, London, Paris, Tokio, Springer Verlag 1994

[sco]   **Scholz, B.:** *CIM Schnittstellen.* 1. Auflage, München, R. Oldenbourg, 1988, Hrsg.: Scholz, B.

[sin]   **Sinz, E. J.:** *Das Entity-Relation-Modell (ERM) und seine Erweiterungen.* In: HMD – Theorie und Praxis der Wirtschaftsinformatik, 27 (1990) 152, S. 17–29

[str]   **Striening, H. D.:** *Qualität im indirekten Bereich durch Prozeß-Management.* In: Zink, K. J., Qualität als Managementaufgabe. Verlag Moderne Industrie, Landsberg/Lech, 1989

[vda]   **N.N.:** *VDA 4, Qualitätskontrolle in der Automobilindustrie; Sicherung der Qualität vor Serieneinsatz.* VDA Verband der Automobilindustrie e.V., Frankfurt/Main, 1986

[vet]   **Vetter, M.:** *Aufbau betrieblicher Informationssysteme mittels konzeptioneller Datenmodellierung.* B. G. Teubner Verlag, Stuttgart, 5. Auflage, 1989

[wei]   **Weizenbaum, J.:** *Kurs auf den Eisberg oder nur das Wunder kann uns retten, sagt ein Computerexperte.* Pendo-Verlag, Zürich, 1984

[wil]   **Willenbacher, K.:** *Qualitätsmanagement in der Praxis.* In: Zink, K. J., Qualität als Managementaufgabe. Verlag Moderne Industrie, Landsberg/Lech, 1989

[wol]   **Wolf, R.:** *CAQ als CIM Baustein.* In: Fortschrittliche Betriebsführung / Industrial Engineering, Jg. 37 (1988) 4, S. 166–171

[zin]   **Zink, K. J.:** *Qualität als Herausforderung.* In: Zink, K. J., Qualität als Managementaufgabe, Verlag Moderne Industrie, Landsberg/Lech, 1989

Kapitel 8 Rechnerunterstützung im Qualitätsmanagement

Gliederung

8.1   Einleitung

Die Kundenorientierung heutiger Märkte verlangt von der Industrie ein sehr hohes Maß an Flexibilität, Zuverlässigkeit und Reaktionsvermögen. Unterstützt wird das Bemühen um Erfüllung dieser Anforderungen wesentlich durch Rechnersysteme (CA), die eine schnelle, rationelle und zuverlässige Verarbeitung großer Datenmengen sowie die Bewältigung komplexer Strukturen ermöglichen. Die Zielsetzung eines in diesem Kontext zu sehenden Qualitätsmanagementsystems (QM) besteht darin, Fehlleistungen in einer Unternehmung abzubauen und durch eine klar strukturierte Organisation auf dynamische Veränderungen des Marktes zu reagieren. Die Rechnerunterstützung von Qualitätsmanagementsystemen (CA + Q) verbindet beide Aspekte und steigert die Effizienz und Effektivität der unternehmerischen Leistungserstellung. CAQ-Systeme beeinflussen den Unternehmenserfolg demnach maßgeblich und haben eine strategische Bedeutung.

8.1.1   Entwicklungshistorie von CAQ

Die Anfänge von „CAQ" waren bescheiden. Verstand man zum Zeitpunkt der Prägung des Begriffs CAQ (Computer Aided Quality Assurance) lediglich eine Rechnerunterstützung von Qualitätsprüfungsaufgaben, so wurde bis zur Festlegung des Begriffs „Qualitätsmanagement" die Rechnerunterstützung in der Qualitätssicherung mit diesem Begriff verbunden. Nach heutigem Verständnis wird die Rechnerunterstützung auf ein unternehmensübergreifendes Qualitätsmanagement erweitert **(Bild 8.1)**.

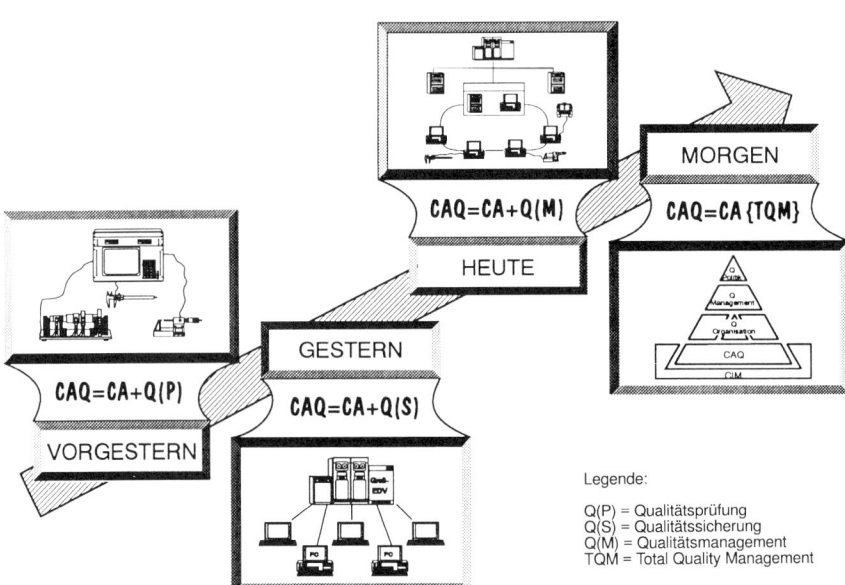

Bild 8.1   Entwicklung der CAQ-Technologie

Der Wandel des Begriffs „CAQ" reflektiert neben der Weiterentwicklung des Qualitätswesens auch die rasante Entwicklung auf dem Gebiet der elektronischen Datenverarbeitung.

Entsprechend dem Individualcharakter der Hardware von „vorgestern" wiesen auch die Softwarelösungen Inselcharakter auf. So beschränkte sich der Einsatz von Computern anfangs auf Laborarbeitsplätze und zielte vor allem auf die Objektivierung von Messungen ab. Als Hardware wurden dabei „Kleinrechner" eingesetzt, deren Leistungsfähigkeit aus heutiger Sicht durch den geringen Arbeitsspeicher und die langsame Verarbeitungsgeschwindigkeit eingeschränkt war. Die Leistungsfähigkeit von Microcomputern erlaubte anfangs nur einen On-Line-Betrieb und Entscheidungsfindungen bei der Prüfdatenerfassung. Jede weitere Datenverarbeitung erforderte Klein- oder Großrechner (Hosts). Der entscheidende Nachteil früherer Rechnersysteme war der Mangel an Vernetzungsmöglichkeiten. So mußte die Datenübergabe mittels Tastatur oder Lochkartenleser erfolgen. Ein darauf basierendes Mehrebenenmodell war in der Lage, große Datenmengen zu verarbeiten, scheiterte aber zunächst an der zu großen Reaktionszeit [mas].

Eine rasante Entwicklung auf dem Gebiet der elektronischen Datenverarbeitung führte über die Leistungssteigerung der einzelnen Rechnerebenen zu einer zunehmenden Rechnerunterstützung einzelner qualitätssichernder Maßnahmen. Mit Einführung des PC, der an die Stelle des Microcomputers trat, erlaubte bereits das Verarbeitungsniveau der untersten Ebene die erste Auswertung und Aufbereitung der Prüfdaten und somit die Realisierung kleiner Regelkreise und vieler anderer Qualitätsfunktionen. Es waren Prüfplanungssysteme oder Systeme der statistischen Prozeßregelung (SPC-Systeme), die die weitere Entwicklung maßgeblich beeinflußten. Die Rechnerunterstützung einzelner isolierter Qualitätsfunktionen ohne informationstechnische Anbindung an andere Funktionen aus dem Bereich des Qualitätswesens führte aus organisatorischer Sicht zu Insellösungen. Auf diese Weise wurden verstreute Qualitäts-Informationssysteme geschaffen, z. B. für den Wareneingang oder für die Endprüfung (Warenausgang), die lediglich die Aufgaben einer rechnerunterstützten Informationsbeschaffung, -verarbeitung, und -bereitstellung von relevanten Daten aus bestimmten Teilbereichen erfüllen konnten (vgl. Kap. 7.5) [pf1].

Der Durchbruch auf dem Weg zu einem zusammenhängenden CAQ-System gelang mit der Schaffung informationstechnischer Voraussetzungen des ebenenübergreifenden Datenaustausches, wodurch die Einbindung produktionsvor- und -nachgelagerter Funktionen sowie die Anbindung an andere innerbetriebliche Informationssysteme möglich wurde. Die DV-Hierarchien haben sich von den zentral aufgebauten Großrechnerlösungen zu dedizierten Leitrechnersystemen mit durch Netzwerkkomponenten eingebundenen dezentralen Recheneinheiten entwickelt [Sch]. Inzwischen existieren neben einer großen Zahl von „Standard-CAQ"-Systemen viele Systeme, die ausschließlich durch firmen- oder branchenspezifische Problemstellungen weiterentwickelt worden sind.

Die zukünftige Entwicklung kommerzieller CAQ-Systeme wird derzeit durch zwei Tendenzen geprägt. Auf der einen Seite werden die Systeme vor dem Hintergrund des Total-Quality-Managements in ihrem Funktionsumfang über die Grenzen des ursprünglichen Qualitätswesens hinaus kontinuierlich erweitert. Solche „CA von TQM"-Systeme

quality assurance

Nach: ISO 8402

All the planned and systematic activities implemented within the quality system, and demonstrated as needed, to provide adequate confidence that an entity will fulfil requirements for quality.

QS-Nachweisführung

Nach: DIN 55350 T11(E)

Alle geplanten systematischen Tätigkeiten, die notwendig sind, um hinreichendes Vertrauen herzustellen, daß die Qualitätsforderungen erfüllt werden.

quality management

Nach: ISO 8402

All activities of the overall management function that determine the quality policy, objectives and responsibilities and implement them by means such as quality planning, quality control, quality assurance and quality improvement, within the quality system.

Qualitätsmanagement

Nach: DIN 55350 T11

Gesamtheit der qualitätsbezogenen Tätigkeiten und Zielsetzungen

quality control

Nach: ISO 8402

The operational techniques and activities that are used to fulfil requirements for quality

Qualitätslenkung

Nach: DIN 55350 T11(E)

Die vorbeugenden, überwachenden und korrigierenden Tätigkeiten bei der Realisierung der Einheit mit dem Ziel, die Qualitätsforderungen zu erfüllen.

total quality management

Nach: ISO 8402

A management approach of an organization, centered on quality, based on the participation of all its members and aiming at long term success through customer satisfaction, and benefits to the members of the organization and to society.

Totales Qualitätsmanagement

Nach: LAG (DGQ-Schrift 11-04)

Auf der Mitwirkung aller ihrer Mitglieder beruhende Führungsmethode einer Organisation, die Qualität in den Mittelpunkt stellt und durch Zufriedenstellung der Kunden auf langfristigen Geschäftserfolg sowie auf Nutzen für die Mitglieder der Organisation und für die Gesellschaft zielt.

Bild 8.2   Definitionsvarianten im Akronym „CAQ" (Assurance, Management)

stellen den erneuten Versuch eines unternehmensumfassenden CIM-Konzepts dar, ob-wohl die erforderlichen Grundlagen einer Prozeßorientierung derzeit noch fehlen.

Auf der anderen Seite beschränken sich CAQ-Entwickler wieder zunehmend auf die Kernprozesse der Qualitätssicherung. Unter dem Motto „back to the roots" werden sich verstärkt kostengünstige Systeme mit eingeschränkter Leistungsfähigkeit aus dem Bereich der Qualitätsprüfung am Massenmarkt etablieren.

8.1.2 Begriffe und Definitionen

Vor dem Hintergrund der rasanten Entwicklung des Rechner- und Qualitätswesens ist die Bezeichnung CAQ in der Literatur nicht einheitlich definiert **(Bild 8.2)**.

In jüngster Zeit hat sich allerdings CAQ = „Computer Aided Quality Management" weitgehend durchgesetzt. Seit 1992 gilt der Oberbegriff „Quality Management" für alle qualitätsbezogenen Tätigkeiten in allen Hierarchieebenen und Bereichen einer Organisation.

Zur Durchführung der Qualitätsmanagement-Aufgaben am Rechner werden die CAQ-Begriffe

– Funktion,

– Modul und

– System

unterschieden.

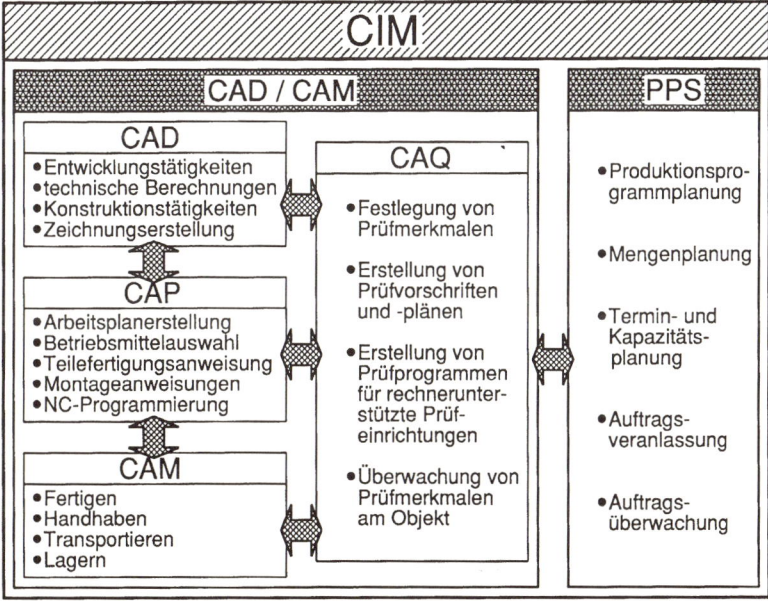

Bild 8.3   Einbettung CAQ in CIM

Unter einer **CAQ-Funktion** ist eine vom Programm unterstützte Abfolge von zusammenhängenden QM-Tätigkeiten (z.B. Prüfplanerstellung, Prüfdatenerfassung usw.) zu verstehen.

Unter einem **CAQ-Modul** wird eine Zusammenfassung von CAQ-Funktionen zu einer Anwendungseinheit verstanden. Diese Zusammenfassung ist in der Regel systemspezifisch. Sie bezieht sich meist auf Abteilungsbereiche (z.B. Wareneingang, Warenausgang), zunehmend aber auch auf qualitätsbezogene Querschnittsaufgaben eines Unternehmens (z.B. Qualitätsdatenauswertung, FMEA).

Unter einem **CAQ-System** versteht ein CAQ-Anbieter in der Regel die Gesamtheit aller bei ihm verfügbaren CAQ-Module. Der Anwender hingegen verbindet mit einem CAQ-System die aufeinander abgestimmten Ablaufroutinen aller CAQ-Funktionen. Das CAQ-System des Anwenders besteht also aus der Gesamtheit aller tatsächlich eingesetzten CAQ-Module (u.U. auch verschiedener Hersteller) [dgq].

CAQ-Systeme sind ein wesentlicher Baustein des rechnerintegrierten Produktionskonzepts (CIM-Konzepts) **(Bild 8.3)**.

Die Einbettung und die Kommunikationswege von CAQ innerhalb CIM unterstreichen die Ganzheitlichkeit des Systems, von der Planung und Lenkung bis hin zur Ausführung, Analyse und Rückkopplung. Die Funktionalität von CAQ und deren Kommunikationsformen mit den anderen CAx-Teilnehmern werden im folgenden erläutert.

8.2   Funktionalität von CAQ-Systemen

Die Funktionalität kommerzieller CAQ-Systeme wird zum einen durch die zu erfüllenden Aufgaben im Qualitätsmanagement und zum anderen durch die Anforderungen des Anwenders an die Bedienfreundlichkeit und arbeitsplatzgerechte Handhabung des Systems bestimmt. Hieraus werden die informationstechnischen Voraussetzungen an die Verarbeitung von Daten abgeleitet.

Die QM-Funktionalität orientiert sich dabei an den Tätigkeiten der Qualitätsplanung, der Qualitätsprüfung und der Qualitätslenkung sowie an der Steuerung und Regelung dieser Tätigkeiten zur anwenderorientierten Bereitstellung der Qualitätsinformationen (im folgenden als organisatorische Voraussetzungen bezeichnet).

Die Funktionalität von CAQ-Systemen wird im folgenden anhand der in **Bild 8.4** klassifizierten Betrachtungsbereiche erläutert:

- Funktionen der Qualitätsplanung
- Funktionen der Qualitätsprüfung
- Funktionen der Qualitätslenkung
- Organisatorische Voraussetzungen
- Informationstechnische Voraussetzungen

8.2.1   Funktionen der Qualitätsplanung

Die CAQ-Aufgaben im Bereich der Qualitätsplanung umfassen vor allem Funktionen und Module zur Spezifizierung qualitätsbezogener Anforderungen an Produkte und

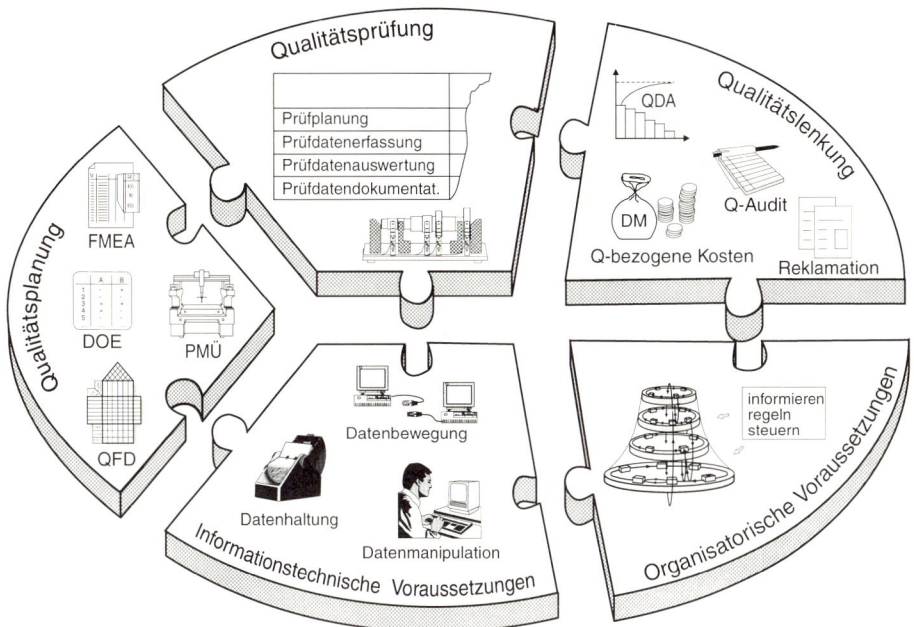

Legende: FMEA = Fehlermöglichkeits- und Einflußanalyse, DOE = Design of Experiments, QFD = Quality Function Deployment,
          PMÜ = Prüfmittelüberwachung, PMV = Prüfmittelverwaltung, PS = Prüfsteuerung, PPV = Prüfplanverwaltung,
          QDA = Qualitätsdatenauswertung, QDD = Qualitätsdatendokumentation, QM = Qualitätsmanagement

Bild 8.4   CAQ-Funktionsmodell

Produktionsprozesse. Sie sind nur schwer zu algorithmieren, da sie viele konstruktive, kreative und bewertende Tätigkeiten umfassen. Software-Systeme für die Qualitätsplanung sind dementsprechend auch eher auf eine Unterstützung des methodischen Vorgehens als auf eine Steuerung der betrieblichen Abläufe ausgelegt.

So sind zur Unterstützung des Quality Function Deployment (QFD (vgl. Kap. 2)) unterschiedliche PC-basierte Systeme am Markt erhältlich, deren Leistungsmerkmale aber eher im Bereich einer intelligenten Tabellenkalkulation liegen. Die stufenweise Übersetzung von Kundenanforderungen und -wünschen an das Produkt und dessen Nutzung in Produktspezifikationen und Herstellungsprozeßforderungen wird derzeit noch nicht ermöglicht.

Die Fehlermöglichkeits- und Einflußanalyse (FMEA) besitzt als QM-Methode eine erhebliche Bedeutung und wird entsprechend häufig in den Unternehmen eingesetzt. Für die Rechnerunterstützung von FMEA's existieren eine Fülle von CAQ-Modulen, die in den verschiedensten CAQ-Systemen zum Einsatz kommen. Allerdings sind auch hier Systeme, deren Funktionsumfang das Editieren von Formularen übersteigt, die Ausnahme [eic]. Zur Aufdeckung, Analyse und Vermeidung potentieller Fehler und deren systematischen Verfolgung sind seit neuerer Zeit wissensbasierte Systeme verfügbar, die eine weitgehende Unterstützung des Anwenders bei der Analyse und eine Nutzung bereits eingegebenen FMEA-Wissens ermöglichen **(Bild 8.5)** [pf2].

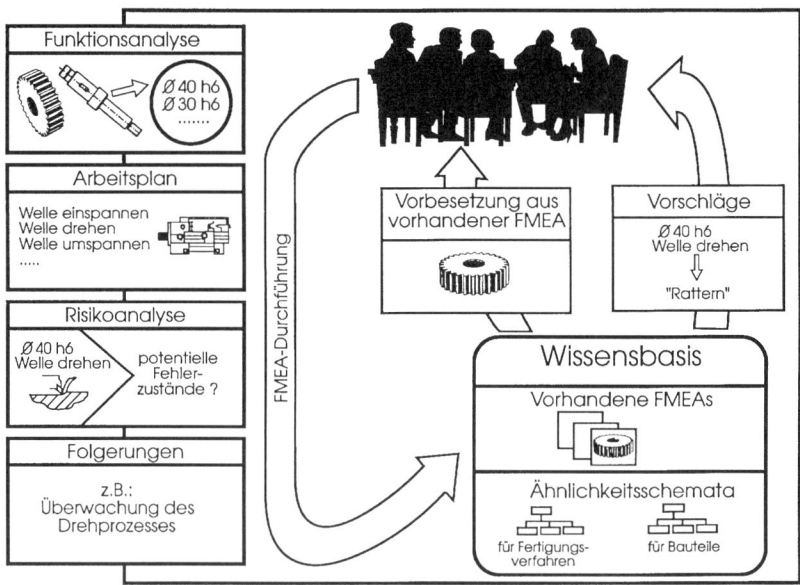

Bild 8.5   Rechnerunterstützte FMEA

Die Hauptaufgabe der Prüfmittelverwaltung ist die Sicherstellung der Einsatzbereitschaft der im Betrieb eingesetzten Prüfmittel. Voraussetzung ist hier eine präventive, kontinuierliche Prüfmittelüberwachung (PMÜ (vgl. Kap. 5.8)). Einige Systeme fordern nach festgelegten Zeitintervallen zur Kalibrierung anstehende Meßmittel automatisch an.

Die statistische Versuchsmethodik (DoE = Design of Experiments (vgl. Kap. 3)) stellt eine Vielzahl teilweise sehr unterschiedlicher Verfahren zur Verfügung, die die Zielsetzung verfolgen, durch geplante Versuche die Auslegung und Optimierung von Produkten und Prozessen zu unterstützen. Die Auswertung der Versuche erfolgt in der Regel unter Einsatz umfangreicher Statistikpakete. Die Unterstützung durch leistungsfähige Computer ist dabei unabdingbar. Dennoch sind CAQ-Systeme, die eine statistische Versuchsmethodik unterstützen, derzeit nur aus Forschungsinstituten bekannt [pf3].

8.2.2   Funktionen der Qualitätsprüfung

Die CAQ-Aufgaben im Bereich der Qualitätsprüfung sind durch ihren Produktbezug (Teileprüfung), die statistische Prozeßregelung (SPC) und die Laborprüfung gekennzeichnet. Die Funktionalität kommerzieller CAQ-Systeme ist im Bereich der Qualitätsprüfung aufgrund der langen Entwicklungshistorie sehr ausgereift. Im folgenden werden daher nicht nur die CAQ-Funktionen der produktbezogenen Qualitätsprüfung dargestellt, sondern insbesondere die Abstimmung der Funktionalität zueinander erläutert.

Grundlage für die Prüfung am Produkt ist die *Prüfplanung*. Ausgehend von Konstruktionszeichnungen, Stücklisten, Beschaffungsunterlagen und/oder Arbeitsplänen wird ein Prüfplan erstellt und im CAQ-System gespeichert **(Bild 8.6)**. Die Prüfpläne sind auftragsneutral und enthalten z.B. keine Angaben über die zu fertigenden Mengen. Der Prüfplaner legt in den Prüfplänen Aufgabe, Art und Umfang der qualitätssichernden Maßnahmen in der Produktion fest. Generell werden dabei zwei Arten von Prüfungen unterschieden: Die los- und zum Teil stückbezogenen Prüfungen (Wareneingangs-, Zwischen- und Endprüfungen), die sich auf die Prüfung eines bereits gefertigten Loses bzw. Teils beziehen, und die fertigungsbegleitenden Sonderprüfungen, die während der Fertigung an Teilen in Stichproben durchgeführt werden.

Aufbauend auf dem Prüfplan wird nach dem Wareneingang oder zu Beginn der Fertigung der Prüfauftrag generiert, d.h. der auftragsneutrale Prüfplan wird um auftragsspezifische Daten erweitert **(Bild 8.7)**. Im CAQ-System wird für die losbezogenen Prüfumfänge die zu prüfende Stichprobengröße und die maximal zulässige Anzahl fehlerhafter Einheiten vorgegeben. Dies erfolgt aufgrund der Angaben des Prüfplanes (Stichprobenplan, Prüfschärfe etc.) unter Berücksichtigung der Wareneingangsmenge oder der Fertigungsmenge (Losumfang), im allgemeinen für jedes der Prüfmerkmale. Um den Prüfaufwand auch einzelner Merkmale an die Qualitätshistorie (z.B. gleichbleibend gute Ware eines bestimmten Lieferanten) anzupassen, bieten einige CAQ-Systeme die Möglichkeit zur Prüfumfangsdynamisierung. Dabei wird bei gleichbleibend guter Qualität eines Lieferanten oder einer Maschine der Prüfaufwand für einzelne Prüfmerk-

Bild 8.6 Funktionen der Prüfplanerstellung

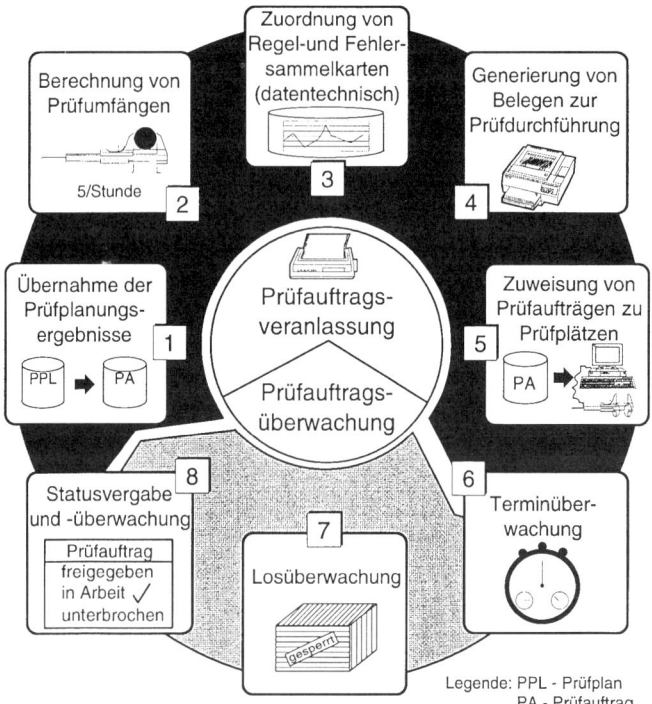

Bild 8.7   Funktionen der Prüfsteuerung

male schrittweise reduziert oder sogar zeitweise auf totalen Prüfverzicht gesetzt (skip-lot).

Während der *Prüfdatenerfassung* wird der CAQ-Anwender durch das System geführt und unterstützt **(Bild 8.8)**. Die Erfassung der Daten erfolgt zum Teil durch eine direkte Meßwertübergabe eines digitalen Meßmittels oder per manueller Eingabe. Durch integrierte Plausibilitätsprüfungen wird zudem die Gefahr von Fehleingaben verringert.

Da derzeit Selbstprüfungen in der Fertigung zunehmende Bedeutung erhalten, werden die CAQ-Funktionen der fertigungsbegleitenden Prüfung und der statistischen Prozeß-regelung immer wichtiger. Dabei können dem Anwender aufgrund der aktuell ermittelten Qualitätslage Veränderungen des Prozesses angezeigt werden (z.B. Werkzeugver-schleiß), so daß der Maschinenbediener frühzeitig, d.h. noch bevor schlechte Teile pro-duziert werden, in die Lage versetzt wird, durch entsprechende Maßnahmen selbst re-gelnd in den Prozeß einzugreifen (z.B. Werkzeugwechsel). Durch den kleinen Regel-kreis stellt die SPC ein effektives Hilfsmittel zur frühzeitigen Erkennung von Fehlern in der Produktion dar.

Die erfaßten Prüfdaten werden vom CAQ-System gespeichert und aufbereitet. Sie kön-nen nach vielen verschiedenen Kriterien mit Hilfe von statistischen Methoden verdich-tet und ausgewertet werden. Eine *Prüfdatenauswertung* kann hierbei z.B. auftrags-, chargen-, teile- und merkmalsorientiert über verschiedene Lieferanten, Maschinen und

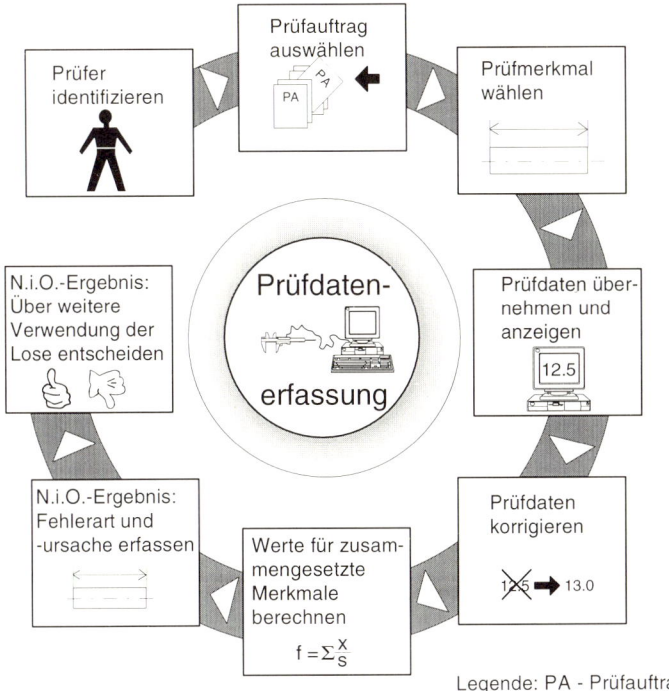

Legende: PA - Prüfauftrag,
N.i.O. : Nicht in Ordnung

Bild 8.8   Funktionen der Prüfdatenerfassung

Zeiträume (z.B. Schichtauswertungen) durchgeführt werden. Typische, durch CAQ-Systeme unterstützte Auswertungen sind z.B. Lineardiagramme der Meßwerte (Urwertkarten), Häufigkeitsverteilungen (Histogramme), statistische Kennwerte (Mittelwerte, Standardabweichungen etc.), Angaben über Ausschuß und Nacharbeit, Fehlersammelkarten und Verteilungstests [vdi].

8.2.3   Funktionen der Qualitätslenkung

Ein Betrachtungsbereich mit wachsender CAQ-Bedeutung ist die Qualitätslenkung. Durch eine weiterführende Verdichtung von ausgewerteten Prüfdaten kann im Rahmen einer *Qualitätsdatenauswertung (QDA)* die Transparenz der Herstellungsprozesse erheblich gesteigert werden. Dabei können die erstellten Informationen über die Qualitätslage im Unternehmen auf der Plattform von sog. Management-Informationssystemen/-modulen (MIS-Modulen) der Organisation als Entscheidungsgrundlage zur Verfügung gestellt werden. Insbesondere unter dem Gesichtspunkt der Prozeßorientierung werden Qualitätsdatenauswertungen zunehmend für

- die Ermittlung von (qualitätsbezogenen) Kosten
- die Reklamationsbearbeitung,
- die Schadensrückverfolgung und

– die qualitätsbezogene System- und Lieferantenbeurteilung (interne und externe Q-Audits)

eingesetzt.

Die Prozeßkostenrechnung schreibt qualitätsbezogene Kosten für Fehlaufwendungen streng den verursachenden Wertschöpfungsprozessen zu. Hierdurch werden im Gegensatz zur traditionellen Kostenrechnung (Kostenarten, Kostenstellen, Kostenträger) die Kosten verursachungsgerecht zugeordnet. Dies führt zu einer erheblichen Reduzierung des Gemeinkostenanteils und somit zu einer erheblichen Transparenzsteigerung der Qualitätslage. Durch die Weiterentwicklung der CAQ-Systeme könnte langfristig gesehen Unternehmensqualität meßbar werden.

Die Funktionalität zur *Reklamationsbearbeitung* kann sowohl zur Bearbeitung von Kundenreklamationen als auch zur Bearbeitung interner Fehlermeldungen, die als „interne Reklamationen" angesehen werden, eingesetzt werden. Im Rahmen der Rechnerunterstützung sind Funktionen zur Erfassung von Reklamationen, zur Verfolgung von Reklamationen über ihren Bearbeitungszeitraum und zur kostenmäßigen Bewertung der Reklamationen sinnvoll. Letzteres trägt zur Transparenzsteigerung bei betrieblichen Fehlleistungsaufwänden bei.

Ausgehend von bewerteter Lieferqualität kann die *Beurteilung des Lieferanten* mit Hilfe des Rechners durchgeführt werden **(Bild 8.9)**. Für die Bildung von Kennzahlen

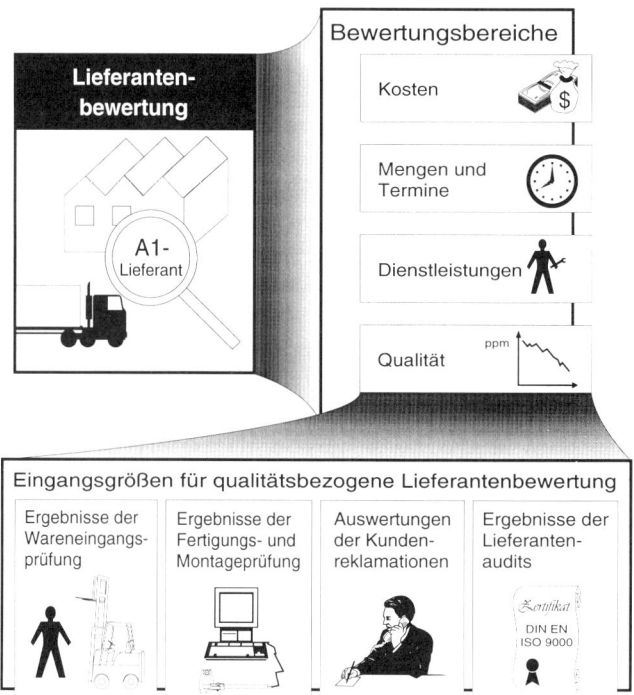

Bild 8.9   Qualitätsbezogene Lieferantenbeurteilung

können zusätzlich Ergebnisse von Kundenreklamationen und Analysen interner *Scha-densrückverfolgungen* verwendet werden. Dies gilt auch für die Ergebnisse von Liefe-rantenaudits. Einige Systeme bieten für die Aufbereitung und Auswertung der Ergeb-nisse Module zur graphischen Darstellung sowie zu einer Berichterstellung an.

Zur Erweiterung des CAQ-Leistungsumfangs wurden *rechnerunterstützte QM-Hand-bücher* entwickelt. Diese „Handbücher" unterstützen nicht nur die Erstellungs- sondern insbesondere auch die Nutzungsphase. Zentraler Bestandteil der „elektronischen" QM-Handbücher sind Hypertextverbindungen, die Nutzung von Haftnotizen sowie eine Volltextsuche. Das Hypertextprinzip ermöglicht, beliebige Ausschnitte der Dokumente mit weiteren Informationen zu hinterlegen. Haftnotizen können mit verbalen Anmer-kungen versehen werden, die nach einer entsprechenden Prüfung zu einem späteren Zeitpunkt in das QM-Handbuch übernommen werden können. Die integrierte Voll-textsuche erlaubt u. a. das komfortable Auffinden archivierter Dokumente.

8.2.4 Organisatorische Voraussetzungen

Der CAQ-Einsatz geht über die Rechnerunterstützung der QM-Funktionen hinaus, wenn die Steuerung und Regelung dieser Tätigkeiten zur anwenderorientierten Bereit-stellung von Qualitätsinformationen führt. Organisatorische Voraussetzung ist hier die Abbildung von ebenenübergreifenden Qualitätsregelkreisen.

Regelkreise können aufgrund ihrer Komplexität und ihrer individuellen betrieblichen Ausprägung nicht ohne weiteres von Standard-CAQ-Systemen abgebildet werden. Ein Beispiel eines durchgängig realisierten, ebenenübergreifenden Qualitätsregelkreises zeigt **Bild 8.10**.

Häufig sind Qualitätsregelkreise bisher in maschinennahen oder maschineninternen Bereichen realisiert. Beispiel eines maschinennahen CAQ-Regelkreises ist die statisti-sche Prozeßregelung (SPC) [vdi].

Eine Unternehmensorganisation besteht aus einer Fülle vernetzter Regelkreise, die in-nerhalb der Aufbau- und Ablauforganisation rückführende Elemente zur Korrektur verlangen. Je komplexer die Geschäftsprozesse einer Unternehmung sind, um so mehr sind CAQ-Systeme auf die Integration mit anderen CAx-Systemen angewiesen **(Bild 8.11)**. Voraussetzung für eine Rückführung von Informationen über die CAx-Grenzen hinweg ist eine System-zu-System Kommunikation (on-line). Diese erfordert eine zen-trale Bereitstellung und Beurteilung von Qualitätsinformationen (vgl. Qualitätsdaten-basis Kap 7.5).

● *PPS/CAQ-Kopplung*

Von besonderer Bedeutung ist die Kopplung PPS/CAQ, weil beide Systeme innerbe-triebliche Querschnittsprozesse ausüben. Derzeit bereits des öfteren realisiert ist die Kopplung eines CAQ-Systems mit einem übergeordneten PPS- und/oder Materialwirt-schafts-System. Dabei werden im allgemeinen die notwendigen Stammdaten des Host-Rechners (z.B. Lieferantenstamm, Teilestamm) vom CAQ-System angefordert (Hol-prinzip). Auch eine Rückübertragung dieser Daten an den Host-Rechner ist denkbar. Sinnvoll ist es auch, eine ständige Kopplung zwischen Materialwirtschaft und den Wa-reneingangsmodulen eines CAQ-Systems aufzubauen. Dabei werden je nach Umfang der Wareneingänge und gewünschter Reaktionszeit durch das CAQ-System die Waren-

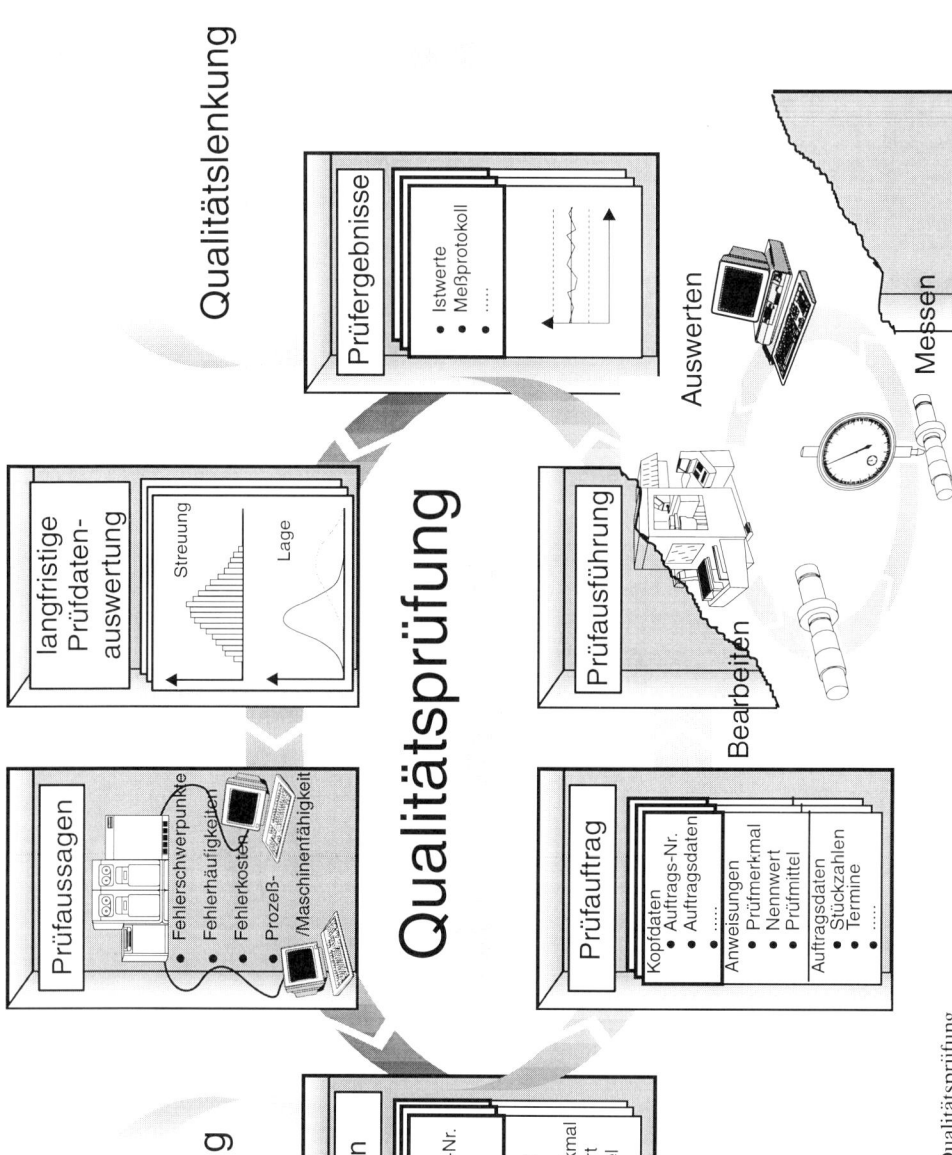

Bild 8.10   Regelkreis der Qualitätsprüfung

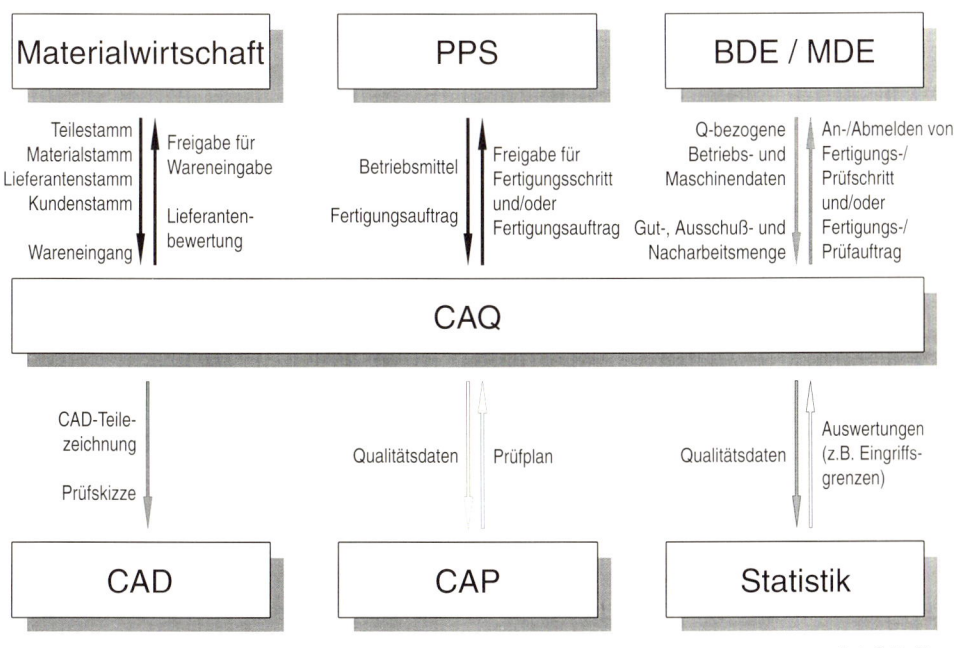

Bild 8.11   CAQ-Schnittstellen

eingangsdaten (Teilenummer, Liefermenge u.a.) in regelmäßigen Abständen an das CAQ-System übertragen oder vom CAQ-System angefordert (off-line). Nach Abarbeitung der Wareneingangs-Prüfaufträge können Materialfreigaben oder Materialsperrungen an die Materialwirtschaft zwischengemeldet werden. Sinnvoll wäre ebenfalls eine Kopplung zur Materialwirtschaft zur Erstellung und Übertragung von Qualitätsbewertungen (z.B. Lieferantenbeurteilungen) an die Beschaffung [dgq].

Eine Kopplung zwischen der Produktionssteuerung und den Prozessen der Qualitätsprüfung würde Daten aus den Fertigungsaufträgen (i.allg. Teilenummer, Fertigungseinrichtung und -menge) an das CAQ-System zur Generierung der zugehörigen Prüfaufträge melden. Manche CAQ-Systeme bieten auch die Möglichkeit der Übernahme der Arbeitsplanstruktur aus dem PPS-System. Damit wird eine prozeßkettenbezogene Freigabe der Prüfaufträge möglich.

Das CAQ-Modul der Prüfmittelverwaltung und -überwachung entspricht grundsätzlich den wichtigsten Grundfunktionen einer Fertigungsmittelüberwachung. Eine gemeinsame Verwaltung von Fertigungs- und Prüfmitteln im Rahmen der PPS-Grunddatenverwaltung könnte hier gegebenenfalls zu einer Vereinfachung führen.

Prozesse der präventiven Qualitätsplanung bestimmen maßgeblich die Produktplanung und somit die PPS-Hauptfunktion der Produktionsprogrammplanung. So benötigen die verschiedensten Zuverlässigkeits-, Sicherheits- und Gebrauchstauglichkeitsanalysen (z.B. FMEA, QFD, DOE) PPS-Daten über das zu fertigende Produkt, den Zustand der Produktion und der Produktionsmittel.

● *CAD/CAQ-Kopplung*

CAQ-Systeme sollten i.d.R. die Möglichkeit der Kopplung mit CAD-Systemen bieten. Durch die Zuordnung von CAD-Zeichnungen zum Prüfplan wird dem Prüfplaner ermöglicht, Informationen zum Prüfobjekt (Grafik u. ä.) abzurufen. Dabei ist es jedoch erforderlich, reduzierte Zeichnungsinformationen im CAQ-System bereitzustellen, da einerseits komplexe CAD-Zeichnungen den Planer und den Prüfer überfordern würden und andererseits nicht alle Zeichnungsinformationen gleichermaßen relevant sind. Aus diesem Grund bieten einige CAQ-Systeme einen einfachen Grafik-Editor zur Prüfzeichnungserstellung oder die Möglichkeit zum Einlesen von Prüfzeichnungen über einen Scanner.

● *BDE, MDE/CAQ-Kopplung*

Diese Kopplungen sind zum Großteil den firmenspezifischen Gegebenheiten anzupassen. Hier werden qualitätsrelevante Betriebs- und Maschinendaten zur Übernahme an das CAQ-System übertragen. Änderungen der Maschinen- oder Prozeßfähigkeit werden auf den Qualitätsregelkarten der statistischen Prozeßregelung direkt angezeigt.

● *CAP/CAQ-Kopplung*

Arbeitsplanungssysteme eignen sich insbesondere in der Variantenfertigung zur rationellen Erstellung von Arbeitsplänen. Diese CAP-Systeme können darüber hinaus eine integrierte Prüfplanerstellung beinhalten, was die Möglichkeit eröffnet, Prüfpläne direkt aus dem Arbeitsplan generieren zu können.

8.2.5 Informationstechnische Voraussetzungen

Informationstechnische Voraussetzungen an die Datenverarbeitung sind aus der geforderten QM-Funktionalität und den Erwartungen des Anwenders an eine bedienfreundliche und arbeitsplatzspezifische Handhabung des Systems leicht abzuleiten. Zum einen erfordert der CAQ-Einsatz die Unterstützung der QM-Funktionalität nahezu aller Unternehmensbereiche und somit die Beherrschung enormer Datenmengen. Zum anderen erwartet der Anwender zurecht ein handhabungsgerechtes System, welches sich insbesondere durch Bedienfreundlichkeit, schnelle Zugriffs- und Reaktionszeiten sowie eine große Sicherheit bei der Datenverarbeitung auszeichnet. Die QM-Software (Applikationssoftware) stellt somit bezüglich der Datenbewegung, -haltung und -manipulation die funktionalen Anforderungen an die Informationstechnik **(Bild 8.12)**.

Die Datenbewegung, d.h. insbesondere die Übertragung der Daten wird durch die Übertragungsrate, die Zugriffszeit, die Transaktionssicherheit und nicht zuletzt durch eine „multi-user-Fähigkeit" bestimmt. Maßgeblich wird die Datenbewegung vom eingesetzten Betriebssystem beeinflußt. Das Betriebssystem steuert die „intellektuelle" Leistungsfähigkeit des Rechners und regelt die Übertragung zwischen Prozessor, Speicher, Massenspeicher (Festplatte, Diskettenlaufwerke, Streamer, CD-Laufwerke ...) und Schnittstellen (Ein- und Ausgabeeinheiten wie Tastatur, Drucker, Datenbus ...). Dabei ist zwischen drei Arten von Betriebssystemen zu unterscheiden:

– single Task, single User (z.B. DOS)

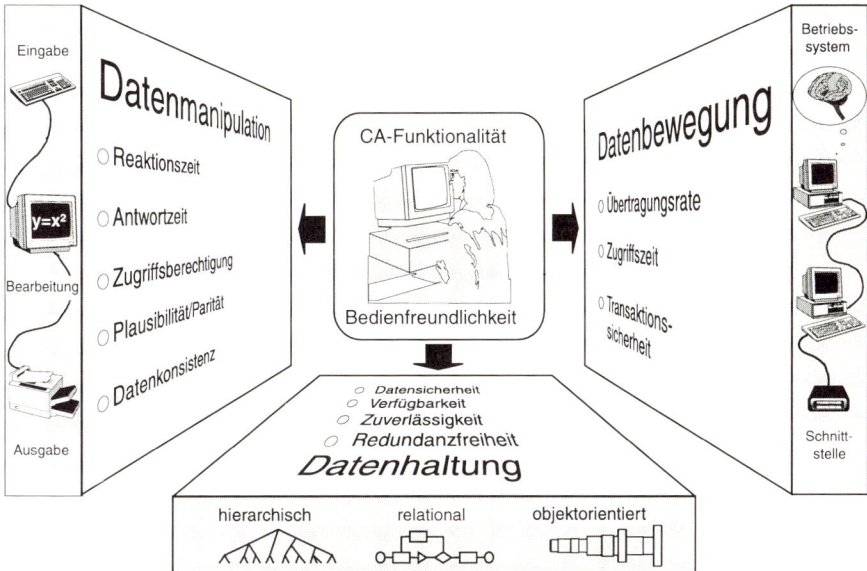

Bild 8.12 Informationstechnische Voraussetzungen

- multi Task, single User (z. B. WINDOWS)
- multi Task, multi User (z. B. UNIX)

Die einfachsten Betriebssysteme, wie DOS, können gleichzeitig nur einen Anwender mit einem Programm bedienen, während die komplexen Betriebssysteme, wie UNIX, mehreren Anwendern (multi user) quasi gleichzeitig verschiedene Programmanwendungen (multi-tasking) bereitstellen können. Der Vorteil dieser multi-tasking Betriebssysteme besteht darin, daß sie quasi simultan einerseits dem Bediener den Zugriff auf Anwendungsprogramme ermöglichen, andererseits selbst in der gleichen Zeitspanne mit anderen Rechnern oder Geräten kommunizieren oder umfangreiche Berechnungen durchführen.

Neben den primär zeitbezogenen Auswirkungen des Betriebssystems auf die Datenbewegung, wird die Übertragung der Daten zeitlich und informationstechnisch durch die Überwindung von internen und externen Schnittstellen bestimmt.

Dabei läßt sich die Kopplung von Modulen (intern) und Systemkomponenten (extern) anhand von drei Realisierungsstufen darstellen [fir]:

- Verbindung durch DV-Werkzeuge
- Datentransfer über eine Schnittstellendatei
- Gemeinsame Datenbasis

Die einfachste Form der Übertragung ist die Verbindung zweier Rechner durch DV-Werkzeuge (Rechner, Querysprachen, Netzwerke). Der Vorteil liegt in der unveränderten Erhaltung des vollen Funktionsumfangs der Basissysteme. Nachteile liegen in der fehlenden Unterstützung der Datenintegrität, was zu Redundanzen und damit zu erhöhtem Pflege- und Aktualisierungsaufwand führt.

Beim Datentransfer über eine Schnittstellendatei kann eine solche Datei z.B. über eine Mailbox innerhalb eines Netzwerkes oder einfach über Diskette im Zugriff mit den Applikationen sein. Dabei müssen die Anwendungssysteme derart geändert werden, daß die zu bewegenden Daten von dem erzeugten System in der Art und dem Format bereitgestellt werden, wie sie von dem empfangenden System verarbeitet werden können. D.h., es müssen spezielle Konvertierungsprogramme erstellt werden, die die auszutauschenden Daten an das jeweilige System anpassen [fir].

Eine große Hilfe sind dabei genormte Schnittstellenformate wie sie z.B. mit *EDIFACT* und *QDES* realisiert wurden.

EDIFACT steht für **E**lectronic **D**ata **I**nterchange **f**or **A**dministration, **C**ommerce and **T**ransport und stellt eine Kommunikationsspezifikation für den automatisierten und beleglosen Handelsdatenaustausch durch Verwendung einheitlicher Datenelemente, Codes, Syntax-Regeln und Nachrichtentypen dar. Die „Qualitätsnachricht" stellt einen der verschiedenen EDIFACT-Nachrichtentypen dar. Sie ist in einen Kopfteil, Hauptteil und Analyseteil gegliedert. Durch die Qualitätsnachricht können Prüfberichte, Analysebescheinigungen, Werksbescheinigungen, Erstmusterprüfberichte oder Prozeßberichte ausgetauscht werden.

QDES bedeutet Quality Data Exchange Specification und dient dem offenen und flexiblen Datenaustausch zwischen unterschiedlichen CAQ- und CAx-Systemen. Zielsetzung von QDES ist es,

– die Anbindung von rechnergestützten Qualitätsinformationssystemen in CIM-Strukturen zu vereinfachen,

– dem hohen Informationsbedarf, besonders der planerischen Bereiche, leichter zu entsprechen,

– Qualitätsdaten verfügbar sowie redundanzfrei abzulegen und bereitzustellen und

– die Systematisierung des Beleg- und Berichtswesens in den Bereichen der Qualitätssicherung im Unternehmen zu erreichen.

Der dargestellte Datentransfer ist eine reine Datenkopplung, bei der die Daten der kommunizierenden Systeme kopiert und zur Manipulation an die sie benötigenden Systeme über spezielle Datenleitungen oder per Netzwerk weitergeleitet werden.

Bei dem Zugriff auf eine gemeinsame Datenbasis verwenden beide kommunizierenden Systeme die gleiche Datenbank, was eine hohe Datenintegrität zur Folge hat (vgl. Kap 7). Ferner liegt die Voraussetzung für dieses Konzept im einheitlichen Datenaufbau und im einheitlichen Datenbanksystem für beide Applikationen.

Eine effektive Datenhaltung beinhaltet eine hinreichende Sicherheit gegen Datenverlust bei Systemausfall, Redundanzfreiheit und eine Strategie zur Langzeitarchivierung von Qualitätsdaten. Dabei führt ein Konzept der zentralen Datenhaltung einerseits zum Abbau von Redundanzen, andererseits erfordert die effiziente Datenbewegung häufig eine dezentral organisierte Datenhaltung.

Da bei der zentralen Datenhaltung eine Vielzahl „unnötiger" Daten die Übertragungsgeschwindigkeit stark reduzieren würde, gehen moderne Datenhaltungskonzepte dazu

über, die Daten physikalisch auf verschiedene Rechner und auf verschiedene Applikationen zu verteilen. Bei dieser Dezentralisierungsstrategie werden die Daten jeweils
dort abgelegt, wo sie am häufigsten gebraucht werden. Wirklich zentral wird dann nur
noch der Stammdatensatz mit der Organisation der verschiedenen Subdatenbanken
verwaltet [sch].

Je nach Datenbestand (stationär, temporär) kann eine Datenbank prinzipiell hierarchisch, mit fester Struktur, relational, mit anwenderspezifischer Struktur (z.B. CAQ,
PPS), oder objektorientiert, mit Symbolstruktur (z.B. CAD) aufgebaut sein.

Entsprechend der Organisation des Qualitätsmanagements lassen sich die unterschiedlichen Anforderungen an die Datenhaltung anhand von drei Ebenen darstellen:

–   Planungsebene mit Groß-EDV,

–   Steuerungsebene mit mehreren Leitrechnern und

–   operative Ebene mit einer Vielzahl von Arbeitsplatzrechnern.

Die Hierarchieebenen unterscheiden sich aus informationstechnischer Sicht vor allem
in der zu bearbeitenden Datenmenge und in der Anzahl der eingreifenden Anwender
(Bild 8.13).

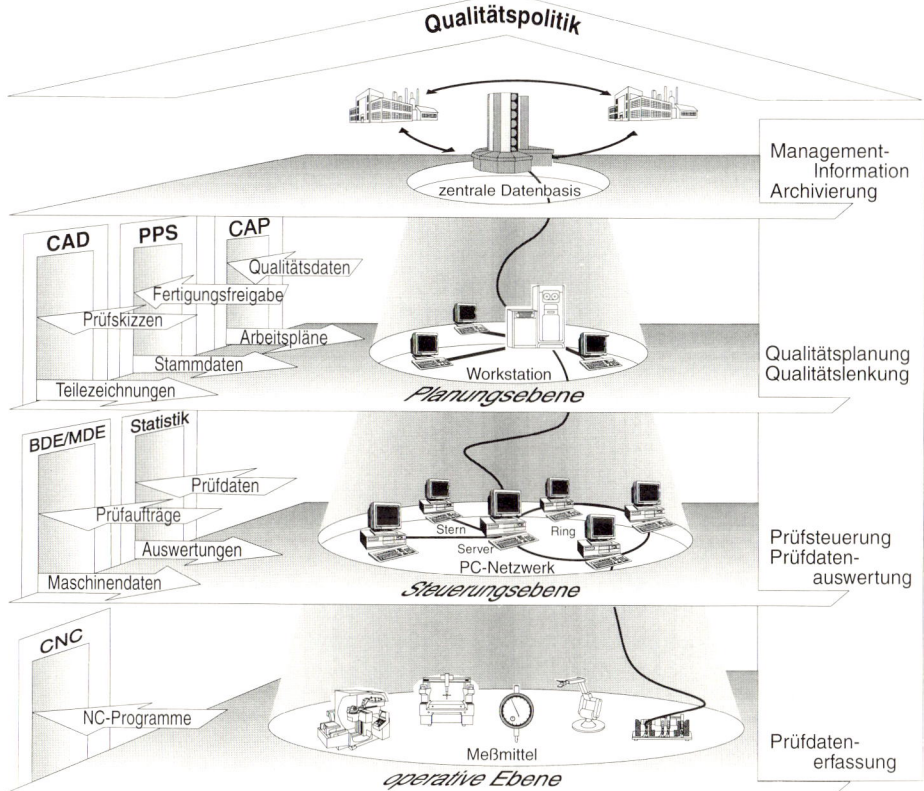

Bild 8.13   Hierarchiemodell

Die *Planungsebene* kann als strategische Unternehmensebene aufgefaßt werden. Sie stellt die Verbindung zwischen den Managementaufgaben des Qualitätswesens und dem CIM-Umfeld des Rechners her. Auf dieser Stufe findet die Kommunikation mit anderen Anwendungen, z.B. dem PPS-System, statt. Die Planungsebene stellt die Plattform eines Management-Informationssystems dar. Erforderlich sind leistungsstarke Rechenanlagen, auf denen alle CAx-Komponenten eines CIM-Umfelds implementiert werden können. Der wesentliche Vorteil dieser Hardware-Lösung besteht in der Einheitlichkeit der organisatorischen Daten, der jedoch mit einem erheblichen Kostenaufwand erkauft wird.

Die *Steuerungsebene* bildet aus qualitätsbezogener Sicht die Schnittstelle zwischen Vorgabedaten aus der Qualitätsplanung und der Prüfplanung. Schwerpunktaufgaben sind die Übernahme von Unternehmensstamm- und Auftragsdaten z.B. aus einer Katalogverwaltung. Die Steuerungsebene löst alle Aktivitäten zur Durchführung der Qualitätsprüfungen aus, überwacht die Auftragsbearbeitung und koordiniert schließlich die eigentliche Durchführung der Qualitätsprüfung.

Als Hardware stehen hier z.B. Workstations zur Verfügung. Sie bestehen aus einem Leitrechner mit mehreren z.B. sternförmig organisierten Arbeitsplätzen. Leitrechnerlösungen zeichnen sich in der Regel durch ein gutes Preis-/Leistungsverhältnis und gute technische Integrationsmöglichkeiten aus.

In der *operativen Ebene* werden Prüfaufträge als Arbeitsvorgabe umgesetzt. Zum einen werden dabei die Daten zentral auf der Steuerungsebene gehalten und an die jeweiligen Arbeitsplätze „versendet", zum anderen haben die Erfassungsgeräte in der operativen Ebene selbst fest installierte Datenträger. Das bedeutet, daß die Rechner einerseits über eine Anbindung an die Steuerungsebene verfügen müssen; andererseits muß die PC-Hardware arbeitsplatzspezifisch an die Erfassungsperipherie angepaßt werden **(Bild 8.14)**.

Unter der Datenmanipulation wird im folgenden die Datenbearbeitung sowie die Ein- und Ausgabe der Daten subsummiert. Reaktions- und Antwortzeiten sowie Zugriffsberechtigungen werden maßgeblich durch die Wahl des Netzwerkes bestimmt. Die weiteste Industrieverbreitung auf der Arbeitsplatzrechnerebene haben PC-Netzwerklösungen. Die einzelnen dezentralen PCs kommunizieren in derartigen Systemen untereinander über LANs (Local Area Network) z.B. in einem ringförmigen Verbund **(Bild 8.15)**.

Netzwerke werden über mindestens einen Server gesteuert. Als Server kann eine Programmroutine auf einem Leitrechner dienen, oder aber ein eigenständiger PC. Je nach Komplexität des LAN können auch mehrere Server in einem LAN arbeiten. Z.B. kann durch einen File-Server der Zugriff auf die gemeinsamen Massenspeichermedien verwaltet werden. Bei Einbindung unterschiedlich leistungsfähiger Geräte ins LAN sind unter Umständen „buffered communication" Server notwendig, die verschiedene Datenübertragungsraten ausgleichen. Print Server regeln den Zugriff mehrerer Netzteilnehmer auf einen Drucker (Sharing).

Schließlich besteht die Möglichkeit, mehrere LAN s einer Rechnerkonfiguration untereinander über Brückenrechner – Gateways oder Bridges – oder über ein Leitrechnernetzwerk zu verbinden. In den einzelnen Netzen kann dieses einen „external communication" Server erfordern.

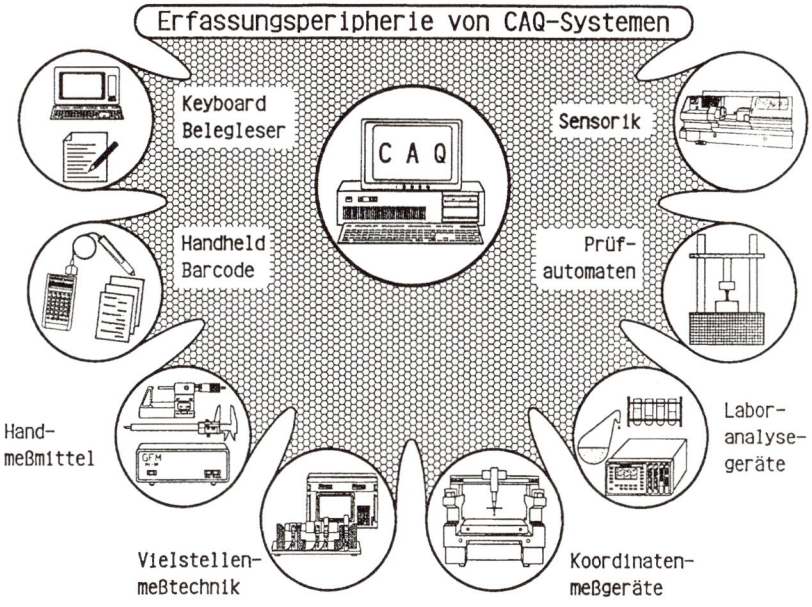

Bild 8.14   Erfassungsperipherie von CAQ-Systemen

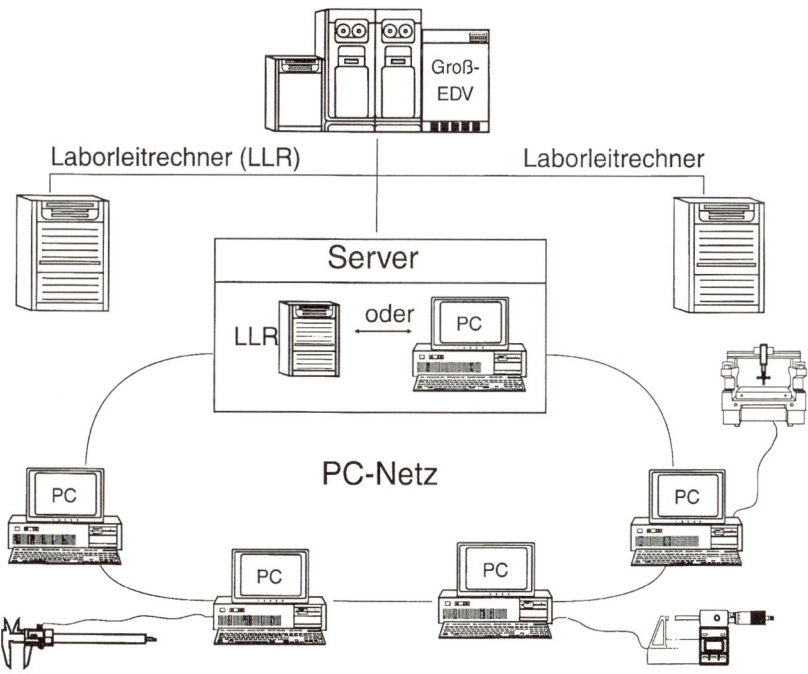

Bild 8.15   Vernetzungsbeispiele

8.3 Integration von CAQ-Systemen

Die Einführung eines CAQ-Systems in die vorhandene Ablauf- und Aufbauorganisation einer Unternehmung erfordert aufgrund der hohen Komplexität der Systeme eine methodische Vorgehensweise und ist ohne ein straffes Projektmanagement nicht realisierbar.

Sollen die Potentiale eines CAQ-Einsatzes voll ausgeschöpft werden, so sind dabei folgende drei Aspekte von übergeordneter Bedeutung:

- Das CAQ-System muß „nahtlos" in die vorhandene Rechnerlandschaft des Unternehmens integriert werden können.
- Dem Rechnereinsatz müssen organisatorische Maßnahmen zur Optimierung des QM-Systems vorausgehen.
- Die Qualifikation der Mitarbeiter entscheidet maßgeblich über den CAQ-Nutzen. Individuelle Schulungskonzepte müssen daher erarbeitet werden.

Vor diesem Hintergrund ist die organisatorische Einbindung von CAQ-Systemen in eine Unternehmung als Projekt zu verstehen, das gemäß den Projektphasen

- Konzeption,
- Auswahl und
- Integration

methodisch geplant und durchgeführt werden muß **(Bild 8.16)**.

8.3.1 Konzeption

Die Konzeptphase wird im wesentlichen durch die

- Projektorganisation,
- Ist-Aufnahme und
- Sollkonzeption

bestimmt.

Projektorganisation

Die Projektorganisation erfordert die

- Festlegung und Gewichtung der Projektziele,
- Bildung eines Projektteams,
- Identifizierung der zu untersuchenden Betrachtungsbereiche und
- Ermittlung und Festlegung des Projektstrukturplans.

Projektziele der CAQ-Einführung können sowohl quantitativer (z.B. Senkung von Fehler- und Ausschußkosten, Reduzierung der Kundenreklamationen), als auch qualitativer Natur (höhere Transparenz des Herstellprozesses, Imagesteigerung usw.) sein. Im Laufe des Projektes sollten die Ziele schrittweise konkretisiert werden. Die Änderung von Zielen bewirkt eine Änderung der Projektorganisation. Durchaus wichtig kann hier auch die Definition sein, was *nicht* Bestandteil des Projektes ist.

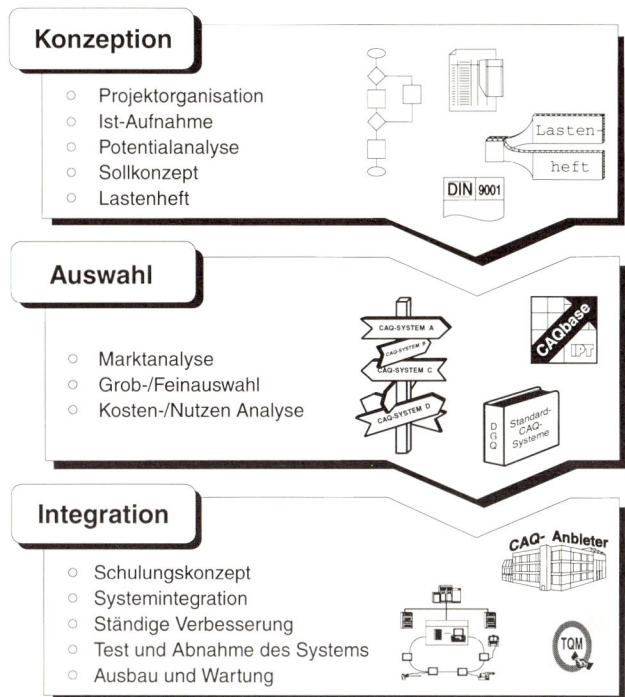

Bild 8.16   Drei-Phasen-Konzept der CAQ-Einführung

Die Bildung eines Projektteams kann einen Lenkungsausschuß, eine Projektleitung und Arbeitsgruppen beinhalten. Mitglieder des CAQ-Lenkungsausschusses sollten Entscheidungsträger des Unternehmens (mindestens ein Mitglied der Geschäftsleitung) sein. Die Projektleitung kann sich aus Vertretern des QM-Bereichs, der DV-Abteilung, der Auftragsabwicklung und externen Beratern zusammensetzen. Arbeitsgruppen sollten sich aus den CAQ-Anwendern der jeweiligen Einsatzbereiche zusammensetzen, um diese möglichst früh in das Projekt zu involvieren.

Neben der Identifizierung von zu untersuchenden Betrachtungsbereichen, ist es notwendig, die inhaltliche und zeitliche Abfolge in einem Projektstrukturplan festzulegen. Die Methoden der Projektbearbeitung (z.B. zur Informationsbeschaffung), einzelne Projektschritte, Regeln zur Dokumentation der Ergebnisse und zur Projektüberwachung sind festzulegen. Meilensteine des Projektes sind zu definieren, mit den Arbeitsgruppen abzustimmen, zu dokumentieren und dem Lenkungsausschuß zu präsentieren. Dieser entscheidet von Zeit zu Zeit über die Fortführung des Projektes auf Basis des Projektstrukturplans.

Ist-Aufnahme

Die Phase der Ist-Aufnahme stellt die Basis für die Erarbeitung des Soll-Konzeptes der geplanten Systemeinführung dar. Untersuchungsschwerpunkte sind

- die Analyse des QM-Systems,
- die Analyse des DV-Umfelds und
- die Untersuchung des Schulungsbedarfs zukünftiger CAQ-Anwender.

Der Zustand des QM-Systems wird insbesondere durch die Ablauforganisation sowie deren Dokumentation im QM-Handbuch (z.B. Verfahrensanweisungen, Arbeits- und Prüfanweisungen) charakterisiert. Die wesentlichen Techniken zur Bestandsaufnahme sind: Unterlagenstudium, Fragebogen, Interview, Konferenz, Beobachtung, Selbstaufschreibung. Die mengenmäßige Erfassung von Routineabläufen (Mengengerüst) dient bei der Entwicklung des Soll-Konzepts zur Grobplanung der erforderlichen Hardware. Die betrieblichen Kennzahlen (mittlere Durchlaufzeit eines Prüfauftrags, durchschnittliche Fehlerquote/Ausschuß pro Material, qualitätsbezogene Kosten im Wareneingang usw.) liefern bei der Überprüfung der Zielerreichung wesentliche quantitative Ansatzpunkte. Die Ist-Aufnahme des QM-Systems kann z.B. anhand eines Auditbogens, der als Interviewleitfaden dient, erfolgen.

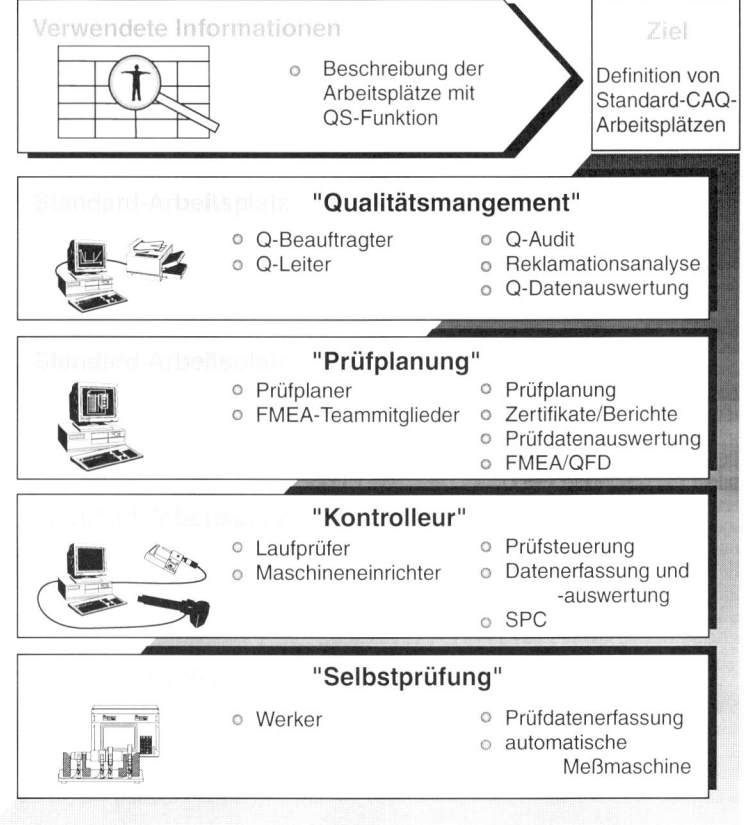

Bild 8.17   CAQ-Standard-Arbeitsplätze

Die Ist-Analyse der bestehenden DV-Anwendungen sowie der Betriebs- und Anwendungssoftware stellen einen wesentlichen Beitrag zur Integration des CAQ-Systems dar. Diese Daten sind die Grundlage zur späteren Definition und Beschreibung anwendungstechnischer Schnittstellen zu den angrenzenden Bereichen.

Mit der Einführung eines CAQ-Systems werden neue Anforderungen an die Qualifikation der Mitarbeiter gestellt. Ausgehend vom Kenntnisstand der Mitarbeiter ist es erforderlich, den Schulungsbedarf zu ermitteln, um bereits vor der Realisierung anwenderspezifische Schulungsmaßnahmen durchführen zu können.

Rationalisierungs- und Optimierungspotentiale ergeben sich aus den Schwachstellen der untersuchten Betrachtungsbereiche, wie z.B. Terminüberschreitungen oder Produktion von Ausschuß. Daraus lassen sich wiederum Auswirkungen erkennen, die z.B. die Notwendigkeit von Überstunden oder einen Verlust von Kunden oder Marktanteilen zur Folge haben. Ebenso sind Optimierungspotentiale im Bereich der Wirtschaftlichkeit denkbar, verursacht durch zu hohe Reklamationen oder qualitätsbezogene Feh-

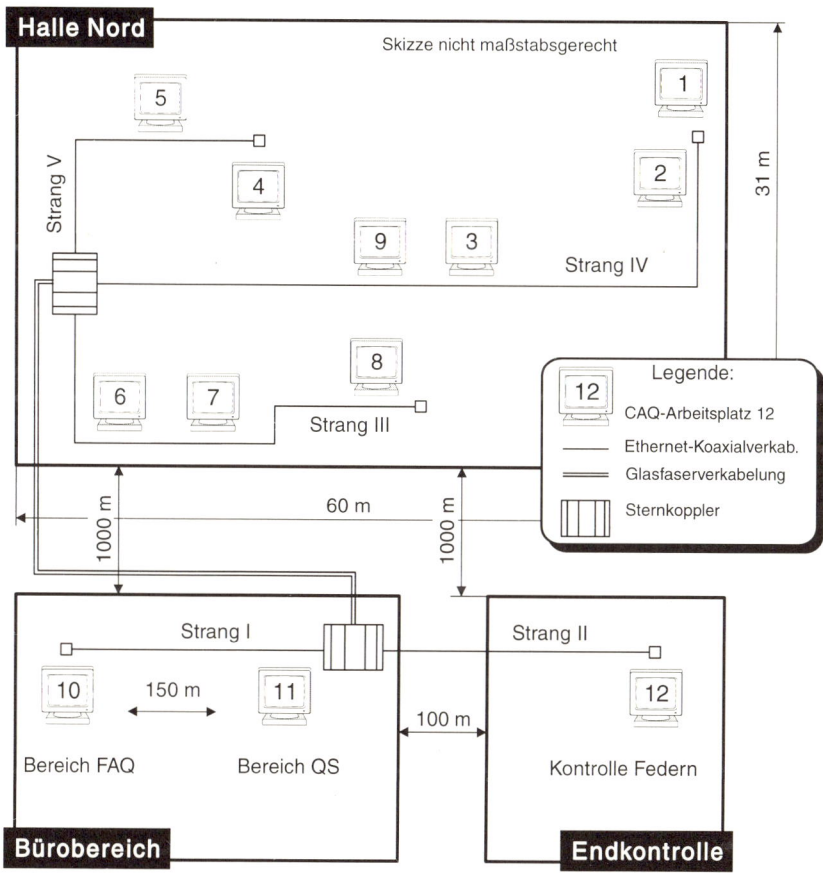

Bild 8.18   Layoutplanung

lerkosten. Diese Potentiale sind aufzuzeigen, ihre Ursachen müssen erkannt und im Rahmen der Schwachstellenanalyse offengelegt werden.

Sollkonzeption

Mit dem Ziel, erkannte Schwachstellen zu beseitigen, wird auf der Basis von Ist-Analyse und definierter Lösungsansätze ein Soll-Konzept erarbeitet, in dem vor allem Veränderungen von Verfahren und Abläufen sowie die einzusetzenden Hilfsmittel beschrieben sind. Das Soll-Konzept muß die firmenspezifischen Anforderungen an den CAQ-Einsatz darstellen und die Einsatzbedingungen erläutern. Es sollte insbesondere aufzeigen:

– Wie ein integriertes System im Bereich des Qualitätsmanagements als Planungsmodell strukturiert sein sollte. Dies kann die Definition von CAQ-Standard-Arbeitsplätzen ebenso wie eine schematische Arbeitsplatzanordnung beinhalten **(Bild 8.17, Bild 8.18)**.

– Welche strukturellen Veränderungen im Sinne der Zielerreichung vorzunehmen sind. Beispielsweise könnten durch den CAQ-Einsatz Laufprüfungen in der Fertigung entfallen, die eine Änderung der Prüf- und Steuerungsabläufe (Werkerselbstprüfung) in diesem Bereich verursachen.

– Welche Anforderungen an die Informationsverarbeitung abzuleiten sind. Bei der Erstellung eines Hardware-Konzepts sollten dabei im besonderen die Daten, die für eine Software-Auswahl relevant sind, ermittelt werden. Dies sind z.B.: Vernetzung, Definition der Schnittstellen, Systemkonfiguration, Systemwartung und -verfügbarkeit, Speicherkapazitätsbedarf, Datenstrukturen, Datenhaltung, Datenübertragung usw.

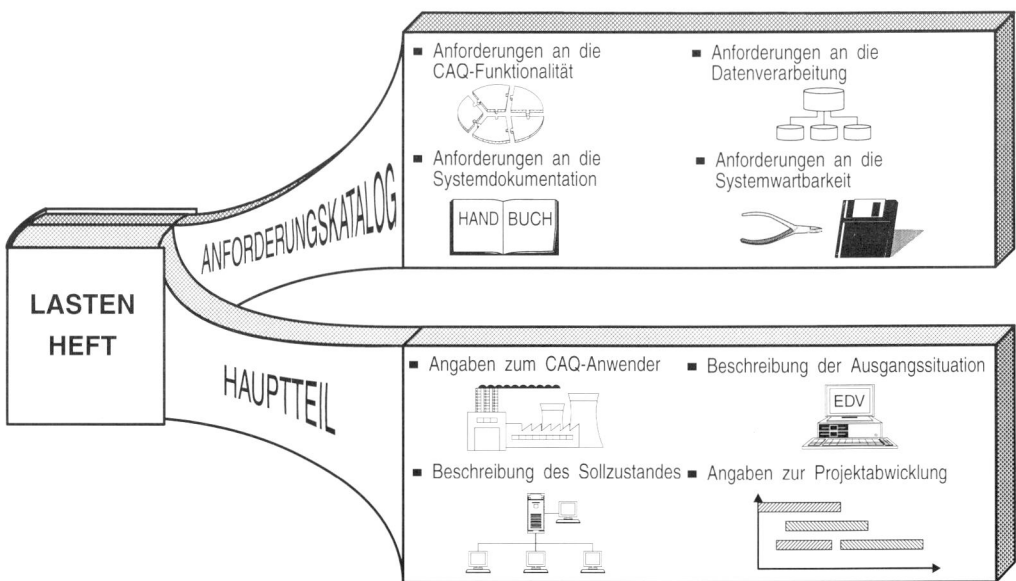

Bild 8.19   CAQ-Lastenheft

– Wie ein Schulungs- und Motivationskonzept aussehen könnte. Ausgehend von der Schulungsbedarfsermittlung und der Definition der CAQ-Standard-Arbeitsplätze sollte eine Vorgehensweise für Qualifizierungs- und Schulungsmaßnahmen vorgestellt werden.

– Welche Maßnahmen zu welchem Zeitpunkt realisiert werden müssen.

Dokumentiert werden die Anforderungen des Soll-Konzepts in einem CAQ-Lastenheft **(Bild 8.19)**. Das Lastenheft wird vom Auftraggeber oder in dessen Auftrag erstellt.

8.3.2 Auswahl

Basierend auf den Forderungen des Soll-Konzepts (CAQ-Lastenheftes) erfolgt nun eine Betrachtung der Marktsituation im Hinblick auf die Auswahl eines Systems oder eine Kombination einiger CAQ-Module. Typische Problemstellungen dabei sind:

– Eine unüberschaubare Vielzahl angebotener Systemlösungen und somit mangelnde Marktübersicht,

– fehlende CAQ-Beschreibungsstandards und daher eine fehlende Vergleichbarkeit der Angebote sowie

– ein nicht ausreichend spezifiziertes Soll-Konzept.

Vor diesem Hintergrund sollte zunächst die Systemauswahl auf eine Grobauswahl beschränkt werden. Hierzu empfiehlt sich, das CAQ-Lastenheft in Verbindung mit Standard-Fragenkatalogen (z.B. DGQ-Schrift Nr. 14-21) oder dem am Fraunhofer-Institut für Produktionstechnologie entwickelten Datenbanksystem *CAQbase* einzusetzen **(Bild 8.20)** [dgq].

Eine Auswahlentscheidung wird dabei mittels Nutzwert- bzw. Kosten/Nutzwert-Analyse unterstützt [kru]. Durch eine firmenspezifische Gewichtung der Anforderungen werden Leistungsmerkmale (sog. Nutzwerte) ermittelt. Mit Hilfe dieser Nutzwerte und deren wirtschaftlicher Bewertung (Kosten) werden die kommerziellen CAQ-Systeme bewertet. Die Anzahl der in Frage kommenden Systeme wird dabei zunächst systematisch auf zwei bis drei reduziert.

Zur Vorbereitung einer Kaufentscheidung sind die Ergebnisse dieser Untersuchungen allerdings noch nicht hinreichend. Erforderlich sind Systemtests, bei denen durch die „Abbildung" anwendertypischer Abläufe das Arbeiten praxisnah getestet werden kann. Solche Anwendungsszenarien, spezifiziert aus den Soll-Forderungen des Lastenheftes, sind Bestandteil der Feinauswahl. Diese kann z.B. in Form von mehrtägigen Workshops beim Systemanbieter stattfinden. Neben der Systemuntersuchung ermöglicht dieses auch das „Kennenlernen" des CAQ-Anbieters, der als Systemlieferant langjähriger Kooperationspartner des Anwenders sein wird. Die Liquidität des Software-Herstellers, die Philosophie und Entwicklungsumgebung des Systems, Wartungsservice und Hotline-Konzepte des Anbieters sind nur einige wesentliche Aspekte, die über die Grenzen der Systembetrachtung hinaus von maßgeblicher Bedeutung sind.

Für den Anwender ist es empfehlenswert, das ausgewählte System auch bei entsprechenden Referenzkunden des Anbieters zu testen. Wenn möglich, ist mit dem Anbieter eine Testinstallation, im eigenen Unternehmen, zu vereinbaren. Dies hat den Vorteil,

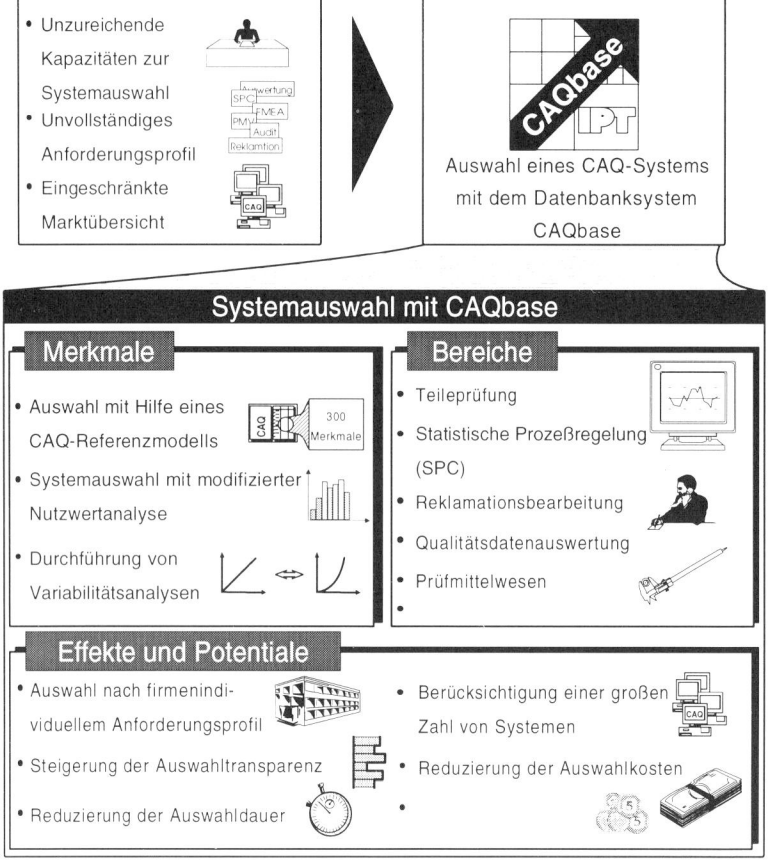

Bild 8.20   Auswahl von CAQ-Systemen

daß die späteren Anwender sich mit dem System vertraut machen können, und der Systemeinsatz bereits zu einem frühen Zeitpunkt eine hohe Akzeptanz haben kann. Hierdurch kann eine „reibungslosere" Einführung des Systems ermöglicht werden.

8.3.3   Einführung

Die CAQ-Einführung stellt die Umsetzung der Ergebnisse aus der Konzeptions- und Auswahlphase dar. Das bedeutet, daß

– die schrittweise Integration des Systems geplant ist und Schnittstellen zu den zu koppelnden CAx-Systemen definiert sind,

– die CAQ-Arbeitsabläufe den manuellen Abläufen der QM-Organisation weitestgehend entsprechen und

– die Qualifikation der Mitarbeiter einen effizienten CAQ-Einsatz von Beginn an ermöglicht.

Das Ziel der Einführung ist es, das System schrittweise in immer weiter greifenden Bereichen des Unternehmens zu implementieren und die Effektivität und die Effizienz der CAQ-Anwendung dabei kontinuierlich zu steigern. In der Praxis hat sich daher ein erster Einsatz in einem überschaubaren Bereich, wie etwa im Wareneingang, bewährt. Der Prozeß der ständigen Verbesserung setzt in starkem Maße

– einführungsbegleitende Schulungskonzepte und
– die Projektbegleitung durch den Systemanbieter

voraus.

Für einführungsbegleitende Schulungskonzepte ist der Einsatz von rechnerunterstützten Lernmedien ideal. Der Einsatz des Rechners für CAQ-Schulungen ermöglicht zum einen das spielerische Erlernen von Basistätigkeiten am Rechner (Bedienung von Maus und Tastatur, Umgang mit Bildschirmmasken etc.) und zum anderen das praxisgerechte und firmenspezifische Vermitteln der CAQ-Software. Unter dem Schlagwort *computer based training* (CBT) werden am Fraunhofer-Institut für Produktionstechnologie (IPT) prototypische Lernprogramme für CAQ-Software entwickelt [rhi].

Die Projektbegleitung durch den Systemanbieter bestimmt das Einführungsprojekt in vielerlei Hinsicht. Hier zeigt sich, ob der Anbieter wirklich „Partner" ist. Der Partner sollte

– auf unternehmensbedingte Kundenwünsche flexibel reagieren können und individuelle Schulungsprogramme offerieren oder zumindest Unterlagen und Lernprogramme zur Verfügung stellen,
– eine umfangreiche Systemdokumentation bereitstellen. Hierzu gehören eine Übersicht, Referenzmanuals zu verschiedenen Fehlermeldungen, eine Kurzfassung der Funktionsbeschreibung von CAQ-Standardarbeitsplätzen und Anwendungsbeispiele der CAQ-Software,
– ein Konzept zur Wartung und Pflege des Systems (Update, Upgrade) darlegen und
– sich als echter Berater bei der Einführungsunterstützung, insbesondere bei Softwareanpassungsproblemen zeigen. Indiz für die Beratungsqualität kann z.B. die Organisation von User-Workshops sowie eine User-Hotline sein.

8.4 Zusammenfassung

Die Qualität der betrieblichen Leistungserstellung ist zum Wettbewerbsfaktor Nr. 1 geworden. Unternehmen denken zumeist, geprägt durch die Taylorsche Arbeitsteilung, in Funktionen wie etwa Konstruktion, Arbeitsvorbereitung und Qualitätswesen. Auch CAQ-Systeme orientieren sich an diesen Funktionen und unterstützen, modular aufgebaut, z.B. eine FMEA, eine Prüfplanung oder eine Reklamationsbearbeitung.

Der Kunde erwartet die Erfüllung seiner Bedürfnisse, individuelle Betreuung, leistungsfähige Produkte, kurze Lieferzeiten und einen akzeptablen Preis; Forderungen, die nur durch eine kompromißlose Prozeßorientierung der betrieblichen Leistungserstellung erfüllt werden können. Funktionsdenken in starren Abteilungsschemata führt zu Informationsdefiziten an den Abteilungsgrenzen. Prozeßorientierung fokussiert den Kunden innerhalb ganzheitlicher Geschäftsprozesse wie etwa der Angebotserstellung, Auftragsabwicklung oder Produktabnahme ohne Schnittstellenverluste.

CAQ-Systeme sind Informationssysteme zur Unterstützung der präventiven Qualitätssicherung, zur Durchführung von Qualitätsprüfungsaufgaben und zur transparenten Darlegung der aktuellen und historiebezogenen Qualitätslage der betrieblichen Leistungserstellung (vgl. Kap. 8.2.1–8.2.3). Im vorliegenden Kapitel wurde die Funktionalität von CAQ-Systemen umfassend erläutert – eine prozeßorientierte Beschreibung der CAQ-Technologie ist nicht möglich. „CAQ-Prozesse" existieren erst in Anfängen, prozeßorientierte CAQ-Regelkreise reduzieren sich derzeit noch auf maschinennahe oder maschineninterne Regelungen (vgl. Kap. 8.2.4).

Zum Abbau von Informationsdefiziten an den Abteilungsgrenzen und an den Systemschnittstellen der CAx-Teilnehmer müssen weitere Schritte auf die informationstechnische Unterstützung des prozeßorientierten Qualitätsmanagements abzielen. Die Integration der an den Unternehmensfunktionen orientierten Insellösungen unter dem Schlagwort CIM kommt gerade in den Nichtfertigungsbereichen nur schleppend voran. Dies wirkt sich insbesonders nachteilig auf die Rechnerunterstützung der originären Querschnittsaufgabe „Qualitätsmanagement" aus. Die Entwicklung stagniert, die CAQ-Funktionalität vieler kommerzieller Systeme konzentriert sich wieder auf die bloße Unterstützung der Qualitätsprüfung im operativen Bereich (vgl. Kap. 8.1). Eine informationstechnische Unterstützung von Geschäftsprozessen steht für einen Ausweg aus der derzeitigen CIM- und CAQ-Sackgasse.

Weiterentwicklungen der CAQ-Technologie und des CAQ-Einsatzes sollten daher unter dem Gesichtspunkt eines prozeßorientierten Aufbaus und dem Einsatz einer unternehmensweiten (Qualitäts-)Datenbasis folgende Schwerpunkte berücksichtigen:

– Qualitätsbezogene Prozeßkostenrechnung führt zum Abbau des Gemeinkostenanteils und zur transparenten Darlegung der Geschäftsprozesse und der Qualitätslage.

– Qualitätsmanagement wird zunehmend als unternehmensübergreifende Aufgabe gesehen. Die informationstechnische Anbindung und Einbindung der Kunden und Lieferanten steigert die eigene Leistungserstellung.

– Die Produktentwicklung fußt auf Erfahrungen des Unternehmens. Der Einsatz wissensbasierter Systeme in der Qualitätsplanung (z.B. zur FMEA) führt zur Fehlerreduzierung in den frühen Phasen der Produktentstehung.

– Nur geeignete Schulungskonzepte sind Garant für einen effektiven Rechnereinsatz (vgl. Kap 8.3). Der Einsatz multimedialer Lernmedien im Qualitätsmanagement (CBT für CAQ) erhöht die „CA + Q"-Fähigkeit der Anwender simultan.

Literatur

[dgq] N.N.: *Entscheidungshilfen bei der Auswahl von CAQ-Systemen.* DGQ-Schrift Nr. 14–21, 2. Aufl., Beuth Verlag; Berlin, 1994

[eic] **Eickholt, J.:** *Konzeption und Bewertung des Einsatzes von CAQ-Management-Systemen.* Dissertation RWTH Aachen; Shaker VERLAG; Aachen, 1994

[fir] **Roos, E.; Hirt, K.:** *PPS-Marktspiegel.* Hrsg.: Forschungsinstitut für Rationalisierung (FIR), Verlag TÜV-Rheinland; 4. Aufl., Köln, 1992

[kru]   **Kruschwitz, L.:** *Investitionsrechnung.* De Gruyter Verlag, Berlin, 1985

[mas]   **Masing, W.:** *Handbuch Qualitätsmangement.* 3. Aufl., Carl Hanser Verlag; München, 1994

[pf1]   **Pfeifer, T.; Schmidt, N.; Theis, Ch.:** *CAQ-Modell – Anregungen für weiterführende Normung.* DIN-Mitteilungen 72; 1993, Nr. 12, S.769–776

[pf2]   **Pfeifer, T.; Zenner, Th.:** *Rechnergestützte wissensbasierte FMEA-Erstellung.* FQS-Schrift 8502; Beuth Verlag, Berlin, 1994

[pf3]   **Pfeifer, T.; Flamm, R.; Gimpel, B.:** *Fehlerverhütung vor Produktionsbeginn durch Verfahren der statistischen Versuchsmethodik.* Forschungskuratorium Maschinenbau FKM; Frankfurt, 1992

[rhi]   **Rhiem, St.:** *Rechnerunterstützte Lernmedien für das Qualitätsmanagement.* In: Sonderschau zur METAV 94: „Qualität – Eine Unternehmensstrategie"; Verein Deutscher Werkzeugmaschinenfabriken e.V. (VDW), Frankfurt, 1994

[sch]   **Scholz-Reiter, B.:** *CIM-Schnittstellen: Konzepte, Standards und Probleme.* 2. Aufl., S. 79 ff., Oldenbourg Verlag; München, 1991

[vdi]   **N.N.:** *Qualitätssicherung – Leitfaden des VDI-Gemeinschaftsausschusses CIM.* VDI-Verlag, Düsseldorf, 1992

Kapitel 9   Das Qualitätsmanagementsystem

Gliederung

9.1 Einleitung

Geänderte Rahmenbedingungen, wie immer geringer werdende Produktzyklen, geänderte Fertigungskonzepte (Just-in-time), verschärfte Produkthaftung und ein zunehmender „Qualitätswettbewerb", um nur einige Gründe zu nennen, bedingen, daß Unternehmen zunehmend in die Pflicht genommen werden, ein durchgängiges Qualitätsmanagementsystem im Unternehmen zu realisieren. Dieses Kapitel soll auf die Frage Antwort geben, welche Forderungen heute an ein anspruchsvolles Qualitätsmanagementsystem gestellt werden und wie Unternehmen den wachsenden Anforderungen gerecht werden können (**Bild 9.1**).

weltweiter Absatzmarkt

global sourcing

Kunde

☞ **Verdrängungswettbewerb, weltweit**

☞ **Käufermarkt, Konzentration auf Erfüllung der Kundenforderungen**

☞ **Erweiterung des Produktbegriffs**

☞ **weltweiter Beschaffungsmarkt**

☞ **wachsende Bedeutung von Flexibilität, Anpassungsfähigkeit und Reaktionszeit**

☞ **hoher Kosten- und Termindruck**

Bild 9.1   Wandel der Umwelt und der Märkte

9.2 Anforderungen an QM-Systeme

Ziel des Qualitätsmanagementsystems ist die Sicherstellung der Qualität von materiellen und immateriellen Produkten unter Berücksichtigung technologischer und ökonomischer Randbedingungen. Für die Umsetzung dieses Zieles bedarf es einer Vielzahl von umfangreichen und komplexen Aktivitäten. Zusammengefaßt bilden diese Tätigkeiten das Qualitätsmanagementsystem (QM-System).

In der Literatur findet man eine Vielzahl von Ansätzen, den Begriff „Qualitätsmanagementsystem" zu beschreiben. In der DIN EN ISO 9000-1 [di1] wird ein QM-System als

„Zur Verwirklichung des Qualitätsmanagements erforderliche Organisationsstruktur, Verfahren, Prozesse und Mittel"

definiert.

In dieser Definition, die auch den folgenden Ausführungen zugrunde liegt, wird der heutige Anspruch an das Qualitätsmanagement sichtbar. Er umfaßt deutlich mehr als nur das Prüfen am Ende eines Prozesses! Vielmehr unterstreicht diese Definition, daß mit der Umsetzung eines durchgängigen Qualitätsmanagementsystems eine Vielzahl von organisatorischen, technischen und personellen Maßnahmen verbunden sind, die in vielen Bereichen des Unternehmens zu realisieren sind.

Ein weiterer Anspruch an Qualitätsmanagementsysteme wird in dieser Definition deutlich. Qualitätsmanagement heutiger Prägung ist in besonderer Weise in die Aufbau- und Ablauforganisation (Kap. 9.5) einzubetten. Viele Verfahren des Qualitätsmanagements stellen heute hohe Anforderungen an die horizontale und vertikale Integration in das Unternehmen. Sie bedingen sehr häufig eine enge Zusammenarbeit und einen reibungslosen Informationsaustausch zwischen unterschiedlichen Abteilungen, die z.B. im Produktionsprozeß aufeinander folgen, wie die Konstruktion und die Arbeitsvorbereitung, aber auch zwischen Bereichen, die auf einer Stufe miteinander arbeiten, wie z.B. die mechanische und elektrische Entwicklung einer Werkzeugmaschine.

Aus diesem Grund sind Qualitätsmanagementmaßnahmen zu planen, zu testen und vor allem aufeinander abzustimmen. Gerade die Abstimmung der Tätigkeiten mit allen direkt und indirekt betroffenen Bereichen ist von entscheidender Bedeutung. Ein Schwerpunkt muß in der bereichs- und abteilungsübergreifend organisierten Bereitstellung und Verarbeitung von Informationen liegen, die zur Verbesserung der Produktion und damit zu einer effizienten Erfüllung der Qualitätsforderungen führen.

9.3   Qualitätsmanagementsystem und Normung

Das Qualitätsmanagement in einem Unternehmen wird durch eine Vielzahl interner und externer Einflußfaktoren bestimmt. Spezifische Bedingungen wie die Vielzahl von Produkten, unterschiedliche Absatzmärkte und Kundenforderungen sowie unterschiedliche Unternehmensgrößen bewirken, daß die Ausprägung von QM-Systemen z.T. sehr unterschiedlich ist. Ein genormtes QM-System kann es daher nicht geben!

Dennoch gibt es Normen zu QM-Systemen. Liegt hierin ein Widerspruch?

Sicherlich nicht! Es hat sich gezeigt, daß unternehmensspezifische Qualitätsmanagementsysteme gleiche oder ähnliche Elemente der Aufbau- und Ablauforganisation besitzen, wenn auch in individueller Auswahl und Ausprägung. Dies führte dazu, daß firmen- bzw. branchenspezifische Anforderungen an QM-Systeme definiert und in Regelwerken festgehalten wurden. Um es noch einmal deutlich zu machen: Es wird *nicht* in den Normen festgelegt, welche Ausprägung ein QM-System hat, z.B. *wie* es die Qualität der Beschaffung sicherstellt. Dies ist von Fall zu Fall unternehmensspezifisch zu entscheiden. Es werden jedoch Anforderungen an ein QM-System formuliert, z.B. an eine Prüfmittelüberwachung oder an die Durchführung einer Konstruktion. Dies beinhaltet die Frage, *was* sicherzustellen ist.

Einen wesentlichen Impuls erhielten diese Regelwerke durch die hohen Qualitätsanforderungen im militärischen und im kerntechnischen Bereich sowie durch die hohen Sicherheitsanforderungen in der Luft- und Raumfahrttechnik.

Das wachsende Verlangen nach hoher Produktqualität, aber auch nach entsprechender Qualität der Produktion führte in den 80er Jahren zu einem international abgestimmten Leitfaden, der unter der Bezeichnung DIN ISO 9000-9004 im Jahr 1987 erstmals als Norm veröffentlicht wurde. Er ist heute als das zentrale Normenwerk im Bereich des Qualitätsmanagements anzusehen. In den folgenden Jahren hat die Normenreihe DIN EN ISO 9000-9004 Überarbeitungen erfahren und ist im August 1994 in der derzeit neuesten deutschsprachigen Ausgabe erschienen [di1–di12].

Das Anwendungsgebiet der Normenreihe ist nicht auf bestimmte Unternehmen oder Branchen beschränkt. Die Normenreihe gilt als universelles Werk. Aus diesem Grund hat die Normenreihe den Charakter eines Leitfadens, dessen Inhalte vor dem Hintergrund der unternehmensspezifischen Randbedingungen gespiegelt werden müssen, um die individuellen Ausprägungen einzelner Umsetzungsmöglichkeiten von qualitätssichernden Maßnahmen zu bewerten und festzulegen.

Inhaltlich gliedert sich die Normenreihe in

- einen Leitfaden zur Auswahl und Anwendung der Normenreihe (DIN EN ISO 9000),
- die Normen DIN EN ISO 9001-9003, die Modelle zur QM-Darlegung in drei unterschiedlichen Stufen beinhalten und
- die Norm DIN EN ISO 9004, die Empfehlungen für den Aufbau eines Qualitätsmanagementsystems gibt.

Zusätzlich sind der Normenreihe ergänzende und erläuternde Normen beigefügt. Bei diesen Normen handelt es sich um

- die DIN ISO 9000 Teil 2, einen ergänzenden allgemeinen Leitfaden zur Anwendung der Normen DIN EN ISO 9001-9003,
- DIN ISO 9000 Teil 3, einen Leitfaden für die Anwendung von DIN EN ISO 9001 auf die Entwicklung, Lieferung und Wartung von Software,
- die DIN ISO 9004 Teil 2, die einen Leitfaden für Dienstleistungen darstellt,
- die DIN ISO 9004 Teil 3, die einen Leitfaden für Qualitätsmanagement und Elemente eines Qualitätsmanagementsystems für verfahrenstechnische Produkte darstellt,
- die DIN ISO 9004 Teil 4 (Entwurf), ein Beitrag zur Unterstützung der betrieblichen Umsetzung bei der Qualitätsverbesserung im Unternehmen und
- die DIN ISO 9004 Teil 7 (Entwurf), die einen Leitfaden für das Konfigurationsmanagement darstellt.

9.3.1 DIN EN ISO 9000-1 – Normen zum Qualitätsmanagement und zur Qualitätssicherung/QM-Darlegung

Eine wesentliche Voraussetzung bei einer vertraglichen Vereinbarung über die Qualitätsfähigkeit des Zulieferers in einem Kunden-Lieferer-Verhältnis ist die Verwendung der „gleichen Sprache". Im Bereich des Qualitätsmanagements sind Begriffe häufig unterschiedlich besetzt. Daher werden, obwohl auf die wesentlich umfangreichere Begriffsnorm DIN ISO 8402 [di13] verwiesen wird, in der einleitenden DIN EN ISO 9000 zunächst wesentliche Begriffe wie z. B. Produkt, Angebot und Vertrag erläutert.

Zusätzlich werden in dieser Norm grundlegende qualitätsbezogene Konzepte sowie die Unterschiede und Wechselbeziehungen zwischen diesen beschrieben.

Dies beinhaltet, daß Themen aufgegriffen werden wie

– Qualitätsbezogene Schlüsselziele und Verantwortlichkeiten,

– Interessenpartner und ihre Erwartungen an Unternehmen,

– der Unterschied zwischen Forderungen an die Darlegung an ein QM-System und den Qualitätsforderungen an Produkte,

– übergeordnete Produktkategorien, wie Hardware, Software, verfahrenstechnische Produkte und Dienstleistungen sowie

– die Beurteilung von QM-Systemen.

Einen breiten Raum nimmt das Thema „Prozeß" (im Sinne von Geschäftsprozessen) sowie die Wechselwirkungen zwischen Prozessen ein. Betont und beschrieben werden die Inhalte, die unter der Metapher „Kunden-Lieferer-Prinzip" zusammengefaßt werden.

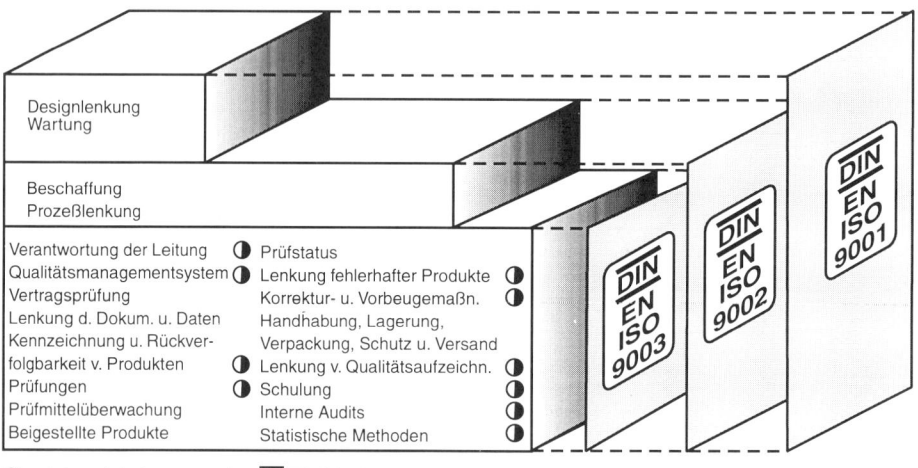

Bild 9.2   DIN EN ISO 9001-9003

Ein zweiter Schwerpunkt der Norm liegt in der Erläuterung zur Auswahl und Anwendung der Normen DIN EN ISO 9001-9003 in einem Kunden-Lieferer-Verhältnis (**Bild 9.2**). In diesen Normen werden Ausführungen zu folgenden Themen gemacht:

– Auswahl eines Modells zur Darlegung des Qualitätsmanagements
  Hier werden die Anwendungsbereiche der Normen sowie ein Auswahlverfahren beschrieben.

– Möglichkeiten zur Darlegung und zur Dokumentation der Ergebnisse bei der Beurteilung eines QM-Systems.

– Hinweise zur Vertragsvorbereitung
Hierbei werden Aspekte wie die Anpassung und Überprüfung der Anforderungen an ein QM-System beschrieben. In der Anwendung bedeutet dies, daß einzelne Elemente gestrichen, erweitert oder hinzugefügt und spezielle Forderungen näher spezifiziert werden.

Im Anhang werden zudem zentrale Begriffe zu dem Thema Qualitätsmanagement wie Qualität, Qualitätspolitik, QM-System, Qualitätslenkung, QM-Darlegung, Qualitätsverbesserungen, Produkt und Dienstleistungen in Übereinstimmung mit der Norm DIN ISO 8402 erläutert.

Ebenso erfolgt eine Gegenüberstellung der Nomen DIN EN ISO 9001-9003 in Form einer Vergleichsmatrix, aus der die Darlegungsforderungen der einzelnen Normen hervorgehen.

DIN EN ISO 9000 Teil 2 (Entwurf) –
Qualitätsmanagement- und Qualitätssicherungsnormen

In diesem Teil der DIN EN ISO 9000 werden weitere Erläuterungen zur Anwendung der Normen DIN EN ISO 9001-9003 gegeben. Es ist die Intention dieser Norm, dem Leser einen besseren Zusammenhang und mehr Präzision, Klarheit und Verständnis bei der Anwendung der Forderungen der Normenreihe DIN EN ISO 9001-9003 zu verschaffen [di2-4]. Zu den einzelnen Forderungen werden Erläuterungen gegeben, ohne jedoch den Umfang der Forderungen zu erhöhen. Sie bildet damit eine Ergänzung zu den o.g. Normen, die das Verständnis für die aufgestellten Forderungen fördern und Anregungen für ihre Erfüllung geben.

DIN EN ISO 9000 Teil 3 –
Qualitätsmanagement und Qualitätssicherungsnormen (Software)

Software deckt heute immer größere Anwendungsgebiete ab. Mit der zunehmenden Integration von Software in betriebliche Abläufe nimmt die Bedeutung von Qualitätsmanagement für Software ständig zu. Da der Prozeß zur Entwicklung und Pflege von Software sich häufig von dem anderer Produkte unterscheidet, sollen in dieser Norm Hilfen und Ergänzungen zu den Normen DIN EN ISO 9001 und DIN EN ISO 9004 gegeben werden. Sie soll daher in Verbindung mit diesen Normen gelesen werden und zur Anwendung kommen. Es werden dem Anwender Richtlinien für den Fall zur Verfügung gestellt, daß bei einem Vertrag zwischen zwei Partnern vom Lieferanten der Nachweis verlangt wird, daß er in der Lage ist, Softwareprodukte zu entwickeln, zu liefern und zu warten [di3]. Hierzu versucht die Norm Lenkungsmaßnahmen und Methoden zur Sicherstellung der Auftraggeberforderungen bei der Produktion von Software zu beschreiben.

9.3.2 DIN EN ISO 9001 – DIN EN ISO 9003 – Qualitätsmanagementsysteme, Modelle zur Qualitätssicherung/QM-Darlegung

Die Normen DIN EN ISO 9001-9003 sollen den Lieferer unterstützen, den Nachweis eines funktionierenden QM-Systems zu erbringen und zu dokumentieren. Ziel ist es *nicht,* den Nachweis zu erbringen, daß ein Produkt bestimmte Eigenschaften besitzt. Vielmehr gilt es, mit Hilfe der in den Normen genannten Kriterien darzulegen, daß der

Zulieferer entsprechende Maßnahmen ergriffen hat, damit die Produkte und Abläufe die erwarteten und vereinbarten Eigenschaften besitzen.

Hierzu bietet die Norm Hilfen in drei verschiedenen Stufen mit unterschiedlichen Anforderungen an.

– Die Norm DIN EN ISO 9001 stellt hierbei den umfassendsten Anspruch an das QM-System des Lieferers. Hier werden Bereiche von der Entwicklung und der Konstruktion über die Produktion und die Montage bis hin zum Kundendienst auf Qualitätsfähigkeit betrachtet (Bild 9.2). Zur Anwendung kommt diese Norm vor allem dann, wenn im Kunden-Lieferer-Verhältnis der Nachweis der Erfüllung von Forderungen in allen Phasen, vom Entwurf bis zum Kundendienst sowie in phasenübergreifenden Bereichen (Kap. 9.4) für die Lieferung von Bedeutung ist.

– Die Norm DIN EN ISO 9002 bietet eine Möglichkeit, das Vertrauen des Abnehmers in die Produktion und Montage herzustellen. Daher soll die Norm in erster Linie dann zur Anwendung kommen, wenn die Erfüllung der Forderungen durch den Nachweis ausreichender Maßnahmen im Bereich der Fertigung und Montage sichergestellt werden kann. Das QM-Element „Designlenkung" wird in dieser Norm nicht berücksichtigt. Bei den QM-Elementen „Verantwortung der obersten Leitung", „Interne Qualitätsaudits" und „Schulung" sind die Anforderungen gegenüber der Norm DIN EN ISO 9001 reduziert. Ein Anwendungsbeispiel dieser Norm wäre ein Unternehmen, daß nach vom Abnehmer vorgegebenen Spezifikationen und Zeichnungen einfache Teile fertigt. Für den Abnehmer dieser Teile ist es dann sicherlich von untergeordneter Bedeutung, ob der Zulieferer Qualitätsforderungen im Bereich der Konstruktion oder des Kundendienstes erfüllt.

– Die Norm DIN EN ISO 9003 stellt die geringsten Forderungen an ein QM-System. Gegenüber der DIN EN ISO 9002 reduzieren sich die Anforderungen an die QM-Elemente „Verantwortung der Leitung", „QM-System", „Designlenkung", „Kennzeichnung und Rückverfolgbarkeit", „Prozeßlenkung", „Prüfungen", „Lenkung fehlerhafter Produkte", „Korrektur- und Vorbeugungsmaßnahmen", „Lenkung von Qualitätsaufzeichnungen", „Interne Qualitätsaudits", „Schulung", „Wartung" und „Statistische Verfahren". Die DIN EN ISO 9003 kommt vor allem dann zur Anwendung, wenn durch Qualitätsprüfungen sichergestellt werden kann, daß die vom Kunden verlangten Qualitätsforderungen erfüllt werden.

9.3.3   DIN EN ISO 9004 – Qualitätsmanagement und Elemente eines Qualitätsmanagementsystems

Abschließend gibt die Norm DIN EN ISO 9004 Hinweise, mit welchen Elementen ein wirkungsvolles QM-System in einem Unternehmen aufgebaut werden kann. Wie oben schon angesprochen, kann es kein genormtes QM-System und demnach auch keine vorgeschriebenen Elemente eines QM-Systems geben. Dennoch werden hier nützliche Anregungen beschrieben, die den Auf- und Ausbau eines QM-Systems unterstützen.

DIN EN ISO 9004 Teil 2 – Qualitätsmanagement und Elemente eines Qualitätsmanagementsystems (Dienstleistungen)

Dieser Teil der DIN EN ISO 9004 baut auf dem vorangehenden auf und gibt dem Leser die Möglichkeit, sich einen umfassenden Überblick über ein QM-System für

Dienstleistungen zu verschaffen. Ziel ist es, ihm Hilfen zum Auf- und Ausbau eines QM-Systems zu geben, das darauf ausgerichtet ist, die Sicherstellung von Qualitätsforderungen bei Dienstleistungen zu gewährleisten. Hierzu gehören alle Schritte zur Erbringung der Leistung, angefangen vom Marketing bis hin zur Lieferung an den Kunden. Hinzu kommen die qualitätssichernden Maßnahmen, die nicht einer speziellen Produktentstehungsphase zugeordnet werden können und die Aufgaben der obersten Leitung bzw. des Managements.

DIN EN ISO 9004 Teil 3 (Entwurf) – Leitfaden für Qualitätsmanagement und Elemente eines Qualitätsmanagementsystems (verfahrenstechnische Produkte)

Diese internationale Norm geht auf die speziellen Belange bei der Herstellung von verfahrenstechnischen Produkten ein. Sie soll in Form eines Leitfadens das Qualitätsmanagement für diese Art von Produkten unterstützen. In dieser Norm werden Elemente eines Qualitätsmanagementsystems angeboten, die von dem jeweils betroffenen Unternehmen nach eingehender Untersuchung des zu bedienenden Marktes, der Art der Produkte, den Produktionsprozessen und den Erfordernissen der Verbraucher nach Art und Umfang der Realisierung ausgewählt werden müssen [di10].

DIN EN ISO 9004 Teil 4 (Entwurf) – Leitfaden für Qualitätsmanagement und Elemente eines Qualitätsmanagementsystems (Leitfaden für Qualitätsverbesserungen)

In dieser Norm werden dem Leser eine Sammlung von Hinweisen, Richtlinien und einfachen Hilfsmittel zur Verfügung gestellt, um den Prozeß einer kontinuierlichen Qualitätsverbesserung im Unternehmen einzuleiten und aufrechtzuerhalten. Es wird darauf hingewiesen, daß diese Norm *nicht* für vertragliche, gesetzliche oder Zertifizierungszwecke dienen soll, sondern als Hilfe für die betriebliche Umsetzung. Beispiele für die behandelten Themengebiete sind:

- Begriffe wie Prozeß, Lieferkette, Qualitätsverbesserung
- grundlegende Konzepte wie Grundsätze der Qualitätsverbesserung, Umgebung für Qualitätsverbesserungen
- organisatorische Hinweise zur Umsetzung von Qualitätsverbesserungen wie z. B. das Planen und Messen von Qualitätsverbesserungen, die Einbeziehung einer ganzen Organisation, das Initiieren von Projekten zur Qualitätsverbesserung
- unterstützende Werkzeuge und Techniken, wie Ursache-Wirkungsdiagramme, Flußdiagramme, Histogramme, Pareto-Diagramme, Qualitätsregelkarten und Korrelationsdiagramme
- weiterführende Literatur.

DIN EN ISO 9004 Teil 7 (Entwurf) – Leitfaden für Qualitätsmanagement und Elemente eines Qualitätsmanagementsystems (Leitfaden für das Konfigurationsmanagement)

Dieser Entwurf für das Konfigurationsmanagement wird derzeit nur Interessierten in englischer Sprache zur Verfügung gestellt. Unter Konfigurationsmanagement wird eine Disziplin verstanden, die sich auf alle Produktentstehungsphasen bezieht und die Transparenz von physikalischen und funktionellen Eigenschaften eines Produkts in allen Phasen der Produktentstehung und -nutzung sicherstellen soll. Diese Norm gibt dem Leser Hinweise, in welcher Form Konfigurationsmanagement in einem Unternehmen angewendet werden kann.

9.4   Elemente von Qualitätsmanagementsystemen

Bei der Aufgabe, ein wirksames Qualitätsmanagement in einem Unternehmen einzuführen und aufrechtzuerhalten, handelt es sich um eine umfangreiche und komplexe Problemstellung. Zu deren Bewältigung ist es notwendig, die Elemente eines umfassenden Qualitätsmanagements zusammenzufassen und zu strukturieren.

Hierfür wurden in der Vergangenheit mehrere Modelle entworfen, die den komplexen Sachverhalt in unterschiedlicher Weise beschreiben und je nach Anwendungszweck unterschiedliche Vorteile bieten [oeh].

Ein Modell in Anlehnung an die DIN EN ISO 9000-9004 teilt die QM-Elemente in

– Führungselemente,

– phasenspezifische Elemente und

– phasenübergreifende Elemente

ein **(Bild 9.3)**.

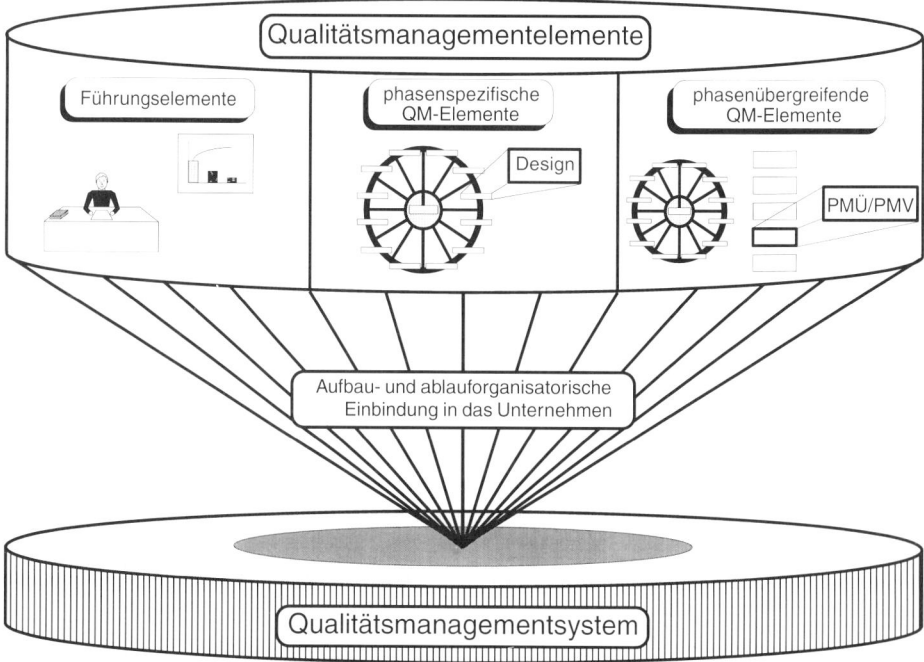

Bild 9.3   Qualitätsmanagementelemente: Bausteine eines Qualitätsmanagementsystems

9.4.1   Führungselemente

Analysiert man mögliche Maßnahmen zur Einführung eines umfassenden Qualitätsmanagements, so wird deutlich, daß sie häufig bereichs- und abteilungsübergreifend eingeführt und wirksam werden müssen. Dies bezieht sich auf Planungsprozeduren ebenso wie auf Prozeßabläufe und Produktausprägungen. Am Beispiel „Internes Audit" (auch Kap. 9.7) läßt sich dies leicht nachvollziehen. Hierbei werden qualitätssichernde Maßnahmen in unterschiedlichen Bereichen des Unternehmens auf ihre Wirksamkeit überprüft und bewertet sowie Aktivitäten zur Verbesserung des QM-Systems eingeleitet und überwacht. Dies beinhaltet eine Einflußnahme auf sehr unterschiedliche Bereiche des Unternehmens, die ohne die volle Unterstützung durch die Unternehmensleitung an innerbetrieblichen Hürden scheitern bzw. nicht den gewünschten Erfolg haben wird. Ähnliches gilt für andere qualitätssichernde Maßnahmen.

Häufig wird dies zu folgender Aussage zusammengefaßt:

Qualität
ist
Managementaufgabe!

Aufgabe des Managements ist es, die notwendigen Rahmenbedingungen für ein wirksames Qualitätsmanagement zu schaffen und sich ständig über die Wirksamkeit von qualitätssichernden Maßnahmen einen Überblick zu verschaffen und, wenn nötig, lenkend in die Abläufe einzugreifen (**Bild 9.4**). Grundlage einer gezielten Einflußnahme müssen

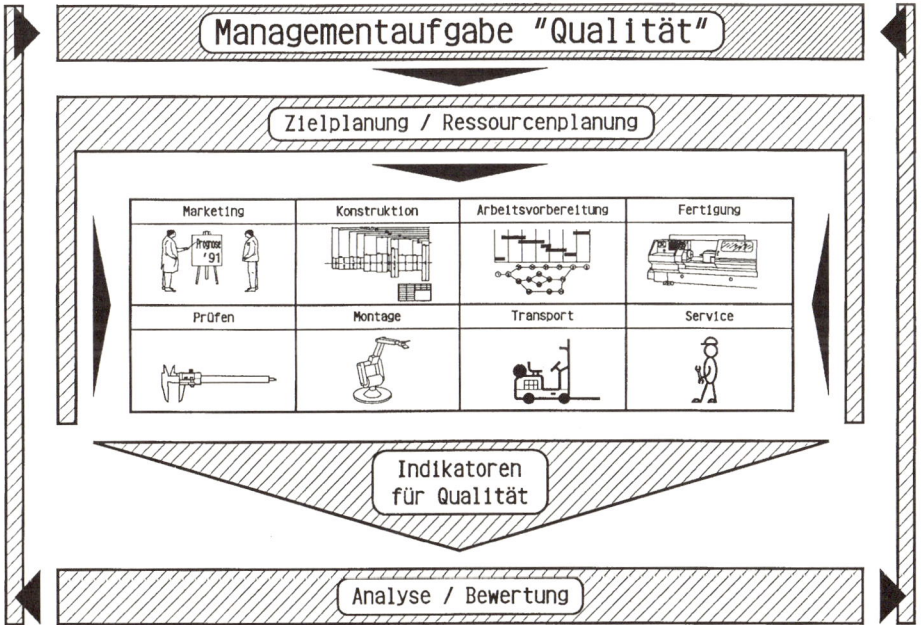

Bild 9.4   Managementaufgabe „Qualität"

detaillierte Informationen aus den unterschiedlichen Bereichen des Unternehmens sein, mit denen die eigene Fähigkeit zur Sicherstellung der Qualität der Produkte beurteilt werden kann.

Hilfreich zur Bewertung der momentanen Qualitätslage in einem Unternehmen sind entsprechende Indikatoren und Kennzahlen, die eine verläßliche Aussage über die Wirksamkeit des Qualitätsmanagementsystems erlauben. Hierzu gehören beispielsweise Auswertungen über auftretende Fehler in der eigenen Fertigung, die z.B. nach Fehlerart, Abteilung, Kostenstelle, Maschine oder nach Produkt bzw. Produktgruppe aufgeschlüsselt sind. Wichtige Indikatoren für die Beurteilung des Qualitätsmanagements im Unternehmen ergeben sich aus der Analyse von Qualitätskosten.

Ein sehr zweckmäßiges Managementwerkzeug zur Überwachung des QM-Systems sind regelmäßig durchgeführte interne System-Audits (Kap. 9.7), bei denen nach festgesetzten Kriterien die Funktion und die Wirksamkeit des eigenen QM-Systems untersucht wird.

Q-Politik

Von großer Wichtigkeit für die wirksame Umsetzung von QM-Maßnahmen ist die klare Festlegung von Zielvorgaben. In diesen Rahmen fällt die Definition einer Qualitätspolitik.

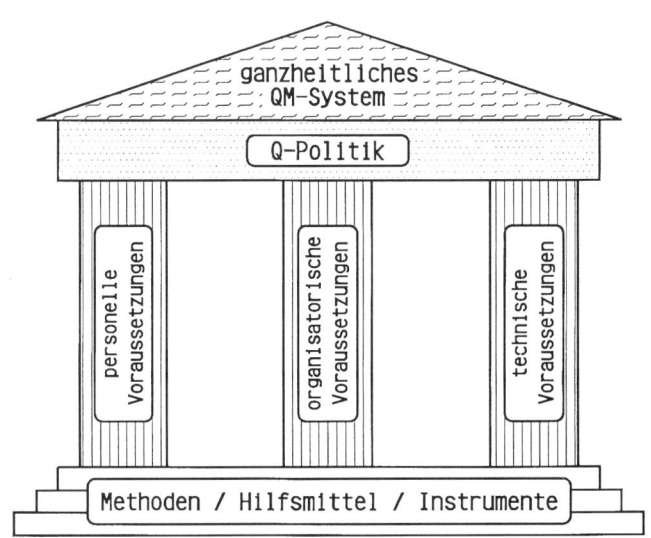

Bild 9.5   Ganzheitliches QM-System

Die Norm DIN EN ISO 9001 empfiehlt in bezug auf die Q-Politik:

„Die Unternehmensleitung muß ihre grundsätzliche Verpflichtung zur Qualität belegen und dokumentieren. Sie muß sicherstellen, daß die Qualitätspolitik in allen Ebenen des Unternehmens verstanden und eingeführt ist sowie beachtet wird [di2]“.

Grundsätzlich sind durch die Unternehmensleitung Rahmenbedingungen zu schaffen, die die Qualität von Produkten und Abläufen ermöglichen und – mehr noch – sie fördern sowie ständig verbessern. Diese Rahmenbedingungen lassen sich in *personelle, organisatorische* und *technische* gliedern [zi1]. Sie fügen sich in ein ganzheitliches QM-System ein **(Bild 9.5)**.

Personelle Voraussetzungen

Einen entscheidenden Einfluß auf die Effizienz qualitätssichernder Maßnahmen haben die Mitarbeiter, die mit der Durchführung und Umsetzung qualitätssichernder Maßnahmen betraut sind. Hierzu gehören:

– Ausreichende Schulung der Mitarbeiter, um sicherzustellen, daß Mitarbeiter Maßnahmen in der gewünschten Form durchführen sowie Methoden und Strategien des Qualitätsmanagements adäquat anwenden.

– Einbeziehung der Mitarbeiter in die Qualitätsverantwortung z.B. durch Maßnahmen wie die Werkerselbstprüfung.

– Erhöhung der Motivation der Mitarbeiter (Kap. 12) z.B. durch eine regelmäßige Information über Ziele und Ergebnisse im Bereich des Qualitätsmanagements.

Es ist sicherzustellen, daß Qualitätsmanagement nicht als eine Aufgabe verstanden wird, die parallel zu den Produktentstehungsphasen anzuordnen ist und von einer hierfür zuständigen Abteilung erfüllt wird, sondern daß Qualität die Aufgabe jedes Mitarbeiters ist, der durch die Qualität seiner Arbeit die Voraussetzung für die „Qualitätsarbeit" weiterer Mitarbeiter schafft (Prinzip des internen Kunden-Lieferanten-Verhältnisses).

Organisatorische Voraussetzungen

Ein weiterer Aufgabenbereich der Unternehmensleitung liegt in der Schaffung der notwendigen organisatorischen Rahmenbedingungen. Es sind in diesem Zusammenhang u.a.

– in betrieblichen Abläufen Verfahrensschritte, Meilensteine und Entscheidungspunkte für die Durchführung von qualitätssichernden Aufgaben klar zu definieren und den Mitarbeitern transparent zu machen,

– Verantwortlichkeiten und Kompetenzen widerspruchsfrei und eindeutig festzulegen,

– Querschnittsaufgaben wie die Zusammenarbeit von unterschiedlichen Bereichen auf ihre wirksame Erfüllung hin zu überwachen und

– Schnittstellen bei bereichsübergreifender Arbeit (z.B. zwischen Konstruktion, Arbeitsvorbereitung und Fertigung) im Unternehmen abzusichern.

Technische Voraussetzungen

Eine weitere tragende Säule des Qualitätsmanagements ist die Bereitstellung und Aufrechterhaltung notwendiger technischer Voraussetzungen.

Beispiele hierfür sind

– an die Bedürfnisse der eigenen Produktion angepaßte Betriebsmittel, mit denen sichergestellt werden kann, daß Qualitätsforderungen erfüllt werden,

– die geplante Beschaffung, Verwaltung und Pflege von Fertigungs- und Prüfmitteln und

– der gezielte Einsatz und die Wartung von Rechneranlagen und deren Software, z.B. CAQ-Systeme.

Neben der Schaffung geeigneter Rahmenbedingungen gehört die Erstellung eines Qualitätsmanagementhandbuchs (siehe auch Kap. 9.6) zur Verantwortung der Unternehmensführung. In diesem Dokument wird das QM-System beschrieben. Dies bedeutet, daß alle qualitätssichernden Maßnahmen und deren Verankerung in der Aufbau- und Ablauforganisation beschrieben und Verantwortlichkeiten und Zuständigkeiten niedergelegt sind.

9.4.2 Phasenspezifische Qualitätsmanagementelemente

Unter phasenspezifischen Qualitätsmanagementelementen (QM-Elementen) sind Maßnahmen zu verstehen, die einzelnen Produktentstehungsphasen bzw. der Nutzungsphase zugeordnet werden können, angefangen bei der Marktforschung über die

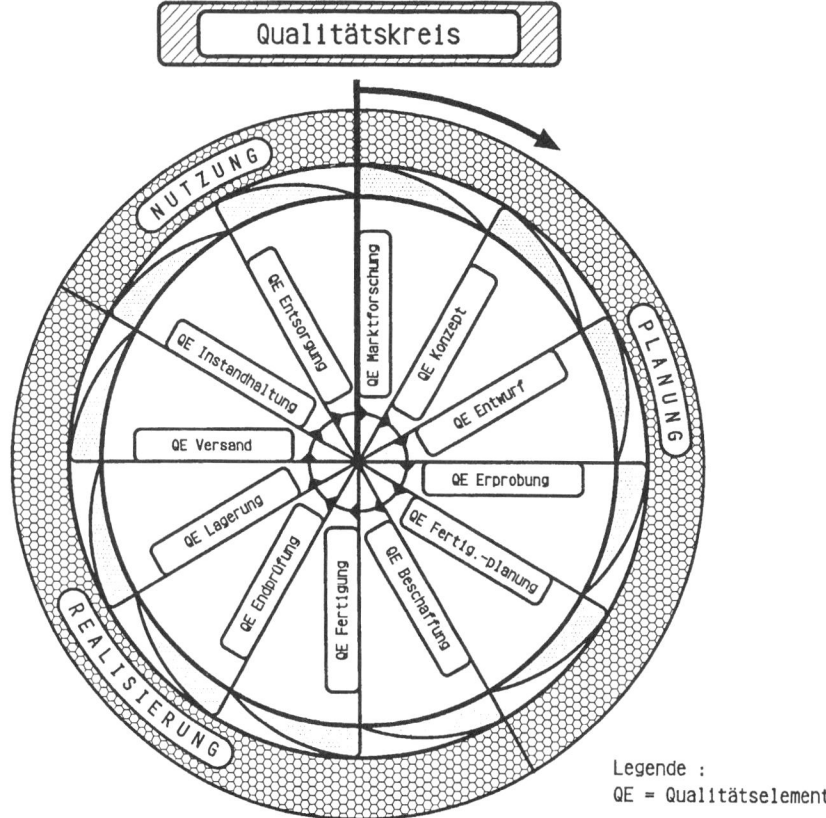

Bild 9.6 Phasenspezifische QM-Elemente

Entwicklung, Konstruktion und Fertigung bis hin zum Versand, Betrieb und zur Entsorgung **(Bild 9.6)**.

Zu diesen QM-Elementen gehören qualitätssichernde Maßnahmen in der Planungs- und Entwicklungsphase (Kap. 3), in der Beschaffungsphase (Kap. 4), in der Fertigungsphase (Kap. 5) und der Phase des Feldeinsatzes (Kap. 6).

9.4.3 Phasenübergreifende Qualitätsmanagementelemente

Neben phasenspezifischen Qualitätsmanagementelementen sind Funktionen und Aufgaben zu erfüllen, die keiner speziellen Phase des Produktentstehungsprozesses allein zugeordnet werden können und die nicht zu den o.g. Führungselementen gehören. Hier spricht man von phasenübergreifenden QM-Elementen. Beispiele sind die Prüfmittelüberwachung (Kap. 5.8) oder auch die Behandlung fehlerhafter Einheiten. Das Themengebiet „Qualitätsaufzeichnungen" gehört ebenfalls zu den phasenübergreifenden QM-Elementen. Hier muß durch entsprechende Regelungen sichergestellt werden, daß qualitätsrelevante Unterlagen und Dokumente identifiziert, gepflegt, geprüft, und freigegeben werden.

Diese QM-Elemente haben keinen direkten Bezug zu einem festen Abschnitt der Leistungserstellung, sind aber für verschiedene unternehmerische Bereiche von großer Bedeutung.

9.5 Aufbau- und ablauforganisatorische Einbindung des Qualitätsmanagements

Wie bereits vorab (Kap. 9.3) dargelegt, kommt der Eingliederung qualitätssichernder Maßnahmen in die Aufbau- und Ablauforganisation eine entscheidende Bedeutung zu. Daher soll an dieser Stelle kurz auf deren Aufgabenschwerpunkte und Relevanz für die Problemstellung „Qualitätsmanagement" eingegangen werden.

9.5.1 Aufbauorganisation

Wöhe [wöh] sieht die Aufgabe der Aufbauorganisation darin, daß ausgehend von der vorgegebenen Gesamtaufgabe des Betriebes eine Aufspaltung in so viele Teilaufgaben vorgenommen wird, daß durch die anschließende Kombination dieser Aufgaben zu Stellen eine sinnvolle arbeitsteilige Gliederung und Ordnung der betrieblichen Prozesse entsteht. In diesem Zusammenhang sollte angemerkt werden, daß die Bezeichnung „Arbeitszerlegung" den Sachverhalt besser trifft als der in der Literatur grundsätzlich verwendete Begriff „Arbeitsteilung". Denn die Teilung der Arbeit oder eines Arbeitsvolumens läuft nicht zwangsweise auf die Verrichtung immer der selben Tätigkeit hinaus, sondern läßt Raum für einen umfassenden Arbeitsinhalt, was zu der beschriebenen Zeit sicherlich nicht beabsichtigt war.

Wichtig ist, daß für jeden Funktionsbereich bezüglich aller qualitätssichernden Maßnahmen die Kompetenzen und Verantwortlichkeiten eindeutig und widerspruchsfrei festgelegt und dokumentiert werden.

	QM-Funktionsdiagramm	V : ist für die Durchführung verantwortlich M : muß mitwirken Z : muß zustimmen I : muß informiert werden									

Fa. Hugo Gründlich

Qualitätsmanagement Element "Designlenkung"		zuständige Abteilungen								
Nr.	qualitätsrelevante Tätigkeiten	Oberste Leitung	Entwicklung	Konstruktion	Arbeitsvorbereitung	Fertigung	Montage	Vertrieb	Kundendienst	....	Qualitätswesen
4.1	Vollständige Festlegung der Anforderungen an den Entwurf	M	V	M	M	M	M	M	M		M
4.2	Schaffung notwendiger Schnittstellen zu vor- und nach gelagerten Bereichen	Z	M	M	M	M		M	M		V
4.3	Weitergabe von Entwicklungsergebnissen	I	V	M	I	I	I	I	I		M
4.4	Festlegung von Meilensteinen zur Prüfung der Entwicklungsschritte	Z	V	M	I	I	I	I	I		M
4.5	Freigabe des Entwurfs	Z	V	M	I	I		I	I		M
4.6	Durchführung von Produkterprobungen	I	V	M	M	M	M	M	I		M

Bild 9.7   Musterbeispiel eines QM-Funktionsdiagramms

Möglichkeiten, die Aufbauorganisation darzustellen und zu dokumentieren, sind Organigramme, Stellenbeschreibungen, und Aufgaben-Verantwortungs-Matrizen **(Bild 9.7)**.

Für jede Tätigkeit bzw. Aufgabe im Bereich des Qualitätsmanagements lassen sich den betroffenen Funktionsbereichen Kompetenzen und Verantwortlichkeiten in vier Abstufungen zuordnen. Diese Abstufungen sind im einzelnen:

- Die Zuordnung der Verantwortung für eine Aufgabe, z.B. für die Durchführung von internen Audits. Die Verantwortung kann nur einmal zugeordnet werden.

- Die Mitwirkung an einer Aufgabe (im Sinne einer Muß-Funktion)
  Für das Beispiel des internen Audits würden z.B. die Abteilungsleiter verpflichtet, bei den Audits mitzuwirken, um einen reibungslosen Ablauf und eine wirkungsvolle Beurteilung des betrachteten Bereiches sicherzustellen.

- Die Zustimmung
  Bleibt man bei dem Beispiel „Internes Audit", dann wäre für die Einleitung von aufwendigeren Maßnahmen die Zustimmung der Geschäftsführung notwendig.

– Die Informationspflicht
In dem genannten Beispiel müßten die beurteilten Bereiche des Unternehmens und die Unternehmensleitung über die Ergebnisse in Kenntnis gesetzt werden. Für diese Bereiche bestünde in diesem Fall eine Informationspflicht.

9.5.2 Ablauforganisation

Die Ablauforganisation hat zum Ziel, die einzelnen Tätigkeiten im betrieblichen Ablauf miteinander unter wirtschaftlichen Gesichtspunkten zu verknüpfen. Für das Qualitätswesen ergibt sich daraus die Aufgabe, einzelne qualitätssichernde Maßnahmen in häufig schon bestehende Abläufe einzugliedern. Dies beinhaltet die Festlegung von Tätigkeiten, die Definition von Informationsbeziehungen sowie die räumliche Zuordnung von Tätigkeiten.

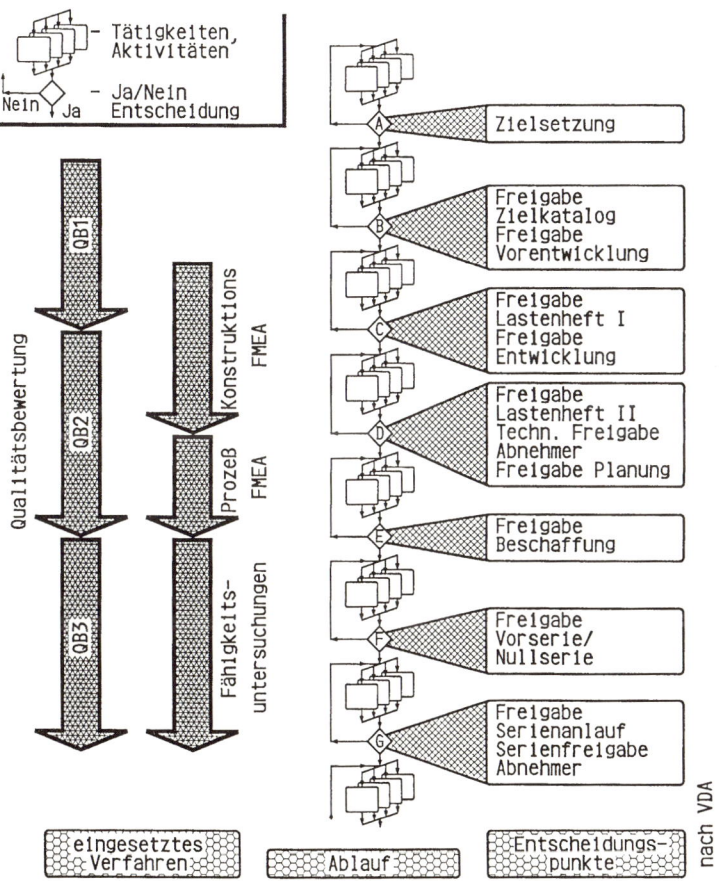

Bild 9.8 Methoden und Entscheidungspunkte für Aufgaben des Qualitätsmanagements vor Serieneinsatz

Hieraus ergibt sich, daß die aufbau- und ablauforganisatorische Einbindung des Qualitätsmanagements miteinander verzahnt sind. Aus diesem Grund wird die Erfüllung dieser Aufgaben in der Praxis synchronisiert erfolgen.

Qualitätssichernde Maßnahmen laufen häufig in einer Vielzahl von Einzelschritten ab und überschreiten dabei zumeist die Grenzen von Abteilungen bzw. Funktionsbereichen. Während die Aufbauorganisation vor allem Kompetenzen und Verantwortlichkeiten regelt, muß die Ablauforganisation eindeutige Verfahrensschritte, Meilensteine und Entscheidungspunkte bei der Durchführung von qualitätssichernden Aufgaben definieren. Umfangreiche Anregungen und Vorgaben hierzu sind heute aus dem Bereich der Automobilindustrie, der Luft- und Raumfahrt und des Anlagenbaus bekannt. Es lassen sich exemplarisch die wichtigsten Entscheidungspunkte zwischen erster Entwicklungsidee und Freigabe zum Serienanlauf festlegen (**Bild 9.8**), wie sie vom Verband der Deutschen Automobilindustrie (VDA) empfohlen werden. Zusätzlich sind entlang dieser Entwicklungslinie noch einige wichtige qualitätssichernde Methoden aufgezeigt [vd1].

Über die große Bedeutung einer reibungslosen ablauforganisatorischen Einbindung von Tätigkeiten besteht heute Einigkeit, denn es entstehen, wie Untersuchungen aus Japan nachweisen, 80 % aller Fehler in den organisatorischen Abläufen eines Unternehmens zwischen Abteilungen und nur 20 % innerhalb von Abteilungen [ebe]. Gerade bei kleinen und mittleren Unternehmen findet man historisch gewachsene Organisationsformen, die dieser Tatsache nicht ausreichend Rechnung tragen. Auch bei der Einführung neuer Verfahren wird häufig aus Zeitmangel oder Kapazitätsüberlastung eine Definition solcher Verfahrensabläufe vernachlässigt. Fehlerursachen als Ergebnis einer mangelhaften Ablauforganisation lassen sich damit später kaum ausmachen, da die in Frage kommenden Einzelabläufe nicht rekonstruierbar sind. Zusätzlich fehlen die an Meilensteinen oder Entscheidungspunkten erstellten Dokumentationen, so daß das Wissen um qualitätskritische Punkte in der Produktentwicklung auf den Erfahrungsschatz einzelner Mitarbeiter reduziert bleibt und sich nicht in Form verbesserter Abläufe oder Unterlagen manifestiert (vergl. internes Kunden-Lieferer-Verhältnis).

9.6   Erstellen des Qualitätsmanagement-Handbuchs

Im Entwurf zur DIN ISO 10013 [di17] wird das **Qualitätsmanagement-Handbuch** wie folgt definiert:

> *Ein Dokument, welches die Qualitätspolitik enthält und das Qualitätsmanagementsystem einer Organisation beschreibt und nur zum internen Gebrauch bestimmt ist.*
>
> *ANMERKUNG: Das Qualitätsmanagement-Handbuch kann vertrauliche Angaben enthalten.*

Das Qualitätsmanagement-Handbuch ist somit das zentrale Dokument eines Qualitätsmanagement-Systems. Ohne dieses Handbuch kann dieses System weder dargelegt noch seine Funktionsfähigkeit nachgewiesen werden. Es spielt damit auch eine grundlegende Rolle bei der Zertifizierung.

Das Qualitätsmanagement-Handbuch beschreibt nicht mehr und nicht weniger als die Gesamtheit der qualitätsrelevanten Einrichtungen und Vorgänge eines Unternehmens.

Hierzu gehören notwendigerweise

– die Darstellung der unternehmerischen Zielsetzungen in puncto Qualität und die Darlegung des Stellenwerts der Qualität im Wertegefüge des Unternehmens,
– die Beschreibung der Aufbau- und Ablauforganisation,
– die Festlegung von Verantwortlichkeiten und Zuständigkeiten und
– Ausführungen zu der Organisation von Einzeltätigkeiten und bereichsübergreifenden Arbeiten.

9.6.1 Struktur des Handbuchs

Die strukturelle Ausgestaltung des Qualitätsmanagement-Handbuchs ist grundsätzlich dem Unternehmen freigestellt. Seine spätere Anwendung sowie die damit verbundenen Aufgaben des Handbuchs legen jedoch bestimmte Strukturen der inhaltlichen Gliederung als besonders sinnvoll nahe.

– Das Qualitätsmanagement-Handbuch wird sowohl im Unternehmen verteilt wie auch im Rahmen der Akquisition oder Kundenpflege an Externe ausgegeben. Da im zweiten Fall ein Mißbrauch (z. B. die Weitergabe des Textes an Wettbewerber) nicht ausgeschlossen werden kann, muß die unerwünschte Offenlegung von firmenspezifischem Know-how verhindert werden.
– Das Handbuch dokumentiert das Qualitätsmanagementsystem des Unternehmens. Der Aufbau des Handbuchs sollte den grundlegenden Aufbau des Systems erkennbar werden lassen.
– Das Handbuch hat die Funktion eines Nachschlagewerkes. Der gezielte Zugriff auf Informationen wie auch deren schnelles Wiederauffinden prägen Akzeptanz und Gebrauchswert des Handbuchs.
– Das Handbuch ist ein lebendes Dokument. Im Rahmen der laufenden Pflege muß ein leichtes und organisatorisch sicheres Austauschen von Elementen des Handbuchs gewährleistet sein.

Aus diesen Forderungen und Rahmenbedingungen lassen sich Gestaltungsregeln für den Aufbau des Qualitätsmanagement-Handbuchs ableiten. Diese werden im folgenden näher erläutert.

● Das Handbuch ist als Loseblatt-Sammlung aufzubauen.

Hiermit ist sichergestellt, daß einzelne Kapitel im Rahmen des Änderungsdienstes leicht ausgetauscht werden können. Das Kapitel ist die kleinste Einheit, die ausgetauscht werden darf. Die Änderung einzelner Seiten oder einzelner Abschnitte ist nicht zulässig. Die Seiten werden innerhalb eines Kapitels fortlaufend numeriert. Die Anzahl der Kapitelseiten wie auch der aktuelle Ausgabestand ist auf jeder Seite des Handbuchs und in einer separaten Revisionsstand-Tabelle anzugeben.

● Das Handbuch ist mehrteilig aufzubauen.

Teil I macht Angaben zur Organisation, zum Gebrauch, zur Herausgabe und zur Pflege des Handbuchs.

Teil II enthält die Ausführungen zu den Qualitätsmanagement-Elementen (z. B. die Elemente 1–20 der DIN EN ISO 9001).

Teil III organisiert die Anlagen (Verfahrensanweisungen, Arbeitsanweisungen, Belege, Formblätter, mitgeltende Dokumente, Auflistung der zitierten Normen und Richtlinien etc.).

Diese Dreiteilung vereinfacht die Herausgabe und Verteilung des Handbuchs. Die Teile I und II werden an Führungskräfte des Unternehmens und an Externe (z. B. an Kunden im Rahmen der Akquisition) ausgegeben.

Dokumente des Teils III stehen jeweils im benötigten Umfang den Mitarbeitern der von den Inhalten betroffenen Bereiche zur Verfügung. Da in diesem Teil präzise Angaben zu Abläufen und technischen Verfahren gemacht werden, die auch schützenswertes Know-how enthalten können, werden diese Dokumente nicht an Externe weitergegeben. Dieser Umstand sollte frühzeitig bei der Erstellung des Handbuchs Berücksichtigung finden.

Diese Aufteilung ist jedoch nicht unbedingt zugleich auch eine Reihung oder gar Wertung. Die Inhalte des Teils I können durchaus als Verfahrensbeschreibung in den Teil III aufgenommen werden. Wesentlich ist, daß diese Festlegungen schriftlich fixiert sind. Erst in zweiter Linie stellt sich die Frage, wo diese Informationen untergebracht werden.

Der Aufbau des Teils II soll die Forderungen nach Darstellung des unternehmensspezifischen Systems und Normkonformität bestmöglich miteinander verbinden und erfüllen. Hierzu lassen sich drei elementare Gliederungskategorien definieren **(Bild 9.9)**:

Gliederung gemäß DIN EN ISO 9001-9003

Häufig erfolgt die Erstellung bzw. Überarbeitung des Qualitätsmanagement-Handbuchs im Rahmen eines Projektes, das die Zertifizierung des Unternehmens zum Ziel hat. In diesem Fall ist es naheliegend, die Gliederungsstruktur der Norm (DIN EN ISO 9001, 9002 oder 9003), für die sich das Unternehmen entschieden hat, in das Handbuch zu übernehmen.

Gliederung gemäß eines DIN EN ISO 9000 ff.-Leitfadens

Schwierigkeiten mit einer normorientierten Handbuchstruktur nach DIN EN ISO 9001, 9002 oder 9003 zeigen sich immer dann, wenn ein Unternehmen kein Zulieferer und Serienfertiger für Stückgut ist, sondern Dienstleistungen oder immaterielle Produkte wie z. B. Software anbietet.

In diesem Fall liegt es nahe, auf die der Normreihe DIN EN ISO 9000 zugehörigen Leitfäden zurückzugreifen und deren inhaltliche Gliederung als Vorlage für die Strukturierung des Handbuchs zu nutzen.

Gliederung nach Prozeßstrukturen

Gewachsene und mit Erfolg eingesetzte Strukturen eines Unternehmens lassen häufig andere Gliederungen des Handbuch sinnvoller als die oben genannten erscheinen

(Bild 9.9). Ausgehend von der Überlegung, daß Qualität neben anderem ein Ergebnis des zu beherrschenden Prozesses „Unternehmen" ist, hängt diese damit in besonderem Maße ab von

den Menschen, Maschinen, Methoden, dem Material, der Mitwelt, Meßbarkeit und nicht zuletzt dem Management.

Da das Prozeßmodell zugleich ein Ursache-Wirkungs-Modell ist, lassen sich mit dieser Struktur sehr einfach die beabsichtigten qualitätsfördernden Auswirkungen der einzelnen Qualitätsmanagement-Elemente des Systems deutlich machen.

Soll ein derart strukturiertes Qualitätsmanagement-Handbuch in Audits zahlreicher Kunden bewertet werden, die jeweils individuelle Qualitätsmanagement-Richtlinien zugrundelegen, muß in diesem Fall eine Matrix den Kapiteln des Handbuchs die Entsprechungen der Firmen-Richtlinien (z.B. Q 101 von Ford), die Inhalte der DIN EN ISO 9001 und die Inhalte der VDA 6 gegenüberstellen. Dies ist für den Auditor eine grundlegende Hilfe und Erleichterung bei der Systembewertung. Unternehmen sollten grundsätzlich prüfen, ob eine derartige Matrix nicht eine sinnvolle Ergänzung ihres Handbuchs darstellen kann.

Einzelne Kapitel haben, wo immer sinnvoll, den gleichen internen Aufbau

Die einheitliche Strukturierung der einzelnen Kapitel erhöht die Lesbarkeit und ermöglicht ein schnelles Auffinden der gewünschten Information.

Übernahme der Gliederung der Normen DIN EN ISO 9001, 9002 oder 9003

 20 Kapitel zur Beschreibung der QM-Elemente

Entwicklung einer Gliederung nach den "Auslegungs-" oder "Leitfaden-"Normen 9000 T3 (SW), 9004 T2 (DL), 9004 T3 (VT)

 Anpassung der QM-Elemente auf unternehmensspezifische Bedürfnisse

Gliederung nach dem Prozeßmodell

 "Qualität" als Ergebnis des beherrschten Prozesses "Unternehmen"

 Definition der Einflußgrößen

 Für jede Einflußgröße ein Hauptkapitel

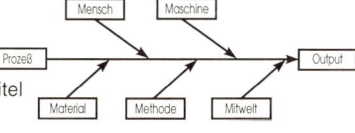

 Jedes Hauptkapitel untergliedert nach einzelnen Ausprägungen (Meßbarkeit - des Systems, - der Prozesse, - der Maschinen, - der Produkte)

Bild 9.9 Möglichkeiten zur Beschreibung der QM-Elemente und zur Gliederung des Handbuchs

Bei der Erstellung der Handbuchtexte erleichtert das feste Gliederungsschema ein schnelles Ein- und Zuordnen der gesammelten Unterlagen und Vorgangsbeschreibungen und verhindert Textredundanzen.

Ein erprobter Aufbau der Handbuchkapitel, die Qualitätsmanagement-Elemente beschreiben, soll im folgenden vorgestellt werden **(Bild 9.10)**.

Zweck und Ziel

Dieser Abschnitt beinhaltet eine kurze Einführung zum Zweck des folgenden Kapitels, um die Notwendigkeit der dargestellten Verfahren, Abläufe und Regeln zu erläutern. Es wird erklärt, welche Ziele mit den dargestellten Vorgängen und Tätigkeiten verfolgt werden. Eine klare Darlegung der gesteckten Ziele („Was soll erreicht werden?") und eine kurze Beschreibung der Beweggründe („Warum?"/„Weshalb?" Motivation für die Verwirklichung der dargelegten Ziele) ist ebenfalls Inhalt dieses Abschnitts.

Anwendungsbereich

Der Anwendungsbereich ist anzugeben, wenn er nicht deckungsgleich mit dem des ganzen QM-Handbuchs des Unternehmens ist. (Die Fragen, die hier zu beantworten sind, lauten: *Wen* betrifft es? *Was* ist betroffen? *Welche* Mittel und Verfahren sind betroffen? *Wann* trifft es zu?)

Verantwortlichkeiten

Darunter sind Verantwortung und Befugnis zu verstehen. Hier sind die Zuständigkeiten für die im Abschnitt beschriebenen Tätigkeiten anzugeben (immer die Frage: Von *wem?*). Bei Mehrfachzuständigkeiten werden die Schnittstellen beschrieben.

Beschreibung der angewandten Verfahren

In diesem Absatz erfolgt eine Beschreibung des Ablaufs, der Unterlagen, der Mittel und der Methoden. Ggf. wird für konkrete Durchführungsbestimmungen auf QM-Verfahrensanweisungen verwiesen (Teil III des QM-Handbuchs).

Dokumentation

Hierunter erfolgt die Angabe von erforderlichen schriftlichen Nachweisen sowie Angabe der den genannten Regeln und Verfahren zugehörigen Unterlagen (z.B. QM-Verfahrensanweisungen, QM-Prüfanweisungen oder produktspezifische Richtlinien). Die in diesem Abschnitt genannten Unterlagen sind Inhalt des Teils III des Handbuchs.

Referenzen

In diesem Absatz erfolgt die Nennung der Unterlagen, die nicht direkt und allein den genannten Vorgängen zugeordnet sind, aber Einfluß nehmen oder mitverwendet werden. Die in diesem Abschnitt genannten Unterlagen sind nicht Inhalt des Teils III des Handbuchs.

Qualitätsindikatoren

Aus der Formulierung der anfänglich genannten Zielsetzung können im Regelfall Kriterien abgeleitet werden, anhand derer Sachverhalte kontinuierlich erfaßt und doku-

1 Zielsetzung
- Beschreibung der Ziele: Was soll erreicht werden?
- Beschreibung der Motivation zur Verwirklichung dieser Ziele

2 Anwendungsbereich
- Der Anwendungsbereich des QM-Elementes ist explizit anzugeben

3 Verantwortlichkeiten
- Beschreibung der Zuständigkeiten, Verantwortlichkeiten, Befugnisse und Pflichten für die im folgenden beschriebenen Tätigkeiten und Aufgaben des QM-Elementes

4 Beschreibung der angewandten Prozeduren, Methoden und Verfahren
- Ablauf, Prozesse, Methoden und Verfahren
- Verweis auf QM-Verfahrens- u. -Arbeitsanweisungen

5 Dokumentation
- Interne Dokumente (QM-Verfahrens- u. -Arbeitsanweisungen) sowie zu benutzende Formulare, Formblätter etc. (werden in Teil III aufgeführt)

5.1 Referenzen
- Externe Dokumente (Normenwerke, Fachliteratur o.ä.), die nicht dem Änderungsdienst unterliegen können (Referenzen werden nicht in Teil III aufgeführt)

6 Qualitätsindikatoren
- Kriterien, mit denen die Wirksamkeit des QM-Elementes kontinuierlich erfaßt und dokumentiert werden kann

Bild 9.10   Gliederung und Inhalt der Gliederungspunkte der Kapitel in Teil II des QM-Handbuchs

mentiert werden können. Diese Kriterien werden als Qualitätsindikatoren bezeichnet. Qualitätsindikatoren sollen objektive Maßstäbe für die Wirksamkeit oder Effektivität des jeweiligen QM-Elementes darstellen. Sie dienen der objektiven Feststellung und Dokumentation bestimmter Sachverhalte und sollen durch einen Vergleich mit den gesteckten Zielen eine Bewertung in Form eines Zielerreichungsgrades ermöglichen.

9.6.2 Inhaltliche und organisatorische Merkmale

Die Darlegung eines Qualitätsmanagementsystems erfolgt in einem Qualitätsmanagement-Handbuch auf zwei Ebenen, die sich durch Art und Detaillierungsgrad der Informationen unterscheiden.

- Der Teil II des Handbuchs macht grundsätzliche Angaben zur Aufbau- und Ablauforganisation und zu den Inhalten der Qualitätsmanagementelemente des Qualitätsmanagementsystems. Er beschreibt, *was* Inhalt des Qualitätsmanagements des Unternehmens ist.

- Das *Wie* (Durchführungsbestimmungen und Ablaufbeschreibungen) ist Gegenstand von QM-Verfahrensanweisungen und QM-Arbeitsanweisungen. Um auch auf dieser Beschreibungsebene eine einheitliche Struktur und Darstellungsform zu erreichen, sollte für das Erstellen dieser Dokumente eine schriftliche Verfahrensbeschreibung erstellt werden. Mit anderen Worten: Die erste QM-Verfahrensanweisung hat in der Regel den Titel *„Erstellen von Verfahrensanweisungen"*.

Ausführungen zu den Inhalten des Teils II und der Verfahrensanweisungen können an dieser Stelle nicht gemacht werden. Zum einen sind die Inhalte abhängig von der ausgewählten Norm, zum anderen würde eine auch nur stichwortartige Nennung der Inhalte den vorgegebenen Umfang dieses Beitrages sprengen. Jedoch erfolgen einige Hinweise auf Beschreibungsmittel, die bei der Erstellung der Kapitel sinnvoll und effizient eingesetzt werden können.

Im allgemeinen wird ein großer Teil des Handbuchs als Fließtext verfaßt werden. Um den Umfang des Buches nicht über die Maßen anwachsen zu lassen und damit seine Gebrauchstauglichkeit einzuschränken, sollte vorab immer der Einsatz graphischer Darstellungen geprüft werden.

Typische Anwendungen sind Baum- und Ablaufdiagramme. *Baumdiagramme* werden häufig zur Darstellung der Aufbauorganisation eines Unternehmens verwendet **(Bild 9.11)**. Sie eignen sich zur Visualisierung statischer Strukturen. Dynamische Strukturen lassen sich dagegen zumeist gut durch *Ablaufdiagramme* darstellen. Die Bedeutung der Bildelemente ist u. a. in der DIN 66001 [di18] festgelegt.

Einige Anforderungen formaler Natur, denen ein Qualitätsmanagement-Handbuch zu genügen hat, sollen im folgenden noch genannt werden.

Jede Seite des Handbuchs muß mindestens folgende Angaben beinhalten:

– Firmenname oder das Firmenlogo
– Eintrag „Qualitätsmanagement-Handbuch" (ggf. mit Nennung der Norm)
– Kapitel-Nummer und Titel
– Änderungsstand des Kapitels
– Laufende Seitennumerierung und Angabe der Gesamtseitenzahl des Kapitels
– Nennung von Ersteller und Prüfer.

Einige der nachfolgend genannten Angaben sind in Verzeichnissen aufzuführen, die Teil des Handbuchs sein können:

– Verzeichnis der aktuellen Änderungsstände der einzelnen Handbuchkapitel und des gesamten Handbuchs
– Verzeichnis der aktuellen Änderungsstände der Verfahrens- und Arbeitsanweisungen
– Verzeichnis der Handbuchkapitel mit Nennung von Ersteller, Prüfer und Anzahl der Seiten
– Verzeichnis zum Verteiler des Handbuchs. Der Empfang eines Handbuchs wird in dieser Liste durch Unterschrift bestätigt
– Verzeichnis der Ausgabestände der im Handbuch zitierten Normen und Richtlinien.

Der Handbuch-Änderungsstand

Das Deckblatt des Handbuchs weist den Handbuch-Änderungsstand auf. Der Handbuch-Änderungsstand besteht aus zwei Ziffernfolgen, die durch einen Dezimalpunkt

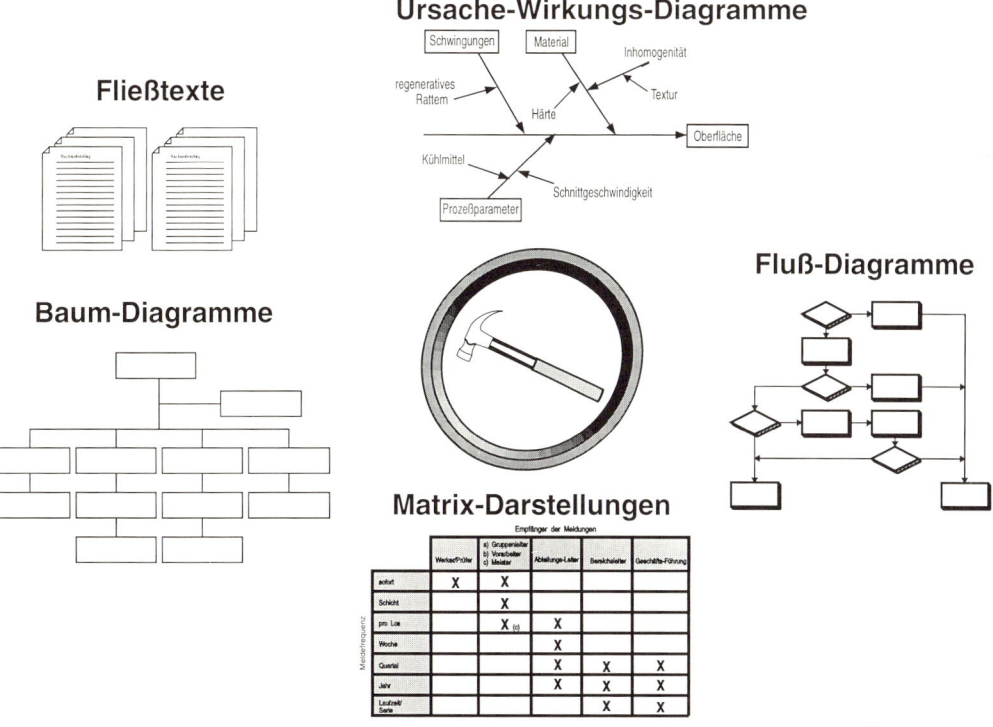

Bild 9.11   Werkzeuge und Hilfsmittel zur Beschreibung des QM-Systems

getrennt sind. Beide Ziffernfolgen sind Zähler, die in der Schrittweite „1" hochgezählt werden.

Der Zähler nach dem Dezimalpunkt wird bei jeder Änderung eines Handbuchkapitels hochgesetzt (zum Kapitel-Änderungsstand s.u.). Der Zähler vor dem Dezimalpunkt wird hochgesetzt, wenn eine komplette Neuausgabe des Handbuchs, verbunden mit einem Austausch aller dem Änderungsdienst unterliegenden Handbücher, vorgenommen wird. Dieser Fall tritt beispielsweise dann ein, wenn innerhalb eines Jahres eine größere Anzahl von Änderungen erfolgt oder Handbücher mit unterschiedlichen Änderungsständen aufgefunden werden.

Der Kapitel-Änderungsstand

Die Fußleiste jedes Handbuch-Kapitels beinhaltet den Kapitel-Änderungsstand. Der Kapitel-Änderungsstand ist analog zum Handbuch-Änderungsstand aufgebaut: Er besteht ebenfalls aus zwei Ziffernfolgen, die durch einen Dezimalpunkt getrennt sind. Beide Ziffernfolgen sind Zähler, die in der Schrittweite „1" hochgezählt werden.

Der Zähler nach dem Dezimalpunkt wird bei Detailänderungen des betreffenden Handbuchkapitels hochgesetzt. Der Zähler vor dem Dezimalpunkt wird hochgesetzt, wenn umfassendere Änderungen durchgeführt werden.

Jede Änderung eines Handbuch-Kapitels bedingt gleichzeitig eine Erhöhung des Handbuch-Änderungsstandes (s.o.) und entsprechende Einträge in die Verzeichnisse unter I/9 (Verzeichnis der aktuellen Änderungsstände, Historie).

9.6.3   Phasen der Handbucherstellung

Die Erstellung des Qualitätsmanagement-Handbuchs wird sinnvollerweise in folgenden Schritten bearbeitet:

a) Bildung einer Arbeitsgruppe
b) Sammlung der qualitätsrelevanten Unterlagen
c) Erstellung des organisatorischen Teils
d) Erster Entwurf einer Beschreibung der Elemente des QM-Systems (Teil II des Handbuchs)
e) Durchsicht und Prüfung des Entwurfs
f) Abschließende Bearbeitung des Textes
g) Freigabe und Verteilung des Handbuchs.

Die Inhalte der Arbeitsschritte werden im folgenden weiter detailliert.

a) Bildung einer Arbeitsgruppe

In der Regel ist das Handbuch ein bereichsübergreifendes Dokument mit einem unternehmensweiten Gültigkeitsbereich. Deswegen sollte es nicht von einer Person (z.B. dem Qualitätsleiter) alleine, sondern immer von einem Team bearbeitet werden, das sich aus Vertretern der wichtigsten Aufgaben- und Funktionsbereiche zusammensetzt. Typisch sind hier Mitarbeiter des Vertriebes, aus Entwicklung/Konstruktion, Arbeitsvorbereitung, Einkauf, Fertigung, Qualitätswesen und Kundendienst angesprochen. Im allgemeinen wird der Leiter des Qualitätswesens dieses Team leiten und in einem ersten Treffen über die Ziele und anstehenden Aufgaben informicrcn. Gegenstand dieses Treffens ist auch die Abstimmung und Festlegung eines Zeit- und Aufgabenplanes.

b) Sammlung der qualitätsrelevanten Unterlagen

Die vorhandenen qualitätsrelevanten Unterlagen werden durch das Team zusammengetragen und gesichtet. Hierbei ist zu klären, ob die Unterlagen einem Kapitel des Handbuchs oder den Verfahrens- und Arbeitsanweisungen zugehörig sind und ob sie für die geplante Darstellung des Qualitätsmanagementsystems ausreichen.

Bei der Beantwortung der Fragen ist es notwendig, die Texte der entsprechenden Normen aus der Reihe DIN EN ISO 9000 ff. heranzuziehen und die vorhandenen Dokumente gegenzuprüfen. Ebenso sinnvoll ist die Hinzunahme von Fragenlisten zur Systembewertung, die von Zertifizierungsgesellschaften verwendet oder auch von Verbänden ausgegeben werden.

Als Ergebnis liegt ein Verzeichnis aller benötigten Dokumente, Belege und Ablaufbeschreibungen vor, das diese nach folgenden Kategorien einteilt:

- Vorhanden, Übernahme ohne Änderung
- Vorhanden, Übernahme nach Anpassung
- Nicht vorhanden, Neuerstellung.

An dieser Stelle sei darauf verwiesen, daß es durchaus Sinn machen kann, die Kategorie „Vorhanden aber nicht (mehr) benötigt" einzuführen. Ziel muß es sein, Transparenz und nicht Bürokratisierung zu schaffen.

c) Erstellung des organisatorischen Teils

Bevor mit der eigentlichen Beschreibung der Qualitätsmanagement-Elemente begonnen wird, empfiehlt es sich, den organistorischen Rahmen für das Handbuch und für die Lenkung der Dokumente festzuschreiben. Hiermit sind dann auch zugleich die Verantwortlichkeiten und Aufgaben innerhalb des Projekt-Teams bestimmt.

Zu den Festlegungen, die in dieser Phase der Handbucherstellung getroffen werden müssen, gehören:

– Bestimmung der Verantwortlichkeiten für Erstellung und Prüfung der Handbuch-kapitel
– Definition der Zuständigkeiten für Erstellung, Änderung, Prüfung, Freigabe, Verteilung und Archivierung der QM-relevanten Unterlagen
– Bestimmung der Verantwortlichkeiten für Erstellung und Prüfung der QM-Verfahrens- und QM-Arbeitsanweisungen.

d) Erster Entwurf einer Beschreibung der Elemente des QM-Systems (Teil II des Handbuchs)

Kapitelweise wird nun durch die Mitarbeiter des Projekt-Teams ein erster Entwurf des Handbuchs erstellt. Besondere Beachtung gilt dabei den Anforderungen, die in der gewählten Normstufe aus der Reihe DIN EN ISO 9000 ff. niedergelegt sind. Diese Anforderungen und die betrieblichen Gegebenheiten des Unternehmens (hier besonders die Aufbau- und Ablauforganisation) sind in dem Entwurf so miteinander zu vernetzen, daß eine brauchbare, verständliche und transparente Dokumentation eines normkonformen, aber unternehmensspezifischen Qualitätsmanagementsystems entsteht. Die Team-Mitglieder müssen sich bewußt sein, daß mit einem einfachen Abschreiben der Norm oder eines vorgefertigten Muster-Handbuchs die Aufgabe nicht erfüllbar ist. Zu jedem Punkt der Norm ist kritisch zu hinterfragen, ob die Forderung für das Unternehmen relevant ist, ob sie durch den Ist-Zustand befriedigend erfüllt ist und ob ein zusätzlicher Handlungsbedarf an die Ausgestaltung des Qualitätsmanagementsystems besteht. In regelmäßigen Abstimmungssitzungen wird über den Fortschritt der Arbeiten berichtet und werden offene Fragen (besonders zu Schnittstellen bei bereichsübergreifenden Tätigkeiten) geklärt.

e) Durchsicht und Prüfung des Entwurfs

Mit Abschluß des ersten Entwurfs liegt nun zum ersten Mal ein Gesamtdokument des Qualitätsmanagement-Handbuchs vor. Es besteht aus den Teilen I und II und einem Verzeichnis der benötigten Anlagen des Teils III.

Jeder Mitarbeiter des Teams muß nun das Handbuch (nicht nur die von ihm erstellten Kapitel) hinsichtlich Korrektheit, Verständlichkeit, Vollständigkeit und Redundanzen prüfen. Änderungswünsche werden in einer Tabelle zusammengetragen und nach vollständiger Prüfung des Handbuchs im Team diskutiert.

f) Abschließende Bearbeitung des Textes

Die durch das Team freigegebene Änderungstabelle ist Grundlage für die abschließende Bearbeitung der Handbuchtexte durch die verantwortlichen Mitarbeiter des Teams.

Vor der Freigabe des Qualitätsmanagement-Handbuchs durch das Projekt-Team erfolgt noch einmal eine Prüfung des Textes durch alle Team-Mitglieder.

g) Freigabe und Verteilung des Handbuchs

Die abschließende Freigabe des Qualitätsmanagement-Handbuchs erfolgt durch den Leiter des Qualitätswesens und die Geschäftsführung. Sie wird durch Unterschriften bestätigt. Zusätzlich bestätigen die Verantwortlichen für Erstellung und Prüfung der Handbuchkapitel durch Unterschrift, daß das entstandene Dokument korrekt und vollständig ist.

Das Inkrafttreten und die Verteilung der Handbücher werden den Mitarbeitern des Unternehmens durch Rundschreiben, Infortmationsveranstaltungen, Diskussionsrunden, Aushang und ggf. ausführliche Mitteilung in der Werkszeitung bekannt gemacht.

9.6.4   Herausgabe und Pflege des Handbuchs

In der Regel wird das Original des Qualitätsmanagement-Handbuchs im Archiv des Qualitätswesens aufbewahrt. Von dieser Stelle wird auch die Vervielfältigung und Verteilung des nach Handbuch festgelegten Verteilerschlüssels organisiert. Dabei sollten Vorkehrungen getroffen werden, die eine individuelle Identifizierung der Handbücher (z.B. über eine Ident-Nummer) ermöglichen und weiterhin das unerlaubte Kopieren erschweren (z.B. durch ein farbiges Firmen-Logo auf dem Geschäftspapier oder eine Farbmarkierung auf jeder Seite).

Üblicherweise werden die Exemplare des QM-Handbuchs in zwei Arten ausgegeben:

– Exemplare, die dem Änderungsdienst unterliegen
– Informationsexemplare (z.B. für Externe), die nicht dem Änderungsdienst unterliegen.

Auch hinsichtlich der Änderung des Qualitätsmanagement-Handbuchs sind präzise Regularien vorzusehen und innerhalb des Handbuchs schriftlich zu dokumentieren. Wesentliche Stichworte hierzu sind:

– Prüfung der Notwendigkeit
– Verteilung der geänderten (neuen) Dokumente
– Verbleib der veralteten Dokumente
– Information der Mitarbeiter
– Kennzeichnung der Änderungen.

Zusätzlich zu den spontanen Änderungsanträgen muß das Handbuch periodisch einem jährlichen Review unterworfen werden. Es wird vom Leiter des Qualitätswesens organisiert. An diesem Review nehmen neben der Geschäftsführung und dem Leiter des Qualitätswesens auch die Leiter aller betroffenen Geschäftsbereiche teil.

9.6.5 Aufwand und Nutzen

Der Aufwand für die Erstellung eines Qualitätsmanagement-Handbuchs hängt stark von dem Entwicklungs- und Dokumentationsgrad des bereits vorhandenen Qualitätsmanagementsystems ab. Pauschale Angaben in Form von Mann-Stunden oder DM sind daher wenig sinnvoll.

Aus Erfahrungen und dem Vergleich existierender Handbücher lassen sich trotzdem Schätzwerte ableiten, die eine Budget- bzw. Zeitplanung im Rahmen eines Projektes ermöglichen.

Dies soll exemplarisch für ein Handbuch nach DIN EN ISO 9001 aufgezeigt werden. Es wird davon ausgegangen, daß das Handbuch im Rahmen einer Reorganisation des Qualitätsmanagementsystems, die eine Zertifizierung zum Ziel hat, entsteht. Das Unternehmen sei ein mittelständischer Maschinenbaubetrieb mit 1500 Beschäftigten. Qualitätssichernde Strukturen und Abläufe sind vorhanden, jedoch traditionell gewachsen und wenig systematisiert und dokumentiert. Für die Reorganisation wird ein Projektteam gebildet. Die Arbeiten müssen neben dem Tagesgeschäft bewältigt werden.

Das Handbuch muß die qualitätsbezogenen Verantwortlichkeiten und Abläufe sowie die Anwendung qualitätssichernder Methoden und Verfahren des Unternehmens strukturiert, umfassend und verständlich beschreiben. Diese Forderung gilt sowohl für die etablierten wie auch für die im Rahmen der Reorganisation neu zu schaffenden bzw. anzupassenden Prozeduren und Strukturen.

Aufbau und Umfang des Handbuchs sind sicherlich abhängig von vielen Einflußgrößen: Branchenzugehörigkeit, Produktspektrum, Komplexität der Organisation u. a. Ein Handbuch eines mittelgroßen Unternehmens darf aber durchaus mit einem Umfang von 170–200 Seiten veranschlagt werden und referenziert auf 50 bis 70 QM-Verfahrensanweisungen mit im Mittel 5 Seiten. Im Rahmen eines solchen Projektes werden ungefähr 500 Seiten Organisationsbeschreibung erstellt. Rechnet man für die Erstellung einer abgestimmten, freigegebenen und druckreif aufbereiteten Textseite eine Bearbeitungszeit von 2,5 Stunden, so ergibt sich ein Aufwand von über 150 Manntagen für die Dokumentation.

Eine zeitlich beschränkte Entlastung der eigenen Mitarbeiter läßt sich durch die Fremdvergabe der Handbucherstellung erreichen. Die Aufgaben des Projekt-Teams reduzieren sich dabei auf das Beibringen der benötigten Unterlagen und Informationen und das Prüfen der vorgelegten Textentwürfe. Ein guter Berater wird dabei darauf hinarbeiten, daß seine Tätigkeit als „Hilfe zur Selbsthilfe" verstanden wird. Seine Erfahrungen müssen einerseits den Vorgang der Handbucherstellung beschleunigen, andererseits im Verlauf der Arbeiten auf die Mitarbeiter des Unternehmens für die weitere Pflege des Handbuchs und Qualitätsmanagementsystems übertragen werden.

Ein derartiger Aufwand darf nicht allein betrieben werden, um bei der Zertifizierung oder Auditierung ein gefordertes Dokument vorlegen zu können. Bei der Erstellung und Ausformulierung des Handbuchs muß immer auch der beabsichtigte interne Nutzen berücksichtigt werden.

Dieser Nutzen wird durch folgende Punkte charakterisiert:

- Die Einarbeitung und Einweisung von neuen oder versetzten Mitarbeitern wird vereinfacht und beschleunigt.

- Bei Haftungsfällen ist die Wahrnehmung der unternehmerischen Sorgfaltspflicht leichter nachweisbar.
- Die QM-Führungs- und Ablaufelemente sind übersichtlich und transparent im Rahmen des Gesamtsystems dargestellt.
- Die Bearbeitung bereichsübergreifender Aufgaben in Teams wird durch geklärte und dokumentierte Zuständigkeiten beschleunigt.

9.7   Qualitätsaudit

Gerade in den letzten Jahren ist der Begriff „Audit" vor allem bei Zulieferern der Automobilindustrie zu einem Reizwort geworden. Bedingt war dies häufig durch die Tatsache, daß Zulieferer sich Anforderungen an die Qualität der Produkte, aber auch an deren Entstehungsprozeß gegenüber sahen, denen sie nur mit Mühe entsprechen konn-

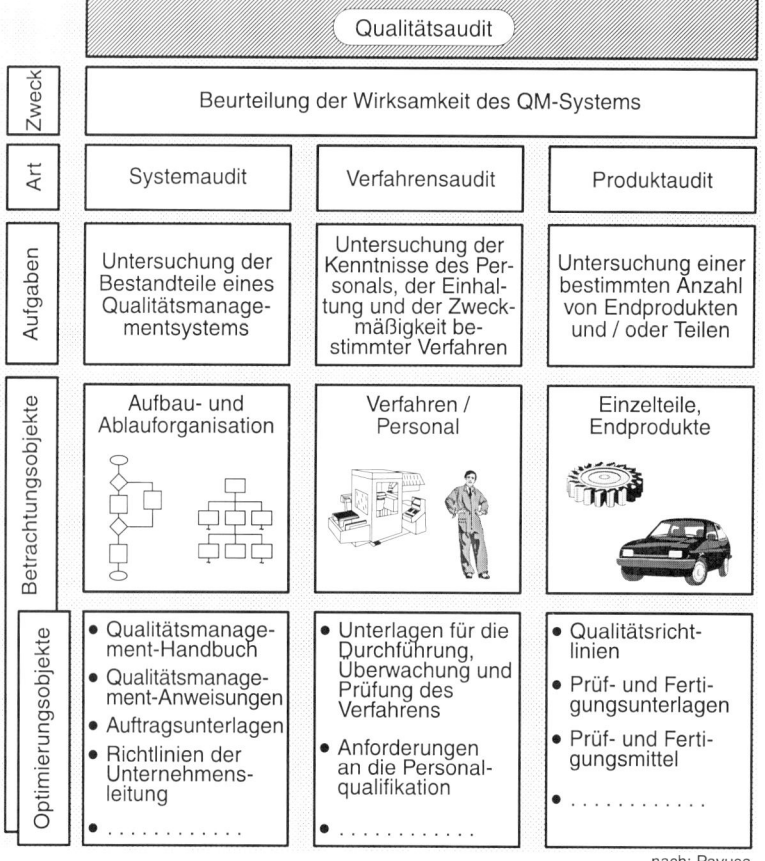

nach: Pavusa

Bild 9.12   Qualitätsauditarten

ten. Im folgenden soll dargestellt werden, was unter diesem Begriff zu verstehen ist und welche wesentlichen Arten von Audits unterschieden werden.

Der Begriff „Audit" stammt ursprünglich aus dem Lateinischen, wurde aus dem Englischen übernommen und heißt soviel wie Buchprüfung, Revision des Rechnungswesens oder Rechenschaftslegung (Auditor = Revisor). Das im Deutschen zunächst mit „Qualitätsrevision" bezeichnete Verfahren wird wegen der Verwechslungsgefahr mit der seit langem in allen größeren Unternehmen vorhandenen Abteilung „Revision" jetzt stets Qualitätsaudit genannt [mul].

Das Audit ist ein Instrument zur Aufdeckung von Schwachstellen, zur Anregung von Verbesserungen und zur Überwachung der eingeleiteten QM-Maßnahmen. Zielsetzung des Audits ist es, Voraussetzungen zu schaffen, um gesetzliche Auflagen und vertragliche Vereinbarungen sowie eigene Qualitätsziele in einer beherrschten Auftragsabwicklung anforderungsgerecht zu verwirklichen.

Es lassen sich drei wesentliche Auditarten unterscheiden, das *Produktaudit,* das *Verfahrensaudit* und das *Systemaudit* (**Bild 9.12**).

9.7.1   Produktaudit

Wie der Name schon andeutet, bezieht sich der Schwerpunkt der Betrachtungen eines Produktaudits auf das fertiggestellte und geprüfte Produkt. Zielsetzung ist es, aus Sicht des *Abnehmers* anhand der Produkte zu überprüfen, ob Qualitätsmerkmale, wie sie beispielsweise in Zeichnungen, Normen, Spezifikationen etc. dokumentiert sind, erfüllt werden. Mit dem Produktaudit soll festgestellt werden, wo Fehlerschwerpunkte, systematische Fehler oder Entwicklungstrends von Fehlern ihre Ausprägung am Produkt gefunden haben und – noch viel wichtiger und weitergehender als dies – wo deren Ursachen liegen.

Weitere Hinweise und Anregungen für die Durchführung eines Produktaudits sowie ein Fallbeispiel sind im begleitenden Übungsbuch enthalten. Zudem wird das Thema in den entsprechenden DGQ- bzw. VDA-Schriften vertieft behandelt [dg3, vd1].

9.7.2   Verfahrensaudit (Prozeßaudit)

Ziel des Verfahrensaudits ist es, bestimmte Arbeitsfolgen bzw. Verfahren auf mögliche Schwachstellen zu untersuchen.

Anwendung finden Verfahrensaudits vor allem dann, wenn das zu betrachtende Verfahren durch folgende Attribute charakterisiert werden kann [dg3]:

– Eine große Anzahl von Arbeitsfolgen
– Viele Einflußgrößen
– Hohe Stückzahlen oder Durchsatzmengen
– Viele Einzweckeinrichtungen
– Zwang zur langfristigen Planung und Nutzung
– Technologische Besonderheiten.

Vorteilhaft läßt sich diese Bewertungsmethode im Hinblick auf die zu erzielenden Aussagen anwenden, wenn das zu untersuchende Verfahren die Grenzen von Fachgebieten schneidet, und wenn Funktionen des Verfahrens unterschiedlichen Verantwortungsbereichen unterliegen.

9.7.3 Systemaudit

Im Gegensatz zum Produkt- oder Verfahrensaudit wird bei einem Systemaudit entweder das gesamte QM-System oder wesentliche Systemkomplexe auf Fehlerfreiheit und Wirksamkeit überprüft. Intention ist es dabei, das QM-System auf seine Effektivität zu überprüfen und Verbesserungsmaßnahmen einzuleiten bzw. zu überwachen.

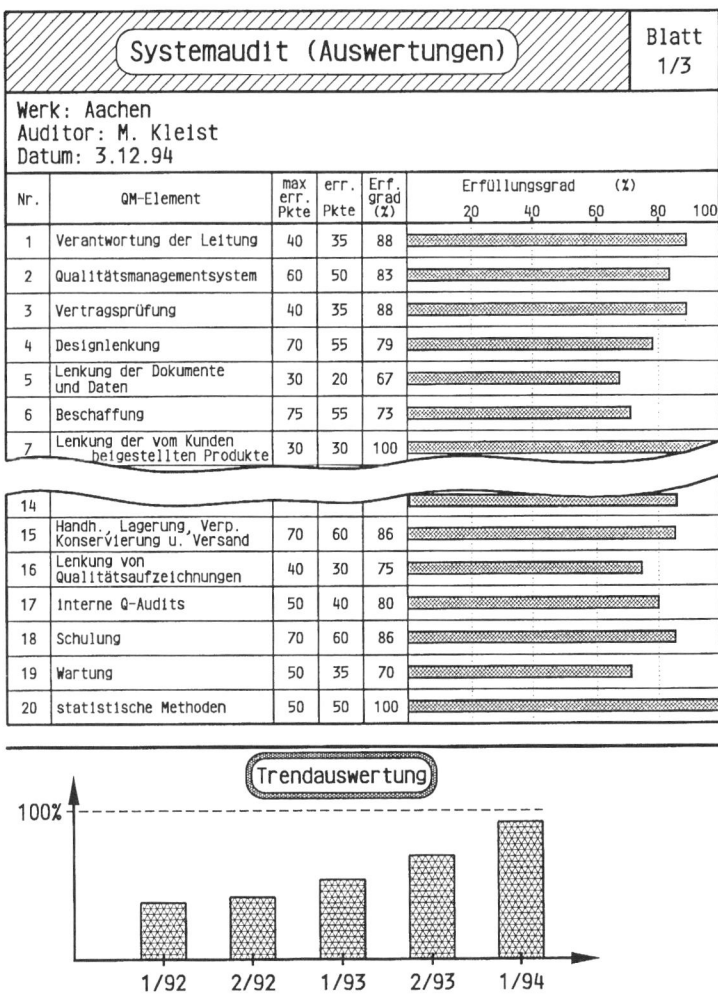

Bild 9.13 Systemaudit Auswertungen

Betrachtet werden Verfahrensanweisungen, deren Inhalt, deren Befolgung und vor allem deren Wirksamkeit im Hinblick auf das Erreichen der Qualitätsziele.

Grundsätzlich wird unterschieden zwischen internen und externen System-Audits. Unter einem *externen Audit* ist die Überprüfung eines QM-Systems durch eine andere Firma, beispielsweise durch einen Abnehmer zu verstehen. In einem *internen Audit*, das grundsätzlich nach den gleichen Kriterien wie externe Audits durchgeführt werden kann, wird heute ein „Managementwerkzeug" gesehen, das es der Unternehmensleitung erlaubt, betriebliche Abläufe im Hinblick auf die eigene Qualitätsfähigkeit zu beurteilen, Verbesserungsmaßnahmen zu initiieren und die Wirkung der eingeleiteten Maßnahmen zu überwachen (vgl. auch [cun]). Unterstrichen wird die Bedeutung des *internen Audits* durch die Tatsache, daß es als ein separates QM-Element in die Normenreihe DIN EN ISO 9000 ff. aufgenommen wurde.

So gesehen bietet das interne Audit durch die schrittweise Überprüfung des QM-Systems eine gute Möglichkeit, das Rationalisierungspotential von Qualitätsmanagementmaßnahmen in betrieblichen Abläufen herauszufinden und für das Unternehmen nutzbar zu machen. Eine tabellarische und graphische Aufarbeitung der Aussagen **(Bild 9.13)** kann daher sehr hilfreich sein.

Gemeinsamkeiten

Eine grundlegende Voraussetzung für die systematische Durchführung von Produkt-, Verfahrens- und Systemaudits ist ein durchgängiges Konzept, in dem die geplanten Betrachtungspunkte, der Ablauf sowie die Zuordnung der Verantwortlichkeiten und Zuständigkeiten festgelegt sind. Gemeinsam ist diesen Qualitätsaudits auch die Forderung, daß für die Durchführung eines Audits gut geschultes Personal eingesetzt wird. Schnelles Auffassungs- und gutes Einfühlungsvermögen sowie Überblick und kritische Distanz zu betrieblichen Abläufen sind sicher nur einige Eigenschaften, die das Auditpersonal neben umfassenden Fachkenntnissen aufweisen sollte.

Von besonderer Bedeutung für dieses Personal ist psychologisches Einfühlungsvermögen. Die Aufgabe der Auditoren liegt nicht so sehr darin, nur Fehler zu reklamieren, sondern vor allem darin, mit den beteiligten Mitarbeitern nach Fehlerursachen und – daraus abgeleitet – Verbesserungsmöglichkeiten zu suchen. Dies setzt eine enge und gute Zusammenarbeit der Auditoren mit den beteiligten Mitarbeitern voraus. Kontrollen, bei denen der Auditor nur versucht, Fehler zu finden, ohne sich konstruktiv an deren Behebung zu beteiligen, führen zu innerbetrieblichen Reibungen und wirken der ursprünglichen Intention, Verbesserungen im Unternehmen umzusetzen, entgegen.

Weitere Gemeinsamkeiten der drei Auditformen liegen in
- der Dokumentation der Ergebnisse nach der Durchführung des Audits,
- dem gemeinsamen Durchsprechen der Ergebnisse mit dem beteiligten Personal,
- der Diskussion von Ursachen und Festlegung von Maßnahmen,
- der Festlegung von Terminen zur Umsetzung der Maßnahmen und
- der Überwachung der eingeleiteten Verbesserungsmaßnahmen.

Neben den drei Hauptauditarten existieren noch weitere gebräuchliche Unterbegriffe für das Qualitätsaudit, die im folgenden kurz angesprochen werden sollen.

Außerplanmäßiges Audit

Außerplanmäßige oder zusätzliche Qualitätsaudits (auch *„Spontanaudit"*, *„Problemaudit"*) werden vorgenommen, wenn wesentliche Änderungen in der Aufbau- und Ablauforganisation erfolgen, oder wenn Produkte und/oder Verfahren Gefahr laufen, Qualitätsanforderungen nicht mehr zu erfüllen (z.B. unvorhergesehene Einbrüche bei der Produktqualität) [dg3].

Wiederholungsaudit

Der Begriff *Wiederholungsaudit* steht für die Nachuntersuchung früher festgestellter Mängel oder für die Feststellung, ob vereinbarte Korrekturmaßnahmen eingeführt und wirksam sind.

Folgeaudits

Folgeaudits werden in einem festgelegten Turnus durchgeführt, sind demnach planmäßige Audits. Im allgemeinen wird man bei aufeinanderfolgenden Audits feststellen, daß sie einen bemerkenswerten Beitrag zur Verbesserung des QM-Systems, d.h. zur Vermeidung unzulässiger Abweichungen leisten. Dabei zeigt sich prinzipiell eine diskontinuierliche Veränderung der Zielgröße **(Bild 9.14)**, die die stets vorhandene Tendenz zu größeren Abweichungen von dem vorgegebenen Erfüllungsgrad der Forderungen widerspiegelt. Wie bei vielen lenkenden Maßnahmen, bei denen eine immanente Gefahr der Verminderung der Wirksamkeit besteht, so ist auch hier mit dem typischen „Sägezahneffekt" zu rechnen, der den Erfüllungsumfang von qualitätssichernden Maßnahmen über die Zeit darstellt.

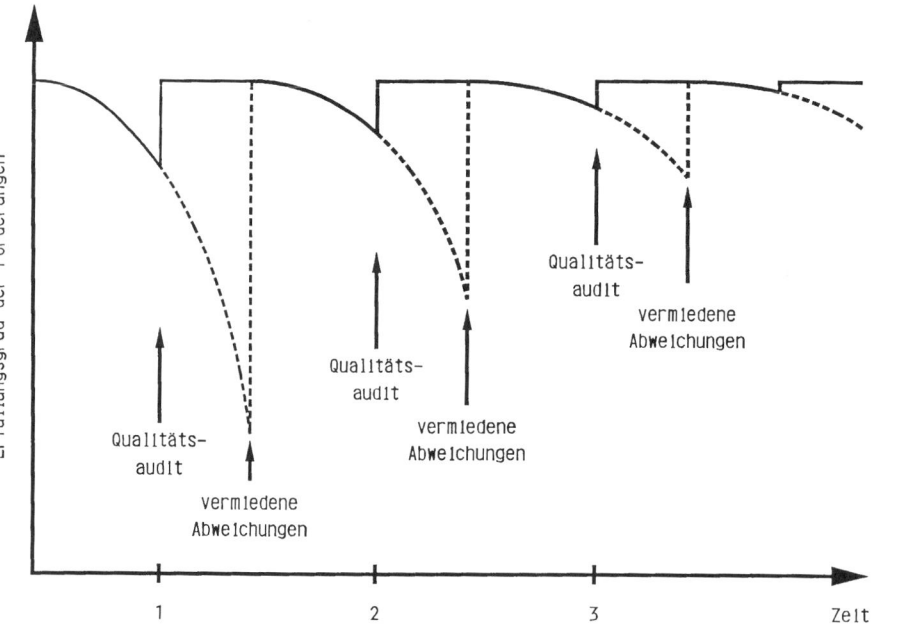

Bild 9.14   Vermeidung von Fehlerhäufungen durch Qualitätsaudits

9.8 Zertifizierung

Es ist heute deutlich abzusehen, daß durch enger werdende Märkte, zunehmend kritischer werdende Abnehmer und wachsende Ansprüche der Legislative und der Jurisdiktion Unternehmen mehr und mehr der Forderung ausgesetzt werden, nicht nur die Qualität der Produkte, sondern auch die Qualität der zur Produkterstellung notwendigen Prozesse sicherzustellen und nachzuweisen.

Vor diesem Hintergrund sowie der sich deutlich abzeichnenden weiteren Reduktion der Fertigungstiefe müssen Großabnehmer (z.B. die Automobilhersteller) von ihren

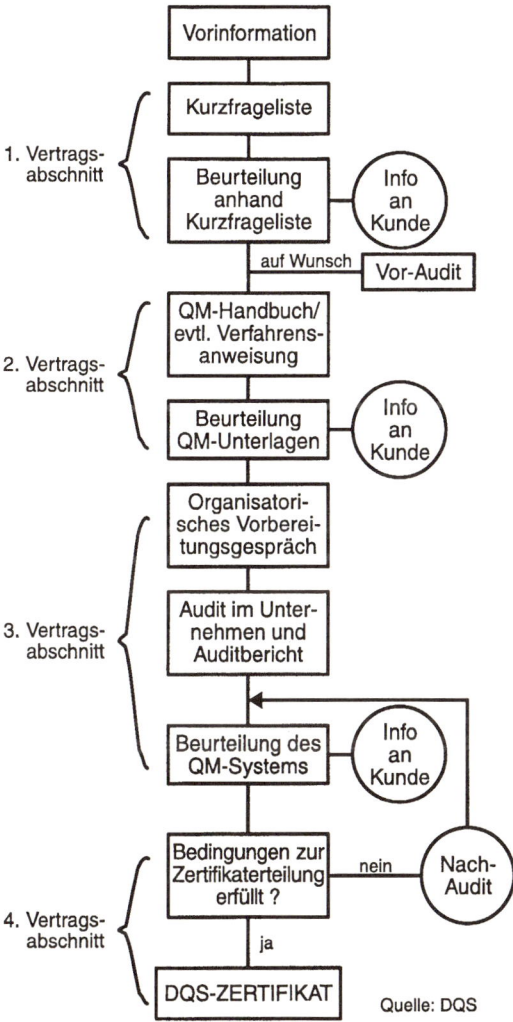

Bild 9.15 Ablaufschema für DQS-Audits und -Zertifizierungen

Zulieferern zwangsläufig ein durchgängig implementiertes und überprüfbares QM-System fordern. Hieraus resultieren Nachweisforderungen, denen heute normalerweise auf zweierlei Weise entsprochen wird:

a) Es werden vom Abnehmer bei Lieferanten Audits durchgeführt.

b) Das QM-System des Zulieferers wird durch eine dritte, i.d.R. neutrale Stelle untersucht (zertifiziert).

Auf die Zertifizierung soll im folgenden eingegangen werden, da sie im internationalen aber auch nationalen Handel und Warenaustausch immer stärker nachgefragt und gefordert wird.

In der Bundesrepublik Deutschland haben sich in der Vergangenheit verschiedene Institutionen (z.B. die DQS, der TÜV und der Germanische Lloyd) dieser Aufgabe angenommen.

Nomenclatur 01 44 443	Audit-Protokoll	QM-Norm 9001	zutreff.	Beschreib. d. QM-Syst.	Anwendung des QM-Systems	
	QM-Element Entwicklung Abschnitt: Vorgaben	Ref.: 4.4 Ref.: 4.4.3		Unterlag z.B. QM-Handbuch (Abschn. u.ä.)	Bemerkungen z.B. Zeichnungen, Rundschreiben, Anw., Arbeits- und Prüfplätze, Einricht. u. Hilfsmittel die der Prüf. zugrundelagen, Gespr.part.	* Ergebn.
	Interview-Fragen			* Ergebn.		
02	Werden die ausgewählten Forderungen hinsichtlich ihrer Angemessenheit geprüft?					
01	Ist die Zuständigkeit für die Prüfung festgelegt u. wird danach verfahren?					
02	Finden zur Prüfung der Angemessenh. Gespräche zwischen Vertrieb und Entwicklung vor Beginn der Entwicklung statt?					
03	Werden die Ergebnisse solcher Prüfungen dokumentiert?					
04	Gibt es nach Abschluß der Prüfung eine formelle Freigabe für den Beginn der Entwicklung?					

* 1=erfüllt   2=nur teilw. erf.   3=zwar teilw. erf.   4=n. erfüllt
              aber n. akzept.   aber n. akzept.   Seite 27

Bild 9.16 Beispiel eines Auditbogens der DQS

Das Vorgehen bei der Zertifizierung ist etwa wie folgt **(Bild 9.15)**:

Zunächst wird dem Unternehmen ein Vorabfragebogen zugesandt. Anhand der Frageliste wird überprüft, ob das QM-System des Unternehmens grundlegende Elemente einer erfolgreichen Zertifizierung, wie z.B. die regelmäßige Überprüfung und Bewertung des QM-Systems auf dessen Wirksamkeit, erfüllt. Zudem wird ermittelt, welche Norm der Reihe DIN EN ISO 9001-9003 zur Darlegung des Qualitätsmanagements zugrunde gelegt werden soll.

Erfüllt das Unternehmen diese groben Anforderungen, so erfolgt die Auswahl der Auditoren. In der Regel besteht das Auditteam aus zwei erfahrenen Fachleuten aus der Wirtschaft, von denen einer die Aufgabe des Teamleiters übernimmt.

Ein weiterer Schritt zur Vorbereitung des eigentlichen Audits besteht in einer Sichtung und Bewertung des QM-Handbuchs und der Verfahrensanweisungen.

Anhand von detaillierten Fragen **(Bild 9.16)** wird im nächsten Schritt die Realisierung des QM-Systems überprüft. Gegenstand dieser Prüfungen sind die einzelnen QM-Elemente, deren Erfüllungsgrad vor dem Hintergrund der firmenspezifischen Randbedingungen bewertet wird. Die Ergebnisse werden in einem Bericht zusammengefaßt und mit dem Unternehmen besprochen. Bestandteil dieses Berichtes sind neben den festgestellten Schwachstellen die vom Unternehmen vorgesehenen Korrekturmaßnahmen.

Wenn keine gravierenden Schwachstellen im QM-System vorhanden bzw. wenn die geplanten Korrekturmaßnahmen erfolgreich durchgeführt sind, kann die Zertifizierung erfolgen. Das Zertifikat hat eine Gültigkeitsdauer von drei Jahren unter der Voraussetzung jährlicher Überwachungsaudits. Die Erneuerung bedarf eines wiederholten Audits [dqs].

Schwerpunkt des Überwachungsaudits ist die ordnungsgemäße Durchführung des internen Audits, das ein wesentliches Instrument der ständigen Verbesserung des QM-Systems ist.

9.9   Einführung von QM-Systemen

9.9.1   Vorbemerkung

Die vorangehenden Kapitel haben schlaglichtartig wichtige Bausteine eines QM-Systems dargestellt wie z.B. die Qualitätsplanung, das Qualitätsmanagement in Entwicklung und Konstruktion, in der Prozeßplanung, in der Beschaffung und in der Fertigung. Dies beinhaltete, daß Anforderungen, Hilfsmittel und Methoden beschrieben und erläutert wurden. Die einzelnen Elemente eines QM-Systems können jedoch erst (die volle) Wirksamkeit erlangen, wenn sie aufeinander abgestimmt und in einem *gesamtheitlichen* Ansatz angegangen werden. *Insellösungen* sollten daher stets vermieden werden, es sei denn, sie stellen Teillösungsschritte im Sinne einer zeitlich sequentiellen Einführung eines QM-Gesamtsystems dar.

Ein Beispiel soll dies deutlich machen:

Es läßt sich leicht nachvollziehen, daß eine *Prüfplanung* wenig Vorteile bringt, wenn nicht zugleich sichergestellt wird, daß die Prüfmittel stets die an sie gestellten Anforderungen erfüllen. Das bedeutet, daß eine wirksame *Prüfmittelüberwachung* eine notwendige Voraussetzung für die Prüfplanung darstellt. Eine Prüfmittelüberwachung und eine Prüfplanung allein sichert noch nicht eine wirksame Prüfung (und dies muß das Ziel sein!). Prüfungen können zu falschen Ergebnissen führen, wenn die jeweiligen Mitarbeiter nicht die notwendige *Schulung* in der Nutzung des Prüfmittels erhalten haben und für die spezifischen Anforderungen der Prüfaufgabe sensibilisiert sind. Um sicherzustellen, daß Maßnahmen wie die Prüfplanung, die Prüfmittelüberwachung oder die Schulung den gewünschten Erfolg haben, ist in regelmäßigen Abständen eine Erfolgskontrolle durchzuführen. Eine Möglichkeit hierfür sind Produkt-, Verfahrens- und Systemaudits.

Das dargestellte Netz der Abhängigkeiten läßt sich weiter fortsetzen. Es zeigt sich, daß QM-Elemente häufig einen hohen Grad an Abhängigkeiten zu anderen Elementen aufweisen. Diese Abhängigkeiten sind nicht linear, bei denen eine Maßnahme von einer anderen abhängt und diese wieder von einer weiteren. Vielmehr zeigt sich, daß oft Abhängigkeiten zu einer Vielzahl von weiteren Maßnahmen zu berücksichtigen sind, die ihrerseits wiederum mit weiteren vernetzt sind.

Gerade hieraus leitet sich die Forderung nach der Einführung eines *umfassenden* QM-Systems ab, das alle Bereiche eines Unternehmens einschließt. Erschwert wird die Aufgabe der Einführung eines integrierten QM-Systems durch die Tatsache, daß unser Denken von einem Bereichsdenken **(Bild 9.17)** geprägt ist. Ziel muß es sein, bereichsübergreifend die Produktentstehung zu verbessern. Dieser Aspekt wird vielfach deutlich gemacht anhand des Begriffs der Prozeßkette. Dieses Bild macht deutlich, in welchem Bereich heute Verbesserungspotentiale gesehen werden, nämlich in der Verbesserung der zeitlichen Aufeinanderfolge von Aufgaben und in der Verbesserung von Schnittstellen zwischen Verantwortungsbereichen **(Bild 9.18)**.

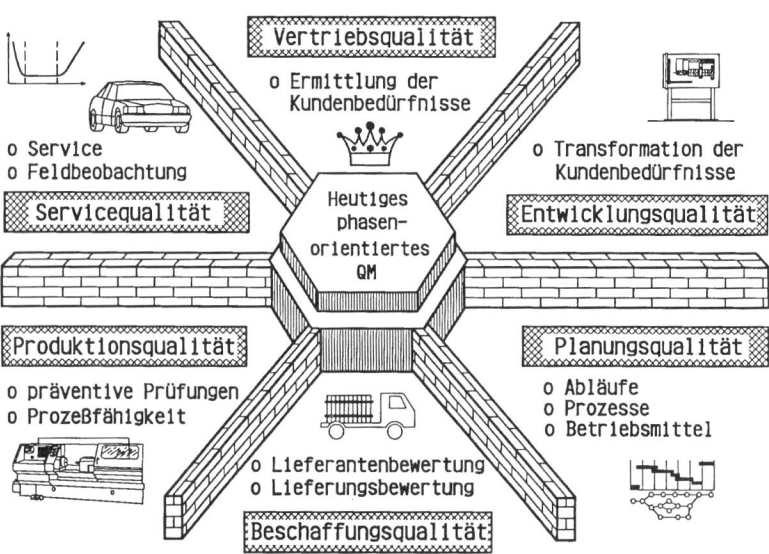

Bild 9.17   Heutiges phasenorientiertes Qualitätsmanagement

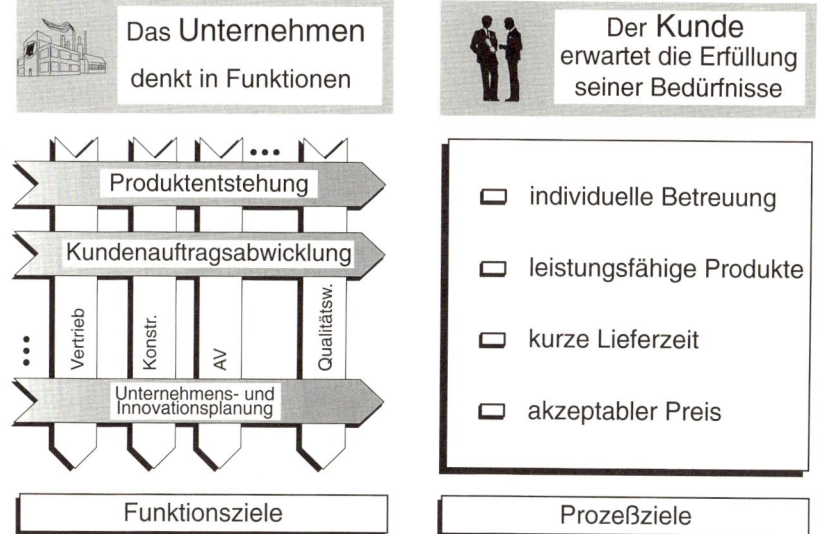

Bild 9.18   Denken und Handeln in Geschäftsprozessen

Die Aufgabe Qualitätsmanagement mit ihrem Netz von Abhängigkeiten steht damit im Gegensatz zu unserer angelernten Betrachtungsweise und führt häufig zu falschen Bildern von Zusammenhängen und damit zu falschem Handeln.

9.9.2 Der erste Schritt

Maßnahmen im Bereich Qualitätsmanagement werden praktisch in allen Bereichen des Unternehmens wirksam. Darüber hinaus bestimmt die enge Zusammenarbeit von verschiedenen Bereichen in vielen Fällen die Wirksamkeit der Maßnahmen. Aus diesem Grund muß die Entwicklung und die Aufrechterhaltung eines durchgängigen QM-Systems von der Geschäftsleitung nicht nur akzeptiert, sondern getragen und gefördert werden.

Noch bevor mit der Umsetzung eines Projektes begonnen wird, muß es Ziel des ersten Schrittes sein, den verschiedenen Ebenen des Managements die Bedeutung, die Möglichkeiten und die Vorteile eines umfassenden Qualitätsmanagements deutlich zu machen (**Bild 9.19**).

Hierfür bietet sich z.B. eine Ein-Tages-Veranstaltung an. Im Rahmen dieser Veranstaltung sollte es in der Führungsmannschaft gelingen, ein grundlegendes Verständnis für ein umfassendes Qualitätsmanagement zu wecken und zu verankern.

Dies schließt ein, daß

– die Schwächen einer alleinigen Qualitätsprüfung aufgezeigt werden,

– Ansätze eines modernen, umfassenden Qualitätsmanagements erläutert werden,

– die Bedeutung des Menschen in modernem Qualitätsmanagement beschrieben wird,

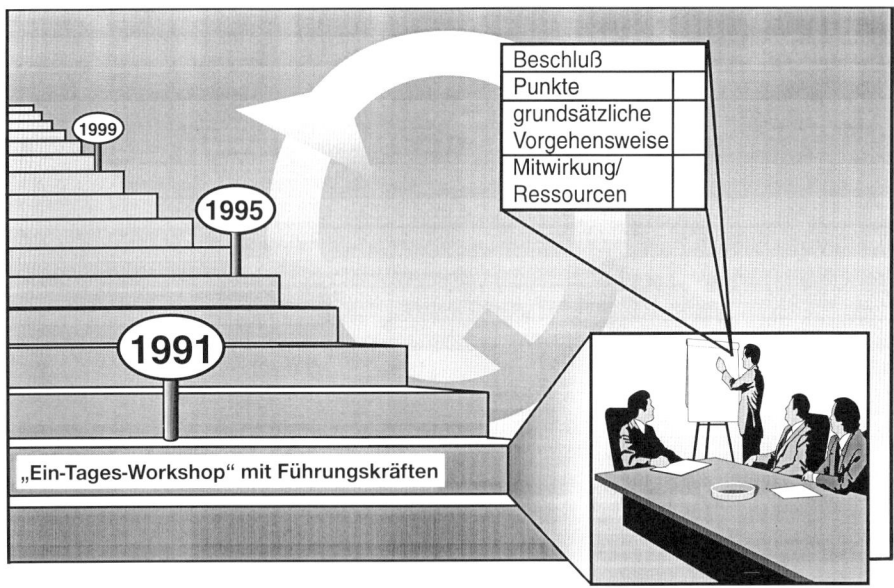

Bild 9.19   Erster Schritt zur Einführung eines Qualitätsmanagementsystems im Unternehmen

– die Vorteile eines durchgängigen Qualitätmanagements herausgestellt werden und

– die externen Anforderungen detailliert werden.

Gemeinsam ist im weiteren eine grundsätzliche Vorgehensweise zur Einführung eines QM-Systems sowie ein Lösungsansatz zu entwickeln, der vom gesamten Management getragen wird. Dies schließt die Entwicklung eines Zeitplans ebenso ein wie die Grobplanung der notwendigen personellen und finanziellen Ressourcen.

Zahlreiche Analysen der Vergangenheit, aber auch aktuelle Erhebungen in Unternehmen des produzierenden Gewerbes zeigen immer wieder, daß ca. 75% aller Fehler an einem Erzeugnis in planerischen Phasen festgelegt, d.h. verusacht werden. Entdeckt werden dagegen 80% aller Fehler erst in der Fertigung, der Endprüfung oder, was für ein Unternehmen sicherlich die größten Probleme bereitet, durch den Kunden selbst. Obwohl die genannten Fakten sich überwiegend auf die Entwicklung von Produkten und Erzeugnissen beziehen, lassen sich diese Sachverhalte auch auf Dienstleistungsmaßnahmen, also auch auf Projekte zur Einführung eines QM-Systems oder auf Verfahren und Hilfsmittel des Qualitätsmanagements, übertragen. Auch hier kann berechtigterweise davon ausgegangen werden, daß der Großteil der in der späteren Nutzungsphase festgestellten Fehler ursächlich auf unzureichende oder nicht korrekt durchgeführte Planungsmaßnahmen zurückzuführen ist **(Bild 9.20)**.

Es darf weiterhin angenommen werden, daß auch bei diesen Projekten die sog. „10er Regel" gilt. Sie besagt, daß sich für ein Erzeugnis mit dem Eintritt in eine nächste Realisierungsphase die Kosten für eine Fehlerbehebung im Mittel verzehnfachen. Neben der ansteigenden Wertschöpfung am Produkt resultiert dieser progressive Fehlerkostenanstieg daraus, daß das Produkt mit jeder weiteren Phase in immer komplexere und anfälligere Umgebungen eingepaßt werden muß (hochwertige Bearbeitungsmaschinen, Einbau in übergeordnete Komponenten). Versagt das Erzeugnis hier, so wird automatisch ein größeres Umfeld in Mitleidenschaft gezogen.

Für Verfahren und Systeme des Qualitätsmanagements bedeutet dies, daß ein Fehler, der in der Planungsphase noch mit geringem Aufwand zu beheben ist, in späteren Phasen unter Umständen eine Neueinführung dieses Verfahrens notwendig macht. Geht man von der häufig anzutreffenden Abneigung von Mitarbeitern aus, einmal Gewohntes aufzugeben, so wird deutlich, daß der Spielraum für Änderungen hier sehr gering ist.

Erschwerend kommt noch hinzu, daß Planungsfehler häufig Fehler an Erzeugnissen und Produkten nach sich ziehen. Dabei wird der Blick des Untersuchenden durch den so offensichtlichen Fehler (z.B. die Maßabweichung am Bauteil) von der tatsächlichen Ursache (z.B. ein mangelhaft eingeführtes Verfahren oder Hilfsmittel) abgelenkt.

Hieraus resultiert die Forderung, daß bei Projekten zur Einführung von Verfahren und Systemen des Qualitätsmanagements genauso Leitgedanken bzw. Arbeitstechniken des präventiven Qualitätsmanagements Anwendung finden müssen, wie sie schon bei der

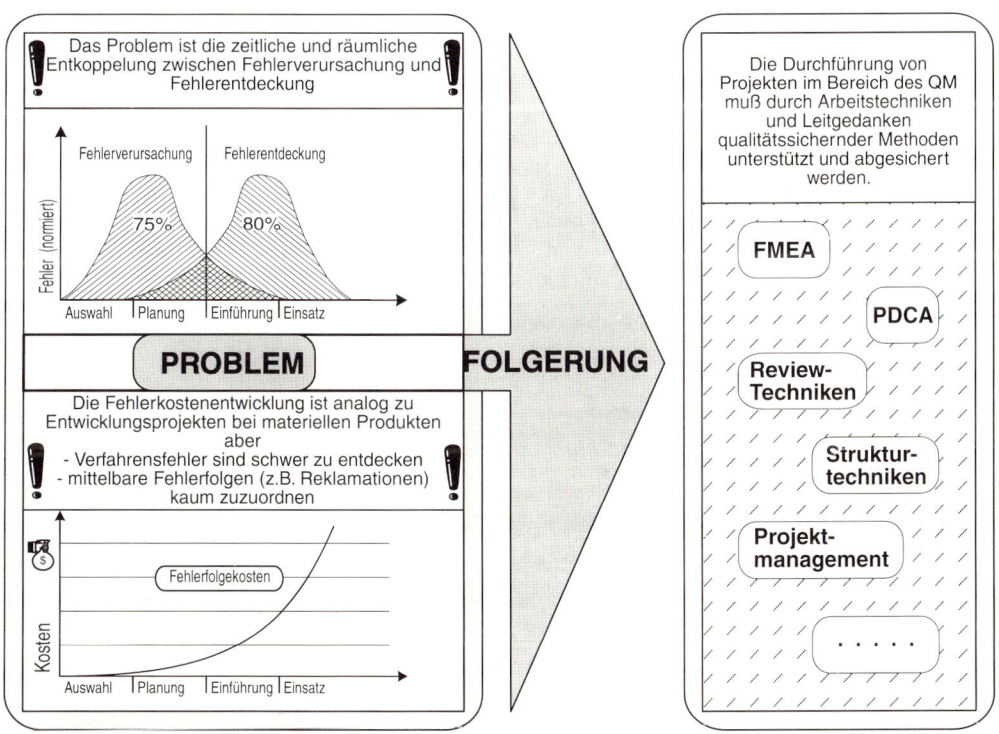

Bild 9.20   Rahmenbedingungen eines Projektes im Bereich des Qualitätsmanagements

Einführung neuer Produkte berücksichtigt werden. In Frage kommen dabei Methoden, die aus der Systemtechnik und dem Projektmanagement bekannt sind (Review-Techniken) oder aber auch Checklisten und die PDCA-Technik (plan, do, check, act).

9.9.3   Die unternehmerische Entscheidung

Ausgehend von einem internen Diskussionsprozeß, bei dem insbesondere Themen wie

- Vor- und Nachteile einer kooperativen Führung,
- Mitarbeiterbezogene Probleme des Veränderungsprozesses,
- das Problem der personellen und finnanziellen Ressourcen,
- die Notwendigkeit der Neuordnung der Qualitätsverantwortung und
- die (erweiterten) Aufgaben der Unternehmensleitung.

Gegenstand von Gesprächen sein müssen, ist von der Unternehmensleitung die Entscheidung über die Einführung eines QM-Systems zu fällen.

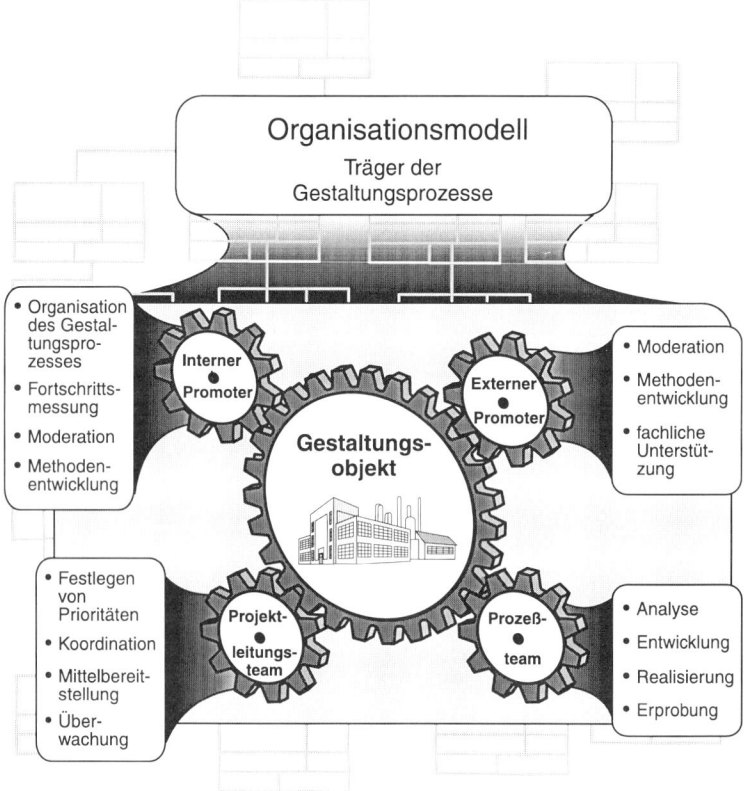

Bild 9.21   Träger der Gestaltungsprozesse

9.9.4   Die Umsetzungsträger für die Einführung eines QM-Systems

Mit der Grundsatzentscheidung für die Einführung eines QM-Systems stellt sich als erster Planungsschritt die Frage nach den Trägern der Umsetzung. Aus den o.g. Merkmalen der Gestaltungsaufgabe lassen sich die Anforderungen an die Umsetzungsträger für die Umsetzung ableiten (**Bild 9.21**). Wegen des Umfangs und der Vielschichtigkeit der Gestaltungsaufgabe läßt sich die Aufgabe nicht von einer Person erfüllen. Deshalb sind verschiedene Personengruppen an der Umsetzung zu beteiligen, die gemeinsam an der Aufgabenstellung arbeiten. In der Praxis hat es sich bewährt, ein Team zu beauftragen bestehend aus

- dem internen Promotor,
- dem externen Promotor,
- dem Projektleitungsteam und dem
- Prozeßteam [hei].

9.9.5   Entwicklung von Zielen und einer Q-Politik

Es ist Aufgabe der Unternehmensleitung, (qualitätsbezogene) Ziele für ein Unternehmen zu formulieren [wöh]. Ziele bilden den Maßstab, an denen der Problemlösebeitrag für die Aufgabenerfüllung gemessen wird. Damit Ziele diese Aufgabe erfüllen, müssen sie „meßbar" sein.

Bei Unternehmenszielen handelt es sich um ein ganzes Bündel pluralistischer Ziele. Deswegen spricht man auch von einem Zielsystem. Die Festlegung eines Zielsystems ist gerade für das Qualitätsmanagement eine Initialaufgabe und unverzichtbare Voraussetzung für Reorganisationsmaßnahmen (**Bild 9.22**). Aus dem Bedürfnis des Kunden, dessen Befriedigung den Existenzgrund des Unternehmens darstellt sind übergeordnete Ziele für das Unternehmen abzuleiten. Diese Ziele sind auf alle Bereiche des Unternehmens zu konkretisieren und mit den Betroffenen zu vereinbaren.

Die Ziele beziehen sich zum einen auf das zu erzeugende Produkt wie z.B. geforderte Leistungswerte und Toleranzen und zum anderen auf den (Erstellungs-)Prozeß wie z.B. Termintreue, angestrebte Durchlaufzeiten und maximale Anzahl von Störungen (**Bild 9.23**).

Gerade vor dem Hintergrund des raschen Wandels von Märkten und Produkten sowie der zunehmenden Komplexität von Produkten und Abläufen gewinnen Verhaltensnormen und Strategien, wie sie z.B. in einer Qualitätspolitik niederzulegen sind, gegenüber detaillierten Anweisungen für einzelne Arbeitsschritte an Gewicht. Sie bilden einen Bezugsrahmen, an dem sich Mitarbeiter orientieren, die eigenständig an Problemlösungen arbeiten. In ihnen kommen Wertvorstellungen und Bekenntnisse der Unternehmensführung zum Ausdruck.

Die Bedeutung dieser Qualitätspolitik für das Qualitätsmanagement wird an ihrer exponierten Stellung bei der Vergabe von Qualitätspreisen wie dem Malcom-Baldrige-Award (USA) oder dem European-Quality-Award deutlich. Sie stellt ein normatives Grundmuster nach innen und nach außen für die Gestaltung des Unternehmens dar.

Produkt- und prozeßbezogene (Qualitäts-)Ziele und Strategien ergeben sich nicht nur unmittelbar durch Anregungen von außen. Sie sind vielmehr ein Resultat eines Zielbil-

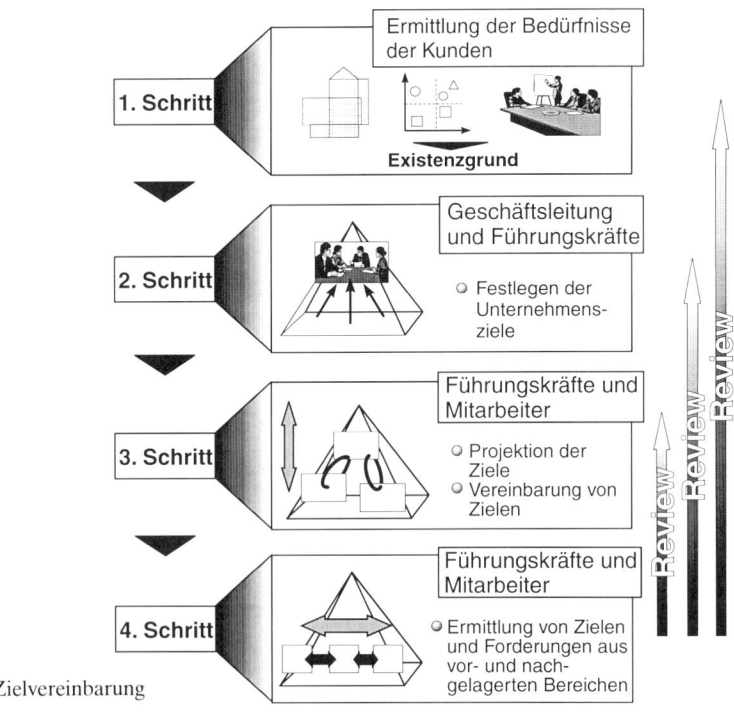

Bild 9.22   Zielvereinbarung

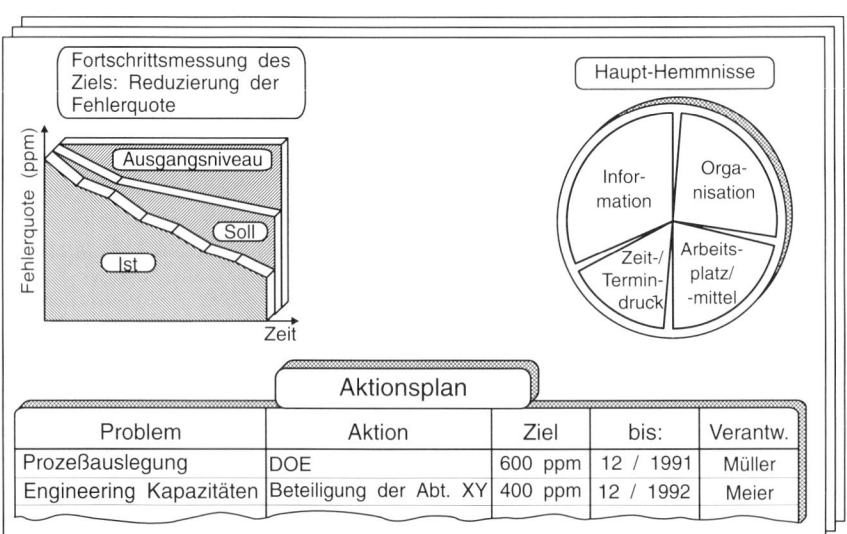

Bild 9.23   Zielverfolgungsschema

DOE: Design Of Experiments   nach: IBM

dungsprozesses, der eine intensive Werte- und Zieldiskussion auf verschiedenen Führungsebenen voraussetzt und sich über Wochen hinziehen kann [hei]. Gerade in Fragen des Qualitätsmanagements fällt die Formulierung dieser Ziele häufig schwer, da die Begleitvorstellung, die das Wort neben dem rein begrifflichen Inhalt hervorruft, vielfach sehr unterschiedlich ist.

9.9.6 Entwicklung eines Einführungsplans

Die Ausarbeitung eines Einführungsplans ist die nächste Aufgabe der Umsetzung.

Auf unternehmensweiter Ebene ist die Entwicklung einer ablauforganisatorischen Konzeption eine unverzichtbare Voraussetzung für die Einführung eines QM-Systems. Vielfach stehen nicht genügend personelle Kapazitäten zur Verfügung, um unternehmensweit die Einführung voranzutreiben. Deswegen ist es sinnvoll, (Sub-)Prozesse im Sinne einer zeitlich sequentiellen Einführung eines QM-Systems auszuwählen und hierin Verbesserungen umzusetzen.

9.9.7 Schulungen

Ein vielfach in seiner Wichtigkeit unterschätzter Aspekt ist die Bereitschaft der Unternehmensführung, Mitarbeiter für die Aufgaben freizustellen und ihnen geänderte Einstellungen und Verhaltensweisen sowie geänderte Methoden und Vorgehensweisen durch Schulungen zu verdeutlichen und zu vermitteln. Untersuchungen in den alten Bundesländern belegen eindeutig, daß hier besonders in kleinen Unternehmen ein großes Defizit besteht [zi3]. Weil eine Sensibilisierung für die Problemstellung und eine entsprechende Schulung eine unverzichtbare Voraussetzung für die Einführung eines QM-Systems sind, liegt hierin ein besonderer Handlungsbedarf.

Da das Themenfeld „Entwicklung eines Schulungskonzeptes" sehr umfangreich ist und den Rahmen dieses Beitrags sprengen würde, sollen hier nur wesentliche Aspekte dargestellt werden und auf weiterführende Literatur verwiesen werden (z. B. [zi3, kam]).

– Wird die Schulung zudem in überlappenden Gruppen durchgeführt **(Bild 9.24)**, bei denen ein Mitglied dieser Gruppen, zumeist der Vorgesetzte, als Verbindungsglied zur nächsthöheren Hierarchieebene dient, so wird ein besserer Kommunikationsfluß erreicht und ein Diskussionsprozeß gefördert, der zur Ausprägung eines einheitlichen Verständnisses und zu gemeinsam getragenen Lösungen führt [hei].

– Die Schulungsinhalte sind im Sinne einer Top-Down-Strategie im Unternehmen zu vermitteln **(Bild 9.25)**. Hierdurch erhalten Führungskräfte einen gewissen Wissensvorsprung, der einem drohenden Autoritätsverlust entgegenwirkt. Zudem hat sich gezeigt, daß die größte Identifikation mit einer neuen Idee und den Schulungsinhalten dann erreicht wird, wenn die Schulung durch die Führungskräfte selbst erfolgt.

9.9.8 Umsetzungen

Auf der Grundlage der beschriebenen vorbereitenden Aufgaben kann eine Optimierung vorgenommen werden. Aus unternehmensumfassender Sicht ergeben sich in diesem Stadium folgende Aufgaben [hei]:

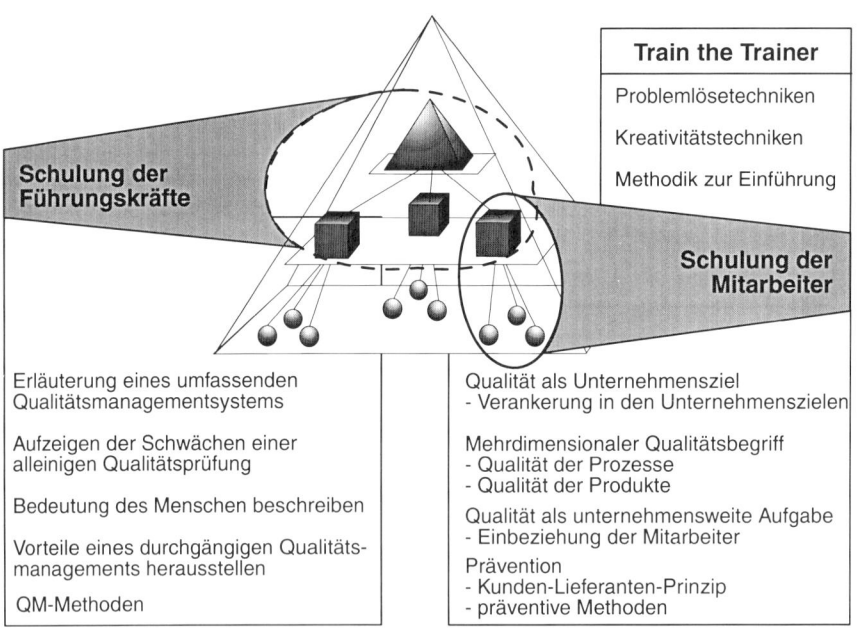

Train the Trainer

Problemlösetechniken

Kreativitätstechniken

Methodik zur Einführung

Schulung der Führungskräfte

Schulung der Mitarbeiter

Erläuterung eines umfassenden
Qualitätsmanagementsystems

Aufzeigen der Schwächen einer
alleinigen Qualitätsprüfung

Bedeutung des Menschen beschreiben

Vorteile eines durchgängigen Qualitätsmanagements herausstellen

QM-Methoden

Qualität als Unternehmensziel
- Verankerung in den Unternehmenszielen

Mehrdimensionaler Qualitätsbegriff
- Qualität der Prozesse
- Qualität der Produkte

Qualität als unternehmensweite Aufgabe
- Einbeziehung der Mitarbeiter

Prävention
- Kunden-Lieferanten-Prinzip
- präventive Methoden

Bild 9.24   Grundlegende Aspekte eines Schulungskonzepts zur Einführung von QM-Systemen nach
dem Prinzip der überlappenden Gruppen

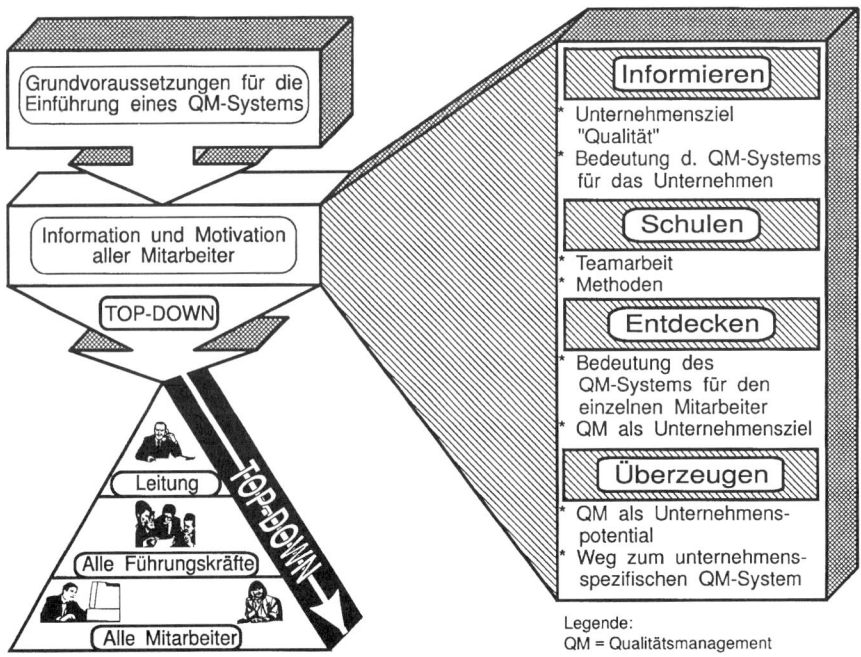

Grundvoraussetzungen für die
Einführung eines QM-Systems

Information und Motivation
aller Mitarbeiter

TOP-DOWN

Leitung

Alle Führungskräfte

Alle Mitarbeiter

TOP-DOWN

Informieren
* Unternehmensziel
  "Qualität"
* Bedeutung d. QM-Systems
  für das Unternehmen

Schulen
* Teamarbeit
* Methoden

Entdecken
* Bedeutung des
  QM-Systems für den
  einzelnen Mitarbeiter
* QM als Unternehmensziel

Überzeugen
* QM als Unternehmens-
  potential
* Weg zum unternehmens-
  spezifischen QM-System

Legende:
QM = Qualitätsmanagement

Bild 9.25   Grundvoraussetzungen für die Einführung eines QM-Systems

- Koordination und Abstimmung der einzelnen Teilprojekte
- Vermeidung von Sub-Optimierungen in einzelnen Bereichen
- Verfolgung des Systemverhaltens
- Förderung von Umsetzungsmaßnahmen durch aktive Verfolgung und Unterstützung der Projekte
- Verringerung von Änderungswiderständen und Schnittstellenproblemen
- Verfolgung der Wirksamkeit von Implementierungsmaßnahmen.

9.9.9 Langzeitstabilisierungs- und Weiterentwicklungsphasen

Wie angesprochen, beinhaltet ein wirksames Qualitätsmanagement nicht nur das Erlernen und Ausüben von bestehenden Methoden oder das Anwenden technischer Hilfsmittel, sondern vor allem eine Änderung des Verhaltens und von Einstellungen. Hieran wird deutlich, daß einzelne abgeschlossene Projekte allein nicht ausreichen, um diese Veränderungen zu bewirken. Dem Anspruch der kontinuierlichen Weiterentwicklung läßt sich nur durch gezielte Maßnahmen zur Langzeitstabilisierung und Weiterentwicklung gerecht werden.

Zwei markante Aspekte kennzeichnen die zu erfüllenden Aufgaben:

a) Das Erreichte muß stabilisiert werden, um nicht nur die einmalige, sondern auch die langfristige Anwendung von Verbesserungen sicherzustellen.

b) Das Erreichte ist vor dem Hintergrund des Wandels weiterzuentwickeln.

Der zweite Aspekt wird in vielen Unternehmen vernachlässigt. Gerade wenn der Planungsaufwand für ein Projekt hoch war, ist man froh, es geschafft zu haben. Vor dem Hintergrund sich wandelnder Rahmenbedingungen und sich ebenfalls wandelnder Kundenforderungen muß die Weiterentwicklung allerdings die Grundlage einer langfristigen Stabilisierung sein. Wesentlich ist dabei eine organisatorische Institutionalisierung des Weiterentwicklungsprozesses, d.h. struktur- und prozeßbezogene Aktivitäten müssen vorgesehen werden, um den Willen zu Änderungen und kontinuierlicher Weiterentwicklung auch in adäquate organisatorische Maßnahmen mit klarer Kompetenz- und Verantwortungsregelung umsetzen zu können.

Maßnahmen für die Festschreibung des Verbesserungsprozesses sind,

- regelmäßige Teamsitzungen auf (Sub-)Prozeßebene,
- Einbindung dieser Themenstellung in die Tagesordnung von Treffen der Führungskräfte,
- Integration des Erneuerungsaspekts in bestehende Auditkataloge sowie
- die Sensibilisierung von Mitarbeitern für die Aufgabe der permanenten Erneuerung.

9.9.10 Gestaltungsschritte in Umsetzungsprojekten

Im folgenden wird ein Vorgehensmuster für die Prozeßgestaltung durch das Prozeßteam beschrieben.

Vorbereitung der Projektdurchführung

Erfahrungen aus der Projektarbeit mit Unternehmen der Zielgruppe haben gezeigt, daß neben methodischen Problemen primär organisatorische und menschliche Probleme des Veränderungsprozesses überwunden werden müssen und deren Lösung zum Schlüssel des Erfolgs wird [hei]. Eine gründliche Vorbereitung durch den Teamleiter des Prozeßteams ist daher von tragender Bedeutung und bildet die Basis der Problemerfassung.

Hieraus leiten sich folgende Handlungsschwerpunkte ab:

a) Einbeziehung und Schulung der betroffenen Führungskräfte

b) Schulung und Motivation der betroffenen Mitarbeiter

c) Klärung von Kompetenzen und Zuständigkeiten

d) Freistellung von Mitarbeitern für die Durchführung der Aufgaben.

Prozeßmanagement hat neben der Verbesserung von Prozessen das Ziel, Mitarbeiter in die Lage zu versetzen, ihre Probleme selbst zu erkennen, sich über Organisationsprobleme selbst verständigen zu können und organisatorische Regelungen gemeinsam zu vereinbaren. Durch die Teamleiter bzw. den internen und externen Promotor sind zur Vorbereitung der Prozeßverbesserungsmaßnahme folgende Aufgaben durchzuführen:

– Vermittlung von Sachkompetenz durch Schulung in der vorliegenden Methodik zur Prozeßoptimierung, in den „Sieben (neuen und alten) Qualitätswerkzeugen", in Kartentechniken, in der Kunden-Lieferer-Methapher, in der Notwendigkeit der intra-

	Kurzbe-schreibung	empfehlens-wert für:	Vorteil	Nachteil	Anforderung an	
					Trainer	Teilnehmer
Vortrag	Rede anhand eines Manuskriptes	Einführung und Über-blick bei neuem Thema	viel Stoff in relativ kurzer Zeit	relativ geringer Behaltungs-grad	hohe intellektuelle Konzentration	hohe intellektuelle Konzentration
Lehrgespräch	gemeinsame Stofferarbei-tung durch Fragen und Information	Vermittlung von Wissen und Einsichten	Einbeziehung der Teil-nehmer, hoher Behaltungs-grad	großer Zeitverbrauch	Stoffbeher-schung, Verhaltens-sicherheit	Akzeptierung des Trainers
Gruppenarbeit	Bearbeiten eines Themas in eigener Regie	selbständige Problem-lösung, Förderung kooperativen Verhaltens	Motivierung zur Selbständig-keit	großer Zeitverbrauch	klare Zielvorgabe	offenes faires Verhalten
Fallstudie	Erkennen von Einflußgrößen anhand eines Praxisbeispiels	Vertiefung von Wissen und Lernkontrolle	Praxisnähe	hoher Vor-bereitungs-aufwand	sorgfältiges Herstellen einer realen Situation	Identifikations-bereitschaft, Flexibilität

nach Conradi

Bild 9.26 Alternative Schulungstechniken

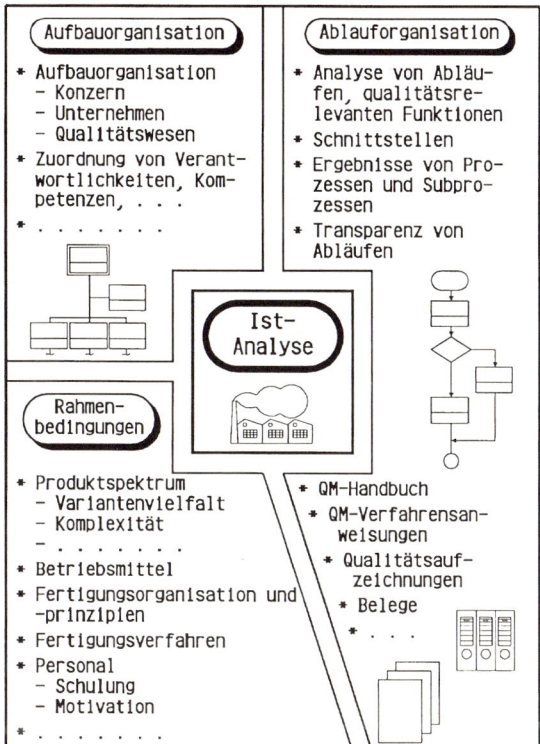

Bild 9.27   Betrachtungsbereiche bei einer Ist-Analyse eines QM-Systems

und interprozessualen Abstimmung sowie in Bedeutung und in Beispielen von Prozeßverbesserungsmaßnahmen.

– Vermittlung der notwendigen sozialen Kompetenz wie geändertes Führungsverhalten, Wandlung vom Abteilungs- zum Prozeßdenken, Arbeiten im Team, Eigenverantwortung für Prozesse.

Für die Vermittlung der Inhalte bieten sich verschiedene Techniken an **(Bild 9.26)**:

Neben der Vermittlung der Bedeutung von qualitätsgerechtem Prozeßmanagement für das Unternehmen und für den eigenen Arbeitsplatz ist deutlich zu machen, daß Prozeßmanagement zugleich ein Angebot an die Mitarbeiter ist, Ideen zu verwirklichen, ihr eigenes Arbeitsumfeld mitzugestalten und das Unternehmen zu beeinflussen.

9.9.11 Die Ist-Analyse

Ausgehend von einem im Vorfeld aller internen Maßnahmen zu erarbeitenden Sollkonzeptes, das z. B. auf Basis der Normenreihe DIN EN ISO 9000 ff. sowie darüber hinausgehender, explizit bekannter externer und interner QM-Anforderungen erstellt werden kann, ist zunächst eine detaillierte Ist-Zustandsanalyse durchzuführen. Aus ihr geht eine Bestandsaufnahme aller zu diesem Zeitpunkt im Unternehmen durchgeführten Aktivitäten im Bereich des Qualitätsmanagements hervor. Gleichfalls ist abzuschätzen, inwieweit einzelne qualitätssichernde Maßnahmen ausreichend wirksam sind und wo defizitäre Bereiche liegen.

Bei der Ist-Analyse gilt ein besonderes Augenmerk den in **Bild 9.27** dargestellten Betrachtungsbereichen.

Die Aufbauorganisation muß mit unterschiedlicher Betrachtungsweite und -tiefe durchleuchtet werden. Gegenstand der Betrachtung ist hierbei sowohl der Konzern als auch das Einzelunternehmen, das Werk oder eine einzelne Abteilung. Das Ergebnis dieser Analyse beschreibt qualitätsrelevante Verantwortlichkeiten, Kompetenzen und Befugnisse sowie deren gegenseitige Abhängigkeiten.

Ein weiterer Gegenstand der Betrachtung ist die vorhandene Ablauforganisation. In die Untersuchung werden alle qualitätsbezogenen Abläufe des Unternehmens aufgenommen. Zu jedem Vorgang werden alle notwendigen und verfügbaren Dokumente (Vorgaben, Verfahrensanweisungen, ablaufbezogene Dokumentation) zusammengetragen und bewertet (z.B. hinsichtlich Redundanzen). In Betracht kommen dabei sowohl interne als auch externe Dokumente und Belege. Die Analyse von Beleginhalten und Belegläufen erlaubt einerseits Rückschlüsse auf die bestehende Aufbauorganisation und gewährt andererseits einen Einblick in die Ablauforganisation. Dokumente und Belege müssen hierbei als das Ergebnis innerbetrieblicher Abläufe, aber auch als Anlaß zur Auslösung innerbetrieblicher Aktivitäten verstanden werden.

Nicht zuletzt gehört zu einer umfassenden Ist-Zustands-Analyse auch eine sorgfältige Betrachtung der individuellen Rahmenbedingungen. Hierbei gilt es nach technischen, kaufmännischen und organisatorischen Gesichtspunkten das Unternehmen zu analysieren. Auf diese Weise sollen umfassende Informationen bezüglich der gefertigten Produkte, der eingesetzten Betriebsmittel, des eingesetzten Personals, der umlaufenden Daten oder der initiierten Vorgänge, um hier nur einige Punkte exemplarisch herauszugreifen, gewonnen werden.

Das Ergebnis der Ist-Analyse muß ein detaillierter Überblick über alle vorhandenen, fehlenden oder unzureichend wirksamen qualitätsrelevanten Aufgaben und Tätigkeiten sein.

9.9.12 Schwachstellenanalyse

Stellt man die Ergebnisse der Ist-Analyse dem Sollzustand und den zu erreichenden (Unternehmens-)Zielen gegenüber, so ergeben sich Abweichungen, die nach ihrer Bedeutung für das Unternehmen gewichtet und priorisiert werden müssen **(Bild 9.28)**.

Das Ergebnis der Schwachstellenanalyse beinhaltet:

- eine Beschreibung der Schwachstellen,
- eine Beschreibung der möglichen Auswirkungen,
- eine Gewichtung der Notwendigkeit zur Durchführung von Verbesserungsmaßnahmen sowie
- Vorschläge für Verbesserungsmaßnahmen.

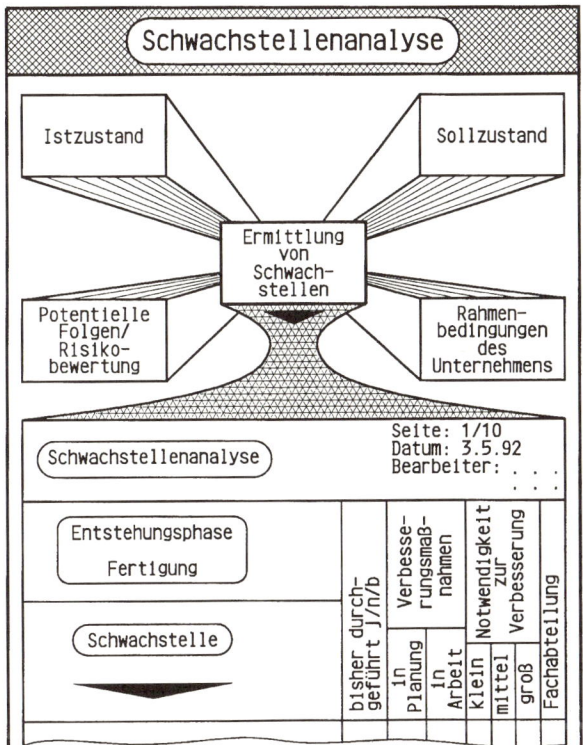

Bild 9.28   Schwachstellenanalyse

9.9.13 Ableitung von Umsetzungsmaßnahmen

Ist das Ergebnis dieser Schwachstellenanalyse eine Vielzahl von Abweichungen, so ist es notwendig, den hieraus resultierenden Handlungsbedarf zu strukturieren und in überschaubare Teilschritte zu segmentieren. Es ist in vielen Fällen sinnvoll, kleinere Problemstellungen direkt durch das Team umzusetzen. Handelt es sich um größere Problemstellungen (wie z. B. die Einführung eines CAQ-Systems), so ist ein getrennter Projektstrukturplan zu entwickeln. Hierin sind neben den Aufgaben von einzelnen Teilprojekten auch Vorgaben zum personellen und investorischen Bedarf zu machen. Zudem sind für alle Teilprojekte Ziele zu definieren und Kriterien für eine Erfolgskontrolle festzulegen **(Bild 9.29)**.

Bei der Durchführung einer Reorganisation des Qualitätsmanagements ist es nicht ratsam, in allen Bereichen gleichzeitig Änderungen vornehmen zu wollen. Häufig führt dies dazu, daß die einsetzbaren Ressourcen allzu schnell „verbraucht" werden, die Projektarbeit auf halbem Wege steckenbleibt und die vorzeigbaren Ergebnisse keineswegs den Erwartungen entsprechen. Eine schrittweise Einführung, die durch einen Projektstrukturplan gelenkt wird, ist hier die bessere Vorgehensweise. Es bietet sich häufig an, Pilotprojekte in abgegrenzten Bereichen zu initiieren (s. u.).

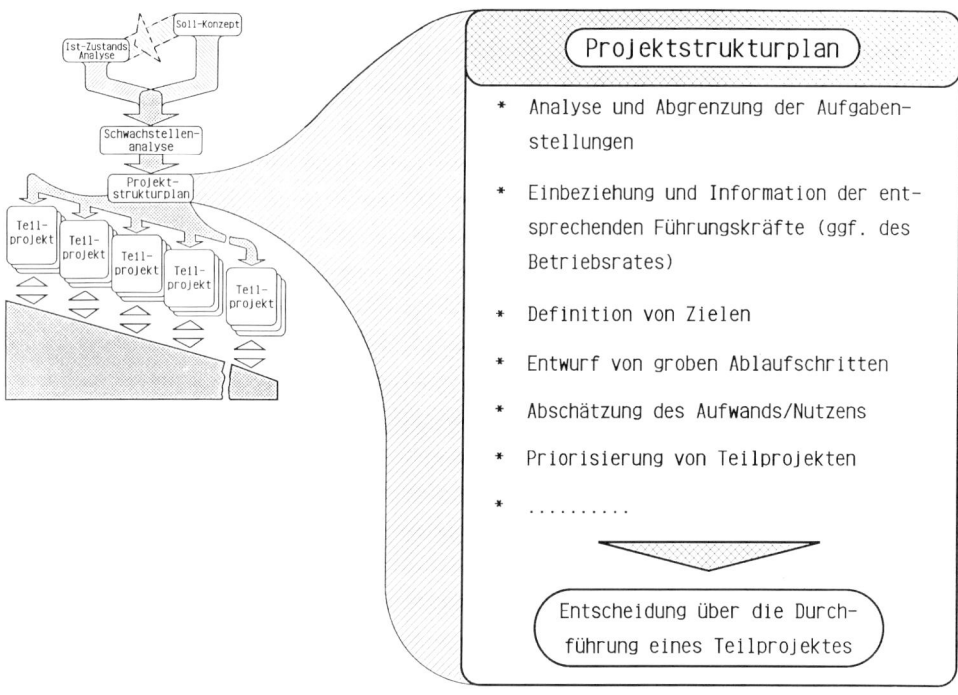

Bild 9.29   Vorbereitung eines Teilprojektes im Bereich Qualitätsmanagement

9.9.14 Prozeßgestaltung und Einführung

Im folgenden Schritt wird das von dem Prozeßteam geplante Organisationsprofil im Unternehmen umgesetzt. Da es sich im Gegensatz zu den vorangehenden Schritten, bei der Prozeßgestaltung und Einführung um einen sehr individuellen, unternehmensspezifischen Prozeß handelt, können nur die folgenden, sehr allgemeinen Anweisungen gegeben werden:

– Ein neues Zielsystem kann sich nur dann bewähren, wenn es gelingt, die Organisationsziele und die individuellen Ziele insgesamt so zu gestalten, daß sie sich letztlich komplementär verhalten. Vor diesem Hintergrund sind die Mitarbeiter in die Prozeßgestaltung einzubeziehen und unternehmerische Ziele und individuelle Ziele frühzeitig abzustimmen.

– Die Eingriffe in die Abläufe sind so in die Komplexität der Problemsituation einzupassen, daß wechselseitige Abhängigkeiten ausreichend berücksichtigt werden.

– Für die Verfolgung der Wirksamkeit des Prozesses sind geeignete Meßgrößen zu finden und mit den Betroffenen zu vereinbaren.

– Ebenso wie in den Planungsschritten gelten auch für die Umsetzung Anforderungen wie die Förderung der Autonomie, die Erhöhung der Lern- und Entwicklungsfähigkeit in der kleinsten Einheit, die Nutzung von Synergien sowie die Nutzung der Ei-

gendynamik der Umgestaltung und die Konzentration auf die wesentlichen Einflußgrößen mit der größten Hebelwirkung.

Neben der bisher angesprochenen raum-zeitlichen Gestaltung der Prozesse sind parallel aufbauorganisatorische Problemstellungen zu berücksichtigen. Im Sinne eines prozeßorientierten Ansatzes erfolgt die Festlegung von Verantwortlichkeiten und Kompetenzen sowie die Stellen- und Abteilungsbildung unter Berücksichtigung der Anforderungen des betrieblichen Prozesses.

Untersuchungen in Unternehmen haben deutlich gezeigt, daß dieser Aspekt vielfach
unzureichende Berücksichtigung findet [hei] und deswegen besondere Bedeutung ver-
dient. Ausgangspunkt der aufbauorganisatorischen Gestaltung ist die prozeßbezogene
Festlegung von entsprechenden Aufgaben. Diese sind mit anderen Prozessen abzustimmen und in das Gesamtgefüge der Aufbauorganisation des Unternehmens einzugliedern.

Der neu gestaltete Ablauf ist in einem weiteren Schritt in einem Probelauf auf seine
Wirksamkeit hin zu überprüfen. Dieser Probelauf hilft, die Planungs- und Umsetzungs-
fehler, die präventiv nicht berücksichtigt wurden, zu beheben. Nach erfolgtem Probelauf ist der Ablauf verbindlich für alle Betroffenen zu vereinbaren und in einem QM-
Handbuch bzw. in Verfahrensanweisungen niederzulegen.

9.9.15 Stabilisierungs- und Weiterentwicklungphase

Auf der Grundlage dieser Schritte kann die Phase des Lernens durch Beobachtung und
Schulung durch eine Phase des Lernens durch eigenes Handeln abgelöst werden. Damit
stabilisieren sich mehr und mehr veränderte Abläufe und Prozesse.

Je komplexer Unternehmensabläufe sind, desto weniger kann an der Ausprägung einer
einzelnen Größe wie dem Einhalten einer Arbeitsanweisung die Leistungsfähigkeit eines Unternehmens überprüft werden. Vielmehr gewinnen die Verfolgung der zu erfüllenden Aufgaben und die daran gekoppelten Ziele sowie die Einhaltung von Verhaltensregeln und Strategien (z.B. in Form einer Q-Politik) an Gewicht. Die Verfolgung
von Zielen bietet für die betroffenen Mitarbeiter und für Führungskräfte die Möglichkeit, den Prozeß im Sinne eines Qualitätsfeedbacks zu positionieren und zielgerichtet
an der Verbesserung zu arbeiten. In diesem Zusammenhang ist darauf hinzuweisen,
daß sich die Ziele nicht nur auf Produkte, sondern ebenfalls auf den Prozeß und auf die
festgelegten Verhaltensregeln und Strategien beziehen.

Eine (Langzeit-)Stabilisierung setzt in einem sich permanent wandelnden Umfeld eine
ständige Anpassung voraus. Obwohl es sich paradox anhört, bedeutet Stabilisierung
auch Wandel. Deswegen ist der Prozeß der Leistungserstellung durch einen parallelen
Prozeß der Weiterentwicklung zu überlagern. Dies gilt für den Subprozeß ebenso wie
für den Gesamtprozeß, also auf allen organisatorischen Ebenen.

9.9.16 Rückkopplung

Erfahrungen aus der Prozeßoptimierung, die bei der Durchführung eines Teilprojektes
gesammelt wurden, sind im Sinne einer Mehrfachnutzung auch für weitere Maßnahmen aufzubereiten und zur Verfügung zu stellen. Dies läßt sich durch vorgegebene

Formblattsysteme (vgl. [pf4]) oder durch die Integration von Mitarbeitern eines abgeschlossenen Projektes zur Prozeßoptimierung in ein weiteres, neues Projekt realisieren.

9.9.17 Ein Beispiel für die Umsetzung eines Teilprojektes

Im folgenden soll für die Umsetzung eines konkreten Teilprojektes, der Einführung einer Statistischen-Prozeß-Regelung (SPC), exemplarisch dargestellt werden, wie ein Beitrag zum Aufbau eines QM-Systems geleistet werden kann **(Bild 9.30)**.

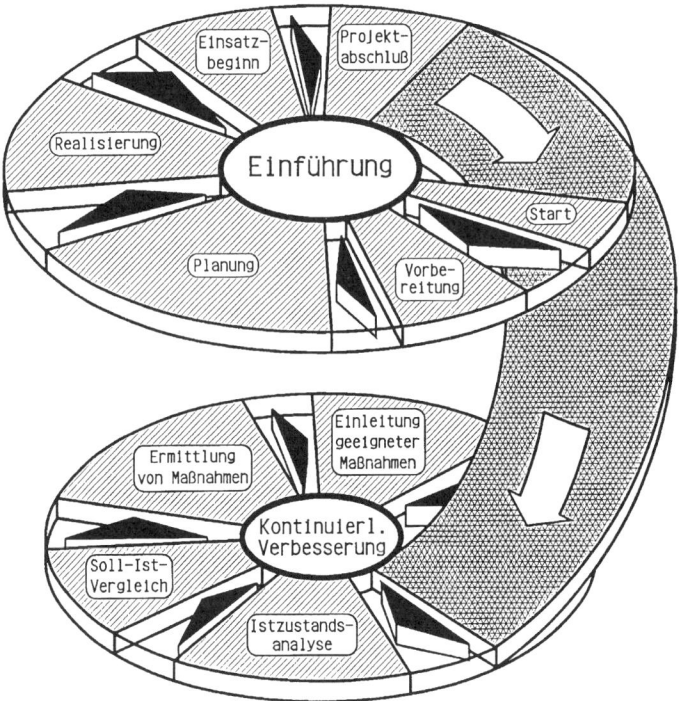

Bild 9.30   Prinzipielle Vorgehensweise zur Einführung eines Verfahrens des Qualitätsmanagements

Vorbereitung der Projektdurchführung

Die Einführung von der SPC ist im allgemeinen eine umfangreiche Aufgabe. Daher sollte diese Aufgabe sinnvoller Weise einem Projektteam übertragen werden, das von einem Verantwortlichen geleitet wird. Die Aufgabe des in dieser Phase noch relativ kleinen Teams muß es zunächst sein,

– sich in die Problemstellung einzuarbeiten und die Möglichkeiten und Grenzen des Verfahrens herauszuarbeiten,

– Einsatzgebiete zu spezifizieren (d.h. es ist, bezogen auf das o.g. Beispiel, grob zu klären, wo SPC eingesetzt werden soll) und

– die eigentliche Einführung vorzubereiten.

Ergebnis dieser vorbereitenden Projektphase sollte eine grundsätzliche Einigkeit aller am Projekt Beteiligten über die Ziele des Projektes und über die grundsätzliche Vorgehensweise sein **(Bild 9.31)**.

Diese scheinbar triviale Forderung ist in ihrem Anspruch und ihrer Bedeutung für die weitere Projektdurchführung nicht zu unterschätzen. Durch ungenügend vorbereitete Entscheidungen werden hier in der Praxis vielfach Fehlentwicklungen eingeleitet, deren Korrektur zu einem späteren Zeitpunkt mit großem Aufwand verbunden ist.

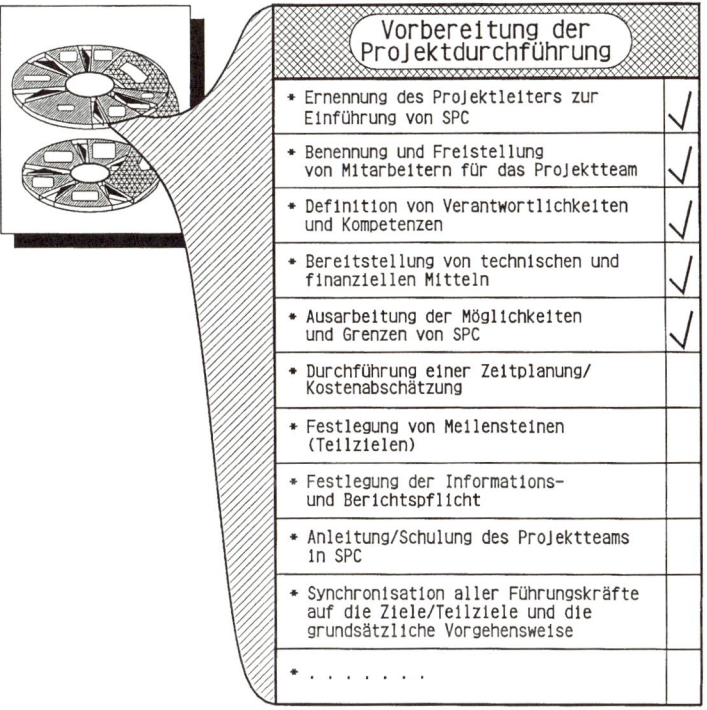

Bild 9.31   Vorgehensweise zur Einführung eines Verfahrens des Qualitätsmanagements – Vorbereitung der Projektdurchführung

Planung der Einführung

Mit dem Eintritt in diese Phase wird der Aufwand deutlich größer, da hier die noch groben Vorgaben aus dem vorangegangenen Arbeitsschritt in detaillierte Planungsergebnisse umgesetzt werden müssen. Daher ist das in der vorbereitenden Phase noch kleine Projektteam entsprechend den Anforderungen zu erweitern.

Um den Umfang der Planungsaufgabe darzustellen, soll an dieser Stelle die Ermittlung von Realisierungsmöglichkeiten schlaglichtartig dargestellt werden **(Bild 9.32)**.

Auch bei SPC zeigt sich die oben angesprochene wechselseitige Abhängigkeit zu anderen QM-Maßnahmen. Eine Informationsquelle und damit Voraussetzung für die Durchführung der Statistischen-Prozeß-Regelung ist die Prüfplanung bzw. Prüfbeauf-

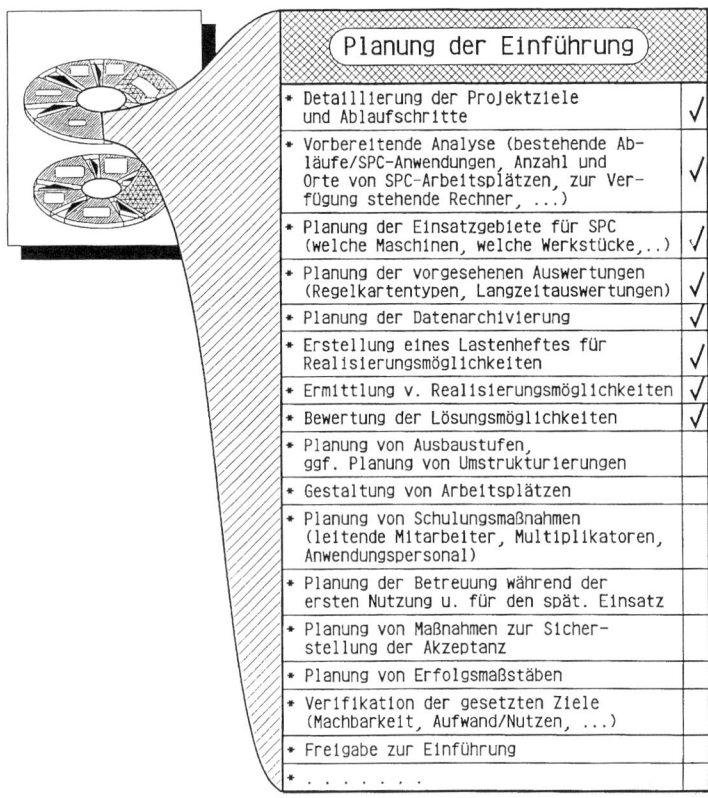

Bild 9.32 Vorgehensweise zur Einführung eines Verfahrens des Qualitätsmanagements – Planung der Einführung

tragung. Gleiches gilt für die Prüfmittelüberwachung/-verwaltung. Sie liefert notwendige Informationen, z. B. über Genauigkeit oder den Wartungszustand von Prüfmitteln und über ihren Anwendungsbereich. Zudem wird durch eine Prüfmittelüberwachung/-verwaltung sichergestellt, daß die Prüfmittel den an sie gestellten Anforderungen entsprechen und somit eine verläßliche Grundlage für ein objektivierbares Ergebnis darstellen. Eine wirksame Überwachung der eingesetzten Prüfmittel ist somit eine wesentliche Voraussetzung für die Durchführung einer SPC.

Die Ausgangsdaten von SPC können darüber hinaus neben der Regelung des Prozesses (z. B. eines Drehprozesses) auch einer übergreifenden Auswertung dienen, um Regelkreise auch zu planerischen Bereichen zu schließen.

SPC, die Prüfplanung, die Verwaltung von Stammdaten, die Prüfmittelüberwachung/-verwaltung, die Prüfdatenanalyse und -auswertung und die Einleitung von Korrekturmaßnahmen lassen sich heute rationell durch ein CAQ-System unterstützen. Daher ist die Einführung von SPC vielfach mit der Einführung eines CAQ-Systems verbunden. Hierdurch erweitert sich die Planungsaufgabe um die Betrachtung weiterer Aufgabenbereiche wie das Qualitätsmanagement im Wareneingang und im Warenausgang, da Module, die diesen Aufgabenbereich unterstützen, Bestandteile von CAQ-Systemen bilden. Werden diese zusätzlichen Aufgaben nicht mitbetrachtet, so sind Störungen zu einem späteren Zeitpunkt „vorprogrammiert".

Hierbei sind neben den rein qualitätsrelevanten Funktionalitäten folgende Aspekte zu betrachten:

− Datenhaltung

− Kommunikation mit anderen Rechnersystemen

− Vernetzung von Meßstationen

− Softwarewartung

− Support bei der Schulung und in der späteren Anwendung des CAQ-Systems

− Datensicherheit und Systemverfügbarkeit

− Schnittstellen und Peripheriegeräte

− Bedienungskomfort

− Systemdokumentation

− vom Softwarehaus angegebene Referenzen.

Die gesamten Anforderungen lassen sich in einem Lastenheft zusammenfassen.

Bei der Einführung einer Statistischen-Prozeß-Regelung sind also eine Vielzahl von Interdependenzen zu berücksichtigen, die eine gründliche Ist-Analyse der Ausgangssituation mit ihren Stärken und Schwächen voraussetzt. Die Einführung von SPC kann nicht singulär betrachtet werden, sondern muß als ganzheitliche Lösung angegangen werden.

Es läßt sich ermessen, daß die Planung der Einführung einen beträchtlichen Umfang haben kann. Dennoch sollte dieser Aufwand nicht gescheut werden, da die Korrektur

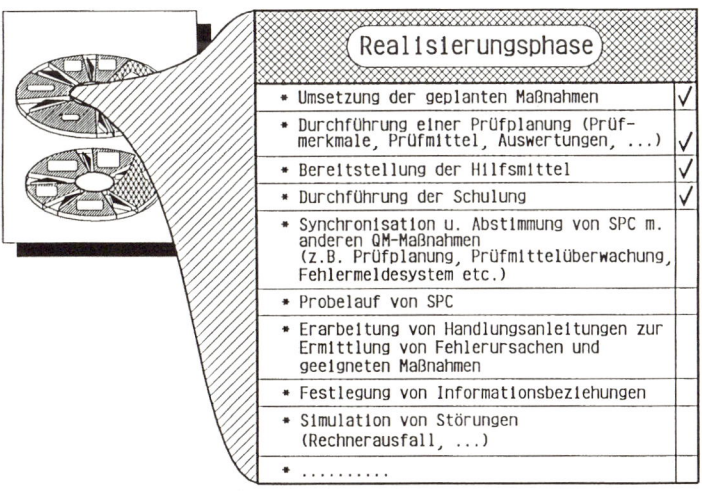

Bild 9.33 Vorgehensweise zur Einführung eines Verfahrens des Qualitätsmanagements −
Realisierungsphase

einer Entscheidung (z.B. die Auswahl einer Softwareunterstützung) zu einem späteren Zeitpunkt häufig kaum oder nur mit großem Aufwand änderbar ist.

Gestaltung und Einführung

Ist nach der Planung die Entscheidung für die Umsetzung der Planungsergebnisse gefallen, so kann die Realisierung der Planungsergebnisse erfolgen (**Bild 9.33**). Zweckmäßigerweise führt man SPC zunächst in einzelnen Bereichen in Form einer Pilotanwendung ein. In diesen Bereichen können so Erfahrungen für die Umsetzung in anderen Bereichen gesammelt werden. Zudem können diese Bereiche als Multiplikator für andere Bereiche dienen und so das eigentliche Projektteam entlasten.

Wesentlich für die Einführung ist, daß Akzeptanzprobleme frühzeitig angegangen werden. In der Praxis zeigt sich häufig bei der Einführung von SPC, daß hier durch eine Scheu vor dem Computer (gerade bei älteren Mitarbeitern) oder aus mangelndem Verständnis für statistische Zusammenhänge große Hürden zu überwinden sind.

Stabilisierung- und Weiterentwicklungsphase

Die Einführung von SPC vollzieht sich nicht innerhalb eines Tages oder einer Woche. Es bedarf i.d.R. einer Anlaufphase, bis alle betroffenen Mitarbeiter das Verfahren beherrschen, die Hilfsmittel aufeinander abgestimmt sind und auch auf Störungen in Abläufen von den Werkern und Meistern adäquat reagiert werden kann.

Die Probleme bei der Einführung der notwendigen Regelungen für die Durchführung von SPC werden treffend im folgenden Wortspiel zum Ausdruck gebracht.

Gesagt ist noch nicht gehört!
Gehört ist noch nicht verstanden!
Verstanden ist noch nicht akzeptiert!
Akzeptiert ist noch nicht getan!
Einmal getan sichert noch keine Kontinuität!

Daher bedarf es gerade am Anfang einer intensiven Betreuung der Mitarbeiter (**Bild 9.34**). Zusätzlich sind Maßnahmen einzuleiten, die auch langfristig sicherstellen, daß das Verfahren richtig eingesetzt wird. Für SPC sollte es daher ergänzende Auffrischungsschulungen geben, in denen Grundlagen wiederholt und Probleme diskutiert werden. Diese Schulungen können zudem als Forum für die Ermittlung und Diskussion von Maßnahmen zur kontinuierlichen Verbesserung der Anwendung des Verfahrens dienen.

Außerdem sollten Möglichkeiten zur Überwachung der Wirksamkeit des Verfahrens geschaffen werden. Hier bieten sich die oben beschriebenen Formen des Audits (vgl. Produkt-, Verfahrens- und Systemaudit) an. Eine weitere Möglichkeit besteht in der Auswertung von Fehler- oder Reklamationsmeldungen, indem z.B. Fehlerhäufigkeiten nach verursachenden Kostenstellen ausgewertet werden.

Das Verfahren zur Überwachung des Einsatzes von SPC sollte zudem Informationen liefern, die als Grundlage für die Einleitung von Maßnahmen zur kontinuierlichen Verbesserung dienen.

Wer aufhört, besser zu werden, hat aufgehört, gut zu sein.

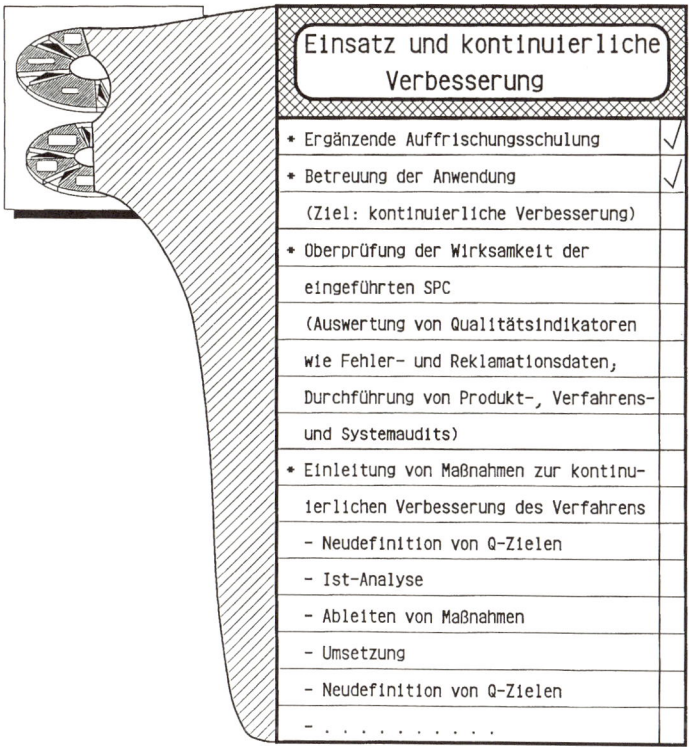

Bild 9.34 Vorgehensweise zur Einführung eines Verfahrens des Qualitätsmanagements – Einsatz und kontinuierliche Verbesserung

Dieser Gedanke trifft im besonderen auf Fragen des Qualitätsmanagements zu und muß daher allen Mitarbeitern vermittelt werden. Nur so läßt sich ein hoher Qualitätsstandard erreichen und sicherstellen.

Qualitätsmanagement ist eine fortwährende Aufgabe. Daher gilt es nach der Einführung wiederholt die

– Wirksamkeit zu überwachen,

– Verbesserungsmaßnahmen zu erarbeiten,

– neue Entwicklungen aufzunehmen und geeignete Maßnahmen abzuleiten,

– diese umzusetzen und

– den Fortschritt zu überprüfen.

Projektreview

Um die Erfahrungen aus der Durchführung des Projektes auch für spätere, ähnliche Projekte verfügbar zu machen, sollte ein abschließender Bericht erstellt werden.

In diesem Bericht sollte zudem der eingeschlagene Weg kritisch bewertet und das Erreichte vor dem Hintergrund der eingesetzten Mittel beurteilt werden.

9.10   Auszeichnungen der Unternehmensqualität / Qualitätspreise

Qualitätspreise (Quality Awards) werden in einigen Ländern wie Japan, den Vereinigten Staaten von Amerika und in einigen europäischen Ländern vergeben. Ziel dieser Preise ist es, besondere Leistungen auf dem Gebiet des Qualitätsmanagements auszuzeichnen und zudem den Qualitätsgedanken durch die Publikation der Preisverleihung weiter zu verbreiten.

Im weiteren sollen folgende Preise kurz erläutert werden:

– Deming Preis
– Malcolm Baldrige National Quality Award
– European Quality Award.

Deming Preis

Auf Einladung der Japanese Union of Scientists and Engineers (Juse) ging Dr. Deming (USA) nach dem 2. Weltkrieg nach Japan und beteiligte sich prägend an dem Wiederaufbau der dortigen Industrie. In Anerkennung seiner Verdienste verleiht die Japanese Union of Scientists and Engineers jährlich den Demingpreis für besondere Verdienste auf dem Gebiet des Qualitätsmanagements **(Bild 9.35)**.

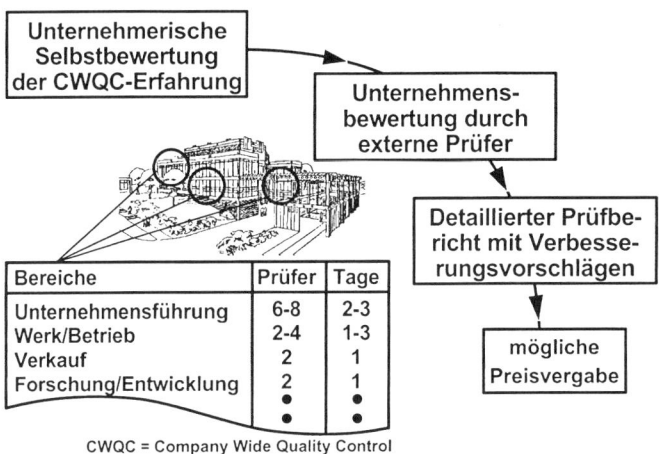

Bild 9.35   Ablauf des Deming Applikation Prize

Der Deming-Preis wird in drei verschiedenen Sparten verliehen, wobei die Kriterien für die Vergabe nicht ausschließlich auf die Lehren Demings bezogen sind [kam]. Die drei Sparten sind

– der Deming Application Prize, er wird an Unternehmen verliehen,

– der Deming Prize for Individuals, er ist für einzelne Personen gedacht und

– der Deming Prize for Overseas Companies, der an ausländische Unternehmen vergeben wird.

Malcolm Baldrige National Quality Award

Der Malcolm Baldrige National Quality Award ist seit 1988 die wichtigste staatlich geförderte und gesetzlich verankerte Fördermaßnahme des „United States Department of Commerce" und des „National Institute of Standards and Technology" (Public Law 100-107, von Präsident Reagan signiert am 20. 8. 1987). Er wird jährlich durch den Präsident der USA an die Gewinner verliehen.

Ziel des Award ist es,

– das Bewußtsein für Qualität als den entscheidenden Wettbewerbsfaktor deutlich zu machen,

– die Notwendigkeit für Bemühungen im Bereich Qualitätsmanagement bewußt zu machen und

– Informationen über erfolgreiche Qualitätsmanagementkonzepte und deren Vorteile deutlich zu machen.

Neben der Förderung dieser Aspekte dient der Preis mit seinen Bewertungsrichtlinien als wichtiges Instrument zur Bewertung des Standes des Qualitätsmanagements in jeder Art von Unternehmen bzw. als Hilfestellung zu deren Verbesserung. Ein Indiz dafür, wieweit der Macolm Baldrige Quality Award dieser Zielsetzung gerecht wird, läßt sich aus folgenden Zahlen ableiten [zi2]:

> Im Jahr 1993 wurden 200 000 Exemplare der 40seitigen Award Application Brochure verschickt. Es wird geschätzt, daß davon wiederum 300 000 Kopien angefertigt wurden.

Der Preis wird in drei Kategorien an jeweils maximal zwei Preisträger verliehen. Diese Kategorien sind:

– Produzierende Unternehmen oder Zulieferer

– Dienstleistungsunternehmen

– Klein-Unternehmen (bis 500 Beschäftigte).

Die Kriterien des Malcolm Baldrige Award gliedern sich sieben Hauptkriterien. Sie sind wiederum unterteilt in Unterkriterien **(Bild 9.36)**. Für jedes Kriterium läst sich eine maximale Anzahl von Punkten erreichen. Anhand dieser Punkteverteilung wird die Bedeutung einzelner Aspekte, wie die Kundenorientierung und Kundenzufriedenheit deutlich.

Alle Kriterien werden vor dem Hintergrund von drei Aspekten beleuchtet,

– die eingesetzten Methoden, mit deren Hilfe die in den Beurteilungskriterien genannten Forderungen erfüllt werden,

– der Umsetzungsgrad, d. h. die tatsächliche Anwendung der genannten Methdoden in der unternehmerischen Praxis und

– die durch die getroffenen Maßnahmen erreichten Ergebnisse und Leistungen **(Bild 9.37)**.

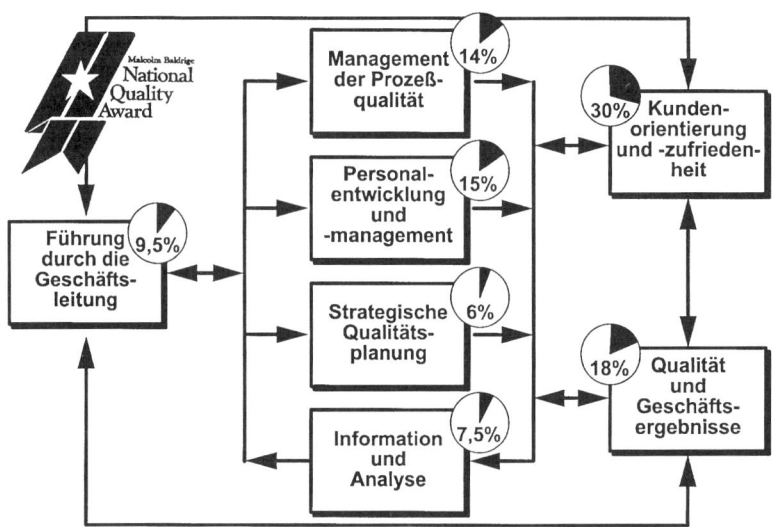

Bild 9.36   Malcolm Baldrige National Quality Award

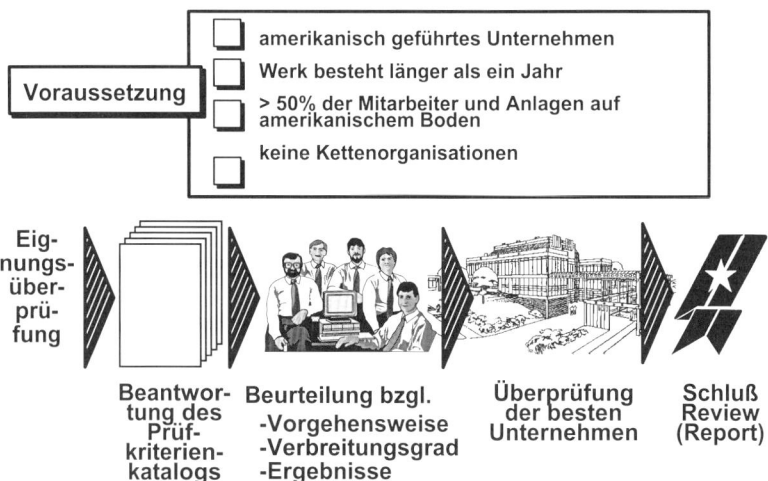

Bild 9.37   Beurteilungsprozeß des Malcolm Baldrige National Quality Award

European Quality Award

Eine ähnliche Zielsetzung wie der Malcolm Baldrige Award verfolgt der European Quality Award. Mit diesem von der European Foundation for Quality Management (EFQM) vergebenen Preis sollen Unternehmen ausgezeichnet werden, die besondere Leistungen auf dem Gebiet des Qualitätsmanagements vollbracht haben.

Der European Quality Award beinhaltet zwei mögliche Auszeichungen,

– den eigentlichen European Quality Award und

– den European Quality Prize.

Der erste wird dem am besten eingeschätzten Unternehmen verliehen. Darüber hinaus können weitere Unternehmen mit dem European Quality Award ausgezeichnet werden, die sich ebenfalls um Qualität und Qualitätsmanagement bemüht haben [zi2].

Für die Beurteilung von Unternehmen wird ein Kriterienmodell herangezogen. Es basiert auf neun Hauptkriterien (Bild 9.38), die in Form von inhaltlichen Erläuterungen näher beschrieben werden, ohne jedoch explizit gegliedert zu sein. Die Zuordnung der

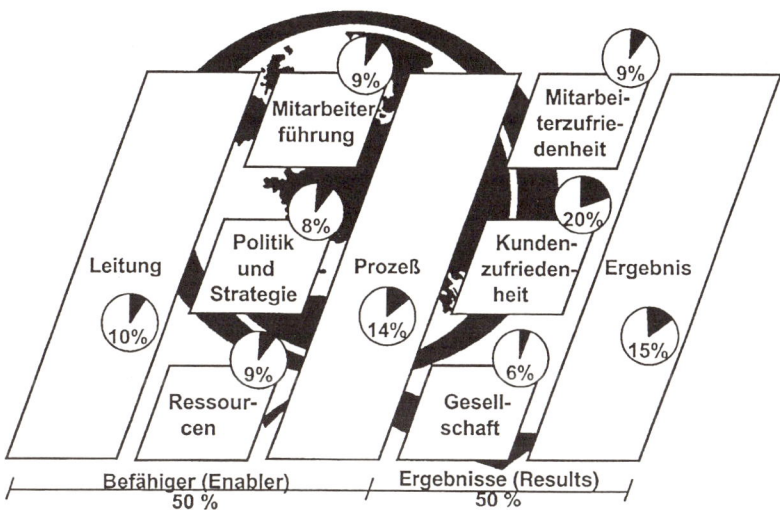

Bild 9.38   European Quality Award (Beurteilungskriterien)

Bild 9.39   European Quality Award (Beurteilungsprozeß)

zu erreichenden Punkte bezieht sich daher auf das Kriterium als Ganzes und nicht auf einzelne inhaltliche Aspekte **(Bild 9.39)**.

Prozesse sind die Mittel, durch die das Unternehmen die Fähigkeiten seiner Mitarbeiter lenkt und freisetzt, um Ergebnisse zu erzielen. Sie sind entscheidend für den Erfolg eines Unternehmen. Nur wenn der Entstehungsprozeß abgesichert ist und wenn die Rahmenbedingungen für die Leistungserbringung im Unternehmen förderlich sind, kann die Erfüllung von Kundenwünschen erreicht werden. Um diesem Tatbestand Rechnung zu tragen, bilden die „Befähiger", d.h. die Führung des Unternehmens, die Mitarbeiterführung, die Unternehmenspolitik und die Prozesse, einen Schwerpunkt des Kriterienmodells. Den zweiten Schwerpunkt bilden die Ergebnisse des Leistungserstellungsprozesses, zu denen auch die Mitarbeiterzufriedenheit, die Kundenzufriedenheit und die Auswirkung auf die Gesellschaft zählen.

9.11 Zusammenfassung

Maßnahmen zur Sicherung der Qualität müssen in allen Bereichen des Unternehmens wirksam werden. Entscheidend für diese Wirksamkeit ist die vertikale und horizontale Integration der Maßnahmen in die Aufbau- und Ablauforganisation. Aus der Vielzahl der Maßnahmen bildet sich das QM-System. Die Verantwortung hierfür trägt das Management. Es muß Qualität als Querschnittsfunktion in allen Bereichen des Unternehmens umsetzen.

Der Aufbau eines anspruchsvollen QM-Systems ist eine komplexe und umfangreiche Aufgabe. Sie darf daher in ihrem Aufwand nicht unterschätzt werden. Daß dieser Aufwand nicht allein zu einer Belastung, sondern zu erkennbarem Nutzen für das Unternehmen werden kann, wird nicht allein durch die Tatsache deutlich, daß Qualität mehr und mehr zum Stigma einzelner Unternehmen, ja ganzer Branchen wird. Ein wirksames Qualitätsmanagementsystem muß mehr denn je Ziel und Aufgabe eines Unternehmens sein.

Das einmalige Erlangen eines Zertifikates kann jedoch nicht das Ziel sein. Qualitätsmanagement muß vielmehr als permanente Aufgabe aufgefaßt werden, um zukünftig im

Bild 9.40   Leitmotiv zum Aufbau eines Qualitätsmanagementsystems

Wettbewerb bestehen zu können. Dies läßt sich auch zu der Aussage „Wer aufhört besser zu werden, hat aufgehört gut zu sein" zusammenfassen **(Bild 9.40).**

Ohne das Ziel, Qualitätsmanagement auf hohem Niveau zu erreichen, wird man nicht zu einer Befriedigung der Kundenwünsche und damit zur angestrebten Qualität kommen.

Literatur

[bau]   **Bauer, C. O.:** *Das Qualitätssicherungs-Handbuch – der BAB der Qualitätssicherung.* Gießerei Erfahrungs-Austausch 5/91; Fachverlag Gießerei-Erfahrungs-Austausch; Heddesheim, 1991

[cun]   **Cuntze, E.-O.:** *Das Qualitätsaudit – ein Führungsinstrument.* QZ, Qualität und Zuverlässigkeit, QZ 37 (1992) 9; Carl Hanser Verlag; München, 1992

[di1]   **N.N.:** *DIN EN ISO 9000-1; Qualitätsmanagement- und Qualitätssicherungsnormen.* Teil 1, Leitfaden zur Auswahl und Anwendung; Beuth Verlag GmbH; Berlin, 1994

[di2]   **N.N.:** *DIN ISO 9000-2; Qualitätsmanagement- und Qualitätssicherungsnormen.* Teil 2, Leitfaden zur Auswahl und Anwendung; Beuth Verlag GmbH; Berlin, 1994

[di3]   **N.N.:** *DIN ISO 9000-3 (Entwurf); Qualitätsmanagement und Qualitätssicherungsnormen.* Leitfaden für die Anwendung von ISO 9001 auf die Entwicklung, Lieferung und Wartung von Software; Beuth Verlag GmbH; Berlin, 1992

[di4]   **N.N.:** *Normen zum Qualitätsmanagement und zur Darlegung von Qualitätsmanagementsystemen – Leitfaden zum Management von Zuverlässigkeitsprogrammen,* Beuth Verlag GmbH; Berlin, 1994

[di5]   **N.N.:** *DIN EN ISO 9001; Qualitätsmanagementsysteme-Modell zur Qualitätssicherung/QM-Darlegung in Design/Entwicklung, Konstruktion, Produktion, Montage und Wartung.* Beuth Verlag GmbH; Berlin, 1994

[di6]   **N.N.:** *DIN EN ISO 9002; Qualitätsmanagementsysteme-Modell zur Qualitätssicherung/QM-Darlegung in Produktion, Montage und Wartung.* Beuth Verlag GmbH; Berlin, 1994

[di7]   **N.N.:** *DIN EN ISO 9003; Qualitätsmanagementsysteme-Modell zur Qualitätssicherung/QM-Darlegung bei der Endprüfung.* Beuth Verlag GmbH; Berlin, 1994

[di8]   **N.N.:** *DIN EN ISO 9004-1 – Qualitätsmanagement und Elemente eines Qualitätsmanagementsystems – Teil 1 Leitfaden.* Beuth Verlag GmbH; Berlin, 1994

[di9]   **N.N.:** *DIN ISO 9004-2 – Qualitätsmanagement und Qualitätsmangementelemente.* Leitfaden für Dienstleistungen; Beuth Verlag GmbH; Berlin, 1992

[di10] **N.N.:** *DIN ISO 9004-3 (Entwurf) – Qualitätsmanagement und Elemente eines QM-Systems.* Leitfaden verfahrenstechnische Produkte; Beuth Verlag GmbH; Berlin, 1992

[di11] **N.N.:** *DIN ISO 9004-4 (Entwurf) – Qualitätsmanagement und Elemente eines QM-Systems.* Leitfaden für Qualitätsverbesserungen; Beuth Verlag GmbH; Berlin, 1994

[di12] **N.N.:** *DIN ISO 9004-7 (Entwurf) – Qualitätsmanagement und Elemente eines QM-Systems.* Leitfaden für Konfigurationsmanagement; Beuth Verlag GmbH; Berlin, 1994

[di13] **N.N.:** *DIN ISO 8402; Qualitätsmanagement und Qualitätssicherung – Begriffe (Entwurf).* Beuth Verlag GmbH; Berlin, 1992

[di14] **N.N.:** *DIN ISO 8402 A1; Qualität – Begriffe (Entwurf).* Beuth Verlag GmbH; Berlin, 1989

[di15] **N.N.:** *DIN 55350 T11: Begriffe der Qualitätssicherung und Statistik.* Beuth Verlag; Berlin, 1987

[di16] **N.N.:** *DIN ISO 10011; Leitfaden für das Audit von Qualitätsmanagementsystemen (Entwurf).* Beuth Verlag GmbH; Berlin, 1990

[di17] **N.N.:** *DIN ISO 10013; Leitfaden für die Erstellung von Qualitätsmanagement-Handbüchern.* Beuth Verlag GmbH; Berlin, 1994

[di18] **N.N.:** *DIN 66001; Sinnbilder und ihre Anwendung.* Beuth Verlag GmbH; Berlin, 1983

[dg1]   **N.N.:** *Leitfaden zur Erstellung eines Qualitätssicherungshandbuchs.* Aufbau, Einführung, Musterbeispiele; DGQ-Schrift Nr. 12-62; Deutsche Gesellschaft für Qualität e.V. (DGQ); Frankfurt, 1987

[dg2]   **Gaster, D.:** *Systemaudit, die Beurteilung des QS-Systems.* DGQ-Schrift Nr. 12-63; Deutsche Gesellschaft für Qualität e.V. (DGQ); Frankfurt, 1987

[dg3]   **Gaster, D.:** *Produkt- oder Verfahrensaudit.* DGQ-Schrift Nr. 13-41; Deutsche Gesellschaft für Qualität e.V. (DGQ); Frankfurt, 1987

[dqs]   **N.N.:** *Die DQS Deutsche Gesellschaft zur Zertifizierung von QS-Systemen mbH stellt sich vor.* DQS, Frankfurt, 1991

[ebe]   **Ebeling, J.:** *Qualität auf neuen Wegen.* Firmenschrift der Bayerischen Motorenwerke; Abteilung Qualitätssicherung; München, 1988

[gei]   **Geiger, W.:** *Qualitätslehre – Einführung, Systematik, Terminologie.* Friedr. Vieweg & Sohn Verlagsgemeinschaft, Braunschweig/Wiesbaden, 1986

[hei]   **Heine, J.:** *Prozeßorientierte Einführung eines Qualitätsmanagementsystems; ein Beitrag zur Optimierung von Geschäftsprozessen in Unternehmen, die in kleinen und mittleren Stückzahlen komplexe Produkte herstellen;* Shaker Verlag; Aachen, 1995

[jah]   **Jahn, H.:** *Zertifizierung von Qualitätssicherungs-Systemen.* In: Masing (Hrsg.), Handbuch der Qualitätssicherung; Carl Hanser Verlag; München/Wien, 1989

[kam]   **Kamiske, G. F.; Brauer, J.-P.:** *Qualitätsmanagement von A–Z.* Erläuterungen moderner Begriffe des Qualitätsmanagements. 2., überarbeitete und erweiterte Auflage; Carl Hanser Verlag; München, Wien, 1995

[kli]   **Klimasch, R.:** *Unternehmensberater – Was sie können, und was sie nicht.* Impulse; Jg. 1990 (1990) 6, S. 80–95 Gruner + Jahr AG & Co. Druck- und Verlagshaus; Hamburg, 1990

[mas]   **Masing, W.:** *Handbuch Qualitätsmanagement.* 3. Auflage; Carl Hanser Verlag; München, Wien, 1994

[mul]   **Multhaupt, H.:** *Das Produktaudit bei Daimler-Benz.* Firmendruck; Stuttgart, 1989

[oeh]   **Oehmke, F. D.:** *Methodik zur Strukturplanung von Qualitätssicherungssystemen.* Dissertation an der RWTH Aachen, 1989

[pär]   **Pärsch, J. G.:** *Zertifizierung von Qualitätsmanagementsystemen.* In: Masing, W.: Handbuch Qualitätsmanagement; Carl Hanser Verlag; München, Wien, 1994

[pet]   **Petrick, K.; Reihlen, H.:** *Qualitätssicherung und Normung.* In: Masing: Handbuch der Qualitätssicherung; 2. Auflage; Carl Hanser Verlag; München, Wien, 1988

[pf1]   **Pfeifer, T.; Heine, J.:** *Bedeutung der Qualitätssicherung.* In: „Was der Produktionsingenieur von Qualität wissen muß"; VDI-Verlag; Düsseldorf, 1991

[pf2]   **Pfeifer, T.; u.a.:** *Qualitätssicherung in integrierten Produktionsabläufen.* Interkama 1989, NOWEA Düsseldorfer Messegesellschaft; Düsseldorf, 1989

[pf3]   **Pfeifer, T.; Heine, J.:** *Qualitätssicherung in kleinen und mittleren Unternehmen.* In: „Qualitätssicherung für Produktionsingenieure"; VDI-Bericht 998; VDI-Verlag; Düsseldorf, 1992

[pf4]   **Pfeifer, T.; Heine, J.:** *Erarbeitung eines verbandsspezifischen QS-Leitfadens.* VDW 0158/1; Verein deutscher Werkzeugmaschinenfabriken e.V. (VDW); Frankfurt 1993

[rot]   **Roth, W.:** *Quality Improvement, Quality Progress.* American Society for Quality Control; Jg. 23 (1990) 8, S. 85–87; Milwaukee, 1990

[sc1]   **Schwenke, R. G. R.:** *Qualitätssicherungs-Handbuch, -planen, -ausarbeiten, -einführen, -kontrollieren.* Maschinenbau-Verlag; Frankfurt, 1988

[vd1]   **N.N.:** *Sicherung der Qualität vor Serieneinsatz.* Qualitätskontrolle in der Automobilindustrie Band 4; 2. Auflage; Verband der Automobilindustrie e.V. (VDA); Frankfurt/Main, 1986

[vd2]   **N.N.:** *Produktaudit bei Automobilherstellern und Zulieferanten.* Einführung, Durchführung, Bewertung; Qualitätskontrolle in der Automobilindustrie Band 5; Verband der Automobilindustrie e.V. (VDA); Frankfurt/Main, 1983

[wöh]   **Wöhe, G.:** *Einführung in die allgemeine Betriebswirtschaftslehre.* Verlag Franz Vahlen; München, 1990

[zi1]   **Zink, K. J.:** *Qualität als Herausforderung.* In: Qualität als Managementaufgabe, Total Quality Management. Zink, K. J. (Hrsg.); Verlag Moderne Industrie, 1989

[zi2]   **Zink, K. J.; Hauer, R.; Schmidt, A.:** *Quality Assessment.* Instrumentarium zur Analyse von Qualitätskonzepten auf der Basis von EN 29000, Malcolm Baldrige Award und European Quality Award; Teil 1; Qualität und Zuverlässigkeit (QZ); Carl Hanser Verlag; München Wien, 1992

[zi3]   **Zink, K. J.:** *Konzepte zur Umsetzung von Qualitätswissen; Band 1: Aufgabendefinition und Festlegung des Untersuchungsdesigns.* Forschungsbericht für den Projektträger Fertigungstechnik und Qualitätssicherung des BMFT; LIA; Kaiserslautern, 1994

Kapitel 10   Qualität und Wirtschaftlichkeit

Gliederung

10.1 Einleitung

Das Qualitätsmanagement verursacht, wie jede andere Aktivität im Unternehmen, Kosten, führt aber andererseits z.B. durch Vermeidung bzw. Verringerung von Fehlern auch zu Kostensenkungen. Eine wirtschaftliche Lenkung des Qualitätsmanagements setzt daher die Untersuchung von qualitätsbezogenen Kosten voraus. Dabei wird das Ziel angestrebt, diese zu senken und gleichzeitig die Qualität zu erhöhen. Im Maschinenbau werden jährlich mehr als 6 Mrd. DM für qualitätssichernde Maßnahmen aufgewendet; dies sind rund 4 % des Umsatzes, was etwa der durchschnittlichen Umsatzrendite entspricht [rie].

Qualitätsbezogene Kosten entstehen durch Qualitätsprüfungen, fehlerhafte Produkte und durch die Qualitätsplanung/-lenkung. Somit haben qualitätsbezogene Kosten den Charakter von Mehrkosten, denen kein unmittelbarer Wertzuwachs am Produkt gegenübersteht. Aus diesem Grund und wegen des hohen Anteils qualitätsbezogener Kosten (ca. 5–15 %) an den Herstellkosten stellen Qualitätskosten ein bedeutendes Rationalisierungspotential dar [ste]. Nur etwa 10 % der gesamten Qualitätsmanagementsaufwendungen fallen für präventive Maßnahmen an. Dagegen sind ca. 40 % für Meß- und Prüfungsmaßnahmen und etwa 50 % für Fehler- bzw. Fehlerfolgekosten zu veranschlagen [rie].

Qualitätsbezogene Kosten sind ein wichtiger Indikator für wirtschaftliche Schwachstellen im Unternehmen. Diese finden sich in sämtlichen Unternehmensbereichen, wie Konstruktion, Beschaffung, Fertigung, Montage etc., aber auch im Qualitätswesen selbst. Mit der Analyse der qualitätsbezogenen Kosten sollen in den verschiedenen Unternehmensbereichen Ansatzpunkte zur Verbesserung der Produktqualität und Wirtschaftlichkeit gefunden werden. Die Befragung einer repräsentativen Gruppe von Unternehmen im Bereich Maschinenbau ergab, daß nur etwa 17 % von ihnen eine planmäßige und strukturierte Erfassung der qualitätsbezogenen Kosten betreiben und nur etwa 6 % eine detaillierte Fehlerursachenanalyse vornehmen [rie].

Mit Hilfe des betrieblichen Rechnungswesens wird das gesamte betriebliche Geschehen mengen- und wertmäßig erfaßt. Qualitätsbezogene Kosten sollten daher nicht mit einem kostenintensiven separaten System untersucht werden, sondern integraler Bestandteil des betrieblichen Rechnungswesens sein. Hierzu bietet es sich an, zunächst alle Mittel des betrieblichen Rechnungswesens auszuschöpfen und diese soweit wie notwendig zu ergänzen. Aus diesem Grund erfordert die Untersuchung von qualitätsbezogenen Kosten eine enge Kooperation zwischen dem kaufmännischen Bereich und dem Qualitätswesen eines Unternehmens. Hierbei ist jedoch zu beachten, daß die Instrumentarien des betrieblichen Rechnungswesens nicht immer eine differenzierte Ausweisung qualitätsbezogener Kosten ermöglichen.

Die Verfolgung von qualitätsbezogenen Kosten darf nie darüber hinwegtäuschen, daß nicht selten kostenmäßig recht unbedeutende Fehler, die zum Kunden „durchgeschlüpft" sind, dort beträchtliche Folgen mit geschäftspolitisch einschneidenden Konsequenzen auslösen können. Aktivitäten innerhalb des Qualitätsmanagements dürfen daher nicht ausschließlich von qualitätsbezogenen Kostenuntersuchungen bestimmt werden. Im Rahmen einer marktorientierten Qualitätspolitik sind qualitätsbezogene Kosten nicht als alleiniges Entscheidungskriterium, sondern als eines von mehreren Führungsmitteln des Qualitätsmanagements zu sehen.

10.2 Definition qualitätsbezogener Kosten

Die Definition und Betrachtungsweise der qualitätsbezogenen Kosten wurde bereits von JURAN 1932 festgelegt [jur]. Sie haben sich bis heute nicht wesentlich verändert und gliedern sich in:

- Fehlerverhütungskosten

- Prüfkosten und

- fehlerbezogenen Kosten (auch Fehlleistungsaufwand genannt [ma3]).

Die bekannten Ansätze zur Erfassung und Verrechnung der qualitätsbezogenen Kosten vernachlässigen jedoch – in dem Bemühen diese zu minimieren – die detaillierte Betrachtung und wirkungsvolle Vermeidung des Fehlleistungsaufwands. Weiterhin werden durch die derzeit gängigen Begriffsdefinitionen Fehlleistungen, die in den dem eigentlichen Produktionsprozeß vorgelagerten Bereichen entstehen und anfallen, nur unzureichend berücksichtigt.

Insbesondere die Entscheidungen, die in planerischen Bereichen getroffen werden, determinieren die in der Fertigung und Montage erreichbare Produktqualität und stellen die Weichen für die erreichbare Prozeßqualität. Der unterschiedliche Verlauf der Kostenfestlegung und -verursachung verdeutlicht den geringen Spielraum für spätere Korrekturen und Anpassungen, die mit einem erheblichen Zeit- und Kostenaufwand verbunden sind **(Bild 10.1)** [sch].

Zwischen 70 und 80% aller im Unternehmen auftretenden Fehlleistungen werden in den planenden Bereichen verursacht (Kap. 1). Diese Fehler und Störungen wirken sich meist erst in den Bereichen der Produktion aus oder führen zu erheblichen Aufwänden bei dem bzw. für den Kunden. Der Hebel zur Optimierung der Produkt- und Prozeßqualität ist am wirkungsvollsten dort anzusetzen, wo die größten Effekte erzielt werden können.

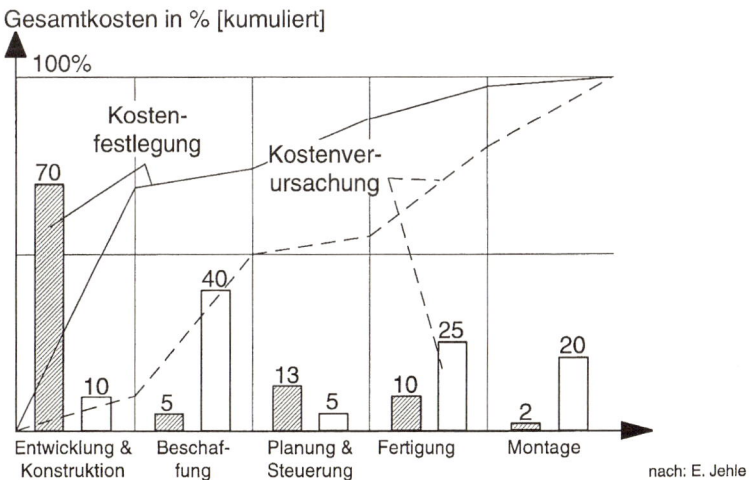

Bild 10.1   Fehlerverursachung und Fehlerentdeckung

Diese Erkenntnis hat dazu geführt, daß innerhalb des Qualitätsmanagements eine Vielzahl von Methoden und Techniken zur Fehlervermeidung insbesondere für die der eigentlichen Fertigung vorgelagerten Bereiche entwickelt, verbessert und angeboten wurden. Der Großteil dieser verfügbaren Hilfsmittel wird jedoch in der Praxis derzeit noch nicht oder nur unzureichend angewandt. Ein Grund dafür ist der fehlende Nachweis, daß bei Anwendung dieser Methoden die Zielkriterien Zeit, Kosten und Qualität tatsächlich positiv beeinflußt werden können [har]. Weitaus schwerwiegender ist jedoch die Tatsache, daß der effiziente Einsatz dieser Methoden die detaillierte Kenntnis insbesondere über fehlleistungsbezogene Schwerpunkte auf Basis einer wertmäßigen Betrachtung voraussetzt.

Durch den Anspruch, den der Oberbegriff „Qualitätsbezogene Kosten" als Gesamtheit der Kosten für qualitätsfördernde Maßnahmen und für „Nicht-Qualität" früher erhob, wurde eine Neustrukturierung dieser Begriffsdefinition notwendig. Die Gruppe der Fehlerverhütungs- und Prüfkosten und fehlerbezogenen Kosten muß sorgfältig auseinandergehalten werden. Die sich daraus ergebenden Bestrebungen bezüglich neuer Begriffsdefinitionen sowie die abgeleiteten Ansätze zur Strukturierung der qualitätsbezogene Kosten sollen im folgenden vorgestellt und kritisch hinterfragt werden.

Ausgehend von der bisherigen Strukturierung der qualitätsbezogenen Kosten, die u.a. in der Rahmenempfehlung der Deutschen Gesellschaft für Qualität (DGQ) und der British Standards Institution (BSI) 6143 Part 2 festgeschrieben ist, können „die qualitätsbezogenen Kosten als Kosten definiert werden, die vorwiegend infolge von Qualitätsforderungen entstehen" [dgq, bsi]. International gültig ist die Dreiteilung der quali-

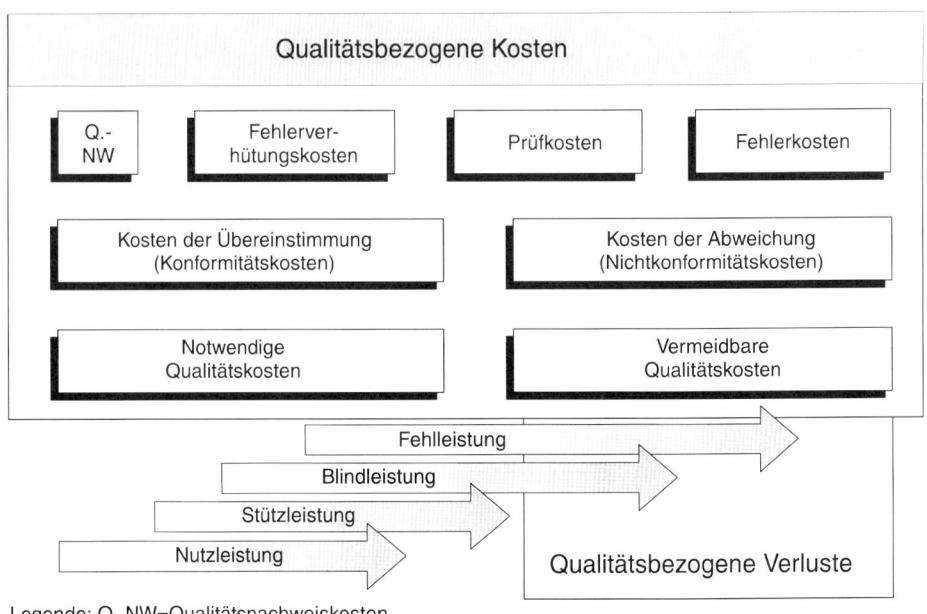

Legende: Q.-NW=Qualitätsnachweiskosten

Bild 10.2   Qualitätsbezogene Kosten und Verluste

tätsbezogenen Kosten, wie sie auch durch die EOQC-Definition festgelegt wurde: „The expenditure incurred by prevention and appraisal activities and by the losses due to internal and external failure."

In der DIN ISO 8402 werden die qualitätsbezogenen Kosten um qualitätsbedingte Verluste erweitert, die durch das nicht ausreichende Führen von Prozessen und Tätigkeiten entstehen [din]. Gleichzeitig wird in dem Beiblatt 1 dieser Anteil als „schwer erfaßbar … aber sehr bedeutsam" bezeichnet [din], jedoch stellt er eine kaum praktizierte Begriffserweiterung dar.

Die Versuche, qualitätsbezogene Kosten sinnvoll zu strukturieren und damit praktikabel zu gestalten, ergaben bisher lediglich eine Zusammenfassung der Fehlerverhütungs- und Prüfkosten bzw. eine Umbenennung. Aufbauend auf einem Ansatz von WILDEMANN [wil] wird von KAMISKE und TOMYS ein neuer Strukturierungsansatz entwickelt [tom]. Darin wird der Unternehmensprozeß in vier Leistungsarten unterteilt (**Bild 10.2**). Der eigentlichen Nutzleistung, mit der werterhöhende Leistungen innerhalb des Unternehmensprozesses determiniert werden, stellt KAMISKE die Fehlleistung gegenüber, die bereits 1988 von MASING begrifflich postuliert wurde [ma3].

10.3 Ziele und Aufgaben der Untersuchung von qualitätsbezogen Kosten

Das Hauptziel von qualitätsbezogenen Kostenuntersuchungen ist die Steuerung und Kontrolle der Wirtschaftlichkeit der qualitätssichernden Tätigkeiten und der wirtschaftlichen Entwicklung und Fertigung der Produkte [ste]. Grundsätzlich beziehen sich qualitätsbezogene Kosten auf Ereignisse, die bereits eingetreten sind und beschreiben damit nicht umkehrbare Vorgänge. Daher sind die einmal erfaßten qualitätsbezogenen Kosten nur von Nutzen, soweit sie positive Auswirkungen auf zukünftige Entscheidungen haben. Mit der Erfassung und Auswertung von qualitätsbezogenen Kosten steht, wie bereits erwähnt, eine Kenngröße zur Verfügung, die der Qualitätslenkung bzw. dem Qualitätsmanagement Hinweise auf Schwachstellen im Unternehmen geben kann.

Aus dem Ziel der Steuerung und Kontrolle der Wirtschaftlichkeit leiten sich die Aufgaben der qualitätsbezogenen Kostenuntersuchungen ab. Im Bereich des Qualitätsmanagements werden eine Vielzahl von Methoden und Techniken angeboten, mit denen identifizierte Schwachstellen beseitigt oder zumindest in ihrer negativen Wirkung reduziert werden können. Der effiziente Einsatz dieser Methoden setzt jedoch die Ermittlung fehlerbezogener Schwachstellen auf der Basis einer wertmäßigen Betrachtung voraus.

Diese notwendige Transparenz der Fehlerschwerpunkte ist jedoch weder in bezug auf die verantwortlichen Ursachen noch unter kostenmäßigen Aspekten gegeben. Ganzheitliche Ansätze zur Erfassung, Verrechnung und Auswertung des betrieblichen Fehlleistungsaufwands kommen derzeit nur selten zum Einsatz. Die Planung und Initiierung langfristiger Verbesserungsmaßnahmen setzt die Beachtung folgender Erfolgsfaktoren voraus:

– Umfassende Betrachtung der fehlerbezogenen Kosten,
  d.h. keine isolierte Behandlung von Teilelementen des Fehlleistungsaufwands, z.B. von Ausschuß- und Nacharbeitskosten.

– Systematische Beschreibung von Fehlerursachen,
d. h. die in der Praxis angewandten Fehlerschlüssel müssen gegebenenfalls erweitert bzw. modifiziert werden, damit Rückschlüsse auf die für die fehlerbezogenen Kosten verantwortlichen Fehlerursachenbereiche zu ziehen sind.

– Erweiterung des bestehenden Kostenrechnungssystems,
d. h. die zur Verfügung stehenden Kostenrechnungssysteme müssen weitgehend fehlerbezogene Kosten differenziert und verursachungsgerecht ausweisen können.

– Betrachtung der relevanten Schnittstellen,
d. h. Schaffung von Integrationsmöglichkeiten in bestehende Administrations- und Dispositionssysteme.

– Umfassende Informationsbereitstellung,
d. h. eine Informationsversorgung auf unterschiedlichen Entscheidungsebenen zur systematischen Identifikation von Fehlleistungsschwerpunkten muß sichergestellt werden.

Gefördert werden diese Erfolgsfaktoren durch eine Abstimmung zwischen technik- und betriebswirtschaftlichorientierten Fachabteilungen, damit die interdisziplinären Aufgabenstellungen durch Bildung einer Verständigungsbasis und Entscheidungsgrundlage gemeinsam gelöst werden können. So lassen sich Insellösungen, die nur in Teilbereichen eines Unternehmen wirken, vermeiden.

10.4 Untersuchungen von qualitätsbezogenen Kosten als Teil des betrieblichen Rechnungswesens

Um den Zusammenhang von qualitätsbezogenen Kostenuntersuchungen mit den Aufgaben des betrieblichen Rechnungswesens aufzuzeigen, sollen dessen wesentliche Aufgaben kurz umrissen werden. Das betriebliche Rechnungswesen teilt sich in die drei Bereiche

– Kosten-/Leistungsrechnung,

– Finanzbuchhaltung und

– Budget- und Planungsrechnung.

Die Kosten- und Leistungsrechnung (*internes Rechnungswesen*) dient der Erfassung der inneren Vorgänge im Unternehmen. Dazu werden der Einsatz von Produktionsfaktoren und die resultierende Erstellung von Gütern und Dienstleistungen in Geld bemessen. Die in Geld bewerteten Produktionsfaktoren heißen Kosten, die in Geld bewerteten erbrachten Güter und Dienste heißen Leistungen. Ziele der Kosten- und Leistungsrechnung sind die Kontrolle der Wirtschaftlichkeit, betrieblichen Leistungserstellung und die Ermittlung der Selbstkosten erstellter Leistungen (Kalkulation).

Die Finanzbuchhaltung, auch *externes Rechnungswesen* oder Geschäftsbuchhaltung genannt, erfaßt zum größten Teil Informationen über Vorgänge zwischen dem Unternehmen und externen Partnern, wie Abnehmern, Lieferanten oder Kreditgebern. Auch werden die Rechenwerke des externen Rechnungswesens, die Verlustrechnung und Bilanz, vielfach externen Adressaten zugänglich gemacht, bei publizitätspflichtigen Unternehmen sogar der gesamten Öffentlichkeit.

Aufgabe der Budget- und Planungsrechnung ist die mengen- und wertmäßige Schätzung und Vorausberechnung des betrieblichen Geschehens bei Beschaffung, Produktion, Absatz und Finanzierung. Damit dient sie als Basis für alle in die Zukunft gerichteten planerischen Entscheidungen. Je nach organisatorischer Regelung können diese Aufgaben an die Finanzbuchhaltung oder Kosten-/Leistungsrechnung übertragen werden. Sie können aber auch von einem Zentralbereich, wie etwa dem Controlling, wahrgenommen werden [bwl].

Im folgenden wird die Verbindung der drei Teilgebiete des betrieblichen Rechnungswesens zu den qualitätsbezogenen Kostenuntersuchungen dargestellt.

10.4.1 Kosten- und Leistungsrechnung

Die wichtigste Datenquelle für die Erfassung von qualitätsbezogenen Kosten ist die betriebliche Kosten- und Leistungsrechnung. Das qualitätsbezogene Kostensystem stellt in der Regel kein zur betrieblichen Kostenrechnung paralleles Rechnungswesen dar. Es ist ein problembezogener Auszug daraus. Die qualitätsbezogene Kostenrechnung setzt demnach eine allgemeine Kostenrechnung voraus [dgq].

Die Kosten- und Leistungsrechnung erfolgt in drei Stufen (**Bild 10.3**). Im ersten Schritt werden mit der Kostenartenrechnung die im Betrieb verbrauchten Produktionsfaktoren

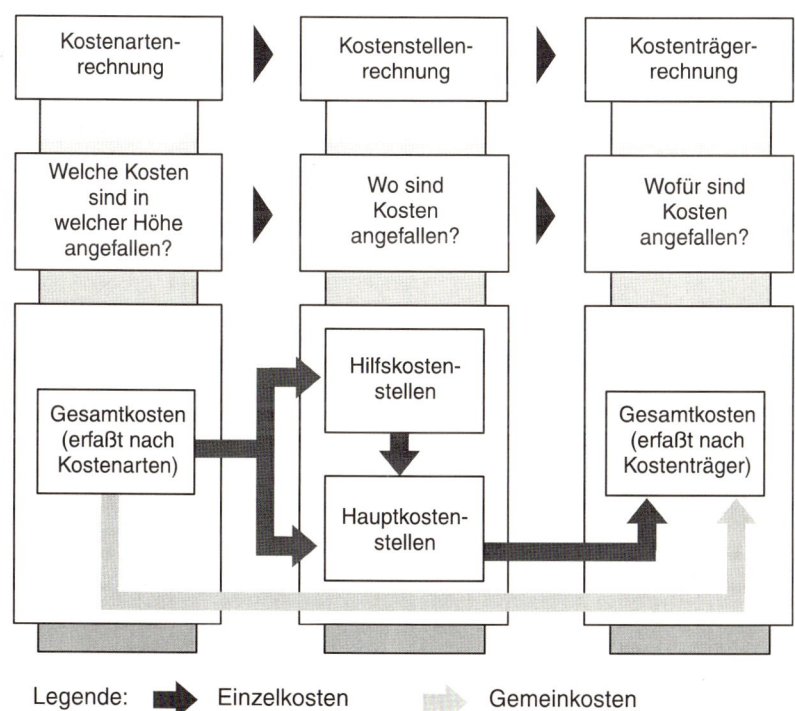

Bild 10.3   Betriebliche Kosten und Leistungsrechnung

erfaßt, monetär bewertet und nach ihrer Herkunft in Kostenarten unterteilt. Beispiele derartiger Kostenarten sind:

– Personalkosten, z. B. Löhne, Gehälter und soziale Leistungen
– Materialkosten für Roh-, Hilfs-, Betriebsstoffe und Zulieferteile
– Anlagenkosten für die kalkulatorischen Abschreibungen
– kalkulatorische Zinsen für Maschinen, maschinelle Anlagen und Gebäude
– Kosten für Dienstleistungen Dritter, wie z. B. für Strom, Wasser und Telefon.

Als Bindeglied zwischen der Kostenarten- und Kostenträgerrechnung verteilt die Kostenstellenrechnung die den Produkten nicht direkt zurechenbaren Gemeinkosten verursachungsgerecht auf die einzelnen Bereiche des Betriebes. Dazu werden die Funktionsbereiche Beschaffung, Fertigung, Verwaltung und Vertrieb entsprechend der Struktur der Organisationseinheiten in Kostenstellen untergliedert. Auf den Abrechnungszahlen dieser Kostenstellen basiert – wie später noch erläutert wird – die Erfassung der Prüfkosten und fehlerbezogenen Kosten.

Im dritten und letzten Schritt werden die auf die Verursacher verteilten Kosten durch die Kostenträgerrechnung den einzelnen betrieblichen Leistungen, d. h. den hergestellten Produkten oder durchgeführten Dienstleistungen zugerechnet. Eine weitere Aufgabe der Kostenträgerrechnung besteht in der Berechnung der Herstellkosten einzelner Produkte. Für qualitätsbezogene Kostenuntersuchungen werden die Herstellkosten zum einem als Bezugsgröße bei der Analyse der qualitätsbezogenen Kosten und zum anderen zur Bestimmung der fehlerbezogenen Kosten von Ausschuß- und Nacharbeitsteilen benötigt.

Aufgabe des Kostenrechnungssystems ist die Erfassung aller im Betrieb genutzten Produktionsfaktoren, wie Personal, Material und Anlagen. In diesem System sind die Kostenelemente, die den qualitätsbezogenen Kosten zurechenbar sind, bereits enthalten. Daher ist der Aufbau eines separaten Systems zur Erfassung und Bewertung des Verbrauchs an Produktionsfaktoren, die für das Qualitätsmanagement benötigt werden, nicht notwendig. Vielmehr ist es sinnvoll, das vorhandene betriebliche Kostenrechnungssystem auf die Anforderungen von qualitätsbezogenen Kostenuntersuchungen abzustimmen. Soweit notwendig kann eine Verfeinerung der Kostenstellen- und Kostenträgergliederung vorgenommen werden, um die Erfassung der qualitätsbezogenen Kosten aus dem vorhandenen betrieblichen Kostenrechnungssystem zu ermöglichen. Besondere Schwierigkeiten bereiten dabei die unternehmensinternen fehlerbezogenen Kosten, deren Erfassung und Ausweisung – vor allem fehlerbezogene Erfassung und Ausweisung – in vielen Fällen von der betrieblichen Kostenrechnung nicht erreicht wird [ma2].

10.4.2 Finanzbuchhaltung

Zu den fehlerbezogenen Kosten zählen neben den Kosten, die von der Kosten- und Leistungsrechnung zur Verfügung gestellt werden, auch der Aufwand, der von der Finanzbuchhaltung erfaßt und ausgewiesen wird und der keine Kosten darstellt (**Bild 10.4**). Geschäftsneutraler Aufwand, der als fehlerbezogene Kosten den qualitätsbezogenen Kosten zugerechnet werden muß, sind außergewöhnliche Aufwendungen im

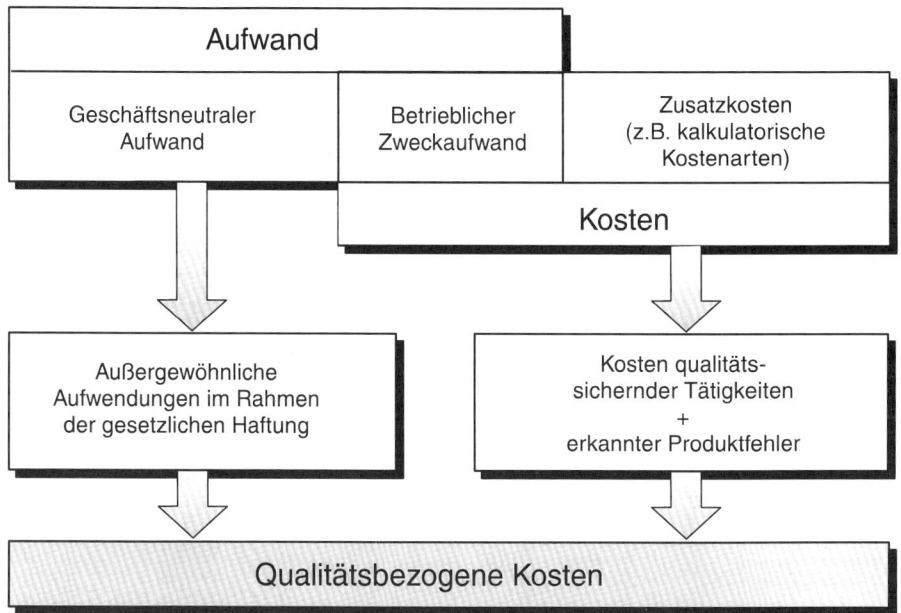

Bild 10.4   Zusammenhang der Begriffe Aufwand, Kosten und qualitätsbezogene Kosten

Rahmen der Gewährleistung und Produkthaftpflicht (unternehmensexterne fehlerbezogene Kosten), die nicht durch entsprechende Versicherungsleistungen abgedeckt sind.

10.4.3 Budget- und Planungsrechnung

Im Rahmen der betrieblichen Budget- und Planungsrechnung werden Aufgaben wie die Finanzplanung, Investitionsrechnung, Betriebsstatistik und Budgetierung wahrgenommen. Damit liegen Rahmenbedingungen vor, die insbesondere Produktionszahlen und Investitionssummen betreffen. Innerhalb dieser Grenzen und unter Berücksichtigung weiterer wirtschaftlicher Aspekte sind die Führungskräfte der einzelnen Unternehmensbereiche gebunden, die notwendigen Maßnahmen zur Qualitätsverbesserung und -förderung mit einzubeziehen.

10.4.4 Erweiterte Ansätze

In den vorgestellten Ansätzen zur Bewertung der qualitätsbezogenen Kosten wurde bisher der Versuch unternommen, bereits vorliegende Daten aus dem betrieblichen Rechnungswesen zu nutzen bzw. diese durch die Verwendung additiver Informationen soweit zu ergänzen, daß zumindest eine monetäre Abschätzung der aufgetretenen Fehler realisiert werden kann.

Insbesondere für die Fehlleistungen, die Aktivitäten in den indirekten Bereichen zur Folge haben, bieten die bisherigen Strukturen des betrieblichen Rechnungswesens nicht immer geeignete Möglichkeiten für deren Verrechnung. Dies gilt nicht nur für die zu bewertenden Fehlleistungen, sondern für alle anderen Kosten, die einen hohen undifferenzierten Fixkostenanteil aufweisen und auf die Produkte nicht direkt verrechnet werden können.

Die Technologien heute vorliegender Fertigungs-, Logistik- und Informationssysteme bewirken eine Verschiebung der Kostenstrukturen, die zum einen auf die Verlagerung der direkt wertschöpfenden hin zu planenden, steuernden und überwachenden Aktivitäten zurückzuführen sind [lam] und sich zum anderen durch die produktunabhängige Nutzbarkeit neuer Technologien ergibt. Dies führt dazu, daß die klassischen Instrumente der Lohnzuschlagskalkulation nicht mehr den Anforderungen einer verursachungsgerechten Verrechnung genügen, da die Zuschlagssätze nicht in direktem Zusammenhang mit der Entstehung und Verursachung der Gemeinkosten stehen. Die Höhe des Zuschlagssatzes kann Werte von mehreren hundert [ev1] bis zu mehreren tausend Prozent annehmen.

Durch die aufgezeigte Problematik bleiben Kosteneinsparungspotentiale auch in bezug auf die Fehlleistungen oft unerkannt, da der in Anspruch genommene Werteverzehr nicht hinreichend genau quantifiziert werden kann. Die für eine verursachungsgerechte und differenzierte Verrechnung der qualitätsbezogenen Kosten geforderten Verfahren sollten sich daher nicht – wie beispielsweise bisher die Zuschlagskalkulation – auf die Fertigungszeit, das -material oder die Stückzahl stützen, sondern es müssen andere Verfahren bzw. Bezugsgrößen gewählt werden. Derartige Ansätze sollten im Hinblick auf wirtschaftliche Nutzenaspekte ausgerichtet sein.

Aus der Kritik bezüglich der Aussagefähigkeit der traditionellen Kostenrechnungssysteme wurde in den Vereinigten Staaten das Activity-Based-Costing (ABC) entwickelt. Mit einer ähnlichen Aufgaben- und Zielstellung wurde in Deutschland die Prozeßkostenrechnung erarbeitet [hor]. Während der Werteverzehr eines Prozesses in der Prozeßkostenrechnung durch nur jeweils eine Bezugsgröße abgebildet werden kann, stellt das Ressourcenverfahren mehrere Bezugsgrößen zur Verfügung [ev2].

10.5   Erfassung der qualitätsbezogenen Kosten

10.5.1 Erfassung der Prüfkosten

Prüfkosten entstehen in einem Unternehmen hauptsächlich in den Bereichen Beschaffung, Fertigung, Montage und in speziell eingerichteten Laboratorien. Anteilig werden diese im Rahmen der betrieblichen Kosten- und Leistungsrechnung erfaßt. Damit die Prüfkosten separat ausgewiesen werden können, sind die im folgenden dargestellten Randbedingungen zu beachten.

Zu den Prüfkosten zählen Kosten für Anlagen, mit deren Hilfe Qualitätsprüfungen durchgeführt werden sowie Kosten für innerbetriebliche Leistungen, die mit Qualitätsprüfungen in Verbindung stehen. Diese Kosten werden in der Kostenartenrechnung durch entsprechende Kostenarten berücksichtigt. Eine weitere Voraussetzung muß gegebenenfalls in der Kostenstellenrechnung geschaffen werden, indem eigene Kostenstellen für z.B. die Organisationseinheiten der Qualitätsprüfung, der Wareneingangsprüfung und spezieller Prüflaboratorien eingerichtet werden. Soweit die beschriebenen

Voraussetzungen erfüllt sind, können die Prüfkosten von der betrieblichen Kostenrechnung als eigene Kostenart periodisch erfaßt und verursachungsgerecht den Kostenstellen bzw. anschließend den Kostenträgern zugerechnet werden.

Im Bereich der Fertigung werden Qualitätsprüfungen als Prototyp-, Nullserien- sowie Fertigungszwischen- und Fertigungsendprüfungen durchgeführt. Die dadurch verursachten Kosten für Personal, Material, eingesetztes Kapital, Raum und innerbetriebliche Leistungen sind den Prüfkosten zuzurechnen.

Im einzelnen werden die Personalkosten als Prüfkosten berücksichtigt, die für die Prüftätigkeiten selbst sowie für allgemeine Tätigkeiten (z. B. Gruppenleitertätigkeiten) anfallen. Zusätzlich sind sowohl die anteiligen Kosten der gesetzlichen und freiwilligen Sozialleistungen, als auch Lohnkosten ohne direkte Arbeitsleistung, die beispielsweise im Krankheitsfall entstehen, mit einzubeziehen.

Zu den Materialkosten und damit verwandten Kostenarten zählen Kosten für Hilfs- und Betriebsmaterial, wie Ersatzteile für maschinelle Anlagen, Büromaterial oder Energiekosten.

Zu den Prüfkosten zählen auch Kapitalkosten für Betriebsmittel, die für Qualitätsprüfungen eingesetzt werden. Dazu gehören zum einen Kosten für Prüfmittel, zum anderen aber auch Kosten für entsprechende Transportmittel oder Büroeinrichtungen. Ebenfalls werden Raumkosten für den Platz, den Qualitätsprüfer oder Prüfmittel in Anspruch nehmen, zu den Prüfkosten gerechnet.

Innerbetriebliche Leistungen, die zu den Prüfkosten zählen, fallen bei der Qualitätsprüfung durch die Überwachung und Instandhaltung von Prüfmitteln an.

Weitere Qualitätsprüfungen finden im Bereich der Beschaffung als Wareneingangs-, Erstmuster- und als Abnahmeprüfungen bei Zulieferanten statt. Die Erfassung dieser Prüfkosten erfolgt in Analogie zu der oben beschriebenen Vorgehensweise im Bereich der Fertigung.

10.5.2 Erfassung der fehlerbezogenen Kosten

Die in den Normen und Rahmenempfehlungen [dgq, din] definierten Elemente der fehlerbezogenen Kosten orientieren sich bisher lediglich an Kostenanteilen, die im wesentlichen auf Abweichungen produktspezifisch vorgegebener Merkmale zurückzuführen sind. Die Folge ist, daß in der Praxis die Kosten ermittelt werden, die aufgrund von Fehlern oder Abweichungen im Hinblick auf eine definierte Produktqualität verursacht wurden. Fehler und Störungen, die auf prozeß- und ablaufbedingte Unzulänglichkeiten insbesondere in indirekten Bereichen zurückzuführen sind, werden nicht oder nur auszugsweise einer kostenmäßigen Betrachtung unterzogen. Um jedoch ein realistisches Bild des derzeitigen Ist-Zustands erhalten und damit zielgerichtete Verbesserungsmaßnahmen initiieren zu können, sind für ein effizientes Qualitätsmanagement die zu bewertenden Fehlleistungen um diese Elemente zu erweitern [las].

Für die Erweiterung des Fehlleistungsaufwands werden die einzelnen Elemente zunächst zu vier Gruppen zusammengefaßt, von denen die ersten drei Gruppen intern entdeckte Fehlleistungen beinhalten **(Bild 10.5)**. Innerhalb der vierten Gruppe werden Fehlleistungen berücksichtigt, die außerbetrieblich festgestellt wurden oder eine Wirkung nach außen aufweisen.

Die fehlerbezogenen Kosten werden zwar mit anderen Kosten summarisch erfaßt, können jedoch nur in seltenen Fällen auch als solche ausgewiesen werden. Die besondere Schwierigkeit besteht darin, daß die Ursachen erkannter Kostenabweichungen oft nicht bekannt sind. Probleme bereitet auch die Erfassung von fehlerbezogenen Kosten, die nicht direkt als Kosten, sondern indirekt als Erlösminderung anfallen. Darüber hinaus

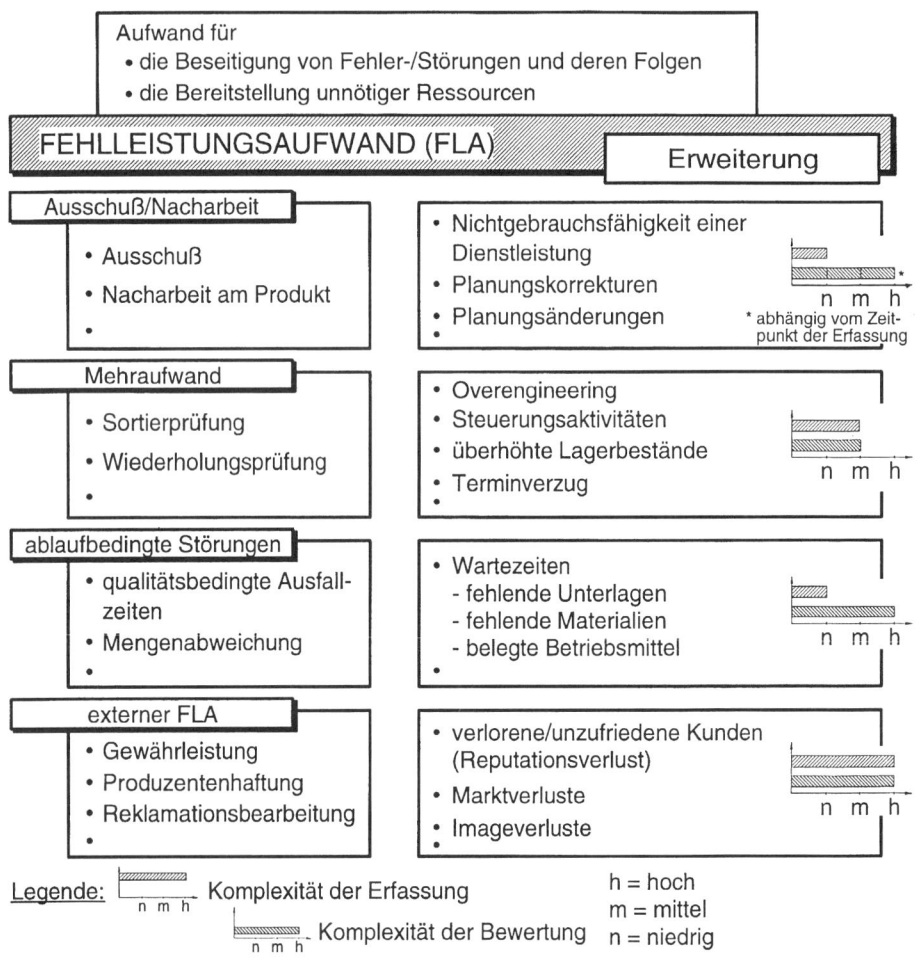

Bild 10.5   Erweiterung des Fehlleistungsaufwandes

entstehen Aufwendungen, wie beispielsweise Gewährleistungsansprüche, die nicht von der betrieblichen Kostenrechnung, sondern nur von der Finanzbuchhaltung (externes Rechnungswesen) erfaßt werden können. Damit ist zur vollständigen Erfassung von fehlerbezogenen Kosten, neben der betrieblichen Kostenrechnung, eine Einbeziehung der Finanzbuchhaltung in die Kostenerfassung notwendig.

Die exemplarisch aufgezeigten fehlerbezogenen Kostenarten (Bild 10.5), die durch zusätzliche Kosten oder Erlösminderung entstehen, werden im folgenden beginnend mit den internen fehlerbezogenen Kosten kurz beschrieben.

Ausschußkosten entstehen durch Teile, die aufgrund von Qualitätsmängeln nicht verwendet werden können und verschrottet werden müssen. Anteilsmäßig setzen sich die Ausschußkosten aus den Herstellkosten und den zusätzlich für die Verschrottung entstehenden Kosten zusammen.

Nacharbeiten verursachen Arbeitsvorgänge, die zusätzlich zu den geplanten Arbeitsvorgängen ausgeführt werden, um vorgegebene Qualitätsforderungen zu erreichen. Die dadurch entstehenden zusätzlichen Kosten werden als Nacharbeitskosten bezeichnet. Zwischenprüfungen, die für die oben genannten Arbeitsvorgänge erforderlich werden, verursachen gleichfalls Zusatzkosten.

Wertminderung entsteht durch fehlerbehaftete Teile, die am Markt zu reduzierten Preisen abgesetzt werden (z.B. „zweite Wahl"). Der daraus resultierende Preisabschlag, bzw. die Erlösminderung wird zu den fehlerbezogenen Kosten gerechnet. Wertminderung entsteht zunächst aus einer internen Entscheidung nach der Feststellung von Fehlern bei einer Qualitätsprüfung. Das Ausmaß der Wertminderung wird später mit den Abnehmern ausgehandelt oder nach der Marktsituation festgelegt [dgq]. Aus diesem Grund zählen fehlerbezogene Kosten, die durch die zuvor beschriebene Wertminderung entstehen, zu den internen Kosten.

Weitere interne fehlerbezogene Kosten werden durch Sortier- und Wiederholprüfungen verursacht. Sortierprüfungen sollen das Auslesen fehlerhafter Teile aus beanstandeten Losen bewirken. Wiederholprüfungen sind Prüfungen, die für eine Losmenge aufgrund von Nacharbeit erneut durchgeführt werden müssen.

Die beschriebenen fehlerbezogenen Kostenarten lassen es sinnvoll erscheinen, unternehmensinterne fehlerbezogene Kosten als die Kosten zu interpretieren, die bei der Fertigung eines Produktes über die geplanten Herstellkosten hinaus anfallen. Die Herstellkosten sind ein wichtiges Ergebnis der Kostenträgerrechnung, die für verschiedene Stufen eines Herstellprozesses angegeben werden können. Damit wird die Kostenträgerrechnung zu einem wichtigen Hilfsmittel bei der Erfassung aller durch einen unternehmensintern entdeckten Fehler verursachten Einzel- und Gemeinkosten.

Neben den unternehmensinternen fehlerbezogenen Kostenarten entstehen durch unternehmensextern entdeckte Fehler weitere fehlerbezogene Kostenarten. Entsprechend ihrer Definition sind unternehmensexterne fehlerbezogene Kosten auf Fehler zurückzuführen, die erst außerhalb des Unternehmens entdeckt werden. Derartige Fehler können dem Unternehmen, über die eigentlichen fehlerbezogenen Kosten hinaus, beträchtlichen Schaden z.B. in Form von Umsatzeinbußen durch Imageverlust zufügen.

Gewährleistungsansprüche entstehen durch Fehler am Produkt oder dadurch verursachte Folgeschäden. Zu diesen Fehlern zählen auch Abweichungen von der vertraglich vereinbarten Beschaffenheit oder Brauchbarkeit des Produktes. Gewährleistungsansprüche des Kunden richten sich in erster Linie nach den vertraglichen Vereinbarungen mit dem Lieferanten oder ersatzweise nach den gesetzlichen Regelungen (HGB, BGB). Dazu zählen beispielsweise Wandlung, d.h. Rückgängigmachung des Kaufs oder Minderung, d.h. Reduzierung des Kaufpreises.

Nicht einzubeziehen in die fehlerbezogene Kosten-Erfassung sind Kosten aus Kulanz-regelungen. Zu den fehlerbezogenen Kosten werden nur die Kosten gezählt, die auf nachgewiesenen Fehlern des Produktes basieren [dgq]. Allerdings werden die Kosten der Organisationseinheiten, welche die reklamierten Produkte begutachten und die Reklamation organisatorisch abwickeln, mit zu den fehlerbezogenen Kosten gerechnet.

Weitere fehlerbezogene Kosten, die von der Finanzbuchhaltung erfaßt werden können, entstehen durch:

- Aufwendungen für Folgeschäden eines Produktfehlers, soweit der geforderte Schadensersatz nicht durch eine Versicherung abgedeckt ist
- Kosten für Versicherungen
- Anwalts- und Prozeßkosten.

10.5.3 Erfassung der Fehlerverhütungskosten

Tätigkeiten, die bezogen auf die Definition von Fehlerverhütungskosten qualitätslenkende und qualitätsplanende Tätigkeiten sind, gehören zu den Führungsaufgaben in allen Unternehmensbereichen. Diese Zeitanteile herauszufiltern bzw. fehlerbezogene Kosten zu bestimmen, ist derzeit kaum mit vertretbarem Aufwand möglich. Soweit sich allerdings spezielle Organisationseinheiten mit der Qualitätsplanung und Qualitätslenkung befassen, sind die Kosten dieser Kostenstellen eindeutig den Fehlerverhütungskosten zuzurechnen.

10.6   Auswertung der qualitätsbezogenen Kosten

Qualitätsbezogene Kostenberichte sind das wesentliche Instrument von qualitätsbezogenen Kostenuntersuchungen und somit das wesentliche Instrument zur Steuerung der Wirtschaftlichkeit qualitätssichernder Tätigkeiten. Die Hauptaufgabe dieser Berichte besteht darin, die Vielzahl der Kostendaten so aufzubereiten, daß sie als Grundlage für zukünftige Entscheidungen genutzt werden können.

Die qualitätsbezogenen Kosten sollten mit dem Ziel erfaßt werden, Schwachstellen im Unternehmen zu entdecken, um anschließend lenkend eingreifen zu können. Diese zwei Schritte sind auch in qualitätsbezogenen Kostenberichten wiederzufinden. Im ersten Teil des Berichtes wird auf wenigen Seiten (z.B. mit graphischer Unterstützung) auf potentielle Schwachstellen aufmerksam gemacht. Im zweiten Teil sind detaillierte Daten zur Analyse der Schwachstellen zu finden.

Im folgenden werden konkrete Möglichkeiten aufgezeigt, qualitätsbezogene und wirtschaftliche Schwachstellen zu erkennen. Daran schließen sich Erläuterungen zu Kostenaufstellungen und Kostenanalysen an, welche die Suche nach Ursachen von Schwachstellen unterstützen.

10.6.1 Möglichkeiten zur Erkennung von Schwachstellen

Überhöhte qualitätsbezogene Kosten weisen auf qualitätsbezogene Schwachstellen im Unternehmen hin. Die Entscheidung, wann qualitätsbezogene Kosten überhöht sind,

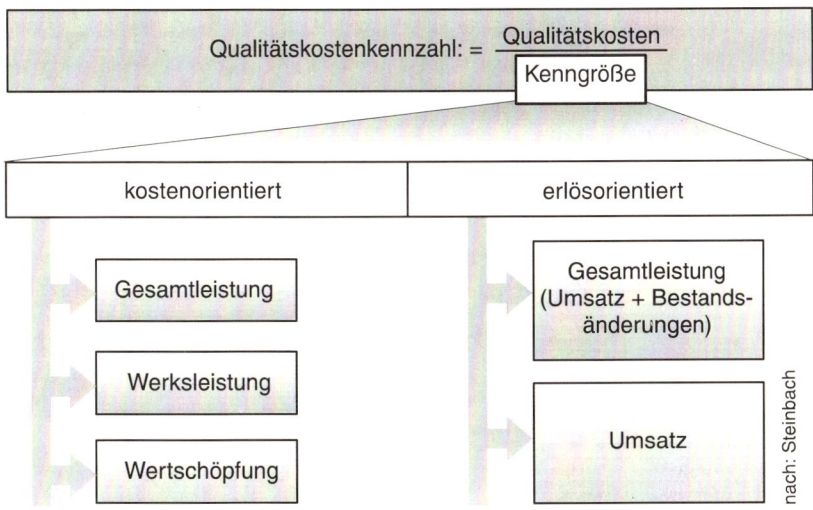

Bild 10.6   Bildung von qualitätsbezogenen Kostenkennzahlen

kann nur durch entsprechende Vergleiche erzielt werden. Derartige Kostenvergleiche werden zwischen

– verschiedenen Bereichen,

– verschiedenen Perioden und

– geplanten und angefallenen Kosten durchgeführt.

Die absolute Höhe der qualitätsbezogenen Kosten wird unter anderem von der Höhe der Anzahl der produzierten Teile (Ausbringung) oder der Auslastung der betrieblichen Kapazitäten (Beschäftigungsgrad) beeinflußt. Um diesen Einfluß bei Wirtschaftlichkeitsbetrachtungen zu kompensieren, erfolgt der Vergleich der qualitätsbezogenen Kosten verschiedener Bereiche und Perioden mit Hilfe von Kennzahlen. Dazu werden die qualitätsbezogenen Kosten in Relation zu anderen betrieblichen Kenngrößen gesetzt, indem z. B. der Quotient aus qualitätsbezogenen Kosten und Herstellkosten gebildet wird.

Beispiele wichtiger Kenngrößen sind der Umsatz oder die erbrachte Wertschöpfung **(Bild 10.6)**. Die erlös- und damit erfolgsorientierten Bezugsgrößen beziehen die qualitätsbezogenen Kosten auf den Marktpreis, der mit diesem Produkt tatsächlich erzielt werden kann. Dadurch wird beim Periodenvergleich erfolgsorientiert die jährliche Teuerung und Kostensteigerung ausgeglichen, soweit sie sich an den Markt weitergeben läßt. Die kostenorientierten Bezugsgrößen bieten sich an, wenn stark schwankende Marktpreise vorliegen (z. B. saisonale Abhängigkeit). So dienen die Herstellkosten, die vom Marktpreis unabhängig sind, als Basis zur Ermittlung der Kenngröße Gesamtleistung. Auch die Werksleistung (Herstellkosten minus Wert der verarbeiteten Zwischenerzeugnisse) und Wertschöpfung (Herstellkosten minus Wert der verarbeiteten Zwischenerzeugnisse minus Materialkosten) basieren auf den Herstellkosten. Darüber hinaus sind in speziellen Fällen weitere Kenngrößen von Bedeutung, wie z. B.:

– Anzahl der in einer Periode gefertigten Produkte oder Einheiten
– Fertigungslohnkosten einer Periode
– durchschnittliche Zahl des Fertigungspersonals einer Periode.

Fertigungslohnkosten sind vor allem bei lohnintensiven Fertigungsprozessen als Bezugsgröße geeignet. Diese Kosten werden durch Änderungen im Entlohnungssystem (Zeit-, Akkord- und Prämienlohn), durch Lohnerhöhungen und insbesondere durch Rationalisierungsmaßnahmen nachhaltig beeinflußt. Der letzte Punkt hat auch für die Bezugsgröße Fertigungspersonal Gültigkeit. Die qualitätsbezogenen Kosten, bezogen auf die produzierte Einheit, stellen eine aussagekräftige Kostenkennzahl dar und bilden vor allem für die Unternehmensleitung eine anschauliche Ergänzung zu den Stückkosten [dgq].

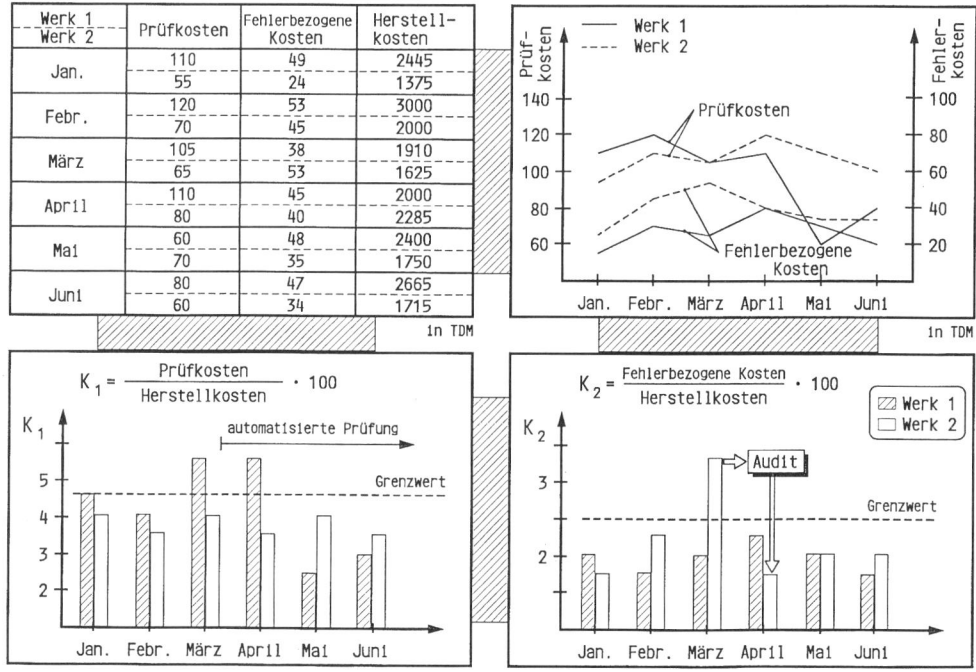

Bild 10.7   Beispiele für qualitätsbezogene Kostendarstellungen

Bei Untersuchungen der qualitätsbezogenen Kosten im Wareneingang sind die Wareneingangskosten von Bedeutung, die über das Einkaufsvolumen berücksichtigt werden. Das Einkaufsvolumen ist der Wert, der in einer Periode zugekauften Roh-, Hilfs- und Betriebsstoffe.

Mit jeder der angeführten Bezugsgrößen kann eine eigene Kennzahl gebildet werden. Die prozentuale Gegenüberstellung der Entwicklung dieser Kennzahlen über mehrere Perioden ermöglicht die Beobachtung der wirtschaftlichen Entwicklung bezogen auf die qualitätsbezogenen Kosten. Damit ist die zeitliche Entwicklung jeder Kennzahl eine eigene Beurteilungsgröße und kann als weitere Kennzahl herangezogen werden.

Mit Hilfe von real vorliegenden Prüf-, Fehler- und Herstellkosten läßt sich exemplarisch der Nutzen von Kostenauswertungen zeigen (**Bild 10.7**). Die Division der Prüf- und fehlerbezogenen Kosten durch die Herstellkosten verringert den Einfluß der Produktivitätsschwankungen. So wird in der Kennzahlendarstellung die Wirkung einer neu eingeführten automatisierten Prüfung auf die Höhe der Prüfkosten (Werk 1) und eines Audits auf die Höhe der fehlerbezogenen Kosten (Werk 2) erkennbar. Die Kennzahlendarstellung der Prüf- und fehlerbezogenen Kosten vereinfacht außerdem den Vergleich zwischen unterschiedlichen Unternehmensbereichen, wie im Beispiel zwischen Werk 1 und Werk 2.

Qualitätsbezogene Kosten-Kennzahlen sind unter Einbeziehung mehrerer Randbedingungen kritisch zu bewerten. Sie dürfen nicht als absoluter Maßstab zur Messung der Wirtschaftlichkeit betrachtet werden, sondern zeigen wirtschaftliche Trends und Richtungen auf. Dies liegt unter anderem daran, daß viele wirtschaftliche Einflüsse auf die absolute Höhe der qualitätsbezogenen Kosten nicht meßbar sind. Zusätzlich hängt jede Bezugsgröße von einer Reihe weiterer Einflüsse ab und setzt sich aus einer unterschiedlich starken Überlagerung dieser Einflüsse zusammen. Ein weiterer systematischer Fehler entsteht durch die Division bei der Kennzahlenbildung, die eine einfache lineare Abhängigkeit der qualitätsbezogenen Kosten von der Bezugsgröße voraussetzt. Diese Voraussetzung ist in der Regel nicht erfüllt, da sich qualitätsbezogene Kosten oft aus einem proportionalen und einem fixen Kostenanteil zusammensetzen.

Die vorangestellten Überlegungen zur Nutzung von Kennzahlen beziehen sich auf Kostenvergleiche zwischen verschiedenen Unternehmensbereichen und Perioden. Im folgenden wird der Soll/Ist-Vergleich von qualitätsbezogenen Kosten betrachtet.

Grundsätzlich besteht ein Soll-/Ist-Vergleich von Kosten aus der Kostenplanung und der anschließenden Kostenkontrolle. Die Kostenplanung von Sollkosten unter Berücksichtigung des aktuellen Beschäftigungsgrades ist mit hohem Aufwand verbunden. Aus diesem Grund sollte keine separate Kostenplanung für qualitätsbezogene Kosten durchgeführt werden. Im Rahmen der betrieblichen Plankostenrechnung erfolgt die Planung und Kontrolle aller im Betrieb anfallenden Kosten. Aus diesem Grund bietet es sich an, bei Bestehen einer betrieblichen Plankostenrechnung die qualitätsbezogenen Kostenelemente in diese zu integrieren. Im Rahmen von qualitätsbezogenen Kostenuntersuchungen kann dann auf bereits bestehende qualitätsbezogene Kostenelemente zugegriffen werden.

10.6.2 Ursachenanalyse erkannter Schwachstellen

Der Vergleich von qualitätsbezogenen Kosten-Kennzahlen und der Soll-/Ist Vergleich von qualitätsbezogenen Kosten dienen dem Zweck, wirtschaftliche Schwachstellen sichtbar zu machen. Damit diese Schwachstellen beseitigt werden können, müssen ihre Ursachen ermittelt werden. Die Berichte oder die Datenaufbereitung zur Problemanalyse sind anders als die Berichte zur Schwachstellenerkennung aufbereitet. Um gezielte Ansatzpunkte für fehlerverhütende Maßnahmen zu finden, müssen qualitätsbezogene Kosten sehr viel detaillierter aufgeschlüsselt sein. Allerdings reicht in vielen Fällen die

Untersuchung von qualitätsbezogenen Kosten zur Ursachenanalyse allein nicht aus, und es müssen weitere Aufstellungen, wie Prüfergebnisse, Maschinenausfallstatistiken oder Arbeitszeit-Erfassungsunterlagen hinzugezogen werden.

Die detaillierte Darstellung qualitätsbezogener Kosten hängt von der jeweiligen Kostenart ab. Im folgenden wird eine Vorgehensweise aufgezeigt, wie Prüfkosten, fehlerbezogene Kosten und Fehlerverhütungskosten für die Fehler-Ursachenanalyse aufbereitet werden können. Die fehlerbezogenen Kosten werden zunächst über alle Kostenarten so aufgegliedert, daß Produkte oder Produktgruppen mit besonders hohem fehlerbezogenen Kostenanteil in den Vordergrund treten. Zu der Gliederung gehört die Angabe dominierender Fehlermerkmale. Wenn bei der fehlerbezogenen Kostenerfassung der fehlerverursachende Arbeitsschritt dokumentiert wurde, ist der Fehlerentstehungsort bekannt. Anderenfalls ist eine Analyse weiterer Unterlagen, wie z. B. dokumentierter Prüfergebnisse oder Maschinenausfallstatistiken, notwendig. Die Kenntnis des Fehlerentstehungsortes ist eine wichtige Information bei der Ermittlung von Fehlerursachen.

Fehlerbezogene Kostendarstellungen über größere Zeiträume, z. B. pro Quartal oder einmal im Jahr, unterstützen die statistische Untersuchung von fehlerbezogenen Kosten und somit die Entdeckung systematischer, spezieller und zufälliger Fehler. Fehlerbezogene Kostenaufstellungen über geringe Zeiträume haben ihre Berechtigung für die Einleitung kurzfristiger Abstellmaßnahmen. Dadurch kann schnell auf aktuell entstandene Fehler reagiert und es können kurzfristig Maßnahmen zur Verhütung weiterer Fehler eingeleitet werden. Besonders wichtig sind kurzfristige Maßnahmen bei Serienproduktionen, wo sich die Fertigungsoperation eines Auftrages über mehrere Schichten oder Tage erstrecken kann.

Überhöhte Prüfkosten bieten, wie die fehlerbezogenen Kosten, einen Ansatzpunkt für kostensenkende Maßnahmen. Zunächst können Prüfkosten nach den Kostengruppen Personal-, Material-, Anlagenkosten etc. gegliedert werden. Durch die periodenweise Gegenüberstellung entsprechender Prüfkosten fallen hohe Anteile oder ungewöhnliche Steigerungen bestimmter Kostenartengruppen auf und geben damit Hinweise auf mögliche Ursachen. Reicht die Gliederung in Kostengruppen nicht aus, kann eine weitere Zerlegung der Kostengruppen in einzelne Prüfkostenarten erfolgen. So können die Personalkosten beispielsweise anhand von erfaßten Prüfzeiten auf kostenintensive Prüftätigkeiten hinweisen. Eine daraufhin eingeleitete Reduzierung der Prüfumfänge oder Automatisierung von Prüfvorgängen trägt zur Senkung der Prüfkosten bei.

In vielen Fällen besteht eine Verbindung zwischen der Höhe von Prüfkosten und fehlerbezogenen Kosten. So entstehen beispielsweise durch einen nicht beherrschten Fertigungsprozeß gleichzeitig hohe fehlerbezogene Kosten und Prüfkosten, da zum einen 100%-Prüfungen notwendig sind und zum anderen viele schlechte Teile produziert werden. Gelingt es den Fertigungsprozeß zu verbessern, führt dies zu geringeren fehlerbezogenen Kosten durch Senkung der Ausschuß- und Nacharbeitsteile und beim Übergang zu Stichprobenprüfungen zur gleichzeitigen Senkung der Prüfkosten.

Die Ermittlung qualitätskostenintensiver Stellen im Fertigungsprozeß wird, wie bereits erläutert, durch die Aufgliederung der Prüfkosten in Kostenartengruppen und deren weitere Aufgliederung nach Prüftätigkeiten oder Prüfmerkmalen erleichtert. Daneben bietet sich auch eine produkt- oder produktgruppenbezogene Aufstellung der Prüfkosten analog zu den fehlerbezogenen Kosten an, um Produkte oder Produktgruppen mit besonders hohem Prüfaufwand herauszufinden. Zusätzlich kann diese Aufstellung durch die fehlerbezogenen Kosten erweitert werden, indem beispielsweise die Summe der Prüf- und fehlerbezogenen Kosten pro Produkt oder Produktgruppe gebildet wird. Damit lassen sich vorhandene Schwachstellen im Fertigungsprozeß klar herausstellen und Ausgangsdaten für Wirtschaftlichkeitsbetrachtungen bereitstellen.

Im Gegensatz zu den Prüfkosten und fehlerbezogenen Kosten wird bei den Fehlerverhütungskosten nicht eine Minimierung dieser Kosten angestrebt, sondern vielmehr ein effektives Verhältnis zu den Prüf- und fehlerbezogenen Kosten. Ähnlich wie bei den Prüfkosten gibt bereits die zeitliche Gegenüberstellung der fehlerbezogenen Kostenartengruppen Personal-, Material-, Anlagenkosten etc. näheren Aufschluß über die Kostenherkunft und ungünstige Kostenentwicklungen. In Analogie zu den Prüfkosten werden die Kostenartengruppen weiter detailliert, indem z. B. den Personalkosten zugehörige Tätigkeiten oder Aufgaben gegenübergestellt werden. Mit der dargestellten Vorgehensweise wird das Ziel verfolgt, die Größenordnung und Struktur der Fehlerverhütungskosten abschätzen zu können.

10.6.3 Erstellung von Kostenberichten

Die effektive Nutzung der Fülle von qualitätsbezogenen Kostendaten setzt die Beachtung allgemeiner Anforderungen voraus. Im folgenden werden diese zunächst zusammengestellt und der prinzipielle Aufbau eines qualitätsbezogenen Kostenberichtes aufgezeigt.

Ein wichtiger Gesichtspunkt ist die übersichtliche Darstellung der qualitätsbezogenen Kosten bzw. entsprechender Kennzahlen (Bild 10.7). Die Aussagefähigkeit der Kostendarstellung wird durch Vergleiche entscheidend erhöht, das heißt, die qualitätsbezogenen Kosten und Kennzahlen werden einer Sollgröße, verschiedenen Bereichen oder Perioden gegenübergestellt. Als wirkungsvolle Unterstützung bietet sich die Verwendung graphischer Darstellungen an.

Die aufbereiteten qualitätsbezogenen Kostendaten müssen auf den Verantwortungsbereich des Empfängers abgestimmt sein. Während für die oberen Entscheidungsträger komprimierte Eckdaten von Interesse sind, können von der Abteilungsebene detaillierte Informationen zur Schwachstellenanalyse benötigt werden (Bild 10.8).

Die Auswertungen der Fehlleistungen erfordern eine zielgerichtete Darstellung für unterschiedliche Unternehmensbereiche auf verschiedenen Ebenen. Dabei sind folgende drei Bewertungsgrößen von Interesse:

- Zeit
- Kosten
- Qualität.

Während für die Zeit als nominale Skalengröße die Verlängerung der Durchlaufzeit direkt miterfaßt oder aber aus gekoppelten Systemen entnommen werden kann, müssen zur Verrechnung der Fehlleistungen die Kosten und Aufwände aus dem betrieblichen Rechnungswesen ermittelt werden.

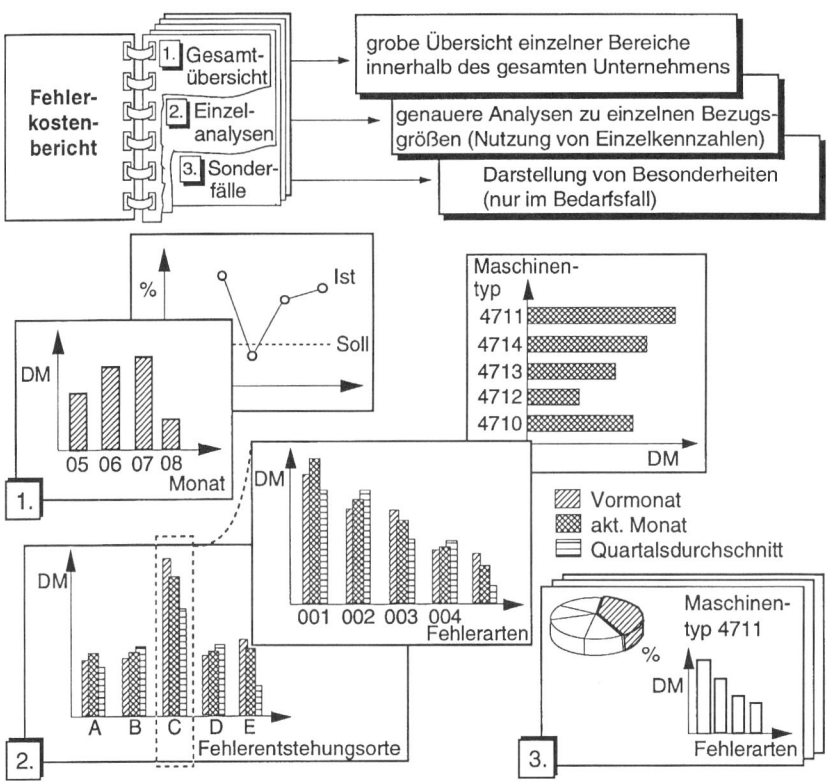

Bild 10.8 Struktur und Form von fehlerbezogenen Kostenberichten

Im Gegensatz zur Ermittlung der Bewertungsgrößen für Kosten und Zeit läßt sich eine Bewertungsdimension für die Qualität nicht direkt ableiten, da sie sehr unterschiedlich vom Kunden beurteilt wird. Im Sinne der von ISHIKAWA verfolgten Zielsetzung – der Erfüllung von Kundenanforderungen – muß für die Bewertung der Qualität ein durchgängiges (internes und externes) Geflecht von Kunden-Lieferantenbeziehungen vorhanden sein. Als Alternative für die Bewertungsgröße Qualität kann eine Dimension herangezogen werden, die mit der Häufigkeit des Fehler- und Störungsauftretens (bzw. mit der Nonkonformität) gleichgesetzt wird. Für eine hinreichend große Anzahl erfaßter Daten, die durch eine kontinuierliche Erfassung von Fehlleistungen gewährleistet ist, läßt sich die relative Häufigkeit einer Ausprägung auch näherungsweise als Auftretenswahrscheinlichkeit der Ausprägung darstellen.

Die Bewertungsmaßstäbe sind damit festgelegt **(Bild 10.9)**, jedoch müssen für zielgerichtete Auswertungen sowie zur Bildung von Kennzahlen die Orientierung und Richtung durch Angabe von Bezügen und Filtern bestimmt werden. Durch diese Auswahl können anwenderorientiert unterschiedliche Sichtebenen projiziert werden, durch die die Weiterverarbeitung der zur Verfügung stehenden Daten mittels entsprechender Sortier- und Filterfunktionen bestimmt wird.

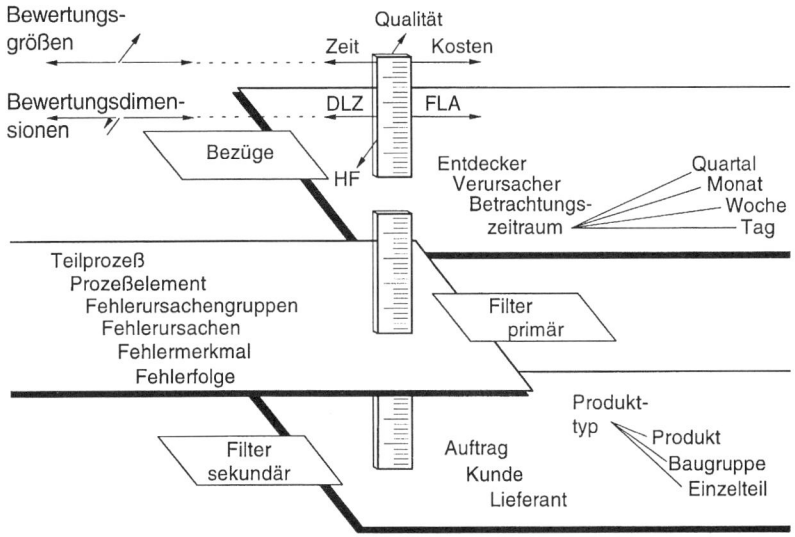

Legende: DLZ = Durchlaufzeit   FLA = Fehlleistungsaufwand   HF = Häufigkeit

Bild 10.9 Bewertungsgrößen, Bezüge und Filter

Neben dem gültigen Zeitraum der Betrachtung (Schicht, Tag, Woche, Monat ...) muß die Auswertungsorientierung vorher determiniert werden. In Abhängigkeit des Charakters der zu initiierenden Verbesserungsmaßnahmen, präventiv oder prüfend, wird die Orientierung durch Angabe des Entdeckers oder Verursachers vorgegeben. Für die Festlegung wirkungsvoller Prüfstrategien ist es beispielsweise erforderlich, die Fehlleistungen bezogen auf den Entdeckungsort und den Verursacher innerhalb des Gesamtprozesses abzubilden. Die parallele Betrachtung beider Bezüge ist ebenfalls möglich.

Die Auswertung von qualitätsbezogenen Kosten dient nicht der „Vergangenheitsbewältigung", sondern als Grundlage für zukünftige Entscheidungen. Daher dürfen qualitätsbezogene Kostenberichte nicht überaltert sein, damit der Empfänger noch vor Eintreten weiterer Fehler die Chance hat, regelnd einzugreifen. Im Zuge kürzer werdender Produktlebenszeiten kommt diesem Punkt steigende Bedeutung zu.

10.7 Zusammenfassung

Qualitätsbezogene Kostenuntersuchungen sind ein wichtiges Hilfsmittel für die Entdeckung von Schwachstellen im Unternehmen und dienen als Ansatzpunkt für gezielte Verbesserungs- und Überwachungsmaßnahmen. Bei der Erfassung und anschließenden Auswertung der qualitätsbezogenen Kosten werden Prüf-, Fehlerverhütungskosten und fehlerbezogene Kosten unterschieden.

Um die Quellen für qualitätsbezogene Kosten finden und verstehen zu können, ist eine Auseinandersetzung mit dem betrieblichen Rechnungswesen unumgänglich. Aus diesem Grund wurden der Aufbau und die Aufgaben der Kosten-/Leistungsrechnung, der Finanzbuchhaltung und der Budget-/Planungsrechnung kurz erläutert.

Die Prüfkosten und teilweise auch die Fehlerverhütungskosten können oft ohne den Aufbau eines separaten qualitätsbezogenen Kostensystems direkt aus der betrieblichen Kosten- und Leistungsrechnung ermittelt werden. Hingegen ist eine Erfassung der fehlerbezogenen Kosten, die auf die Fehleranalyse ausgerichtet ist, nicht allein mit den Mitteln des betrieblichen Rechnungswesens möglich, da die betriebliche Kostenrechnung die fehlerbezogenen Kosten nicht fehlermerkmal- bzw. fehlerursachenbezogen erfaßt. Neben Kosten sind den fehlerbezogenen Kosten auch Aufwendungen, die von der Finanzbuchhaltung erfaßt werden, zuzurechnen. Die Erfassung der fehlerbezogenen Kosten basiert einerseits auf den Ergebnissen der Kostenträgerrechnung und andererseits auf den Daten der Finanzbuchhaltung.

Eine wesentliche Aufgabe der qualitätsbezogenen Kosten-Auswertung ist die Verdichtung und vergleichende Darstellung der Kostendaten zur Aufdeckung von Schwachstellen. Für die Bewertung von qualitätsbezogenen Kosten verschiedener Bereiche und Perioden bietet sich die Nutzung von Kennzahlen an. Dadurch werden Einflüsse auf die absolute Höhe der qualitätsbezogenen Kosten, wie Beschäftigungsgrad oder Ausbringung, eliminiert. Aus diesem Grund dürfen Kennzahlen nicht als absoluter Maßstab zur Messung der Wirtschaftlichkeit interpretiert werden, vielmehr zeigen sie wirtschaftliche Trends und Richtungen auf.

Eine weitere wichtige Aufgabe der qualitätsbezogenen Kosten-Auswertung ist die Aufdeckung der Ursachen entdeckter Schwachstellen. Dazu werden die einzelnen qualitätsbezogenen Kostengruppen ihrer Ursache entsprechend, wie beispielsweise nach Prüftätigkeiten oder nach Produktgruppen, aufgegliedert. Die summarische Beurteilung der Prüfkosten und fehlerbezogenen Kosten stellt in diesem Zusammenhang ein wirksames Instrument zur Beurteilung der Fertigungssicherheit dar.

Aus qualitätsbezogenen Kostenentwicklungen lassen sich Aussagen über die Wirtschaftlichkeit qualitätssichernder Maßnahmen ableiten. So können Kosteneinsparungen ermittelt werden, die z. B. durch Rationalisierung und Automatisierung von Teilbereichen der Qualitätsprüfung erreicht wurden. Neben der Bewertung bereits durchgeführter Qualitätsmanagementmaßnahmen besteht außerdem die Möglichkeit, Kosteneinsparungen durch qualitätssichernde Investitionen zu prognostizieren.

Ziel der Berichterstattung ist es, die Erkennung wirtschaftlicher Schwachstellen zu erleichtern und die Suche nach Ursachen für erkannte wirtschaftliche Schwachstellen zu unterstützen. Das Berichtssystem soll darüber hinaus möglichst zeitaktuell, empfängerorientiert und mit möglichst geringem Aufwand aufzubauen sein.

Literatur

[ble]   **Blechschmidt, H.:** *Qualitätskosten.* QZ, Qualität und Zuverlässigkeit; Carl Hanser Verlag; München, Jg. 33 (1988), S. 442–445

[bru]   **Brunner, F.:** *Einfluß der Qualität auf die Betriebswirtschaft im Unternehmen.* CIM Management 2/87, S. 12–18

[bsi]   **N. N.:** *Guide to The determination and use of quality related costs.* British Standards Institution 6143, part 2, 1981

[bwl]   **N.N.:** *Allgemeine Betriebswirtschaftslehre.* Bank Akademie-Verlag; Frankfurt, 1991, S. 691–692

[din]   **N.N.:** *Qualitätsmanagement und Qualitätssicherung.* DIN ISO 8402, Entwurf, Beuth-Verlag GmbH, Nov. 1992, S. 1–16

[dgq]   **DGQ (Hrsg.):** *Qualitätskosten, Rahmenempfehlungen zu ihrer Definition, Erfassung, Beurteilung.* DGQ-Schrift 14-17. Beuth Verlag; Berlin, 1985

[ev1]   **Eversheim, W.:** *Variantenmanagement durch ressourcenorientierte Produktbewertung.* krp, Kostenmanagement, Heft 4, 1993, S. 233–238

[ev2]   **Eversheim, W.:** *Ressourcenverzehr minimieren durch Ablauf- und Kostentransparenz.* CIM-Management, Heft 3, 3/94, S. 40–43

[gro]   **Groocock, John M.:** *Qualitätsverbesserung.* McGraw-Hill Book Company GmbH; Hamburg, 1988

[har]   **Hartung, S.:** *Methoden des Qualitätsmanagements für die Produktplanung und -entwicklung.* Dissertation, RWTH Aachen, Shaker Verlag, 1994

[hor]   **Horváth, P.:** *Prozeßkostenrechnung – oder wie die Praxis die Theorie überholt; Kritik und Gegenkritik.* Horvárth & Partner GmbH, Stuttgart, 1993

[jur]   **Juran, J.:** *Quality Control Handbock.* 1. Aufl. New York, USA, 1951

[lam]   **Laßmann, G.:** *Aktuelle Probleme der Kosten- und Erlösrechnung sowie des Jahresabschluß bei weitgehend automatisierter Serienfertigung.* ZfbF, Jg. 36, 1984

[las]   **Laschet, A.:** *Konzeption eines Fehlerinformationssystems und -bewertungssystems.* Dissertation, RWTH Aachen, 1994

[ma1]   **Masing, W.:** *Trends in der Qualitätspolitik.* QZ, Qualität und Zuverlässigkeit; Carl Hanser Verlag; München, Jg. 36 (1991)

[ma2]   **Steinbach, W.:** *Qualitätskosten, in: Masing, W.: Handbuch der Qualitätssicherung.* Carl Hanser Verlag; München, 2. Auflage, 1988

[ma3]   **Masing, W.:** *Handbuch Qualitätsmanagement.* 3. Auflage. Carl Hanser Verlag, München, 1994

[rie]   **Riesenhuber, H.:** *Qualitätsgütezeichen „Made in Germany" durch Forschung sichern.* QZ, Qualität und Zuverlässigkeit; Carl Hanser Verlag; München, Jg. 35 (1990)

[sch]   **Schmelzer, H. J.:** *Qualitätscontrolling in der Produktplanung und -entwicklung.* In: QZ, Jg. 39, Heft 2, 1994, S. 117–125

[spi]   **Spitzner, W.:** *Qualität als Wirtschaftsfaktor für Europa.* DGQ-Qualitätstagung '90, Bonn, 1990

[ste]   **Steinbach, W.:** *Erfassung und Beurteilung von Qualitätskosten.* VDI Verlag; Düsseldorf, 1985

[tom]   **Tomys, A.-K.:** *Kostenorientiertes Qualitätsmanagement. Ein Beitrag zur Klärung der Qualitätskosten-Problematik.* Dissertation, TU Berlin, Carl Hanser Verlag, München, 1994

[wil]   **Wildemann, H.:** *Kosten- und Leistungsbeurteilung von Qualitätssicherungssystemen.* Zeitschrift für Betriebswirtschaft, Jg. 62, Heft 7, 1992, S. 761–782

Kapitel 11   Qualität und Recht

Gliederung

11.1 Einführung und Vorbemerkung

Einführungsfall „Schubstrebe"

Ein in der Automobilbranche tätiger *Zulieferer „Z"* stellt sog. Schubstreben her und liefert diese aufgrund eines entsprechenden (mündlich oder schriftlich geschlossenen) Vertrages an den *Automobilhersteller „PU"* (Produzent/Unternehmer).

PU baut diese Schubstreben zusammen mit anderen Teilen, die er von weiteren Zulieferern erhält, sowie mit von ihm selbst gefertigten Teilen in seine Kraftfahrzeuge ein und liefert dann (wiederum aufgrund eines entsprechenden Vertrages) das Fahrzeug an den *Großhändler „GH"*, der es (ebenfalls aufgrund eines Vertrages) an den *Einzelhändler bzw. Verkäufer „V"* weiterliefert. Bei V schließlich kauft der *Kunde „K"* ein solches Automobil.

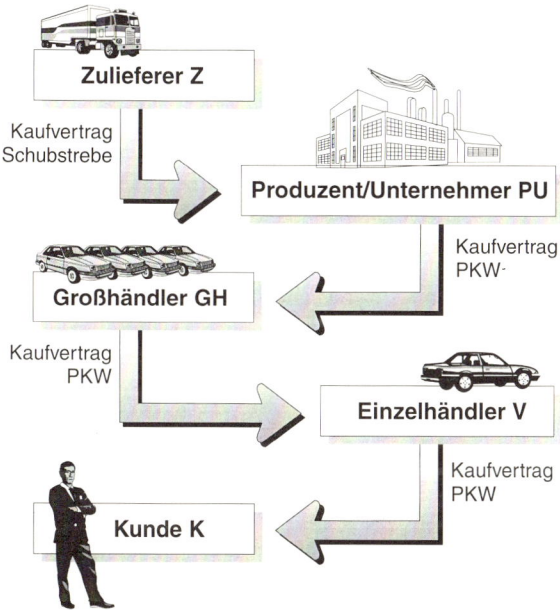

Bild 11.1   Fall „Schubstrebe"

Zehn Wochen nach Erhalt des Fahrzeugs verunglückt K mit diesem schwer, weil (wie nach dem Unfall durch Sachverständige einwandfrei festgestellt wurde) die von Z hergestellte Schubstrebe aufgrund eines inneren, äußerlich nicht sichtbaren Materialfehlers gebrochen war. Nach dem damaligen Stand der Fertigungstechnik hätte Z mit Hilfe bei ihm vorhandener Röntgen- oder Ultraschallgeräte die Fehlerhaftigkeit jener Schubstrebe durchaus feststellen können.

K, der bei jenem Unfall erhebliche Schäden erlitt (schwer verletzt, Beschädigung seiner mitgeführten Sachen, Totalschaden des Fahrzeugs), fragt sich nun, ob er von irgendeinem der „Mitwirkenden" dieses Falles Ersatz seiner Schäden beanspruchen kann, oder anders gefragt: Haftet jemand für die eingetretenen Schäden und, wenn ja:

a) Wer?

b) Unter welchen Voraussetzungen?

c) In welchem Umfang?

Zeichnerische Darstellung des Falles (**Bild 11.1**):

Zum Ergebnis in diesem Fall s.u. Kap. 11.2.1 (Gewährleistung), 11.2.2 (vertragliche Haftung für Folgeschäden), 11.4.8 (nach ProdHaftG) und 11.5.6 (nach § 823 Abs. 1 BGB).

11.1.1 Folgen mangelnder Qualität eines Produkts

Allgemeines

Mangelnde Qualität eines Produkts ist mit Abstand die häufigste Ursache für Beanstandungen und damit auch einer Haftung des Herstellers. Die Folgen einer solchen Fehlerhaftigkeit können sehr unterschiedlich sein: Solange sie außerrechtlicher, insbesondere wirtschaftlicher Natur sind und den Hersteller selbst treffen (Umsatzrückgang, Beeinträchtigung des guten Rufs, Minderung des Gewinns, Nachbesserungskosten etc.), interessieren diese Folgen den Juristen nicht. Juristisch wird es erst „interessant", wenn durch die mangelnde Qualität eines Produkts fremde Rechtssphären beeinträchtigt werden. In einem solchen Fall können strafrechtliche und/oder zivilrechtliche Folgen eintreten. Letztere wiederum können vertraglicher Natur (also auf dem Abschluß eines Vertrages beruhen) oder außervertraglicher Natur sein (also unabhängig von dem Bestehen eines Vertrages zwischen den Beteiligten unmittelbar auf einem Gesetz beruhen). Die Voraussetzungen einer Verantwortlichkeit für derartige Folgen, also einer Haftung für mangelnde Qualität eines Produkts und hierdurch verursachte (Folge-)Schäden sind unterschiedlich (s.u.) und in jedem einzelnen Fall für jede einzelne Rechts- oder Anspruchsgrundlage gesondert zu prüfen.

Da die Vermeidung von Haftungsfällen (neben den wirtschaftlichen Zielen und Interessen eines Unternehmens) das wichtigste Ziel des Qualitätsmanagements ist, müssen auch alle verantwortlichen Personen die Voraussetzungen kennen, unter denen eine Haftung des Unternehmens, aber auch ihre persönliche Haftung in Betracht kommt, d.h. sie müssen wissen, welche rechtlichen Anforderungen Gesetzgebung und Rechtsprechung an ihre Tätigkeit stellen.

Eine Übersicht über die möglichen Folgen der Fehlerhaftigkeit von Produkten findet sich auf der nächsten Seite (**Bild 11.2**).

11.1.2 Zivilrechtliche Haftung, nicht strafrechtliche Verantwortlichkeit

Im vorliegenden Zusammenhang geht es *nicht* um die *strafrechtliche* Verantwortlichkeit, also nicht um die Frage, ob irgendein an einem Schadensfall Beteiligter (z.B. der oder die Schadensverursacher) *bestraft* werden soll, weil er durch ein fehlerhaftes Produkt vorsätzlich oder fahrlässig (Bestrafung setzt immer ein Verschulden voraus!) z.B. einen Produktbenutzer oder eine sonstige Person geschädigt, verletzt oder gar getötet hat. Viel-

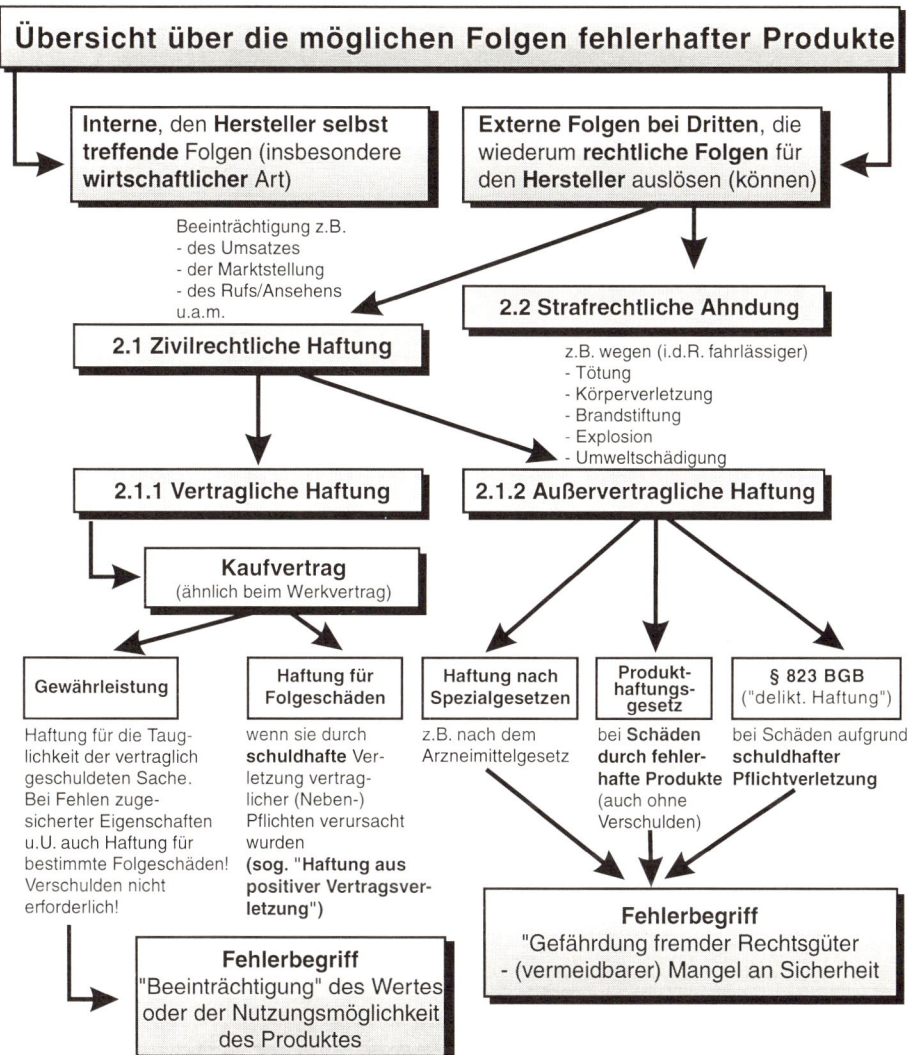

Bild 11.2 Folgen einer Fehlerhaftigkeit von Produkten

mehr geht es *hier* „nur" um die sog. *„zivilrechtliche Haftung"*, d.h. ob und unter welchen Voraussetzungen sowie in welchem Umfang jemand für einen Mangel eines Produkts und/oder hierdurch verursachte „Nachteile", insbesondere Schäden, einzustehen hat.

Zivilrechtliche und strafrechtliche Verantwortlichkeit sind zwei völlig verschiedene Problemkreise, die unabhängig voneinander und anhand unterschiedlicher Gesetzesmaßstäbe (hier Bürgerliches Gesetzbuch [BGB], dort Strafgesetzbuch [StGB]) sowie in verschiedenen gerichtlichen Verfahren (hier Zivilprozeß vor dem Zivilrichter oder der Zivilkammer nach Maßgabe der Zivilprozeßordnung [ZPO], dort Strafprozeß vor dem Strafrichter oder der Strafkammer entsprechend den Verfahrensvorschriften der Strafprozeßordnung [StPO]) geklärt und entschieden werden. Dies gilt auch, wenn Straf- und Zivilrichter demselben Gericht, z.B. Amts- oder Landgericht, angehören. Weil zwischen den zivilrechtlichen Haftungsvorschriften (insbesondere des BGB) und den Strafbestimmungen (vor allem des StGB) ebenso erhebliche Unterschiede bestehen wie zwischen den für die beiden Verfahren jeweils maßgeblichen Prozeßordnungen (ZPO bzw. StPO: sie beinhalten die „Spielregeln", nach denen ein Zivil- bzw. ein Strafprozeß abläuft), kann es vorkommen, daß (a) bezüglich ein und desselben Falles

– zuerst ein Strafverfahren und dann ein Zivilverfahren (oder umgekehrt) oder
– beide Verfahren nebeneinander (parallel) durchgeführt werden oder
– nur ein Strafverfahren oder
– nur ein Zivilverfahren oder schließlich
– überhaupt kein gerichtliches Verfahren stattfindet,

und daß (b) – falls sowohl ein Strafverfahren als auch ein Zivilverfahren durchgeführt wird – der Ausgang der beiden Verfahren unterschiedlich ist, z.B. daß im Strafverfahren der schadensverursachende *Angeklagte* (mangels Schuld) freigesprochen wird, während der Zivilrichter ein Verschulden des Schädigers, also des *Beklagten* feststellt und damit dessen Haftung bejaht (oder umgekehrt!), oder es nach den einschlägigen Vorschriften des Zivilrechts auf ein Verschulden gar nicht ankommt, und der Schadensverursacher schon deshalb schadensersatzpflichtig ist. Dieser Ablauf ist für Laien oftmals nur schwer oder gar nicht nachvollziehbar.

11.1.3 Haftung nur für ursprüngliche Mängel

Eine (hier im Vordergrund stehende) zivilrechtliche Haftung kommt allerdings immer nur dann in Betracht, wenn der schadensauslösende Umstand in dem Zeitpunkt, in welchem das später schadensursächlich gewordene Produkt in den Verkehr gekommen ist, – wenigstens „im Keim" – bereits vorhanden gewesen ist. Mit anderen Worten: Für Schäden, deren Ursache *nach* dem Zeitpunkt des Inverkehrbringens liegt (also nachdem der Hersteller seine Verfügungsgewalt über das Produkt auf eine andere außenstehende, also betriebsfremde Person übertragen hat bzw. der Verkäufer die Kaufsache dem Käufer übergeben hat), kommt eine Haftung des Warenherstellers bzw. Vertriebshändlers nicht in Betracht (also z.B. für eine fehlerhafte Reparatur, Manipulationen an dem Produkt, normalen Verschleiß, Überbeanspruchung, fehlende Wartung u.a.m.).

11.1.4 Fehler – Mangel

Im juristischen Sprachgebrauch werden die Begriffe „Fehler" und „Mangel", wie auch in den vorliegenden Ausführungen, gleichbedeutend verwendet.

Allerdings kann der Begriff „Fehler" bzw. „Mangel" zwei verschiedene rechtliche Bedeutungen haben:

a) *Im Gewährleistungsrecht* (s. Kap. 11.2.1) bedeutet er „Beeinträchtigung des Wertes oder der Nutzungsmöglichkeit (Gebrauchsfähigkeit/Tauglichkeit) des Produkts". In diesen Fällen ist das Produkt deshalb fehlerhaft, weil bestimmte (vorhandene oder aber auch fehlende!) Umstände entweder den *Wert* des Produkts oder seine *Tauglichkeit (d. h. Gebrauchsfähigkeit, Funktionstüchtigkeit, Nutzungsmöglichkeit)* beeinträchtigen.

b) Fehler im Sinne der (gesamten!) *außervertraglichen Haftung* (s. Kap. 11.3 ff.) ist hingegen eine (vermeidbare) Beeinträchtigung oder Gefährdung der Sicherheit fremder Rechtsgüter (also ein technisch oder mit wirtschaftlich zumutbaren Mitteln vermeidbarer „Mangel an Sicherheit"), d. h., ein Produkt ist in vermeidbarer Weise gefährlich und beeinträchtigt deshalb die Sicherheit fremder Rechtsgüter (selbst wenn es seinem Wert voll entspricht und auch voll funktionsfähig ist!). Anders als im Gewährleistungsrecht interessieren hier also der Wert oder die Gebrauchsfähigkeit des Produkts nicht, sondern entscheidend ist hier allein seine Sicherheit/Ungefährlichkeit. Dies sind die eigentlichen Fälle der Produzenten- oder Produkthaftung (Einzelheiten s. Kap. 11.3 ff., insbes. 11.4 u. 11.5).

11.2   Vertragliche Haftung

Einführung

Vertragliche Ansprüche können grundsätzlich nur zwischen den Personen bestehen, die miteinander mündlich oder schriftlich (grundsätzlich ist es für die Wirksamkeit eines Vertrages nicht erforderlich, daß dieser in einer bestimmten Form, z.B. der Schriftform geschlossen wird!) einen Vertrag geschlossen haben: In den hier interessierenden Fällen also z.B. zwischen dem Verkäufer und dessen Kunden oder Käufer, zwischen dem Auftraggeber und dem Auftragnehmer usw., nicht aber zwischen dem Hersteller und dem am Ende einer Absatzkette stehenden Kunden.

11.2.1   Gewährleistungshaftung

Aufgrund des zwischen ihnen geschlossenen Kaufvertrages haftet grundsätzlich jeder Verkäufer V gegenüber seinem Käufer K dafür, daß die verkaufte Sache im Zeitpunkt der „Übergabe" an den Käufer nicht mit Fehlern behaftet ist, die entweder den Wert oder die Tauglichkeit (Gebrauchsfähigkeit, Funktionstüchtigkeit, Nutzungsmöglichkeit) der Sache (sei es zu dem gewöhnlichen, d.h. üblichen Zweck oder sei es zu einem speziellen, nach dem Vertrag vorausgesetzten Gebrauch) aufheben oder nicht nur unerheblich mindern (§ 459 Abs. 1 BGB). Soweit bei Vertragsabschluß besondere Eigenschaften zugesichert wurden, haftet der Verkäufer auch für deren Vorhandensein (§ 459 Abs. 2 BGB).

Kurz: Ein Verkäufer haftet für die Fehlerfreiheit (im Sinne von Funktionstüchtigkeit, Zweckeignung, Nutzungsmöglichkeit) und für das Vorhandensein etwaiger zugesicherter Eigenschaften der von ihm vertraglich geschuldeten Leistung, und zwar ohne Rücksicht auf etwaiges Verschulden seinerseits, also ohne Rücksicht darauf, ob er z.B. einen etwaigen Mangel der Kaufsache zu vertreten hat oder nicht, ob er ihn erkennen konnte oder nicht (ob er also für den Mangel „etwas kann" oder nicht), sog. *„Gewährleistungshaftung".*

Wie diese Gewährleistung zu erfolgen hat (was ein Käufer von seinem Verkäufer wegen der Mangelhaftigkeit der Sache beanspruchen kann bzw. wozu dieser gegenüber dem Käufer verpflichtet ist), richtet sich in erster Linie nach der zwischen den Parteien (schriftlich oder mündlich!) getroffenen Vereinbarung („Vertrag") und in zweiter Linie („hilfsweise", wenn die Parteien insoweit nichts oder etwas Unwirksames vereinbart haben) nach den Vorschriften des Bürgerlichen Gesetzbuches (BGB): *Danach* kann der Käufer im Falle der Mangelhaftigkeit der gelieferten Sache nach seiner Wahl (!) vom Verkäufer verlangen:

a) Die Rückgängigmachung des Vertrages (sog. *„Wandelung"*), d.h.: „Ware gegen Geld zurück"; oder

b) *sog. „Minderung"*, d.h. der Käufer behält die mangelhafte Kaufsache, aber der ursprünglich vereinbarte Kaufpreis wird nachträglich herabgesetzt, „gemindert" (über die Höhe der Minderung müssen notfalls – wie immer, wenn sich „Streithähne" nicht einig werden – die Gerichte entscheiden); oder

c) bei einer nur der Gattung nach bestimmten Kaufsache (also nicht bei einem ganz bestimmten Einzelstück): *Ersatzlieferung,* d.h. Lieferung einer gleichartigen, jedoch mangelfreien Sache; oder schließlich

d) *falls* der verkauften Sache *eine bei Vertragsabschluß zugesicherte Eigenschaft fehlt: Schadensersatz wegen Nichterfüllung,* d.h. der Käufer kann entweder die (mangelhafte) Sache behalten und verlangen, so gestellt zu werden, wie er bei ordnungsgemäßer Vertragserfüllung, also bei Vorhandensein der zugesicherten Eigenschaft stehen würde (so daß in diesem Fall u.U. auch bestimmte Folgeschäden zu ersetzen sind); oder er kann die mangelhafte Sache dem Verkäufer zurückgeben und Ersatz des gesamten Schadens verlangen, der ihm dadurch entstanden ist, daß der Verkäufer – so muß er sich dann nämlich behandeln lassen! – den (ganzen) Vertrag überhaupt nicht erfüllt hat!

Zusicherung ist die bei Vertragsabschluß – ausdrücklich oder (Vorsicht!) stillschweigend oder durch schlüssiges Verhalten – abgegebene Erklärung des Verkäufers, für das Vorhandensein einer ganz bestimmten (konkreten) Eigenschaft, genauer: für die Folgen ihres Fehlens „einstehen" zu wollen. Ob dieser „Einstandswille" des Verkäufers vorhanden war, ist durch Auslegung des gesamten Verhaltens beider Parteien bei den Vertragsverhandlungen zu klären; keineswegs alles, was bei Vertragsabschluß zwischen den Parteien besprochen wird, stellt eine Zusicherung dar! Vielmehr dienen die Erklärungen der Parteien bei Vertragsabschluß in erster Linie regelmäßig der – wenn auch vielleicht sehr detaillierten – Beschreibung und Kennzeichnung des zu liefernden Gegenstandes, und wenn dieser dann nicht der Beschreibung, Kennzeichnung usw. entspricht, dann stehen dem Käufer nur die „normalen" Gewährleistungsansprüche zu (Wandelung, Minderung oder Ersatzlieferung); eine Zusicherung hingegen, deren Nichteinhaltung auch jenen weitergehenden Anspruch auf Schadensersatz wegen nicht ordnungsgemäßer Vertragserfüllung auslöst, geht über die „normale" Verkaufserklärung des Verkäufers hinaus: Hier gibt er mehr als nur ein Lieferversprechen ab, er bekundet ein „Einstehen" („Garantieren") wollen.

Die Bezugnahme auf *Datenblätter, Kataloge, Preislisten,* aber auch auf *DIN-Normen, VDE-Vorschriften* und dergl. stellt nach der Rechtsprechung *grundsätzlich* noch *keine* Zusicherung von Eigenschaften dar, die in jener Unterlage aufgeführt sind (sondern eben nur eine – wenn auch ggf. recht detaillierte – Kennzeichnung bzw. Beschreibung dessen, was geliefert werden soll).

e) *Nachbesserung* (Mangelbeseitigung) kann im Kaufvertragsrecht (anders im Werkvertragsrecht!) nach der Regelung des BGB nicht verlangt werden, sondern *nur bei* entsprechender – bereits bei Vertragsabschluß oder erst später, etwa bei Auftreten eines Mangels erfolgter – *Vereinbarung* (zu den *Kosten* der Nachbesserung s. § 476 a BGB).

Für die *Dauer der Gewährleistungszeit ("Gewährleistungsfrist")* ist wiederum in erster Linie maßgeblich, was die Parteien insoweit (schriftlich oder mündlich!) vereinbart haben, „hilfsweise" (wenn sie also nichts oder etwas Unwirksames vereinbart haben) gilt auch hier die gesetzliche Regelung: Danach verjähren Gewährleistungsansprüche beim Kauf beweglicher Sachen (ebenso wie bei Werkleistungen, ausgenommen Arbeiten an Grundstücken oder Bauwerken) in 6 Monaten. Die Frist beginnt mit der Übergabe der Sache an den Käufer und gilt grundsätzlich auch für sog. „versteckte Mängel"!

Zur Beweislastverteilung s. Kap. 11.9.2.

Erstes Zwischenergebnis im Schubstrebenfall: Im Schubstrebenfall lag zweifellos ein erheblicher Mangel der Kaufsache (Auto) vor. Innerhalb der vertraglich vereinbarten oder („hilfsweise") der gesetzlichen Gewährleistungsfrist (dann sechs Monate nach Übergabe des PKW) kann K deshalb von V für das Fahrzeug Gewähr beanspruchen.

Was er verlangen kann, richtet sich in erster Linie nach dem zwischen ihm und V geschlossenen Kaufvertrag (z.B. nach den in diesen einbezogenen Allgemeinen Geschäftsbedingungen!), hilfsweise nach dem BGB, (s.o.).

11.2.2 Vertragliche Haftung für Folgeschäden („Haftung aus positiver Vertragsverletzung")

Wurde durch die gekaufte Sache beim Käufer ein Folgeschaden verursacht (ist also bei diesem ein Schaden über die gekaufte Sache hinaus an seinen sonstigen Rechten oder Rechtsgütern entstanden, z.B. an seiner Gesundheit oder seinem Eigentum), der nicht von der Gewährleistungsregelung erfaßt wird, so haftet hierfür der Verkäufer kraft des mit dem Käufer geschlossenen *Vertrages* (nur) dann, wenn dieser Schaden darauf beruht, daß der Verkäufer eine ihm obliegende *vertragliche* (Neben-)Pflicht *schuldhaft*, d.h. vorsätzlich (also bewußt und gewollt) oder fahrlässig (also unter Nichtbeachtung der im Verkehr erforderlichen Sorgfalt) verletzt hat (sog. *„Haftung aus positiver Vertragsverletzung"*: Das ist also die *vertragliche* Haftung für Folgeschäden, die durch eine *schuldhafte* Verletzung vertraglicher Pflichten verursacht wurden).

Verjährung

Wird der Schaden oder der Mangelfolgeschaden aus einem Mangel der Kaufsache hergeleitet und steht er zu diesem Mangel in einem unmittelbaren und engen Zusammenhang (sog. „Mangelschaden"), dann verjähren auch Ansprüche aus positiver Vertragsverletzung innerhalb der für eine Gewährleistung geltenden Verjährungsfrist (s. Kap.

11.2.1), andernfalls (wenn also dieser enge Zusammenhang nicht gegeben ist, sog. „Mangelfolgeschaden") erst in 30 Jahren (die Abgrenzung ist oft nicht einfach!).

Zur Beweislastverteilung s. Kap. 11.9 ff.

Zweites Zwischenergebnis im Schubstrebenfall: Ein vertraglicher Anspruch auf Schadensersatz hinsichtlich der Folgeschäden steht K gegenüber V nicht zu, da dem V eine schuldhafte Verletzung vertraglicher Pflichten nicht vorgeworfen werden kann (anders, wenn V z. B. mit dem Vorhandensein jenes Mangels aufgrund entsprechender Hinweise oder Warnungen durch den Hersteller hätte rechnen müssen, oder wenn er an jenem Fahrzeug irgendwelche Arbeiten durchgeführt und hierbei die spätere Schadensursache gesetzt hätte).

11.2.3 Garantie

Das Bürgerliche Gesetzbuch (BGB) kennt den Begriff „Garantie" nicht. Dieses Rechtsinstitut hat sich vielmehr im allgemeinen Geschäfts- und Wirtschaftsverkehr entwickelt. Da der „Garantie" eine fest umrissene Gesetzesgrundlage fehlt, ist ihre (rechtliche) Bedeutung entsprechend vielfältig und „schillernd". Wenn man es mit einer Garantie zu tun hat, sind im Wege der Auslegung stets zwei Fragen zu klären:

a) Wer garantiert (z. B. der Verkäufer bzw. Werkunternehmer oder etwa der Hersteller eines Produkts, ein Zulieferer)?

b) Welchen Inhalt und Umfang hat die „Garantie"?

Die Garantie kann z. B. sein

- eine bloße, schriftliche Gewährleistungszusage, oder
- eine modifizierte, d. h. die gesetzliche Regelung abändernde oder ergänzende Gewährleistungsregelung, oder
- eine Zusicherung von Eigenschaften („garantiert rostfrei", „garantiert spülmaschinenfest"), oder
- eine Regelung der Gewährleistungsfrist, oder
- eine über die Gewährleistung hinausgehende Haftungszusage, oder
- eine neben die Gewährleistungsregelung tretende, zusätzliche Haftungsübernahme, z. B. des Herstellers, o. a. m.

Diese Fragen lassen sich nur im jeweiligen Einzelfall aufgrund einer Auslegung der Garantieerklärung beantworten; dazu aber ist es stets notwendig, deren genauen Wortlaut zu kennen.

11.2.4 Regreßansprüche einer haftpflichtigen Person

Ob ein Verkäufer (der wegen eines unter seine Gewährleistungspflicht fallenden Mangels der Kaufsache gegenüber seinem Vertragspartner Gewähr oder Schadensersatz leisten mußte) bei *seinem* Lieferanten Regreß (Rückgriff) nehmen kann, hängt allein vom Inhalt der vertraglichen Beziehungen ab, die zwischen *ihm* und *seinem* (auf Regreß in

Anspruch genommenen) Lieferanten bestehen. Dies bedeutet also ganz allgemein: In einer Herstellungs- und Absatzkette ist jedes Vertragsverhältnis selbständig und unabhängig von der rechtlichen Würdigung des vorausgehenden und des nachfolgenden Vertragsverhältnisses zu beurteilen.

11.3 Außervertragliche Haftung – Bedeutung und Zweck

Unabhängig davon, ob zwischen dem Geschädigten und einem Schadensverursacher bzw. Ersatzpflichtigen vertragliche Beziehungen bestehen oder nicht, können einem Geschädigten gegenüber dem Schadensverursacher unmittelbar auf dem Gesetz beruhende Schadensersatzansprüche dann zustehen, wenn die jeweiligen Voraussetzungen einer gesetzlichen Haftungsnorm erfüllt sind („außervertragliche oder gesetzliche Haftung"). In Fällen der vorliegenden Art kann sich eine solche Haftung ergeben, insbesondere einmal aufgrund des Produkthaftungsgesetzes (s. Kap. 11.4), zum anderen nach § 823 BGB (s. Kap. 11.5) und schließlich aufgrund von speziellen Haftungsregelungen (s. Kap. 11.6).

Während die *(vertragliche) Gewährleistungshaftung* (s. Kap. 11.1.4, 11.2.1) darauf abzielt, das Interesse des Käufers an der Nutzungsmöglichkeit (Gebrauchsfähigkeit, Funktionstüchtigkeit) der gekauften Sache zu schützen (und somit Voraussetzung für diesen Schutz der Abschluß eines Vertrages ist und entsprechende Ansprüche deshalb auch nur gegenüber dem Vertragspartner gegeben sind!), soll durch die *außervertragliche, unmittelbar auf dem Gesetz beruhende Haftung* die Allgemeinheit, also jedermann vor (bestimmten) rechtswidrigen Beeinträchtigungen seiner Rechtssphäre durch andere geschützt werden (u. U. allerdings nur an bestimmten Rechtsgütern oder in bestimmter Höhe). Für die außervertragliche Haftung ist es also gleichgültig, ob die gekaufte Sache für den üblichen Zweck tauglich (funktionstüchtig) ist oder nicht (dafür ist die Gewährleistungshaftung „zuständig", s. Kap. 11.1.4, 11.2.1); vielmehr ist für sie allein die Sicherheit der Produkte, genauer: der Schutz fremder Rechtsgüter entscheidend, daß also durch in den Verkehr gebrachte Produkte fremde Personen (und ihre Rechtsgüter, z.B. ihr Eigentum) nicht gefährdet oder gar geschädigt werden. Diese Haftung bezweckt also den Schutz aller oder bestimmter Personen und Rechtsgüter vor Beeinträchtigungen durch (fehlerhafte) Produkte (vgl. Kap. 11.1.4).

11.4 Haftung nach dem Produkthaftungsgesetz („ProdHaftG")

Wie bereits erwähnt, bezweckt das ProdHaftG den Schutz fremder Rechtsgüter (d.h. fremder Personen und Sachen). Es haften deshalb bestimmte Personen für bestimmte Schäden dann, wenn diese Schäden durch ein fehlerhaftes Produkt verursacht worden sind.

Mit dem ProdHaftG, das am 1. 1. 1990 in den alten und am 3. 10. 1990 in den neuen Bundesländern in Kraft getreten ist (beachte unten Kap. 11.4.2, letzter Absatz), wurde die Brüsseler EG-Richtlinie vom 25. 7. 1985 über die Haftung für fehlerhafte Produkte (mit der eine Haftungsvereinheitlichung innerhalb der EU-Staaten erstrebt wird) in aktuelles geltendes deutsches Recht umgesetzt.

Die Haftung nach dem ProdHaftG stellt keine allumfassende und abschließende Regelung einer Haftung für fehlerhafte Produkte dar, sondern sie ist neben die derzeit bestehenden Haftungsregelungen, insbesondere also neben die vertragliche Haftung aus positiver Vertragsverletzung (s. Kap. 11.2.2) und neben die außervertragliche, insbesondere die deliktische Haftung nach § 823 BGB (s. Kap. 11.5) getreten. Diese Haftungsregelungen bestehen also nach wie vor und werden lediglich durch das ProdHaftG ergänzt. Soweit möglich, wird ein Produktgeschädigter auf dem „Gleis" des ProdHaftG Schadensersatz zu erlangen versuchen, weil dies der einfachere und raschere Weg zum angestrebten Ziel („Schadensersatz") ist. Aber wo dieser Weg nicht zum Erfolg führt, behält die bisher geltende Haftungsregelung ihre – durchaus erhebliche! – Bedeutung (vgl. Kap. 11.5). Zu dem Verhältnis mehrerer, nebeneinander bestehender Haftungs-, d.h. Anspruchsgrundlagen (s. Kap. 11.7).

11.4.1 Haftungsvoraussetzungen

Nach dem ProdHaftG haftet ein Hersteller dann, wenn (kumulativ!)

    a) ein *Fehler* seines Produkts

    b) einen (bestimmten) *Schaden*

    c) *verursacht* hat.

Nur dann, wenn sämtliche dieser drei Voraussetzungen gegeben sind, wird gehaftet. Das ist eine Art „Gefährdungshaftung": Die Haftung knüpft allein an die Gefahr an, die von einem fehlerhaften Produkt für dessen „Umgebung" ausgeht. Warum das Produkt einen Fehler (Sicherheitsmangel) hatte, insbesondere ob insoweit den Hersteller ein Verschulden oder eine Pflichtverletzung trifft, darauf kommt es somit hier nicht an (anders bei der deliktischen Haftung nach § 823 BGB, s. Kap. 11.5.1, 11.5.2).

Die *Beweislast* für das Vorliegen aller drei Voraussetzungen (a–c) trägt der Geschädigte (vgl. Kap. 11.9.2).

11.4.2 „Produkt" – „In Verkehr bringen"

„Produkte" im Sinne des ProdHaftG sind alle beweglichen Sachen (Gegensatz: Unbewegliche Sachen, z.B. Immobilien), auch wenn sie Teil einer anderen beweglichen oder unbeweglichen Sache sind (also in eine andere Sache eingebaut, eingearbeitet, mit einer solchen verbunden, vermischt usw. wurden), sowie Elektrizität. Ausgenommen von der Haftung nach dem ProdHaftG sind sog. „landwirtschaftliche Naturprodukte" und „Jagderzeugnisse", *solange* sie nicht einer ersten Verarbeitung unterzogen worden sind, sowie Arzneimittel (für letztere gilt in Deutschland die noch schärfere Haftung nach dem Arzneimittelgesetz).

In den Verkehr gebracht ist ein Produkt dann, wenn der Hersteller seine tatsächliche Verfügungsgewalt über das Produkt willentlich aufgegeben und dergestalt auf einen anderen übertragen hat, daß seine Möglichkeit, faktisch auf das Produkt einzuwirken, erloschen ist (das Produkt also, etwas vereinfacht ausgedrückt, das Werksgelände verlassen hat und „auf die Menschheit losgelassen" wurde).

Wichtig: Für (fehlerhafte) Produkte, die *vor* dem Inkrafttreten des ProdHaftG (s. Kap. 11.4, Absatz 2!) in den Verkehr gekommen sind, wird nicht nach dem ProdHaftG gehaftet (ggf. aber nach § 823 BGB, s. Kap. 11.5)!

11.4.3 „Produktfehler"

Nach § 3 ProdHaftG hat ein Produkt dann einen Fehler, wenn es nicht die Sicherheit bietet, die *unter Berücksichtigung aller Umstände,* insbesondere

a) seiner Darbietung (d.h. Präsentation des Produkts nach außen, wie z.B. Etikettierung, Verpackung, Gebrauchsanweisung, Bedienungs- oder Montageanleitung, Werbung, Anpreisung, Verkaufsgespräche etc.),

b) des Gebrauchs, mit dem billigerweise gerechnet werden kann (das kann auch ein bestimmungs*widriger* Gebrauch sein, sofern mit ihm nach allgemeiner Lebenserfahrung gerechnet werden kann),

c) des Zeitpunkts, in dem es in den Verkehr gebracht wurde,

berechtigterweise erwartet werden kann.

Kurz: Fehlerhaftigkeit bedeutet hier einen (technisch/konstruktiv und mit wirtschaftlich zumutbaren Mitteln vermeidbaren) *„Mangel an Sicherheit".* Bei der Frage, welche Sicherheit „man" (das ist der bestimmungsgemäße Durchschnittsbenutzer) von einem Produkt zu erwarten berechtigt ist, sind *alle* Umstände zu berücksichtigen, die Sicherheitserwartungen zu wecken geeignet sind (neben den drei oben genannten also z.B. auch der Stand der Wissenschaft und Technik in puncto Sicherheit (!) oder der Preis eines Produkts).

Insbesondere muß also ein Warenhersteller im Rahmen des technisch Möglichen und wirtschaftlich Zumutbaren (was die Sicherheit und Ungefährlichkeit der von ihm hergestellten Produkte betrifft) die gesamten, von Experten auf dem fraglichen Gebiet anerkannten Sachkenntnisse im wissenschaftlichen und technischen Bereich bei der Konstruktion, Herstellung und Darbietung seines Produktes berücksichtigen, also – in puncto Sicherheit/Ungefährlichkeit seines Produkts – die in seiner Branche von Experten anerkannte „optimale Lösung" verwirklichen. Dies bedeutet u.a., daß auf alle Fälle ein Produkt immer dann fehlerhaft im Sinne des § 3 Abs. 1 ProdHaftG ist, wenn es einen – technisch oder mit wirtschaftlich zumutbaren Mitteln – vermeidbaren Konstruktions-, Fabrikations- oder Instruktionsfehler im Sinne der Rechtsprechung zu § 823 BGB enthält (s. Kap. 11.5) – gleichgültig, ob dieser Sicherheitsmangel auf einem selbstgefertigten Teil oder einem Zulieferprodukt oder im Zusammenwirken beider Teile liegt und gleichgültig auch, ob der Unternehmer selbst die Schadensursache („eigenhändig") gesetzt hat oder einer seiner Betriebsangehörigen.

Jeder Umstand, der die Sicherheit bzw. Ungefährlichkeit des Produkts beeinträchtigt, ist also ein Fehler im Sinne des ProdHaftG und begründet hiernach ausnahmslos eine Haftung des Herstellers (auch für sog. „Ausreißer"), ohne daß ihm eine Entschuldigungsmöglichkeit (z.B. alle technisch möglichen und zumutbaren Fabrikationspflichten erfüllt zu haben) offen steht. Auf ein Verschulden oder eine Pflichtverletzung des Herstellers kommt es also nicht an (vgl. Kap. 11.4.1).

11.4.4 Der zu ersetzende Schaden

Nach dem ProdHaftG wird für alle Schäden gehaftet, die

a) durch die Tötung oder die Körperverletzung eines Menschen verursacht wurden, sog. „Personenschäden" (Obergrenze: 160 Mill. DM im Einzelfall *und* bei Serienschäden) und/oder

b) an einer – anderen als der fehlerhaften (!) – Sache entstanden sind, sofern diese andere Sache
   – gewöhnlich für den privaten Ge- oder Verbrauch bestimmt war,
   – hierzu von dem Geschädigten auch *hauptsächlich* verwendet worden ist und
   – dieser Sachschaden 1125,– DM übersteigt (*ohne* Obergrenze).

   Umstritten ist, was ein „fehlerhaftes Produkt" ist: Das Endprodukt oder das einzelne schadensursächlich gewordene Teil (so daß dann der Schaden am „restlichen" Produkt zu ersetzen wäre)? Die Klärung dieser Frage durch die Rechtsprechung bleibt abzuwarten.

Nicht zu ersetzen sind also nach dem ProdHaftG z.B. immaterielle Schäden (*Schmerzensgeld!*); Sachschäden an gewerblichen, betrieblichen, beruflichen oder öffentlichen Sachen; Sachschäden an „privaten" Sachen bis 1125,– DM („Selbstbeteiligung des Geschädigten") u.a.m. (vgl. Kap. 11.5).

Unerheblich ist, ob es sich um einen unmittelbaren oder mittelbaren Schaden handelt.

11.4.5 Nach dem ProdHaftG haftende Personen

Nach dem ProdHaftG haftet

a) jeder Hersteller eines Endprodukts,

b) jeder Hersteller eines Grundstoffs,

c) jeder Hersteller eines Teilprodukts (Zulieferer),

d) jeder, der sich durch Anbringung seines Namens, seiner Marke oder eines anderen Erkennungsmerkmals auf dem Produkt als dessen Hersteller ausgibt (sog. Quasi- oder Scheinhersteller),

e) jeder, der zum Zweck der wirtschaftlichen Verwertung im Rahmen seiner geschäftlichen Tätigkeit ein Produkt von außerhalb des europäischen Wirtschaftsraums („EWR", also Bereich der Europäischen Union und der EFTA-Staaten) in diesen einführt oder verbringt – gleichgültig, wo das Produkt hergestellt wurde (also auch bei Re-Import!); nicht hierunter fällt also derjenige, der ein Produkt von einem EU-Land in ein anderes EU-Land importiert. Dasselbe gilt für denjenigen, der ein Produkt aus einem EFTA-Land in ein EU-Land einführt oder verbringt,

f) jeder Lieferant eines Produkts, dessen Hersteller nicht festgestellt werden kann (sog. „no-name-product", Produkt ohne Herstellerangabe, anonymes Produkt) – *sofern* er dem Geschädigten nicht innerhalb eines Monats nach Aufforderung den Hersteller oder seinen Vorlieferanten benennt. Dasselbe gilt für EWR-Importe, wenn der EWR-Importeur nicht festgestellt werden kann (selbst wenn der Hersteller bekannt ist!).

Erfüllen in einem Schadensfall mehrere der vorstehend genannten Personen die Voraussetzungen einer Haftung nach dem ProdHaftG (oben Kap. 11.4.1, z.B. der Hersteller eines fehlerhaften Zulieferteils und der Endhersteller, dessen Endprodukt durch jenes Zulieferteil fehlerhaft wird; oder der tatsächliche Hersteller und der Scheinhersteller), dann haften diese mehreren Personen nach außen (also gegenüber dem Geschädigten) gemeinsam als sog. *„Gesamtschuldner"*, d.h. sie bilden eine Haftungsgemeinschaft: Jeder einzelne von ihnen schuldet in voller Höhe Ersatz des (gesamten) entstandenen Schaden und der Geschädigte kann deshalb – nach seiner freien Wahl – gegen jeden einzelnen von ihnen so lange vorgehen, bis sein Schaden – *ein* Mal! – voll ausgeglichen ist. Der Geschädigte hat also für seine – einzige – Schadensersatzforderung nicht nur einen, sondern mehrere Schuldner und kann sich nach seinem Belieben ganz oder teilweise an einen oder mehrere von ihnen halten (was z.B. dann von erheblicher Bedeutung für ihn sein kann, wenn einer der Gesamtschuldner vermögenslos ist oder in Vermögensverfall gerät). Wie der Schaden im *Innenverhältnis,* also unter den einzelnen Schadensverursachern/Gesamtschuldnern, aufzuteilen ist (ob also insbesondere ein Gesamtschuldner, der den Geschädigten befriedigt hat, von dem oder den übrigen Gesamtschuldnern ganz oder teilweise Ersatz seiner Aufwendungen beanspruchen kann) richtet sich in erster Linie danach, was diese (beiden) Gesamtschuldner für diesen Fall *vereinbart* haben; hilfsweise, wenn also insoweit nichts vereinbart wurde, hängt die Haftungsverteilung im *Innen*verhältnis von den jeweiligen Umständen ab, also z.B. inwieweit der Schaden vorwiegend von dem einen oder von dem anderen Mitglied der Haftungsgemeinschaft verursacht worden ist (insoweit erfolgt also die Haftungsverteilung nach dem Gewicht und der Bedeutung der Verursachungsbeiträge der einzelnen Gesamtschulder).

11.4.6 Ausschluß einer Haftung

Die Haftung nach dem ProdHaftG ist (obwohl die oben in Kap. 11.4.1 genannten Haftungsvoraussetzungen gegeben sind!) dann ausgeschlossen, wenn

a) der Hersteller das Produkt nicht in den Verkehr gebracht hat, also seine tatsächliche Verfügungsgewalt hierüber nicht freiwillig auf einen anderen übertragen hat (das Produkt wurde ihm z.B. gestohlen oder er hat es verloren, irgendwo liegengelassen usw.);

b) den Umständen nach davon auszugehen ist (es braucht also nicht voll bewiesen zu sein!), daß der Fehler des Produkts im Zeitpunkt seines Inverkehrbringens noch nicht vorhanden war (also später entstanden ist);

c) der Hersteller das Produkt nicht zum Zweck des wirtschaftlichen Vertriebs hergestellt *und* auch nicht im Rahmen seiner beruflichen Tätigkeit hergestellt oder vertrieben hat (der Hersteller also „berufsfremd" tätig geworden ist, z.B. „gebastelt" hat);

d) der Produktfehler darauf beruht, daß das Produkt im Zeitpunkt seines Inverkehrbringens zwingenden Rechtsvorschriften entsprach, also deshalb fehlerhaft gewesen ist, weil eine vom Hersteller zu beachtende Rechtsvorschrift fehlerhaft war.

„Zwingende Rechtsvorschriften" sind allerdings nur die auf dem hierfür vorgesehenen Weg zustandegekommenen *Gesetze* des Bundes oder eines Landes sowie die auf einer gesetzlichen Ermächtigung beruhenden *Rechtsverordnungen. Keine* zwingenden Rechtsvorschriften sind somit z.B. DIN-Normen; VDE-Vorschriften; VDI-Richtlinien; DVGW-Arbeitsblätter; Verwaltungsvorschriften; privat vereinbarte Normen, Prüfungsregelungen und -bestimmungen; private Vereinbarungen u.a.m.;

e) der Produktfehler nach dem – weltweit gegebenen! – Stand der Technik im Zeitpunkt des Inverkehrbringens des Produkts nicht erkannt werden konnte („unvermeidbares Entwicklungsrisiko");

f) wenn bei einem *zugelieferten* Produkt

– der Fehler durch die Konstruktion des Endprodukts verursacht wurde (der Endhersteller also ein an sich fehlerfreies Zulieferteil für einen Zweck verwendet hat, für den es konstruktiv nicht geeignet war), oder

– das zugelieferte Teil zwar fehlerhaft ist, dieser Fehler aber auf den Anleitungen (Vorgaben, Zeichnungen, Angaben, Spezifikationen o.ä.) des Endherstellers beruht (an die sich der Zulieferer gehalten hat).

Die *Beweislast* dafür, daß in einem Schadensfall die Ersatzpflicht des Herstellers oder einer ihm haftungsmäßig gleichgestellten Person (s. Kap. 11.4.5) ausnahmsweise ausgeschlossen ist, trägt stets derjenige, der den Ausschluß seiner Haftung geltend macht!

11.4.7 Weitere wichtige Regelungen des ProdHaftG

a) Hat der Geschädigte selbst seinen Schaden schuldhaft mitverursacht (oder vergrößert), so ist der Schaden entsprechend den Verursachungsbeiträgen und dem Verschulden zwischen der nach dem ProdHaftG als Hersteller haftenden Person (s. Kap. 11.4.5) und dem Geschädigten zu teilen („Schadensquotelung").

b) Ist der Schaden durch einen Produktfehler und zugleich durch das Verhalten eines *Dritten* (das ist jeder außer dem Hersteller (s. Kap. 11.4.5) und dcm Geschädigten) verursacht worden (z.B. einem Reparaturbetrieb, der einen Produktfehler nicht oder nicht ordnungsgemäß beseitigt hat), dann wird hierdurch die Haftung des Herstellers nicht gemindert (möglicherweise kann aber dann der Hersteller im *Innenverhältnis* gegenüber jenem Dritten – ganz oder teilweise – Regreß beanspruchen).

c) Ansprüche nach dem ProdHaftG *verjähren* in drei Jahren, d.h. sie bestehen dann zwar noch, können aber nicht mehr gerichtlich durchgesetzt werden, wenn sich der Ersatzpflichtige auf den Eintritt der Verjährung beruft. Die Frist beginnt zu dem Zeitpunkt, an dem der Geschädigte Kenntnis erlangt hat (oder hätte erlangen müssen! Er muß also ein Minimum an Nachforschung anstellen!),

(1) vom Schaden,
(2) davon, daß das Produkt fehlerhaft war und
(3) von der Person des Ersatzpflichtigen (s. Kap. 11.4.5).

Zehn Jahre, nachdem das fehlerhafte und schadensursächlich gewordene Produkt in den Verkehr gebracht wurde, *erlöschen* Ansprüche nach dem ProdHaftG (nicht nach etwaigen anderen Vorschriften, z.B. nach § 823 BGB!), d.h. der Anspruch ist untergegangen und kann überhaupt nicht mehr gerichtlich geltend gemacht werden (sofern die Frist nicht zuvor – z.B. durch gerichtliche Geltendmachung oder durch Anerkenntnis des Schuldners – unterbrochen wurde!).

d) Die Haftung nach dem ProdHaftG darf *im voraus* weder ausgeschlossen noch eingeschränkt werden.

e) Vorschriften, nach denen ein Ersatzpflichtiger in weiterem Umfang als nach dem ProdHaftG haftet oder nach denen ein anderer für den Schaden verantwortlich ist, werden durch das ProdHaftG nicht berührt, also etwa die vertragliche Haftung (s. Kap. 11.2) oder andere außervertragliche Haftungsgrundlagen (s. Kap. 11.5).

11.4.8 Übersicht: Außervertragliche Haftung nach Produkthaftungsgesetz (ProdHaftG) (Bild 11.3)

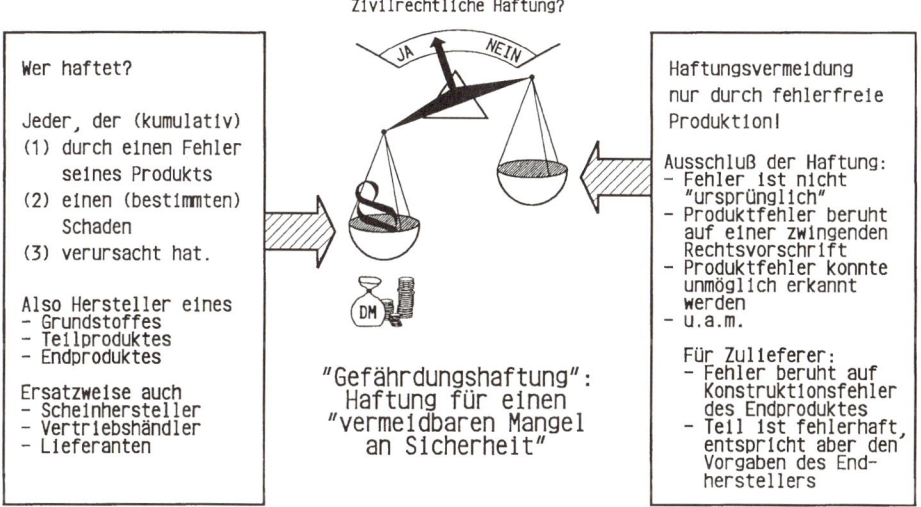

Bild 11.3   Haftungsregelung nach ProdHaftG

11.4.9 Ergebnis im Schubstrebenfall nach dem ProdHaftG

Hinweis: Bei der Anwendung des ProdHaftG auf den Schubstrebenfall (oben Kap. 11.1) muß davon ausgegangen werden, daß PU (bzw. Z) das Auto (bzw. die Schubstrebe) *nach* dem Inkrafttreten des ProdHaftG in den Verkehr gebracht haben. Hätte Z die Schubstrebe *vor* dem Inkrafttreten des ProdHaftG an PU geliefert, dieser jedoch das Auto mit der fehlerhaften Schubstrebe erst *nach* diesem Zeitpunkt ausgeliefert, würde Z nach dem ProdHaftG überhaupt nicht haften, wohl aber PU.

Sowohl PU („fehlerhaftes Auto") als auch Z („fehlerhafte Schubstrebe") haften für die entstandenen Personen- und „privaten" Sachschäden, und zwar als sog. „Gesamtschuldner" (s. Kap. 11.4.5). Umstritten ist, ob K von PU oder „wenigstens" von Z Ersatz des (restlichen) Autos ohne Schubstrebe beanspruchen kann (sofern er den PKW hauptsächlich privat genutzt hatte, s. Kap. 11.4.4).

11.5   Die deliktische Haftung nach § 823 Abs. 1 BGB („Haftung aus unerlaubter Handlung")

Zu ihrem Sinn und Zweck kann in vollem Umfang auf Kap. 11.1.4 verwiesen werden. Auch durch die Vorschrift des § 823 Abs. 1 BGB

> „Wer vorsätzlich oder fahrlässig das Leben, den Körper, die Gesundheit, die Freiheit, das Eigentum oder ein sonstiges Recht eines anderen widerrechtlich verletzt, ist dem anderen zum Ersatze des daraus entstehenden Schadens verpflichtet …"

soll jedermann vor rechtswidrigen Beeinträchtigungen durch andere (hier: durch das Inverkehrbringen fehlerhafter Produkte) geschützt werden – unabhängig davon, ob zwischen dem Geschädigten und dem Schadensverursacher vertragliche Beziehungen bestehen oder nicht.

Die aktuelle Bedeutung dieser Haftungsnorm

In der Mehrzahl der Fälle wird ein Geschädigter Schadensersatz auf der Grundlage des ProdHaftG zu erlangen versuchen (weil dieses die geringeren Anforderungen an die Haftung des Produzenten stellt, und es deshalb für einen Produktgeschädigten der einfachere und schnellere Weg zur Erlangung von Schadensersatz ist); jedoch verbleiben noch eine ganze Reihe von Fällen, in denen nach dem ProdHaftG kein Schadensersatz erlangt werden kann (möglicherweise aber auf dem etwas schwierigeren, weil höhere Anforderungen an die Haftung stellenden Weg nach § 823 Abs. 1 BGB), wenn z.B.

a) das fehlerhafte und deshalb schadensursächlich gewordene Produkt *vor* Inkrafttreten des ProdHaftG (1. 1. 1990 bzw. 3. 10. 1990) in den Verkehr gekommen ist (vgl. Kap. 11.4.2, letzter Absatz),

b) Schmerzensgeld begehrt wird,

c) Schäden an betrieblichen, gewerblichen, beruflichen oder öffentlichen Sachen ersetzt werden sollen,

d) Ersatz von Schäden an „privaten" Sachen bis zu 1125,– DM begehrt wird,

e) schadensursächlich ein fehlerhaftes, *unverarbeitetes* landwirtschaftliches Naturprodukt oder Jagderzeugnis geworden ist,

f) der schadensursächlich gewordene Produktfehler zwar nach dem Stand der Wissenschaft und Technik im Zeitpunkt des Inverkehrbringens des betreffenden Produkts nicht erkannt werden konnte, der Hersteller jedoch nach dem Inverkehrbringen seine Produktbeobachtungspflicht (s. Kap. 11.5.2) verletzt hat,

g) Schadensersatzansprüche nach dem ProdHaftG erloschen sind (10 Jahre nach dem Inverkehrbringen eines Produkts) u.a.m.

In allen diesen Fällen bleibt einem Produktgeschädigten zur Erlangung von Schadensersatz praktisch nur der Weg über § 823 Abs. 1 BGB (evtl. auch über spezielle Haftungsregelungen, s. Kap. 11.6).

11.5.1 Haftungsvoraussetzungen

Nach § 823 Abs 1 BGB haftet kraft Gesetzes *jeder,* der

1) *schuldhaft* (d.h. vorsätzlich oder fahrlässig)
2) eine ihm obliegende *Pflicht verletzt,*
3) „dadurch" (*Ursächlichkeit!* Das bedeutet hier: Aufgrund einer schuldhaften Pflicht- verletzung wird ein fehlerhaftes Produkt hergestellt, das seinerseits dann ursächlich für einen Schaden wird);
4) ein fremdes, durch § 823 Abs. 1 BGB *geschütztes Rechtsgut* beeinträchtigt und
5) deshalb (Ursächlichkeit!)
6) bei dem Betroffenen einen *Schaden* hervorgerufen hat.

Immer dann, aber auch nur dann, wenn *sämtliche* sechs genannten Voraussetzungen in einer Person erfüllt sind, haftet diese Person für den entstandenen Schaden.

Im Gegensatz zu dem ProdHaftG („Gefährdungshaftung", s. Kap. 11.4.1) knüpft also die Haftung nach § 823 BGB an eine *schuldhafte Pflichtverletzung* einer Person an („Verschuldenshaftung"). Diese allgemeine, für jedermann geltende (und auch keines- wegs für die Fälle einer Schädigung durch fehlerhafte Produkte geschaffene und hierauf beschränkte!) Vorschrift wendet die Rechtsprechung nicht nur auf Fälle einer Schädi- gung durch einen Verkehrsunfall, Glatteis, Einbruch, eine Schlägerei etc. an, sondern auch auf die Fälle, in denen jemand durch ein fehlerhaftes Erzeugnis geschädigt wird. Dabei ist „fehlerhaft" in diesem Sinne ein Produkt (nur) dann, wenn es einen (tech- nisch/konstruktiv und mit wirtschaftlich zumutbaren Mitteln vermeidbaren) Mangel an Sicherheit aufweist (vgl. Kap. 11.4.3); beruht ferner dieser Sicherheitsmangel auf einer schuldhaften Pflichtverletzung des Herstellers, dann haftet dieser nach § 823 BGB für den hierdurch verursachten Schaden (anders nach dem ProdHaftG, wo es genügt, daß das Produkt *fehlerhaft* gewesen (und deshalb schadensursächlich geworden) ist, ohne daß es darauf ankommt, ob der Produktfehler auf einer schuldhaften Pflichtverletzung beruht oder nicht).

11.5.2 Pflichtenkreise des Warenherstellers

Die zentrale Frage bei der Anwendung des § 823 BGB auf die Fälle einer Schädigung durch fehlerhafte Produkte lautet: Welche Pflichten hat ein Warenhersteller? Denn zum einen haftet er nur im Falle ihrer (schuldhaften) Verletzung und zum anderen kann er ihre Verletzung nur vermeiden, wenn er diese Pflichten kennt!

Die Rechtsprechung hat bislang folgende Pflichtenkreise eines Warenherstellers her- ausgearbeitet (gleichgültig, welcher Art seine Produkte sind, insbesondere auch, ob es sich um einen Grundstoff, um Teil- oder Endprodukte handelt):

1) *Konstruktions- oder Planungspflichten*
   Ein Produkt muß ordnungsgemäß, sach- und zweckgerecht konzipiert sein, d.h. dem gesicherten Stand von Wissenschaft und Technik entsprechend sicher und un- gefährlich konstruiert (also gedanklich konzipiert) sein. Die Konstruktionspflicht ist also die Pflicht zur Vermeidung von Schadensursachen auf planerischer Ebene.

2) *Herstellungs- oder Fabrikationspflichten*
Entsprechend den (fehlerfreien) Konstruktionsplänen muß auch fehlerfrei gefertigt (hergestellt, fabriziert) werden und die Produkte müssen ordnungsgemäß auf ihre fehlerfreie Beschaffenheit hin geprüft werden (Qualitätsmanagement!), siehe hierzu eingehend unter Kap. 11.8.

3) *Beteiligten- oder Zuliefererpflichten*
Der Hersteller darf im Rahmen seines Endprodukts nur solche Zulieferteile verwenden, von deren fehlerfreier Beschaffenheit er überzeugt sein darf, d.h. er muß sich von der Zuverlässigkeit und Gewissenhaftigkeit seiner Zulieferer überzeugen (also davon, daß diese die ihnen als Hersteller der zugelieferten Teile oder Leistungen obliegenden Pflichten ordnungsgemäß erfüllen) (Einzelheiten s. Kap. 11.8.3).

4) *Instruktionspflichten*
Der Hersteller muß vor technisch oder wirtschaftlich unvermeidbaren Gefahren, die von seinem Produkt ausgehen und die für den normalen, vernünftigen Durchschnittsbenutzer nicht oder nicht ohne weiteres erkennbar sind, warnen („instruieren").

5) *Produktbeobachtungspflichten*
Der Hersteller muß ferner nach dem Inverkehrbringen seiner Produkte beobachten, wie sich diese in der Praxis bewähren und im Rahmen des ihm Möglichen und Zumutbaren *einschreiten* (z.B. durch eine Rückrufaktion; Vertriebshändler- oder Kundenbenachrichtigung etc.), wenn sich nunmehr eine zuvor nicht erkannte oder nicht erkennbare Gefährlichkeit seines Produkts heraustellt.

6) *Betriebsorganisationspflichten*
Der Unternehmer ist verpflichtet, seinen Betrieb allgemein ausreichend zu organisieren, d.h. so einzurichten, daß eine ordnungsgemäße Geschäfts- u. Betriebsführung gewährleistet ist.

7) *Personalpflichten – Haftung für Betriebsangehörige*
Der Unternehmer muß die bei ihm beschäftigten Mitarbeiter ordnungsgemäß auswählen, ordnungsgemäß anleiten und ordnungsgemäß überwachen, d.h. wenn er eine dieser Pflichten verletzt hat, haftet er selber auch für Schäden, zu denen er unmittelbar gar nichts beigetragen, sie also nicht eigenhändig verursacht hat, sondern die einer seiner Mitarbeiter ausgelöst hat. Und nach § 831 BGB wird eine solche Pflichtverletzung des Unternehmers bei einer Schadensverursachung durch einen seiner Mitarbeiter stets vermutet, und es ist dann Sache des Unternehmers, diese Vermutung zu widerlegen, sich also zu „exculpieren", d.h. nachzuweisen, daß er den „Sündenbock" ordnungsgemäß ausgewählt, angeleitet und überwacht hat: Kann er dies, entfällt seine Haftung, andernfalls haftet er auch für den durch seine Mitarbeiter verursachten Schaden.

Die vorstehende Pflichteneinteilung dient nur dem besseren Verständnis und der Konkretisierung der dem Unternehmer allgemein obliegenden Pflicht, keine Schadensursachen für eine Beeinträchtigung fremder Rechtsgüter zu setzen. Rechtlich ist es völlig unerheblich, welche Pflicht im Einzelfall verletzt wurde: Wenn feststeht, *daß* der Unternehmer eine ihm obliegende Pflicht verletzt hat *und wenn* die übrigen Voraussetzungen des § 823 Abs. 1 BGB erfüllt sind, haftet er!

11.5.3 Haftung sonstiger Personen nach § 823 Abs. 1 BGB

Persönliche Haftung des Mitarbeiters

Unter den Voraussetzungen des § 823 Abs. 1 BGB, wenn er also bei seiner beruflichen oder geschäftlichen Tätigkeit schuldhaft eine ihm obliegende Pflicht verletzt und dadurch ein fremdes, durch § 823 Abs. 1 BGB geschütztes Rechtsgut geschädigt hat, haftet ein Mitarbeiter auch unmittelbar und persönlich gegenüber dem Geschädigten (*„jeder haftet nach § 823 Abs. 1 BGB, der …“*, s. Kap. 11.5.1).

Diese persönliche Haftung sollte die Mitarbeiter zu besonders sorgfältigem und verantwortungsbewußtem Verhalten veranlassen, soll sie aber andererseits nicht erschrecken und lähmen: Zum einen wurden bislang – wenn überhaupt – in der Mehrzahl der Fälle nur leitende Mitarbeiter in Anspruch genommen (Konstruktions- und Produktionsleiter, Leiter des Qualitätsmanagements und der Instruktionsabteilung); und zum anderen tritt für einen schadensersatzpflichtig gewordenen Mitarbeiter die Betriebshaftpflichtversicherung (im Rahmen des versicherten Risikos und der Versicherungssumme!) ein – es sei denn, daß der betreffende Mitarbeiter vorsätzlich gehandelt hat.

Ob ein schadensersatzpflichtiger Mitarbeiter gegenüber seinem Arbeitgeber einen Freistellungs- oder Regreßanspruch hat, ist eine Frage des Arbeits(vertrags)rechts, auf die hier nicht näher eingegangen werden kann.

Zur Haftung des Unternehmers für zugelieferte Teile s. Kap. 11.8.3.

Deliktische Haftung des Zulieferers

Der Zulieferer ist (End-)Hersteller *seines* Produkts (für ihn hört mit der Fertigstellung *seines* Erzeugnisses die „Produktionswelt" auf). Als solcher „normaler" (End-)Hersteller hat er daher genau dieselben Pflichten, die jeder andere Hersteller auch hat; insoweit kann deshalb auf die vorstehenden Ausführungen (s. Kap. 11.5.1–11.5.3) in vollem Umfang verwiesen werden. Unabhängig von dieser unmittelbaren deliktischen Haftung gegenüber einem außenstehenden Geschädigten haftet der Zulieferer gegenüber seinem Abnehmer bzw. Auftraggeber entsprechend dem Inhalt des mit diesem geschlossenen Vertrages für die fehlerfreie Beschaffenheit seiner Leistung („Gewährleistungshaftung", s. Kap. 11.2.1) und ggf. auch für Folgeschäden („Haftung aus positiver Vertragsverletzung", s. Kap. 11.2.2).

Deliktische Haftung der Vertriebshändler

Vertriebshändler sind keine Hersteller. Sie haften daher auch nicht als solche, da Herstellungsfehler außerhalb ihres Einwirkungs- und Verantwortungsbereichs liegen. Sie sind aber deshalb nicht völlig frei von jeder Verantwortung für die von ihnen vertriebenen Produkte, sondern haften nach § 823 BGB – nur – für die Verletzung ihrer *eigenen* Pflichten. Welche dies sind, hängt vom Einzelfall ab (z.B. Lagerungs- und Aufbewahrungspflichten, Versandpflichten, bei Beratungen, Empfehlungen etc. auch Instruktionspflichten, s. Kap. 11.5.2).

11.5.4 Der zu ersetzende Schaden

Zu ersetzen sind, wenn nach § 823 BGB gehaftet wird, grundsätzlich alle (Personen- und Sach-)Schäden, also alle Vermögensnachteile, die ursächlich auf das Schadensereignis zurückzuführen sind, mit Ausnahme solcher Schäden, die z.B. nach der allgemeinen Lebenserfahrung außerhalb aller Wahrscheinlichkeit liegen oder eine Verwirklichung des allgemeinen Lebensrisikos darstellen.

Unerheblich ist, ob es sich um einen unmittelbaren oder mittelbaren Schaden handelt, und ohne Bedeutung sind auch der „Wert der Schadensursache" sowie die Höhe des Schadens (es wird also der Höhe nach – „vom ersten Pfennig an" – unbegrenzt gehaftet!).

Nach § 823 BGB in Verbindung mit § 847 BGB ist im Falle eines Personenschadens ggf. auch Schmerzensgeld zu zahlen.

11.5.5 Verjährung

Schadensersatzansprüche nach § 823 BGB verjähren grundsätzlich in 3 Jahren. Diese Frist *beginnt* nach § 852 BGB zu dem Zeitpunkt, in welchem der Geschädigte Kenntnis (a) von dem eingetretenen Schaden und (b) von der Person des Schädigers erlangt (fallen diese beiden Zeitpunkte auseinander, dann ist für den Verjährungsbeginn der spätere maßgeblich). Spätestens jedoch verjähren diese Schadensersatzansprüche 30 Jahre nach Vornahme der schadensverursachenden unerlaubten Handlung, also nach Begehung der schuldhaften Pflichtverletzung.

Zur Beweislastverteilung im Prozeß s. Kap. 11.9.

11.5.6 Übersicht: Außervertragliche deliktische Haftung nach § 823 BGB
(Bild 11.4)

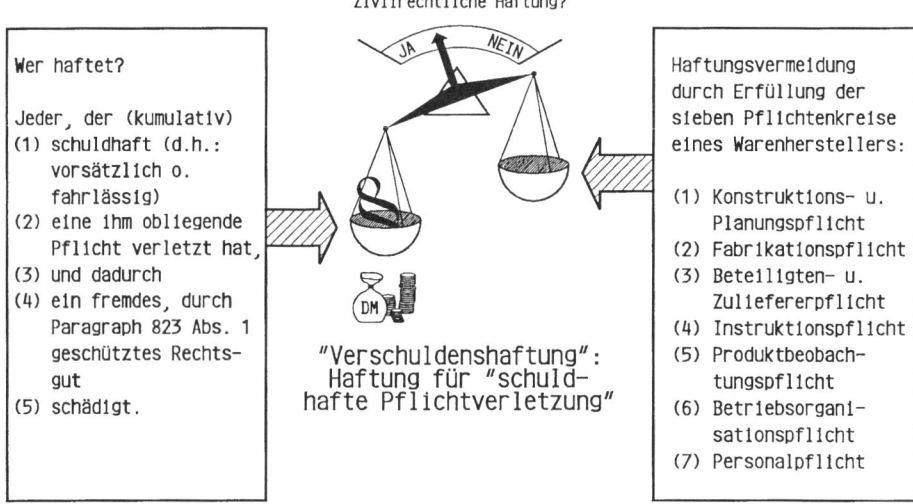

Bild 11.4   Haftungsregelung für deliktische Haftung nach § 823 BGB

11.5.7 Ergebnis im Schubstrebenfall nach § 823 Abs. 1 BGB

Die zunächst gegen den Automobilhersteller PU erhobene Klage des Geschädigten K war abgewiesen worden, da PU beweisen konnte, daß er sich laufend von der Zuverlässigkeit und Gewissenhaftigkeit seines Zulieferers Z überzeugt hatte (s. Kap. 11.8.3), insbesondere auch davon, daß dieser seine Herstellerpflichten ordnungsgemäß erfüllt.

In dem daraufhin vom Geschädigten K gegen den Schubstreben-Hersteller Z (Zulieferer) angestrengten Prozeß wurde dieser hingegen zu Schadenersatz verurteilt: Z konnte zwar nachweisen, daß er insbesondere seine Fabrikationspflichten und hinsichtlich des etatmäßigen Qualitätsprüfers auch seine Personalpflichten erfüllt hatte; jedoch war zu der Zeit, in welcher die fragliche Schubstrebe gefertigt worden war und hätte geprüft werden müssen, der etatmäßige Prüfer – wegen Besuchs eines Seminars „Haftung für Qualität" – nicht im Dienst gewesen und der Zulieferer Z war nicht in der Lage darzulegen, ob in jener Zeit überhaupt geprüft wurde und von wem. Dieser Umstand führte mit dazu, daß auch eine schuldhafte Organisationspflichtverletzung des Z angenommen und er deshalb zur Schadensersatzleistung verurteilt wurde (allerdings ohne die Kosten des für K verlorengegangenen Prozesses gegen PU).

Variante: Wäre der etatmäßige Prüfer zur fraglichen Zeit im Dienst gewesen und hätte er – aus welchen Gründen auch immer – die Fehlerhaftigkeit der Schubstrebe nicht bemerkt oder nicht beanstandet, dann hätte K auch den Prozeß gegen Z verloren, da dieser nachgewiesen hatte, daß er sowohl seine Fabrikations- als auch seine Personalpflichten (ordnungsgemäße Auswahl, Anleitung und Überwachung) gegenüber dem Prüfer erfüllt hatte und somit bei ihm keine Pflichtverletzung vorgelegen hätte. In diesem Falle hätte dann für K nur noch die Möglichkeit bestanden, gemäß § 823 Abs. 1 BGB (das ProdHaftG gilt – sofern es überhaupt Anwendung findet (s. Kap. 11.4.2) – nicht gegenüber dem Prüfer, da er kein „Hersteller" ist!) gegen den Prüfer vorzugehen – ob mit Erfolg, hätte davon abgehangen, warum der Prüfer die Fehlerhaftigkeit jener Schubstrebe nicht bemerkt oder nicht beanstandet hat (wobei in diesem Prozeß den Geschädigten K die volle Beweislast entsprechend den Darlegungen unter Kap. 11.9.1 getroffen hätte, ihm also Beweiserleichterungen (s. Kap. 11.9.2) nicht zugute gekommen wären).

11.6 Spezielle Haftungsregelungen

Eine Haftung des Warenherstellers oder eines Händlers kommt ferner dann in Betracht, wenn er schuldhaft gegen ein sog. *„Schutzgesetz"* verstoßen hat. Schutzgesetze sind solche Rechtsnormen, die nach ihrem Inhalt und ihrem Zweck entweder ausschließlich oder unter anderem *auch* dem Schutz des Einzelnen oder eines bestimmten Personenkreises dienen (nicht hingegen, wenn sie *allein* dem Schutz der *Allgemeinheit* dienen!). Verstößt der Unternehmer bei der Warenherstellung schuldhaft gegen ein solches Schutzgesetz und wird dieser Verstoß ursächlich für einen Schaden, so ist er dem Geschädigten nach § 823 Abs. 2 BGB in Verbindung mit dem betreffenden Schutzgesetz zum Schadensersatz verpflichtet. Aber auch hier ist Voraussetzung einer Schadensersatzpflicht, daß der Verstoß gegen das Schutzgesetz, also dessen Nichtbeachtung *schuldhaft* (vorsätzlich oder fahrlässig) erfolgte (§ 823 Abs. 2 BGB). Ein Warenhersteller oder Vertriebshändler muß deshalb auch dafür sorgen, daß er zuverlässige Kenntnis über die für ihn einschlägigen Bestimmungen erhält, und daß diese in seinem Betrieb bekannt sind *und* beachtet werden (Kontrollen!). Tut er dies nicht, so verstößt er gegen seine Organisationspflichten (s. Kap. 11.5.2).

Als solche Schutzgesetze kommen *beispielsweise* in Betracht (meist nur bestimmte Paragraphen dieser Gesetze!) das Arzneimittelgesetz, Atomgesetz, Gerätesicherheitsgesetz (mit den mehreren hierzu ergangenen Verordnungen), Gewerbeordnung, Lebensmittel- und Bedarfsgegenständegesetz, Pflanzenschutzgesetz, Sprengstoffgesetz, Strafgesetzbuch, Waffengesetz, Waschmittelgesetz u. a. m., sowie zahlreiche Verordnungen, die zu diesen Materien oder Teilbereichen hiervon ergangen sind.

11.7   Das Verhältnis der einzelnen Haftungsgrundlagen zueinander (Bild 11.5)

Nebeneinanderbestehen mehrerer Anspruchsgrundlagen: „Anspruchskonkurrenz"

Sind in einer Person die Voraussetzungen einer Haftung nach *mehreren* Vorschriften gegeben (z.B. nach dem ProdHaftG und nach § 823 Abs. 1 BGB; oder aus positiver Vertragsverletzung und nach § 823 Abs. 1 oder Abs. 2 BGB, im letzten Fall in Verbindung mit einem Schutzgesetz, s. Kap. 11.6), dann steht es im Belieben des Geschädigten, auf welcher Rechtsgrundlage er seinen Schaden ersetzt verlangen will (sog. „Anspruchskonkurrenz"). Allerdings: Auch wenn ein Schaden auf verschiedenen Rechtsgrundlagen erstattet verlangt werden kann, ist er insgesamt immer nur *ein* Mal zu ersetzen!

Diese Möglichkeit eines „zwei- oder mehrgleisigen" Vorgehens kann deshalb von erheblicher praktischer Bedeutung für den Geschädigten sein, weil insbesondere die Haftungsvoraussetzungen und der Haftungsumfang bei den einzelnen Anspruchsgrundlagen unterschiedlich sind, und somit ein Geschädigter u. U. auf dem einen Weg Ersatz eines Schadens beanspruchen kann, den er auf dem anderen Weg nicht ersetzt erhalten würde und umgekehrt.

11.8   Pflichten zur Sicherung der Qualität

Nach dem *ProdHaftG* wird für jeden schadensursächlich gewordenen Fehler eines Produkts gehaftet, also auch dann, wenn der Hersteller alle nur denkbaren und ihm zumutbaren und möglichen Qualitätsmanagementmaßnahmen getroffen und sämtliche Fabrikationspflichten erfüllt hat; deshalb haben die nachfolgenden Darlegungen für eine *Haftung nach dem ProdHaftG* keine *rechtliche* (wohl aber praktische!) Bedeutung. Für eine *Haftung nach § 823 BGB* hingegen sind die Pflichtenbeschreibungen in diesem Teil von erheblicher rechtlicher Bedeutung, da nach § 823 BGB nur gehaftet wird, wenn der Hersteller schuldhaft eine ihm obliegende *Pflicht verletzt* hat.

11.8.1   Herstellungs- oder Fabrikationspflichten nach § 823 Abs. 1 BGB

Der Warenhersteller ist nicht nur verpflichtet, sein Produkt fehlerfrei, also sicher und ungefährlich zu konstruieren („Konstruktionspflichten"), sondern er muß diese Konstruktion, also die geistige oder gedankliche Konzeption seines Produkts auch ordnungsgemäß in die Wirklichkeit umsetzen, d.h. er muß fehlerfrei fabrizieren (fertigen,

Haftungsgrund- lagen Haftungs- unterschiede	Vertragliche Haftung - Haftung aus positiver Vertragsverletzung	Deliktische Haftung nach § 823 BGB	Haftung nach dem Produkthaftungsgesetz
Haftungs- voraussetzungen	1. schuldhafte (=vorsätz- liche oder fahrlässige) 2. Verletzung einer vertraglichen (Ne- ben-) Pflicht und hierdurch verursachter Schaden	1. schuldhafte (=vorsätzli- che oder fahrlässige) 2. Verletzung der allge- meinen Verkehrssi- cherungspflicht (nämlich keine frem- den Rechtsgüter zu verletzen) und hierdurch verursachter Schaden	fehlerhaftes Produkt (Verschulden unerheblich!) und hierdurch verursachter Schaden
Schäden: zu ersetzende Schäden	alle mittelbaren und unmittelbaren Schäden, auch reine Vermögensschäden	alle (mittelbaren und unmittelbaren) Schäden an Rechtsgütern, die durch § 823 BGB geschützt sind, auch Schmerzensgeld	alle mittelbaren und unmittelbaren Schäden durch Tötung oder Verletzung von Menschen sowie an "privaten" Sachen (letztere nur über DM 1125,-)
nicht zu ersetzende Schäden	immaterielle Schäden (Schmerzensgeld)	reine Vermögensschäden	z.B. immaterielle Schäden (Schmerzensgeld); Schäden an gewerbl., betriebl. oder öffentlichen Sachen u.a.
Haftung für Gehilfen/Mitarbeiter	für Verschulden solcher Personen wird wie für eigenes Verschulden gehaftet	Haftung nur, wenn bzgl. solcher Personen auch den Arbeitgeber ein Verschulden trifft, nämlich bei schuldhaft nicht ordnungsgemäßer Auswahl, Anleitung oder Überwachung (§ 831 BGB); Entlastungsbeweis liegt beim Arbeitgeber	uneingeschränkt, da es nicht auf ein Verschulden oder eine Pflichtverletzung ankommt, sondern allein auf die Fehlerhaftigkeit eines Produktes
Haftungsfreizeichnung (Ausschluß oder Beschränkung der Haftung)?	im Rahmen einer entsprechenden Vereinbarung mit dem Geschädigten unter bestimmten Voraussetzungen zumindest teilweise möglich	wie bei vertraglicher Haftung (in der Praxis von geringerer Bedeutung, da sich Schädiger und Geschädigter meist gar nicht kennen und deshalb auch nichts vereinbaren können)	nicht möglich
Verjährung	bei Ansprüchen wegen Schäden die in engem unmittelbarem Zusam- menhang mit dem Mangel der Leistung stehen ("Mangelschaden"); 6 Monate; bei "entfernte- ren" Mangelfolgeschäden: 30 Jahre; Fristbeginn: Abnahme bzw. Ablieferung der Leistung	3 Jahre (ab Kenntnis des Geschädigten vom Schaden und von der Person des Schädigers); spätestens: 30 Jahre nach Vornahme der schadensursächlichen unerlaubten Handlung (=schuldhafte Pflichtverletzung)	3 Jahre; Fristbeginn: Wenn der Berechtigte Kenntnis vom Schaden, dem Produktfehler und der Person des Ersatzpflichtigen erlangt hat oder hätte erlangen müssen
Erlöschen	kein Erlöschen durch bloßen Zeitablauf	kein Erlöschen durch bloßen Zeitablauf	10 Jahre nach Inverkehrbringen des Produkts

Bild 11.5 Haftungsgrundlagen für Folgeschäden

herstellen), also Fabrikationsfehler vermeiden bzw. solche durch ordnungsgemäße Qualitätsprüfungen feststellen (*Beispiel:* Die Schubstrebe im Einführungsfall). Während es sich bei den Planungs- oder Konstruktionsfehlern um Fehler handelt, die jedem Produkt anhaften (weil die geistige Grundlage, nach der gefertigt wird, fehlerhaft ist und deshalb zwangsläufig jedes Stück fehlerhaft ist, das nach diesem fehlerhaften Plan gefertigt wird), handelt es sich bei den Fabrikationsfehlern um solche, die sich bei der Herstellung (Fabrikation) „eingeschlichen" haben und nur einem einzelnen oder mehreren Produkten anhaften (sog. „Ausreißer", „Montagsproduktion"). Deshalb muß der Produzent einmal die zu einer fehlerfreien Herstellung erforderlichen Maschinen, Geräte, Materialien, Arbeitsvorgänge und -abläufe sowie Fachkräfte zur Verfügung stellen bzw. einsetzen. Zum anderen muß er auch Qualitätsprüfungen einbauen, um während des Herstellungsprozesses („Zwischenprüfungen"), vor allem aber im Anschluß an das Fertigungsverfahren fehlerhafte Produkte nach Möglichkeit „herauszufischen" („Endprüfungen"). Wie dies betriebsorganisatorisch geschieht (z. B. durch eine QM-Abteilung, einen Qualitätsbeauftragten o. ä.), ist eine Frage der jeweiligen Betriebsorganisation, deren Regelung im Belieben des betreffenden Unternehmers und in seiner Verantwortung liegt. Nur wenn der Hersteller alle ihm möglichen und zumutbaren Vorkehrungen getroffen hat, um zu verhindern, daß fehlerhaft gefertigte Produkte seinen Betrieb verlassen, entfällt eine Fabrikationspflichtverletzung und damit seine Haftung für schadensursächliche Fabrikationsfehler nach § 823 BGB (u. U. aber nicht nach dem ProdHaftG, da es dort für eine Haftung nicht auf eine Pflichtverletzung ankommt!).

11.8.2 Umfang und Art der Qualitätsprüfungen

Welchen Umfang die vom Unternehmer zu verlangenden Qualitätsprüfungen haben müssen, hängt davon ab,

a) welche Fabrikationsfehler im jeweiligen Herstellungsprozeß auftreten können, und

b) ob diese Fabrikationsfehler im Hinblick auf den Verwendungszweck des Produkts im Einzelfall für den Produktbenutzer oder für unbeteiligte Dritte gefährlich werden können.

Diese Fragen lassen sich nicht generell, sondern nur im Einzelfall beantworten.

Beispiel: Können bei der Herstellung von Flaschen Materialverdünnungen auftreten, so ist dies sicher ein Fabrikationsfehler. Ob diese Fehler aber bedeutsam werden können (und deshalb der Hersteller alle Flaschen kontrollieren muß), hängt vom Verwendungszweck ab:

Sollen die Flaschen mit „Stillem Wasser" gefüllt werden, so spielen die Materialverdünnungen und die dadurch geminderte Druckfestigkeit dann keine Rolle, wenn die Flaschen wenigstens dem Druck jenes „Stillen Wassers" standhalten; der Flaschenhersteller braucht daher die Flaschen dann auch nicht auf Materialverdünnungen hin zu untersuchen.

Anders, wenn die Flaschen mit kohlesäurehaltigen Getränken („Sprudel") gefüllt werden sollen: Hier ist die Druckfestigkeit von erheblicher Bedeutung, weil jede einzelne Flasche, die dem auf sie einwirkenden Druck nicht standhält, für andere Personen und Sachen gefährlich werden kann; deshalb muß der Hersteller in diesem Fall sämtliche Flaschen auf ihre Druckfestigkeit kontrollieren.

Bei komplizierten oder bei sog. „Sicherheitsteilen" sind besonders umfassende und eingehende Prüfungen unter Berücksichtigung der einschlägigen Prüfbestimmungen zu fordern, so u. U. Einzelstückprüfungen oder mehrfache, nach verschiedenen Verfahren erfolgende Prüfungen.

Allgemein läßt sich lediglich sagen: Je sicherer und zuverlässiger der Produktionsvorgang gestaltet ist, desto geringer sind die Anforderungen, die an die Fertigungsprüfung zu stellen sind. Oder umgekehrt ausgedrückt: Je wahrscheinlicher das Auftreten von Fehlern ist und je bedeutsamer oder gefährlicher diese für Personen oder sonstige geschützte Rechtsgüter sind, desto umfassender muß die Fertigungsprüfung gestaltet sein!

Die *Art der Prüfungen* hängt von der Art der möglichen Fehler ab: Bei äußerlich erkennbaren Fehlern (z. B. Risse in Gußstücken), kann möglicherweise eine einfache Sichtkontrolle genügen (Vorsicht vor Übermüdung der Prüfungspersonen – Ablösung in kürzeren Abständen!). Bei Erzeugnissen hingegen, die äußerlich nicht sichtbare Fehler aufweisen können (s. Einführungsfall Schubstrebe), müssen andere geeignete Prüfungen durchgeführt werden (z. B. mit Hilfe von Röntgenstrahlen, Ultraschall u. a. m.).

Haftung bei Stichprobenprüfungen

Sind Stichprobenprüfungen zulässig, weil dies dem Stand der Wissenschaft und der Technik auf dem betreffenden Produktionssektor entspricht (andere Kontrollen sind z. B. nicht möglich (es kann z. B. nicht zerstörungsfrei geprüft werden) oder nicht zumutbar (z. B. 100%-Prüfung bei Großserienproduktion)), so sind diese Stichprobenprüfungen fachmännisch und mit ausreichender Sorgfalt durchzuführen und ggf. mathematisch-statistisch auszuwerten. Insbesondere sind, soweit vorhanden, genormte Stichprobenprüfsysteme anzuwenden (beispielsweise gibt es auf dem Gebiet der Attributiven Stichprobenprüfung ein weltweit genormtes System, die „AQL", **A**nnehmbare **Q**ualitätsgrenzlage, s. DIN 40080). Zulässig und zweckmäßig, oft sogar geboten, kann auch eine Abstufung der Stichproben durch Doppel-, Mehrfach- und Folgestichproben sein.

Es liegt in der Natur statistischer Prognosen, daß sie immer mit einer gewissen Unsicherheit behaftet sind. Für Schäden, welche durch Teile entstanden sind, die nicht im Rahmen einer Stichprobe geprüft wurden, haftet der Unternehmer dann *nicht,* wenn es

a) branchenüblich und sachgerecht gewesen ist (insbesondere dem Stand der Technik und Fertigung auf dem betreffenden Produktionsgebiet entsprach), daß nur stichprobenweise geprüft wurde, *und* wenn

b) diese Stichprobenprüfungen bzw. -kontrollen ordnungsgemäß und mit fachgerechter Sorgfalt durchgeführt und ausgewertet wurden.

Ist dies der Fall, dann hat der Unternehmer alle ihm zumutbaren Prüf- und Kontrollpflichten ordnungsgemäß erfüllt, und es fehlt dann somit an einer ihm vorwerfbaren, d. h. schuldhaften Pflichtverletzung und damit an einer Haftungsvoraussetzung nach § 823 BGB, wenn dennoch ein ungeprüftes Stück schadensursächlich wurde; der Unternehmer haftet dann also nicht nach dieser Vorschrift (ggf. aber nach dem ProdHaftG, oben Kap. 11.4).

Prüfbestimmungen und Prüfeinrichtungen

Sofern Normen oder Bestimmungen für technische Prüfverfahren bestehen (z.B. DIN- und ISO-Normen, VDE-Vorschriften u.a.m.), müssen diese selbstverständlich beachtet werden. Ebenso müssen die Prüfeinrichtungen und Kontrollgeräte dem Stand der Technik und den bestehenden Bestimmungen entsprechen (z.B. „Allgemeine Grundsätze für die Untersuchung von Waren", DIN 66051).

Übertragung von Qualitätsprüfungspflichten

Verfügt der Unternehmer nicht selbst über geeignete Qualitätsprüfungs- und Kontrolleinrichtungen oder über qualifizierte Qualitätsprüfer, dann muß er mit den Prüfaufgaben andere Unternehmen, Institute und dergl. betrauen (für die er dann wie für – sonstige – Zulieferer haftet, vgl. Kap. 11.8.3).

Ein Zulieferer kann mit dem Abnehmer seines Produkts nicht nur Vereinbarungen über Art, Umfang und Intensität der vom Zulieferer auszuführenden Prüfungen treffen, sondern beide können auch vereinbaren, daß der Abnehmer bestimmte oder sämtliche, an sich dem Zulieferer obliegenden Prüfungen und Kontrollen durchführt. In beiden Fällen läßt sich dann der Zulieferer seinerseits die notwendige, an sich von ihm durchzuführende Prüfung „zuliefern", und für Fehler dieses seines „Zulieferers" haftet er unter denselben Voraussetzungen und in demselben Umfang, wie er für die (mangelhafte) Leistung eines jeden anderen Zulieferers auch haftet (Einzelheiten s. Kap. 11.8.3). Derartige Vereinbarungen haben aber nur im Innenverhältnis zwischen den beiden Vertragspartnern Bedeutung und wirken nicht nach außen gegenüber Dritten, die nicht an jener Vereinbarung beteiligt sind.

Zusammenfassung

Allgemeine Regeln lassen sich für die Fabrikationsprüfung nicht aufstellen, vielmehr kommt es auf die Umstände des jeweiligen Einzelfalles an (hierbei sind u.a. Branchenüblichkeit, Stand der Technik, aber auch die wirtschaftliche Zumutbarkeit von Bedeutung). Art, Umfang und Intensität der Prüfungen hängen davon ab, welche Fehler im Herstellungsprozeß entstehen und welche Auswirkungen diese dann, wenn sich das Produkt im Verkehr befindet, haben können (im übrigen stellen ordnungsgemäße Fabrikationskontrollen und sonstige Qualitätsmanagementmaßnahmen weniger ein juristisches als vielmehr ein technisches Problem dar, zu dessen Lösung im einzelnen juristisch wenig beigetragen werden kann).

Gelangt trotz ordnungsgemäßer, also rechtlich nicht zu beanstandender Qualitätsprüfungen ein fehlerhaftes Produkt in den Verkehr und verursacht es dort einen Schaden, dann kann für einen solchen „Ausreißer" der Hersteller nicht gem. § 823 BGB haftbar gemacht werden, da ihm eine (schuldhafte) Pflichtverletzung nicht vorgeworfen werden kann („Schicksalsschlag" für den Geschädigten, falls ihn keine anderweitige Ersatzmöglichkeit bzw. Anspruchsgrundlage zur Verfügung steht).

11.8.3   Haftung des Herstellers für Leistungen von Betriebsfremden, an seinem Produkt Beteiligten (insbes. Zulieferern)

Der Unternehmer ist für die Fehlerfreiheit und Ungefährlichkeit des von ihm hergestellten Produkts verantwortlich. Dies bedeutet einmal, daß er verhindern muß, daß sein Produkt durch fehlerhafte *selbst*gefertigte Teile einen Mangel an Sicherheit aufweist und deshalb gefährlich ist. Zum anderen muß er aber auch – im Rahmen des ihm Möglichen und Zumutbaren – dafür sorgen, daß sein Produkt nicht durch Leistungen Dritter, insbesondere durch zugelieferte Teile fehlerhaft, d. h. gefährlich wird. Deshalb darf er nur solche Fremdprodukte im Rahmen seines Endprodukts verwenden, von deren Sicherheit und Ungefährlichkeit er überzeugt sein darf (die Tatsache, daß auch der Zulieferer zu einer fehlerfreien Produktion und Vermeidung von Gefahrenquellen seines Produkts verpflichtet ist, entbindet den Endhersteller nicht von der Verantwortung für die Fehlerfreiheit seines Endprodukts).

Diese generelle Verpflichtung des (End-)Herstellers konkretisiert sich in den beiden folgenden Pflichtenkreisen (deren schuldhafte Verletzung eine Schadenersatzpflicht des Herstellers nach § 823 Abs. 1 BGB auslöst):

a) Allgemeine Eignungsprüfung

Der Endhersteller muß sich davon überzeugen, daß das zugelieferte Produkt generell überhaupt funktionstüchtig (zweckgeeignet) ist, d. h. daß es konstruktiv den Anforderungen genügt, denen es im Rahmen des Endprodukts genügen muß (z. B. was die Belastbarkeit, die Verträglichkeit mit anderen Materialien usw. betrifft).

b) Überwachung der Zuverlässigkeit des Zulieferers

Neben dieser generellen Eignungsprüfung muß sich der Unternehmer aber auch die Gewißheit darüber verschaffen, daß er es mit einem stets gewissenhaften und verantwortungsbewußten, zuverlässigen Zulieferer zu tun hat, der die ihm obliegenden Pflichten, insbesondere seine Herstellungspflichten, sorgfältig erfüllt. Diese Überzeugung kann sich der Unternehmer auf verschiedene Weisen verschaffen, *z. B.* dadurch, daß er

- die einzelnen, ihm zugelieferten Teile in angemessenem Umfang auf das Nichtvorhandensein von Fabrikationsfehlern überprüft, z. B. durch eigene Kontrollen (etwa Wareneingangskontrolle), oder indem er die zugelieferten Produkte durch ein anderes Unternehmen oder ein Institut, (z. B. Materialprüfungsanstalt und dergl.) prüfen läßt (diese Prüfung braucht allerdings nicht den Umfang und die Intensität einer Fabrikationskontrolle zu erreichen, denn eine solche ist Pflicht des Zulieferers!);

- sich im Zulieferbetrieb von der Zuverlässigkeit und der Sachkunde seines Zulieferers überzeugt, genauer: Von der sicheren Gestaltung des Herstellungsprozesses und vor allem von der Zuverlässigkeit und Umfassendheit der Fabrikationskontrollen des Zulieferers;

- vom Zulieferer den Nachweis eines nach DIN EN ISO 9000 ff. zertifizierten Qualitätsmanagementsystems verlangt (allerdings sollte man die Bedeutung einer solchen Zertifizierung auch nicht überschätzen; sie alleine gewährleistet keine fehlerfreien Produkte und dürfte für sich allein im Regelfall auch nicht ausreichen, dem Unternehmer jene Überzeugung von der Zuverlässigkeit und Gewissenhaftigkeit seines Zulieferers zu vermitteln!);

- mit dem Zulieferer Qualitäts- oder Qualitätsprüfungsvereinbarungen (z. B. die Vereinbarung eines höchstzulässigen Fehleranteils mittels AQL) trifft oder mit ihm bestimmte Eigenschaften des Produkts vertraglich vereinbart. Aber auch die Einhaltung derartiger Vereinbarungen muß überwacht werden (im übrigen wirken auch sie nur im *Innen*verhältnis zwischen Zulieferer und Hersteller, *nicht nach außen* gegenüber Dritten!);

– das Ansehen, die Marktstellung, den guten Ruf, den Tätigkeitscharakter („Spezialunternehmen"), Empfehlungen, Expertisen und ähnliche vertrauenserweckende Umstände berücksichtigt.

Zusammengefaßt: Bezüglich der einzelnen, im Rahmen des Endprodukts verwendeten Fremdprodukte treffen den Unternehmer nicht die gleichen Prüfpflichten („Fabrikationspflichten") wie den Hersteller des zugelieferten Produkts, sondern insoweit hat der Endhersteller nur Überwachungs- und Kontrollpflichten, d.h. er muß sich im Rahmen des Möglichen und ihm Zumutbaren (= Frage des Einzelfalles!) von der Zuverlässigkeit und Gewissenhaftigkeit seines Zulieferers überzeugen, also davon, daß dieser seine Pflichten als Hersteller ordnungsgemäß erfüllt. Hat der Endhersteller dies getan und ist das zugelieferte Produkt trotzdem ursächlich für einen Schaden bei einem Dritten geworden, dann haftet der Endhersteller für diesen Schaden nach § 823 BGB nicht (vgl. Schubstrebenfall oben Kap. 11.5.6, Absatz 1).

Bedeutung von Prüfzeugnissen, Zertifikaten etc.

Ob sich ein Unternehmer auf Prüfzeugnisse, Garantiezusagen, Gütezeichen, Gütesiegel, Werkprüfzeugnisse, Kontrollbescheinigungen, Zertifikate etc., die dem zugelieferten Produkt beigefügt sind, verläßt und hierauf seine Überzeugung von der Fehlerfreiheit des einzelnen Zulieferteils gründen darf, hängt davon ab,

a) unter welchen Voraussetzungen diese Bescheinigungen, Zeugnisse usw. erteilt wurden (vgl. z.B. DIN 50049), und

b) wer sie erteilt hat: Wenn sie nur eine schriftliche Bestätigung des Zulieferers dafür sind, daß er eine – „normale", übliche – Endkontrolle durchgeführt hat, so sind sie wenig aussagekräftig, denn zur Vornahme einer solchen Endkontrolle ist der Zulieferer „sowieso", also auch ohne eine solche schriftliche Bestätigung verpflichtet.

Wird hingegen ein Zeugnis aufgrund einer Prüfung erteilt, die zusätzlich zur normalen und ordnungsgemäßen Fabrikationskontrolle erfolgte (etwa durch eine neutrale Institution), so ist es in weit höherem Maße geeignet, dem Abnehmer des Zulieferteils die Überzeugung davon zu vermitteln, daß der Zulieferer zuverlässig und gewissenhaft produziert und seine Herstellerpflichten sorgfältig erfüllt hat – und dies allein ist entscheidend! Auch hier kommt es also wieder auf die Umstände des Einzelfalls an.

Haftung für fremde Tätigkeiten, Auftragsarbeiten usw.

Im Prinzip nichts anderes als bei der Verwendung zugelieferter Teile gilt dann, wenn betriebsfremde Personen oder Unternehmen mit der Ausführung bestimmter Arbeiten und Tätigkeiten oder mit der Erfüllung bestimmter, an sich dem Unternehmer obliegender Pflichten beauftragt werden (z.B. ein Konstruktionsbüro mit der Konstruktion eines bestimmten Teils, ein Prüfinstitut mit der Fabrikationskontrolle, ein Spezialunternehmen mit der Beseitigung gefährlicher Abfälle, ein Technischer Autor mit der Anfertigung eines Handbuchs oder mit der Abfassung einer Bedienungsanleitung u.a.m.).

Für Fehler dieser „Zulieferer" haftet der Unternehmer gem. § 823 BGB dann, wenn er insbesondere bei der Auswahl, möglicherweise aber auch bei der Überwachung der Tätigkeit jenes Unternehmens seine Sorgfaltspflicht verletzt hat, sich also z. B. nicht in ausreichendem Maße von dessen Eignung und Qualifikation, Sachkunde, fertigungstechnischen und personellen Möglichkeiten, Zuverlässigkeit u. a. m. überzeugt hat. Im übrigen wird der Unternehmer das Tätigkeitsergebnis jener beauftragten Unternehmen in aller Regel nicht oder nur unvollkommen prüfen und kontrollieren können, weil er ja gerade mangels eigener entsprechender Kentnisse, Fähigkeiten und Möglichkeiten das fremde Unternehmen mit der Wahrnehmung jener Pflichten und Aufgaben betraut hat.

Gemeinsame Haftung von Endhersteller und Zulieferer

Haben mehrere, die an der Herstellung eines schadensursächlich gewordenen Produkts beteiligt waren, jeweils eine ihnen obliegende Pflicht schuldhaft verletzt (z. B. der Endhersteller und ein Zulieferer) und sind die Pflichtverletzungen dieser zwei (oder mehreren) Beteiligten ursächlich für den eingetretenen Schaden geworden, dann haften diese Beteiligten (also z. B. Endhersteller und Zulieferer) *nach außen* gegenüber dem Geschädigten als sog. *„Gesamtschuldner"* gemeinsam (sofern jeweils die übrigen Haftungvoraussetzungen des § 823 Abs. 1 BGB erfüllt sind): Der Geschädigte kann solange gegen jeden der beiden (oder mehreren) Gesamtschuldner vorgehen, bis sein Schaden *ein* Mal voll abgedeckt ist. *Im Innenverhältnis*, also untereinander, haften die Gesamtschuldner, wenn sie nichts anderes vereinbart haben, gem. §§ 840, 426 BGB zu gleichen Teilen (anders bei einer gesamtschuldnerischen Haftung nach dem ProdHaftG, s. Kap. 11.4.5).

11.9 Beweislast und Beweismittelsammlung (Dokumentation)

11.9.1 Allgemeines

Hinweis: Die nachfolgenden Ausführungen gelten nur für den Zivilprozeß (vgl. auch oben Kap. 11.1.2)! Im Strafprozeß gelten andere (Beweis-)„Spielregeln"!

„Beweisen" bedeutet, dem Gericht die Überzeugung davon zu vermitteln, daß eine bestimmte Tatsachenbehauptung entweder wahr oder unwahr ist: Das Gericht darf also keine vernünftigen Zweifel mehr an der Richtigkeit oder Unrichtigkeit der Behauptung haben („mit an Sicherheit grenzender Wahrscheinlichkeit ist es so und nicht anders gewesen") – erst und nur dann, wenn dies der Fall ist, ist ein Beweis erbracht (geführt). Demgegenüber bedeutet *„glaubhaft machen"* (vgl. § 294 ZPO), dem Gericht einen geringeren Grad von Wahrscheinlichkeit zu vermitteln. Eine Glaubhaftmachung ist nur dort möglich und zulässig, wo das Gesetz sie erfordert oder sie ausdrücklich genügen läßt.

Beweisbedürftigkeit

Beweisbedürftig (also einen Nachweis im obigen Sinn erfordernd) sind alle tatsächlichen Umstände, auf die es für die Entscheidung eines Falles ankommt *und* die zwischen den Parteien umstritten sind. Wer also eine Behauptung seines Prozeßgegners beweisbedürftig machen will, muß diese Behauptung *bestreiten!*

Beweismittel

Wer einen Beweis zu erbringen hat (d.h. beweisbelastet ist), kann dieses tun durch (1) Urkunden (schriftliche Unterlagen), (2) Zeugen, (3) Sachverständige, (4) Einnahme eines Augenscheins (dazu gehört nicht nur die visuelle Wahrnehmung, sondern auch bei Geräuschen das Hören, bei Gerüchen das Riechen) und (5) bei Vorliegen bestimmter Voraussetzungen die sog. „Parteivernehmung", d.h. die Beweisführung erfolgt dadurch, daß die beweisbelastete Partei oder ihr Gegner als Partei (d.h. ähnlich wie ein Zeuge) vernommen wird.

Die Reihenfolge der aufgeführten fünf Beweismittel hat für den Prozeß keine Bedeutung; alle Beweismittel sind gleichwertig, und die beweisbelastete Partei kann frei wählen, welche von mehreren in Betracht kommenden Beweismitteln sie dem Gericht präsentieren will.

Allgemeine Regel der Beweislastverteilung

Die Frage der Beweislastverteilung, also „Wer trägt die Beweislast?" (d.h. zu wessen Lasten geht es, wenn ein Umstand, auf den es für die Entscheidung des Gerichts ankommt, nicht bewiesen werden kann), ist grundsätzlich dahingehend zu beantworten, daß im Streitfall jeder, der eine ihm günstige Rechtsfolge (also ein Recht, einen Anspruch, eine Einwendung etc.) geltend macht, den Sachverhalt, also das Vorliegen der tatsächlichen Voraussetzungen derjenigen Rechtsnorm, aus der er jenes Recht, Anspruch usw. ableitet, beweisen „muß"; kann oder will er dies – aus welchen Gründen auch immer – nicht, dann ist die Berufung auf dieses ihm günstige Recht nicht begründet. Jede Partei „muß" also die Voraussetzungen derjenigen Rechtsnorm beweisen, auf die sie sich beruft (weil sie für sie günstig ist).

11.9.2 Beweislastverteilung bei Fabrikationsfehlern

Beweislastverteilung im (gewährleistungsrechtlichen) Mängelprozeß (s. Kap. 11.2.1)

Wird die Mangelhaftigkeit der Kaufsache behauptet (und von der Gegenseite bestritten), dann gilt folgendes:

– Hat der Käufer die Sache noch nicht als Erfüllung angenommen (z.B. noch gar nicht erhalten oder nur zur Prüfung entgegengenommen), dann „muß" der Verkäufer beweisen, daß die verkaufte Sache „vertragsgemäß", also so beschaffen ist, wie sie nach dem Vertrag geschuldet wird (also insbesondere mangel*frei* ist).

– Hat der Käufer die Sache bereits als Erfüllung angenommen, dann muß *er* beweisen, daß die Sache mangel*haft* ist.

– Ist in einem Prozeß streitig, ob der Verkäufer eine bestimmte Eigenschaft zugesichert oder ob er einen Fehler arglistig verschwiegen hat (vgl. § 463 BGB u. Kap. 11.2.1), dann „muß" der Käufer die Zusicherung bzw. das arglistige Verschweigen des Verkäufers sowie, falls von diesem bestritten, das Fehlen jener Eigenschaft bzw. das Vorliegen des verschwiegenen Mangels beweisen.

Beweislastverteilung bei der vertraglichen Haftung für Folgeschäden („Haftung aus positiver Vertragsverletzung")

Wird unter dem Gesichtspunkt einer Haftung aus positiver Vertragsverletzung (Einzelheiten s. Kap. 11.2.2) ein Folgeschaden geltend gemacht, dann „muß" der Gläubiger bzw. Geschädigte zunächst beweisen, daß die Schadensursache aus dem Gefahrenkreis, d.h. aus dem Verantwortungsbereich des Schuldners bzw. Schädigers hervorgegangen ist, d.h. er „muß" beweisen, daß

a) der in Anspruch genommene Schuldner objektiv eine ihm obliegende vertragliche Pflicht verletzt hat, und

b) ihm, dem Gläubiger, dadurch ein Schaden entstanden ist.

Hierbei kommen allerdings dem Geschädigten die Regeln des sog. *„Beweises des ersten Anscheins" (Anscheinsbeweis)* zugute (auf Einzelheiten kann an dieser Stelle nicht eingegangen werden).

Hat der Geschädigte, z.B. der Käufer (ggf. nach den Grundsätzen des Anscheinsbeweises) den Nachweis erbracht, daß die Schadensursache aus dem Gefahrenkreis bzw. Verantwortungsbereich seines Vertragspartners (z.B. Verkäufers) hervorgegangen ist, dann „muß" dieser beweisen, daß er die festgestellte Pflichtverletzung nicht zu vertreten hat, d.h. daß er nicht schuldhaft (also weder vorsätzlich noch fahrlässig) gehandelt hat. Bezüglich des Verschuldens findet also dann eine Umkehr der Beweislast statt; hinsichtlich des Nachweises des Umfangs und der Höhe des Schadens verbleibt es bei der allgemeinen Regel: Insoweit trägt der *Geschädigte* die Beweislast.

Beweislastverteilung nach dem ProdHaftG

Für das Vorliegen aller drei Voraussetzungen einer Haftung nach dem ProdHaftG (Fehler eines Produkts, Schaden und Ursächlichkeit des Produktfehlers für den eingetretenen Schaden) trägt der *Geschädigte* die Beweislast.

Macht der als Hersteller auf Schadensersatz in Anspruch genommene Beklagte geltend, daß seine Haftung im konkreten Schadensfall nach § 1 Abs. 2 oder Abs. 3 ProdHaftG ausgeschlossen sei, dann trägt er die Beweislast für das Vorliegen jener Voraussetzungen eines Haftungsausschlusses.

Beweislastverteilung im Falle einer Haftung nach § 823 BGB *wegen eines Fabrikationsfehlers*

Macht ein Geschädigter gegenüber dem Schadensverursacher bzw. Hersteller Schadensersatzansprüche nach § 823 BGB wegen eines schadensursächlich gewordenen *Fabrikations*fehlers geltend, so müßte er nach der allgemeinen Regel der Beweislastverteilung das Vorliegen sämtlicher sechs Anspruchsvoraussetzungen (s. Kap. 11.5.1), soweit sie beweisbedürftig sind, beweisen. Damit aber wäre er zumindest in den Punkten „Verschulden" und „Pflichtverletzung" im Regelfall überfordert.

Nach der Rechtsprechung gilt daher hier folgendes: Grundsätzlich verbleibt es zwar auch in den Fällen einer Haftung des Warenherstellers nach § 823 BGB bei der obigen Beweislastverteilung. Aber – u.a. – in den Fällen eines Fabrikationsfehlers genügt der Geschädigte seiner Beweislast dadurch, daß er – zunächst – nachweist, daß er

a) einen Schaden erlitten hat,

b) dieser Schaden an einem seiner durch § 823 Abs. 1 BGB geschützten Rechtsgüter eingetreten ist, und

c) dieser Schaden durch ein ganz bestimmtes Produkt (des auf Schadensersatz in Anspruch genommenen Herstellers) verursacht wurde, das in dem Zeitpunkt, zu welchem es in den Verkehr gebracht wurde, fehlerhaft gewesen ist, der Schaden also im Verantwortungs- und Gefahrenbereich des Herstellers seine Wurzel hat.

Hat er dies dargetan oder gar nachgewiesen, dann ist der Produzent „näher daran", den Sachverhalt „vollends" aufzuklären, also nachzuweisen, daß

- er entweder überhaupt keine Pflichtverletzung begangen hat, oder
- ihn kein Verschulden trifft, oder
- die schuldhafte Pflichtverletzung nicht ursächlich für den Produktfehler, oder schließlich
- der Produktfehler nicht ursächlich für den eingetretenen Schaden gewesen ist.

Mit anderen Worten: In den Punkten „Verschulden", „Pflichtwidrigkeit" und „Ursächlichkeit der Pflichtwidrigkeit für den Produktfehler" findet dann also eine Umkehr der Beweislast statt: Nicht der Geschädigte muß dem Hersteller nachweisen, daß dieser schuldhaft eine Pflichtverletzung begangen hat, sondern dieser muß beweisen, daß er sich pflichtgemäß oder schuldlos verhalten hat.

11.9.3 Beweismittelsammlung (Dokumentation)

Allgemeines

Angesichts der dargelegten Beweislastverteilung und des u.U. langen Verjährungszeitraums muß der Unternehmer sich überlegen, ob er dafür sorgen will, ggf. auch noch nach Jahren den ihm obliegenden Entlastungsbeweis führen zu können (oder ob er lieber die Folgen einer evtl. Beweislosigkeit, schlimmstenfalls also den Verlust eines Prozesses im Kauf nehmen möchte). Will er versuchen, einen ihm obliegenden Beweis zu führen, so wird es sich empfehlen, eine sog. „Dokumentation" (Beweismittelsammlung) einzurichten (und diese auch entsprechend lange aufzubewahren, s.u.), mit deren Hilfe ggf. nachgewiesen werden kann, daß er insbesondere seinen Pflichten als Hersteller (s. Kap. 11.5.2) nachgekommen ist.

Möglicher Inhalt einer Beweismittelsammlung („Dokumentation")

Eine Beweismittelsammlung oder Dokumentation muß insbesondere hinreichend geschlossen sein, um sowohl die allgemeine „Entwicklungsgeschichte" des Produkts als auch dessen Herstellung im Einzelfall dartun und um das ordnungs- und pflichtgemäße Verhalten des Herstellers belegen zu können. Sie sollte zeitlich geordnet, übersichtlich gegliedert (z.B. nach Produktarten) sowie jederzeit zugriffsbereit sein.

Bezüglich einer Haftung nach dem *ProdHaftG* kann die Dokumentation für die vorliegenden Fälle (Haftung für Fabrikationsfehler) im wesentlichen darauf beschränkt werden, daß

a) das Produkt im Zeitpunkt seines Inverkehrbringens fehlerfrei gewesen ist (ein etwaiger Produktfehler also nachträglich entstanden ist), und

b) nach dem im Zeitpunkt des Inverkehrbringens gegebenen Stand der Technik der Produktfehler nicht erkannt werden konnte.

Im übrigen kann der Inhalt einer Dokumentation sehr verschiedenartig sein. Für die vorliegenden Fälle einer Haftung für Fabrikationsfehler kommen z. B. in Betracht

- Entwicklungsergebnisse (mit Berechnungen, Test- und Versuchsergebnissen, u. a. m.),
- Nachweise über Materiallagerung und -behandlung,
- Fertigungsunterlagen (z. B. Organisations- und Produktionspläne, Arbeitsanweisungen, u. a. m.),
- Nachweise über die Berücksichtigung von Rechtsnormen, neue Erkenntnisse von Wissenschaft und Forschung, Prüfbestimmungen,
- Prüfergebnisse (Zwischen- und Endkontrollen, Wareneingangsprüfungen, u. a. m.),
- Prüfstücke, Proben, Muster,
- Nachweise darüber, daß man sich von der Zuverlässigkeit der Zulieferer (laufend) überzeugt hat,
- Qualitäts- oder Qualitätsprüfungsvereinbarungen mit anderen Unternehmen, insbesondere Zulieferern,
- Prüfmittel und Prüfverfahren,
- Überprüfungen und Eichungen von Prüfmitteln und Testeinrichtungen sowie
- Wartungsnachweise bezüglich der Produktionsmittel (vor allem bei Maschinen) und der Kontroll- und Prüfeinrichtungen.

Aufbewahrungsdauer

Unter beweisrechtlichen Gesichtspunkten besteht keine gesetzlich fixierte Aufbewahrungszeit für Beweismittel, denn es besteht ja keine Beweis*pflicht* (eine Partei *darf* einen Beweis erbringen, um die prozessualen Nachteile einer Beweislosigkeit zu vermeiden, aber sie „muß" keinen Beweis führen, sondern kann auch die Folgen einer Beweislosigkeit [schlimmstenfalls das Unterliegen im Prozeß] in Kauf nehmen). Über den Ablauf der verschiedenen Verjährungsfristen hinaus brauchen Beweismittel auf keinen Fall aufbewahrt zu werden. Die Lebensdauer bzw. -erwartung eines Produkts ist für die Aufbewahrungszeit der dieses Produkt betreffenden Unterlagen von maßgeblicher Bedeutung. In der Mehrzahl aller Fälle dürfte eine zehnjährige Aufbewahrung vollauf genügen, weil dann das betreffende Produkt nicht mehr existiert (vgl. auch Kap. 11.4.7 c: Erlöschen der Haftung nach dem ProdHaftG). Unter Umständen sind aber auch deutlich kürzere Zeitspannen ausreichend. Auch hier kommt es wieder auf die Umstände des Einzelfalls an.

11.10 Absicherung des Herstellers

Die Frage, wie sich ein Warenhersteller bzw. Unternehmer gegen die bei ihm liegenden Haftungsrisiken absichern kann, läßt sich nicht generell oder „checklistenhaft" beantworten. Vielmehr kann es immer nur um die Reduzierung der Risiken – auch im Hinblick auf die Kosten einer solchen Risikoverminderung – auf ein vertretbares Maß gehen. Hierzu bieten sich drei Wege an:

a) Das Produkt möglichst sicher bzw. ungefährlich gestalten, fehlerfrei produzieren sowie eingehend und umfassend („lückenlos") prüfen (Qualitätsprüfung!)

b) (Nur!) gegenüber Vertragspartnern: Sich durch Vereinbarungen absichern, insbesondere eine etwaige Haftung ausschließen oder einschränken

c) Für bestimmte Risiken: Abschluß von Versicherungen.

Im Rahmen der vorliegenden Darstellung kann allerdings auf diese drei Absicherungsmöglichkeiten im folgenden nur kurz und summarisch eingegangen werden.

11.10.1 Sichere Gestaltung des Produkts und des Herstellungsprozesses

Wie die Erfahrung (selbst bei vollautomatisierten Produktionsabläufen!) immer wieder zeigt, ist es zwar eine Utopie, fehlerfrei zu produzieren oder lückenlos zu prüfen (und hierbei alle fehlerhaft gefertigten Produkte „herauszufischen" – „Null-Fehler-Methode"). Aber es ist ebenso eine Erfahrungstatsache, daß sich die meisten Produktionsprozesse (noch) sicherer gestalten lassen und damit die Gefahr der Fertigung fehlerhafter Produkte vermindern läßt. In sehr zahlreichen Fällen dürfte es sich daher empfehlen, den gesamten Produktionsprozeß in Theorie (z.B. anhand der Produktionsablaufpläne) und Praxis (z.B. zusammen mit einer neutralen, öffentlich- oder privatrechtlichen Institution) durchzugehen und zu durchleuchten, um auf diese Weise Fehlerquellen und Schwachstellen auf die Spur zu kommen und sie auszumerzen. Demselben Ziel dienen umfassende und gewissenhafte Erprobungen, Tests, Untersuchungen etc. sowie eine intensive und sorgfältige Beobachtung des Produkts bei seinem praktischen Einsatz im gesamten Vertriebsbereich. Diese Wege mögen zwar oft nicht ganz einfach und auch nicht immer billig sein, sind aber langfristig gesehen mit Sicherheit die besten, insbesondere die kostenschonendsten und dem Ansehen der Marktstellung des Unternehmens förderlichsten!

11.10.2 Vertragliche Beschränkung oder Ausschließung von Haftungsrisiken

Im Rahmen sehr weiter gesetzlicher Grenzen, wie z.B. der verfassungsmäßigen Ordnung, der Strafgesetze, der guten Sitten, des Grundsatzes von Treu und Glauben, des AGB-Gesetzes und anderer, nicht allzu zahlreicher, zwingender Regelungen kann grundsätzlich die Haftung nach dem Bürgerlichen Gesetzbuch (also insbesondere die oben dargestellte Gewährleistungshaftung, die Haftung aus positiver Vertragsverletzung sowie die deliktische Haftung nach § 823 BGB, nicht hingegen die Haftung nach dem ProdHaftG!) abgeändert, d.h. erweitert, eingeschränkt oder zum Teil sogar ausgeschlossen werden. Hierdurch ist jedem Vertragspartner die Möglichkeit eröffnet, sich von ihm nachteiligen Regelungen und deren Folgen loszusagen oder ihm vorteilhaftere Regelungen zu vereinbaren, um sich auf diese Weise abzusichern.

Allerdings ist, und dies wird immer wieder von vielen Betroffenen verkannt bzw. überschätzt, eine vertragliche Beschränkung der Haftung, wie auch immer sie im einzelnen aussehen mag, stets nur eine beschränkte Absicherung des Haftungsrisikos, denn: Das Abbedingen von nachteiligen gesetzlichen Bestimmungen (z.B. über eine Haftung) oder das Ausbedingen vorteilhafterer Regelungen durch eine Vertragspartei bedeutet für die andere Partei stets einen Nachteil, nämlich eine Verkürzung ihrer Rechte und Ansprüche: Was sich auf der einen Seite, z.B. des Unternehmers als Verpflichtung bzw. Haftung darstellt, stellt sich auf der anderen Seite, z.B. des Abnehmers oder Kunden als Berechtigung oder Anspruch dar. Recht bzw. Anspruch auf der einen Seite und Verpflichtung bzw. Haftung auf der anderen Seite entsprechen sich stets, haben also stets dasselbe „Niveau". Wenn nun die Verpflichtung bzw. Haftung gesenkt oder gar ausgeschlossen werden soll, dann kann dies nur dadurch geschehen, daß die ihr auf seiten des Berechtigten entsprechenden Rechte bzw. Ansprüche reduziert oder aufgegeben werden. Dies aber wiederum kann nur unter Mitwirkung desjenigen geschehen, dem diese Rechte bzw. Ansprüche zustehen. Mit anderen Worten: Die Beschränkung oder gar der völlige Ausschluß einer Haftung (Verpflichtung) kann nur durch eine *Vereinbarung* mit demjenigen erfolgen, dem gegenüber gehaftet wird, dem also die Rechte aus der Haftung zustehen; eine einseitige Lossagung von gesetzlichen Verpflichtungen (hier also: ganz oder teilweise von der Haftung) ist rechtlich nicht möglich. Da aber in den meisten (hier einschlägigen) Fällen keine vertraglichen Beziehungen zwischen dem Geschädigten und dem Produkt*hersteller* bestehen, in deren Rahmen eine Freizeichnung von der Haftung erfolgen könnte (vgl. im Einführungsfall „Schubstrebe" das Verhältnis zwischen K und PU bzw. Z), hat diese Absicherungsmöglichkeit in der Praxis nur eine begrenzte Bedeutung.

Ebensowenig können die Parteien eines Vertrages ihre eventuelle Haftung gegenüber einer dritten, nicht an jener Vereinbarung beteiligten Person ausschließen oder einschränken („kein Vertrag zu Lasten Dritter"). Allerdings kann im *Innen*verhältnis, z.B. zwischen Zulieferer und Endhersteller eine Vereinbarung über die Haftungsverteilung erfolgen, falls einer von ihnen gegenüber einem Dritten zu haften hat; aber „Außenwirkung" (gegenüber einer an dieser „Abmachung" nicht beteiligten Person) hat eine derartige Vereinbarung nicht!

Nochmaliger Hinweis: Die Haftung nach dem ProdHaftG kann im voraus weder ausgeschlossen noch eingeschränkt werden (§ 14 ProdHaftG)!

11.10.3 Versicherung des Herstellerrisikos

Ein Teil der Risiken, die der Warenhersteller trägt, kann, je nach Finanzkraft des betreffenden Unternehmens, ganz oder in gewissem Umfang durch Abschluß einer entsprechenden Versicherung abgedeckt werden. Allerdings ist darauf hinzuweisen, daß entgegen einer in Laienkreisen nicht unverbreiteten Ansicht keineswegs sämtliche Haftungsrisiken eines Warenherstellers versichert werden können. Deshalb ist bei der Frage „Versicherung – ja oder nein? Und wenn ja: In welchem Umfang?" zu differenzieren: Es gibt Risiken, die überhaupt nicht versicherbar sind (so z.B. Schäden und Mängel an den vom Versicherungsnehmer hergestellten oder gelieferten Erzeugnissen selbst; sie fallen unter das ureigenste unternehmerische Risiko). Andere Risiken sind relativ gering und können vom Unternehmer zumutbarerweise in Kauf genommen werden. Von den dann noch verbleibenden Risiken sollten nur die gravierenden wenigstens in gewissem Umfang durch eine Versicherung abgedeckt werden – eine Möglichkeit, die zu realisieren die Versicherungsunternehmen durch verschiedene Versicherungsarten und innerhalb derselben zum Teil durch ein sog. „Baukastensystem" erleichtern.

Im einzelnen kommen hier in Betracht:

a) *Betriebshaftpflichtversicherung:* Sie umfaßt die nach *gesetzlichen* Vorschriften (z.B. nach dem ProdHaftG, § 823 BGB oder Vorschriften des *BGB* über das Kauf- und

Werkvertragsrecht, nicht jedoch nach hiervon abweichenden *vereinbarten* Regelungen!) bestehende Haftpflicht des Unternehmens für Personenschäden (d.h. Gesundheitsschädigung, Verletzung oder Tötung einer Person), die durch seine Produkte verursacht wurden. Dies gilt auch für *Personen*schäden, die dadurch entstanden sind, daß dem Produkt eine beim Abschluß eines Kaufvertrags zugesicherte Eigenschaft fehlte (s. Kap. 11.2.1). Ferner ist − wenn auch mit gewissen Einschränkungen − die nach dem Gesetz bestehende (also nicht eine durch Vertrag erweiterte!) Haftpflicht des Herstellers oder Händlers für Schäden, die an anderen *Sachen* als dem fehlerhaften Produkt entstanden sind, gedeckt − mit Ausnahme von

– *Sach*schäden aus dem Fehlen vertraglich zugesicherter Eigenschaften (s. Kap. 11.2.1);

– Sachschäden, die durch allmähliche Einwirkung von Temperatur, Gasen, Dämpfen oder Feuchtigkeit, Niederschlägen (Rauch, Ruß, Staub etc.) sowie durch Abwässer verursacht wurden;

– bestimmte, sog. „reine Vermögensschäden": Das sind Schäden, die weder einen Personen- noch einen Sachschaden darstellen, noch sich aus einem solchen Schaden ableiten.

Wegen weiterer Einzelheiten (insbesondere Ausnahmen!) muß hier auf Spezialdarstellungen verwiesen werden.

b) *Produkthaftpflichtversicherung:* Bei ihr handelt es sich nicht um einen besonderen Zweig der Haftpflichtversicherung, sondern um eine *erweiterte Betriebshaftpflichtversicherung,* erweitert um *bestimmte* Risiken, die dem Warenhersteller aus den von ihm gefertigten oder vertriebenen Produkten erwachsen und die nicht von der oben dargestellten Betriebshaftpflichtversicherung erfaßt sind, nämlich insbesondere die oben genannten, nicht von der Betriebshaftpflichtversicherung gedeckten Sachschäden.

Vom Versicherungsschutz nicht gedeckt sind Schäden und Mängel an den vom Versicherungsnehmer hergestellten oder gelieferten Erzeugnissen selbst!

11.11 Gesetzliche und sonstige Normen für die Sicherheit von Produkten

11.11.1 Haftungsnormen – Sicherheitsnormen

In den Kapiteln 11.1 ff. (insbesondere Kap. 11.4 und 11.5) wurden die im Falle einer Schädigung durch fehlerhafte Produkte in Betracht kommenden *Schadensersatz*- oder *Haftungsnormen* dargestellt: Sie regeln die Frage, ob und ggf. unter welchen Voraussetzungen wer von wem Ersatz von Schäden beanspruchen kann, die er durch ein fehlerhaftes Produkt erlitten hat. Diese Bestimmungen greifen also erst dann ein, wenn etwas „passiert", d.h. ein Schaden eingetreten ist. Auf die Sicherheit/Ungefährlichkeit von Produkten wirken sie nur mittelbar dadurch ein, daß sie im Falle einer (vermeidbaren) Unsicherheit/Gefährlichkeit mit einer Haftung „drohen".

Demgegenüber greifen *Sicherheitsnormen* schon „vorher" ein, bevor also etwas passiert ist, genauer: Sie wollen verhindern, daß überhaupt etwas passiert (sozusagen den Haftungsnormen das „Wasser abgraben") – und zwar dadurch, daß sie festlegen, wie sicherungefährlich Produkte beschaffen sein sollen oder müssen, um nach Möglichkeit Schadens- bzw. Haftungsfälle erst gar nicht entstehen zu lassen.

Die Wege, auf denen die Sicherheitsnormen dieses Ziel zu erreichen versuchen, sind bei den einzelnen Normen sehr unterschiedlich: Sie reichen z.B. von (unverbindlichen) Empfehlungen über die Schaffung von „Sicherheitsanreizen" (durch entsprechende Plaketten, Zeichen etc.) bis hin zu ganz harten Maßnahmen wie einem Verbot des Inverkehrbringens, der öffentlichen Warnung, des zwangsweisen Rückrufs und/oder einer Bestrafung der verantwortlichen Person(en), s. hierzu auch unter Kap. 11.11.2, lit. c.

11.11.2 Gesetzliche und verordnungrechtliche Sicherheitsnormen

a) Allgemeines

Soweit sich Anforderungen an die Sicherheit von Produkten in Gesetzen oder hierauf beruhenden (Rechts-)Verordnungen finden, *muß* der Hersteller sie beachten, hat also nicht die Möglichkeit, andere (technische Sicherheits-)Lösungen zu wählen (auch wenn sie nicht unsicherer oder gar noch sicherer sind, als die gesetzlich vorgeschriebene Lösung). Wenn ein Unternehmer gegen solche (Produktsicherheits-)Vorschriften verstößt, können gegen ihn – *unabhängig* von einer eventuellen Haftung für einen Schaden, den ein nicht den gesetzlichen Vorschriften entsprechendes Produkt ausgelöst hat! – von staatlicher Seite aus Sanktionen getroffen werden; welcher Art diese sind, richtet sich einmal nach dem jeweiligen Gesetz bzw. der Verordnung, gegen die verstoßen wurde, und zum anderen z.B. nach der Art und Dauer des Verstoßes, nach seiner Schwere und Bedeutung, nach dem Verschulden des Unternehmers usw.

b) (Allgemeines) Gesetz zur Produktsicherheit

Ein Gesetz zur Produktsicherheit, das ganz *allgemein für alle* – nicht unter Spezialgesetze fallende (s. nachfolgend lit. c) – Produkte gilt, gibt es bislang in Deutschland noch nicht. Im Zuge der Umsetzung einer entsprechenden EG-Richtlinie v. 29. 6. 1992 „über die allgemeine Produktsicherheit" ist allerdings ein solches „Gesetz zur Regelung der Sicherheitsanforderungen an Produkte (Produktsicherheitsgesetz)" im Entstehen begriffen (und hätte bis zum 29. 6. 1994 verabschiedet werden sollen):

Danach sollen *Produkte, die für den privaten Verbraucher* bestimmt sind oder nach allgemeiner Verkehrsanschauung von ihm benutzt werden, nur dann in den Verkehr gebracht werden dürfen, wenn sie bei bestimmungsgemäßer oder zu erwartender Verwendung sicher, ungefährlich sind. Verantwortlich hierfür soll in erster Linie der Hersteller des Produktes sein, daneben aber sollen es auch – im Rahmen des ihnen Möglichen und Zumutbaren – die Vertriebshändler sein. Bei Verstößen gegen das Gesetz soll die zuständige Behörde u.a. das Inverkehrbringen verbieten, Sicherheitsmaßnahmen hinsichtlich des Produktes oder das Anbringen von Warnungen anordnen, Warnungen an die Produktbenutzer anordnen (u.U. sogar selbst hoheitlich die Öffentlichkeit warnen), einen Rückruf anordnen, Auskünfte verlangen, Produktionsstätten, Lager- und Ausstellungsräume betreten und die Produkte besichtigen, in Betrieb nehmen, Proben entnehmen können. Daneben sollen Gesetzesverstöße als Ordnungswidrigkeit verfolgt werden können und in besonderes gravierenden Fällen auch als Straftat (vgl. auch oben Kap.

11.1.2). Wann das Gesetz verabschiedet und in Kraft treten wird, ist derzeit noch nicht abzusehen.

c) Spezielle Gesetze zur Produktsicherheit – Sicherheitszeichen

Für ganz bestimmte Produkte finden sich Vorschriften über ihre sichere, ungefährliche Gestaltung und Beschaffenheit u.a. in folgenden Gesetzen *und* hierauf beruhenden Verordnungen (auf die an dieser Stelle nicht näher eingegangen werden kann): Arzneimittelgesetz, Bauproduktegesetz, Gerätesicherheitsgesetz („GSG") mit mehreren, hier sehr wichtigen Verordnungen (z.B. über die Sicherheit von Spielzeug oder von medizinisch-technischen Geräten, die Maschinenverordnung u.a.m.), Gesetz über die elektromagnetische Verträglichkeit von Geräten (EMVG), Lebensmittel- und Bedarfsgegenständegesetz, Pflanzenschutzgesetz, Sprengstoffgesetz, Straßenverkehrsgesetz (insbesondere in Verbindung mit der Straßenverkehrszulassungsordnung), Waffengesetz. Die Übereinstimmung mit einer solchen Sicherheitsnorm wird nach außen häufig durch ein *(Sicherheits-)Zeichen,* eine Plakette o.ä. dokumentiert (z.B. GS-Zeichen oder CE-Zeichen, TÜV-Plakette, DIN-Geprüft-Zeichen u.a.m.; vgl. auch oben Kap. 11.8.3 lit. b).

Die Berechtigung zum Führen oder Anbringen eines solchen Zeichens beruht auf unterschiedlichen Voraussetzungen (und demzufolge ist auch seine Aussagekraft unterschiedlich):

– Zum Teil beruht sie auf einer Bauart- oder Typenprüfung durch eine hierzu zugelassene Stelle (z.B. das Kraftfahrt-Bundesamt oder den TÜV) und besagt dann, daß alle typen- oder bauartgleichen Produkte den gesetzlichen Vorschriften (oder den darauf beruhenden Verordnungen) entsprechen, insbesondere insoweit keine konstruktiven Sicherheitsmängel (ggf. insoweit auch keine Instruktionsfehler) festgestellt wurden.

– Zum Teil beruht sie auf einer (konkreten) Einzel(stück)prüfung und hat dann im Prinzip dieselbe Bedeutung.

In diesen beiden Fällen beruht also die Berechtigung zum Führen oder Anbringen des Zeichens auf einer Überprüfung durch eine unabhängige Stelle/Institution (z.B. TÜV). Eine solche (positive) Überprüfung ändert allerdings nichts daran, daß der Hersteller gegenüber Dritten (z.B. dem Benutzer) für die Sicherheit seines Produkts in vollem Umfang verantwortlich bleibt! Für ihn bedeutet eine solche (positive) Überprüfung lediglich ein *Indiz* dafür, daß sein Produkt vorschriftsmäßig beschaffen, insbesondere sicher ist und keine Konstruktionsfehler (ggf. auch keine Instruktionsfehler) aufweist, er also seine Konstruktionspflicht (und ggf. auch Instruktionspflicht) erfüllt hat – aber dies ist eben nur ein Indiz, kein Beweis! Für den *Verwender von Zulieferteilen* ist eine solche Überprüfung ein *Indiz* dafür, daß das Zulieferteil einschlägigen gesetzlichen Vorschriften entspricht, insbesondere keinen Konstruktionsfehler enthält.

Daneben kann das Führen oder Anbringen eines Sicherheitszeichens auch auf einem Akt der „Selbstverleihung" beruhen, d.h. der Hersteller bescheinigt (sich) selbst, daß sein Produkt einschlägigen (Sicherheits-)Vorschriften entspricht, also mit ihnen konform ist (sog. *Konformitätsbescheinigung*) und dokumentiert dies eben nach außen durch Verwendung des betr. Zeichens (wie z.B. beim sog. *CE-Zeichen,* s. hierzu eingehender nachfolgend lit. d).

In allen Fällen der Verwendung eines Sicherheitszeichens soll nach außen zum Ausdruck gebracht werden, daß das Produkt sicher beschaffen ist und bei bestimmungsgemäßer Verwendung gefahrlos genutzt werden kann, werden also durch das Zeichen Sicherheitserwartungen geweckt (vgl. oben Kap. 11.4.3).

d) Das CE-Zeichen

Das CE-Zeichen („Communauté Européenne") ist kein Qualitätszeichen, beinhaltet also keine Aussage über die Qualität des Erzeugnisses, auf dem es angebracht ist, sondern es ist ein *Konformitätszeichen* und besagt: Das mit ihm gekennzeichnete Produkt entspricht den einschlägigen europäischen (Sicherheits-)Rechtsvorschriften (und hält das vorgeschriebene Verfahren zur Bewertung der Konformität ein). Damit dient es in erster Linie der Kontrolle durch die Behörden, deren Aufgabe es ist, die Einhaltung der gesetzlichen Vorschriften zu überwachen (und nur mittelbar dient das Zeichen dem Schutz und der Sicherheit der Produktbenutzer) [pf1, pf2].

Im einzelnen:

– Das CE-Kennzeichen muß (aber darf auch nur!) auf solchen Produkten angebracht werden, die unter eine (oder mehrere) der unten aufgeführten Richtlinien fallen (es darf also nicht – auch nicht freiwillig – auf einem Erzeugnis angebracht werden, das einer solchen Richtlinie nicht unterliegt!).

– Unerheblich ist, wo das Produkt hergestellt oder – auf dem europäischen Binnenmarkt – vertrieben wird; die Kennzeichnungspflicht gilt also auch für den – bloßen – Vertrieb auf dem nationalen (z.B. deutschen) Markt.

– Von welchem Zeitpunkt an die Kennzeichnungspflicht besteht, richtet sich nach der jeweiligen Richtlinie, unter die das jeweilige Produkt fällt (für Maschinen z.B. ist dies der 1. Januar 1995): Von diesem Zeitpunkt an dürfen nur Produkte mit dem CE-Kennzeichen in den Verkehr gebracht werden.

– Daß ein Produkt den Anforderungen der einschlägigen Richtlinie(n) entspricht, muß durch ein sog. „Konformitätsbewertungsverfahren" nachgewiesen werden.

Wie und von wem dieses Verfahren durchzuführen ist, richtet sich jeweils nach der oder den einschlägigen Richtlinie(n) (vgl. unten):

a) Zum Teil genügt es, daß der Hersteller selbst die Übereinstimmung seines Produkts mit der oder den einschlägigen Richtlinie(n) bescheinigt. Daß diese Konformität auch tatsächlich gegeben ist (und der Hersteller das CE-Zeichen nicht angebracht hat, ohne daß die gesetzlichen Voraussetzungen für seine Anbringung vorliegen), soll dadurch gewährleistet werden (vgl. auch § 5 Abs. 1 Nr. 2 und Abs. 3 GSG), daß

   (1) der Hersteller eine Reihe von Unterlagen erstellen, aufbewahren und auf Verlangen der zuständigen nationalen Stelle vorlegen muß, anhand derer die Konformität überprüft werden kann (*z.B.* detaillierte und vollständige Konstruktionspläne mit Berechnungen, Versuchs- und Überprüfungsergebnisse, Betriebsanleitungen u.v.a.m.) *und*

   (2) die zuständige nationale Stelle einschreitet, wenn festgestellt wird, daß Produkte, die das CE-Zeichen tragen, bei bestimmungsgemäßer Verwendung *nicht* die gebotenen Sicherheitsanforderungen und berechtigten Sicherheits-

erwartungen erfüllen: Die Produkte können dann – je nach der einschlägigen EG-Richtlinie und ihrer nationalen Umsetzung (Gesetz oder Verordnung) – z.B. aus dem Verkehr gezogen werden, ihr Inverkehrbringen oder ihre Inbetriebnahme untersagt werden, ihr freier Vertrieb kann eingeschränkt werden u.a.m.

Zum Teil muß die Konformität durch bestimmte Stellen (sog. „benannte Stelle": sie ist von jedem Mitgliedstaat der Europäischen Union zu benennen) bescheinigt werden (allerdings: Auch in diesem Fall bleibt der Hersteller dafür (allein) verantwortlich, daß sein Produkt der/den einschlägigen Richtlinie(n) entspricht – selbst wenn die benannte Stelle eine Einzelstückprüfung durchgeführt hat!).

b) Auch das Bewertungsverfahren selbst muß genau entsprechend der/den einschlägigen Richtlinie(n) durchgeführt werden; von der Richtlinie abweichende Konformitätsbewertungen sind unzulässig und führen dazu, daß das Produkt nicht mit dem CE-Zeichen gekennzeichnet und damit nicht in den Verkehr gebracht werden darf **(Bild 11.6)**.

– Die Anbringung des CE-Zeichens (wie und wo) richtet sich nach der/den einschlägigen Richtlinie(n) **(Bild 11.7)**. Es ist stets an gut sichtbarer Stelle, gut lesbar und dauerhaft anzubringen.

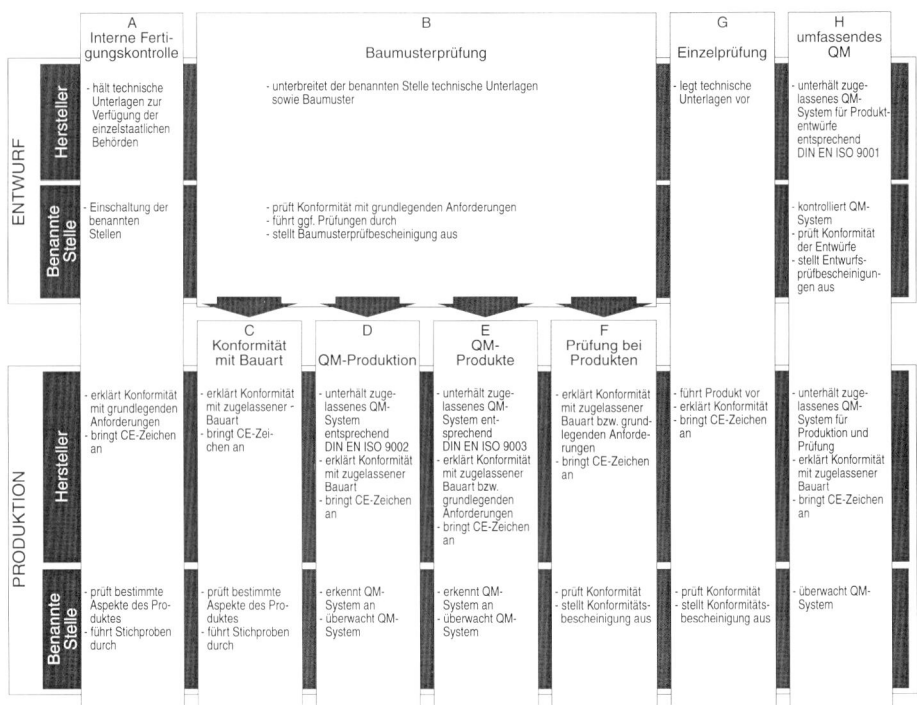

Bild 11.6 Konformitätsbewertungsverfahren im Rahmen des Gemeinschaftsrechts

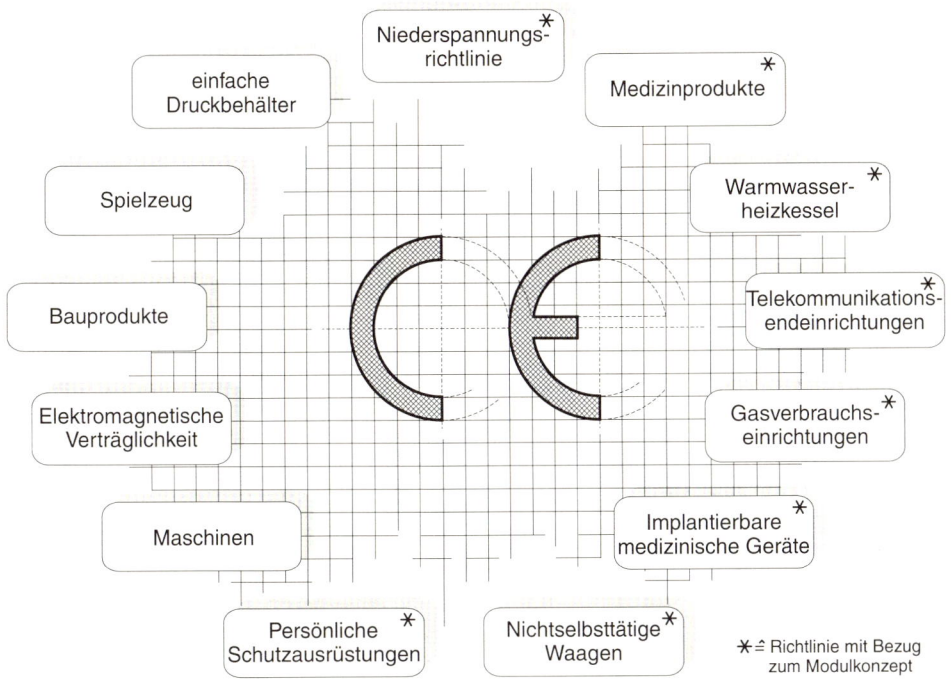

Bild 11.7   Das CE-Zeichen – Übersicht

– Bislang sind folgende Richtlinien erlassen worden und deshalb sind die hierunter fallenden Produkte mit dem CE-Zeichen zu versehen **(Bild 11.8)**.

In Vorbereitung sind u. a. folgende weitere EG-Richtlinien, die eine CE-Kennzeichnungspflicht beinhalten: Schutzsysteme in explosionsgefährlichen Bereichen, Selbsttätige Waagen, Nicht-einfache Druckbehälter und Sportboote.

– Andere Zeichen als die CE-Kennzeichnung dürfen neben dieser nur dann auf dem Produkt angebracht werden, wenn sie zu keiner Verwechslung mit ihr führen können (so kann z.B. das GS-Zeichen („Geprüfte Sicherheit") dann weiterverwendet werden, wenn die Voraussetzungen für seine Erteilung strengere/umfassendere sind, als diejenigen, die die einschlägige(n) EG-Richtlinie(n) für das Konformitätsbewertungsverfahren vorschreibt).

e) Die Unfallverhütungsvorschriften

Bei ihnen handelt es sich um zwingende Rechtsnormen, die von den Berufsgenossenschaften (in ihrer Eigenschaft als öffentlich-rechtliche Körperschaften) kraft ihrer Satzungsautonomie erlassen werden, die vom Bundesminister für Arbeit und Sozialordnung genehmigt und die öffentlich bekannt gemacht werden müssen. Sie gelten allerdings nur für die Mitglieder der Berufsgenossenschaften und deren Beschäftigte; für sie

Nummer der Richtlinie	Datiert auf:	In Kraft seit:	Anwendungsbereich der Richtlinie	Spätester Termin für die Anbringung der CE-Kennzeichnung
(90/385/EWG)	20. Juni 1990	01. Januar 1993	Aktive implantierbare medizinische Geräte	01. Januar 1995
(89/106/EWG)	21. Dez. 1988	27. Juni 1991	Bauprodukte	27. Juni 1991
(87/404/EWG)	25. Juni 1987	01. Juli 1990	Einfache Druckbehälter	01. Juli 1990
(89/336/EWG)	03. Mai 1989	01. Januar 1992	Elektromagnetische Verträglichkeit (EMV)	01. Januar 1996
(90/396/EWG)	29. Juni 1990	01. Januar 1992	Gasverbrauchseinrichtungen	01. Januar 1996
(89/392/EWG)	14. Juni 1989	01. Januar 1993	Maschinen	01. Januar 1995
(93/42/EWG)	14. Juni 1993	01. Januar 1995	Medizinprodukte	01. Januar 2000***
(90/384/EWG)	20. Juni 1990	01. Januar 1993	Nichtselbsttätige Waagen	01. Januar 2003
(73/23/EWG)	19. Feb. 1973	01. Januar 1995**	Niederspannungsrichtlinie (Elektrische Betriebsmittel zur Verwendung innerhalb bestimmter Spannungsgrenzen)	01. Januar 1997
(89/686/EWG)	21. Dez. 1989	01. Juli 1992	Persönliche Schutzausrüstungen (PSA)	01. Juli 1992
(88/378/EWG)	03.Mai 1988	01. Januar 1990	Sicherheit von Spielzeug	01. Januar 1990
(91/263/EWG)	29. April 1991	06. November1992	Telekommunikationsendeinrichtungen	06. November 1992*
(92/42/EWG)	21. Mai 1992	01. Januar 1994	Wirkungsgrade von mit flüssigen oder gasförmigen Brennstoffen beschickten Warmwasserheizkesseln	01. Januar 1998

*	Anwendung de facto erst möglich bei Vorliegen einschlägiger CTR-Normen
**	Datum entspricht der Änderung (93/68/EWG) vom 22. Juli 1993 zur einheitlichen CE-Konformitätskennzeichnung
***	Für Produkte nach (76/764/EWG) ab 30. Juni 2004

Bild 11.8   Das CE-Zeichen

aber sind sie – wie erwähnt – verbindlich. Verstöße gegen Unfallverhütungsvorschriften durch Mitglieder oder Versicherte der Berufsgenossenschaft können als Ordnungswidrigkeiten mit Geldbußen bis 20 000 DM geahndet werden.

11.11.3 Sonstige Normen zur Produktsicherheit – DIN-, VDE-, ISO- und anderen Normen

Zahlreiche Anleitungen, Empfehlungen, Richtlinien u.ä. zur sicheren Gestaltung von Produkten (*„Technische Standards"*) finden sich in technischen Regelwerken, die von überbetrieblichen Verbänden, Ausschüssen oder sonstigen Institutionen erarbeitet und veröffentlicht werden (vgl. unten). Im Gegensatz zu Rechtsnormen, die schlicht beachtet werden *müssen* (vgl. Kap. 11.2.2, lit. c), beruht die Beachtung von Normen solcher technischen Regelwerke auf freiwilliger Basis, kann also nicht erzwungen werden.

Allerdings bedeutet dies nicht, daß diese Normen keine Bedeutung hätten – im Gegenteil: Sie geben sehr häufig den Stand der Wissenschaft und der Technik wieder, auch und gerade in puncto Sicherheit, Ungefährlichkeit. Und da ein Warenhersteller verpflichtet ist, diesen Stand bei seinem Produkt zu berücksichtigen (vgl. oben Kap. 11.4.3), muß er auch diese Normen beachten. Trägt er allerdings dem Sicherheitsanliegen einer Norm auf andere (technische oder sonstige) Weise (gleichwertig) Rechnung, ist also sein Produkt nicht deshalb unsicherer, gefährlicher, weil es einer (Sicherheits-) Norm eines technischen Regelwerks nicht entspricht, dann verletzt der Hersteller allein deshalb, weil er jener Norm nicht entspricht, noch keine Pflicht, ist sein Produkt allein deshalb noch nicht fehlerhaft, d.h. mit einem Sicherheitsmangel behaftet (vgl. auch § 3 Abs. 1 Nr. 3 GSG).

Auf der anderen Seite bedeutet die Tatsache, daß ein Produkt einer solchen (Sicherheits-)Norm entspricht, noch nicht unbedingt, daß es fehlerfrei ist, d.h. keinen Sicherheitsmangel enthält (insbesondere sein Hersteller keine Pflicht verletzt hat); vielmehr kann es durchaus sein, daß ein Produkt – obwohl es einer einschlägigen (Sicherheits-) Norm entspricht – einen Sicherheitsmangel aufweist, sein Hersteller eine Pflicht verletzt hat, nämlich dann, wenn entweder (a) die Norm fehlerhaft ist und der Hersteller das hätte erkennen können, oder wenn (b) die Norm veraltet, überholt ist, also nicht mehr dem Stand der Wissenschaft und Technik (in puncto Sicherheit) entspricht (vgl. i.ü. auch oben Kap. 11.4.3).

Bei der Anwendung einer derartigen Norm ist also vom Hersteller nicht nur stets sorgfältig zu prüfen, ob die Norm auf den konkreten Fall/Vorgang überhaupt anzuwenden ist und ob sie ihn *vollständig* erfaßt, sondern auch, ob sie den aktuellen Stand von Wissenschaft und Technik in puncto Sicherheit (noch) wiedergibt.

Als solche überbetrieblichen technischen Normen kommen in Betracht Normen des/ der DIN (Deutsches Institut für Normung e.V.), VDE (Verband Deutscher Elektrotechniker e.V.), DVGW (Deutscher Verein des Gas- und Wasserfaches e.V.), VDI (Verein Deutscher Ingenieure e.V.), ISO (International Organization for Standardization), IEC (International Electrotechnical Commission), CEN (Comité Européen du Normalization) u.a.m.

Daneben gibt es Regelwerke öffentlich-rechtlicher, technischer Ausschüsse (z.B. des Deutschen Aufzugsausschusses, des Deutschen Druckgasausschusses oder des Deutschen Dampfkesselausschusses, vgl. § 24 Abs. 4 Gewerbeordnung) oder sonstiger meist öffentlicher Institutionen (z.B. der Bundeswehr, s. aber auch die Deutsche Bahn AG), die zwar außerhalb der Verträge, denen sie zugrundegelegt werden, ebenso unverbindlich sind wie obige Normen. Aber durch allgemeine Verwaltungsvorschriften, ministerielle oder sonstige Weisungen „von oben" werden sie innerhalb der Verwaltung verbindlich, und durch ihre wiederholte Anwendung insbesondere bei den Beschaffungsvorgängen der öffentlichen Hand erlangen sie faktisch auch außerhalb der öffentlichen Beschaffungsstellen und der Verwaltung Beachtung.

Literatur

[an1]   **Anhalt, P.:** *Die Haftung für fehlerhafte Technische Dokumentation/Instruktion.* Arbeitsunterlage mit 80 Seiten, 1993, zu beziehen über den Verfasser (Tel.: 07071/33304)

[an2]   **Anhalt, P.:** *Die Haftung für fehlerhafte Produkte und hierdurch verursachte (Folge-)Schäden.* Arbeitsunterlage mit 360 Seiten (primär f. jur. Laien verfaßt), 1995, zu beziehen über den Verfasser (Tel.: 07071/33304)

[ber]   **Berghaus, H.; Langer, D.:** *Das CE-Zeichen (Richtlinientexte, Fundstellen der harmonisierten Zertifizierungsverfahren, Prüfstellen).* Carl Hanser Verlag, München, 1994

[bre]   **Brendl, E.:** *Produkt- und Produzentenhaftung – Handbuch für die betriebliche Praxis.* (Loseblattausgabe), Haufe-Verlag, 1980 ff.

[häg]   **Hägele, J.:** *Produkthaftung – eine Gefahr für jeden Betrieb.* 2. Auflage, Verlag W. Holzmann, 1990

[het]   **Hettich:** *Produkthaftung – Haftungsumfang und Risikobegrenzung.* Verlag Rehm, 1990

[ku1]   **Kullmann; Pfister:** *Produzentenhaftung.* Ergänzbares Handbuch zur gesamten Produkthaftpflicht für die juristische Praxis. (Loseblattausgabe), Erich-Schmidt-Verlag, 1980 ff.

[ku2]   **Kullmann; Pfister:** *Allgemeine Fragen der Produkthaftpflicht – Höchstrichterliche Rechtsprechung und Probleme des Produkthaftungsgesetzes.* 4. Auflage, Kommunikationsforum, 1993

[lan]   **Landscheidt:** *Das neue Produkthaftungsrecht.* 2. Auflage, Verlag neue Wirtschaft-Br., 1990

[mer]   **Mertens in:** *Münchener Kommentar zum BGB.* Band 3 (2. Halbband) § 823 Rd.-Nr. 279 ff.), Beck'sche Verlagsbuchhandlung, 1986

[din]   **N. N.:** *DIN-Informationshandbuch – Qualitätssicherung und Zertifizierung im Europäischen Binnenmarkt.* Beuth Verlag, 1993

[pal]   **Palandt, O.:** *Kommentar zum BGB.* (§ 823 Rd.-Nr. 201 ff. und Kommentierung zum Produkthaftungsgesetz), 54. Auflage, Verlag C. H. Beck, 1995

[pf1]   **Pfeifer, T.; Theis, Chr.:** *CE – Ein Zeichen stellt Weichen.* Der Betriebsleiter 11/94 (35. Jg.), Verlag für Technik und Wirtschaft, Mainz

[pf2]   **Pfeifer, T.; Theis, Chr.:** *Das CE-Zeichen – Reisepaß deutscher Exportgüter.* pa – Produktionsautomatisierung, 4/94 (3. Jg.), Oldenbourg Verlag, München

[sa1]   **Sattler, H.:** *Produkthaftung und Risikominderung.* Carl Hanser Verlag, München, 1995

[sa2]   **Sattler, H.:** *EG-Binnenmarkt: CE-Kennzeichnung – Inhalt und Bedeutung des CE-Zeichens.* Deutscher Industrie- und Handelstag DIHT

[sc1]   **Schmidt-Salzer, J.:** *Produkthaftung.* 4 Bände in 7 Teilen, Verlag Recht und Wirtschaft

[sc2]   **Schmidt-Salzer, J.:** *Entscheidungssammlung Produkthaftung.* 1976 ff.

[sc3]   **Schmidt-Salzer, J.; Hollmann:** *Produkthaftungsgesetz Deutschland, Kommentar EG-Produkthaftung.* 2 Bände, 3. Auflage, Verlag Recht und Wirtschaft, 1994

[tas]   **Taschner; Frietsch:** *Produkthaftungsgesetz und EG-Produkthaftungsrichtlinie.* 2. Auflage, Verlag C. H. Beck, 1990

[we1]   **v. Westphalen, F.:** *Produkthaftungshandbuch, Band I: Vertragliche und deliktische Haftung, Strafrecht und Produkthaftpflichtversicherung.* Verlag C. H. Beck, 1989

[we2]   **v. Westphalen, F.:** *Produkthaftungshandbuch, Band II: Das deutsche Produkthaftungsgesetz, Internationales Privat- und Prozeßrecht, Länderberichte zum Produkthaftungsrecht.* Verlag C. H. Beck, 1991

Kapitel 12 Total Quality Management – Der Mensch im Mittelpunkt

Gliederung

12.1   Einleitung

Das Verständnis von Qualität hat sich in den letzten Jahrzehnten grundlegend gewandelt. Während die traditionelle Perspektive des Qualitätsmanagements vor allem ergebnisorientiert war und damit die Prüfung der Ergebnisse im Mittelpunkt stand (Input-/Outputorientierung), integrieren neuere Qualitätskonzepte weitere Qualitätsdimensionen [pf1]. Aus der Einsicht heraus, daß „Qualität im Kopf beginnt" [ka1, fei], und damit die Einstellung und Handlungen aller Mitarbeiter in den einzelnen Wertschöpfungsstufen beeinflußt werden, hat sich der Fokus des Qualitätsmanagements ausgedehnt. Nur ein ganzheitliches Qualitätsdenken mit einer gleichzeitigen Anpassung der Unternehmenskultur gewährleistet zukünftig die Qualitätsfähigkeit eines Unternehmens. Dieses umfassende Qualitätsmanagement, auch als *Total Quality Management* (TQM) bezeichnet, muß als eine Unternehmensstrategie verstanden werden, die auf die Erfüllung der Kundenwünsche abzielt, wobei der interne und externe Kunde im Mittelpunkt der Bemühungen steht.

Die Verfolgung der TQM-Strategie hat Konsequenzen, die alle Unternehmensbereiche betreffen. Darüber hinaus entstehen für die Unternehmen neue Orientierungsrichtungen, sowohl innerhalb des Unternehmens, als auch über seine Grenzen hinaus. Dies manifestiert sich in der verstärkten Mitarbeiterorientierung, wie auch in der zunehmenden Orientierung an der Gesellschaft und am Kunden. Neben technischen und organisatorischen Aspekten stehen vor allem auch Humanaspekte im Vordergrund – der Mensch bildet den Mittelpunkt dieser Strategie.

In diesem Kapitel wird erläutert, was unter dem Begriff „Total Quality Management" zu verstehen ist und welcher Weg zur Einführung dieser Strategie gegangen wird. Es wird die Entwicklung des TQM-Gedankens von der Unternehmensvision über die Zielvereinbarung hinaus aufgezeigt. Weitere Kernvoraussetzungen für den Erfolg von TQM – Mitarbeiterqualifizierung und -motivation – werden ebenso dargestellt, wie der in der TQM-Idee implementierte Gedanke der kontinuierlichen Verbesserung.

12.2   Die Strategie des Total Quality Management

„Total Quality Management (TQM), zu deutsch: Umfassendes Qualitätsmanagement ist eine auf der Mitwirkung aller ihrer Mitglieder beruhende Führungsmethode einer Organisation, die Qualität in den Mittelpunkt stellt und durch Zufriedenstellung der Kunden auf langfristigen Geschäftserfolg, sowie auf Nutzen für die Mitglieder der Organisation und für die Gesellschaft zielt." So wird TQM im DIN ISO 8402 – Normentwurf definiert [ka2].

Diese Definition erfaßt damit die wichtigsten Faktoren der TQM-Strategie:

„Alle ihre Mitglieder" bezeichnet jegliches Personal in allen Stellen und Hierarchieebenen [ka2]. Diese Aussage impliziert die aktive Beteiligung aller Mitarbeiter im Unternehmen. Die unternehmensinternen Konsequenzen aus dieser Forderung sind zum einen eine bedarfsgerechte Qualifizierung und zum anderen die Motivation durch Information aller Mitarbeiter. Auf allen Hierarchieebenen muß der Qualitätsgedanke im Denken und Handeln der Mitarbeiter verankert sein. Die Mitarbeiter müssen hierfür

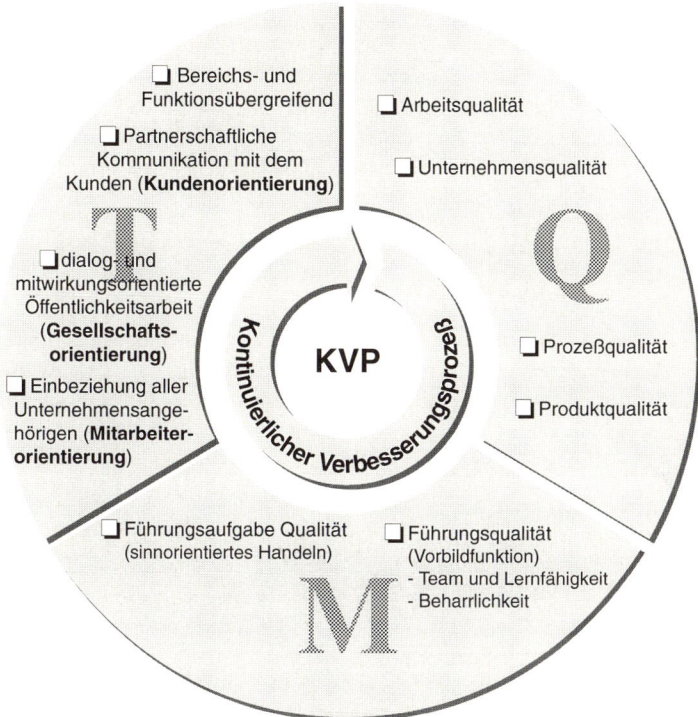

Bild 12.1   Führungsmodell Total Quality Management [ka1]

motiviert werden, was ein enormes Maß an Informiertheit hinsichtlich der verfolgten Unternehmensstrategie erfordert. Die Forderung nach „Mitwirkung" verlangt nach einer aktiven Förderung des qualitätsbezogenen Handelns.

Die erfolgreiche Verfolgung der TQM-Strategie erfordert eine überzeugende und nachhaltige Führung durch die oberste Leitung sowie die Ausbildung und Schulung aller Mitglieder der Organisation [ka2].

Eine Zerlegung des Begriffes in seine Bestandteile „Total", „Qualität" und „Management" ergibt eine ähnliche Deutung [fre]:

Total bedeutet, daß es sich bei TQM um eine allumfassende Strategie handelt. Dies gilt sowohl für die betroffenen Unternehmensbereiche, als auch für die Mitarbeiter. TQM kann nicht auf einzelne Abteilungen im Unternehmen beschränkt werden; ebenso ist TQM nicht möglich, wenn der Gedanke nur der Führungsriege nahegebracht wird. Daher verlangt TQM nach einer unternehmensweiten und -übergreifenden Einführung.

Qualität ist in der DIN 55350, Teil 11, wie folgt definiert:

„Qualität ist die Beschaffenheit einer Einheit bezüglich ihrer Eignung, festgelegte und vorausgesetzte Erfordernisse zu erfüllen."

Dabei ist der Qualitätsbegriff keineswegs auf Produkte beschränkt. Auch auf Dienstleistungen, unabhängig davon, ob sic in direktem Bezug zu einem Produkt stehen oder als reine Tätigkeit angeboten werden, muß der Begriff der Qualität angewendet werden. Hieraus leitet sich u.a. auch die Orientierung in Richtung menschlicher Aspekte ab. Nicht allein die Güte eines Produktes bedeutet Qualität, sondern die Zufriedenheit des Kunden steht für die neue Interpretation von Qualität.

Management bezeichnet alle aktiven Führungs-, Planungs-, Steuerungs- und Überwachungsaktivitäten. Jedoch darf die Bezeichnung „Total Quality *Management*" nicht den Eindruck erwecken, es handele sich bei dieser Strategie um eine Methode, die allein vom Management eines Betriebes zu verfolgen sei. Vielmehr muß das Management die Rahmenbedingungen für ein TQM setzen und die Verfolgung der Strategie auf allen Unternehmensebenen fördern.

Das dem TQM zugrundeliegende Führungsmodell ist bereichs- und funktionsübergreifend. Total Quality Management verlangt nach einem partnerschaftlichen Verhältnis zum Kunden, einer Orientierung des Unternehmens hin zur Öffentlichkeit, nach der Beteiligung aller Mitarbeiter und der Optimierung der Unternehmensprozesse. Die Führungstätigkeit muß einerseits die Qualität als Unternehmensziel in den Vordergrund stellen, andererseits selbst durch Qualität überzeugen, den Mitarbeitern also als Vorbild dienen. Ebenfalls dargestellt wird die bereichsübergreifende Interpretation des Begriffes „Qualität", die den klassischen produkt- und prozeßbezogenen Qualitätsbegriff um die Aspekte der Unternehmensqualität und der Arbeitsqualität erweitert **(Bild 12.1)**.

Der Weg zum Total Quality Management **(Bild 12.2)** beginnt beim Verständnis dieser Strategie. Nur das Wissen über die Inhalte der Strategie und die gleichzeitige Akzeptanz ihrer Absicht können die Orientierungsänderung im Unternehmen bewirken.

Die so erzielte Vision von den zukünftigen Abläufen im Unternehmen verlangt zu ihrer Durchsetzung detaillierte und akzeptierte Zielvereinbarungen. Aus den Strategieelementen des TQM müssen unternehmensspezifische Ziele formuliert werden, die die vollständige Verfolgung des TQM-Gedankens unterstützen. Dabei ist sowohl die Vollständigkeit dieser Zielvereinbarungen, als auch die einheitliche Orientierung aller Teilziele für ein erfolgreiches TQM unabdingbar.

Um die gezielte Verfolgung der gesetzten Ziele erreichen zu können, müssen alle Mitarbeiter hierzu qualifiziert werden. Dies kann durch unterschiedliche Qualifizierungsmaßnahmen geschehen, die auf die Stellung des Mitarbeiters fachlich und hierarchisch abgestimmt sein müssen. Dabei darf der Blick des Mitarbeiters aber nicht nur auf seinen eingeschränkten Bereich begrenzt sein, sondern es muß ein bereichsübergreifendes Verständnis für Qualität vermittelt werden. Die Initiierung der Qualifizierung ist somit eine Aufgabe der Unternehmensführung; die Qualifizierung selbst verlangt nach aktiver Teilnahme jedes einzelnen, während die Motivation der Mitarbeiter eine Führungsaufgabe darstellt. Der Mitarbeiter muß ein Verständnis für innerbetriebliche Vorgänge und deren Konsequenzen, die in letzter Instanz die Kundenzufriedenheit und damit das höchste Ziel des TQM berühren, erlangen. Nur wenn jeder Mitarbeiter seinen Beitrag zum Gesamtprodukt kennt und einordnen kann, kann er im Sinne der TQM-Strategie handeln. Die Wege zur Produktqualität müssen ihm ebenso vertraut sein, wie die Konsequenzen mangelnder Qualität. Der Mitarbeiter muß also aus eigenem Ansporn bestrebt sein, gute Arbeit zu leisten.

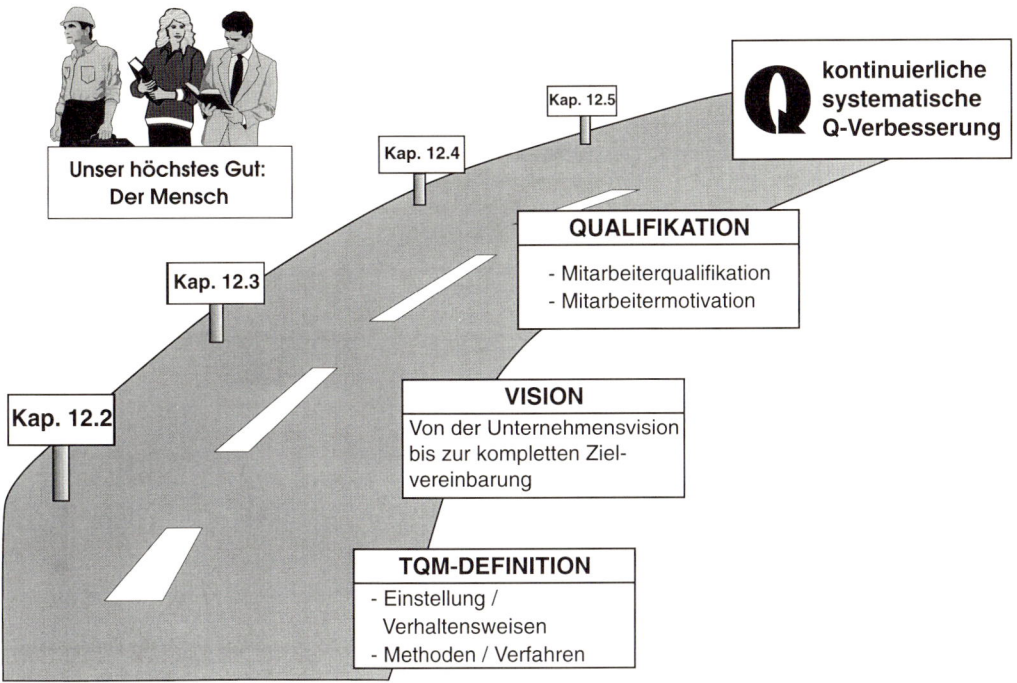

Bild 12.2 Der Weg zum TQM

Ein formuliertes Ziel des Total Quality Management ist es, einen kontinuierlichen Verbesserungsprozeß einzuleiten. Dabei sollen die Zielsetzungen sofort meß- und bewertbar sein, um die Motivation der Mitarbeiter durch sichtbaren Erfolg aufrecht zu erhalten. Langfristig gewährleistet TQM somit das Erreichen übergeordneter Zielsetzungen des Zielsystems (Meilensteine).

12.3 Von der Unternehmensvision bis zur kompletten Zielvereinbarung

Die Basis einer Zielvereinbarung bildet die Unternehmensvision. Neben spezifischen Bestandteilen umfaßt der Begriff der Vision als elementaren Bestandteil die Kundenbedürfnisse. Im Sinne eines TQM stehen diese Bedürfnisse im Mittelpunkt der Unternehmensaktivitäten, müssen also auch fundamentaler Bestandteil der Unternehmensvision sein. Ein erster Schritt bei der Definition von Zielen ist somit die Ermittlung der Kundenbedürfnisse. Hieraus können im weiteren Vorgehen durch die Geschäftsleitung in Zusammenarbeit mit den Führungskräften einzelne Unternehmensziele abgeleitet werden.

Im nächsten Schritt werden die so ermittelten Ziele auf die untergelagerten Unternehmensebenen projiziert. Aus den Unternehmenszielen werden hierbei Prozeßziele abge-

Bild 12.3   Konkretisierung der TQM-Ziele

leitet; ggf. sind hieraus weitere Sub-Prozeßziele zu formulieren. Dabei müssen sich die Prozeß- und Sub-Prozeßziele jeweils an den vorgelagerten Zielsetzungen orientieren. Sub-Prozeßziele werden vor dem Hintergrund der Verfolgung der Abteilungsziele ermittelt, Prozeßziele unter dem Aspekt des Erreichens der Unternehmensziele. Wie bereits in Kapitel 12.2 herausgestellt, müssen die Ziele aller Zielebenen meßbar sein, um eine Bewertung des Erfolges bei ihrer Verfolgung zu ermöglichen. Hierzu bedarf es der Definition von entsprechenden Kenngrößen, die im Verlauf der Zielverfolgung regelmäßig neu ermittelt werden.

In einem letzten Schritt sind durch Führungskräfte und Mitarbeiter Forderungen an vor- und nachgelagerte Unternehmensbereiche aufzustellen. Diese Forderungen dienen der Unterstützung der Zielverfolgung des betreffenden Bereiches, sie dürfen die Zielverfolgung der anderen Bereiche aber nicht negativ beeinflussen. Hieraus wird deutlich, daß die Erstellung einer Zielvereinbarung der ständigen Kontrolle und Koordination „von oben" bedarf, denn die aus den übergeordneten Zielen abgeleiteten Unternehmensziele müssen bei allen untergeordneten Zielsetzungen immer Priorität haben (vgl. Kapitel 9).

Von der Unternehmensleitung bis zum einzelnen Mitarbeiter sind somit Ziele zu operationalisieren **(Bild 12.3)**.

Stellt man alle auf diese Weise ermittelten Ziele zusammen – vom Unternehmensziel bis zum Sub-Prozeßziel – so erhält man ein Zielsystem für ein Unternehmen. Ein solches Zielsystem beinhaltet drei Formen von Zielen:

– mitarbeiterorientierte Ziele,

– produktbezogene Ziele und

– prozeßbezogene Ziele.

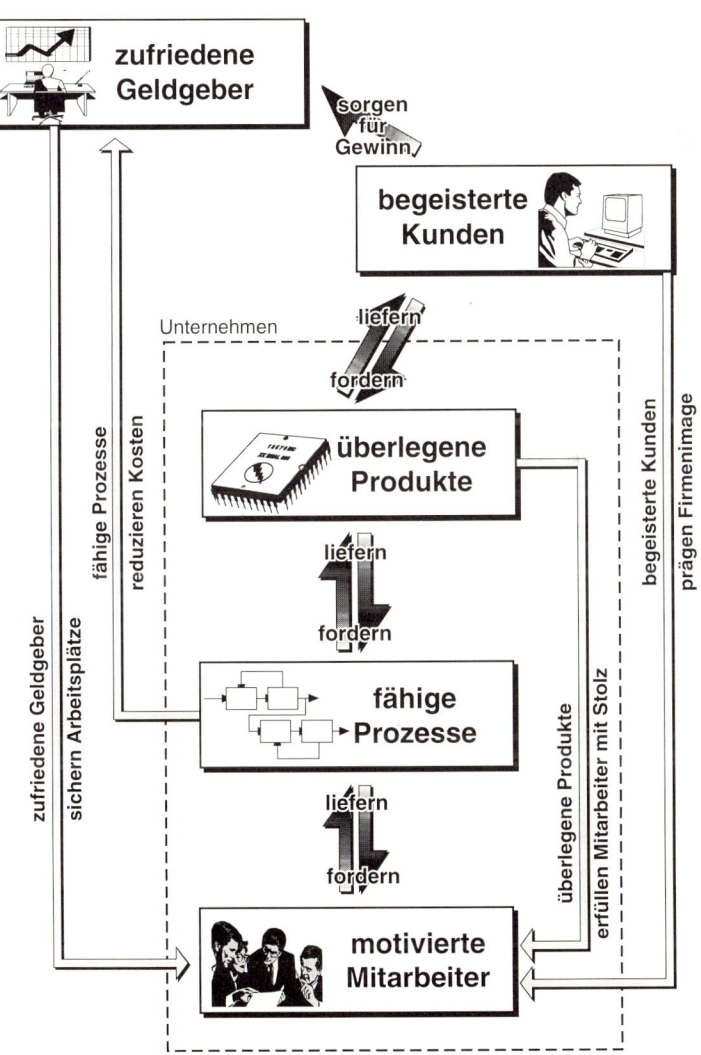

Bild 12.4 Kausalzusammenhänge im TQM-Zielsystem

Beispiele für mitarbeiterorientierte Ziele sind Prozeßdenken, Selbständigkeit, Mitverantwortung der Mitarbeiter etc. Produktbezogene Ziele sind primär aus der Erfüllung der Kundenwünsche abgeleitet (Leistungswerte etc.). Prozeßbezogene Ziele können die Reduzierung der Störungshäufigkeit, der Durchlaufzeit o. ä. bedeuten.

Betrachtet man die unternehmensinternen Kausalzusammenhänge, so wird deutlich, daß eine intensive Abstimmung der Einzelziele erfolgen muß; die Zusammenhänge zwischen den übergeordneten Zielen „überlegene Produkte", „fähige Prozesse" und „motivierte Mitarbeiter" bestehen aus Forderungen einerseits und Leistungen andererseits. Beispielsweise kann nur ein fähiger Prozeß überlegene Produkte liefern.

Eine ähnliche „Forderungs-Leistungs-Beziehung" besteht auch an den Schnittstellen des Unternehmens zum Kunden und zu den Geldgebern **(Bild 12.4)**.

Wie ersichtlich ist, darf keine der Kausalverbindungen innerhalb eines Zielsystems unterbrochen oder unzureichend ausgebildet sein. Nur wenn der gesamte Kausalkreislauf funktioniert, ist der Erfolg des Unternehmens zu gewährleisten.

Betrachtet man die Möglichkeiten zur Verfolgung der einzelnen Ziele innerhalb des sozio-technologischen Umfeldes eines Unternehmens, so kann zwischen drei Kategorien unterschieden werden, nämlich

- technischen Verbesserungen,
- organisatorischen Maßnahmen und
- verstärkter Nutzung des Humanpotentials.

Dabei sind technische und organisatorische Potentiale im Vergleich zum Humanpotential bisher stärker erschlossen worden. Eine Optimierung der Unternehmensqualität durch Eingriffe auf technischer und organisatorischer Seite erfordert daher einen überproportionalen Aufwand. Hingegen ist das menschliche Potential noch weitgehend unentdeckt. Verbesserungsmaßnahmen zur Steigerung der Unternehmensqualität müssen also den Humanaspekt als Hauptbestandteil aufweisen. Dies kann natürlich nicht ohne eine entsprechende Förderung des Humanpotentials geschehen. Es bedarf der Schulung und Qualifizierung der Mitarbeiter, worauf im folgenden Kapitel näher eingegangen wird.

12.4 Qualifikationsbedarf

12.4.1 Der Begriff der Qualifikation

Qualifikation ist mehr als nur eine Addition von Fertigkeiten und Kenntnissen. Dieser Begriff schließt auch handlungsorientierte Kompetenzen ein, beispielsweise: Selbständigkeit bei der Arbeitsausführung, Bereitschaft, Verantwortung zu übernehmen, Kooperationsfähigkeit etc. [wol]. Weiterhin beinhaltet er grundlegende Fähigkeiten und Kenntnisse, die notwendig sind, um sich in spezifischen Arbeits- und Lebensbereichen kompetent und erfolgreich verhalten und handeln zu können [kai]. Damit ist der Qualifikationsbegriff im Gegensatz zum Begriff des spezialisierten Wissens, der besondere Fähigkeiten bzw. tätigkeitsgebundene Fertigkeiten umschreibt, umfassender zu verstehen.

Es läßt sich somit festhalten, daß Qualifikation zum einen den aktiven Aneignungsprozeß (Qualifizierung) fachlicher und überfachlicher Kompetenzen, zum anderen aber auch die Gesamtheit aller Kenntnisse, Fertigkeiten und Fähigkeiten, über die eine Person zur Bewältigung ihrer Aufgaben verfügen muß, einschließt. Den Menschen zur selbstbestimmten Mitarbeit im Betrieb zu befähigen, ist von daher allgemeines Bildungsziel für ein Unternehmen.

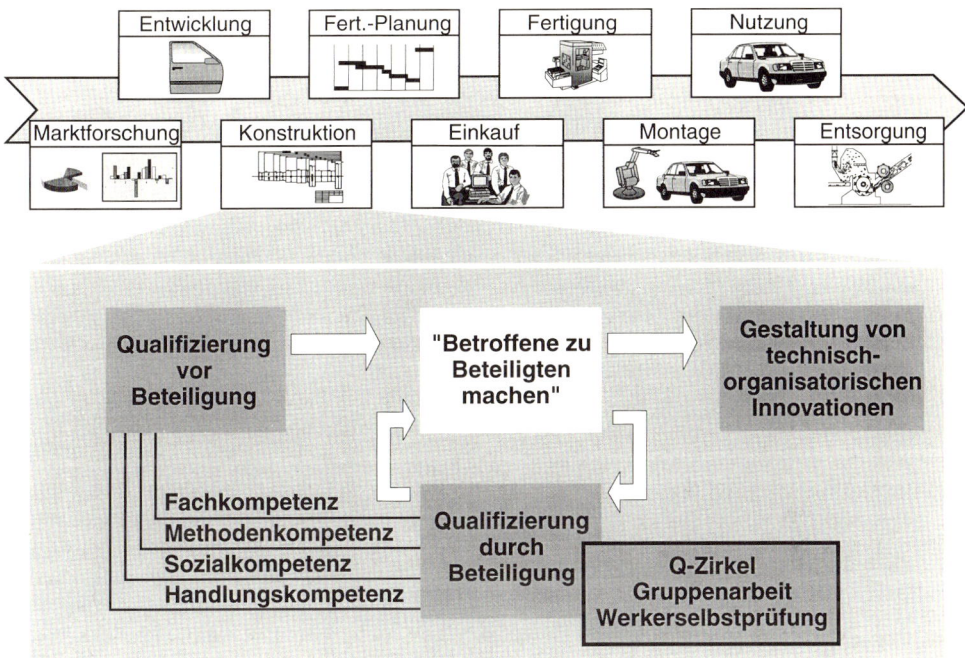

Bild 12.5   Qualifizierung vor und durch Mitarbeiterbeteiligung

Handlungskompetente Mitarbeiter verfügen über Fach-, Methoden- und Sozialkompetenz. Für den Aufbau und die Erweiterung dieser Kompetenzen ist es notwendig, daß sich die betroffenen Mitarbeiter an Unternehmensprozessen und -entscheidungen beteiligen können (Qualifizierung durch Beteiligung). Ohne zusätzliche vorhergehende Qualifizierung ist eine solche Vorgehensweise aber nicht möglich (Qualifizierung vor Beteiligung). Beispielsweise ist ein Mitarbeiter, der noch nie verantwortungsvolle Entscheidungen zu treffen hatte, nicht ohne entsprechende Qualifikationen von heute auf morgen dazu in der Lage (**Bild 12.5**).

Im folgenden Abschnitt wird vor allem die Ermittlung der fachlichen Kompetenzen angerissen, während im Kapitel 12.5 die sozialen und methodischen Kompetenzen detaillierter thematisiert werden.

12.4.2 Qualitätstechniken und fachlicher Qualifikationsbedarf

Die Vielfalt der Qualitätsmanagementmethoden und deren Anwendung in der industriellen Praxis stellt heute für viele Unternehmen ein gravierendes Problem dar. So führt die unreflektierte und unsystematische Anwendung der Verfahren immer wieder zu unbefriedigenden, gelegentlich sogar irreführenden Aussagen und letztendlich zu Frustrationen bei den betroffenen Mitarbeitern. Analog zu der Bandbreite, die von frühen Planungsphasen bis hin in den Bereich der Felddatenauswertungen reicht, sind sowohl akademisch ausgebildete Mitarbeiter wie auch angelernte Fachkräfte mit dem Einsatz von QM-Methoden konfrontiert. Hierbei treten ganz unterschiedliche Bedürfnisse bezüglich des Lernens in den Vordergrund **(Bild 12.6)**. Vor einer Schulungsmaßnahme steht daher in der Regel ein Entscheidungsprozeß, welche Inhalte für welche Zielgruppe relevant sind. Weiterhin bestehen noch Unterschiede, ob eine bestimmte Zielgruppe QM-Inhalte nur wissen, verstehen oder auch anwenden soll. Dies begründet sich darin, daß das Behalten („Wissen") von Fakten und das Umgehen mit diesen Fakten, wozu die Kategorien „Verstehen" und „Anwenden" gehören, unterschiedliche Leistungsstufen darstellen.

Diese Unterscheidung greift auch die DIN EN ISO 9004 im Element „Personal/Schulung" auf, in der die drei Ebenen „Oberste Leitung" (z.B. Ingenieure und Betriebswirte) „Technisches Personal" (z.B. Meister und Techniker) und „Mitarbeiter der Produktion und Vorgesetzte" (z.B. Facharbeiter und angelernte Mitarbeiter) differenziert werden.

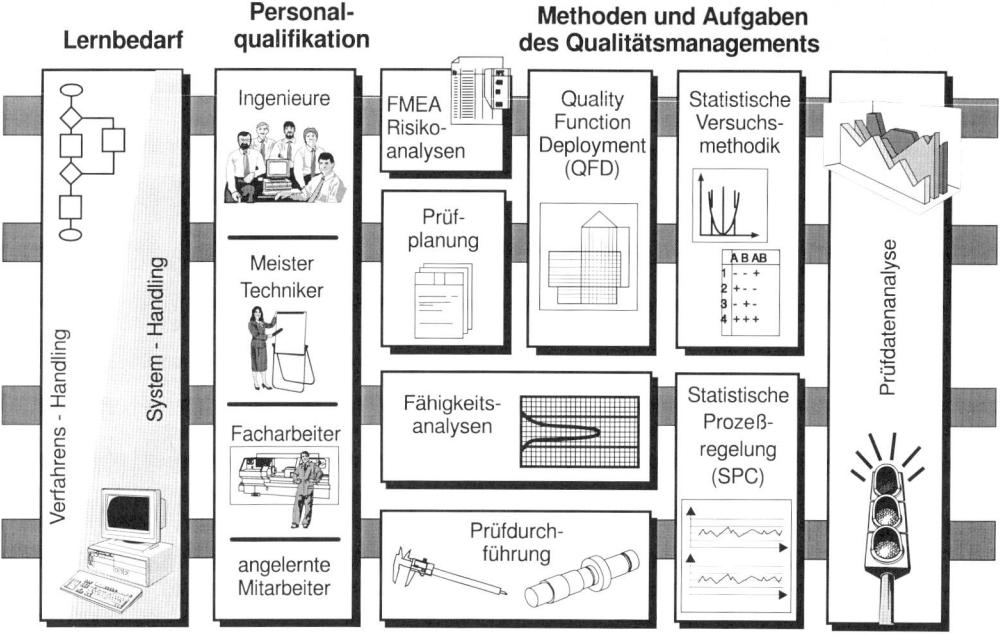

Bild 12.6 Qualitätstechniken und Qualifikationsbedarf

Zu den Qualifikationsanforderungen, die dieses Element beschreibt, zählen beispielsweise, in der:

Ebene 1: – Kenntnis von Bewertungskriterien
           – Verständnis des QM-Systems
           – Anwendung von Methoden/Strategien
Ebene 2: – Kenntnis und Anwendung präventiver QM-Methoden
           – Anwendung statistischer Verfahren
Ebene 3: – Anwendung von Prüfmitteln
           – Verständnis des Arbeitsplatzes bezüglich Qualität
           – Anwendung (Durchführung) statistischer Verfahren.

Auch im Bereich des Qualitätsmanagements bewirkt die hohe Innovationsrate an neuen Techniken und Verfahren eine immer schnellere Entwertung der Basisausbildung. Damit wandeln sich die Anforderungen an das Lernverhalten jedes Einzelnen: die Aneignung von Wissen wird zu einem stetigen Prozeß, der nicht mit einer bestimmten Prüfung oder Qualifikation beendet wird, sondern lebenslang andauert.

Oblag die Qualitätsprüfung in den 60er Jahren noch einer Abteilung Qualitätskontrolle und war auf typische Prüfbereiche wie Wareneingang, Lager oder Warenausgang beschränkt, so zeigt sich ein bis heute ungebrochener Trend, der darauf abzielt, die Prüfverantwortung in die Fertigung zu verlagern. Markante Gegensätze dieser Entwicklung sind: Statistische Prüfverfahren versus 100%-Prüfung, Werkerselbstprüfung versus Laufprüfung oder Prozeßregelung versus Produktprüfung. Der selbständige Einsatz moderner Qualitätstechniken hat damit den Verantwortungsbereich des Qualitätswesens verlassen und gewinnt zunehmend an Bedeutung in den eigentlich qualitätsverursachenden und qualitätsverantwortenden Funktionsbereichen eines Unternehmens. Diese Feststellung gilt auch und mehr denn je für Qualitätstechniken in indirekten Produktionsbereichen. Moderne Industriebetriebe müssen heute über eine Vielzahl von qualitätssichernden Verfahren und Methoden über den gesamten Bereich der Produktentstehung hinweg verfügen.

Die Qualitätstechniken erfahren in zunehmendem Maße eine Spezialisierung und Differenzierung hinsichtlich ihres Anwendungsfeldes. Diese Entwicklung ist nicht nur bezüglich der unternehmensinternen Anwendung der Verfahren zu beobachten, sondern ist auch branchenabhängig. Haben sich bestimmte Verfahren, die auf eine individuelle Anwendung hin optimiert wurden, als besonders effizient erwiesen, so läßt sich gelegentlich der Versuch beobachten, diese speziell angepaßten Techniken wieder in andere Bereiche zu übertragen. Ein Beispiel für solche Bewegungen gibt die Anwendung der statistischen Versuchsmethodik. Nach ausgezeichneten Erfahrungen mit einzelnen Methoden dieses Verfahrenskomplexes im Bereich der Biologie, Humanmedizin und Elektrotechnik (Nachrichtentechnik), wurde ab Mitte der 80er Jahre nach Wegen gesucht, diese Techniken auch im Bereich des Maschinenbaus und der Automobilzulieferindustrie mit vergleichbarem Erfolg einzusetzen.

Die Komplexität der Verfahren nimmt kontinuierlich zu. Dies setzt bei dem Anwender neben guten Kenntnissen bezüglich des organisatorischen und technologischen Umfeldes auch spezielles Wissen bezüglich der Grenzen und Möglichkeiten solcher Techniken voraus. Reichten früher relativ geringe Kenntnisse aus, um eine Stichprobenprüfung durchzuführen (Regeln bei der Stichprobenziehung: einfacher Vergleich der Ergebnisse mit Werten aus einer Tabelle), so werden heute weiterreichende technologische und statistische Vorkenntnisse vorausgesetzt, um zum Beispiel das Verfahren der statistischen Prozeßregelung wirkungsvoll und irrtumsfrei einsetzen zu können.

Industrieunternehmen versuchen heute, auf zwei Ebenen dieser Entwicklung zu begegnen. Zum einen ist man bemüht, durch intensive Weiterbildungsprogramme den Qualifikationsstand der eigenen Mitarbeiter diesen Entwicklungen anzupassen, und zum anderen wird das Ziel verfolgt, durch den Einsatz moderner EDV-Systeme den Verfahrensanwender von Routineaufgaben zu entlasten. Systeme zur Rechnerunterstützung im Qualitätsmanagement werden als CAQ-Systeme (Computer Aided Quality Assurance) bezeichnet. Der Einsatz von CAQ-Systemen hat aber unter anderem zur Folge, daß neben einem verfahrens- und technikspezifischen Qualifikationsbedarf noch ein EDV-technischer Qualifikationsbedarf hinzutritt.

Auch bei diesem zweiten Bedarfskomplex zeigt sich, daß der Zeitfaktor eine entscheidende Rolle spielt. Mehr noch als bei der eingesetzten Hardware unterliegt die angewendete Software einer beschleunigten Dynamik. Die mittlere Lebensdauer von Software-Programmen nimmt mehr und mehr ab, während im Gegenzug ihre Komplexität und damit verbunden ihr Leistungsspektrum von Versionsnummer zu Versionsnummer kontinuierlich zunimmt. Damit verschiebt sich die Relation zwischen Nutzungsphase und Einarbeitungsphase bei der Beschaffung von Software immer mehr zu Ungunsten der Nutzungsphase. Diese Entwicklung wird noch durch zwei zusätzliche Trends verschärft. Die Beschaffungskosten für Software und Hardware sinken kontinuierlich. In der Folge werden mehr und mehr Arbeitsplätze eines Unternehmens mit Rechnerarbeitsstationen ausgerüstet. Dies bedeutet aber auch, daß immer mehr Mitarbeiter, die keine gezielte EDV-Ausbildung erhalten haben, das zunehmend anspruchsvollere „Werkzeug" Computer anwenden müssen. Waren 1980 noch 95% aller Computernutzer im Unternehmen ohne Qualifikation aus dem Bereich der Informatik, so ist ihr Anteil zu Beginn der 90er Jahre auf 36% geschrumpft [bod]. Fast zwei Drittel aller Computernutzer benötigen heute eine Rand- bis Kernqualifikation, um den Rechner am Arbeitsplatz effizient einsetzen zu können.

12.4.3 Systematische Qualifikationsbedarfsermittlung

Ziel von Schulungsmaßnahmen sollte es nun sein, eine möglichst hohe Kongruenz zwischen dem Anforderungsprofil des Arbeitsplatzes und dem Befähigungsprofil des Mitarbeiters zu schaffen. Um sich diesem Idealzustand annähern zu können, ist es zunächst notwendig, die Anforderungen der einzelnen Arbeitsplätze systematisch zu erfassen und diese in Qualifikationsanforderungen zu transferieren. Grundsätzlich sollten dabei nicht nur die kognitiven Lernziele, wie Sachwissen und intelektuelle Fähigkeiten betrachtet werden, sondern auch die affektiven Lernziele ausreichend Berücksichtigung finden. Die positive innere Einstellung und Werthaltung der Mitarbeiter sind wichtige Kriterien für den erfolgreichen Einsatz von Qualitätsmanagementmethoden.

Die Erhebung einer Qualifikationsmatrix (Was sollte wer in welcher Ausprägung über welche QM-Themen wissen?) ist eine mehrdimensionale und schwierige Aufgabe, die in vielen Betrieben oft nicht erfolgt (**Bild 12.7**). So zeigte eine empirische Erhebung des

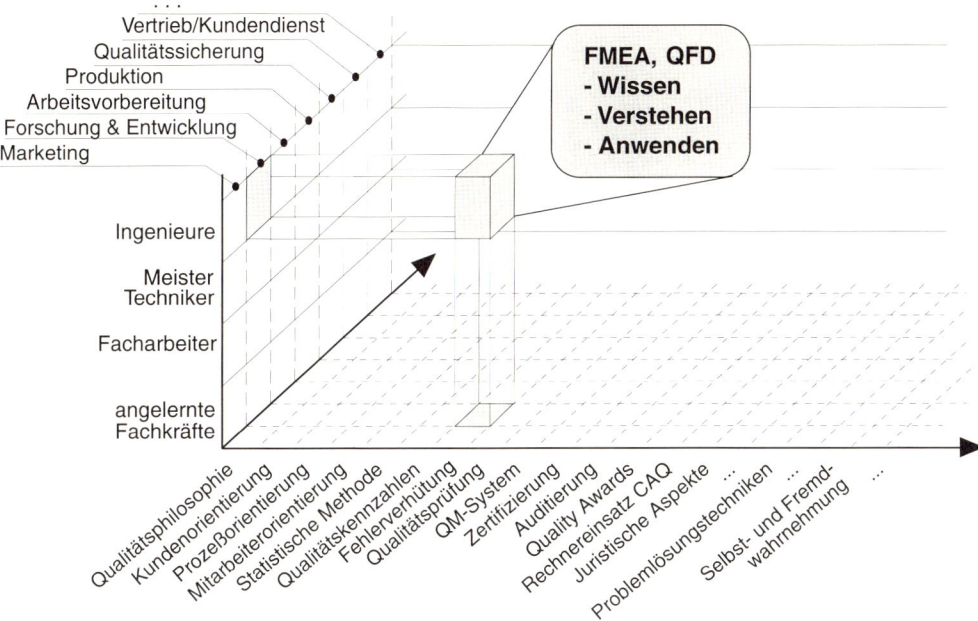

Bild 12.7   Qualifikationsmatrix

Bundesministeriums für Forschung und Technologie, daß nur in 14 % aller deutschen Unternehmen eine systematische Schulungsbedarfsermittlung durchgeführt wird [zi1]. Fehlt diese Zielsetzung und somit auch die Grundlage für eine sinnvolle Aus- und Weiterbildung, so hat die Praxis immer wieder gezeigt, daß die Festlegung von Schulungsmaßnahmen durch das „Gießkannenprinzip" stattfindet. Dabei werden ohne einen Abgleich von Qualifikationsanforderungen der Stelle und des Qualifikationsprofils des Stelleninhabers Schulungen auf die Mitarbeiter verteilt. Als Folge dieser Vorgehensweise kann sich bei den betroffenen Mitarbeitern eine prinzipielle Abneigung gegen Schulungsmaßnahmen einstellen, die von der Demotivation durch fehlende Anwendungsmöglichkeiten des Erlernten ausgelöst wird.

Trotz der Vielfalt des unternehmensexternen Schulungsangebotes ist es noch nicht zu einer ausreichenden Verbreitung und Anwendung des Qualitätswissens in den Unternehmen gekommen. Empirische Erhebungen belegen, daß beispielsweise nur in 24 % aller deutschen Unternehmen Personal mit ausreichenden Kenntnissen zu statistischen Methoden des Qualitätsmanagements vorhanden ist. Präventive Qualitätsmanagementmethoden wie die FMEA oder das QFD sind in kleinen Unternehmen noch oft unbekannt, oder von nur sehr geringer Bedeutung. Der daraus resultierende Schulungsbedarf ist enorm.

Im folgenden werden unterschiedliche Prinzipien möglicher Qualifizierungsmaßnahmen (vgl. 12.5.1), sowie Konzepte der Unternehmenskultur und der Schlüsselqualifikationen (vgl. 12.5.2), als auch die Unterstützung des Transfererfolgs (vgl. 12.5.3) behandelt.

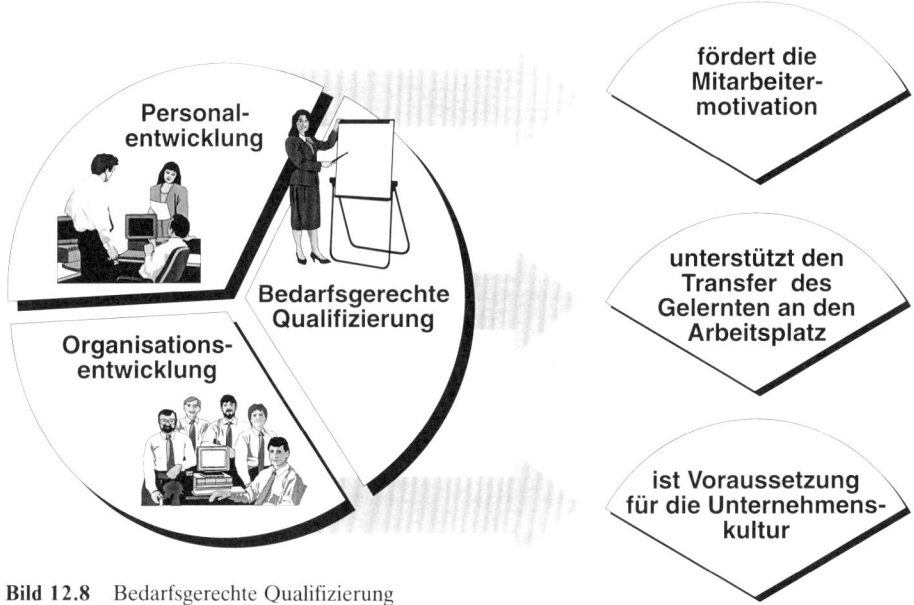

Bild 12.8   Bedarfsgerechte Qualifizierung

Die betrieblich spezifischen Prozesse der Organisationsentwicklung, Personalentwicklung und Weiterbildung sind aufeinander abzustimmen. Eine gezielte Kombination dieser Prozesse stärkt die Motivation der Mitarbeiter, fördert die Entwicklung der Unternehmenskultur und ist die Bedingung dafür, daß das in der Bildungsmaßnahme gelernte an den Arbeitsplatz transferiert werden kann **(Bild 12.8)**.

Am Beispiel der Werkerselbstprüfung, der Gruppenarbeit und des Computer Based Training (vgl. 12.5.4) wird verdeutlicht, wie die oben angesprochene bedarfsgerechte Qualifizierung realisiert werden kann.

12.5   Formen der Mitarbeiterqualifizierung

12.5.1   Innerbetriebliche Qualifizierungsmaßnahmen

Betrieblich organisierte Maßnahmen zur Entwicklung, Erhaltung oder Steigerung der individuellen Mitarbeiterqualifikation nehmen nicht nur die Form eines Unterrichts oder Seminars an, sondern auch spezifisch betriebliche Lernformen [bmb], die ohne weiteres miteinander zu kombinieren sind. Sie reichen von individuellem Lernen am oder außerhalb des Arbeitsplatzes über Lernen in der Arbeitsgruppe am Arbeitsplatz bis zum Lernen in der Seminargruppe **(Bild 12.9)**.

Zusammengefaßt kann festgehalten werden, daß unter dem Begriff betriebliche Bildungsarbeit die formellen und informellen Lernprozesse zu verstehen sind [ar1], und betriebliche Bildungsarbeit nicht nur in institutionalisierter Form stattfindet, sondern Bildungswirkungen auch von nichtinstitutionalisiertem Bildungsgeschehen im Betrieb

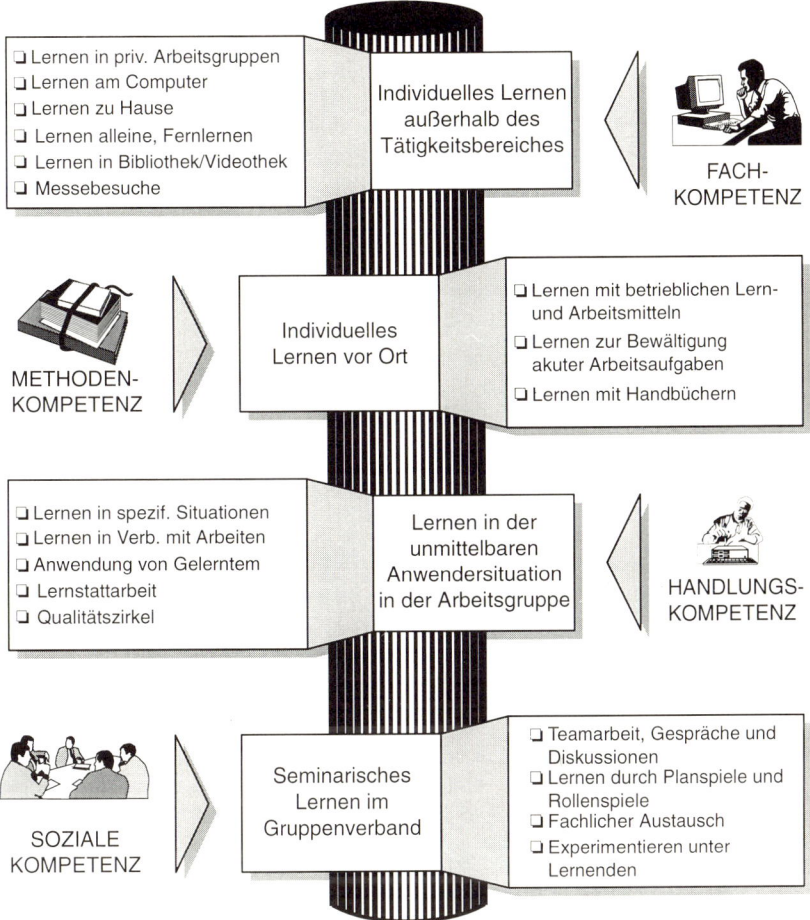

Bild 12.9   Kombinierte Lernorte

ausgehen. Nichtinstitutionalisiertes Bildungsgeschehen ist beispielsweise die Durchführung von Gruppengesprächen, die gelegentliche Beratung oder auch ein Informationsaustausch der Mitarbeiter untereinander.

Betriebliche Qualifizierungsmaßnahmen sind als Bestandteil von Personal- und Organisationsentwicklungsaktivitäten zu betrachten und als solche den Mitarbeitern transparent zu machen. Personalentwicklung ist als strategisch relevant anzusehen, da sie unter anderem dafür sorgt, daß funktionale und extrafunktionale Qualifikationen der Organisationsmitglieder rechtzeitig aufgebaut werden und dementsprechend auf Änderungen organisatorischer (Teil-) Aufgaben reagiert werden kann [con].

Organisationsentwicklung wird hier verstanden als ein längerfristig konzipierter Prozeß, der die gesamte Organisation und alle in ihr tätigen Menschen einbezieht. Im Rahmen dieses Prozesses lernen alle Betroffenen durch direkte Mitwirkung und praktische Erfahrung. Ziel hierbei ist zum einen die Verbesserung der Leistungsfähigkeit der Organisation (Effektivität) und zum anderen die Verbesserung der Qualität des Arbeitslebens (Humanität) [neu]. Im Falle einer so verstandenen Organisationsentwicklung kann das Unternehmen als „Lernende Organisation" [ges] bezeichnet werden.

12.5.2 Konzepte der Unternehmenskultur und der Schlüsselqualifikationen

Im Bereich der Organsiations- und Personalentwicklung gibt es zwei wesentliche Konzepte, die im Zusammenhang mit umfassenden Qualifizierungsmaßnahmen von großer Bedeutung sind: Das Konzept der Unternehmenskultur und das der Schlüsselqualifikation.

Unternehmenskultur wird hier als eine Möglichkeit verstanden, Mitarbeiterbeteiligung und -integration zu fördern und damit Mitarbeitermotivation zu steigern. Dadurch erhält die Unternehmenskultur u.a. ihre ökonomische Bedeutung. Sie beinhaltet aber auch genau jene Ansätze, die notwendig sind, den Menschen im Arbeitsprozeß im Mittelpunkt zu sehen. Unternehmenskultur ist als Ansatz zu verstehen, Arbeitsstrukturen hinsichtlich einer humanen Arbeitssituation zu verändern [ar2], um Handlungsspielräume zu schaffen, die eine Sinnfindung und Identitätsentwicklung in der Arbeit erlauben und die persönliche Weiterentwicklung der Mitarbeiter durch „neues" Führungshandeln ermöglichen [ar3]. Dabei wird kontinuierlich versucht, die Balance zwischen den Zielen der Organisation und den Zielen ihrer Mitglieder neu auszuloten [säf].

Besondere Aufmerksamkeit ist dabei auf die Art der Mitarbeiterführung zu richten, die ein wesentliches Element der Unternehmenskultur darstellt. Ein die Unternehmenskultur förderndes Führungs-, Vorbild- und Machtverhalten bedarf einer spezifischen Unterstützung durch die betriebliche Bildung [sac], wenn es darum geht, offene Kommunikation zu führen, Konflikte nicht zu vermeiden, sondern sachgemäß zu lösen, Teamarbeit zu fördern und Personalförderung transparent zu machen [hüc]. Führung wird dann weniger autoritär als vielmehr kooperativ und demokratisch verstanden. Dieses Führungsverhalten fördert gleichsam die Motivation, Eigeninitiative, Kreativität und Selbstverantwortung der Mitarbeiter [mey].

Der Begriff der Schlüsselqualifikation wird nach Betrachtung verschiedener Definitionen folgendermaßen festgelegt [wil]: Langfristig verwertbare funktions- und berufsübergreifende Qualifikationen, die zur Lösung beruflicher Probleme dienen, werden als Schlüsselqualifikationen bezeichnet. Berufliche Flexibilität und Mobilität sind das Qualifikationsziel. In seiner Gegenüberstellung verschiedener Gliederungen von Schlüsselqualifikationen hat Wilsdorf festgestellt, daß die Einordnung der einzelnen Komponenten zu Schlüsselqualifikationen sehr unterschiedlich vorgenommen werden. Selbst bei gleichen Bezeichnungen werden die Komponenten unterschiedlichen Schlüsselqualifikationen zugeordnet. Nur bei den Schlüsselqualifikationen sozialen Zuschnitts (Sozialkompetenz) fand sich eine weitgehende Übereinstimmung. Bei der Gliederung der berufsorientierenden Schlüsselqualifikationen dominierte die Einordnung in Fach-, Methoden- und Sozialkompetenz. Betriebliche Qualifizierungsmaßnahmen befähigen den Menschen,

– Sachaufgaben kompetent zu lösen (Fachkompetenz),

– Beziehungen harmonisch zu gestalten (Sozialkompetenz) sowie

– Veränderungen der Aufgaben und des Miteinanders zu erkennen und zu bewältigen (Methodenkompetenz) [bec].

12.5.3 Unterstützung des Transfererfolgs

Der Transfererfolg einer Qualifizierungsmaßnahme wird maßgeblich bestimmt durch die Beachtung möglicher Vorgehensweisen in den Phasen vor, während und nach der innerbetrieblichen Qualifizierung. Bestandteile des dreiphasigen Prozesses der Qualifizierungsmaßnahmen reichen von der Festlegung der Lernziele über Lernkontrollen und Lernpartnerschaften bis zu Arbeitsanalysen **(Bild 12.10)**.

Um den Lern- und Transfererfolg einer Qualifizierungsmaßnahme (unabhängig davon, welchen Inhalts) zu steigern, sollte vor der eigentlichen Durchführung einer Maßnahme auf jeden Fall eine Bedarfsanalyse aus qualitativer (Themen) und quantitativer (potentielle Teilnehmer) Sicht stattfinden. Wird eine solche Analyse nicht durchgeführt, stellt sich im Verlauf der Maßnahme oft heraus, daß diese nicht genügend an der Praxis und Aufgabenstellung des Unternehmens orientiert ist, und die Mitarbeiter oftmals Schwie-

Bild 12.10   Transferkreislauf

rigkeiten haben, das Lernangebot mit ihrer derzeitigen aktuellen Berufstätigkeit in Beziehung zu bringen. Dies hat zur Folge, daß die Mitarbeiter distanziert und demotiviert sind und dem Weiterbildungsangebot passiv gegenüberstehen, da sie selbst als Adressaten keine Gestaltungsaufgabe in der zu realisierenden Weiterbildung sehen [dör].

Eine Bildungsbedarfserhebung kann zentral initiiert unternehmensweit durchgeführt werden (schriftliche Befragungen, Workshops etc.) und/oder vor Ort im Gespräch zwischen Vorgesetztem und Mitarbeiter ablaufen. Die Bildungsbedarfsanalysen sind dann in detaillierte Lernziele und Lehrinhalte umzusetzen. Wie bereits angeführt, können Lernziele kognitiv (Wissen, Denken und Verstehen betreffend), psychomotorisch (Handeln und Verhalten betreffend) oder affektiv (Werte, Gefühle oder Einstellungen betreffend) sein und beschreiben die zu erreichende Sozial-, Methoden- und Fachkompetenz. Lernziele und Lehrinhalte wiederum sind Ausgangspunkt für die Klärung der Frage nach dem Referenten (intern/extern?) und der Didaktik und Methodik der Wissensvermittlung (Auswahl der Veranstaltungsform, Bild 12.10). Zu klärende Folgefragen sind die nach dem Ort der Durchführung, der Wahl der Räume, der Tagungstechnik, der Medienwahl (vgl. Kap. 12.5.4; Computer Based Training), der Verpflegung etc.

Um nach der Qualifizierungsmaßnahme den Transfer, d.h. die selbständige Übertragung des Gelernten in den Arbeitsalltag [mün] zu unterstützen, sind Gespräche, Befragungen, Beobachtungen oder Folgemaßnahmen in die Wege zu leiten [dör].

Nur wenn die Schritte des dreiphasigen Prozesses (Bild 12.10) beachtet werden, und damit die Maßnahme genau vorgeplant und gesteuert ist, kann bereits während des Seminars und nach Seminarende bewertet werden, ob die zuvor gesetzten Lern- und Transferziele tatsächlich erreicht worden sind.

Wie bereits angeführt, gibt es eine Vielzahl von Qualifizierungsmaßnahmen und -möglichkeiten. Im folgenden werden drei verschiedene Möglichkeiten detaillierter dargestellt: Werkerselbstprüfung, Gruppenarbeit und Computer Based Training. Die konkrete Anwendung dieser Qualifizierungsmöglichkeiten wird anhand von Fallbeispielen im Praxishandbuch [pf2] beschrieben.

12.5.4 Beipiele für innerbetriebliche Qualifizierungsmaßnahmen

Werkerselbstprüfung

Selbstprüfung wird als Form der Qualitätsprüfung verstanden, die vom Bearbeiter selber ausgeführt wird. Somit bietet die Werkerselbstprüfung dem Mitarbeiter die Möglichkeit, die geleistete Arbeit selbständig und eigenverantwortlich zu prüfen. Mit dieser Maßnahme werden unter anderem die Bildungsziele der Selbständigkeit und der Eigenverantwortlichkeit verfolgt und eine höhere Arbeitszufriedenheit angestrebt. Dies wiederum trägt zur angeführten positiven inneren Einstellung bei, die eine unabdingbare Voraussetzung für den erfolgreichen Einsatz von Qualitätsmanagement-Methoden ist **(Bild 12.11)**.

Die Kopplung von Produktion und Prüfung ermöglicht die schnelle und flexible Reaktion auf das Auftreten von Fehlern. Zum Zeitpunkt einer Endkontrolle ist die Wertschöpfung bereits weit fortgeschritten. Die Zeitspanne vom Auftreten bis zum Erkennen und Abstellen des Fehlers ist lang, entsprechend hoch ist daher die Zahl der fehlerhaft produzierten Teile. Eine Fehlerbehebung ist deswegen zwangsläufig mit einem hohen Aufwand an Zeit und Kosten verbunden. Ziel der Werkerselbstprüfung ist es, den Fehler direkt am Ort unmittelbar nach dem Auftreten an der Bearbeitungsmaschine zu erkennen und abzustellen.

Dazu ist es natürlich notwendig, den organisatorischen Rahmen herzustellen und dem Mitarbeiter die entsprechenden Informationen und Hilfsmittel zur Verfügung zu stellen, beispielsweise einfache Prüfzeichnungen statt komplexer Fertigungszeichnungen.

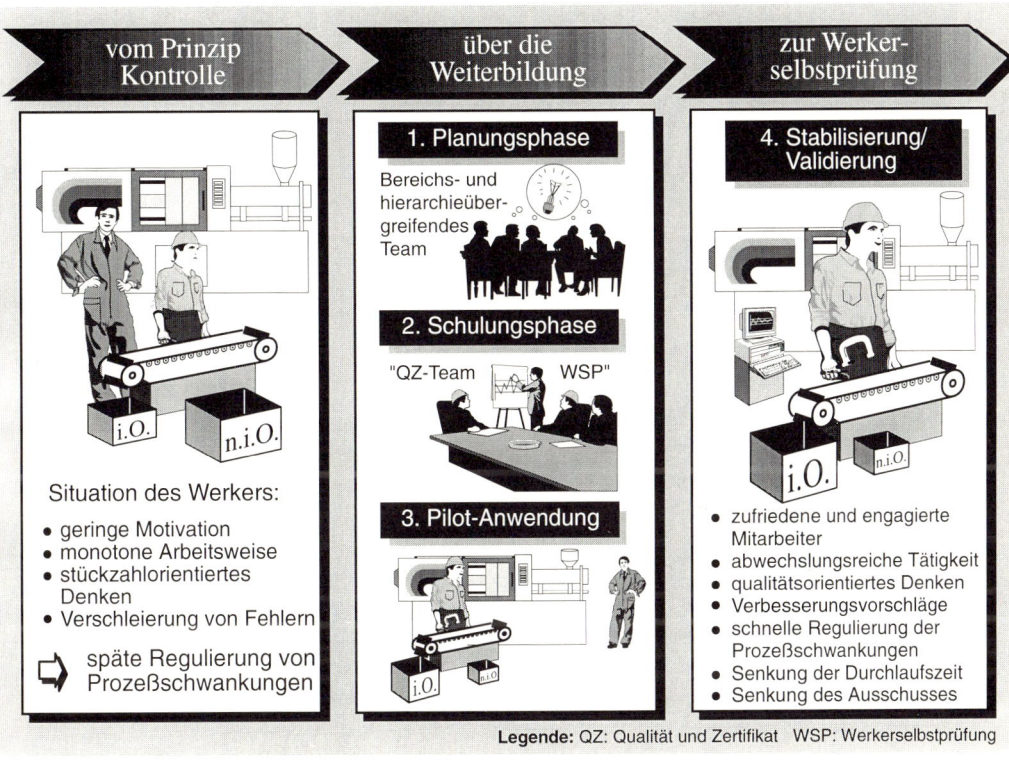

Bild 12.11   Werkerselbstprüfung

Gruppenarbeit

Der Begriff Gruppenarbeit umfaßt zahlreiche Erscheinungsformen, die von einfacher Zusammen- oder Nacheinanderarbeit (aufgrund arbeits- oder organisationstechnischer Erfordernissen) bis hin zu teamorientierter Zusammenarbeit reichen.

Beispiele für einfache Zusammen- oder Nacheinanderarbeit resultieren aus Fertigungsinselstrukturen: Hier wird innerhalb einer Gruppe ein Produkt gefertigt, indem jeder einzelne Mitarbeiter wechselweise einen Arbeitsschritt vornimmt. Teamorientierte Zusammenarbeit findet sich z.B. in Form von Qualitätszirkeln: Hier ist es Ziel einer Gruppe, ein für ihr Arbeitsfeld spezifisches Problem gemeinsam zu lösen, d.h. gemeinsam dieses Problem als solches zu identifizieren, gemeinsam über Lösungsmöglichkeiten zu diskutieren, gemeinsam eine Entscheidung zu finden und diese auch gemeinsam zu vertreten und umzusetzen.

Bei der Betrachtung der Gruppenarbeit als geeignete Qualifizierungsmaßnahme zur Unterstützung des Qualitätsmanagementsystems in einem Unternehmen sind vor allem die Formen der partizipativen und teamorientierten Gruppenarbeit von Bedeutung. Neben Qualitätszirkeln (auch Problemlösungsgruppen, Qualitätsgruppen, Kleingruppen genannt) gibt es z.B. die Werkstattzirkel oder die Lernstatt, die sich in erster Linie im Ausprägungsgrad der Realisierung des Partizipationsgedankens unterscheiden. Grundsätzlich sind bei den teamorientierten und partizipativen Gruppen zwei Arten zu unterscheiden: Die Gruppen, die Probleme und Schwachstellen in ihrem Arbeitsumfeld aufdecken und zu lösen versuchen (Problemlösungsgruppen) und jene, die auf Produktionsebene ihre alltägliche Arbeit in einer Gruppe von 8–12 Mitarbeitern organisieren („Gruppenarbeit auf Produktionsebene").

Der Grundgedanke des Konzepts von Problemlösungsgruppen ist, daß Probleme und Schwachstellen am ehesten dort erkannt und beseitigt werden können, wo sie auftreten. Mitarbeitern soll die Möglichkeit gegeben werden, durch ihre (freiwillige) Mitgliedschaft in einer solchen Gruppe Schwierigkeiten in ihrem Arbeitsumfeld eigenständig aufzugreifen und zu lösen. Als mittel- und kurzfristiges Ziel dieser Arbeit sind die Verbesserung der Arbeitsqualität und der Produktivität, sowie die Erhöhung der Mitarbeitermotivation zu nennen, daraus folgt als längerfristiges Ziel ein Beitrag zur Weiterentwicklung von Führungs- und Organisationskonzepten. Durch die Aktivierung des Innovationspotentials kann langfristig weiterhin eine Kostensenkung erreicht werden. Darüber hinaus führt eine verstärkte Auseinandersetzung mit dem betrieblichen Alltag zu einer Erhöhung der Kooperationsbereitschaft, und mit mehr Problembewußtsein geht eine größere Identifikation mit dem Unternehmen einher („Corporate Identity").

Bei der Gruppenarbeit auf Produktionsebene wird oftmals von der Gruppe als „Kleinbetrieb im Großunternehmen" gesprochen. Mitarbeiter einer solchen Betriebseinheit sind als eigenständige Unternehmer innerhalb der Gesamtunternehmung zu sehen, denen die Aufgabe von der Herstellung eines Produktes oder einer Dienstleistung bis zum Absatz übertragen wird. Für viele Unternehmen mit mehr als 1000 Beschäftigten ist es hierbei Ziel, die unüberschaubaren, durch ihre Größe nicht mehr zu den nötigen schnellen Entscheidungen fähigen Arbeitsorganisationsabteilungen nach und nach abzubauen. Schnittstellen sollen reduziert, Wege verkürzt, Durchlaufzeiten verringert werden, kurz: es soll kostengünstiger produziert werden – das sind die wirtschaftlichen Interessen, die hinter der Einführung von Gruppenarbeit auf Produktionsebene stehen. Für die Mitarbeiter sehen die Vorteile anders aus: Die bisher in einzelne Arbeitsgänge zerstückelte Herstellung von Produkten wird interessanter, wenn die oft monotone Tätigkeit („Taylorismus") zu einer anspruchsvollen Aufgabe („Denken in Prozessen") wird, bei der in enger Zusammenarbeit mit den Kollegen nicht mehr nur die körperliche, sondern auch die geistige Arbeit des Menschen gefordert ist.

Jegliche Zusammenarbeit mehrerer Mitarbeiter in einer Gruppe verlangt jedoch von jedem einzelnen ein hohes Maß an sozialen Kompetenzen wie Kooperations-, Kommunikations-, Konflikt- und Kritikfähigkeit, Toleranz etc. Diese Kompetenzen müssen vor Einführung der Gruppenarbeit in einem Unternehmen geschult werden. Umgesetzt, trainiert und verbessert werden diese jedoch erst durch die reale langfristige Zusammenarbeit.

In einer Gruppe zu arbeiten, heißt konkret: Monatelang, wochenlang, jeden Tag acht Stunden zusammen mit 8–12 weiteren Mitarbeitern an einer Aufgabe zu arbeiten, Arbeitsaufgaben entsprechend der Leistungfähigkeit der einzelnen Mitglieder aufzuteilen, leistungsschwächere Mitarbeiter in den Arbeitsablauf und in die Gruppe zu integrieren, auftretende Schwierigkeiten sowohl im Arbeitsablauf als auch innerhalb der Gruppe selbständig aufzugreifen und zu lösen **(Bild 12.12)**.

- Motivation durch Information
- Konsensprinzip
- Gruppenarbeit
- Zielvereinbarung
- Problemlösungstechniken
- Moderation
- ...

Bild 12.12   Gruppenarbeit auf Produktionsebene

Es wird deutlich, daß weder Gruppenarbeit in Form von Problemlösungsgruppen, noch Gruppenarbeit auf Produktionsebene ohne intensive vorausgehende Qualifizierungsmaßnahmen (methodische und vor allem soziale Kompetenzen sind hier notwendig) erfolgreich sein kann. Doch der Grad der Qualifikation jedes einzelnen Mitarbeiters steigt erst durch die regelmäßige Arbeit in den Gruppen, kurz: erst die Praxis der Gruppenarbeit qualifiziert die Mitarbeiter. Aus diesem Grund kann jede Form der Gruppenarbeit auch als Qualifizierungsmaßnahme gesehen werden, bei der vor allem die sozialen und methodischen Kompetenzen gefördert werden.

Nach Döring [dör] bietet Gruppenarbeit als Weiterbildungsinstrument im Betrieb dem Mitarbeiter eine großflächige Verbindung der Praxis mit der Aufgabenstellung des Betriebes, macht die aktuelle Arbeitsplatzpraxis der Mitarbeiter ausdrücklich zum Thema, und läßt die Mitarbeiter zu aktiv Beteiligten werden. Weiterbildung durch Gruppenarbeit bedeutet somit selbstbestimmtes, sinnbezogenes, praxisorientiertes, betriebsintegriertes und zukunftsorientiertes Lernen unter professionellen Bedingungen mit dem Ziel, über eine Verbesserung der Arbeitsqualität ein Stück weit Arbeitszufriedenheit und damit auch Selbstverwirklichung und Lebensqualität am Arbeitsplatz zu realisieren.

Computer Based Training

Die Zunahme der Leistungsfähigkeit multimedialer Computersysteme eröffnet neue Wege zur Aus- und Weiterbildung. Durch Computer Based Training (CBT) kann auf den verstärkten Wandel von der Industrie- zur Informationsgesellschaft und die geforderte höhere Transparenz und Verfügbarkeit von Wissen reagiert werden. Bereits 1987 gab die Bundesregierung den gleichen Betrag für Informationstechnik aus wie für das gesamte Schulungswesen (50 Milliarden DM). Zukünftig ist zu erwarten, daß das Budget der Informationstechnik über dem des Schulungswesens liegen wird [glo].

Das eigenständige Lernen mit dialogfähigen Kommunikationssystemen wird zukünftig eine bedeutende Rolle spielen. Computer Based Training erschließt in diesem Zusammenhang durch die Einbindung der Multimedia-Technologie bisher ungenutzte Potentiale zur Wissensvermittlung. In Form interaktiver Lernprogramme ist Computer Based Training eine effektive Selbstlernmethode und ermöglicht eine individuelle, zeitunabhängige Ausbildung am Arbeitsplatz [fic, ste].

Zielgerichteter CBT-Einsatz ist charakterisiert durch *vier Erfolgsfaktoren,* die CBT-Systeme zur Wissensvermittlung gegenüber konventionellen Schulungen auszeichnen [rhi]:

1) Der Wissensbedarf im Bereich des Qualitätsmanagements steigt so schnell, daß die Suche nach geeignetem Fachwissen und das Erlernen von QM-Methoden zur Bearbeitung von Qualitätsmanagement-Aufgaben immer schwieriger und aufwendiger wird. Der hohe Zeit- und Termindruck in den Unternehmen erfordert Informationssysteme, mit denen Wissen gezielt ausfindig gemacht und angeeignet werden kann. Im Vergleich zu herkömmlichem Lehr- und Informationsmaterial ermöglichen Computer einen außerordentlich schnellen Zugriff auf große Datenmengen und insbesondere auch auf dasjenige Wissen, welches vermittelt werden soll, bzw. bei der Bearbeitung einer Aufgabe oder eines Problemes nicht unmittelbar verfügbar ist. Als Voraussetzung müssen allerdings nutzerfreundliche Ablauf- und Programmsteuerungen sowie ein entsprechendes Navigationsprinzip im CBT-Programm vorhanden sein.

2) Computer erlauben eine aktive Interaktion zwischen dem Lernenden und dem Lehr bzw. Trainingsinhalt, was insbesondere im Rahmen eines eigenständigen Selbststudiums von Interesse ist. Dabei treten je nach Zielgruppe unterschiedliche Anforderungen an das CBT-Programm auf. Diese sollen sowohl QM-Wissensinhalte (Begriffe und Fakten) als auch intelektuelle Fähigkeiten (z.B. Verstehen von Zusammenhängen) vermitteln und individuelles Lernen ermöglichen.

3) Computerbasierte Lehr- und Informationssysteme können bei einer Trennung von Wissensbasis und Lehrstrategie schnell und mit geringem Aufwand an sich verändernde Wissensinhalte angepaßt werden. Es genügt, die Wissensbasis auf dem Speichermedium zu überarbeiten, zu kopieren und zu distribuieren. Dies ist eine wesentliche Voraussetzung zur Adaptierbarkeit der CBT-Programme an firmen- oder branchenspezifische Inhalte. In Verbindung mit der Multimedia-Technologie können so praxisnahe Lerninhalte und Beispiele eingebunden werden.

4) Computer sind inzwischen, zumindest in indirekten Produktionsbereichen, allgegenwärtig und werden mittelfristig multimediafähig sein. Schulung und Training

kann somit vor Ort, (insbesondere auch am Arbeitsplatz) und zu beliebigen Zeitpunkten (insbesondere auch in „unproduktiven Zeiten") auf der bereits vorhandenen Hardware ermöglicht werden. Zeit- und kostenaufwendige Anreisen zu Schulungszentren und entsprechende Ausfallzeiten im Betrieb werden so reduziert. Auch verringert das Lernen am Arbeitsplatz die Trennung zwischen Lernen und Anwenden des Erlernten. Vor Einsatz eines CBT-Systems am Arbeitsplatz muß jedoch geprüft werden, inwieweit sich die Arbeitsumgebung als Lernumgebung eignet. Montage- oder Produktionshallen sind beispielsweise aufgrund von Lärm oder Schmutz nur bedingt geeignet.

Weiterhin kann festgehalten werden, daß viele QM-Inhalte anhand von Bildern oder Grafiken visualisiert werden können und sich so meist besser vermitteln lassen als durch reine Text-Beschreibungen. Andererseits läßt sich nicht jeder Lehrstoff erfolgreich mit rechnerunterstützten Lernmedien vermitteln: Während fast jedes kognitive Lernziel mit Hilfe von Computer Based Training zu realisieren ist, sind die bereits in Kapitel 12.5.2 angesprochenen affektiven und psychomotorischen Lernziele nur bedingt oder überhaupt nicht vermittelbar (ein affektives Lernziel wäre beispielsweise die für die Umsetzung eines Qualitätsmanagements nötige Mitarbeitermotivation). Klassisches, lehrergeführtes Verhaltenstraining wird daher sicherlich seinen Platz in der Schulungswelt behaupten [vdi].

Kognitive Lernziele beinhalten die Forderungen, Fachwissen zugänglich zu machen und zur Anwendung zu bringen. Die Lernzielinhalte lassen sich dementsprechend in

– Wissen und
– intellektuelle Fähigkeiten und Fertigkeiten

differenzieren. Zur Vermittlung dieser Lernzielbereiche sind *verschiedene CBT-Prinzipien* einsetzbar. Im folgenden wird die programmierte Unterweisung sowie das Hypermedia- und Simulationsprinzip konkretisiert. Während sich die programmierte Unterweisung und das Hypermedia-Prinzip hauptsächlich auf die Vermittlung von „QM-Wissen", also Kenntnis von Begriffen, Prinzipien oder Methoden ausrichtet, eignet sich die Simulation zur Vermittlung des zweiten kognitiven Lernzielbereichs, der die Komponenten „Verstehen", „Übertragen", „Interpretieren" und „Analysieren" umfaßt.

Ein verbreitetes CBT-Prinzip zur Wissensvermittlung ist das der *Programmierten Unterweisung*. Es ermöglicht eine Gliederung von Stoffgebieten in überschaubare Instruktionseinheiten, deren Abfolge entweder linear oder verzweigt gestaltet werden. Es handelt sich hierbei um ein angeleitetes Lernen, bei dem der Lehrstoff in kleinen Einheiten anhand vorgefertigter Bildschirmseiten präsentiert wird. Die Nutzung eines solchen Systems erfolgt dergestalt, daß der Lernende durch eine bestimmte Anzahl von Lektionen geführt wird. Thematischer Inhalt dieser Lektionen ist dabei jeweils ein Ausschnitt aus einem bestimmten Themengebiet. Jede Lektion zeigt dabei intern einen für die Idee der *Programmierten Unterweisung* typischen Aufbau, bestehend aus einer Beschreibungskomponente, die den Lehrstoff wiedergibt, einer Erläuterungskomponente, die anhand von Beispielen den Lehrstoff vertieft und einer Testkomponente, die durch Kontrollfragen den erzielten Lernerfolg überprüft und über die weitere Vorgehensweise entscheidet.

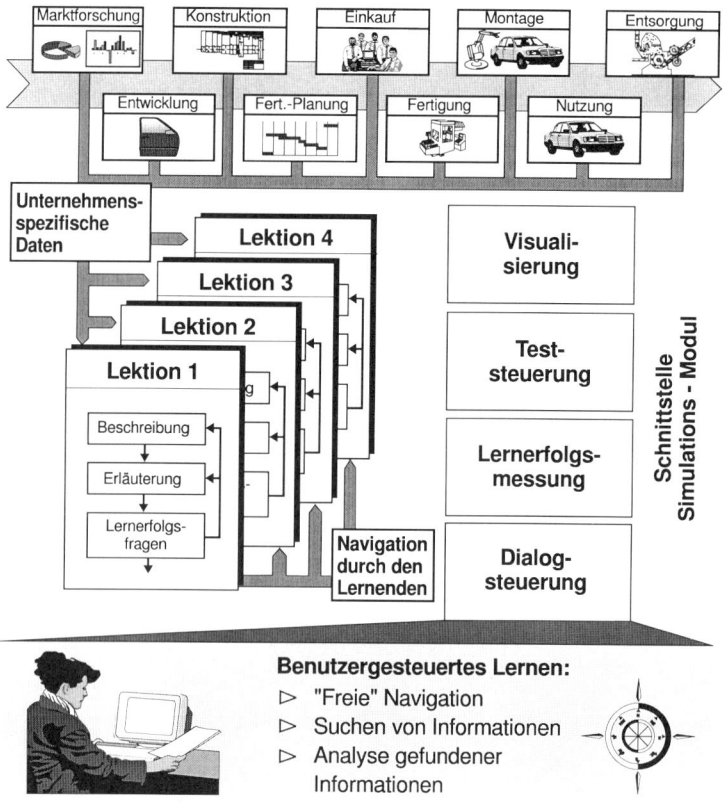

Bild 12.13   Das Hypermedia-Prinzip

Trotz der vielen Vorteile stellt sich bei dieser Vorgehensweise in der Praxis die Vorgabe eines starren Ablaufschemas als nachteilig heraus, weil es zu einem passiven Lernen führt und zu geringe Möglichkeiten der Eigeninitiative bietet [kla]. Andere Systeme, die nicht streng der programmierten Unterweisung unterliegen, stellen den Lernenden anstelle des Systems in den Mittelpunkt der Kontrolle. So bleibt es dem Menschen überlassen, flexibel, individuell und spontan zu agieren. Die Systemreaktionen sind auf möglichst transparente und intuitiv nachvollziehbare Interaktionen zu beschränken.

Dieser Ansatz des benutzergesteuerten Lernens ist beispielsweise durch das bereits erwähnte *Hypermedia-Prinzip* realisierbar **(Bild 12.13)**.

Das zu vermittelnde QM-Wissen wird nicht in streng sequentiell aneinandergeknüpfter Kapitelfolge präsentiert, sondern bewußt modular und nichtlinear gestaltet. So steht es dem Anwender grundsätzlich frei, sich seinen Weg durch das vorhandene bzw. in der Hypermediabasis archivierte (und visualisierte) Wissen eigenständig zu suchen. Dieses Prinzip der freien Navigation wird der Forderung gerecht, das vorhandene QM-Wissen selbst, in Abhängigkeit von der zu lösenden Aufgabe, ausfindig zu machen und eventuell auch anhand einer Simulation anzuwenden. Nach jeder Lektion bekommt der Lernende eine Rückmeldung (Feedback) zu seinen während der erarbeiteten Lektion gegebenen Antworten.

Das Erlernen von Wissen nach dem Hypermedia-Prinzip oder der programmierten Unterweisung beinhaltet die Aneignung von QM-Wissen, aber noch nicht die Anwendung dieses Wissens. Durch die Simulation von QM-Prozessen auf dem Computer wird die Voraussetzung geschaffen, das erworbene Wissen in simulierten QM-Tätigkeiten bzw. -Methoden anzuwenden. So kann der Lernende prüfen, ob er das Wissen verstanden hat und in konkreten Problemfällen auch anwenden kann.

Simulationssysteme im Bereich des Lernens sind dadurch charakterisiert, daß der Lernende Parameter eines fest vorgegebenen Modells verändert und im folgenden die daraus resultierende Modifikation der Ausgangsgrößen beobachten kann. Unter einem Modell wird hierbei die vereinfachte, reduzierte Abbildung von materiellen oder immateriellen Objekten der realen Welt verstanden. Ein typisches und bekanntes Simulationssystem im Bereich der Weiterbildung stellt der Flugsimulator dar. Der Lernende hat die Möglichkeit, spielerisch die Grenzen und Möglichkeiten eines derartigen durch das Modell repräsentierten Systems zu erkunden, ohne daß Schäden aus den Folgen menschlichen Fehlverhaltens auftreten.

Das Prinzip der Simulation ermöglicht und verlangt ein aktives Lernen. Der Lernende muß Eigeninitiative aufbringen, um die Möglichkeiten und Grenzen des Modells zu erforschen. Er lernt somit nicht nur das reine Faktenwissen, sondern er erwirbt sich auch Kenntnisse, wie er sich selbst Unbekanntes erschließen kann.

CBT in seinen verschiedenen Ausprägungen und als eine Möglichkeit innerbetriebliche Qualifizierung zu realisieren, ermöglicht also vor allem die Aktivierung des Lernenden und die Verbindung von Lern- und Funktionsfeld. CBT führt somit – zielgerichtet angewandt – zum erwünschten Lern- und Transfererfolg.

12.6   Kontinuierliche Verbesserung

Eine kontinuierliche Verbesserung erfordert neben einer systematischen Vorgehensweise und der Anwendung geeigneter Methoden die Beeinflussung bzw. Schaffung der entsprechenden Rahmenbedingungen. Beide Aspekte werden im folgenden betrachtet.

12.6.1   Voraussetzungen eines kontinuierlichen Verbesserungsprozesses

Über die Beherrschung und Anwendung von Qualitätsmethoden, die in den vorhergehenden Abschnitten beschrieben wurden, und durch Aneignung und Ausdruck definierter Verhaltensweisen wie Teamarbeit, Eigenverantwortung und Kundenorientierung, wird der Mensch zum Gestalter von Qualität in allen ihren Dimensionen (**Bild 12.14**) [zi2, hai, cor, bru].

Folgende wesentliche Zielsetzungen, die sich gegenseitig bedingen, müssen dabei verfolgt werden [dan, may, jur]:

– Steigerung der Kundenzufriedenheit (unternehmensextern und -intern) und

– kontinuierliche Verbesserung aller Leistungen und Tätigkeiten im Unternehmen.

Bild 12.14   Der Mensch als Ausgangspunkt und Gestalter von Qualität

Die gegenseitige Abhängigkeit dieser beiden Aspekte ergibt sich aus der Dynamik, der der Wettbewerb und damit auch die Kundenforderungen unterworfen sind. „Nichts ist beständiger als der Wandel". Kaizen oder die kontinuierliche Verbesserung ist die Philosophie der ewigen Veränderung und der Flexibilität, auf die Veränderungen der Umwelt zu reagieren [ima,jun]. Die ständig wachsenden Anforderungen erfordern einen permanenten Anpassungsprozeß von seiten jedes Mitarbeiters. Das Ziel der bestmöglichen Erfüllung der Kundenwünsche ist daher nicht als absolute Größe, sondern als *moving target* aufzufassen. Somit ist die unternehmensweite kontinuierliche Verbesserung als ein Zielzustand anzustreben.

„Der Weg ist das Ziel."

Aber: *Wer das Ziel nicht kennt, kann den Weg nicht finden.* Deshalb müssen als Voraussetzung eines kontinuierlichen Verbesserungsprozesses konkrete Ziele vereinbart werden. Durch ein System der strukturierten Zielvereinbarung muß eine Kultur der gemeinsamen Ziele im Unternehmen realisiert werden, bei der die Betroffenen von Erfüllungsgehilfen zu beteiligten Entscheidungsträgern und eigeninitiativ Handelnden gemacht werden (vgl. Kapitel 12.3). Für jeden Mitarbeiter müssen operative Ziele formuliert werden, verbunden mit relevanten Kenngrößen, um die Zielrichtung transparent und die Zielerreichung meßbar zu machen.

Zur Zielerreichung sind sowohl die vielen kleinen Schritte, als auch Innovationen als große, grundlegend verändernde Maßnahmen notwendig. Gerade die vielen kleinen

Verbesserungen bewirken in ihrer Summe einen großen Nutzen und tragen wesentlich zur Zielerreichung bei. Jeder Mitarbeiter kann in seinem Arbeitsumfeld mit seinem Wissen und seinen Fähigkeiten am Verbesserungsprozeß mitwirken. Es motiviert ungemein, wenn man orientiert an klaren Zielen Verbesserungsmaßnahmen initiiert, selbst umsetzt und dabei den Nutzen meßbar ausweisen kann.

Diesen Prozeß zu fordern und zu fördern ist Aufgabe des Managements. Dabei wird man nur dann Erfolg haben können, wenn im Vorfeld die notwendige Einstellung und Bereitschaft aller Betroffenen erzeugt wurde. Dies kann nicht von heute auf morgen realisiert, geschweige denn angeordnet, sondern nur durch eine langfristige Qualitätsstrategie und dementsprechende Maßnahmen vorbereitet werden.

Es ist deshalb Führungsaufgabe, die Rahmenbedingungen zu schaffen und den Prozeß der schrittweisen Verbesserung zu forcieren, damit die kleinen und damit scheinbar unwichtigen Dinge nicht vom Tagesgeschäft zurückgedrängt werden **(Bild 12.15)**. Über die langfristige Veränderung von Denk- und Verhaltensweisen muß ein Klima geschaffen werden, das einen kontinuierlichen Verbesserungsprozeß gewährleistet.

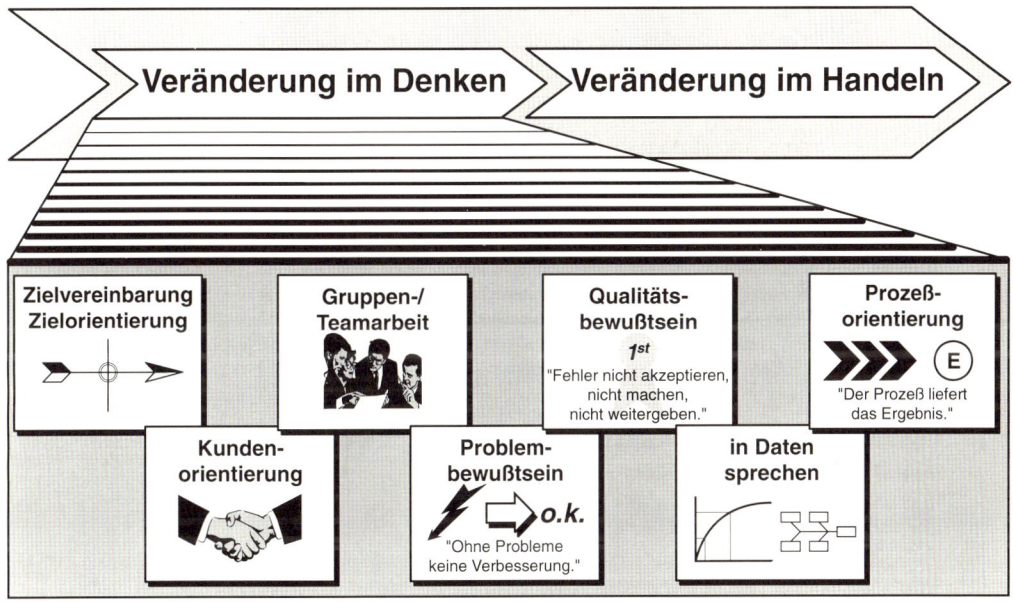

Bild 12.15   Voraussetzungen für eine kontinuierliche Verbesserung

12.6.2 Von der Idee zur Umsetzung

Jeder liefert im Rahmen seiner Arbeit eine materielle oder immaterielle Leistung für unternehmensinterne oder -externe Kunden. Damit ist auch jeder in Prozesse eingebunden, die den Weg der Leistungserstellung darstellen. Das ständige Bemühen, das eigene Arbeitsumfeld zu verbessern, muß an diesen Prozessen ansetzen und nichtwertschöpfende Anteile minimieren. Als wertschöpfend gelten nur solche Tätigkeiten, die den Wert des Produktes oder der Dienstleistung aus der Sicht des Kunden (intern und extern) erhöhen. Unter dieser prozeßorientierten Betrachtungsweise ergeben sich zumeist schon viele Verbesserungsideen, die so schnell wie möglich, unter Umgehung der üblichen Bürokratie des Vorschlagswesens, bewertet, priorisiert und umgesetzt werden müssen **(Bild 12.16)**. Darüber hinaus finden Verbesserungsprojekte ihren Ursprung aus den unterschiedlichsten Quellen [dan]:

- Auditergebnisse
- Fehleranalysen
- FMEA
- Betriebliches Vorschlagwesen
- Qualitätszirkel
- Wertanalysen
- Design Reviews etc.

Bei einer großen Ideenvielfalt müssen zum effektiven Ressourceneinsatz die Themen priorisiert angegangen werden. Wichtig ist dabei die Schaffung der entsprechenden Problemlösungsplattform, d.h. die Einbeziehung derjenigen Mitarbeiter, die mittelbar oder auch unmittelbar mit ihrer täglichen Arbeit am Problem beteiligt sind. Die Aufgabe des Teams besteht darin, die Problemlösung nicht nur systematisch zu erarbeiten, sondern auch umzusetzen.

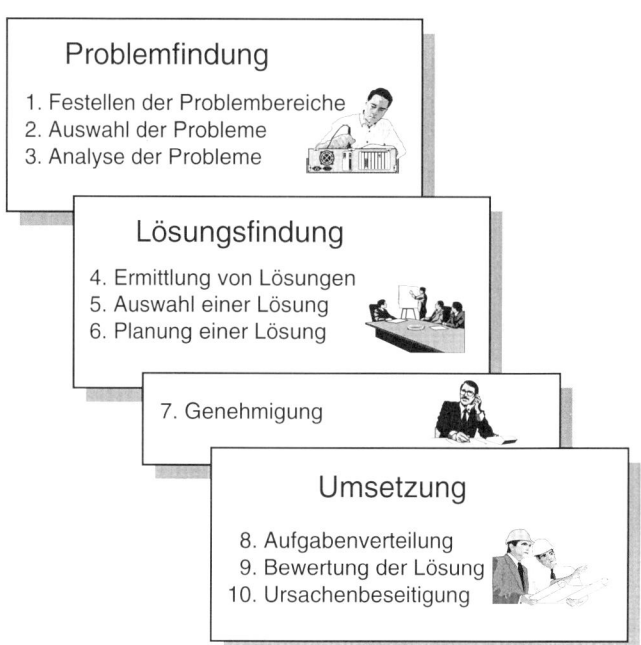

Bild 12.16   Vorgehensweise bei der Themenbearbeitung

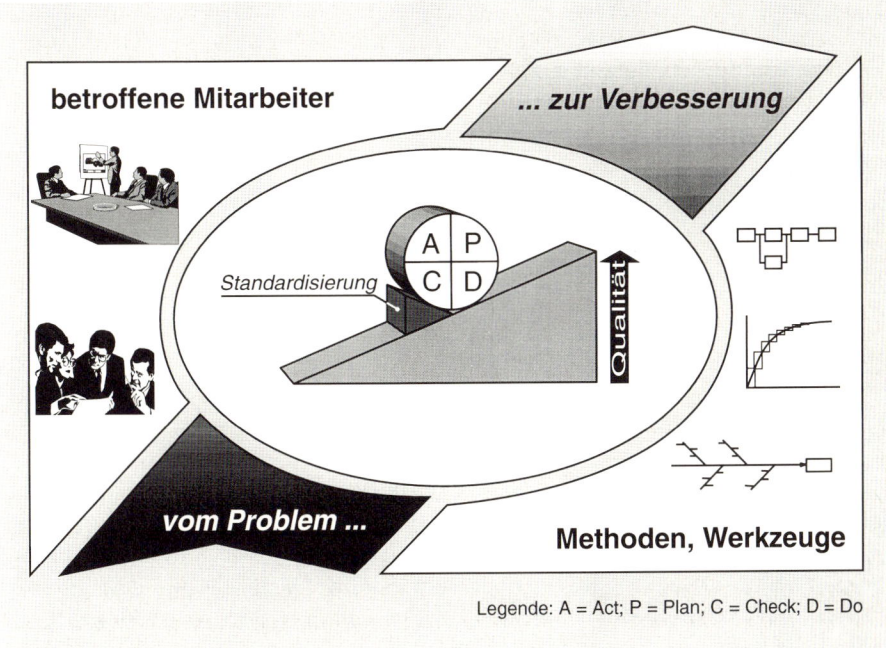

Bild 12.17 Systematische Problemlösung

Dieses Vorgehen läßt sich nach Deming in die Phasen **P**lan, **D**o, **C**heck und **A**ction (PDCA) zusammenfassen **(Bild 12.17)**. Neben anderen Problemlösungssystematiken hat sich diese Betrachtungsweise durchgesetzt. Ausgehend von einem konkreten Thema, Problem oder Betrachtungsbereich muß der Ist-Zustand dargestellt und analysiert werden. Dazu bieten sich die verschiedensten Methoden und Werkzeuge an [ima, geg].

Über die Identifizierung der Problemursachen sowie die Erarbeitung und Priorisierung alternativer Lösungen müssen konkrete Maßnahmen formuliert und umgesetzt werden.

Der erreichte Zustand muß bewertet, mit dem definierten Ziel verglichen und gegebenenfalls nachgebessert werden. Gerade bei vielen kleinen Verbesserungen ist es wichtig, die einzelnen Maßnahmen zu bündeln und für jeden transparent und verbindlich zu machen. So wird verhindert, in den alten Zustand zurückzufallen. Das durch den Standard definierte Verbesserungsniveau bildet den Ausgangspunkt für weitere Optimierungsmaßnahmen.

Ein wichtiger Punkt bei der Analyse von Schwachstellen und der Erarbeitung von Verbesserungen ist die Definiton und Bewertung von Meßgrößen. Durch die Erarbeitung, Beobachtung und die Dokumentation der relevanten Kennzahlen lassen sich die Leistungsstände, Ziele und die Wirksamkeit von Maßnahmen visualisieren. Die Schaffung dieser Transparenz ist Voraussetzung für eine effektive Vorgehensweise.

Bei der systematischen Verbesserung sind einerseits die betroffenen Mitarbeiter als Team einzubeziehen. Andererseits müssen geeignete Methoden und Werkzeuge eingesetzt werden. Dazu sind die Mitarbeiter entsprechend zu schulen, damit sie folgende Inhalte beherrschen:

− Präsentationstechniken

− Kommunikationstechniken

− Methoden der Entscheidungsfindung

− Problemlösungstechniken

− Kreativitätstechniken.

12.6.3 Werkzeuge der Problemlösung

Aus der Vielzahl von Techniken, die die Problemlösung unterstützen, sind vor allem die sieben statistischen Werkzeuge bekannt geworden, die auch als QC-Werkzeuge (QC = Quality Control) bezeichnet werden [jur, jun, doa]. Die einzelnen Methoden sind teilweise seit Jahrzehnten bekannt oder aus anderen Wissensgebieten übernommen worden **(Bild 12.18)**. Sie bilden eine methodische Hilfe zur Strukturierung und Visualisierung komplexer Fragestellungen und unterstützen damit alle Phasen des Problemlösungsprozesses (PDCA). Sie eignen sich besonders dann, wenn alle Daten, die zur Lösung des Problems benötigt werden, verfügbar sind und analysiert werden müssen (vgl. Praxishandbuch [pf2]).

Ursache-Wirkungs-Diagramm

Das Ursache-Wirkungs-Diagramm, auch als Ishikawa- oder Fischgräten-Diagramm bekannt, ist ein geeignetes Werkzeug, um einen Sachverhalt in Form einer definierten Wirkung nach seinen Ursachen zu analysieren. Das Problem bzw. die Auswirkung wird am Kopf des Fisches eingetragen; die Gräten bezeichnen die Haupteinflußgrößen. Innerhalb der Gräten werden dann die einzelnen Ursachen angetragen. Oft korrespondieren die Haupteinflußgrößen mit der 7-M-Checkliste (Mensch, Maschine, Material, Methode, Mitwelt, Management und Messung) (vgl. Kap. 5.6).

Histogramm

Histogramme ermöglichen über die Darstellung der Verteilung von Meßdaten eine Interpretation der Streuungsursachen. Die Meßwerte werden dabei entsprechend den Regeln der Statistik in Klassen (z. B. Intervalle) eingeteilt. Diese bilden die Abzisse des Diagramms. Auf der Ordinate wird die Anzahl der Meßwerte pro Klasse dargestellt. Aus der Verteilungskurve lassen sich Mittelwert und Art der Streuung ableiten.

Korrelations-Diagramm

Streuungs- oder auch Korrelations-Diagramme beschreiben graphisch, ob zwischen zwei Größen (Problem- und Einflußgröße) eine Abhängigkeit besteht. Durch die Darstellung der in Beziehung zueinander stehenden Faktoren in einem x-y-Diagramm lassen sich dann Aussagen zur Art der Korrelation der Faktoren ableiten. Dazu trägt man eine ausreichende Anzahl von Wertepaaren, die durch Veränderung der Problemgröße und Bestimmung der zugehörigen Einflußgröße gebildet werden, als Meßpunkte in das

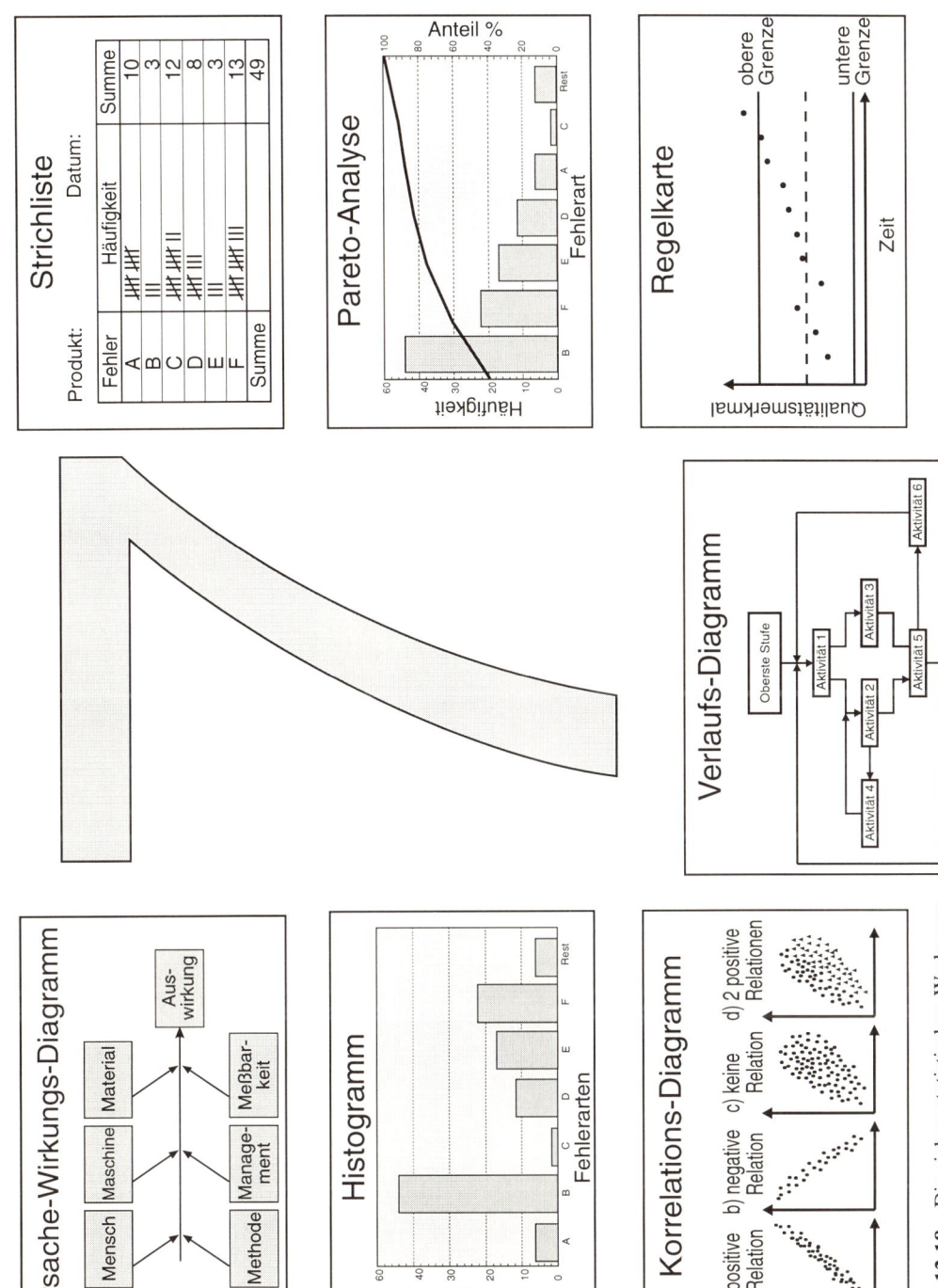

Bild 12.18   Die sieben statistischen Werkzeuge

Diagramm ein. Anhand der Verteilung der Punkte läßt sich die Art der Korrelation (stark, schwach – positiv, negativ) erkennen, die Rückschlüsse auf potentielle Ursachen ermöglicht.

Verlaufs-Diagramm

Hinter dem Begriff Verlaufs-Diagramm verbergen sich die bekannten Darstellungsarten wie Balken-, Linien-, Kreis- und Spinnendiagramm. Je nach Zweck der Analyse eignet sich die eine oder andere Visualisierungsform, um Zusammenhänge, Verläufe oder Aufteilungen transparent zu machen.

Regelkarte

Die Datenerfassung bildet den Ausgangspunkt für notwendige Verbesserungsaktivitäten. Mit Hilfe von Regelkarten, auch SPC-Karten genannt, werden in regelmäßigen Abständen Stichproben entnommen und die Meßwerte bzw. die statistischen Kenngrößen (z. B. Mittelwert, Streuung oder Spannweite) in die SPC-Karte eingetragen. Unter Berücksichtigung der festgelegten Toleranzgrenzen und der charakteristischen Verläufe der Meßwerte muß gegebenenfalls in den Prozeß eingegriffen werden (siehe auch Kap. 5.6 „Statistische Prozeßregelung").

Pareto-Analyse

Oft steht man einer Fülle von Problemen oder Fehlerursachen gegenüber, die man nicht gleichzeitig bearbeiten kann. Sinnvollerweise sollte das größte, wichtigste oder kostenintensivste Problem zuerst angegangen werden. Die Pareto-Analyse (auch ABC-Analyse, Lorenz-Verteilung) visualisiert die Rangordnung der für einen Sachverhalt relevanten Einflußfaktoren. Diese werden nach der Größe ihres Einflusses geordnet und ihrer zahlenmäßigen Bedeutung sowie dem kumulativen Prozentanteil entsprechend dargestellt (vgl. Kap. 3). Bei der Untersuchung eines Qualitätsproblems stellt sich so oft heraus, daß von den vielen erkannten Ursachen nur wenige sehr wichtig, viele andere jedoch sehr unbedeutend sind.

Strichliste

Durch Strichlisten läßt sich die Häufigkeit des Auftretens einzelner Fehlerarten bzw. die Häufigkeit des Auftretens von Meßwerten in bestimmten Intervallen des Meßbereiches darstellen. So können Fehler-Häufungen an einzelnen Stellen erkannt und die Ursachen untersucht werden.

Bei komplexen Problemstellungen und unvollständigen Datensammlungen reichen die oben beschriebenen Werkzeuge zur Analyse und Lösungsfindung nicht mehr aus. In der Realität sind zudem viele Sachverhalte nur durch unscharfe Daten und Informationen, die nur verbal existieren, beschrieben. Diese verbalen Informationen müssen durch neue, geeignete Werkzeuge in eine entscheidungsfähige Form gebracht werden [ima, gog]. In Ergänzung der oben vorgestellten Werkzeuge wurden die sieben neuen Werkzeuge definiert.

Jedes einzelne dieser sieben neuen Managementwerkzeuge ist für sich bereits sehr wirkungsvoll, ein zusätzlicher Nutzen liegt jedoch in der kombinierten Anwendung. Im folgenden wird das Zusammenwirken der sieben neuen Managementwerkzeuge dargestellt **(Bild 12.19)**.

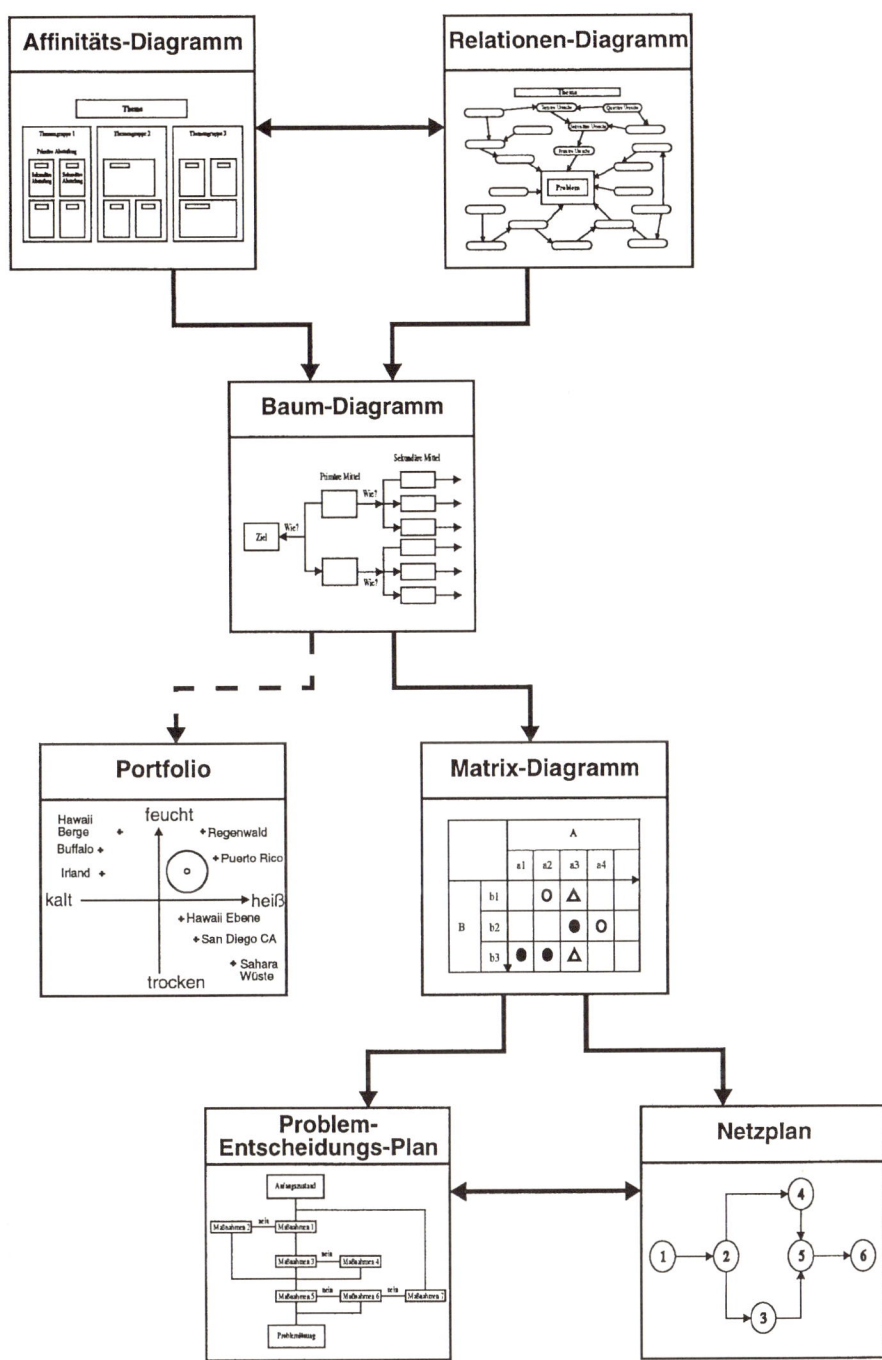

Bild 12.19   Zusammenwirken der sieben neuen Managementwerkzeuge [gog]

Affinitäts-Diagramm

Affinitäts-Diagramme dienen der Sammlung und Ordnung von Ideen. Dazu werden in einem Brainstorming die einzelnen Ideen auf Karten festgehalten und dann entsprechend ihrer thematischen Zusammengehörigkeit gruppiert. Innerhalb des Problemlösungsprozesses ist dadurch die Schwerpunktbildung bzw. die Konzentration auf einzelne Aspekte möglich.

Relationen-Diagramm

Ausgehend von einem zentralen Problem oder einer zentralen Idee werden die Einflußfaktoren bzw. Ursachen und deren Zusammenhänge dargestellt. Bei der Erarbeitung des Diagramms werden um die Frage- bzw. Problemstellung die möglichen Ursachen als Karten angeordnet. In einem zweiten Schritt werden Ursache-Wirkungsbeziehungen zwischen den Karten dargestellt, so daß mögliche Hauptursachen erkennbar sind. Das Relationen-Diagramm eignet sich auch zum Visualisieren komplexer Gedankengänge.

Baum-Diagramm

In Erweiterung der Funktionsanalyse werden durch das Baum-Diagramm Zusammenhänge zwischen Zielen und entsprechenden Maßnahmen beschrieben. Ausgehend von dem zu realisierenden Ziel werden nach rechts mögliche Lösungen als Äste aufgezeichnet. Jede ermittelte Lösung wird daraufhin untersucht, ob sie eine unmittelbar ausführbare Aktivität darstellt. Ist dies nicht der Fall, muß der entsprechende Ast weiterverzweigt werden.

Matrix-Diagramm

In einer Matrix werden Zusammenhänge und Wechselwirkungen zwischen zwei Faktoren dargestellt. Meistens dienen sie der Verknüpfung zweier Listen. Eine typische Anwendung dieser Darstellung ist das im Rahmen von QFD verwendete *House of Quality.*

Portfolio (Matrix-Daten-Analyse)

Die Matrix-Daten-Analyse hilft aus einer unübersichtlichen Fülle von Informationen verdeckte Strukturen offenzulegen. Die im Matrixdiagramm erfaßten Informationen können z.B. in einem Portfolio anhand definierter Kriterien bzw. Dimensionen detaillierter untersucht werden.

Problem-Entscheidungs-Plan

Der Problem- oder auch Prozeß-Entscheidungs-Plan dient der Erkennung potientieller Probleme in der Planungsphase und der Erarbeitung präventiver Maßnahmen. Ausgehend vom angestrebten Ziel werden die für den Erfolg wichtigen Punkte diskutiert und auf mögliche Probleme untersucht und gewichtet. Für die priorisierten Punkte müssen Gegenmaßnahmen erarbeitet werden.

Netzplan

Netzpläne bzw. Pfeildiagramme eignen sich zur Darstellung einzelner Vorgänge eines Projektes und deren Abhängigkeiten. Die Ablauffolge ist dabei durch sequentielle und parallel zu bearbeitende Arbeitsschritte gekennzeichnet. Wichtig ist die Bestimmung des kritischen Pfades, der die Gesamtdauer des Projektes determiniert. Bei der Darstellung lassen sich verschiedene Formen von Netzplänen unterscheiden (*Metra Potential Method* MPM, *Critical Path Method* CPM, *Program Evaluation and Review Technique* PERT).

12.6.4 Qualitätsmanagement als kontinuierlicher Prozeß

Die Komplexität vieler Aufgabenstellungen erfordert die Anwendung der angeführten Problemlösungs- und Qualitätstechniken und damit auch die entsprechende Qualifizierung der Mitarbeiter. Sie sind der Motor aller Verbesserungsprozesse. Deshalb muß die Verantwortung für die Qualität von Produkten, Dienstleistungen und Tätigkeiten auf die Mitarbeiter übertragen werden **(Bild 12.20)**. An ihnen liegt es, dem obigen Prinzip der Zieldefinition folgend, für ihre Aufgaben interne Ziele zu vereinbaren und eigenverantwortlich umzusetzen.

Bei der Unternehmensleitung und im Management bedarf es eines Bewußtseinswandels. Die Förderung von Eigeninitiative wird dabei zum wesentlichen Bestandteil der zu erfüllenden Führungsaufgaben.

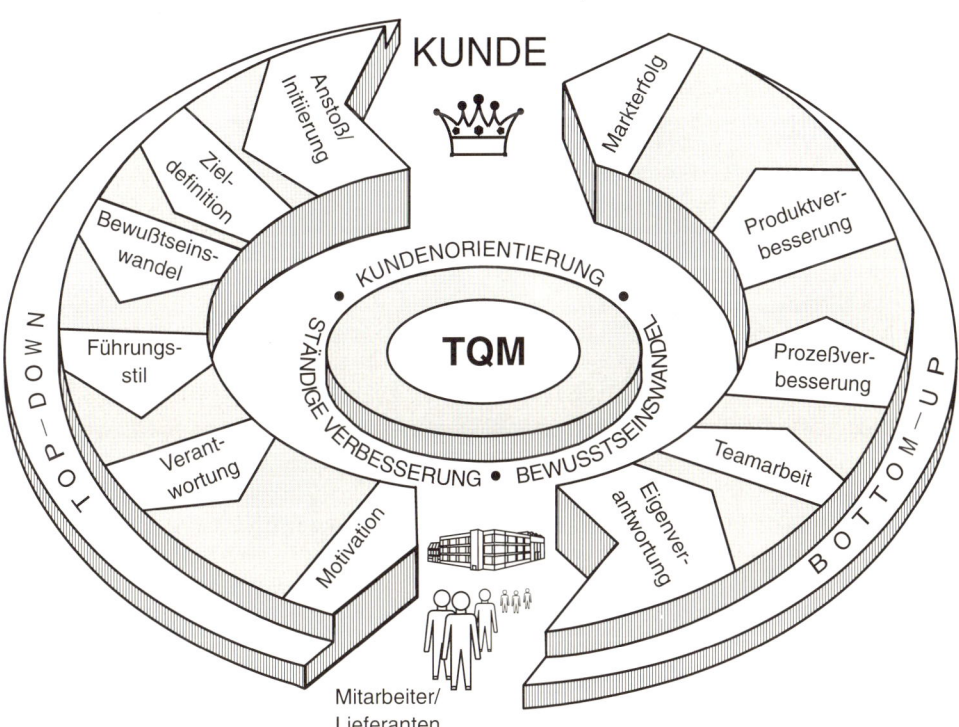

Bild 12.20 Qualitätsmanagement als kontinuierlicher Prozeß

12.7 Zusammenfassung

Total Quality Management ist eine Unternehmensstrategie, die Kundenzufriedenheit zum Zentrum der Unternehmensaktivitäten erhebt. Ihre Intention ist die kontinuierliche Verbesserung des Unternehmens für die Mitarbeiter und somit auch für die Kunden. Sie vereint eine drastische Reduktion des Fehlleistungsaufwandes mit optimierten Leistungen für die Kunden, rationalisiert signifikant die internen Prozesse, verbessert die Flexibilität des Unternehmens, reduziert die Entwicklungszeiten neuer Produkte, schafft die Voraussetzungen für eine wesentlich verbesserte Termintreue und festigt somit die Position im weltweiten Wettbewerb.

Eine systematische, konsequente und durchgängige Anwendung der hier beschriebenen Strategie von Total Quality Management ist eine notwendige Prämisse für den Erfolg, der inzwischen in namhaften Firmen nachweisbar ist.

Literatur

[ar1] **Arnold, R.:** *Betriebspädagogik.* Erich Schmidt Verlag, Berlin, 1990

[ar2] **Arnold, R.:** *Von der Unternehmenskultur zur Weiterbildungskultur. Der Mensch im Mittelpunkt der Betriebspädagogik?* In: Lernfeld Betrieb, 5/1989, S. 16–18

[ar3] **Arnold, R.:** *Unternehmenskultur. Signal einer „reflexiven Wende" der Betriebspädagogik?* In: Grundlagen der Weiterbildung, 1/1990, S. 154–157

[bec] **Becker, M.:** *Unternehmenskultur als Auftrag an die Betriebspädagogik.* In: Geißler, H. (Hrsg) ‚Unternehmenskultur und Vision, Peter Lang Verlag, Frankfurt/M., 1991, S. 199–217

[bmb] **BMBW: Bundesministerium für Bildung und Wissenschaft (Hrsg.):** *Betriebliche Weiterbildung – Forschungsstand und Forschungsperspektiven.* Bonn 1990

[bod] **Bodendorf, F.:** *Computer in der fachlichen und universitären Ausbildung.* Oldenbourg Verlag, München Wien 1990

[bru] **Bruch, H.; Kuhnert, B.:** *Total Quality Management als Kernelement von Lean Administration.* In: zfo, 2/1994

[con] **Conrad, P.:** *Organisationskultur-Forschung und Ansätze der Personalentwicklung.* Konzeptionelle Überlegungen zu ihrem Zusammenhang, in: Dörr, W.; Liepmann, D.; Merkens, H.; Schmidt, F. (Hrsg.): Personalentwicklung und Weiterbildung in der Unternehmenskultur, Pädagogischer Verlag Burgbücherei Schneider, Baltmannsweiler, 1988, S. 86–112

[cor] **Cornaz, J.-L.:** *Qualität als Führungsinstrument.* Dissertation an der Hochschule St. Gallen Dido-Druck GmbH, Bamberg, 1992

[dan] **Danzer, H.-H.:** *Quality Denken stärkt die Schlagkraft des Unternehmens.* Verlag TÜV Rheinland, Köln 1990

[doa] **Doan, D.:** *Problemlösungstechniken.* In: Qualitätsmanagement, Band 1, WEKA Fachverlag für technische Führungskräfte, Augsburg, 1993

[dör] **Döring, K. W.:** *Praxis der Weiterbildung; Analysen – Reflexionen – Konzepte.* Deutscher Studien Verlag, Weinheim, 1991

[fei] **Feigenbaum, A. V.:** *Total Quality Control.* 3rd. Edition, Verlag McGraw Hill, Hamburg

[fic] **Fickert, T.:** *Multimediales Lernen.* Deutscher Universitäts-Verlag GmbH, Wiesbaden 1992

[fre] **Frehr, H.-U.:** *Total Quality Management – Unternehmensweise Qualitätsverbesserung.* 2. Auflage. Carl-Hanser Verlag, München, 1994

[geg] **Geiger, W.:** *Qualitätslehre – Einführung, Systematik, Terminologie.* Vieweg Verlagsgesellschaft, Braunschweig, Wiesbaden 1994

[ges] **Geißler, H.:** *Neue Aspekte der Betriebspädagogik.* Peter Lang Verlag, Frankfurt am Main, 1990

[glo]   **Glowalla, U.:** *Evaluation computerunterstützten Lernens.* In: Hypertext und Multimedia, Neue Wege in der computerunterstützten Aus- und Weiterbildung, Springer Verlag, Berlin, Heidelberg, 1992

[gog]   **Gogoll, A.:** *Die sieben Managementwerkzeuge.* In: QZ 39 (1994) 5, S. 516–521

[hai]   **Haist, F.; Fromm, H.-J.:** *Qualität im Unternehmen: Prinzipien – Methoden – Techniken.* 2. Auflage. Carl Hanser Verlag, München, Wien, 1991

[hüc]   **Hüchtermann, M.; Lenske, W.:** *Wettbewerbsfaktor Unternehmenskultur.* Hrsg. v. Institut der Deutschen Wirtschaft, Beiträge zur Gesellschafts- und Bildungspolitik, Heft 168, Deutscher Instituts Verlag, Köln, 1991

[ima]   **Imai, M.:** *Kaizen – Der Schlüssel zum Erfolg der Japaner.* Wirtschaftsverlag Langen Müller Herbig, München, 1992

[jun]   **Jung, H. F.:** *Kaizen – Ein Konzept des mitarbeiterorientierten Managements.* In: Personal 8/1993, S. 359–363

[jur]   **Juran, J. M.:** *Der neue Juran: Qualität von Anfang an.* Verlag Moderne Industrie, Landsberg/Lech, 1993

[kai]   **Kaiser, A.:** *Schlüsselqualifikationen in der Arbeitnehmerweiterbildung.* Luchterhand Verlag, Neuwied/Kriftel/Berlin, 1992

[ka1]   **Kamiske, G. F.; Malorny, Chr.:** *Total Quality Management – Ein bestechendes Führungsmodell mit hohen Anforderungen und großen Chancen.* In: Zeitschrift Führung + Organisation, 5/1992, S. 274–278

[ka2]   **Kamiske, G. F.:** *Die hohe Schule des Total Quality Management.* Springer Verlag, Berlin, 1994

[kla]   **Klar, R.:** *Hypertexte und Expertensysteme.* In: Glowalla, U.: Hypertext und Multimedia, Neue Wege in der computerunterstützten Aus- und Weiterbildung. Springer Verlag, Berlin/Heidelberg, 1992

[may]   **Mayer, R.; Lingscheidt, A.:** *Prozeßkostenmanagement als Total- Quality-Baustein.* In: IO-management, Nr. 9, 1993

[mey]   **Meyer-Dohm, P. R.:** *Bildungsarbeit in lernenden Unternehmen.* In: ders. Schneider, P. (Hrsg.), Berufliche Bildung in lernenden Unternehmen. Neue Wege zur beruflichen Qualifizierung, Klett Verlag, Stuttgart, 1991, S. 19–32

[mün]   **Münch, J.; Müller, H. J.:** *Evaluation in der betrieblichen Weiterbildung als Aufgabe und Problem.* In: Dörr, W.; Liepmann, D.; Merkens, H.; Schmidt, F. (Hrsg.): Personalentwicklung und Weiterbildung in der Unternehmenskultur, Pädagogischer Verlag Burgbücherei Schneider, Baltmannsweiler, 1988

[neu]   **Neuberger, O.:** *Personalentwicklung.* Enke Verlag, Stuttgart, 1991

[pf1]   **Pfeifer, T.:** *Das geht speziell den Chef an – Qualität als nationale Aufgabe.* In: EXPO-Kurier, Herausgeber: Organisationsbüro der METAV, S. 1 ff.

[pf2]   **Pfeifer, T.:** *Praxishandbuch Qualitätsmanagement.* Carl Hanser Verlag, München, 1995

[rhi]   **Rhiem, S.:** *Rechnerunterstütze Schulungsprogramme für das Qualitätsmanagement.* Dissertation an der RWTH Aachen, Aachen, 1995

[sac]   **Sackmann, S.:** *Möglichkeiten der Gestaltung von Unternehmenskultur.* In: Lattmann, Charles (Hrsg.), Die Unternehmenskultur, Physika Verlag, Heidelberg, 1990, S. 153–188

[säf]   **Schäfner, L.:** *Arbeit gestalten durch Qualifizierung.* München, 1991

[ste]   **Steppi, H.:** *Computer Based Training.* Planung, Design und Entwicklung interaktiver Lernprogramme, Klett Verlag, Stuttgart, 1990

[vdi]   **N.N.:** *Nur ein Mensch kann individuell reagieren.* VDI Nachrichten; VDI Verlag, Düsseldorf, Nr. 45 (1993), S. 20

[wil]   **Wilsdorf, D.:** *Schlüsselqualifikationen: Die Entwicklung selbständigen Lernens und Handelns in der industriellen gewerblichen Berufsausbildung.* Lexika Verlag, München, 1991

[wol]   **Wollmann, H.:** *Was von den neuen Technologien bleibt der Weiterbildung vorbehalten?* In: IHK Düsseldorf (Hrsg): Für morgen qualifizieren; 1. Düsseldorfer Ausbilderforum, Düsseldorf, 1986, S. 111–120

[zi1]   **Zink, K. J.:** *Qualität ist oft kein Thema.* QZ – Qualität und Zuverlässigkeit, Carl Hanser Verlag München, Jg. 38 (1993), Nr. 12, S. 665–670

[zi2]   **Zink, K. J.; Schick, G.:** *Quality Circles I – Grundlagen.* 2. überarbeitete Auflage, Carl Hanser Verlag, München/Wien, 1987

Stichwortverzeichnis

Formparameter   280
Führungselemente   381
Führungsmodell   510

G

Garantie   470
Geldwertmethode   158
Gesamtschließmaß   131
Geschäftsprozeß   301
Gewährleistungsansprüche
    Folgeschäden   449
Gewährleistungshaftung   467
Gewährleistungsrecht   466
Gleitwert-Karte   234
Global Sourcing   142
Gruppenarbeit   525

H

Haftung
    außervertragliche   467, 471
    deliktische   478
    vertragliche   467
    zivilrechtliche   464
Hardware   358
Haupteffekt   80
Histogramm   536
Host   341
House of Quality   45
Humanpotential   514

I

Identnummer   247
Informationsmodell   302
Investitionsrechnung   445
Ishikawa   234
Isochronen-Diagramm   289

J

Just-in-Time   143

K

Kaizen   532
Kano-Modell   36
Kennzahlen   455
    Qualitätskosten   457
Kennzahlensystem   334
Kettenmaß   129
Klassifizierungsnummer   246
Kommunikationstechniken   536
Komponentenbaum   70, 71
Komponentensuche   107
Kontinuierliche Verbesserung   531
Korrelation   230
Korrelations-Diagramm   536
Kosten-/Leistungsrechnung   442
Kostenartenrechnung   444
Kosteneinsparungspotential   10
Kostenstellenrechnung   444
Kostenträger   444
Kreativitätstechniken   536
Kulanzregelung   273
Kunde
    interner   299
Kunden-Lieferantenverhältnis   332
Kunden-Rückinformation   265
Kundenbeanstandung   270
Kundenforderung   31, 36, 532
Kundenreklamation   271
Kundenzufriedenheit   510, 531

L

Lebensdauer
    charakteristische   280, 283
Lebensdauernetz   280
Lebensdauervariable   279
Lehrinhalte   524
Lernziele   524, 529
Lieferantenaudit   160, 162
Lieferantenbeurteilung   157, 160, 350
Lieferantenförderung   163
Lieferantenselbstauskunft   162
Lieferbedingungen
    technische   152
Local Area Network   358